江苏文库

研究编

江苏文化

专门史

江苏文脉整理与研究工程

江苏刻书史

周生杰 著

江苏人民出版社

图书在版编目(CIP)数据

江苏刻书史 / 周生杰著. -- 南京：江苏人民出版
社，2024.3

（江苏文库. 研究编）

ISBN 978 - 7 - 214 - 28438 - 9

Ⅰ. ①江… Ⅱ. ①周… Ⅲ. ①刻书-图书史-江苏
Ⅳ. ①G256.22

中国国家版本馆 CIP 数据核字(2023)第 199610 号

书　　　名	江苏刻书史
著　　　者	周生杰
出 版 统 筹	张　凉
责 任 编 辑	张　文　郑晓宾
责 任 监 制	王　娟
装 帧 设 计	姜　嵩
出 版 发 行	江苏人民出版社
地　　　址	南京市湖南路 1 号 A 楼,邮编:210009
照　　　排	江苏凤凰制版有限公司
印　　　刷	苏州市越洋印刷有限公司
开　　　本	718 毫米×1000 毫米　1/16
印　　　张	33.5　插页 4
字　　　数	482 千字
版　　　次	2024 年 3 月第 1 版
印　　　次	2024 年 3 月第 1 次印刷
标 准 书 号	ISBN 978 - 7 - 214 - 28438 - 9
定　　　价	110.00 元

（江苏人民出版社图书凡印装错误可向承印厂调换）

江苏文脉整理与研究工程

总主编

信长星　　许昆林

学术指导委员会

主　　任　周勋初

委　　员　（按姓氏笔画排序）

冯其庸　　邬书林　　张岂之　　郁贤皓　　周勋初

茅家琦　　袁行霈　　程毅中　　蒋赞初　　戴　逸

编纂出版委员会

出版说明

　　江苏文化源远流长、历久弥新,文化经典与历史文献层出不穷,典藏丰富;文化巨匠代有人出、彪炳史册,在中华民族乃至整个人类文明的发展史上有着相当重要的地位。为科学把握江苏文化的内涵与特征,在新时代彰显江苏文化对中华文化的贡献,江苏省委、省政府决定组织实施"江苏文脉整理与研究工程",以梳理江苏文脉资源,总结江苏文化发展的历史规律,再现江苏历史上的文化高地,为当代江苏构筑新的文化高地把准脉动、探明趋势、勾画蓝图。

　　组织编纂大型江苏历史文献总集《江苏文库》,是"江苏文脉整理与研究工程"的重要工作。《文库》以"编纂整理古今文献,梳理再现名人名作,探究追溯文化脉络,打造江苏文化名片"为宗旨,分六编集中呈现:

　　(一)书目编。完整著录历史上江苏籍学人的著述及其历史记录,全面反映江苏图书馆的图书典藏情况。

　　(二)文献编。收录历代江苏籍学人的代表性著作,集中呈现自历史开端至一九一一年的江苏文化文本,呈现江苏文化的整体景观。

　　(三)精华编。选取历代江苏籍学人著述中对中外文化产生重要影响、在文化学术史上具有经典性代表性的作品进行整理,并从中选取十余种,组织海外汉学家翻译成各国文字,作为江苏对外文化交流的标志性文化成果。

　　(四)方志编。从江苏现存各级各类旧志中选择价值较高、保存较好的志书,以充分发挥地方志资治、存史、教化等作用,保存江苏的地方文献与历史文化记忆。

（五）史料编。收录有关江苏地方史料类文献，反映江苏各地历史地理、政治经济、文化教育、宗教艺术、社会生活、风土民情等。

（六）研究编。组织、编纂当代学者研究、撰写的江苏文化研究著作。

文献、史料、方志三编属于基础文献，以影印方式出版，旨在提供原始文献，以满足学术研究需要；书目、精华、研究三编，以排印方式出版，既能满足学术研究的基本需求，又能满足全民阅读的基本需求。

"江苏文脉整理与研究工程"工作委员会

江苏文库·研究编编纂人员

主　编

王月清　张新科

副主编

徐之顺　姜　建　王卫星　胡发贵　胡传胜　刘西忠

一脉千古成江河

——江苏文库·研究编序言

樊和平

　　"江苏文脉整理与研究工程"是江苏文化史上继往开来的一个浩大工程。与当下方兴未艾的全国性"文库热"相比,江苏文脉工程有三个基本特点:一是全面系统的整理;二是"整理"与"研究"同步;三是以"文脉"为主题。在"书目编—文献编—精华编—史料编—方志编—研究编"的体系结构中,"研究编"是十分独特的板块,因为它是试图超越"修典"而推进文化传承创新的一种学术努力。

　　"盛世修典"之说不知起源于何时,不过语词结构已经表明"盛世"与"修典"之间的某种互释甚至共谋,以及由此而衍生的复杂文化心态。历史已经表明,"修典"在建构巨大历史功勋的同时,也包含内在的巨大文化风险,最基本的是"入典"的选择风险。《四库全书》的文化贡献不言自明,但最终其收书的数量竟与禁书、毁书、改书的数量大致相当,还有高出近一倍的书目被宣判为无价值。"入典"可能将一个时代的局限甚至选择者个人的局限放大为历史的文化局限,也可能由此扼杀文化多样性而产生文化专断。另一个更为潜在和深刻的风险,是对待传统的文化态度。文献整理,尤其是地域典籍的整理,在理念和战略上面临的最大考验,是以何种心态对待文化传统。当今之世,无论对个体还是社会,传统已经不仅是文化根源,而且是文化和经济发展的资源甚至资本。然而一旦传统成为资源和资本,邂逅市场逻辑的推波助澜,就面临沦为消费和运作对象的风险,从而以一种消费主义和工具主义的文化态度对待文化传统和文献整理。当传统成为消费和运作的对象,其文化价值不仅可能被误读误用,而且也可能在对传统的消费中使文化坐吃山空,造就出文化上的纨绔子弟,更可能在市场运作中使文化不断被糟蹋。"江苏文脉整理与研究工程"的"整理工程"以全面系统的整理的战略应对可能存在的第一种风险,即入典选择的风险;以"研究工程"应对第二种可能的风险,即消费主义与工具主义的风险。我们不仅是既往传统的继承者,更应当是未来传统的创造者;现代人的使命,不仅是继承优秀传统,更应当创造新的优秀传统,这便是传统的创造性转化与创新性发展的真义。诚然,创造传统任重道远,需要经过坚忍不拔的卓越努力和大浪淘沙般的历史积淀,但对"江苏文脉整理与研究工程"而言,无论如何必须在"整理"的同时开启"研究"的千里之行,在研究中继承和发展传统。这便是"研究编"的价值和使命所在,也是"江苏文脉整理与研究工程"在"文库热"中于顶层设计层面的拔群之处。

一 倾听来自历史深处的文化脉动

20 世纪是文化大发现的世纪,20 世纪以来西方世界最重要的战略,就是文化战略。20 世纪 20 年代,德国社会学家马克斯·韦伯的《新教伦理与资本主义精神》,揭示了西方资本主义文明的文化密码,这就是"新教伦理"及其所造就的"资本主义精神",由此建构"新教伦理＋资本主义"的所谓"理想类型",为西方资本主义进行了文化论证尤其是伦理论证,奠定了 20 世纪以后西方中心论的文化基础。20 世纪 70 年代,哈佛大学教授丹尼尔·贝尔的《资本主义文化矛盾》,揭示了当代资本主义最深刻的矛盾不是经济矛盾,也不是政治矛盾,而是"文化矛盾",其集中表现是宗教释放的伦理冲动与市场释放的经济冲动分离与背离,进而对现代西方文明发出文化预警。20 世纪 70 年代之后,亨廷顿的《文明的冲突与世界秩序的重建》将当今世界的一切冲突归结为文明冲突、文化冲突,将文化上升为西方世界尤其是美国国家战略的高度。以上三部曲构成西方世界尤其是美国文化帝国主义的国家文化战略,正如一些西方学者所发现的那样,时至今日,文化帝国主义被另一个概念代替——"全球化",显而易见,全球化不仅是一种浪潮,更是一种思潮,是西方世界的国家文化战略。文化虽然受经济发展制约甚至被经济发展水平所决定,但回顾从传统到现代的中国文明史,文化问题不仅逻辑地而且历史地成为文明发展的最高最难的问题,正因为如此,文化自信才成为比理论自信、道路自信、制度自信更具基础意义的最重要的自信。

在全球化背景下,文脉整理与研究具有重大的国家文化战略意义,不仅必要,而且急迫。文化遵循与经济社会不同的规律,全球化在造就广泛的全球市场并使全球成为一个"地球村"的同时,内在的最大文明风险和文化风险便是同质性。全球化催生的是一个文化上的独生子女,其可能的镜像是:一种文化风险将是整个世界的风险,一次文化失败将是整个人类的文化失败。文化的本质是什么?梁漱溟先生说,文化就是人的生活的根本样法,文化就是"人化"。丹尼尔·贝尔指出,文化是为人的生命过程提供解释系统,以对付生存困境的一种努力。据此,文化的同质化,最终导致的将是人的同质化,将是民族文化或西方学者所说地方性知识的消解和消失;同时,由于文化是人类应对生存困境的大智慧,或治疗生活世界痼疾的抗体,它所建构的是与自然世界相对应的精神世界和意义世界,文化的同质性将导致人类在面临重大生存困境时智慧资源的贫乏和生命力的苍白,从而将整个人类文明推向空前的高风险。应对全球化的挑战和西方文化帝国主义的国家战略,"江苏文脉整理与研究工程"是整个中华民族浩大文化工程的一部分和具体落实,其战略意义决不止于保存文化记忆的自持和自赏,在这个全球化的高风险正日益逼近的时代,完整地保存地方文化物种,认同文化血脉,畅通文化命脉,不仅可以让我们在遭遇全球化的滔滔洪水之时可以于故乡文化的山脉之巅"一览众山小"地建设自己的精神家园和文化根据地,而且可以在患上全球化的文化感冒甚至某种文化瘟疫之后,不致乞求"西方药"来治"中国病",而是根据自己的文化基因和文化命理,寻找强化自身的文化抗体和文化免疫力之道,其深远意义,犹如在今天经过独生子女时代穿越时光隧道,回首当年我们的"兄弟姐妹那么多"

和父辈们儿孙满堂的那种天伦风光,不只是因为寂寞,而且是为了中华民族大家庭的文化安全和对未来文化风险的抗击能力。

"江苏文脉整理与研究工程"是以江苏这一特殊地域文化为对象的一次集体文化自觉和文化自信,与其他同类文化工程相比,其最具标识意义的是"文脉"理念。"文脉"是什么?它与"文献"和文化传统的关系到底如何?这是"文脉工程"必须解决的基本问题。

庞朴先生曾对"文化传统"与"传统文化"两个概念进行了审慎而严格的区分,认为"传统文化"可能是历史上曾经存在过的一切文化现象,而"文化传统"则是一以贯之的文化道统。在逻辑和历史两个维度,文化成为传统都必须同时具备三个条件:历史上发生的,一以贯之的,在现实生活中依然发挥作用的。传统当然发生于历史,但历史上发生的一切,从《道德经》《论语》到女人裹小脚,并不都成为传统,即便当今被考古或历史研究所不断发现的现象,也只能说是"文化遗存",文化成为传统必须在历史长河中一以贯之而成为道统或法统,孔子提供的儒家学说,老子提供的道家智慧,之所以成为传统,就是因为它们始终与中国人的生活世界和精神世界相伴随,并成为人的生命和生活的文化指引。然而,文化并不只存在于文献典籍之中,否则它只是精英们的特权,作为"人的生活的根本样法"和"对付生存困境"的解释系统,它必定存在于芸芸众生的生命和生活之中,由此才可能,也才真正成为传统。《论语》与《道德经》之所以成为传统,不只是因为它们作为经典至今还为人们所学习和研究,而且因为在中国人精神的深层结构中,即便在未读过它们的田夫村妇身上,也存在同样的文化基因。中国人在得意时是儒家,"明知不可为而偏为之";在失意时是道家,"后退一步天地宽";在绝望时是佛家,"四大皆空",从而建立了与自给自足的自然经济结构相匹合的自给自足的文化精神结构,在任何境遇下都不会丧失安身立命的精神基地,这就是传统。文化传统必须也必定是"活"的,是在现实中依然发挥作用的,是构成现代人的文化基因的生命因子。这种与人的生活和生命同在的文化传统就是"脉",就是"文脉"。

文脉以文献、典籍为载体,但又不止于文献和典籍,而是与负载它的生命及其现实生活息息相关。"文脉"是什么?"文脉"对历史而言是

"血脉"，对未来而言是"命脉"，对当下而言是"山脉"。"江苏文脉"就是江苏人的文化血脉、文化命脉、文化山脉，是历史、现在、未来江苏人特殊的文化生命、文化标识、文化家园，以及生生不息的文化记忆和文化动力。虽然它们可能以诸种文化典籍和文化传统的方式呈现和延续，但"文脉工程"致力探寻和发现的则是跃动于这些典籍和传统，也跃动于江苏人生命之中的那种文化脉动。"江苏文脉整理与研究工程"的最大特点就在于它是"文脉工程"而不是一般的"文化工程"，更不是"文库工程"。"文化工程""文库工程"可能只是一般的文化挖掘与整理，而"文脉工程"则是与地域的文化生命深切相通，贯穿地域的历史、现在与未来的生命工程。

　　"江苏文脉整理与研究工程"是"整理"与"研究"的璧合，在"研究工程"中能否、如何倾听到来自历史深处的文化脉动，关键是处理好"文献"与"文脉"的关系。"整理工程"是对文脉的客观呈现，而"研究工程"则是对文脉的自觉揭示，若想取得成功，必须学会在"文献"中倾听和发现"文脉"。"文献"如何呈现"文脉"？文献是人类文明尤其是人类文化记忆的特殊形态，也是人类信息交换和信息传播的特殊方式。回首人类文明史，到目前为止，大致经历了三种信息方式。最基本也是最原初的是口口交流的信息方式，在这种信息方式中，信息发布者和信息传播者都同时在场，它是人的生命直接和整体在场并对话的信息传播方式，是从语言到身体、情感的全息参与，是生命与生命之间的直接沟通，但具有很大的时空局限。印刷术的产生大大扩展了人类信息交换的广度和深度，不仅可以以文字的方式与不在场的对象交换信息，而且可以以文献的方式与不同时代、不同时空的人们交换信息，这便是第二种信息方式，即以印刷为媒介的信息方式或印刷信息方式。第三种信息方式便是现代社会以电子网络技术为媒介的信息方式，即电子信息方式。文献与典籍是印刷信息方式的特殊形态，它将人类文化史和文明史上具有特殊价值的信息以印刷媒介的方式保存下来，供后人学习和研究，从而积淀为传统。文字本质上是人的生命的表达符号，所谓"诗言志"便是指向生命本身。然而由于它以文字为中介，一旦成为文献，便离开原有的时空背景，并与创作它的生命个体相分离，于是便需要解读，在

一脉千古成江河

005

解读中便可能发生误读，但无论如何，解读的对象并不只是文字本身，而是文字背后的生命现象。

文献尤其是典籍是不同时代人们对于文化精华的集体记忆，它们不仅经受过不同时代人们的共同选择，而且经受过大浪淘沙的历史洗礼，因而其中不仅有创造它的那个个体或文化英雄如老子、孔子的生命表达，而且有传播和接受它的那个民族的文化脉动，是负载它的那个民族的文化生命，这种文化生命一言以蔽之便是文化传统。正因为如此，作为集体记忆的精华，文献和典籍是个体和集体的文化脉动的客观形态，关键在于，必须学会倾听和揭示来自远方的生命旋律。由于它们巨大的时空跨度，往往不能直接把脉，而需要具有一种"悬丝诊脉"的卓越倾听能力。同时，为了把握真实的文化脉动，不仅需要对文献和典籍即"文本"进行研究，而且需要对创造它们的主体包括创作的个体和传播接受的集体的生命即"人物"进行研究。正如席勒所说，每个人都是时代的产儿，那些卓越的哲学家和有抱负的文学家却可能成为一切时代的同代人。文字一旦成为文献或典籍，便意味着创作它的个体成为一切时代的同代人，但无论如何，文献和它们的创造者首先是某个时代的产儿，因而要在浩如烟海的文献和典籍中倾听到来自传统深处的文化脉动，还需要将它们还原到民族的文化生命之中，形成文化发展的"精神的历史"。由此，文本研究、人物研究、学派流派研究、历史研究，便成为"文脉研究工程"的学术构造和逻辑结构。

二　中国文化传统中的江苏文脉

江苏文脉是中国文化传统的一部分，二者之间的关系并不只是部分与整体的关系，借助宋明理学的话语，是"理一"与"分殊"的关系。文脉与文化传统是民族生命的文化表达和自觉体现，如果只将它们理解为部分与整体的关系，那么江苏文脉只是中国文化传统或整个中华文化脉统中的一个构造，只是中华文化生命体中的一个器官。朱熹曾以佛家的"月映万川"诠释"理一分殊"。朗月高照，江河湖泊中水月熠熠，此番景象的哲学本真便是"一月普现一切水,一切水月一月摄"。天空中的"一月"与江河中的"一切水月"之间的关系是"分享"关系,不是分享了"一月"的某一部分,而是全部。江苏文脉与中国文化传统之间的关系便是"理一分殊",中国文化传统是"理一",江苏文脉是"分殊",正因为如此,关于江苏文脉的研究必须在与整个中国文化传统的关系中整体性地把握和展开。其中,文化与地域的关系、江苏文化在中华文化发展中的贡献和地位,是两个基本课题。

到目前为止的一切人类文明的大格局基本上都是由以山河为标志的地理环境造就的,从轴心文明时代的四大文明古国,到"五大洲四大洋"的地理区隔,再到中国山东—山西、广东—广西、河南—河北,江苏的苏南—苏北的文化与经济差异,山河在其中具有基础性意义。在这个意义上,可以将在此以前的一切文明称为"山河文明"。如今,科技经济发展迎来一个"高"时代:高铁、高速公路、电子高速公路……正在并将继续推倒由山河造就的一切文明界碑,即将造就甚至正在造就一个"后山河时代"。"后山河时代"的最后一道屏障,"山河时代"遗赠给"后山河时代"的最宝贵的文明资源,便是地域文化。在这个意义上,江苏文脉的整理与研究,不仅可以为经过全球化席卷之后的同质化世界留下弥足珍贵的"文化大熊猫",而且可以在未来的芸芸众生饱尝"独上高楼,望尽天涯路"的孤独之后,缔造一个"蓦然回首"的文化故乡,从中可以鸟瞰文化与世界关系的真谛。江苏独特的地域环境与江苏文化、江苏文脉之间的关系,已经不是所谓"一方水土一方人"所能表达,可以说,地脉、水脉、山脉与江苏文脉之间的关系,已经是一脉相承。

我们通过考察和反思发现,水系,地势,山势,大海,是对江苏文脉尤其是文化性格产生重大影响的地理因素。露水不显山,大江大河入大海,低平而辽阔,黄河改道,这一切的一切与其说是自然画卷和自然事件,不如说是江苏文脉的大地摇篮和文化宿命的历史必然,它们孕生和哺育了江苏文明,延绵了江苏文脉。历史学家发现,江苏是中国唯一同时拥有大海、大江、大湖、大平原的省份,有全国第一大河长江,第二大河黄河(故道),第三大河淮河,世界第一大人工河大运河,全国第三大淡水湖太湖,全国第四大淡水湖洪泽湖。江苏也是全国地势最低平的一个省区,绝大部分地区在海拔 50 米以下,少量低山丘陵大多分布于省际边缘,最高峰即连云港云台山的玉女峰也只有 625 米。丰沛而开放的水系和低平而辽阔的地势馈赠给江苏的不只是得天独厚的宜居,更沉潜、更深刻的是独特的文化性格和文脉传统,它们是对江苏地域文化产生重大影响的两个基本自然元素。

不少学者指证江苏文化具有水文化特性,而在众多水系中又具长江文化的特性。"水"的文化特性是什么?"老聃贵柔",老子尚水,以水演绎世界真谛和人生大智慧。"天下莫柔弱于水,而攻坚强者莫之能胜。"柔弱胜刚强,是水的品质和力量。西方文明史上第一个哲学家和科学家泰勒斯向全世界宣告的第一个大智慧便是:水是万物的始基。辽阔的平原在中国也许还有很多,却没有像江苏这样"处下"。老子也曾以大海揭示"处下"的智慧:"江海所以能为百谷王者,以其善下之,故能为百谷王。"历史上江苏的文化作品、江苏人的文化性格,相当程度上演绎了这种"水性"与"处下"的气质与智慧。历史上相当时期黄河曾经从江苏入海,然而黄河改道、黄河夺淮,几番自然力量或人力所为,最终黄河在江苏留下的只是一个"故道"的背影。黄河在江苏的改道当然是一个自然事件或历史事件,但我们也可能甚至毋宁将它当作一个文化事件,数次改道,偶然之中有必然,从中可以发现和佐证江苏文脉的"长江"守望和江南气质。不仅江苏的地脉"露水不显山",而且江苏的文化作品,江苏人的文化性格,一句话,江苏文脉,也是"露水不显山",虽不是"壁立千仞",却是"有容乃大"。一般说来,充沛的水系,广阔的平原,往往造就自给自足的自我封闭,然而,江苏东临大海,无论长江、淮河,还是历史上的黄河,都从这里入大海,归大海,不只昭示江苏的开放,而且演绎江苏文化、江苏文脉、江苏人海纳百川的博大和静水深流的仁厚。

黄河与长江好似中华文脉的动脉与静脉,也好似人的身体中的任督二脉,以长江文化为基色的江苏文化在中华文脉的缔造和绵延中作出了杰出贡献。有学者指出,在中国文明史上,长江文化每每在黄河文化衰弱之后承担起"救亡图存"的重任。人们常说南京古都不少为小朝廷,其实这正是"救亡图存"的反证,"天下兴亡,匹夫有责"的口号首先由江苏人顾炎武喊出，偶然之中有必然。学界关于江苏文化有三次高峰或三次大贡献，与两次大贡献之说。第一次高峰是开启于秦汉之际的汉文化，第二次高峰是六朝文化，第三次高峰是明清文化。人们已对六朝文化与明清文化两大高峰对中国文化的贡献基本达成共识，但江苏的汉文化高峰及其贡献也应当得到承认，而且三次文化高峰都发生于中国社会的大转折时期，对中国文化的承续作出了重大贡献。在秦汉之际的大变革和大一统国家的建构中，不仅在江苏大地上曾经演绎了波澜壮阔的对后来中国文明产生深远影响的历史史诗，而且演绎这些历史史诗的主角刘邦、项羽、韩信等都是江苏人，他们虽然自身不是文化人，但无疑对中国文化产生了深远影响。董仲舒提出"罢黜百家，独尊儒术"的主张，奠定了大一统的思想和文化基础，他本人虽不是江苏人，却在江苏留下印迹十多年。江苏的汉文化高峰对中国文化的最大贡献，一言概之即"大一统"，包括政治上的大一统和思想文化上的大一统。六朝被公认为中国文化发展的高峰，不少学者将它与古罗马文明相提并论，而六朝文化的中心在江苏、在南京。以南京为核心的六朝文化发生于三国之后的大动乱，它接纳大量流入南方的北方士族，使南北方文化合流，为保存和发展中国文化作出了杰出贡献。明朝是中国历史上第一次在南京，也是第一次在江苏建立统一的帝国都城，江苏的经济文化在全国处于举足轻重的地位，扬州学派、泰州学派、常州学派，形成明清时代中国文化的江苏气象，形成江苏文化对中国文化的第三次重大贡献。三大高峰是江苏的文化贡献，在重大历史转折关头或者民族国家危难之际挺身而出，海纳百川，则是江苏文化的精神和品质，这就是江苏文脉。也正因为如此，江苏文化和江苏文脉在"匹夫有责"的担当精神中总是透逸出某种深沉的忧患意识。

江苏文脉对中国文化的独特贡献及其特殊精神气质在文化经典中得到充分体现。中国四大文学名著，其中三大名著的作者都来自江苏，这就是《西游记》《红楼梦》《水浒》，其实《三国演义》也与江苏深切相关，虽然罗贯中不是江苏人，但却以江苏为重要的时空背景之一。四大名著中不仅有明显的江苏文化的元素，甚至有深刻的江苏地域文化的基因。《西游记》到底是悲剧还是喜剧？仔细反思便会发现，《西游记》就是文学版的《清明上河图》。《清明上河图》表面呈现一幅盛世生活画卷,实际却是一幅"盛世危情图",空虚的城防,懈怠的守城士兵……被繁华遗忘的是正在悄悄到来的深刻危机。《西游记》以唐僧西天取经渲染大唐的繁盛和开放,然而在经济的极盛之巅,中国人的精神世界却空前贫乏,贫乏得需要派一个和尚不远万里,请来印度的佛教,坐上中国意识形态的宝座,入主中国人的精神世界。口袋富了,脑袋空了,这是不折不扣的悲剧。然而,《西游记》的智慧,江苏文化的智慧,是将悲剧当作喜剧写,在喜剧的形式中潜隐悲剧的主题,就像《清明上河图》将空虚的城防和懈怠的士兵淹没于繁华的海洋一样。《西游记》喜剧与悲剧的二重性,隐喻了江苏文脉的忧患意识,而在对大唐盛世,对唐僧取经的一片颂歌中,深藏悲剧的潜主题,正是江苏文脉"匹夫有责"的担当精神和文化智慧的体现。鲁迅说,悲剧将人生的有价值的东西毁灭给人看。《西游记》是在喜剧形式的背后撕碎了大唐时代人的精神世界的深刻悲剧。把悲剧当作喜剧写,喜剧当作悲剧读,正是江苏文化、江苏文脉的大智慧和特殊气质所在,也是当今江苏文脉转化发展的重要创新点所在。正因为如此,"江苏文脉研究"必须以深刻的哲学洞察力和深厚的文化功力,倾听来自历史深处的江苏文化的脉动,读懂江苏,触摸江苏文脉。

三　通血脉,知命脉,仰望山脉

江苏文化的巨大魅力和强大生命力,是在数千年发展中已经形成一种传统、一种脉动,不仅是一种客观呈现的文化,而且是一种深植个体生命和集体记忆的生生不息的文脉。这种文化和文脉不仅成为共同的价值认同,而且已经成为一种地域文化胎记。在精神领域,在文化领域,江苏不仅有灿若星河的文学家,而且有彪炳史册的思想家、学问家,更有数不尽的才子骚客。长江在这片土地上流连,黄河在这片土地上改道,淮河在这片土地上滋润,太湖在这片土地上一展胸怀。一代代中国人,一代代江苏人,在这里缔造了文化长江、文化黄河、文化淮河、文化太湖,演绎了波澜壮阔的历史诗篇,这便是江苏文脉。

为了在全球化时代完整地保存江苏文脉这一独特地域文化的集体记忆,以在"后山河时代"为人类缔造精神家园提供根源与资源,为了继承弘扬并创造性转化、创新性发展中国优秀传统文化,2016 年江苏启动了"江苏文脉整理与研究工程"。根据"文脉"的理念,我们将研究工程或"研究编"的顶层设计以一句话表达:"通血脉,知命脉,仰望山脉。"由此将整个工程分为五个结构:江苏文化通史,江苏历代文化名人传,江苏文化专门史,江苏地方文化史,江苏文化史专题。

"江苏文化通史"的要义是"通血脉",关键词是"通"。"通"的要义,首先是江苏文化与中国文明的息息相通,与人类文明的息息相通,由此才能有民族感或"中国感",也才有世界眼光,因而必须进行关于"中国文化传统中的江苏文脉"的整体性研究;其次是江苏文脉中诸文化结构之间的"通",由此才是"江苏",才有"江苏味";再次是历史上各个重要历史时期文化发展之间的"通",由此才能构成"史",才有历史感;最后是与江苏人的生命与生活的"通",由此"江苏文脉"才能真正成为江苏人的文化血脉、文化命脉和文化山脉。达到以上"四通","江苏文化通史"才是真正的"通"史。

"江苏文化专门史"和"江苏文化史专题"的要义是"知命脉",关键词是"专",即"专门"与"专题"。"江苏文化专门史"在框架上分为物质文化史、精神文化史、制度文化史、特色文化史等,深入研究各类专门史,总体思路是系统研究和特色研究相结合,系统研究整体性地呈现江苏历史上的重要文化史,如哲学史、文学史、艺术史等,为了保证基本的完整性,我们根据国务院学科分类目录进行选择;特色研究着力研究历史上具有江苏特色的历史,如民间工艺史、昆曲史等。"江苏文化史专题"着力研究江苏历史上具有全国性影响的各种学派、流派,如扬州学派、泰州学派、常州学派等。

"江苏地方文化史"的要义是"血脉延伸和勾连",关键词是"地方"。"江苏地方文化史"以现省辖市区域划分为界,13 市各市一卷。每卷上编为地方文化通史,讲述地方整体历史脉络中的文化历史分期演化和内在结构流变,注重把握文化运动规律和发展脉络,定位于地方文化总体性研究;下编为地方文化专题史,按照科学技术、教育科举、文学语言、宗教文化等专题划分,以一定逻辑结构聚焦对地方文化板块加以具体呈现,定位于凸显文化专题特色。每卷都是对一个地方文化的总结和梳理,这是江苏文化血脉的伸展和渗入,是江苏文化多样性、丰富性的生动呈现和重要载体。

"江苏历代文化名人传"的要义是"仰望山脉",关键词是"文化"。它不是一般性地为江苏历朝历代的"名人"作传,而只是为文化意义上的名人作传。为此,传主或者自身就是文化人并为中国文化的发展、为江苏文脉的积累积淀作出了重要贡献;或者虽然自身主要不是文化人而是政治家、社会活动家等,但对中国文化发展具有重大影响。如何对历史人物进行文化倾听、文化诠释、文化理解,是"文化名人传"的最大难点,也是其最有意义的方面。江苏历史上的文化名人汗牛充栋,"文化名人传"计划为100位江苏文化名人作传,为呈现江苏文化名人的整体画卷,同时编辑出版一部"江苏文化名人辞典",集中介绍历史上的江苏文化名人1000位左右。

一脉千古成江河,"茫茫九派流中国"。江苏文脉研究的千里之行已经迈出第一步,历史馈赠我们一次千载难逢的宝贵机遇,让我们巡天遥看,一览江苏数千年文化银河的无限风光,对创造江苏文化、缔造江苏文脉的先行者们献上心灵的鞠躬。面对奔涌如黄河、悠远如长江的江苏文脉,我们惟有以跋涉探索之心,怵惕敬畏之情,且行且进,循着爱因斯坦的"引力波",不断走近并播放来自江苏文脉深处的或澎湃,或激越,或温婉静穆的天籁之音。

我们一直在努力;

我们将一直努力!

目　录

绪　论

　　培根在《新工具》一文中称赞造纸和印刷术的发明在学术方面"改变了整个世界的面貌和事物的状态"，马克思在《机器、自然力和科学的应用》一文中说印刷术"是文艺复兴时代最伟大的发明，是科学复兴的手段"，两位伟大的思想家不约而同地给印刷术以高度评价，不是偶然的。印刷术是中国古代四大发明之一，这是毋庸置疑的，其中以雕版印刷影响最大，行之甚久。明代学者胡应麟在《少室山房笔丛》中称雕版印刷技艺"肇自隋时，行于唐世，扩于五代，而精于宋人"①，对雕版印刷的起始和发展予以简要的概括。

　　唐代虽然发明了雕版印刷术，但主要刊刻的是佛经、历书、风水等实用书籍和部分文集，印书数量很少，鲜有实物留存下来。五代只有短短的53年，在中国古代刻书史上却占有重要的地位，刻书事业从私家转移到官府，政府组织雕版印刷儒家经典，规模化的刻书活动开始出现，刻书之地主要集中在偏安一隅的蜀、南唐、吴越、闽等地。

　　宋代经济繁荣，文化发达，技术成熟，为刻书事业的持续发展并臻于极盛提供了适宜的环境。作为中国雕版印刷史上的黄金时代，宋代中央政府继续刻印图书，由国子监负责承担，国子监既是最高学府、国家的教育管理机构，又是中央政府刻书的主要单位，其所刻书，世称"监本"。除国子监承刻之外，其他政府部门和地方官署都有刻书印书之举，如崇文院、秘书监、太史局、德寿殿、左司廊局等殿、院、监、司、局等，

① （明）胡应麟：《少室山房笔丛》卷四《经籍会通》，《景印文渊阁四库全书》第886册，第211页。

这些部门多刻与本职权相关的专业书籍,而总体来说各部门所刻书仍以经、史著作为主。宋代众多学者或刻自己的作品,或刊其祖先的著作,或将家藏善本付梓流通,不胜枚举,而浙、闽、蜀三地商人以刻书取资,形成规模,坊刻之书流传天下,从而逐渐形成官、私、坊刻书系统的庞大网络。

元代灭宋之后,统一中国,蒙古族统治者逐渐接受汉文化传统,尊孔崇儒,兴学办教,他们对于刻书、印书事业非常重视,早在入主中原之前,就兴办官方刻书机构。元太宗八年(1236)成立编修所,在平阳立经籍所,编辑、印刷经史书籍。有元一代,两类典籍版刻最多:一是皇帝特别感兴趣的经史著作,如《孝经》《大学衍义》等一版再版;二是有助于农业生产的书,如《栽桑图说》《救荒活民》等,雕版后颁发各州县,此类书籍大部分是蒙文版本,很是珍贵,可惜大多早已失传。

明朝统治者很重视前代遗留下来的书籍印版,大都集中于西湖书院,并另刻新版,印行不少书籍,后将书版悉数运往金陵(今南京),保存在国子监内。明代刻书,沿袭宋元传统,官府刻本着重经史典籍,私家刻本以名家诗文为主,而坊间刻书,除经史读本和诗文以外,还有小说、戏曲、酬世便览、百科大全之类的民间读物。总体而言,明代刻书事业繁荣,是我国古代印刷业和印刷技术发展的高峰。

清代刻书地区比较普遍,初期刻书以南京、苏州、杭州较多,由于麻沙书坊遭到大火,百年书店尽遭烧毁,福建刻书在清代日趋衰落。北京是清代全国刻书中心地区,官刻十分发达。清中后期,全国各地刻书地区分布更广,湖南、湖北、江西、山东、山西、河北、广东、福建等省,印刷事业都有不同程度的发展变化,而仍以北京、南京、苏州、杭州最为突出。历史车轮进入近代以后,西学东渐,传统的刻书业受到严重冲击,虽然勉力维持,但最终被先进技术取代,刻书业朝向出版业转型。

自古以来,江苏是文化大省,文明进程一直走在全国前列,从雕版刻书来说,历史久远,成就辉煌。史料记载,早在唐朝中期,苏州和扬州等地民间就开始雕版印刷日历等在市场上售卖。唐末五代时吴越王钱俶刻印过《陀罗尼经》等经书,1978年,苏州市瑞光塔出土木版印刷的《大隋求陀罗尼经咒》和《梵文经咒》,分别为北宋咸平四年(1001)和景德二年（1005）印刷，上距五代末年仅四十余年，从经文刻印的质量分析，可以推知在唐末五代时期，江苏江南地区的刻书业已有一定的基础了。北宋时期，苏州、金陵等地开始出现官刻、私刻和寺观刻书，并有刻本流传至今。而南宋时期，政治中心南移，江苏的刻书事业得到进一步发展，金陵、苏州和扬州一时成为刻书中心，所刻典籍遍及四部，其中平江府碛砂延圣院内设立经坊，所刻《碛砂藏》影响极为深远。此外，镇江、常州等地亦皆刻书，所刻图书如《国语韦昭注》21卷、《宣和奉使高丽图经》40卷等，十分精美。元朝时期，统治者拨专款雕印儒家典籍，供给学校使用，官刻图书遍及各地，江苏境内建康路儒学、扬州路儒学、平江路儒学、无锡州学等刻书较多。元代江苏境内私家刻书兴起，其中著名者有荆溪（宜兴）岳氏、吴中范氏、吴郡陆氏、吴江金氏等。明清时期，江苏一度成为京畿之地，官私刻书丰富，刻书成为江苏地方文化中十分耀眼的一环，雕版和活字印刷十分流行，出现了南京、扬州、苏州和常熟四大刻书中心，官刻、坊刻、家刻和寺观刻书风起云涌，且随着商业繁荣和海外交往的推进，明清时期江苏刻书远销东亚各国，在刻书文化史上占有极高的地位。清末民初，西方先进的印刷技术传入中国，受其影响，传统的版刻活动逐渐式微，江苏也不例外，现代化的商业出版社严重冲击传统的刻书业，但是，江苏境内仍然存有这种传统的刻板工艺，以金陵刻经处、苏州文学山房等为代表，刻书传统一直维系下来，为民族文化坚守最后的防线。

江苏历代刻书业出现繁荣局面的原因，主要有以下几方面：

一是地缘政治的优势。在古代地缘政治体系中，江苏经历了由边缘逐步走向中心的发展过程。春秋末，吴王阖闾在苏州建立都城，国势逐渐强大，并多次北上争霸，其疆域几乎包括了今天江苏淮河以南的广大地区，吴国一下子成为东南强大的诸侯国，区域割据的中心。秦末，西楚霸王项羽在彭城（今徐州）建立统一政权，虽国运短祚，但影响力不容小觑。西汉一统，政治中心回到关中，江苏成为诸侯国的封地，但汉代统治者籍贯在江苏，故江苏的区位优势如影随形。东晋以降，江苏走向政治中心，南京成为半壁江山的都城，是江南士族大姓政权的政治、经济和文化中心，经济文化得到长足发展。唐宋时期是江苏地缘重心地位确立的关键时期。唐时扬州的地位更加突出,是仅次于长安、洛阳二京的繁华城市,不但成为南北交往的枢纽,而且也是对外联系的桥梁。北宋以开封为都城,而纵贯江苏全境的大运河仍然是国家的漕运通道,到南宋,都城迁到杭州,经济、文化中心完全移至太湖流域为中心的东南,江苏太湖流域作为经济文化重心的地位基本确立。元朝对江南采取了严酷的统治,但江南的经济文化在战乱后得到恢复,重心地位得到巩固。明清是江苏在中国地缘重心地位的兴盛时期,江苏的地位更加重要,南京成为明初都城,时间虽短,却是江苏在古代中国政治地位兴盛的标志。清朝南京地位仍然很高,经济发达,同时苏州地位上升,超过杭州,在被上海超过之前,苏州一直保持首位城市的地位。辛亥革命后,民国政府定都南京,南京重新成为全国都城,自然是政治文化中心。

二是经济繁荣的保障。江苏有着得天独厚的地理条件,因而自古经济发达,人文荟萃,城镇密布。考古发现,早在新石器时代,江苏境内遍种水稻等各种作物,农业生产极为先进。秦汉时期,江苏农业继续发展。东晋以后,随着政治中心的南移,经济中心也开始了南迁之路,这客观上给江苏农业发展带来了重要契机。战乱导致的北方人口的南迁,不仅带来了充足的劳动力,更重要的是带来了先进的耕作技术和生产经验,这为唐代以后江淮地区成为中央政权的经济支柱打下了基础。此后,历经宋元两代的发展,江淮地区的农业地位再没有动摇过。宋代由于农作物品种的改良,江苏一带成为全国农业收成最高的地区,当时流传着"苏常熟,天下足"的民谚。入元以后,这一地区的经济作物如棉花种植等也相当普遍,江苏松江在元代已经是棉花由南向北推广的中继站。明清以来,太湖地区成为中国当之无愧的第一产粮大区,江南水稻总产量占全国 70% 左右。苏州和南京是当时全国的手工业、丝织业中心。清末,南京、南通等地的民族工业和近代工业发展,在当时也很有影响。江苏经济在历史发展过程中形成了自己的鲜明特色:第一是均衡发展,在全国经济发展中,江苏在农业、工业和商业这三大经济领域中都处于领先地位;第二是充满活力,历史上,江苏经济始终处于超越自我、敢为天下先的发展形态之中,即使是在遭受战乱、自然灾害的打击后,也可以迅速地恢复、发展起来;第三是文化含量高,儒工商同道,并且有科技发展为其提供着重要支撑,江苏商人亦儒亦商,重利也重义。①

三是丰富的图书编纂。江苏图书编纂事业历时久,数量多,编纂学者众。据现有资料可知,早在西汉中期,淮南王刘安召集门人整理编纂《淮南子》一书,提出"窥道开塞""纪纲道德""经纬人事""庶后世使知其举措取舍之宜适"的图书编辑思想。西汉末年,刘向、刘歆父子负责校理国家藏书,分别撰写了《别录》和《七略》二书,开创图书目录之学。据《隋书·经籍志》记载,三国时吴人所撰经学类著作就有11种之多,而史学类典籍主要有韦昭《吴书》25卷、谢承《后汉书》120卷、张温《三史略》29卷等,所编天文学类典籍有姚信《昕天论》、阚泽《乾象历注》和王蕃《浑天象说》等,被后世天文学家奉为圭臬。魏晋南朝时期,江苏江南地区成为文化中心,大量经史于此编纂行世,如葛洪的《抱朴子》《金匮药方》《肘后备急方》等影响至今。南朝陶弘景的《本草经集注》收集了730种药物,补充了《神农本草经》之不足,带动一大批学者从事医药学著作的编纂工作。唐代的江淮流域经济已相当繁荣,社会较北方安定,著述丰富,刘知几的《史通》标志着史学著作研究进入了一个新的阶段,而享誉《文选》学界的四大名家曹宪、许淹、李善、公孙罗均为江苏籍人。宋元是古代图书编纂的繁荣时期,入宋以后由于社会各方面的需求,图书种类日益齐全,江苏编纂的图书包括当时各个知识的门类,涵盖儒家经典、历史、地理、医药卫生、农业、工业、天文历法、诗文集、佛道经典、民间文学以及日用类书籍等。明代江苏的图书编纂事业比前代有了更大的发展和普及,编纂图书数量之丰、品种之繁,皆为前代所不及,四部典籍应有尽有,在中国图书史上尤其值得大书特书的是永乐年间政府编纂的《永乐大典》,这是一部详备而又检索方便的大型类书,辑入各类书籍七八千种,全书22877卷,分装成11095册,编成后缮写了一部,保存在南京文渊阁的东阁,这是我国古代也是世界上最大的一部类书。清代江苏的图书编纂事业在乾嘉时期、光绪年间形成高潮,乾嘉

① 参考汪小洋、周欣《江苏地域文化导论》,东南大学出版社2008年版。

时期的丛书编纂较为兴盛，其中，康熙四十四年（1705），清政府在扬州设立了诗局，编刻了皇皇巨制《全唐诗》900卷。地方官府主要修纂地方志，并持续到清末。名家学者辑集、考订之书、家族丛书、郡邑丛书大量涌现，由此带动了个人诗文集的出版。光绪年间，由西书翻译带动，各种新内容的图书开始出现，至民国时期，文学艺术类的翻译图书也越来越多，同时，宣传各种思想的图书也大量涌现，在江苏境内，一批资产阶级民主革命志士编辑出版了大量宣传革命的图书，各种报刊大量出现，这些革命书刊的编写对唤醒民众、宣传革命起了重要作用。国民政府定都南京后，南京成为当时中国的政治文化中心，图书编纂和期刊出版盛极一时。

四是先进的造纸技术。文献记载和遗存实物充分证明，至迟在三国时期，江苏境内已经开始造纸，现存最早的纸本法书——西晋时陆机撰写的《平复帖》，所用纸张为产自苏州的麻纸。东晋穆帝永和年间在丹阳郡设立平准署，这是古代发付转输物资、平抑物价的机构，《丹阳记》称"平准署有纸官"①，造纸以供宫内使用，这时期的纸还涂上黄色防蠹药物，称为黄纸，并开始大量生产好纸。东晋末，桓玄下令废竹简，用黄纸代竹简，纸的使用量大大提高，纸的产量也随之增长起来，官私造纸相继发展。《丹阳记》记载说："江宁县东十五里，有纸官署。齐高帝于此造纸之所也。尝造凝光纸赐王僧虔，一云银光纸也。"②这是古代最早的官办造纸机构，而民间造纸主要分布在南京、六合和苏州一带。隋唐时期，纸的用途广、用量大，进一步促进造纸业的发展，唐政府还在长江流域设有造纸作坊，以供朝廷和各级官府用纸，江苏境内的造纸作坊主要设在常州、扬州、六合、南京和苏州等地。五代时，南唐和吴越等国文化事业发达，印刷业推广开来，加以佛教兴盛，江苏境内造纸产区主要分布在江南一带。宋元印刷业极为发达，从而对造纸业提出了更多和更高的要求，印刷用纸大为增加，且宋代书画极盛，对纸张的质量十分讲究，如六合麻纸在扬州一带生产更繁盛，苏州产彩色压花镂金笺、春膏纸，常州产粉笺，宜兴产檀皮纸、桃花纸，等等。宋元时期佛教盛

---

① （南朝宋）山谦之：《丹阳记》，刘纬毅《汉唐方志辑佚》，北京图书馆出版社1997年版，第177页。

② （南朝宋）山谦之：《丹阳记》，刘纬毅《汉唐方志辑佚》，北京图书馆出版社1997年版，第179页。

行,抄经和印经用纸颇为讲究,如苏州产的金粟山藏经纸为当时高档名纸。明清时期,印刷事业的飞涨,带来造纸业的飞速发展,但是,明清大量印刷用纸如连史纸、玉版纸、毛边纸和毛太纸等,皆以竹子为原料,而江苏境内生产竹子的地区很少,仅有宜兴一地,但是,这一时期的江苏人因地制宜发展造纸业,利用桑皮原料造币纸、贡纸、高档书画纸等,并大力发展加工纸,如苏州晒金笺、金花笺、玉版笺、谭笺、朱砂笺、洒金五色蜡笺、纸牌纸板等。

五是独特的制墨工艺。墨是文房四宝之一,为传统的书法、绘画和印刷必备品,使用非常之早,新石器时代的陶器就有黑色图画,古人灼龟,先以墨划线,甲骨文即用墨先写后刻。战国竹简墨色至今漆黑,汉代官员每月可得隃糜大墨、小墨各一枚。曹植诗中有"墨出青松烟",可知汉魏时期,古人已经发明了烟墨。同样,江苏境内制墨工艺起源较早,史载,孙吴书法家皇象论墨,已有"多胶黝黑"①之说,可见,当时制墨已加入了胶,而采用胶配制,就使得墨的质量有很大提高。如南朝宋吴郡吴县(今江苏省苏州市)人张永,他广泛阅览经典史籍,能写文章,擅长隶书,通晓音律、骑马射箭等各种技艺,样样在行,加上思维灵活,更受文帝欣赏。张永所用的纸墨都是他自己制作的,文帝每逢收到张永呈交的奏章,总是拿在手中把玩欣赏赞叹,感慨御用品都比不上。但受制于制墨材料的限制,江苏古代制墨业相较于其他地区有一段时间的停滞期。唐前中期,制墨业重心尚在北方地区,唐末五代,制墨业重心逐渐转移至江南地区,而盛产松树的歙州成为著名的制墨中心。江苏制墨的鼎盛时期当为明清之际,墨主要是从徽州传入的,制作地区以苏州为主。清嘉庆间,徽州婺源(现属江西上饶)人詹琴三最先来苏州开设专营"徽墨"的店铺,初在东大街,后迁至阊门内西街北侧的桃花桥。道光间,又有婺源人詹大有亦在苏州开设墨庄,店址选在繁华地段的中市街(现称东、西中市)。清代后期,叱咤神州墨坛的制墨代表人物有曹素功、汪节庵、汪近圣、胡开文"四大家"。其中,制墨始祖曹素功于清康熙六年(1667)弃官转做制墨生意,曾获康熙赐"紫玉光"三字。同治间,

① (明)麻三衡:《墨志·纪原》,《丛书集成初编》第1496册,中华书局1985年版,第1页。

曹素功的一支后裔迁出徽州，来到苏州开设"曹素功尧记墨庄"，是苏州最著名的墨庄。而胡开文的胡氏墨，其后人早年亦来苏州开设胡开文墨店，胡氏墨店主要在阊门内上塘街和西中市一带，牌号大多以"胡开文"取名，后加某记以作区分。由于江苏境内墨庄的店主大多来自徽州，故产品称作"徽墨"，并沿袭至今。江苏古代制墨工艺十分考究，原料主要为烟（碳素粒子）、胶、药，以烟为主，配之适量的胶，再用药物来防腐、增光、助色、取香，才能制出理想的墨来。其制作工艺分为点烟、蒸胶、和料、制墨、翻凉、描金及墨模雕刻等步骤。墨料被制成墨坯，由制墨工人用榔头反复捶打。行业内称作的"轻胶十万杵"，就是把墨坯捶打到细糯均匀的状态，再经过细揉搓收，制成墨条，最后入模子内经精压成形。其中"和胶"一道程序，受气候气温影响较大，故制墨多在农历正月、二月、十月进行。这样精工制作出来的墨备受文人学者、书画界人士及收藏界的青睐，更为刻书提供了绝好的印刷材料。

第一章　江苏唐五代刻书

唐朝（618—907）在全国行政管理上创立了道制，确立了府制，武德初年改郡为州。开元二十一年（733）之前，江苏分属河南、淮南、江南三道，以后将江南道分为江南东道和江南西道。其中，徐州、海州、泗州属于河南道，扬州、楚州属于淮南道，苏州、润州、常州属于江南东道，溧水、溧阳二县属于江南西道宣州。五代时（907—960），江苏北部徐州、淮安一带先后属于后梁、后唐、后晋、后汉和后周管辖，海州、盐城、扬州一带一度也属于后周管辖。江南一带，先有杨行密建立吴国，都扬州，后李昇灭吴，建立南唐，都金陵（今南京）。

第一节　唐代江苏刻书

古代刻书的出现需要纸墨和雕刻技术等作为前提条件，人们曾把公元105年"蔡侯纸"的发明作为纸的起始年，然而考古发掘中已多次发现西汉时期的古纸，故纸的产生远远早于蔡伦时代，蔡伦的重大贡献应是提高了纸张的质量。此外，墨在先秦时期已广泛使用，而印章、石刻在秦汉时期也普遍流行，意味着刻字技术的日渐成熟。且汉字在秦代完成了从小篆到隶书的转变，字体转变为方块，这一切都为古人刻书提供了物质和技术的可能。

那么，中国古代刻书究竟起源于何时？千百年来，学术界围绕这个问题一直争执不休，难有定论。《光明日报》1993年11月21日刊登杨绳信《雕版印刷也许起源于两汉》一文,提出雕版起源于西汉的说法,但是题目中的"也许"二字已经告诉我们,作者只是猜测,并不十分肯定。《扬州晚报》2005 年 8 月 18 日也发表记者桂国所撰写的新闻稿《雕版印刷术可能起源于西汉》,文中引用印志华的观点与杨绳信基本相同,也是不确定的结论。尤其是尚无史料记载西汉时期能够制造出适合印刷的纸,故所谓刻书起源于西汉的说法,只能是猜测,或者还只能说西汉时期的科技水平为雕版刻书的出现积累了一定的条件。

东汉后期,宦官当权,引起了官僚和士子的极大不满,他们讨论政治,抨击时弊,大造舆论,得到社会各界的广泛同情和支持,宦官对此恨之入骨,诬称他们结为死党,图谋不轨,并多次进行残酷的镇压,这就是史上有名的"党锢之祸"。汉灵帝建宁二年(169),宦官侯览仗势欺人,鱼肉乡里,山阳督邮张俭对其进行弹劾,而侯览则反咬一口,唆使爪牙朱并诬陷张俭与同郡 24 人结为死党,朝廷因此"刊章捕俭"①。元人王幼学、明人朱厚烨、清人郑机、今人李致忠等皆根据史书中"刊章"二字,认定雕版印刷术起源于东汉。但是,"刊"的本义是删削,而非刊刻,对照相关文献,"刊章"还有可能为"刑章"之误,因此,刻书起源于东汉的说法并无明显说服力。

1894 年,法国学者拉克佩里(T. de Lacouperie,又译拉克伯里)出版了《中国上古文明西源论》(*Western Origin of the Early Chinese Civilisation*)一书,书中认为,东晋成帝(326—342 年在位)时,蜀中成都即有刻版印书之举。由于拉克佩里没有详细说明支持其观点的资料来源,且细细检阅拉克佩里所根据的《蜀志》和《周书》,并无相关记载。其实,刻书源于成都的说法由来有自,明人杨慎在《丹铅总录》中说:"后蜀孟昶,又立石经于成都,宋世书传,蜀本最善。"②清人王士禛《五代诗话》引陈聂恒撰《边州闻见录》称:"孟昶尝立石经于成都,又恐石经流传不广,易以木版。宋世书称刻本始于蜀,今人求宋版,尚以蜀本为佳。"③肯定的都是五代时后蜀的刻书成就,而没有提及东晋时期成都的

① (南朝)范晔:《后汉书》卷六十七《党锢列传》,中华书局 1965 年版,第 2188 页。
② (明)杨慎:《丹铅总录》卷十五,《景印文渊阁四库全书》第 855 册,第 510 页。
③ (清)王士禛撰,郑方坤删补,戴鸿森校点:《五代诗话》,人民文学出版社 1989 年版,第 25 页。

刻书活动。

北齐颜之推《颜氏家训》说："《汉书》云：'中外提福。'字当从示。提，安也，音匙匕之匙，义见《苍》《雅》《方言》。河北学士皆云如此。而江南书本，多误从手，属文者对耦，并为提挈之意，恐为误也。"①这段文字出现了"江南书本"字样，故日本学者岛田翰认为这里的"书本"是与"墨板"相对而言的，所以给出了刻书源于六朝的说法。不过，《颜氏家训》多次提及的均为抄本，而非刻本，岛田翰之说尚无确证，亦欠旁证，学术界并不认可。又据叶德辉《书林清话》记载，与岛田翰看到文中的"书本"即断为"雕本"一样，明人陆深针对隋代费长房《历代三宝纪》中有"废像遗经，悉令雕撰"之记载，认为"雕"即"雕版印刷"，提出了刻书起源于隋代的说法。但是，观文意，此书"雕撰"指的是重雕废像，重撰遗经，并非指雕版。② 学术研究一向提倡孤证不立，文献记载需要与考古发现相互印证，缺少旁证是致命的硬伤，故上述关于古代刻书起源的诸种说法都难以自圆其说。

肖东发论述古代刻书起源问题时说："任何一项新技术的产生，都必须具备两个前提，一是当时社会对这项技术的强烈需求，二是产生这种新技术的可能，包括物质基础和技术条件两个方面，而在中国的隋唐之际，这几方面条件均已具备。"③史料对于刻书活动始于唐代的说法较为丰富。如明邵经邦《弘简录》记载：唐太宗贞观十年（636），长孙皇后去世，官司上其所撰《女则》一书，"帝览而嘉叹，以后此书足垂后代，令梓行之"。今人张秀民认为"梓行"即刻印发行之意。④ 唐代出现刻书活动，与佛教事业发展到鼎盛时期，教众对于佛教典籍的大量需求分不开，佛教徒不仅需要复制经文经咒，还需要大量复制佛像，他们迫切需要一种技术，能把复制图文统一协调起来，因而，佛经和佛像的雕版印刷工作自然而然地开展起来，迄今所能见到的唐代印刷品多为佛经，足

① （北齐）颜之推撰，王利器集解：《颜氏家训集解》卷十七《书证篇》，中华书局1993年版，第460页。
② 叶德辉：《书林清话》，广陵书社2007年版，第14页。
③ 肖东发：《中国印刷图书文化的起源》，《出版科学》2000年第1期。
④ 张秀民对于邵经邦的记载是有疑问的："邵氏是16世纪的史学家，他的话属第二手史料。两《唐书》、《通鉴》、《太平御览》，虽然提到《女则》，恰没有'令梓行之'一句，邵氏不知根据什么书转载的。"参见张秀民《中国印刷史》，浙江古籍出版社2006年版，第10—11页。

以证明这一点。佛教印品外，民间还有需求量大的实用书籍，如农业生产和民俗活动中的历书、算命使用的术数类图书、文化教育使用的字书，等等，都已经开始以刻版的形式大量印制，到晚唐时，刻书活动的地域已十分广泛，最为活跃的是长江沿线，如上游的剑南、西川，中游的淮南道、江南西道，以及下游的扬州、越州等，这些地区造纸、制墨技术先进，交通极为便利，逐渐形成古代早期刻书业中心。

　　江苏为古代刻书发源地之一，如果说《颜氏家训》中的"江南书本"是刊本的话，那么江苏刻书史可以追溯到南北朝时期，当然，这只是假设。学术界通行的观点是刻书起源于唐代，江苏在唐代已有刻书活动也是不争的事实。唐时，江苏经济繁荣，社会稳定，大批文人学者从北方徙居于此，共同为江苏的文化事业作出了重要贡献。但由于处于刻书初期，诸多史料缺失，今所能考知唐代江苏刻书情况仅以扬州、苏州两地为主。

　　沈括《梦溪笔谈》记载说："扬州在唐时最为富盛，旧城南北十五里一百一十步，东西七里十三步。"[1]扬州在唐代成为长江下游地区的经济中心，不仅在江淮之间"富甲天下"，而且是中国东南第一大都会，国际性贸易大都市，有很多阿拉伯商人定居扬州，他们甚至在中国科举入仕。安史之乱后，扬州经济地位迅速提升，成为唐朝最繁华的城市，也是历史上第一个以工商业闻名的大都市，当时即有"扬一益二"之美誉，繁华程度直逼两京——长安和洛阳。日本派出的遣唐使都是先到扬州来学习唐朝文化，再从扬州出发，前往各地。同时，遣唐使还邀请扬州高僧鉴真东渡日本，扬州是对日本进行大量文化输出的重要地区。

　　扬州在唐代已有雕版刻书，史载："（大和）九年十二月丁丑，东川节度使冯宿禁版印历日奏为最早，观奏云：'准敕，禁断印历日板。剑南两川及淮南道皆以板印历日鬻于市。每岁司天台未奏颁下新历，其印历已满天下，有乖敬授之道，故命禁之。'"[2]《旧唐书》也有相关记载："（大和九年）十二月壬申朔，……丁丑，敕诸道府不得私置历日版。"[3]淮南道

---

① （宋）沈括：《梦溪笔谈》"补笔谈"卷三，刘尚荣校点，辽宁教育出版社1997年版，第185页。

② （宋）王钦若等：《册府元龟》卷一百六十，中华书局1960年版，第1932页。

③ （后晋）刘昫等：《旧唐书》卷十七《文宗纪》，中华书局1975年版，第563页。

治扬州,可知扬州其时已有私印历日者,其时扬州刻书以私家印售为主,内容则为民间所需日历等实用材料。需要说明的是,中国古代天文历法至唐代走向成熟,其主要标志是历法进一步规范,历术进步,发现历法与实际天象出现较大误差后能及时编造新历,并出现了许多很有特色的历法。李渊建唐之初,沿用隋《大业历》,武德二年(619)颁用傅仁均的《戊寅元历》,开创了中国历史上第一个在民用历中采用定朔法的历法。唐高宗麟德二年(665)起,颁用李淳风编造的《麟德历》,《麟德历》用到开元九年(721)已显疏漏,于是唐玄宗诏令一行编撰新历,于开元十五年编成《大衍历》。宝应元年(762),因《大衍历》未报代宗宝应元年六月望的月食,改颁郭献之编修的《五纪历》。建中四年(783),又以《正元历》替代了《五纪历》。长庆元年(821)起颁行徐昂编撰的《宣明历》。唐代使用的最后一部历法是边冈编撰的《崇玄历》,昭宗景福二年(893)颁行。① 唐文宗时,政府之所以禁止民间私刻历法,原因即在于政府对于历法工作十分重视,不断修订,及时更新,而民间所刻多为旧历,农业生产依之而行则会贻误农时,为害不浅。

唐穆宗长庆四年(824),元稹在《白氏长庆集序》中说道:"乐天《秦中吟》《贺雨》《讽谕》《闲适》等篇,时人罕能知者。然而二十年间,禁省、观寺、邮堠、墙壁之上无不书,王公、妾妇、牛童马走之口无不道,至于缮写模勒,街卖于市井。或持之以交酒茗者,处处皆是。其甚者,有至于盗窃名姓,苟求自售,杂乱间厕,无可奈何!"这段文中"处处皆是"四字下,有一行小注:"扬、越间多作书模勒乐天及予杂诗,卖于市肆之中也。"②根据这段小注文字,专家学者长期以来就中唐时期是否存在"印刷"问题,展开了激烈的论争。明人胡震亨《读书杂录》说:"书籍之有印本,云起于五代者,非也。元微之序白乐天集,已有市井模勒街卖之说……则剞劂之利,在唐世已盛兴矣。"③清人赵翼说:"摹勒,即刊刻也。则唐时已开其端欤?"④王国维在《两浙古刊本考》文中针对此事也说:

① 参考白寿彝总主编,陈光崇主编《中国通史》第6卷《中古时代·隋唐时期下》,上海人民出版社2015年版,第1645—1647页。
② (唐)元稹:《元稹集》卷五十一《白氏长庆集序》,中华书局2010年版,第642页。
③ (明)胡震亨:《读书杂录》卷上,《续修四库全书》第1132册,上海古籍出版社2002年版,第383页。
④ (清)赵翼:《陔余丛考》卷三十三《刻书书册》,中华书局1963年版,第695页。

"夫刻石亦可云摹勒,而作书鬻卖,自非雕板不可,则唐之中叶,吾浙已有刊板矣。"①"越"为越州即浙江绍兴,"扬"即江苏扬州,王国维据此称"吾浙"有刊本,那么扬州也应有刊本,且指出两地刊刻元白诗集的原因在于"鬻卖",今人张秀民先生进一步解释说:"卖者旨在速售。"②如果是抄纂,则不可能做到"速售"。此后学者沿袭,几成定论。③

唐时,江苏境内的苏州和扬州一样,也是经济富庶,文化发达的地区,史料对苏州刻书也有零星的记载。

唐代宗大历十三年(778),朝廷设苏州为江南唯一的"雄州"(唐制州分七等,"雄州"为二等),从此,苏州名称被固定作为通称。隋时,江南运河正式修成,与北方运河连结为一体,江南地区的水陆交通大大改善,生产力得到发展,经济更加繁荣,南北文化的交流更为便捷。入唐,苏州的经济文化发展更快,出现人口众多、地繁民富的景象。苏州出现刻书的史实,宋王谠《唐语林》卷七有记载:"僖宗入蜀,太史历本不及江东,而市有印货者,每差互朔晦。货者各征节候,因争执。里人拘而送公,执政曰:'尔非争月之大小尽乎?同行经纪,一日半日,殊是小事。'遂叱去。而不知阴阳之历,吉凶是择,所误于众多矣。"④黄巢之乱,僖宗幸蜀,长江下游一带得不到官历,私家版刻历盛行,以致引起同行争吵,可见当时雕印历日之普及。唐时,江南东道治苏州,江东当指今苏州一带,可知苏州一带盛行印刷历日,但囿于史料之阙,尚无法考知唐代苏州其他刻书情况。此外,这则史料还告诉我们唐代历法之发达,历书不但标明每月大小尽(月大三十日,谓"大尽",二十九日为"小尽"),还要标明节气,指导农业生产。

---

① 王国维:《观堂集林》卷二十一《两浙古刊本考序》,河北教育出版社 2003 年版,第 517 页。

② 张秀民:《中国印刷史》,韩琦增订,浙江古籍出版社 2006 年版,第 20 页。

③ 当然,学术界也有反对者。反对者亦从考证"模勒"字义入手,认为"模可释为摹写,勒亦可诠为钩勒,从原迹摹写钩勒若今之影写本然,似亦可通"。由此,考证"模勒"字义遂成论证中唐印刷事实存在与否之关键。参见苏勇强《元稹"模勒"续考》,《晋阳学刊》2006 年第 1 期。

④ (宋)王谠:《唐语林》卷七《补遗》,上海古籍出版社 1978 年版,第 256 页。

第二节　五代江苏刻书

　　唐末农民起义以后,经过长期的军阀混战,社会又重新回到了分裂割据时代,北方中原地区相继出现了定都于开封和洛阳的后梁、后唐、后晋、后汉和后周五个朝代,南方则出现割据于西蜀、江南、岭南和河东等地的十几个政权,史称五代十国。五代时期的江苏境内分属于不同政权管辖,淮北的徐州先后属梁、唐、晋、汉、周,江南的苏州则属吴越钱氏,其他各州先后属杨吴和南唐。其中,杨吴、南唐政权以扬州、金陵为中心,先后共存在85年,对江苏的社会稳定和经济发展作出了一定的贡献,并为两宋以降的进一步发展奠定了良好基础。

　　杨吴政权是否有刻书之举,史料不载,今能考知者为南唐刻书。南唐灭吴,都金陵,改称江宁府。中主李璟和后主李煜均崇尚学术,善作诗文,在他们的影响下,南唐藏书为十国之冠,《续资治通鉴》记载:"建隆初,三馆所藏书仅一万二千余卷,及平诸国,尽收其图籍,惟蜀、江南为多,凡得蜀书一万三千卷,江南书二万余卷。"[①]可知南唐藏书之富,为刻书准备了上好的底本来源。

　　南唐后主李煜汲取四川先进的造纸技术,改进了宣纸的制造工艺,用楮皮制成了光滑洁净的纸张,经过了打磨、上光等工序,成为官方专用高级纸张,此即史上著名的"澄心堂纸"。《渑水燕谈录》记载说:"南唐后主留意笔札,所用澄心堂纸、李廷珪墨、龙尾石砚三物,为天下之冠。"[②]李煜不仅将澄心堂纸钦点为御用,更以"南唐烈祖节度金陵之晏居"[③]的"澄心堂"为其命名,并辟后苑御书房"澄心堂"大量储藏,即所谓"澄心堂中千万轴"[④]。而李廷珪者,原姓奚,易水(今属河北)人,因所制

---

① (清)毕沅:《续资治通鉴》卷九,上海古籍出版社1987年版,第44页。

② (宋)王辟之撰,韩谷校点:《渑水燕谈录》卷八,与陈鹄《西塘集耆旧续闻》合刊本,上海古籍出版社2012年版,第59页。

③ (明)陶宗仪:《说郛》卷二十二上,《影印文渊阁四库全书》第877册,上海古籍出版社2003年版,第258页。

④ (宋)刘敞:《去年得澄心堂纸甚惜之辄为一轴邀永叔诸君各赋一篇仍各自书藏以为玩故先以七言题其首》,傅璇琮等主编:《全宋诗》卷四百七十七,北京大学出版社1995年版,第5774页。

墨改进原先捣松、调胶等法，做成后光泽如漆，为南唐后主李煜所赏识，被任为墨务官，并赐姓李。其墨造型精美，有"剑脊龙纹"圆饼、"双脊鲤鱼"、"乌玉玦"、"蟠龙"弹丸等。据称选料以松烟一斤，珍珠三两，玉屑、龙脑各一两，和以生漆，捣十万杵而成。故有"得其墨而藏者可五六十年，胶败更调，入水三年不坏"和"其坚如玉，其纹如犀"之说。① 南唐的造纸和制墨技术娴熟，为刻书准备好了充分的物质条件。

"后唐长兴中，冯道、李愚奏云：'尝见吴、蜀之人鬻印板文字，色类繁多。'"②"色类繁多"是说两地刻本种类多，但是"印板文字"指的是哪类图书，没有说清楚，不过，根据前文所提到的《唐语林》的记载，五代时吴蜀等地所鬻卖的刻版文字，大约也应该是日历之类的实用印刷品。

五代时，江苏境内的刻书活动主要集中在建康（今南京）。建康为南唐首都，李氏统治者酷爱艺文，史载他们先后镌刻的典籍有：

1.《史通》

《史通》为唐刘知几所撰，是我国乃至全世界第一部系统的史学理论专著。《史通》写成之后，刘知几曾将抄本送给知近人阅看。刘氏卒后，玄宗敕河南府就家写《史通》以进。因此，当时官方和刘氏家里都有《史通》抄本行世。据明人丰坊所作《真赏斋赋·序》称："刘氏《史通》《玉台新咏》（原注：上有'建业文房之印'），则南唐之初梓也。"③"建业文房之印"为南唐后主李煜藏印，可知《史通》在南唐时期（937—975年，李煜于961—975年在位）已有刻本。今所见最早版本是明嘉靖十四年（1535）陆深刻本，但脱讹颇多。明万历五年（1577），张之象得见宋刻本，校而刊之，较为完善。

2.《玉台新咏》

《玉台新咏》10卷，南朝徐陵编，是《昭明文选》之后上继《诗经》《楚辞》的中国古代诗歌总集。该书南唐刻本史料记载见上文，但南唐刻本不见流传下来，宋代所刻版本中最好、最符合原貌的是南宋陈玉父的刻

---

① 参考邵洛羊《中国美术大辞典》，上海辞书出版社 2002 年版，第 307 页。
② 王国维：《观堂集林》卷二十一《两浙古刊本考序》，河北教育出版社 2003 年版，第 517 页。
③ （明）丰坊：《真赏斋赋（并序）》，载明郁逢庆《书画题跋记》卷五，《文渊阁四库全书》第 816 册，第 659 页。张秀民在《中国印刷术的发明及其影响》中引录了这条资料，云："赋中所咏书籍碑帖、法术名画，均为明无锡华夏所藏。"上海人民出版社 2009 年版，第 45 页。

本,明崇祯六年(1633)赵均曾以该本覆刻。现存的版本则为明无锡孙氏活字本。

3.《韩集》

韩愈文集是长庆四年(824)韩愈逝世后由门人李汉编辑的,计有赋4篇、古诗210首、联句11首、律160首、杂著65篇、书启序96篇、哀辞祭文39篇、碑志76篇、笔砚鳄鱼文3篇、表状52篇。南宋时,由于时间长久,散逸过多,廖莹中世彩堂为之刊刻,是为《昌黎先生集》40卷,另有《目录》1卷,《外集》1卷,《附录》5卷,《增考年谱》1卷。莆田人方崧卿《韩集举正序》称其所校勘碑志祭文,"以南唐保大本兼订焉"①,可知南唐时刻有该集,但后世亦不见流传。

此外,宋王明清《挥麈后录余话》记载说:"《大业幸江都记》自有十二卷,明清家有之,永平时扬州印本也。"②"永平"为五代初期前蜀年号,时值公元911—915年,可知五代时扬州也有雕版印刷之举,惜无实物留存。

① (宋)方崧卿:《韩集举正》卷一《序》,《景印文渊阁四库全书》第1073册。
② (宋)王明清撰,王松清点校:《挥麈录》,上海古籍出版社2012年版,第196页。

第二章　江苏宋代刻书

　　两宋时期,社会繁荣,经济发达,文化事业取得了超越前代的非凡成就,陈寅恪先生说:"华夏民族之文化,历数千载之演进,造极于赵宋之世。"①文化昌明的宋代可谓"士大夫时代",读书治学成为一时风尚,史载各位帝王皆酷爱读书,如宋太祖"极好读书,每夜于寝殿中看历代史,或至夜分,但人不知,口不言耳"②,宋太宗自称"朕性喜读书,开卷有益,每见前代兴废,以为鉴戒,虽未能尽记其未闻未见之事,固以多矣"③,宋真宗"听政之暇,唯务观书"④。上有所好,下必甚焉。宋帝良好的读书习惯深深感染了臣子和士人,戎马出身的宰相赵普,每每罢朝回家,即端坐书房,虽然他长期专读《论语》一书,但借此治国足矣。众多士子通过读书而中举,而入精英阶层,他们在长期的读书实践中总结了"八面受敌读书法"(苏轼)、"精熟读书法"(黄庭坚)、"知出知入读书法"(陈善)和"优游读书法"(陆九渊)等。宋代社会精英与庶族平民大都笃志进取,嗜书如命,读书风气空前高涨,官僚阶层形成了"满朝朱紫贵,尽是读书人"的用人局面,宋代文化从而也迅速进入了中国古代文化史上较为繁荣的时期。

　　文化繁荣的宋代,在图书编纂方面取得了伟大的成就。《宋史·艺文志·序》称:"君臣上下,未尝顷刻不以文学为务,大而朝廷,微而草

① 陈寅恪:《邓广铭〈宋史职官志考证〉序》,《金明馆丛稿二编》,上海古籍出版社1980年版,第245页。
② 周勋初等:《宋人逸事汇编》,上海古籍出版社2014年版,第32页。
③ 周勋初等:《宋人逸事汇编》,上海古籍出版社2014年版,第38页。
④ 周勋初等:《宋人逸事汇编》,上海古籍出版社2014年版,第60页。

野,其所制作、讲说、记述、赋咏,动成卷帙,綦而数之,有非前代之所及也。"①例如太宗和真宗时期,朝廷利用三馆藏书,组织一批博学之士,相继编纂《太平御览》1000 卷、《太平广记》500 卷、《文苑英华》1000 卷和《册府元龟》1000 卷,史称"宋四大书",宋四大书成书后,广为流传,迄今仍为学者们利用。宋代私家编纂图籍与官府形成并峙局面,除经籍外,举凡史书、医书、类书,乃至一些向不受重视的野史笔记等,皆广为编纂,诚如清人昭梿所云:"自古稗史之多,无如两宋。虽若《扪虱新语》《碧云騢》,不无污蔑正人,然一代文献,赖兹以存。学者考其颠末,可以为正史之助。"②

"宋代士人生存的特殊环境,使得宋代艺术审美在走向精致化的同时也越来越贴近日常生活,艺术与生活的充分接近与融合渐成为宋代的一时审美风尚。"③日常化的审美生活,需要以图籍的阅读和收藏为基础,故宋代士人信奉"积钱积谷不如积德,买田买地不如买书",由此诞生许多藏书名家,名士们以藏书为时尚,叶梦得《过庭录》说:"公卿名藏书家,如宋宣献、李邯郸,四方士民如亳州祁氏、饶州吴氏、荆州田氏等,吾皆亲见其目,多止四万许卷。"④王禹偁《还扬州许书记家集》说:"我来迎侍游江都,玳筵往往陪欢娱。遂求家集恣吟讽,海波干处堆珊瑚。"题注:"许浑孙进家集得官。"⑤晚唐诗人许浑之孙在太宗时,因进《许浑集》而得官,可见官方对于私家藏书重视,大大促进了民间藏书事业开展。后人对于宋代藏书之盛论述较多,如元人吴澄《赠鬻书人杨良辅序》说:"宋三百年间,锓板成市,板本布满天下,而中秘所储,莫不家藏而人有。"⑥以此可见宋代私家藏书之一斑。关于宋代藏书家数量,傅璇琮和谢灼华说:"两宋称得上藏书家,即藏书在千卷以上、事迹可考或约略可考者约五百余人。"⑦这当是一个保守数字,真实数字还应更高。

① (元)脱脱等:《宋史》卷二百零二,中华书局 1977 年版,第 5033 页。
② (清)昭梿:《啸亭杂录》,何英芳点校,中华书局 1980 年版,第 30 页。
③ 潘立勇、陆庆祥、章辉、吴树波:《中国美学通史》(宋金元卷),江苏人民出版社 2014 年版,第 313 页。
④ 原文见(元)马端临《文献通考·经籍考》卷一百七十四引,中华书局 1986 年版,第 1510 页。
⑤ (宋)王禹偁:《小畜集》卷十二,《四部丛刊》第 804 册,商务印书馆 1920 年版,第 53 页。
⑥ (元)吴澄:《吴文正公集》卷十九,《元人文集珍本丛刊》第 3 册,台北新文丰出版公司 1985 年版,第 353 页。
⑦ 傅璇琮、谢灼华:《中国藏书通史》,宁波出版社 2005 年版,第 350 页。

宋代文化在漫长的古代社会中独树一帜,为刻书事业的发展提供了绝佳条件。作为雕版印刷的繁荣时代,宋代从朝廷到地方,雕版印刷十分流行,"从监司到府、州、郡、县,皆刻书,有人考证,南宋刻书见于记载的就有 173 处之多"①,各种古籍及时人著作,皆得以大量雕版印刷,文人们亲自校对书籍,以正谬误,图书质量显著提高。

作为宋王朝的重要地区之一,江苏在文化上多方建树,刻书业一直走在前列,这与宋代江苏的经济发展繁荣密不可分。

从北宋开始,江苏境内经济开发进入到一个崭新的阶段,成为全国最富庶的区域。江苏境内水利事业在隋唐五代出现了第一次发展高潮,到了两宋则掀起了第二次高潮。今天的苏北淮河以南在宋代属淮南东路,这里一直是历朝兴屯田、修水利的重点区域。宋代不仅对前朝各项工程一一加以修复,如江都古盐河、高邮陈公塘、宝应射马港、山阳渡塘沟和龙兴浦、淮阴青州涧等,还兴办了捍海堰等新的水利工程。各种水利工程的推进,明显加快了农业发展。两宋时期,江苏是全国产粮最多的地区。

在农业发展的基础上,宋代江苏手工业也得到了长足发展。宋政府在江宁、常州、润州等地设有官营的织造作坊,而苏州则设有数百台织机和数千名工匠的织锦院。著名的丝织品有苏州的宋锦、扬州的白绫、常州的紫纱、润州的水波绫等。苏北沿海的盐场则十分壮观,亭灶相望,盐如雪花般铺满大地,盐赋收入急剧增加,史载南宋绍兴末年以后,仅泰州海陵一监,每年就有六七百万缗的税收,超过唐朝全年的赋税收入。其他手工业如酿酒业、造纸业、造船业、冶铁业亦都有明显进步。两宋时期,江苏的造纸业得到了快速发展,真州(今仪征一带)麻纸是贡纸名品,江东纸更著名,而江宁府的澄心纸、苏州金粟山藏经纸等,都是有名的好纸。

以农业和手工业的快速发展为基础,宋代江苏的商业活动频繁,有大量的稻米输出,出现了以"树桑"为"常产",以"蚕办生事"的专业生产者,苏州的洞庭桔、甘蔗也已形成了专业化的生产模式,扬州的养花业

---

① 姚伟钧:《宋代私家目录管窥》,《文献》1999 年第 3 期,第 85—89 页。

别具独色,所种芍药与洛阳牡丹并称于世,有"芍药之美专于扬州"之称。商业的发展带来了城市的繁荣,其中,平江(苏州)为苏南一大都会,"风物雄丽为东南之冠"①。各地的丝绸、瓷器和农副产品汇集到苏州,通过浏河远销日本和南洋诸国;日本的家具、漆器,朝鲜的折扇,南洋的玳瑁、珠宝等也涌进了苏州市场。北宋时代,这里每年上缴的商税甚高,在 5 万贯以上。苏州至今还保存着宋代的城市平面图——《平江图》,可见其城规模与发达程度。其他城市如扬州、镇江、淮安、泰州、江宁、盱眙等,商业也十分发达。②

宋代实行路、府州(军监)、县(军监)三级制的地方行政体系,元丰末年,全国分为 23 路,而江苏则分属 5 路:江宁府属江南东路,苏州、润州和常州属两浙路,扬州、楚州、海州、泰州、通州、真州属淮南东路,徐州属京东西路,淮阳军(治下邳)属京东东路。宋室南渡后,金人控制淮北地区,置徐州、邳州属山东西路(另沛县属此路滕州),泗州属南京路,海州属山东东路;淮南和江南属南宋,分别归属 4 路:镇江府(改润州置)、平江府(改苏州置)、常州属两浙西路,建康府(改江宁府置)属江南东路,扬州、楚州、通州、泰州、真州和高邮、盱眙(后改招信)二军属淮南东路,另江浦属江南东路和州。

第一节　江宁(建康)府刻书

开宝八年(975),北宋灭南唐,金陵地区归入了宋朝的版图。为了继续加强对南方的统治,宋太祖曾经下令军队不准破坏南唐都城,金陵城郭得以保留下来。宋初,金陵仍名升州,而江宁府则为江南东路的首府。天禧二年(1018),复升升州为江宁府,封皇子赵祯为王,兼任江宁府尹。不久,赵祯继位为帝,即宋仁宗,以江宁为其龙兴之地,对金陵极为重视,常派亲信大臣作府尹。如当时著名的清官包拯,曾于至和三年

---

① (宋)龚明之:《中吴纪闻》卷六《苏民三百年不识兵》,孙菊园校点,上海古籍出版社 1986 年版,第143 页。

② 参见桑学成、彭安玉等《江苏发展史纲》,河海大学出版社 1999 年版,第 41 页。

(1056)来金陵担任过 4 个月的江宁府尹,接着奉调入京,任开封府尹。宋神宗时,王安石两度以江宁府尹出任宰相,主持变法。北宋时期,今天江苏省、安徽省长江以南大多数土地属于江南东路,江南东路置 1 府(江宁府)、7 州、2 军、68 县。北宋时期,江南东路是中国最繁荣的地区之一,无论是人口总数、粮食产量,还是科举及第的人数,都名列全国前三名之内,与淮南东路和两浙路相当,明显领先于附近的淮南西路、江南西路等。

由于史料缺失,今天所能考知北宋时期江宁刻书仅 1 种,即嘉祐三年(1058)所刊的《建康实录》20 卷,因记载定都建康(今南京)的三国吴、东晋、宋、齐、梁、陈六朝史事,故名。《建康实录》所记史事,起自东汉献帝兴平元年(194),迄于陈后主祯明三年(589),体例上兼采实录和纪传两体。然北宋所刻之本久佚不传,南宋绍兴十八年(1148),荆湖北路安抚使司翻刻该书,为现存最早刻本。宋代两次刻板对于校勘工作十分重视,清代藏书家张金吾记载说:"唐高阳许嵩撰。后列嘉祐三年开造《建康实录》校正官张庀民等衔名七行,绍兴十八年重雕校勘官韩轸等衔名九行。"①江宁府所刻共 740 版,半页 11 行,行 20 字,小字 30。白口,左右双边。卷末题:

> 江宁府嘉祐三年十一月开造《建康实录》,并案《三国志》《东西晋书》并《南北史》校勘,至嘉祐四年五月毕工。凡二十卷,总二十五万七千五百七十七字,计一十策。将仕郎江宁府溧水县主簿张庀民、登仕郎守江宁府句容县主簿钱公瑾校正、将仕郎守江宁府右司理参军曾忧校正、朝奉郎试秘书省校书郎权江宁府节度推官熊本校正、宣德郎守大理寺丞致仕充江宁府学教授赵真卿校正、朝奉郎尚书比部员外郎通判军府骑都尉赐绯鱼袋彭仲荀、龙图阁直学士朝散大夫右谏议大夫知军府事兼管内劝农使南昌郡开国伯赐紫金鱼袋梅挚。②

---

① (清)张金吾:《爱日精庐藏书志》卷十三,柳向春整理,吴格审定,上海古籍出版社 2014 年版,第 168—169 页。
② 叶德辉:《书林清话》卷一《书之称册》,广陵书社 2007 年版,第 8 页。

历代官私目录皆有著录《建康实录》，国家图书馆所藏即为南宋翻刻本。

一、建康府署刻书

南宋建炎三年（1129），宋高宗改江宁为建康府，原先江宁府的府治一度成为行宫，转运使府治成为建康府治。在南宋立国百余年时间内，历任建康府主管官员不乏能吏、干吏之辈，为当地百姓谋取很多福祉。虽然南宋一朝战乱不断，但是并没有阻碍当地的经济发展，纺织业、制笔业等手工业都取得了长足的发展，其中毛笔在北宋时已成为当地土贡，因其做工精细在南宋时也得以延续。相较而言，当地的农业经济则是惨淡了许多，经过豪强地主和当地官吏的巧取豪夺，纳税土地较北宋时大为减少。此外，南宋时期建康府在教育方面多有建树，百余年中为南宋政府输送了大量人才，当地涌现出许多社会名人。①

江宁府在南宋时期的刻书事业十分繁荣，宋人周应合在《建康志》卷三十三《文籍志·序》中称："今以建康所存之书，序列于前，其锓梓者次之，刻石者又次之。若历代文章之有关于建康而散见于卷秩者，又选而粹之。"该书《文籍志》共五卷，包括书籍、书版、石刻，诸国文论，奏议、书，露布、表状、诗章等五部分，今将书版情况表列如下。

《景定建康志》所载宋代刻书情况一览表

序号	书名	作（编）者	卷数	版数	备注
1	《横渠易说》	（宋）张载	3	168	《文献通考》《宋史·艺文志》著录10卷
2	《易象图说》	（宋）张汝明	13	85	一名《易索书》，已佚
3	《易索》	（宋）张汝明	13	145	张汝明，宋吉州泰和人
4	《周易终说》	不详	不详	120	
5	《李公易解》	（唐）李鼎祚	10	280	今名《周易集解》
6	《学易蹊径》	（宋）田畴	20	1500	

① 参考母敬民《宋代建康府研究》，河南大学博士学位论文（2014年）。

序号	书名	作(编)者	卷数	版数	备注
7	《礼记集说》	（宋）卫湜	160	4600	
8	《春秋讲义》	（宋）黄裳	无卷数	320	一名《王府春秋讲义》
9	《春秋纪咏》	宇文虚中	30	493	已佚
10	《语孟拾遗》	不详	不详	119	
11	《东坡论语》	（宋）苏轼	10	120	一名《论语传》
12	《论语约说》	（宋）钟宏	不详	320	钟宏，生卒年不详，字远之，一字子虚。饶州乐平（今属江西）人
13	《孝经集遗》	不详	不详	19	
14	《程子》	（宋）周应合	不详	179	集二程先生言行，以《大学》八条定篇目
15	《近思录》	（宋）朱熹、吕祖谦	14	260	
16	《小学之书》	不详	4	210	疑为字书
17	《朱文公年谱》	（宋）李方子等	3	120	一名《朱子年谱》
18	《河南师说》	（宋）韩元吉	10	154	已佚
19	《四家礼范》	（宋）朱熹	5	150	南宋人张栻亦有此作
20	《释奠通祀图》	（宋）张维	1	35	已佚
21	《诸史精语》	（宋）洪迈	无卷数	720	已佚
22	《通鉴笔义》	（宋）戴溪		155	戴溪，字少望，浙江永嘉人
23	《建康实录》	（唐）许嵩	20	740	
24	《六朝事迹》	（宋）张敦颐	2	230	一名《六朝事迹编类》
25	《乾道建康志》	（宋）史正志	10	280	已佚
26	《庆元建康志》	（宋）吴琚	10	220	已佚
27	《景定建康志》	（宋）周应合	50	1728	
28	《皇朝待命录》	不详	1	45	

序号	书名	作(编)者	卷数	版数	备注
29	《翰苑群书》	(宋)洪遵	12	205	
30	《集贤注记》	(唐)韦述	3	61	
31	《文昌杂录》	(宋)庞元英	6	96	庞元英,字懋贤,单州人(今山东单县)
32	《东观余论》	(宋)黄伯思	2	210	
33	《富文公赈济录》	不详	1	62	一名《富文忠公青州赈济录》
34	《救荒录》	不详	5	186	史上以《救荒录》为名的书甚多
35	《治民书》	不详	3	176	南宋董娟有《救荒治民书》,疑与上一书合
36	《唐花间集》	(后蜀)赵崇祚	10	177	即《花间集》
37	《重编楚辞》	(宋)陈说之	16	570	陈说之,福建莆田人
38	《杜工部诗》	(宋)黄鹤补注	20	520	
39	《少陵先生年谱》	不详	不详	68	
40	《金陵览古诗》	(宋)杨备	2	35	
41	《金陵怀古诗》	不详	不详	85	
42	《庄敏遗事》	(宋)韩缜	1	32	一名《韩庄敏遗事》
43	《棠阴比事》	(宋)桂万荣	1	56	
44	《松漠纪闻》	(宋)洪皓	2	45	一说3卷
45	《江行图录》	不详	1	65	
46	《张公奏议》	不详	10	260	
47	《李公家传》	(宋)李珏撰	3	145	一名《筠溪李公家传》
48	《宝庆集》	(宋)李师圣、郭稽中编	1	19	一名《产育宝庆集》
49	《青晖阁诗》	(宋)韩元吉	1	46	一名《青晖阁》

序号	书名	作(编)者	卷数	版数	备注
50	《辖轩唱和》	（宋）洪皓、张邵、朱弁集	3	31	一名《辖轩唱和集》
51	《和晏叔原小山乐府》	（宋）晏几道	不详	246	久佚
52	《寒山子诗》	（唐）释寒山子	1	68	
53	《苏氏道德经》	（宋）苏辙	2	88	一名《道德经解》
54	《大一醮式》	不详	不详	32	
55	《产宝类要》	不详	不详	175	
56	《小儿保生方》	（宋）李柽	3	51	李柽，字与九，姑孰溪（今安徽当涂）人
57	《钱氏小儿方》	（宋）钱文子	3	145	钱文子，原名宏，字文季，号白石山人。浙江乐清人，吴越王钱镠后裔
58	《张氏小儿方》	（宋）张涣	3	210	一名《小儿医方妙选》
59	《海上名方》	（宋）钱竽	1	65	
60	《余山南昇杲》	（宋）余山南		22	一作《升果》
61	《西山先生心政经》	（宋）真德秀	2	96	
62	《半山老人绝句》	（宋）王安石		38	
63	《西山先生文章正宗》	（宋）真德秀	20	1996	
64	《选诗演义》	（宋）曾原一		73	
65	《余山南南轩讲义》	（宋）余山南		35	
66	《余山南读易记》	（宋）余山南		65	
67	《伤寒须知》			26	
68	《小儿疮疹论方》			220	

总计 68 种,12924 板。

《景定建康志》始撰于宋理宗景定二年(1261),由建康知府马光祖修,周应合纂,是我国现存最早的一部记载南京历史的地方志,其对当地官府书版的详细记载,成为古代不可或缺的藏书和刻书史料。

南宋时期,参与刻书的地方官府机构名目繁多,仅现存宋版书中所题就有郡斋、县斋、郡学、郡庠、府学、州学、军学、县学、县庠、学宫、学舍、转运司、安抚使司、茶盐司、漕台、漕治、漕司、仓司、计台以及各级公使库等多种刻书机构。而建康府作为陪都,经济文化发达,居民最多时达 25 万人,是当时重要的商业城市,与临安的商业往来密切,市场繁荣,刻书活动屡见史书记载。

二、转运司刻书

宋代的转运司掌管一路的财政赋税,监察各州官吏,并将官吏违法、民生疾苦等情况上报朝廷,后来转运使逐渐成为各路长官。他们掌握地方财富,故有余财刻印大量图书,世称转运司本或漕司本。南宋时期,建康府境内转运司刻书有两部。一部是《史记集解》130 卷,半页 9 行,行 16 字,小注双行,行 22 字。白口,左右双边。绍兴年间(1131—1162)淮南路转运司刊。按,北宋淮南路统辖"东至于海,西抵滍、涣,南滨大江,北界清、淮"[1]大片地区的 18 个府州,地跨今天的江苏、安徽长江以北地区和湖北东北部,寿州与扬州都是区域经济文化中心。宋神宗熙宁五年(1072),朝廷将淮南路一分为二,设置淮南东路和淮南西路。需要说明的是,宋代淮南路转运司所刻《史记集解》中的《李斯列传》《匈奴列传》和《滑稽列传》等末页后皆有"校对无为军军学教授潘旦、监雕淮南路转运司斡办公事石蒙正"衔名两行,但此书非无为刻版,刻工与建康府江南东路转运司本《后汉书》以及当涂、宣城等地刻书多同,宋讳缺笔至"构"字,故江澄波等人"推知此书实由南宋初期南京地区工人担任"[2]。今上海图书馆藏有该本。

绍兴年间(1131—1162),江南东路转运司刊《后汉书注》120 卷。

---

① (元)脱脱等:《宋史》卷八十八《地理四》,中华书局 1965 年版,第 2185 页。
② 江澄波等:《江苏刻书》,江苏人民出版社 1993 年版,第 21 页。

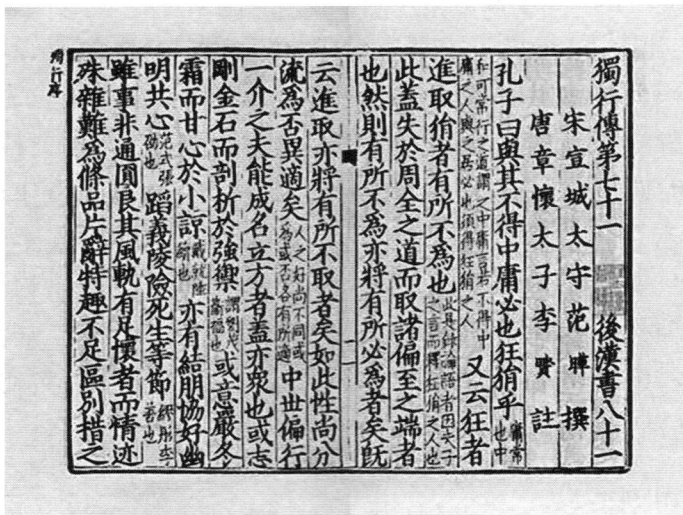

图 2-1-1 《后汉书注》 南宋绍兴间江东路转运司刻本 来自收藏爱好者 fozhu920.com

江南东路即今江苏南京。《后汉书》最早刻本为淳化（990—994）本。乾兴元年（1022），翰林侍讲学士孙奭建议校勘《后汉书》，将梁代刘昭注晋司马彪撰《续汉书》8 志 30 卷补入合刻，其后《后汉书》均为合刻。该版本半页 9 行，行 16 字，小注双行，行 20 字。白口，左右双边。缺笔之多，宋版书罕见，"桓""构"二字有时直作"渊圣御名"或"今上御名"。《容斋续笔》称："绍兴中，分命两淮、江东转运司刻三史板，其两《汉书》内，凡钦宗讳，小书四字，曰'渊圣御名'，或径易为'威'字。"[1]与此书正合。学界评价此本是现存《后汉书》最古最善之本。1973 年中华书局出版二十四史点校本，其中《后汉书》即以此本为底本。

三、县斋及学宫刻书

南宋时期，溧水县斋曾刻北宋周邦彦《清真词》2 卷。周邦彦因卷入元祐党争，被排挤出京城，先后被外放到庐州、荆南等地任职，北宋元祐八年（1093），周邦彦来到溧水任知县，前后共三年。这三年是他诗词

---

① (宋)洪迈：《容斋随笔·续笔》卷十四，上海古籍出版社 2015 年版，第 214—215 页。

创作的高峰期,也是他思想观念的转变期。《顺治溧水县志》将他列为"名宦",并为之立传,盛赞其"雅娴于文词,一时称为才吏"①。淳熙七年(1180),强焕在周邦彦当县令的溧水县斋,裒集其词 182 首,分为上、下卷,付梓问世,此时距周邦彦之卒已经 80 年了。

溧水县斋之外,溧阳学宫也有刻书之举。宋嘉定十三年(1220)建康府溧阳学宫刻陆游《渭南文集》50 卷,半页 10 行 17 字。陆子遹跋称:"盖今学者皆熟诵剑南之诗。续稿虽家藏,世亦多传本。惟遗文自先太史未病时故已编辑,而名以《渭南》矣。第学者多未之见。今别为五十卷,凡命名及次第之旨,皆出遗意,今不敢紊。乃锓梓溧阳学宫,以广其传。'渭南'者,晚封渭南伯,因自号为陆渭南。……嘉定十有三年(1220)十一月壬寅幼子承事郎知建康府溧阳县主管劝农公事子遹谨书。"②该本刻印精良,是宋代有名的刻本。

四、其他刻书

这里所谓的其他刻书指的是不明机构者,即史料仅记载"建康府刻"者。刻本有二。

一是五代后蜀赵崇祚所编《花间集》10 卷。该书五代和北宋有刻本,但皆泯没不传。今存最早版本为绍兴十八年(1148)晁谦之刻,世称"晁本"。按,晁谦之(1090—1154),字恭祖,其先澶州人,居信州(今江西上饶)。高宗绍兴九年(1139),为枢密院检详诸房文字,历任右司员外郎、权户部侍郎、工部侍郎、提举江州太平观等。绍兴十五年(1145),起知抚州,改知建康府。该刻本每半页 10 行 18 字,刻印极精,多存唐人集部旧式,宋讳多缺笔。刻工为周清、章旼,二人亦为江南东路转运司刻《后汉书注》之工匠。晁谦之跋称:"右《花间集》十卷,皆唐末才士长短句,情真而调逸,思深而言婉。嗟呼! 虽文之靡,无补于世,亦可谓工矣。建康(府)旧有本,比得往年例卷,犹载郡将监司僚幕之行,有《六

---

① (清)闵派鲁、林古度纂修,傅章伟、吴大林点校:《顺治溧水县志》卷六,上海古籍出版社 2016 年版,第 157 页。
② (宋)陆子遹:《〈渭南文集〉跋》,陈耀东、王小义编《陆游谈艺录》,浙江教育出版社 2008 年版,第 11 页。

朝实录》与《花间集》之赆。又他处本皆讹舛,乃是正而复刊,聊以存旧事云。绍兴十八年(1148)二月二日济阳晁谦之题。"①

二是张敦颐所撰《六朝事迹编类》2 卷,绍兴三十年(1160)建康府刊。每半页 10 行 18 字,小注双行。主其事者韩仲通,籍贯不详。南宋初,党附秦桧,历任大理寺丞、大理卿、权刑部侍郎等职。秦桧死,除敷文阁直学士,出知广州、镇江府。绍兴二十九年(1159),移知建康府。卷尾跋称:"高阳许嵩作《建康实录》,文多汗漫,参考者疲于省阅,新安张养正(张敦颐字)衰旧史而为《六朝事迹编类》……余叨守建康,养正适以议郎居幕府,因取其书刊于此邦……绍兴庚辰(1160)立冬日东鲁韩仲通书。"②

第二节　平江府刻书

苏州唐末属吴越国管辖。五代龙德二年(922),钱氏重修苏州城池,以砖筑城,气势雄伟。北宋初仍归吴越王掌管。太平兴国三年(978),吴越国除,归宋,改苏州为平江军。政和三年(1113),升苏州为平江府,治吴县,辖境相当今江苏苏州市区及张家港、太仓、吴县、常熟、昆山、吴江和上海市的嘉定、宝山等。

两宋时期,平江迎来了经济发展新阶段。首先,地方官府重视对农田水利改造,生产工具得到进一步改进,农民讲究精耕细作,因而,这时期平江一地粮食生产达到了很高水平,成为朝廷重要的粮仓,"苏湖熟,天下足"的谚语不胫而走。其次,平江的蚕桑、柑橘、花卉和水产等副业与农业一同在宋代得到高度发展,各类手工业十分繁荣。最后,农业和手工业繁荣相应地带动商业和城市建设的兴盛和繁华,其时的平江府号称东南都会,史载"自钱俶纳土至于今元丰七年(1084),百有七年矣。当此百年之间,井邑之富,过于唐世,郛郭填溢,楼阁相望,飞杠如虹,栉比棋布,近郊

---

① (宋)晁谦之:《〈花间集〉跋》,解玉峰编著《花间集笺注(汇校汇注汇评)》,崇文书局 2017 年版,第 345 页。
② 韩仲通跋转载自江澄波著《吴门贩书丛谈(上)》,北京联合出版公司 2019 年版,第 68 页。

隘巷,悉甃以甓。冠盖之多,人物之盛,为东南冠,实太平盛事也"①。

经济繁荣带来文化和教育事业的发展。范仲淹任平江知府时,在城南舍宅兴建府学,邀请著名学者胡瑗主持,影响及于全国,史称"郡县皆有学,而吴固为称首"②。现存南宋绍定二年(1229)石刻《平江图》,还可以清晰看到平江府学周围有长洲县学、鹤山书院及和靖书院等,平江一地的教育在当时确是领全国之先的。教育事业的迅速发展,促进了平江文士队伍的壮大,科举中式及出任重要官职的苏州士人逐渐增多。

两宋时期,平江成为与杭州齐名的刻印中心,雕版印刷术比较先进,刻印精美,称为"姑苏本"或"苏州本",又称"吴本"。两宋平江刻书呈现以下几方面特点:一是时间跨度大。流传至今最早的刻本为北宋咸平四年(1001)苏州军刊《大隋求陀罗尼(经)》1 卷,最晚为宝祐五年(1257)刻《通鉴纪事本末》42 卷和《甫里先生集》20 卷。二是刻书单位多。今可考知者有公使库、军州、府学、县学和寺庙等。三是刻书种类多。除未发现有儒家经典外,遍及史、子、集及佛经诸类,而以集部为最。今从刻书单位角度,略论两宋时期平江府刻书成就。

一、官府刻书

宋代以州为标准行政区划单位,行政长官多称"知某州军州事"或"权知军州事"。苏州在宋代地方官府机构中,州、府、军、监为一级,县为一级,这些地方政府机构刊刻了大量图书。考诸史料,表列如下。

宋代平江府官刻图书一览表

序号	书名	作者	版刻单位(者)	版刻时间	附录
1	《苏州图经》6 卷	(宋)李宗谔	平江府	大中祥符四年(1011)	明末清初亡佚
2	《杜工部集》20 卷	(唐)杜甫撰,(宋)王洙编	王琪刻于姑苏郡斋	嘉祐四年(1059)	有南宋翻刻本

---

① (宋)朱长文:《吴郡图经续记》"城邑篇",江苏古籍出版社 1986 年版,第 6—7 页。
② (元)郑元祐:《平江路修学记》,(清)李铭皖、谭钧培修,冯桂芬纂《同治苏州府志》卷二十五,《中国地方集成·江苏府县志辑》第 8 册,凤凰出版社 2008 年版,第 591 页。

序号	书名	作者	版刻单位(者)	版刻时间	附录
3	《李翰林集》30卷	（唐）李白撰，（宋）曾巩编	苏州守晏知止	元丰三年(1080)	白集第一个刻本
4	《吴郡图经续记》3卷	（宋）朱长文编	苏州公使库	元符改元(1098)	民国据以影刻
5	《东莱先生诗集》20卷	（宋）吕本中撰，（宋）沈度编	吴郡斋	乾道二年(1166)	今日本内阁文库有藏
6	《韦苏州集》10卷《补遗》1卷	（唐）韦应物撰	平江府	乾道七年(1171)	
7	《嘉泰普灯录》30卷	（宋）僧正受辑	平江府	嘉泰四年(1204)	
8	《白氏文集》71卷	（唐）白居易撰	吴郡守李大异	嘉定间(1208—1224)	
9	《营造法式》36卷	（宋）李诫撰	平江府	绍定间(1228—1233)	
10	《张司业集》8卷《附录》1卷	（唐）张籍撰	平江府署	淳祐四年(1244)	
11	《鹤山文集》100卷	（宋）魏了翁撰	平江府	淳祐十一年(1251)	
12	《通鉴纪事本末》42卷	（宋）袁枢编	宋宗室赵与懃知平江	宝祐五年(1257)	
13	《韦苏州集》10卷	（唐）韦应物撰	权知吴县事葛繁	熙宁九年(1076)	为后世韦集祖本
14	《昆山杂咏》3卷	（宋）龚昱撰	昆山郡斋	开禧三年(1207)	今国家图书馆有藏
15	《琴川志》15卷	（宋）孙应时等修，（宋）鲍廉等增补	常熟县令叶凯	嘉定三年(1210)	
16	《言子》3卷	（宋）王爚编	知常熟县事王爚	端平年间(1234—1236)	

序号	书名	作者	版刻单位(者)	版刻时间	附录
17	《笠泽丛书》4卷《补遗》1卷	(唐)陆龟蒙撰	吴江县令朱衮	政和元年(1111)	

与唐人重视经史图籍编纂和刊刻不同,宋人乐于为唐人及当代人编纂文集并将之付梓,他们十分重视作者德行,希望通过刻书而颂其人,美其名。如政和元年(1111)毗陵人朱衮刻《笠泽丛书》4卷,就是为铭记陆龟蒙之美德的,他说:"天随子居衰乱之世,仕不苟合,家于松江,躬劳苦,甘淡薄,而以读书考古为事,所养者厚,故其为文气完而志直,言辨而意深,一归于尊君爱民,崇善沮恶,兹非所谓循乎道而不悖者耶?世所传《丛书》,多舛谬,衮既至是邑,想其遗风,因求善本校正,刊之于板,俾览者非独玩其辞而已矣,于其志节将有取焉。"①

宋代平江官刻本中,最有特色的是公使库刻书。宋代在地方官府中设立公使库,其作用主要是为来往官吏提供吃住方便,职能类似于今天地方政府及各部门开办的招待所。宋人王明清《挥麈后录》记载说:"太祖即废藩镇,命士人典州,天下忻便。于是置公使库,使遇过客,必馆置供馈,欲使人无旅寓之叹。此盖古人传食诸侯之义。下至吏卒,批支口食之类,以济其乏食。"②可知早在宋初,宋太祖为了笼络各级官吏,特地诏令在各路、州、府增设公使库,由国家专门拨给一定的公款,称为"公使钱",负责款待过往官员、犒劳军校及本地官员聚宴等。公使库的花销其来源一方面依靠朝廷拨付,另一方面则为州郡自筹。朝廷拨付的称为"正赐",其数额"随州郡大小立等,岁自二百贯至五千贯止,若三京、三路帅府,成都、杭、广自来所用多者,增其数"③;而州郡自筹部分是由本地官府拨付的,"正赐钱不多,著令许收遗利,而以此州郡得以自恣"④,朝廷给予了地方政府许多优惠政策,于是,各级政府公使库便各显神通,公开经营、生息、配卖官物、酿造公使酒等,以增加公使库的

---

① (宋)朱衮:《笠泽丛书序》,(清)陈荁纕、丁元正修,倪师孟、沈彤纂《乾隆吴江县志》卷四十六《书目》,《中国地方志集成·江苏府县志辑》第20册,凤凰出版社2008年版,第261页。

② (宋)王明清:《挥麈录·挥麈后录》卷一,上海古籍出版社2012年版,第36页。

③ (宋)李焘:《续资治通鉴长编》,中华书局1990年版,第5328页。

④ (宋)李心传:《建炎以来朝野杂记·甲集》卷十七,中华书局2000年版,第394页。

收入。

拥有大量财富的各地公使库在接待过往官吏时,倾尽所能,给官吏们留下美好的印象,而那些被热情款待过的官员一旦受到朝廷重用,则会加大对公使库的资金拨付,或者对公使库在地方过分敛财的行为睁一只眼闭一只眼。拥有充裕资金来源的公使库,十分垂青文化事业,纷纷刊刻典籍,为宋代出版事业作出重要贡献。据史料记载和现存传本可知,台州、苏州、吉州、明州、沅州、舒州、抚州、信州、泉州、鄂州、婺州、筠州和春陵等地的公使库就刻过很多书。其中,苏州公使库刻书历史影响最大。

北宋仁宗嘉祐四年(1059),苏州公使库刻印《杜工部集》20 卷,在杜诗学史上产生重要影响。早在唐代,杜诗已成集,《新唐书》载:"《杜甫集》六十卷,《小集》六卷。"[1]然而逢唐末五代之乱,这个 60 卷本的杜集到北宋初年已不复可见,其他多种杜集皆散佚,即便世间尚有,也藏于私人之手,世人极为难得。入宋,杜诗受到学者的高度推崇,其"集大成"的地位已成为共识,"学诗当学杜诗"[2]也是宋代诗坛的主流取向,因此,杜诗的搜集、辑佚、校勘、整理和编纂等工作渐次展开。北宋宝元二年(1039),王洙编《杜工部集》20 卷,"遂为定本"[3],也是一切评注版本的"祖本"[4]。但是,囿于史料所阙,王洙所编《杜工部集》是否及时付梓,无从考知。20 年后,姑苏郡守王琪取家藏王洙本重新编定,并交由苏州公使库镂版刊行。王琪,字君玉,华阳人,生卒年不详,数临东南诸州为官,政尚简净,以礼部侍郎致仕。在刊本《后记》中,王琪云:"原叔虽自编次,余病其卷帙之多而未甚布。暇日与苏州进士何君瑑、丁君修,得原叔家藏及古今诸集,聚于郡斋而参考之,三月而后已。义有兼通者,亦存而不敢削;阅之者固有浅深也。而又吴江邑宰河东裴君煜取以覆视,乃益精密,遂镂于版,庶广其传。"[5]

从王琪《后记》可知,助其校勘的是苏州两位进士——何瑑和丁修,

① (宋)欧阳修、宋祁:《新唐书》卷六十《艺文志》,中华书局 1975 年版,第 1603 页。
② (宋)张端义:《贵耳集》,施蛰存、陈如江《宋元词话》,上海书店出版社 1999 年版,第 479 页。
③ (宋)陈振孙:《直斋书录解题》,上海古籍出版社 1987 年版,第 470 页。
④ 郑庆笃、焦裕银、张忠纲:《杜集书目提要》,齐鲁书社 1986 年版,第 2 页。
⑤ (宋)王琪:《后记》,(清)仇兆鳌《杜少陵诗集详注》,中华书局 1979 年版,第 2242 页。

助其复审者为裴煜。何璪与丁修生平不详。裴煜，字如晦。江西临川（今江西抚州）人。庆历六年（1046）进士。皇祐至嘉祐间（1049—1063）历国子监直讲、太常博士，充秘阁校理，治平（1064—1067）时知扬州、苏州，官至翰林学士。其时裴煜任吴江知县，他闻知王琪刻杜诗，于是将自己辑佚所得杜甫诗文9篇作为"补遗"附录在《杜工部诗》后。

关于苏州公使库所刻杜集的数量和价格，叶德辉《书林清话》卷六记载说共印一万部，每部10册，每部只卖一贯，当时一贯约合1000文，价格并不贵，史称"士人争买之，富室或买十许部"①，很快售完。王琪原刻本已不可见，上海图书馆所藏为南宋翻刻本，每半页10行，行18至21字不等，白口，左右双边。作为杜集祖本，以后各类杜集增补、校勘、编年、分体、分类、注释、评点、选本等，都是在此基础上陆续展开的。

《杜工部诗》之外，哲宗元符元年（1098），苏州公使库还刻印有《吴郡图经续记》3卷。该书为宋人朱长文所撰。朱长文（1039—1098），字伯原，号乐圃，一号潜溪隐夫。苏州吴县人。嘉祐四年（1059）进士，授秘书省校书郎。以父忧去职，举进士，以病足不试②，筑藏书楼"乐圃坊"，藏书2万余卷，多有珍本秘籍，闻名于京师，当时有名人士大夫以不到"乐圃坊"为耻的说法，元祐（1086—1094）中起为本州教授，召为太学博士，迁秘书省正字、秘阁校理等职。除《吴郡图经续集》外，还著有《琴台记》《乐圃余稿》《乐圃集》等。《宋史》有传。关于撰纂此书的经过，作者《序》说："元丰初，朝请大夫晏公（知止）出守是邦，……尝顾敝庐语长文曰：'吴中遗事与古今文章，湮没不收。今欲缀辑，而吾所善练定以谓惟吾子能为之也。'长文自念屏迹陋巷，未尝出庭户，于求访为艰。而练君道晏公意，屡见促勉。于是参考载籍，采摭旧闻，作《图经续记》三卷。"③该书所承续的应是北宋大中祥符间（1008—1016）李宗谔等撰的《苏州图经》（又名《吴郡图经》），后又因章岵的索取而"稍加润饰"。《序》作于元丰七年（1104）九月，成书当在此以前。当时未能刊行。苏州公使库所刻之本，半页9行，行18字，白口，左右双边。卷首

① （宋）范成大：《吴郡志》，王云五《丛书集成初编》，商务印书馆1936年版，第33页。
② （宋）陈振孙：《直斋书录解题》卷八称"病废不仕"，上海古籍出版社1987年版，第245页。
③ （宋）朱长文：《吴郡图经续记》卷首《序》，《宋元方志丛刊》第1册，中华书局1990年版，第688页。

有祝安上书:"元符改元,安上以不才滥绾倅符……而得此书于公之子耜,惜其可传而未传也。于是不敢自秘,偶以承乏郡事,俾镂版于公库,以示久远。……越明年,岁在庚辰(1100)八月望日,朝请郎通判苏州权管军州事祝安上书。"①惜该刻本后世不传,清乾隆六十年(1795),苏州著名藏书家黄丕烈以五十金从华阳桥顾氏得一宋刊本,亦非苏州公使库刊本,乃绍兴四年(1134)郡守孙佑翻刻本。黄丕烈去世后,历经汪世钟、胡珽、吴云、汪鸣銮、蒋汝藻等递藏。民国十三年(1924)蒋汝藻据以影刻,收入《密韵楼景宋七种》。

二、学校刻书

两宋时期,随着经济重心的南移和科举制度的影响,苏州的教育事业有了很大发展,平江府不仅有府学、县学,而且书院、义学林立,特别是范仲淹创办郡学更为人所称道。范仲淹先后聘请著名学者胡瑗、孙复等来平江讲学,地方开明人士对学校建设多有捐助,因而,府学和县学有余财从事典籍的刊刻。考诸史料,宋代平江一地学校所刻典籍主要有3部。

一是南宋嘉定五年(1212)吴郡学舍所刊《大事记》12卷《通释》3卷《解题》1卷。宋人吕祖谦所撰。撰写的初衷是作一部接续《春秋》,贯通至五代的通史,惜吕氏年寿不永,未完而没,内容仅止于汉武帝征和三年(公元前90)。该书三部分配合精妙,互相补充,形成比较完美的编纂体例,体现吕氏通史观念与史实考辨的统一,"既能做到纪年准确、纲纪明晰,理清历史发展脉络,又能考订补充史料史实,廓清历代史籍舛误之处,同时又能以通达的历史观念一以贯之"②。《四库全书总目》著录该书称"此本乃宋嘉定壬申吴郡学舍所刻",惜原刻本已不传,有多种重刊本传世。

二是绍定二年(1229)平江府学所刊《吴郡志》50卷。《吴郡志》为南宋范成大所撰。该本每半页9行,行18字。白口,左右双边。版心下记刻工姓名。目录后有校刻人衔名"校勘进士何漳、府学学谕刘九

---

① (宋)祝安上:《图经续记后序》,《宋元方志丛刊》第1册,中华书局1990年版,第688页。
② 李洪波:《吕祖谦〈大事记〉的学术渊源》,《文史知识》2013年第5期,第113页。

思,校勘迪功郎新广德军军学教授李起,校勘迪功郎充平江府府学教授汪泰亨,校勘国学免解进士李宏"四行。南京图书馆现藏有宋刊明印本。

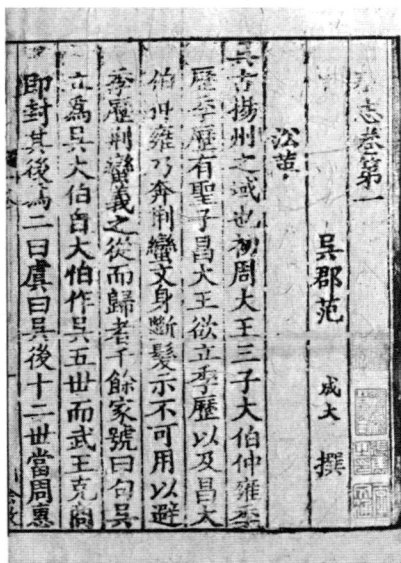

图2-2-1 《吴郡志》 宋范成大撰 宋绍定刻元修本 南京图书馆藏

三是淳祐十一年(1251)昆山县学刊《玉峰志》3卷《续志》1卷。宋阳羡人凌万顷、陈留人边实合纂,《续志》为边实纂。分别成书于淳祐十一年(1251)和咸淳九年(1273)。当时嘉定县已从昆山析出建县,故其例"凡事旧在昆山而今在嘉定者,以今不隶本邑,今皆不载"。此志为昆山最早的县志。宋刻原版久佚,历代所传为旧抄本及晚清重刊本。

三、寺庙刻书

三国吴赤乌年间(238—251),大乘佛教传入吴地,经过历代发展,呈现高僧云集,禅、教、净、律各宗并兴,古刹林立的局面,苏州佛教文化因之奠定了深厚的历史底蕴,并成为吴文化的重要组成部分。苏州历代兴建了许多寺庙,因此明卢熊《苏州府志》称"东南寺观之胜,莫盛于吴郡,栋宇森严,绘画藻丽,足以壮观城邑"。两宋时期,政府对佛教采取保护措施,平江府境内佛寺分布广,信众多,佛教典籍的刊刻十分兴盛。

1978 年 4 月，考古人员在苏州盘门城内瑞光塔第三层塔心窖穴内，发现一批五代末期至北宋初年的文物，包括真珠舍利宝幢、佛经经咒卷轴、经帙、佛像及丝织品等。经鉴定其年代为上限 956 年、下限 1017 年，文物以大中祥符及天禧年间为主，现由苏州博物馆收藏。在出土经卷中，有《大隋求陀罗尼》经咒汉文版和梵文版各一件，为雕版印刷品。"大隋求"，经名，"陀罗尼"，梵语咒语之意，即大神咒经。

其中，汉文版图高 44.5 厘米，宽 36.1 厘米。经咒图中心绘释迦牟尼像，四周环以汉字咒文，经文为圆圈形排列共 27 层，四角为四天王像，上部正中饰以图案，绘刻精良。这是隋唐经咒的变本，也是后世织造陀罗尼经被的依据。

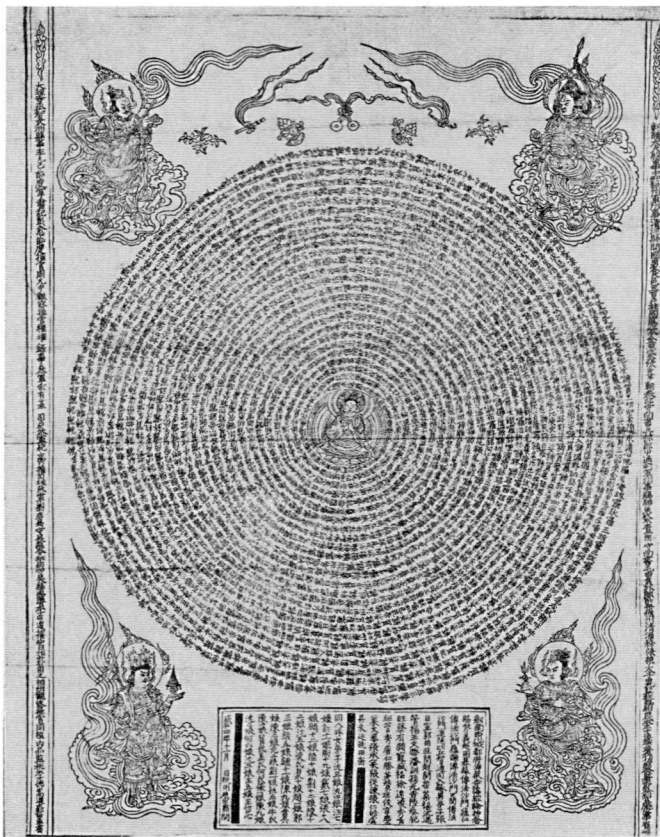

图 2-2-2 《大隋求陀罗尼经》 苏州博物馆藏

经文按顺时针方向由内而外连续以同心圆排列经文，四角为四天王像，经文上部正中有一图案，下部正中长方形框，绘佛教经变故事。栏内左、上、右三方，各绘墨线双圈四个，内画黄道十二宫图像。框栏外周横书梵文经咒 47 行，经文左右两侧边缘各列十四神像，合为二十八宿。上方绘花卉图案边饰，下方为题记，署有"景德二年八月日记"①。

两边分刊"朝请大夫给事中、知苏州军州事清河县开国男食邑三百户柱国赐紫金鱼袋张去华"等职官姓名以及"进士郭宗孟书"。下部正中长方形框内印有"剑南西川成都府净宗寺讲经论持念赐紫义超同募缘传法沙门蕴仁……同入缘男弟子张暄……同入缘女弟子沈三娘"。落款是"咸平四年（1001）十一月日杭州赵宗霸开"。"开"即雕版的意思。左右各有边款一道，右边款题"朝请大夫给事中知苏州军州事清河县开国男食邑三百户柱国赐紫金鱼袋张去莘、朝奉郎守尚书兵部郎中通判军州事赐绯鱼袋查陶、守尚书屯田员外郎监苏州清酒务张振、太子中允监税赐绯鱼袋李德镆、著作佐郎签署督察判官厅事崔端"，共 98 字。左边款题"大理寺丞知长洲县事王允吉、节度掌书记彭愈、节度推官周允中、观察推官程璀、录事参军宋有基、司户参军纪士衡、权司理参军刘庶儿、守吴县令班绚、守吴县主簿李宗道、权知白州郭用之、权州观察推官同植、内品监税李德崇、进士郭宗孟书"，共 96 字。

《民国吴县志》职官表有宋知州张去华其人。张去华（繁体"華"，疑为"莘"之误），字信臣，襄邑人。咸平二年（999）四月自杭徙苏，寻以疾分司西京。江澄波等人认为"在其（张去华）任内请杭州刻工赵宗霸，按照四川成都所刻原件，重雕行世"②。

这次发现的雕刻品，除梵文经咒外，还有一件木刻《妙法莲华经》，第一卷引首有"天禧元年（1017）九月初五日"朱书题记。该经卷字体端正，刻工精细，反映了北宋时期江南印刷术的水平。一个世纪后，时间来到了南宋，平江府的佛教典籍刊刻工作相较北宋时期有了更大的变化，既有私人雕刻佛经，也有寺庙出资镌刻，而历史上卷帙浩大的《大藏

① 参见苏州博物馆编著《苏州博物馆藏虎丘云岩寺塔、瑞光塔文物》，文物出版社 2006 年版，第156 页。
② 江澄波等：《江苏刻书》，江苏人民出版社 1993 年版，第 5—6 页。

经》也在平江府开雕。

崇宁元年（1102），吴江石处道等刻《佛顶心观世音菩萨大陀罗尼经》1卷。石处道（1058—1142），字元叟，端溪（今广东德庆）人。自幼聪慧，专志读书。承议郎。元丰五年（1082）进士。元符三年（1100）任吴江县知县，为政以清白著称。崇宁元年（1102）与妻梁氏捐款刻《华严经》，藏于宁境华严讲寺华严塔下，直到清宣统二年（1910）塔倒掉时才被人发现。在《大陀罗尼经》的末尾有"承议郎石处道同妻繁昌县君梁氏敬瞻相度虔发愿心，舍财合工镂版印施，祈乞子孙蕃盛，福寿增延，崇宁元年十月十日谨记"等字。

绍兴二十七年（1157），姑苏景德寺刻《翻译名义集》7卷。景德寺为宋代平江府名寺，后世湮废，遗址在今苏州市景德路一带。该书编者为僧法云。法云（1085—1158），俗姓戈，字天瑞，自号无机子，赐号普润。长洲（今苏州）彩云里人。天台宗僧人。《翻译名义集》简称《翻译名义》《名义集》，编于绍兴十三年（1143），全书分为64篇，22万多字，始于《十种通号篇》，终于《通论二谛篇》。系将散见于各经论中的梵文名字分类解释、编集而成。景德寺刊本每半页6行，行20字，小字双行。版心有开经人名字。卷一后题："宋太尉宅施钱十四贯，足助开此集增崇福慧。东掖白莲教院住持，与咸喜遇翻译名义回施五贯，助集流通；开元寺都僧普照大师智镫施钱开集二版；比丘、净行遂各开一版并用庄严净土；比丘祖辉等回施莲华净社剩十七贯，足助开此集；庄严、净土、传法寺比丘尼彦楷施五贯足；庄严净土；常熟县明净庵净人苏彦亿募钱十二贯足。各随施主愿心如意。"①可知本书开雕，全赖僧俗施舍。

南宋绍定四年（1231），平江府碛砂延圣院刊刻的《大藏经》在中国佛经刊刻史上影响深远，具有重要的文化意义。

该版《大藏经》全称《碛砂版大藏经》，简称《碛砂藏》，因刻于江苏吴县南境陈湖中的碛砂延圣院而得名。据元僧圆至所撰《平江府陈湖碛砂延圣院记》所载，陈湖在长洲东40里。南宋乾道八年（1172），寂堂禅师得费氏陈湖中一块名叫"碛砂"的沙洲，构架起屋，名曰"延圣院"。寂

① （宋）僧法云：《翻译名义集》卷一，《四部丛刊初编》第89册，上海书店1989年版，第37页。

堂禅师圆寂后，弟子们立浮屠以祀其舍利，又刻三藏之经，而栖其版于院北之坊。对《碛砂藏》的开版时间，根据日本奈良西大寺收藏的碛砂宋版《大般若波罗蜜多经》卷一的题记记载，实际开雕时间当在南宋"嘉定九年丙子（1216）"，主持者名"千造比丘了懃"。《大般若经》卷二题记云："千造比丘了懃舍梨板三十片刊般若经第一、二、三卷，并看藏入式及序，祈求佛天护佑，令大藏经律论板速得圆满。嘉定十五年（1222）十二月日刊第二卷八千八百九十五字十八纸。"

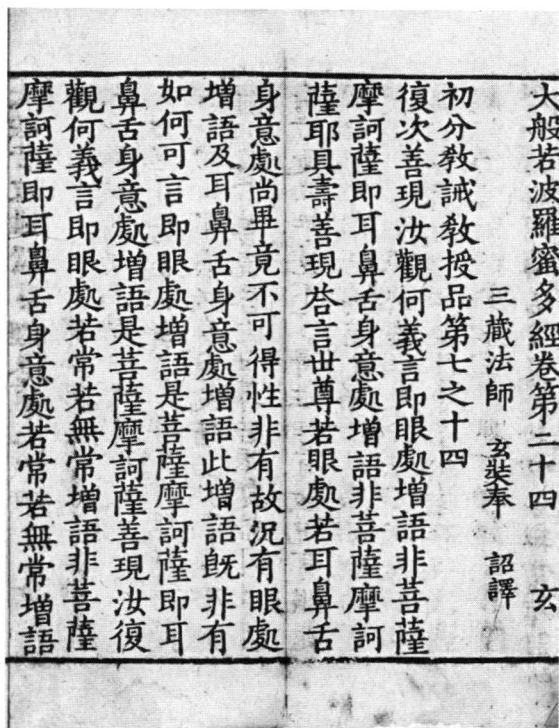

图 2-2-3 《碛砂藏》 南宋绍定四年（1231）平江府碛砂延圣院刊

根据收藏在日本的碛砂藏宋版《大般若波罗蜜多经》统计，从卷一至卷十三是在了懃时期刊刻的，时间当在嘉定九年（1216）至绍定二年（1229）之间。在了懃时期，刻经的组织工作还很简单，没有什么固定的组织形式，当然也没有"大藏经局"这样的机构。进入赵安国助缘刊经时期后，至晚到端平元年（1234），在碛砂延圣寺内已经形成了比较严密的组织管理机构，负责刊经活动。这个机构的正式名称是"碛砂延圣寺大藏经局",有时也称为"碛砂延圣大藏经院"或"大藏经坊""碛砂延圣院刊造大藏经板局"。"大藏经局"内还设置了若干"职衔",如"干缘刊大藏经板"者,负责组织雕刻经板等事项;"藏主"负责执掌大藏经目录的管理;"劝缘"与"都劝缘"负责募缘,一般由身份地位较高者担纲。

宝祐六年(1258),碛砂延圣寺发生火灾,寺内建筑大部分被烧毁,对《大藏经》雕版印刷事业打击非常严重。咸淳(1265—1274)初,主持僧可枢化缘修复寺院,不久又恢复了刻经活动。1279 年,在蒙古大军的进攻下,战火连绵,生灵涂炭,碛砂延圣院的刊经活动也暂时中止。直到大德元年(1297)以后,刊经活动才断断续续地恢复起来。元代至治二年(1322)全部刻印完成,共经历了 91 年。《碛砂藏》共 6312 卷,收录佛经 1521 种,按千字文顺序编号,每半版 6 行,每行 17 字,用经折装,装入 591 函。①

雕版《碛砂藏》为梵夹装,原定目录有所更动,并补入元刻各经。全藏采用《千字文》排序,始"天"字终"烦"字。1931 年,陕西西安卧龙寺、开元寺发现此藏经本,今藏陕西省图书馆。1935 年"上海影印碛砂版大藏经会"影印行世。

四、私家刻书

古代刻书出现之初,就有私家从事之。私刻主人大多为官僚、地主、富绅,他们所刻典籍不仅有经史、文学等书籍,而且还有天文、地理、医学书籍等。私家刻书不是为赚钱,而是为了提高名誉和声望,提升家族的地位,或者为了不使古籍佚失,为后世留下学习的范本。宋代苏州私家刻书除有上述目的外,还有一种至情的表达,如宋代福州福清人王楙,字勉夫,号分定居士。徙居平江吴县。少失父,事母以孝闻。宽厚诚实,刻苦嗜书。功名不偶,杜门著述,当时称为讲书君。著有《野客丛书》30 卷,分门类聚,钩隐抉微,考证经史百家,下至骚人墨客。《乾隆震泽县志》记载王楙之子说:"子德文,字周卿,克世其学,尝刻《丛书》

① 方晓阳、韩琦:《中国古代印刷工程技术史》,山西教育出版社 2013 年版,第 133—134 页。

成,焚之墓,见者无不咸涕。"①原来王德文刻乃父《野客丛书》,不是典藏,也不是分送亲友,而是焚于父亲坟前,以之告慰王楙的在天之灵,其情动人。

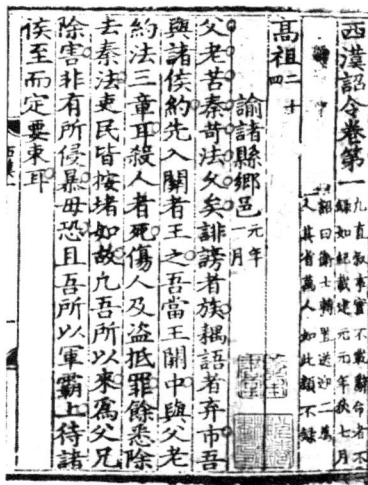

图 2-2-4　《西汉诏令》二十三卷　元至正九年(1349)苏天爵刻明修本　南京图书馆藏

据肖东发考证,宋代私人刻书家大约有 40 位,②而真实数量远不止这些。两宋时期,平江府私家刻书活动非常活跃,完全可以和官刻、寺庙刻书相埒。囿于史料,今可考知者有 7 种。

1.《西汉诏令》12 卷。北宋政和间(1111—1118)释庆善(俗姓林)刊。该书为宋人林虑辑录,程俱编次。林虑,字祖德。吴郡人。与程俱为好友。目录后有大观三年(1109)程俱、林虑、蒋瑎 3 篇序言和林氏的发刊识语,可知此书成于北宋之末,成书不久即付梓,而负责版刻之释庆善生平不详。清陆心源《皕宋楼藏书志》著录为影宋抄本。宋印本世间罕见,元代苏天爵曾将该书与《东汉诏令》合刻为《两汉诏令》,为后世

① (清)陈和志修,(清)倪师孟、沈彤纂:《乾隆震泽县志》卷二十《隐逸》,《中国地方志集成·江苏府县志辑》第 23 册,第 188 页。
② 肖东发:《私家刻书源流及特点——中国古代出版印刷史专论之八》,《编辑之友》1991 年第 6 期。

通行本，国家图书馆藏有四部，惜皆不全。①

2.《东坡集》40卷《后集》20卷。北宋宣和间(1119—1125)姑胥居士英刊。苏轼全集在宋代传本很多，陈振孙《直斋书录解题》卷十七著录《东坡别集》时就提及杭本、蜀本、建安本、麻沙书坊本、吉州本等。上述各本外，值得一提的便是居士英刊本。陈鹄《西塘集耆旧续闻》说："姑胥居士英刊《东坡全集》，殊有叙，又绝少舛谬，极可赏也。"②胡仔《苕溪渔隐丛话·后集》卷二十八也称："居士英家刊大字东坡前、后集，最为善本。"明刊《东坡全集》卷首旧序亦云："姑苏(即姑胥)所传(指居士英刊本)前、后集六十卷，编次有伦，虽岁月间有小差，而是者十九矣。"关于居士英，《苏州府志》称"系宣和六年(1124)沈晦榜进士"，余不详。

3.《增广注释音辨唐柳先生集》43卷《年谱》1卷《别集》2卷《外集》2卷《附录》1卷。乾道三年(1167)吴郡陆之渊刊。陆氏《序》云："偶得二书(指韩、柳文)释音，如获指南，犹恨字画差小，不便老眼。至潜山郡斋，属广文是正，将大其刻以传学者。……广文中乙丑年甲科，恬于进取，尚淹选调，生平用心于内，不求诸外，遂能荟粹所长，成一家言，将与柳文并行不朽无疑矣。非刻意是书者，未必知论著之不易也。广文讳纬，字仲宝，云间人，姓潘氏。乾道三年十二月吴郡陆之渊书。"③

4.《吴郡乐圃朱先生集余稿》10卷《附录》1卷。绍熙五年(1194)吴人朱思刊。该书为吴郡朱长文所撰。朱长文生平前文有介绍。朱思乃长文从孙。朱思在卷首序称："乐圃文集近百卷，家藏古今，篇帙动万计。与夫数世聚族之居，堂宇亭榭、名花古木，罹建炎兵火之难，吴城失守，一日翦为劫灰。"

5.《石湖居士诗文集》130卷。嘉泰三年(1203)吴郡范莘刊。范莘为范成大之子，生平不详。范成大的文集曾经晚年手自编定，去世后，其子即在家中刻印。范莘、范兹跋云："诗文凡百有三十卷，求序于杨先生诚斋，求校于龚编修芥隐，而刊于家之寿栎堂。"④周必大记载范成大

① 参见陈杏珍《〈两汉诏令〉及其刻本》，《文献》1986年第1期。
② (宋)陈鹄：《西塘集耆旧续闻》卷三，中华书局1985年版，第16页。
③ 吴文治：《柳宗元资料汇编》上册，中华书局1964年版，第124页。
④ (宋)范莘、范兹：《石湖集跋》，《石湖居士诗集》卷末，《四部丛刊》本。

编纂自己文集情形说:"初效王筠一官一集,后自裒次为《石湖集》一百三十六卷。"①今人王兆鹏说:"自家印行文集,目的不是营利,而是传播作品,扩大家人的声誉和影响。文集编好后,自家即可刻印。"②从《石湖居士诗文集》的刊刻来看,这个说法是可信的。

7.《琴史》6 卷。绍定六年(1233)吴人朱正大刊。朱正大,字梦炎,为朱长文侄孙。《琴史》为朱长文所撰,书中内容庞杂,朱正大在《后序》中说:"经史百家、稗官小说莫不旁搜博取,上自唐虞,下迄皇宋,凡圣贤之崇尚,操弄之沿起,制度之损益,无不备载","藏之既久,恐遂堙没,敬刻于梓,以永其传,亦欲俾后学知我伯祖读书之不苟也"。③

8.《甫里先生集》20 卷。宝祐五年(1257)吴江叶茵刊。叶茵(1200?—?),字景文,号顺适。笠泽(今苏州)人。叶氏萧闲自放,不慕荣利,曾出仕,十年不调,退居同里,筑顺适堂,与徐玑、林洪等相唱和。著有《顺适堂吟稿》,其诗娴雅清娇,与魏野、林逋风格相近,多书淡泊心境。《甫里先生集》为唐陆龟蒙文集,计诗、赋、杂著等 19 卷,附录 1 卷。陆龟蒙曾隐居笠泽,故叶茵愿意为这位乡贤刊书,他说:"刊置义庄,字划疑者存之,舛讹者是正之。"④

第三节　镇江府刻书

隋代起镇江地区称润州,唐因隋制,名称不变,但宋初因地理变迁,镇江已远离海口。朝廷遂将唐代沿袭下来的镇海军改名为镇江军。《宋会要辑稿》记载,开宝八年(975)十月二十日诏:"镇江之号,丹徒旧军……宜别赐于军名,用永光于戎阃。其润州旧号镇海军,宜改为

---

① (宋)周必大:《贤政殿大学士赠银青光禄大夫范公成大神道碑》,载(宋)范成大《石湖词校注》附录,黄畬注,齐鲁书社 1989 年版,第 135 页。

② 王兆鹏:《宋代文学传播探原》,武汉大学出版社 2013 年版,第 42 页。

③ (宋)朱正大:《琴史后序》,《全宋文》卷七千七百二十五,上海辞书出版社 2006 年版,第 335 册,第 219 页。

④ 叶茵之语见江澄波等《江苏刻书》,江苏人民出版社 2000 年版,第 15 页。

镇江军。"①这是镇江得名之始。宋徽宗政和三年(1113),润州升州为府,改称镇江府。此后,历经南宋及元、明、清各朝,镇江之名遂因袭下来。

北宋熙宁变法时,一度分两浙路为浙江东路和浙江西路,镇江府和平江府(今苏州)是浙西路的军政重镇。南宋时镇江府与建康府(南京)同为长江下游的江防重镇和经济发达区。

作为江河交汇的交通枢纽,镇江地位在宋代十分重要,两浙路的物资财赋由此河经镇江过江,入扬州真楚运河,再经汴河到达京师开封。南宋时宋金对峙,镇江境内江南河的作用更为突出,东段以淮水为界,凡淮南、江两、荆楚、四川等上游地区漕粮、物资等均须经镇江由江南河转输到杭州,而南宋中央政府所拨粮饷、物资也须经由镇江中转过江到达两淮前线。为保证畅通无阻,两宋政府对江南河镇江段及穿城而过的漕渠不断拓浚,对沿途水闸及堰堤经常整修,运河的畅通极大便利了官民出行及商贩贸易。基于便利的水上交通,镇江在两宋时期的商业和手工业得到很大发展,造船、木材加工、缆绳制作、金属锻造等十分发达。而温暖的气候和肥沃的土壤有利于种桑和养蚕,镇江的纺织业在唐代已经出名,两宋时更进一步发展,史书记载镇江府岁贡方纹绫、水纹绫、罗、锦、绢等丝织品,质量上乘,且数量可观。②

早在南朝时期,镇江文化就有深厚的积淀,历代学者都在编书和藏书方面作出努力。入宋以后,镇江成为文人最爱光顾的城市之一,王安石、苏轼、陆游等都曾在此留下了著名诗篇,当地读书和藏书风气日盛,典籍需求量大增,刻书活动便悄然兴起。不过,各类史书关于北宋镇江刻书史料阙如,而南宋刻书情况颇有记载。今以刻书者(刻书单位)为准,略论刻书情况。

一、镇江府学刻书

镇江府学始建立于北宋年间。北宋太平兴国八年(983),名士柳开

---

① (清)徐松辑,刘琳、刁忠民、舒大刚等校点:《宋会要辑稿》"方域六",上海古籍出版社 2014 年版,第 15 册,第 9391 页。

② 参阅严其林《镇江史要》,苏州大学出版社 2007 年版,第 90—91 页。

出任润州郡守,他倡议在润州郡治所丹徒县州衙东南朱方门内创设儒学,以儒家学说教育镇江子弟,这是镇江最早建立的官学。政和三年(1113),润州升为镇江府,镇江名称始于此时。由此,原州学改称镇江府学。南宋绍兴九年(1139),镇江府学遭火灾,大部分建筑被毁。绍兴十一年(1141),朱熹的老师刘子翚出任镇江府太守兼沿江安抚使,在其主持和捐资下,重新修复府学。作为镇江一地重要的官办教育机构,南宋期间,镇江府学积极参与刻书工作,今所可考知者有 2 部。

一为《说苑》20 卷。汉刘向撰。前有刘向进书序,继以总目。目后有曾巩进书序。卷二十后有宋刻款识"乡贡进士直学胡达之视役。迪功郎差充镇江府学教授徐沂。咸淳乙丑(1265)九月,迪功郎特差充镇江府学教授李士忱命工重刊",共 3 行。半页 11 行 20 字,白口,左右双边,版心下注字数及刻工姓名。傅增湘目验是书后说:"宋刊本……字体方严,与《新序》相近。"①藏印有"张氏收藏""汝南均图书记""平阳氏珍藏""士礼居""丕烈""汪士钟印""杨以增""杨绍和""宋存书室"等。今藏俄罗斯国家图书馆。②

二为《新定三礼图集注》20 卷。北宋洛阳人聂崇义撰。《新定三礼图》有图,有解说(集注)。凡图 380 余幅,原文文字约 10 余万言。所绘图像虽未必尽如古昔,但援据经典,考释器象,具有重要的参考价值。淳熙二年(1175),镇江府学刊刻此书,半页 8 行 22—24 字不等,小字双行,行 27—28 字不等。白口,左右双边。卷前有《新定三礼图序》,下题"通议大夫、国子司业兼太常博士、柱国、赐紫金鱼袋臣聂崇义集注"。卷二十后镌有陈伯广刻书跋:"《三礼图》,始熊君子复得蜀本,欲以刻于学而予至,因属予刻之。予视其图度,未必尽如古昔,苟得而考之,不犹愈于求诸野乎! 淳熙乙未闰月三日,永嘉陈伯广书。"③乙未为淳熙二年,显然说明此书于南宋孝宗淳熙二年由陈伯广主持梓行。李致忠说:"检嘉定《镇江志》,镇江府学职(镇江府学教授)中有熊克、沈必豫、陈伯广、杨大法、徐端卿等,知熊克做镇江府学教授,确在陈伯广之前,故陈

---

① 傅增湘:《藏园群书经眼录》卷七,中华书局 1983 年版,第 542 页。
② 参见丁延峰《海源阁藏书研究》,商务印书馆 2012 年版,第 165 页。
③ 资料转引自陈红彦《善本古籍掌故(一)》,上海远东出版社 2017 年版,第 37 页。

伯广跋称'始熊君子复得蜀本,欲以刻于学而予至,因属予刻之'之说,在时间逻辑上是可信的。"①且此书纸背公文有淳熙五年(1178)镇江府学教授徐端卿、中奉大夫充徽猷阁待制知镇江府司马笈衔名,知此书应该刻于镇江,因为印纸用的是镇江府公牍旧纸。

二、丹阳县斋刻书

县斋即古代县衙。丹阳建置始于战国时期,从唐朝开始隶属于镇江,此后一直未改。嘉泰改元(1201)丹阳县斋刊刻费衮撰《梁溪漫志》10卷。费衮字补之,常州无锡人。南宋宁宗时为国子监免解进士。该书前有绍熙三年(1192)费衮自序,成书应当在此前。朝廷修高宗、孝宗和光宗三朝正史时,多取材该书。该书半页10行19字。语涉宋帝皆空格。前有自序及楼钥跋,十卷目录后又有嘉泰改元晋陵施济跋,又有国史实录院牒并衔名十行。《知不足斋丛书》收录该书,即以此本翻刻,鲍廷博说:"复为借周莅兮(春)先生家藏影宋抄本,俾博参校以传,是为皇清乾隆丙申(1776),距嘉泰元年(1201)晋陵施济开版时,盖六百四十又九(五百七十五)年矣。"②可知南宋时,主持丹阳县斋刻本者为施济,惜生平不详。

三、耿秉刻书

耿秉,字直之,澂江(今江阴)人。"仕至兵部郎中,终焕章阁待制,律己清俭,两为浙漕,所至以利民为事,有《春秋传》20卷、《五代会史》20卷。"③耿秉于淳熙间(1174—1189)知镇江府,先后于此任上刊刻过2部典籍。

一为《史记集解索隐》130卷。宋代雕版印刷流行,《史记》也开始告别写本时代,出现多家刻本,其中,乾道七年(1171)福建建安蔡梦弼东塾刻本,为裴骃集解、司马贞索隐的二家注本,在《史记》版本史上影响巨大。但是,由于信息闭塞,远在常州的张杅竟然不知道,他在五年

① 李致忠:《昌平集》,上海古籍出版社2012年版,第359页。
② 周生杰、季秋华:《鲍廷博题跋集》,浙江古籍出版社2013年版,第18页。
③ 瞿冕良:《中国古籍版刻辞典》,苏州大学出版社2009年版,第670页。

后的淳熙三年(1176)也刊刻二家合注本《史记》。淳熙八年(1181),耿秉据张杅本修订重刻,与蔡梦弼本无涉。耿秉刻本现存世两部,分别藏在国家图书馆(130卷本)和日本静嘉堂文库(99卷本)。静嘉堂文库藏本原为汪士钟旧物,后归陆心源皕宋楼。陆心源死后,其子将皕宋楼藏书售与日本静嘉堂文库,99卷的耿秉本亦在其中。①

二为唐李德裕撰《李卫公备全集》39卷。《直斋书录解题》称:"(耿秉刻本)比永嘉及蜀本三十四卷之外,有《姑臧集》五卷,《献替记》《辨谤略》等诸书共十一卷。知镇江府江阴耿秉直之所辑;并考次为《年谱》《摭遗》。《姑臧集》者,兵部员外郎段令纬所集,前四卷皆西掖、北门制草,末卷惟《黠戛斯朝贡图》及歌诗数篇。其曰'姑臧',未详。卫公三为浙西,出入十年,皆治京口,故秉直刻其全集。"②可知耿秉刻本相较于其他刻本多《姑臧集》5卷,是李德裕文集中较为全面的版本。

四、岳珂刻书

岳珂为南宋抗金名将岳飞之孙,岳霖之子,少时随父游宦粤中,宁宗开禧(1205—1207)初,为镇江饷幕庾史。岳飞冤案平反后,岳飞三子岳霖开始收集整理与父亲相关的各种文献资料,未成而卒,岳霖临终时嘱托其子岳珂。岳珂承继父业,将收集到的岳飞表奏、战报、诗文旧事、被诬始末资料,以及高宗给岳飞的御札、手诏,加上为岳飞辩冤的考证,以及根据时人著述旧闻而撰写的部分岳飞传记汇集在一起,编成《鄂国金陀粹编》28卷,在嘉兴府刻版印行。之后,岳珂继续搜集,于理宗绍定元年(1228),又将所得遗文和相关资料,汇编为《鄂国金陀续编》30卷,在镇江府刻印。端平元年(1234)冬,将《金陀粹编》与《续编》合在一起,第三次刻版印行。

绍定五年(1232),岳珂又刊刻《宝晋英光集》8卷。该书为大书法家米芾所撰。米芾斋名宝晋,室名英光,故有此书名。岳珂《宝晋英光集序》云:"夫既卜园观,则不可以不祠,既藏祠则不可以不摭遗考文翰,以备一堂之缺。既竣摹瑑之事,而攟放失,怡编次为是集以

① 参阅张大可、丁德科《史记论著集成》第十二卷,商务印书馆2015年版,第173—174页。
② (宋)陈振孙:《直斋书录解题》卷十六,上海古籍出版社1987年版,第482页。

传。……予按《山林集》旧一百卷,今所会萃附益,未十之一。南渡而后,文献不足,固无可议。……绍定壬辰岁(1232)上巳日鄂国岳珂序。"①王宏生说:"《宝晋英光集》系岳珂(1183—1234)辑录米芾遗文,于朱理宗绍定五年壬辰(1232)成书,距其卒仅有二年。《序》中所谓'摹瑑之事',即岳珂摹刻米芾墨迹成《英光堂帖》之事,此集成书在《英光堂帖》刻成之后。"②

五、熊克刻书

宋代镇江刻书以熊克所刻数量最多,影响最大。熊克(1118—1194),字子复,一字子履。建州建阳(今属福建)人。绍兴二十七年(1157)进士,历知诸暨县、起居郎兼直学士院、镇江府学教授,被荐为校书郎,累迁起居郎兼直学士院,出知台州,淳熙十二年(1185)被罢。著有《九朝通略》《诸子精华》《中兴小历》等。《宋史》有传。

两宋时期,福建建安和建阳两地汇集众多刻工,私家刻书活动极为兴盛,形成了足以与四川、浙江、江苏等相颉颃的刻书中心,所刻典籍史称"建本"。熊克每到一处任职,即以刊刻典籍为己任,方彦寿说:"熊克于乾道庚寅(1170)刻印三国魏王弼《老子注》2卷;淳熙九年(1182)刻印其父熊蕃《宣和北苑贡茶录》1卷,前有图 38 幅,并附《采茶诗》10 章。熊克在任镇江府学教授期间,在京口学宫刻印了汉郑玄《孝经注》1卷,底本得之于建安袁枢。又刻唐代成伯玙撰《毛诗指说》1卷,以及熊克自编本《京口诗集》10卷《续集》2卷,辑唐开元、天宝至南唐人的诗文。这是建阳人在外地刻书的较早记载。"③称其为较早在外地刻书的建阳人是对的,但称其在镇江仅刻 4 种典籍则误,各类史料记载熊克在镇江至少刊刻了 5 到 6 种典籍。

《道德真经注》2卷。三国魏王弼著。王弼发展了老子的哲学思想,凭着深厚的学养,开一代注老之先。乾道六年(1170),熊克将之镂版,并为之跋曰:"克伏诵咸平圣语,有曰:'老子《道德经》,治世之要,明

---

① (宋)岳珂:《宝晋英光集序》,米芾《宝晋英光集》卷首,中华书局 1985 年版,第 1 页。
② 王宏生:《北宋书学文献考论》,上海三联书店 2008 年版,第 285 页。
③ 方彦寿:《建阳刻书史》,中国社会科学出版社 2003 年版,第 76 页。

皇解虽灿然可观，王弼所注，言简意深，真得老氏清净之旨。'克自此求弼所注甚力，而近世稀有，盖久而后得之。往岁摄建宁学官，尝以刊行。既又得晁以道先生所题本，不分道德而上下之，亦无篇目。克喜其近古，缮写藏之。乾道庚寅（1170），分教京口，复镂板以传。若其字之谬讹，前人已不能证，克焉敢轻易？姑俟夫知者。三月二十四日，左从事郎、充镇江府府学教授熊克谨记。"①"分教京口"，明确交代刊刻地点在镇江。

《孝经注》1卷。东汉郑玄撰。《孝经注》于魏晋之际主要在民间流传，东晋元帝时始立于学官。唐玄宗为《孝经》作注，多引郑注。宋代邢昺作《孝经正义》用唐玄宗注，郑注逐渐少见。南宋乾道六年（1170），熊克、袁枢得郑注，刻于京口，即京口本。南宋以后，此书逐渐散佚。

《毛诗指说》1卷。唐成伯玙撰。伯玙生卒年及生平不详。此书凡四编：兴述、解说、传受、文体。史上《毛诗》注本极多，而以毛亨和郑玄注本影响最大，但成伯玙能够做到不受毛、郑影响，完全按照己意去解诗，影响所及，开启了宋以后学者以己意解诗的风气。乾道八年（1172），熊克刊刻《毛诗指说》成，并为之撰跋云："唐成伯玙有《毛诗指说》一卷，《断章》二卷，载于本志。《崇文总目》谓《指说》略叙作诗大旨及师承次第，《断章》大抵取《春秋》赋诗断章之义，撷《诗》语汇而出之。克先世藏书，偶存《指说》，会分教京口，一日同官毗陵沈必豫子顺见之，欲更访《断章》，合为一帙。盖久而未获，乃先刊《指说》于泮林，庶与四方好古之士共焉。乾道壬辰（1172）三月十九日，建安熊克记。"②

《京口集》20卷。熊克编。关于该书的编纂和刊刻经过，熊克《跋〈京口集〉》说："元丰中，曾彦和纂《润州集》，起东汉迄南唐，至宋朝则未暇也。乾道壬辰（1172）夏，太守文昌常伯，当涂宋公因命克裒开宝以来，别为一集，与彦和所次并行，且以见宋之文风焕出前代，于是尽模境

① （宋）熊克：《跋〈道德真经注〉》，曾枣庄主编《宋代序跋全编》，齐鲁书社 2015 年版，第 6 册，第 4077 页。
② （宋）熊克：《跋〈道德真经注〉》，曾枣庄主编《宋代序跋全编》，齐鲁书社 2015 年版，第 6 册，第 4077—4078 页。

内石刻,又遍阅诸集,仍访前贤子孙,得诗文六百余篇,厘为二十卷,目之曰《京口乾道集》,给钱十五万,属克刊焉。会宋公被旨奏事,郡缗不继,仅能雕诗集十卷,而杂文十卷姑藏之学宫。他日好事君子罗网转多,铨(诠)释愈精,则当悉取二厘正之,勒成巨编,以垂久远,乃克之志也。秋九月十五日,郡文学建安熊克记。"①可知熊克所编原书 20 卷,惜资金不足,只将其中的 10 卷付梓。

《京口续集》2 卷。此书为熊克续编《京口集》而成,编刻时间为乾道九年(1173)。其《题〈京口续集〉》说:"《京口集》既成,久之,又得二卷,遂续于末。噫,自南唐以上诸集具存,曾彦和之纂《润州集》也,宜无所遗,而克最为浅闻,犹能为补八十余篇,矧近世文集人所未见者尚多,区区掇拾,正恐未得其半,他日岂无望于君子? 乾道癸巳(1173)闰正月四日建安熊克谨题。"②熊跋《京口集》记载为"秋九月十五日",不知具体年代,但是熊克题跋有明确纪年(乾道癸巳),故可推知《京口集》之编刻至迟在上一年,即乾道八年壬辰(1172)。

总体来说,宋代镇江刻书总量不多,尚未达到刻书区域中心的地步,但所刻典籍遍及四部,图文并茂,用纸考究,影响深远,为后世刻书打下了坚实基础。

第四节　常州府刻书

隋文帝开皇三年(583)废郡,以州统县。开皇九年(589)于常熟县置常州,后割常熟县入苏州,遂移常州治于晋陵,常州之名由此始。此后,虽曾改称过毗陵、晋陵、长春、尝州等,但使用时间都很短暂,而常州之名沿用至今将近 1400 年。唐朝建立后不久,武德三年(620),常州领管晋陵、武进、无锡、江阴等四个望县(唐分天下郡县为七等,

---

① (清)高得贵修,张九徵纂,朱霖增纂主编:《乾隆镇江府志》卷四十八《艺文》,《中国地方志集成·江苏府县志辑》第 28 册,凤凰出版社 2008 年版,第 435—436 页。

② (清)高得贵修,张九徵纂,朱霖增纂:《乾隆镇江府志》卷四十八《艺文》,《中国地方志集成·江苏府县志辑》第 28 册,凤凰出版社 2008 年版,第 436 页。

繁华重要的地方称"望")。唐武德八年(625),义兴县(今宜兴)又划归常州管辖,常州被称为"毗陵大藩",城市作用极为突出,史称"当全吴之中,据名城沃土……吴中州府,此焉称大"①,常州成为唐朝重要的财政来源地之一。唐武宗会昌四年(844),升常州为望,列入全国州府十望之一。

两宋,常州属两浙西路,辖晋陵、武进两县,与今日常州管辖区域不同。这是常州经济大发展时期,陆游在《常州奔牛闸记》中记下了"苏常熟,天下足"的谚语。宋代常州的丝麻织物就闻名遐迩,各类手工业得到较大发展,呈现出繁荣景象。而造纸方面,常州一带造纸技术向来发达,两宋时期,这里除了使用麻作为原料,还扩大使用范围,以竹、藤、桑等作为原料,大大提高了造纸产量。

常州在两宋时期的文化教育事业不断向前发展,以书院为例,北宋崇宁年间(1102—1106)成立的城东书屋,由受学于杨龟山的周恭先所创,起初规模较小,之后学生渐多,难以容纳,于是另建城西书屋,著名学者杨龟山曾在此讲学。南宋时期,常州建有东坡书屋和城南书院。与其他地区相比,常州书院创建走在前列,对当地教育起到了极大的促进作用。

经济繁荣和文化发达,为常州宋代刻书创造出良好基础,但由于史料缺失,今所能考知的刻书史实如下。

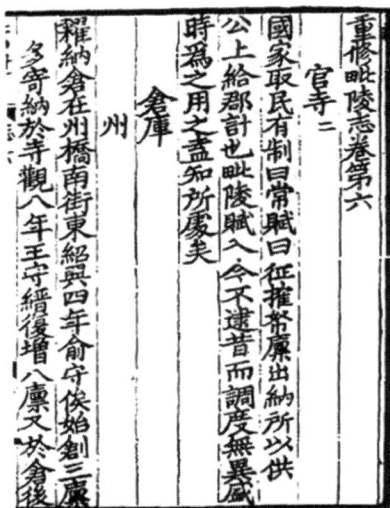

图 2-4-1 《咸淳重修毗陵志》
咸淳间常州郡斋刻 国家图书馆藏
《续修四库全书》史部地理类收录

① (唐)崔祐甫:《故常州刺史独孤公神道碑铭》,《全唐文》卷四百零九,中华书局 1983 年版,第4196 页。

一、常州郡斋刻书

南宋咸淳间,史能之知常州郡,咸淳四年(1268)主持编刻《重修毗陵志》30卷。史能之,南宋庆元府鄞县(治今浙江宁波)人。史弥巩次子。淳祐元年(1241)进士,任晋陵(武进)尉。《重修毗陵志》卷首有史能之序:"毗陵有志旧矣。岁淳祐辛丑(1241),余尉武进时,宋公慈为守,相与言病其略也。俾乡之大夫士增益之,计书成且有日。越三年,余承朝命长此州,取而阅之,则犹故也。嘻!岂职守之遵绌不常,而郡事之辽辖靡暇,是以久而莫之续邪?抑有待而然邪?夫《周官》:'土训掌道地图,以诏地事,以辨地物,以诏地采。'盖将使来者有考也,而可忽诸?毗陵自晋改邑为郡,至唐易郡为州。代更五季,民瘵于兵。宋奠九壖,江南既平,郡始入职方氏。一马渡江之后,钱唐为天子行在所,繇是与苏、湖、秀均号右扶。《寰宇记》所谓'人性吉直,黎庶淳逊',其所从来古矣。今山川暎发,民物庶蕃,谨固封圻,为国之屏壤,地非小弱也。而郡志弗续,非阙欤?乃命同僚之材识与郡士之博习者,网罗见闻,收拾放失;又取宋公未竟之书于常簿季公之家,讹者正,略者备,触者补,盖阅旬月而后成。虽然,余岂掠美者哉?事患不为,为而无不成。余之续之,所以成前人之志,而广异日之传云。尔后之览者,亦将有感于斯。咸淳四禩月正元日,四明史能之叙。"[1]史能之《重修毗陵志》是国内外现存的宋修十数种府志之一,史料价值十分可贵,是研究江南地区宋代历史的重要参考。仓修良说:"在当时,作为州县之官吏,编修本地之志书,已经变成职责范围之内的事情,倘若年久不修,便被批评为失职,这种社会舆论,往往还胜过国家的法令,因为国家法令还可以用旧的过录一本加以搪塞,这就是隋唐图经的致命弱点,自然就无保存留传的价值。当社会上一旦认为这是各地不可缺少的东西,那不仅身价提高,生命力也就加强了。"[2]该版半页9行20字。《抱经楼藏书志》和《皕宋楼藏书志》皆著录为宋刊本,残存卷七至卷十九,又卷二十四。今藏日本静嘉堂文库。

---

① (清)沈德寿:《抱经楼藏书志》卷二十六,中华书局1990年版,第282—283页。
② 仓修良:《方志学通论》,齐鲁书社1990年版,第268页。

二、常州军刻书

郡斋刻书之外,南宋时期常州军也有刻书之举,所刻书为《古文苑》21卷末1卷。《古文苑》乃北宋孙巨源于佛寺经龛中所得,为唐人所编选。传至南宋,章樵得是书,遂加以训注,厘为20卷末1卷。章樵自序称:"樵学制吴门,窃簿书期会之暇,续以灯火余工,玩味参订。或裒断简以足其文,或较别集以证其误,推原文意,研核事实,为之训注。其有首尾残缺,义理不属者,姑存旧编,以俟度考。复取汉晋间文史册所遗,以补其数。凡若干篇,厘为二十卷,将质诸博洽君子,以求是正焉。绍定壬辰七月 日,朝奉郎、知平江府吴县事、武林章樵升道序。"绍定壬辰即绍定五年(1232),其时章樵已经编定。章樵,生卒年不详,字升道,号桐麓,昌化(今浙江临安)人。嘉定元年(1208)进士,历海州、高邮、山阳教官,累官知处州。另著有《章氏家训》7卷、《补注春秋繁露》18卷等,均佚。

章樵之注编定之后的第四年,即端平三年(1236),常州军率先将其付梓。关于此书版刻经过,江师心嘉熙元年(1237)后序和章樵兄子之婿盛如杞淳祐七年(1247)跋有较为详细的记述。江师心后序曰:"章君不忍自私,倅毗陵日,欲镌诸梓,以贻后学。甫书初考,适拜司鼓之命,惟厥志之不酬,乃以其稿属之后政。岁在丙申(1236)六月毕工。明年四月,仆到官既半载,章君之子淳过仆,尽取其版,订刊者之误凡二百余字,而章君之志益明。"又曰:"仆于章君实袭其隔政之余芬,思见其□文而不可得。"说明章樵知毗陵时就要镌刻此书,缘迁司鼓之职,无暇多顾,乃以此事嘱托后任。而这位后任者究竟是谁? 盛如杞跋叙之甚详:章樵癸巳(1233)"所述《古文苑》稿方授楷书吏,将付诸梓,俾与订正。以岁莫(暮)亟行而未究。明年,公除司鼓,留稿以遗后人,程士龙寔为代用,能成公之志。丙申(1236)六月书成,而公以乙未(1235)六月先为古人矣。又继之者江君师心,复为订刊者之误,书于是乎有传。公去常越十有二年,丙午(1246)冬,如杞承乏佐州……公余取所刊板,鳞次先后,遇板有蠹蚀者,字有漫漶者,即命工补□"。可知受命刻梓此书者,乃程士龙。端平三年(1236)六月镌版毕工,故此书版本定为"宋端平三年程士龙常州军刻本"，确凿有据。然程士龙刻版藏事，尚未刷印，则江师心又来守此，时章樵之子章淳路过常州，又尽取其版，订正刊者之误，于是刷印之事便被搁置。十年之后，即淳祐六年盛如杞通判常州，鳞次书版，进行补修并印行，是书始流传天下。故又可定此本为"淳祐六年盛如杞重修本"。总此，则此书版本当定为"宋端平三年程士龙常州军刻淳祐六年盛如杞修补本"。此本每半叶 10 行 16 字，小字双行，行 36 至 42 字不等，白口，左右双边。今国家图书馆藏该版本，钤有"汪士钟曾读"，表明曾是汪士钟的插架之物。又有"铁琴铜剑楼"印记，则又曾为瞿氏铁琴铜剑楼的藏品。[①]

三、沈有开刻书

沈有开(1134—1212)，南宋学者，字应先。常州无锡人。沈松年之子。从吕祖谦游。淳熙五年(1178)进士，历仕太学博士、枢密院编修兼实录院检讨、秘书丞、著作郎、起居舍人。宁宗即位，迁起居舍人。后受忌者排挤，废斥十年。既而起知徽州，改太平，不行，以直龙图阁致仕。家居落寞，贵者求见，皆以老疾辞，而独与朱熹通书问。

嘉泰甲子(1204)，梁溪沈有开刊吕祖谦奉敕撰《皇朝文鉴》150 卷。该书又称《宋文鉴》，收录北宋以来 314 人 2582 篇诗文。《宋文鉴》第一次把诗歌体裁细分为四言古诗、五言古诗、七言古诗、五言律诗、七言律诗、五言绝句、七言绝句、杂体等，以王安石、苏轼的诗文较多，在中国古代文学史上具有开创性意义。该版每半页 10 行 19 字。版心上记字数，下记刻工姓名，有李忠、李彦、王华、王信、刘用等。前有嘉泰甲子沈有开刊版序："……诸处未见刊版，惟建宁书坊有之，而文字多误。"

四、尤袤刻书

尤袤(1127—1194)，字延之，小字季长，号遂初居士，晚号乐溪、木石老逸民。常州无锡人。祖父尤申，父尤时享。绍兴十八年(1148)登进士第，初为泰兴令。孝宗朝，为大宗正丞，累迁至太常少卿，权充礼部

---

① 李致忠：《昌平集》，上海古籍出版社 2012 年版，第 672—673 页。

侍郎兼修国史，又曾权中书舍人兼直学士。光宗朝为焕章阁侍制、给事中，后授礼部尚书兼侍读。卒后谥号"文简"。尤袤生前酷嗜藏书，是史上著名的藏书家，所著《遂初堂书目》是古代第一部记载典籍版本的目录，在目录学和版本学史上具有重要的价值和意义。他爱书心切，曾说："饥读之以当肉，寒读之以当裘，孤寂读之以当友朋，幽忧而读之以当金石琴瑟也。"[①]他亦热衷刻书，所刻典籍众多。

尤袤一生宦游各地，每到一地便收集典籍，致力刻书。乾道八年（1172）二月，尤袤因参与一些大臣反对孝宗任用安庆军节度使张说执政，于次年冬出京外任台州（今浙江临海）知州。台州被宋人习称为天台。淳熙初年，尤袤在天台郡斋刻唐人贺知章草书帖，该帖前后有米芾小楷题识，文献价值十分珍贵。

如果说台州任上是尤袤刻书之始，那么当涂任上则为其刻书之盛。

淳熙五年（1178），尤袤在当涂任上将家藏唐李涪《刊误》付梓。李涪，生卒年及里字不详。唐朝人。曾官国子祭酒、宗正卿。陆游《跋李涪〈刊误〉》称："王行瑜作乱，宗正卿李涪盛陈其忠，必悔过。及行瑜传首京师，涪亦放死岭南，疑即此人也。"[②]宋王应麟《玉海》卷四十四云："唐祭酒李涪《刊误》二卷，刊正古今沿习舛误，凡五十条。"[③]《刊误》一书考究典故，引古制以纠唐制之误，可以订证礼文。而该书实赖尤袤刻本以传。

当涂任上，尤袤还刻有唐人丘光庭《兼明书》和唐人苏鹗《苏氏演义》。其中，《兼明书》5卷，主要是对"五经"、《文选》以及杂说、字学等的考证。而《苏氏演义》以考据为主，于训诂文字、订正名物、考究经传、辨正伪谬等方面颇下功夫，多有精辟见解。尤袤刻成后，多散友朋间，有功艺林。如李焘得到尤袤所赠《苏氏演义》刻本后，十分欣喜，他在《题崔豹〈古今注〉》中说："曩时文昌锡山尤公守当涂，刻唐武功苏鹗《演义》十卷，后四卷乃误剿入豹今书。然予在册府得本书四卷，与豹

① 尤袤语见陆友仁《遂初堂书目跋》，尤袤《遂初堂书目》卷后，中华书局1985年版，第35页。
② （宋）陆游著，钱仲联、马亚中校注：《陆游全集校注》第10卷《渭南文集校注二》，浙江教育出版社2011年版，第202页。
③ （宋）王应麟撰，武秀成、赵庶洋校证：《玉海艺文校证》（上），凤凰出版社2013年版，第450页。

今所著绝不类。尝以遗同年本郡学钱子敬,俾改而正之,庶两书并行,不相散乱。"①可知尤袤所刻苏鹗《演义》后四卷乃误抄入崔豹《古今注》内容。

淳熙七年(1180),任职江东期间,尤袤刻洪适《隶续》2 卷。《隶释》成书于乾道二年(1166),著录汉魏隶书石刻文字 183 种,并附辑《水经注》中的汉魏碑目和欧阳修《集古录》、欧阳棐《集古录目》、赵明诚《金石录》和不著撰人《天下碑录》中的汉魏部分。而《集古录》《金石录》等书都仅有汉碑的目录和跋语,未收碑文。碑文的收录,为洪适首创。他把隶书体汉碑碑文用楷书写出,故名《隶释》。此后又陆续收集到一批石刻,编为《隶续》21 卷。两书共著录汉碑碑文、碑阴等 258 种,魏及西晋碑 17 种,汉晋铜、铁器铭文和砖文 20 余种。洪适在书中对每一碑刻的文字都依其字画写定,再将以某字为某字注明于后。碑文之后附有较好的考证,对有关史事作了考释,书中还用图来表示汉碑的不同样式,并著录不少汉画像石。这在其他金石书中是罕见的。关于《隶续》的版刻情况,洪适《池州〈隶续〉跋》说:"《隶释》有续,前后二十一卷。乾道戊子(1168)始刻十卷于越;明年锡山尤延之刻二卷于江东仓台,而辇其板合之越。"②《隶续》先后经过四次刻印才得以成书,第一次刻 10 卷,到最后一次刻 2 卷,历经十多年时间,且每一次所成之书皆单行,没有合刻本,且宋刻诸本早已失传。

同年,尤袤在池阳郡斋(今安徽贵池)刻《山海经》3 卷。《山海经》问世至今,其传本甚多,而以尤袤刻本为最古。该版每半页 10 行,行 21 字。宋讳"慎"缺笔。尤袤题识说:"晚得刘歆所定书,其南、西、北、东及中山号《五藏经》为五篇,其文最多。《海内》《海外》《大荒》三经,南、西、北、东各一篇,并《海内经》一篇,亦总为十八篇,多者十余简,少者三二简,虽若卷帙不均,而篇次整比最古,遂为定本。予自绍兴辛未(1151)至今三十年所见,无虑十数本,参校得失,于是稍无舛讹,可缮写。"③

尤袤在池阳郡斋刻书最可称道的,是淳熙八年(1181)刻《文选》李

---

① 曾枣庄主编:《宋代序跋全编》第 6 册,齐鲁书社 2015 年版,第 3909 页。
② 曾枣庄主编:《宋代序跋全编》第 6 册,齐鲁书社 2015 年版,第 3928 页。
③ 尤袤题识载周明《山海经集释》附录,巴蜀书社 2019 年版,第 562 页。

善注 60 卷及《考异》1 卷,这是以全帙形式留存至今最早的李注《文选》版本。此书卷末附有《李善与五臣同异》一卷、淳熙八年(1181)上巳日尤袤题记以及同年袁说友的两篇跋文。尤刻本是元明两代影响最大的李注《文选》版本,元明清三代,人们所刊李注《文选》,皆依据此本,如元张伯颜本,明复张伯颜本、明汪谅本、明朱纯臣本、明翻张伯颜本、明唐藩本、邓原岳本、汲古阁本,清胡克家本等,至少有 15 种之多,都是以尤本为祖本。[①] 尤袤所刊李注《文选》是"唐代以来对于李注原本采纳诸家之注,逐渐改易正文、附加注文的集大成之书"[②],其间掺杂了唐宋两代校勘《文选》李注的成果。

淳熙九年(1182),刻荀悦《申鉴》1 卷。荀悦为战国后期哲学家荀况十三世孙,是汉代著名历史学家和思想家,著有《汉纪》《崇德》《正论》《申鉴》等。《申鉴》是对当时社会问题进行研讨的重要著作。尤袤其时任江南西路转运判官,其《〈申鉴〉题辞》对这次雕版情况记载说:"荀悦书五卷,观其言,盖有志于经世者。其自著《汉纪》尝载其略。而范晔《东汉书》(按即《后汉书》)亦摘其篇首数百言,见之悦传。今《汉纪》会稽郡已版行,而此书则世罕见全本。余家有之,因刻置江西漕台。但简编脱缪,字画差舛者不一,不敢以意增损,疑则阙之,以俟知者。淳熙九年冬十月己亥,锡山尤袤。"[③]

同年,于江西漕台刻张方平《玉堂集》20 卷。《郡斋读书志》记载说:"右张文定公方平之文也。公字安道,宋城人。明道二年(1033)以茂材异等擢为校书郎,神庙时参大政,元祐六年(1091)终于太子少师致仕,赠司空,谥文定。公出入两禁垂二十年,一时大典多出其手。刘忠肃尝序其《玉堂集》二十卷,乃在东坡所序《乐全集》四十卷之外。淳熙九年,锡山尤袤重刻于江西漕台。"[④]

绍熙二年(1191),刻李匡乂《资暇集》。李匡乂为晚唐时期宰相李夷简之子,曾任房州(治所在今湖北省房县)刺史。此书当写成于懿宗、

---

① 参见[日]斯波六郎撰,李庆译《文选诸本研究》,《文选索引》第 1 册,上海古籍出版社 1997 年版,第 8—9 页。

② 王书才:《〈昭明文选〉研究发展史》,学习出版社 2008 年版,第 126 页。

③ 曾枣庄主编《宋代序跋全编》第 6 册,齐鲁书社 2015 年版,第 4076 页。

④ (宋)晁公武编,孙猛校:《郡斋读书志校证·附志》(下册),上海古籍出版社 1990 年版,第 1177 页。

僖宗时期,是考证之作,上卷多纠正旧说谬误,中卷多论述事物原由,下卷多谈物品。见解颇精到,但也有些错误。尤袤将之付梓后,曾寄给好友陆游。陆游欣喜万分,在《跋〈资暇集〉》中说:"吾家旧有此本,先左丞所藏,书字简朴,疑其来久矣。首曰'陇西李斤文济翁编','斤'字犹成文也。久已沦坠。忽尤延之寄刻本来,为之怆然。绍熙二年十一月二十九日,陆某识。"①

此外,据瞿冕良《中国古籍版刻辞典》记载,尤袤还刻有宋吕祖谦《吕氏家塾读诗记》32 卷,半页 12 行 22 字,余不详。民国十九年(1930)二月,大藏书家叶恭绰曾购得宋版《华严经疏》一册,末尾刊有施资人姓名,其中就有尤袤,可知尤袤应有刊刻佛经之举,惜史料阙如。

作为南渡后的藏书家和刻书家,尤袤通过刻书而传播著述,交游论学,抒发个人情趣。他能够结合官刻用料不惜工本、私家刻书校勘认真两方面之长,所刻典籍刊印精美,质量上乘,从而成为传统版本学的典范。

第五节　江阴军刻书

两宋时期的江阴拥有和镇江、常州一样的地位,时称江阴军。军的设置源于唐朝。唐初,军事区域与行政区域分开,但尚不成为行政区划,到了唐朝后期,节度使辖区成为高层政区——方镇(道)。五代时期,由于各地军事活动频繁,诸军开始与州并列,分疆而治,军旅之号渐成政区之名。宋代沿袭五代做法,从边境到内地都设有以军为通名的,与府、州、监同级的行政区划,不过,军的地位较低,相当于下等州,即所谓"同下州"。此外,两宋时期无锡隶属于两浙路常州,故不能将无锡宋代刻书单列出来。

江阴军交通地位十分关键,位于当时长江入海口的南岸,北与长江

---

① (宋)陆游著,钱仲联、马亚中校注:《陆游全集校注》第 10 卷《渭南文集校注二》,浙江教育出版社 2011 年版,第 188 页。

相通,南与漕渠(江南运河)相连,形成了一个内河和外海交相汇合的港口,北宋中期,江阴已成为停靠海外商船的港口了。江阴城北的黄田港,当时呈现一派繁盛的景象。随着江阴海外贸易的日渐发展,宋朝政府于南宋高宗绍兴十五年(1145)继杭州、明州、温州、秀州之后,在此设置了市舶务,北宋末年,江阴一地的税收竟超过常州。由于市舶务的设置,江阴军的海外贸易更加繁荣,海外商船的停泊处,除黄田港外,又延伸至扬舍港和蔡港以外的江面。在市舶务所在地的澄江门外,形成了商业发达的江下市,江下市因海外贸易发展,规模竟然大于江阴城。史料记载,从高丽前来贸易的商船,有时一年多达六七艘。而宋宁宗庆元五年(1199),日本泉涌寺僧人入宋,就是乘船在江阴军下帆放碇的。①

得益于便捷的交通条件和繁荣的商业贸易,两宋时期江阴军多次从事刻书活动,根据史料记载,可考知的刻书主要有以下几种。

1.《佛说观世音经》1 卷

大中祥符六年(1013)江阴县助教葛诱刻。葛诱(942—?),北宋大中祥符间江阴县太守乡就日里人,任将仕郎江阴县助教。1980 年 12 月,江阴县夏港公社三元大队发现一座北宋墓,出土了一批文物。其中就有这本《佛说观世音经》。该本 1 卷,梵夹装。全长 367 厘米,分 47 折,折高 28 厘米,宽 7.8 厘米。每折 4 行,每行 16、17 字,单线版框。引首也有经变图一幅,上下右三边均有环形花边,下饰秋花纹边。左边刻题签,上为"将仕郎试江阴军助教葛诱雕板印施",下有壶门和莲座。图中观世音菩萨坐须弥山中,左手托净瓶,右手拈莲花。其他人物各具姿态。起首写《佛说观世音经》。卷尾墨书题记云:"大宋国江阴军江阴县太宁乡就日里信心弟子将仕郎助教葛诱……许印观世音经一藏五千四十八卷。"最后纪年为"大中祥符六年癸丑岁"。②

2. 韦昭《国语注》21 卷

宋天圣七年(1029)江阴军刊。韦注兼采东汉郑众、贾逵,三国吴虞翻、唐固等人注释,原名《国语解》,今散列于《国语》各条之下。该版每半页 11 行 21 字。小字双行 31 字。前有韦昭序,末有"天圣七年七月

---

① [日]木宫泰彦著,陈捷译:《中日交通史》下,商务印书馆 1932 年版,第 6 页。
② 苏州博物馆、江阴县文化馆:《江阴北宋"瑞昌县君"孙四娘子墓》,《文物》1982 年第 12 期,第 32 页。

二十一日开印。江阴军乡贡进士葛惟肖再刊正。镇东军权节度掌书记魏庭坚再详。明道二年四月初五日得真本,凡刊正增版"4 行。宋时原刻早佚,嘉庆四年(1799)吴门黄丕烈据影宋抄本重刊。四库馆臣说:"《国语》注存于今者,惟昭为最古。黄震《日钞》尝称其简洁,而先儒旧训亦往往散见其中。"①评价甚高。

3.《宣和奉使高丽图经》40 卷

乾道三年(1167)澂江郡斋刻。澂江为江阴地名,两宋时期郡斋设在此处。该版"九行十七字,白口,左右双栏,版心下记刊工姓名。前宣和六年(1124)徐兢序,后有乾道三年(1167)左朝奉郎权发遣江阴军学事徐蒇跋,盖兢之侄也。卷末附张孝伯撰兢行状。书中'构'字'书太上御名','慎'字书'今上御名',其余各帝讳皆不见于书中,缘进呈之书,属文时已谨避矣。钤有'虞山钱遵王藏书'朱文印。又有'五代五福堂宝''八徵耄念之宝''太上皇帝之宝''乾隆御览之宝''天禄琳琅'(皆朱文)'天禄继鉴'(白文)各玺印"②。卷首徐蒇刻书序:"仲父既以书上御府,其副藏家。靖康丁未(1127)春,里人徐周宾借观,未归,而寇至,失书所在。后十年,家君漕江西,弭节于洪□。仲父来省,或谓郡有北医上宜生,实获此书,亟访之。其无恙者,特海道二卷耳。仲父尝为蒇言,世传予书往往图亡而经存。余追画之,无难也,然不果就。嘻! 盖棺事乃已矣。姑刻是,留澂江郡斋,来者尚有考焉。乾道三年(1167)夏至日,左朝奉郎权发遣江阴军主管学事徐蒇书。"③乾隆时乾清宫藏有该本,著录于《天禄琳琅书目》,现藏台北"故宫博物院"。

4.《五代会要》30 卷

乾道七年(1171)江阴军刊。该书由北宋王溥领衔,汇编后梁、后唐、后晋、后汉、后周五代典章制度。最早刻本是北宋庆历六年(1046)文彦博在蜀地所刻,兵兴而佚失。施元之得旧版于江阴,遂再次刊印。施元之,字德初。吴兴人。官司谏。尝注东坡诗,名《施注苏诗》。该版

---

① (清)永瑢等:《四库全书总目》卷五十一,中华书局 1965 年版,第 461 页。

② 傅增湘:《藏园群书经眼录》卷五,中华书局 1983 年版,第 455 页。

③ (宋)徐蒇序,徐兢著:《宣和奉使高丽图经》,商务印书馆 1937 年版,第 2 页。

前有庆历六年(1046)文彦博序,后有乾道七年(1171)施元之跋。[1]

5.《脍炙集》1卷

乾道九年(1173)江阴军严焕刻。宋佚名编纂,余不详。《直斋书录解题》称"朝请郎严焕刻于江阴,韩吏部而下杂文二十余篇"[2]。严焕,字子文。常熟人。绍兴十二年(1142)进士,官至朝奉大夫,乾道九年(1173)知江阴军。

6.《春秋经传集解》30卷

宋乾道间(1165—1173)江阴军刊。该书为晋杜预撰。每半页10行,行19字。小注双行25字。白口,左右双边。原藏天禄琳琅。《故宫善本书目》著录配本残卷。现藏台北"故宫博物院"。

两宋时期,江阴军以其地理位置的优势,不但为王朝经济发展作出贡献,服务中外交流,更在文化上颇多建树,所刻书传世种类虽不多,但对文化传承助益良多。

第六节　扬州府刻书

宋太宗淳化四年(993),分全国为十道,扬州属淮南道。太宗至道三年(997),又分全国为15路,扬州属淮南路。神宗熙宁五年(1072),分淮南路为东、西两路,扬州属淮南东路。建炎三年(1129)高宗南渡后,江都县析出广陵县,扬州增领广陵、泰兴2县。两宋时期,扬州先后为淮南道、淮南路、淮南东路治所,又处漕运要冲,拥有盐淮之利,农业、手工业迅速发展,商业进一步繁荣,扬州又再度成为中国东南部的经济、文化中心,与都城开封相差无几。商业税收年约8万贯,在全国居第3位。公元1127年,高宗赵构在金人的追逼下,迁都过程中,以扬州为行宫一年,更促进了扬州的繁荣。

---

[1] 孙新科和杜茂功认为该书刻于徽州,但缺少史料佐证。见孙新科、杜茂功《九都典籍》,中国科学文化出版社2001年版,第43页。

[2] (宋)陈振孙撰,徐小蛮、顾美华点校:《直斋书录解题》卷十五,上海古籍出版社2015年版,第450页。

作为江左大镇，淮右名都，扬州自唐末以来战乱频仍，各项文化事业倍遭摧残，但即便如此，两宋时期扬州的刻书活动还是在不断进行的，其成就虽不如江南、福建、巴蜀等地，但亦值得称道。今人王澄《扬州刻书考》①对扬州史上刻书研究较为详细，今根据该书研究成果，并结合相关研究史料，梳理两宋扬州刻书活动如下。

一、高邮军刻书

开宝四年（971），宋太祖《建高邮军诏》云："惟彼高邮，云云。舟车交会，水陆要冲。宜建军名，以隆地望。"②宋代高邮军属于淮南东路，这里人烟阜盛，物产丰饶，刻书成为当地重要的文化活动之一。

（一）高邮军署刻书

日本学者冢本善隆曾撰写《奝然请到日本的释迦佛像胎内的北宋文物》③一文，其中提到高邮军署刊刻《金刚般若波罗蜜经》3 卷，刊刻时间是北宋太宗雍熙二年（985），并附有《说法图》扉页。《金刚经》早在唐代咸通九年（868）即有雕本，为世界上现存最早的印刷品。入宋之后，《金刚经》有多种刻本，高邮军署刻本是其中之一，说明高邮地区佛教的传播十分兴盛。

（二）高邮军学与郡学刻书

南宋孝宗乾道九年（1173），高邮军学刻北宋秦观《淮海集》40卷《长短句》3 卷《后集》6 卷，共 49 卷。半页 9 行 16 字，白口，左右双边，版心上记字数，下记刻工名，有刘仁、刘志、刘文、刘元中、刘明、刘宗、周价、周俏、潘正、曲新、李宪、赵通等。书尾有乾道九年林机跋，略云："里人王公定国之牧是邦，剸裁丰暇，开学校以先士类，谓舍匠石之园，而抡材于远，天下之大弊。以公之文易于矜式，搜访遗逸，咀华涉源，一字不苟，校集成编，总七百二十篇，厘为四十九卷。版置郡庠，使一乡善士，其则不远。可谓知设教之序矣。"④该版目前存世只有两套：

---

① 王澄：《扬州刻书考》，广陵书社 2003 年版。
② 曾枣庄、刘琳主编：《全宋文》卷六，巴蜀书社 1988 年版，第 1 册，第 133 页。
③ ［日］冢本善隆：《奝然请到日本的释迦佛像胎内的北宋文物》，《现代佛学》1957 年第 11 期。
④ （宋）秦观撰，徐培均笺注：《淮海集笺注（下）》附录三《林机淮海居士文集后序》，上海古籍出版社 2000 年版，第 1773 页。

一现存我国国家图书馆；一则存日本公文书馆，共 10 册。其中，日本公文书馆所藏系原近江西大路藩主市桥长昭旧藏，为日本光格天皇文化五年(1808)献于文庙 30 种宋元本之一，卷中有"仁正侯长昭黄雪书屋鉴藏图书之印"及"昌平坂学问所"两篆书长方朱印。又有"浅草文库"楷书朱印。卷末有市桥长昭所撰《寄藏文庙宋元刻书跋》文。此本也已经被确定为日本重要文化财产。近人董康在《书舶庸谭》卷六中，也著录了此本。据日本 18 世纪的《书籍元帐》记载，孝明天皇嘉永四年(1851)曾由中国输入《淮海集》一部。此部书在当时定价为五

图 2 - 6 - 1 《淮海集》宋乾道高邮军学本 今藏日本内阁文库

目。① 翁长松说："《淮海集》问世 900 多年以来，历代刊印过 20 多种版本，还有一些钞本，其对《淮海集》的流传起了重要的作用。现在所保存的宋本，最早、最完整的是南宋乾道年间高邮军所刻的《淮海集》。"②

王澄《扬州刻书》还说，南宋宁宗嘉定间，高邮郡学曾刻高邮郡守汪纲修、高邮郡学教授鲁颖秀纂《高邮郡志》10 卷和《高邮续志》10 卷，但史料对两书刊刻的具体情况语焉不详。按，《江苏旧方志提要》称两志"修而未刻"③。

（三）高邮郡守刻书

南宋孝宗淳熙五年(1178)，高邮郡斋刊刻《高邮志》3 卷，《直斋书录解题》称："兴化主簿孙祖义撰。郡守赵不慙刻之。淳熙四五年间也。其书在图志中最为疏略。嘉定中，守汪纲再修，稍详定矣。"④赵不慙，生平不详。

继赵不慙之后，绍熙四年(1193)，高邮郡守邵辑于郡斋刻印孙觉《春秋经传》13 卷。邵辑《刊孙莘老春秋经解序》说："龙学孙公蚤从

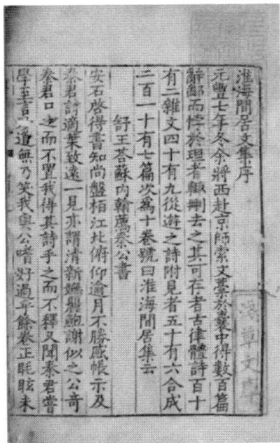

---

① 严绍璗：《日本藏汉籍珍本追踪纪实——严绍璗海外访书志》，上海古籍出版社 2005 年版，第 144 页。

② 翁长松：《清代版本叙录》，上海远东出版社 2015 年版，第 213 页。

③ 徐复、季文通主编：《江苏旧方志提要》，江苏古籍出版社 1993 年版，第 674 页。

④ (宋)陈振孙：《直斋书录解题》卷八，上海古籍出版社 1987 年版，第 251—252 页。

安定胡先生游，在经社中有声，而尤深于《春秋》。晚患诸儒之凿，彼此佩剑蠹蚀我圣经，乃撷其所自得，为之传。凡先儒之是者从之，非者，折衷之。义例一定，凡目昭然，诚后学之指南也。而传者盖寡。余曩得之亲故间，爱其议论之精审，而文辞之辨博也，常欲刊行，与学者共之，而力所不能。既来泰邮，以为此公之乡里也，近世两淮，如合肥之《包孝肃集》，山阳之《徐节孝集》，皆因其乡里而易以传布。吾之志遂矣。适值大歉，朝夕汲汲焉，荒政之是营，未暇及此。越明年，岁稔，公私粗给，于是撙节浮费，鸠工镂板，置诸郡斋，以永其传。其间无解者，多不备其经文，今谨仍旧，弗敢增也。嗟乎！书之显晦，盖亦有时，如公名节著于当时，载在信史，烂如日星，固不待此以为重轻。然公平生之所留意，今得百有余年犹未显行于世，余独宝藏之。又适承乏于公之乡里，得以遂夙昔之志，则此书之传，疑若有待也。"①邵辑，阳羡（今宜兴市）人，余不详。所刻《春秋经传》，半页 10 行 19 字。

宁宗嘉定九年（1216），前面提到的高邮郡守汪纲在邵辑刻本的基础上，重刻孙觉《龙学孙公春秋经解》，厘为 15 卷。汪纲跋云："纲因读《龟山文编》，见其为中丞孙先生作《春秋解》后序，窃为杨（孙）公学邃于经，今于是书尊信推子若弟子之于其师。后学观此，当知所依归矣。敬锓诸梓，以补前之未备云。时嘉定丙子仲春上浣郡守新安汪纲书。"

二、扬州州学及郡守刻书

南宋孝宗乾道二年（1166），扬州州学刻沈括《梦溪笔谈》26 卷。半页 12 行 18 字，白口，左右双边。前有沈括自序，后有乾道二年六月迪功郎充扬州州学教授汤修年跋："广陵曩丁云扰，幸有黉宫两庑，析为官舍、储粟之所，士皆暴露，时有'子衿'之叹。大帅周侯开藩之二年，慨然谓成俗之方本乎礼义，学宫又礼义之本，一日尽屏官舍、储粟于外，因其旧，扶颠易圮而新之。继广田租，稍增生员，寻又斥其余刊沈公《笔谈》，为养士亡穷之利。"②汤修年，字寿真，南宋绍兴间丹阳人。绍兴二十四

① （宋）邵辑：《刊孙莘老春秋经解序》，（清）左辉春等纂《道光续增高邮州志》第五卷《艺文》，《中国地方志集成·江苏府县志辑》第 46 册，凤凰出版社 2008 年版，第 718 页。
② 汤修年跋见沈括《梦溪笔谈》附录，上海书店出版社 2003 年版，第 289 页。

年（1154）进士，仕左迪功郎，终扬州教授。

《梦溪笔谈》分17门，其中自然科学条目占全书三分之一篇幅，为北宋科技成就的总结，著录了大量重要科技史料。扬州州学所刻为此书最早刻本，元明两代曾影刻。惜原刻本已难见，今只能从《四部丛刊》影印元刻本窥其风貌。

南宋光宗绍熙元年（1190），又有郡守郑兴裔刻《广陵志》12卷。郑兴裔（1126—1199），字光锡，初名兴宗，显肃皇后外家三世孙也。开封人。以皇戚恩授成中心郎，历福建路兵马钤辖。累知扬州、庐州，皆有政绩。宁宗即位，除知明州，兼沿海制置使。告老，授武泰军节度使。卒，谥忠肃。生平见《宋史》卷四百六十五。《直斋书录解题》称："教授三山郑少魏、江都尉会稽姚一谦撰。绍熙元年（1190），太守郑兴裔刻也。"①

按，江澄波等《江苏刻书》所引《直斋书录解题》文中之"绍熙六年"，应为"淳熙元年"。王澄《扬州刻书考》说："'淳熙'为孝宗年号，'绍熙'为光宗年号，前后相距十余年，且绍熙只有五年，无第六年。《江苏刻书》所引《直斋书录解题》文中之'绍熙六年'，应为'淳熙六年'。"②

三、真州郡斋刻书

真州即今扬州仪征，汉唐时为白沙镇，五代改为迎銮镇。宋乾德二年（964）升为建安军，真宗大中祥符六年（1013）赐建安军为仪真，并升建安军为真州，辖扬子县与六合县。有宋时期，真州为南北水路贸易中心，淮南东路的经济中心，史料对该地刻书活动偶有记载，今可考知者有3部。

一为《东莱先生诗集》20卷。宋吕本中撰。南宋孝宗乾道二年（1166），真州郡守沈雅哀集，真州郡斋刻本。前有写于乾道二年之曾几序。每卷首行题"东莱先生诗集卷第（几）"。卷尾隔一行或二行题书名如首行。每半页11行，19字至21字不等。白口，左右双边。版心记刻工名姓，如牛智、李忠、李祥、李宪、金章、惠中、项思、贾琚、蒋成等。此

---

① （宋）陈振孙：《直斋书录解题》卷八，上海古籍出版社1987年版，第251页。
② 王澄：《扬州刻书考》，广陵书社2003年版，第6页。

本后流入日本,藏于内阁文库。民国间,董康与傅增湘二位在日本皆曾得见此本,董康《书舶庸谭》卷六与傅增湘《藏园群书经眼录》卷十三皆有记录。商务印书馆影印编入《四部丛刊续编》。①

二为《农书》3卷。宋陈旉撰。是我国历史上第一部总结南方农业生产经验的专门图书,全面总结江南水稻栽培经验,对我国农业的发展作出了新贡献。宁宗嘉定七年(1214),真州郡斋将该书付梓。首有真州郡守洪兴祖序:"西山陈居士于六经诸子百家之书,释、老氏、黄帝、神农氏之学,贯穿出入,往往成诵,如见其人,如指诸掌。下至术数小道,亦精其能。尤精者《易》也。平生读书,不求仕进,所至即种药治圃以自给。绍兴己巳(1149),自西山来访予于仪真,时年七十四。出所著《农书》三卷,曰:'此吾闲中事业,不足拈出,然使沮溺耦耕之徒见之,必有忻然相契处。樊迟请学稼,子曰吾不如老农。先圣之言,吾志也。樊迟之学,吾事也。是或一道也。'仆喜其言,取其书读之三复。曰如居士者,可谓士矣,因以仪真《劝农文》附其后,俾属邑刻而传之。丹阳洪兴祖序。"②

三为《蚕书》1卷。宋秦观著。宋嘉定七年(1214)真州郡斋刊。孙镛跋云:"谷粟茧丝之利一也。高沙之俗耕而不蚕当有年,谷贱而帛贵,民甚病之。访诸父老,云土薄水浅,不可以艺桑。予窃以为然。一日,郡太守汪公取秦淮海《蚕书》示余曰:'子谓高沙不可以蚕,此书何为而作乎?岂有昔可为而今不可为耶?岂秦氏之妇独能之,而他人不能耶?'乃命锓木,俾与《农书》并传焉。……嘉定甲戌腊月下旬三日寓郡斋双溪孙镛谨书。"③清乾隆时,鲍廷博以宋本为底本重刻,收入《知不足斋丛书》。

第七节　泰州、淮安和南通刻书

两宋时期,除上述各地外,江苏境内的泰州、淮安和南通等地也有

---

① 严绍璗:《日本藏汉籍珍本追踪纪实——严绍璗海外访书志》,上海古籍出版社 2005 年版,第 145 页。

② (宋)陈旉:《农书》卷首,《丛书集成初编》本,中华书局 1985 年版,第 4 页。

③ 孙镛跋见秦观《蚕书》卷尾,鲍廷博《知不足斋丛书》第 9 集,清乾隆间刻本。

零星的刻书活动,今将三地情况合述。

一、泰州刻书

泰州秦称海阳,汉称海陵,南唐时为州治,取国泰民安之意,始名泰州。宋太祖乾德五年(967),泰州由团练州降为军事州,属淮南道。太宗至道三年(997),分全国为15路,泰州属淮南路。神宗熙宁五年(1072),淮南路分为东西两路,泰州属淮南东路。南宋时,泰州为军事州,属淮南东路。

史料记载,南宋时期,泰州有3次刻书活动。

第一次为淮东仓司刻《注东坡先生诗》42卷。需要说明的是,南宋时,扬州与泰州之间彼此并无隶属关系,而淮东仓司地点恰恰位于泰州。所谓淮东仓司,全称为淮东提举茶盐司,简称茶盐司,仓司是其别称,此外还有庚司、庚台等别称,与转运司、提刑司、经略司并称监司,南宋绍兴十五年(1145)正式定名。基本职能为掌茶盐之利,以充国库;主钞引之法,据其实绩考核、赏罚茶官;纠劾各种违法行为及考核、奏劾、荐举州县地方官员等。南宋时,淮东提举茶盐司治所一直设在泰州,即所谓"置司海陵"。宁宗嘉定年间(1208—1229),施宿来泰州任提举盐茶司常平使,其间主持刊刻《注东坡先生诗》。

施宿(?—1213),字武子。绍熙四年(1193)进士,庆元二年(1196)任余姚县令,募民垦海边滩田,得粮用以缮筑年久失修、危害甚烈的海堤,颇多善政。嘉泰年间,累迁绍兴府通判。嘉定年间,历知盱眙军,提举淮东常平。施宿的父亲施元之,曾为翰林学士,尝注苏轼诗,施宿为之补注,在保留相当多宋代史料的同时,解读东坡诗发思古幽情、意在言外的微言大义,对北宋新旧党争以来的时政与人物进行评比臧否,此即《注东坡先生诗》。施宿利用自己提举淮东常平的身份,以公费付梓,聘请善书欧体字的书法家傅稺手写上版,书法蕴意秀美,刻工精雅明净,堪称宋椠之殊绝者。其雕版半页9行16字,注文同格双行,白口,左右双边。版心下记刻工名:丁谅、包仲、张世贤、张庆宗、严镐、林春、周坦、周珪、周祜、周镐、范先、徐洪、潘云等十余人。而印制时,前后黑色护页上之题记和画作颜料皆用金液银液调制。末有郑羽跋:"坡诗多本，独淮东仓司所刊明净端楷，为有识所宝。羽承乏于兹，暇日偶取观，汰其字之漫者，大小七万一千五百七十七，计一百七十九板，命工重梓。他时板浸古，漫字浸多，后之人好事，必有贤于羽者矣。景定壬戌（1262）中元，吴门郑羽题。"①郑羽，吴县人，余不详。淮东仓司刻本《注东坡先生诗》及其补修本现存 4 部残本，即翁方纲旧藏本、黄丕烈旧藏本、嘉业堂旧藏本、翁同龢旧藏本。现分藏台北汉学研究中心、国家图书馆、上海图书馆和藏书家韦力处。②

　　第二次为知州朱宋卿刻《虚静冲和先生徐公语录》不分卷。该书为宋徐守信述，苗希颐（一作夷）辑，南宋孝宗淳熙七年（1180）知泰州事朱宋卿重编重刻本。

　　徐守信（1032—1108），泰州海陵人。因其似有先知，能预言死生祸福，故人称"徐神翁"。北宋崇宁二年（1103），徽宗下诏赐徐守信道号"虚静冲和先生"。苗希颐作为弟子，随侍数十年，辑录徐守信之言为《徐神翁语录》。学者朱翌为之作序，并于绍兴二十七年（1157）刊行。淳熙七年（1180），朱宋卿发现此书多有谬误，于是参考《孙公谈圃》《龙川别志》《东轩笔录》等文人笔记，进行了增删修改而重新刊刻，此时距徐守信去世已近 80 年。重编重刊本《神翁语录》全文 16000 多字，分为上下两卷，记载了徐守信神行近 170 条，详列其预言祸福、治病救人事迹和民众笃信情况。朱宋卿在《徐神翁语录后序》中谈及重新编次的用意时，强调"且使是邦家诵遗训，得以去恶就善，亦风俗之一助也"③。

①（宋）郑羽：《重刊苏诗跋》，曾枣庄主编《宋代序跋全编》第 8 册，齐鲁书社 2015 年版，第 5634—5635 页。

② 李坚：《再谈宋刻〈注东坡先生诗〉四部残本递藏源流》，《文津学志》2018 年刊。其中，翁方纲所藏本，较为曲折。该本最早由明代的安国、毛晋收藏，清初由宋荦、纳兰揆叙递藏，乾隆年间翁氏购得，视为镇宅之宝，得书的第三天正好是农历十二月十九日，系苏东坡生日，特邀来桂馥、伊秉绶、姚鼐、钱大昕等好友，焚香设宴题跋赋诗，此后每年此时都对此书举行祝祭之礼，成为藏书史上的一段传奇。清末此书归袁思亮所有，因其藏书楼失火，情急之下打算以身相殉，家人只得冒死将这套书救出。神奇的是书的版口虽被火烧过，然而主体内文和历代留下来的名人题记、印章等，却损伤轻微，从此这套带着烬余痕迹的嘉定本就又多了个"焦尾本"的雅称。民国年间，经良工重新装裱后另有精雅古朴风貌，收藏家张泽珩于抗战时期赠予当时的中央图书馆，从南京迁至陪都重庆，之后历经人民解放战争，最终去了台湾，现藏于台湾"中央图书馆"，计 5 册 19 卷。

③（宋）朱宋卿编：《虚靖冲和先生徐神翁语录》，《道藏》，文物出版社、上海书店、天津古籍出版社联合出版，1988 年版，第 32 册，第 396 页。

第三次为南宋淳熙间泰州郡守万钟刻《吴陵志》10 卷。泰州在唐为吴陵县，志故名。万钟，生卒年不详，字元亨，南宋钱塘人。宋淳熙十年(1183)知泰州，州志《名宦传》谓其治绩颇著。邑乘以《吴陵志》为最久，宋淳熙九年(1182)修，但撰人名氏不详。淳熙十二年(1185)，万钟"属僚佐参正而刻之"①。该书亦名《海陵志》。元皇庆二年(1313)曾经重刊，明末清初散佚。②

二、淮安刻书

淮安旧称淮阴、清江浦。北宋时期先属淮南路，分属楚州、泗州，后分淮南路为淮南东、西路，淮安属淮南东路。宋代淮安刻书主要指的是治所在此的淮南路转运使司所刻。

转运使司又称转运司、漕司等，始于唐代，是负责征转运国家财赋的机构。宋代沿用，但北宋的转运司制度在职能等各方面都与唐代的转运司制度不同。转运司是北宋路级监司中存在最早、职权最广的一种监司之一，是中央政府与府州军监之间的路级权力机关，转运使即是该机关的行政长官。北宋时期淮南路漕运发达，盛产盐、茶叶等物产，经济繁荣，是北宋政府重要的税收来源。因此，淮南路转运使除了具有各路转运使共有的职能例如监察等外，其负责税收的经济职能显得格外重要，进而突显了淮南路转运使的重要作用。

由于淮南路多次分合，转运司的驻所随之变化不定。《燕翼诒谋录》记载说："淮南转运使旧有二员，皆在楚州，明道元年(1032)七月甲戌，诏徙一员于庐州。"③可知淮南转运使驻所当在楚州(今淮安市楚州区)。楚州位于淮河南岸，为扬州运河与淮河交汇之处，南北漕运的枢纽，朝廷物资中转中心，因而有必要于此设置转运使。④

---

① (宋)陈振孙：《直斋书录解题》卷八，上海古籍出版社 1987 年版，第 251 页。
② 参考俞扬《现存最早的泰州志》，《中国地方志》2008 年第 6 期。
③ (宋)王栐：《燕翼诒谋录》卷四，中华书局 1985 年版，第 37 页。
④ 需要说明的是，淮南分为东西两路后，史料对两路驻所记载不详。但是，《舆地广记》卷二十、《宋会要·食货》中的《商税酒麹两税表》及《元丰九域志》卷五《淮南路》皆以扬州为淮南东路所辖之首，王文楚根据《宋史》"凡载各路府州，首列者，即转运使司治所所在"之语，推断淮南东路转运司驻所应该在扬州。见王文楚《北宋诸路转运司的治所》，《文史》1987 年第 28 期。但，王文结论只是推断而已。

　　由于经济的有力支持,淮南路转运使司在刻书方面亦有建树,今据史料记载所能考知者有如下几次刻书活动。

　　一是北宋徽宗宣和七年(1125)刻《埤雅》20卷。该书为宋陆佃所撰。陆佃为南宋著名文学家陆游的祖父,一生著述多种,此书为其用40年时间所撰。埤,是辅佐的意思,《埤雅》就是"《尔雅》之辅"的意思,内分《释鱼》2卷、《释兽》3卷、《释鸟》4卷、《释虫》2卷、《释马》1卷、《释木》2卷、《释草》4卷、《释天》2卷。该版题"中大夫尚书左丞上柱国吴郡开国公赐紫金鱼袋陆佃撰"。首有宣和七年六月陆宰序:"先公独以说《诗》得名,其于鸟兽草木虫鱼尤所多识。熙宁后,始以经术革词赋,先公《诗讲疏》遂盛传于时,学校争相笔受,如恐不及。元丰间,预修《说文》,因进书获封……尝进《说鱼》《说木》二篇,自是益加笔削,号物生门类。编纂将终而永裕上宾矣。先公旋亦补外,至以平易临民,故其事简政清,得专论撰,既注《尔雅》,乃废此书,就(号)《埤雅》,言为《尔雅》之辅也。"①

　　二是南宋高宗绍兴间刻《史记集解》130卷。《史记集解》在北宋有4刻,此版是南宋淮南西路转运司所刻,故称"淮南路本"。首页《史记目录》,次裴骃《集解序》,序末无结衔。序后又行题"五帝本纪第一"六字,又行题"史记一",下为双行小字注"凡徐氏义称徐姓名……",又行即正文。卷末题"五帝本纪第一",以下卷式同。半页9行16字(间有增减一二字者,然绝少)。注小字双行21或22字。左右双边,原刻版心多白口,单鱼尾。补刻多细黑口,双鱼尾。书名题"史帝纪几、本纪几、史表几、某书几(亦有不题'书'字者)、史世家几、史记列传几、史传几、列传几"。其下记刻工姓名,上不记字数者,为原刻之页,后来补刊者,则多记数字。刻工姓名有的姓名俱全,有的只刻单字。②

　　三是宋绍兴十八年(1148)山阳儒学刊宋徐积撰《许节孝先生集》30卷。徐积(1028—1103),字仲车。楚州山阳(今江苏淮安)人。治平四年(1067)进士及第,曾授楚州教授。事双亲极孝,政和中赐谥"节孝处士"。关于该书版刻情况,潘景郑《著砚楼书跋》称:"《徐节孝先生集》三十卷,附录《事实》《语录》各一卷。初刊于绍兴戊辰(1148)山阳儒学,至

---

① (宋)陆佃:《埤雅》卷首,《丛书集成初编》本,中华书局1985年版,第1—2页。
② 张大可、丁德科:《史记论著集成》,商务印书馆2015年版,第143—144页。

景定甲子(1264),淮安州学教授翁蒙正重编刊行。天水两本,今皆不可得见。"①可知南宋百年间,淮安一地两刻此书,惜皆不存世。元朝皇庆年间,山阳节孝祠复刻一本,是为"祠堂本",流传最久。明嘉靖中,刘祐守淮郡,出资重修,传至后世。

三、南通刻书

南通历史悠久,但建置曲折。后周显德五年(958)初,设静海军,不久升静海军为通州(今南通市),并设静海、海门两县归通州管辖,州治驻静海。宋代通州属淮南东路,天圣元年(1023),通州改名为崇州,又称崇川。政和七年(1117),通州一度称静海郡。

有宋一朝,南通刻书见于史料者,仅崇川余氏刻《新纂门目五臣音注扬子法言》13卷。该书为汉代扬雄所撰,晋人李轨和唐柳宗元为之注,宋人宋咸、吴秘、司马光等重新添注。序后有记:"谨将监本写作大字刊行,校正无误,专用上等好纸印造,的与他本不同,收书贤士幸详鉴焉。崇川余氏家藏。"②关于余氏生平,史料记载阙如。不过,这则题记具有广告性质,在刻书史上价值很高。范军说:"随着北宋前期社会经济的迅速恢复和发展,雕版印刷也由慢转快,逐步在全国范围内推广,刻书单位急剧增加,官刻、坊刻和私刻齐头并进,很快形成涵盖全国的流通网络,印本书的品种和数量迅速增长,终于取代写本书,成为图书流通的主流。在这样的背景下,出版者的广告意识更加自觉、更加成熟、更加强烈。"③且从该刻记亦可知余氏应为崇川书坊主,经营刻书业很有经验,并成规模。

宋代是古代刻书的兴盛期,全国各地出现了多个刻书中心,江苏一地凭借深厚的文化积淀和繁荣的经济基础,刻书业十分发达。经过三百年的发展,宋代江苏刻书事业形成了以下几方面的特征:一是所刻典籍遍及四部,全面服务社会各类文化需求;二是刻书地区南北分布不

---

① 潘景郑:《著砚楼读书记》,辽宁教育出版社2002年版,第463页。
② 该后记见于敏中等《天禄琳琅书目后编》卷五,上海古籍出版社2006年版,第492页。于敏中等称该版"字画笔法俱精工"。
③ 范军:《中国出版文化史论稿》,华中师范大学出版社2011年版,第29页。

均,苏南和苏中地区明显比苏北地区刊刻多而精;三是刻书单位众多,官刻、私刻、坊刻和寺观刻书齐头并进;四是所刻典籍质量高,大多版式精美,字体舒朗,用纸考究,有一代之美。但遗憾的是,宋代江苏刊刻了大量典籍,却囿于史料之阙,而今难以一一考证出来,所可知者亦大多不传,今人难睹其貌。

第三章　江苏元代刻书

至元八年（1271），忽必烈建立元朝，再次开启了大一统局面。元朝在全国设 11 个行省，其中，苏南属江浙行省，下领平江路、常州路、镇江路、集庆路（治今南京）、松江府和江阴州等。苏北属河南行省（河南江北等处行中书省），下领扬州路、淮安路、高邮府、徐州和邳州。徐州和邳州隶属归德府，丰县、沛县属中书省济南路，江浦属河南行省庐州路。

元太宗四年（1232），元军围攻汴梁，由于"金人抗拒持久，师多死伤"，大将速不台便遣人请示太宗"城下之日，宜屠之"。但耶律楚材以城中"奇巧之工，厚藏之家，皆萃于此。若尽杀之，将无所获"为理由，谏阻屠城，太宗便制止了这次大屠杀，结果得到"避兵居汴者"147 万人，其中就有很多是"奇巧之工"，[①]这里面就包括大量的刻书工匠。至元二十一年（1284），元政府籍江南民为匠 30 万户，选有手艺者 10 多万户，三年后，再次籍江南诸路匠户。在此过程中，那些自宋朝就以刻书为业的书坊，得以幸存下来，在元代继续从事刻书事业，构成了元代江苏刻书的技术基础。

此外，完成统一大业后，元世祖标榜文治，立学校、兴科举，征召儒生参与朝政，这些措施有利于雕版事业的发展。在刻书管理上，元朝政府控制较严。明陆容说："元人刻书，必经中书省看过，下所司，乃许刻印。"[②]元朝政府先后设立经籍所、秘书监、兴文署、艺文监、艺林库等机构，负责图书管理及刻印。这些措施的推行，极大保证了图书刊刻的质

---

① 以上几处引文见宋濂等《元史》卷一百四十六《耶律楚材传》，中华书局 1976 年，第 3459 页。
② （明）陆容：《菽园杂记》卷十，中华书局 1985 年版，第 152 页。

量,故后人将元代雕版书籍和宋代并称,就是对其质量的褒奖。

第一节 建康路(集庆路)刻书

南京在元朝先后称为建康路和集庆路。至元十四年(1277),元政府升建康府为建康路,隶属江淮行省江东道,设总管府,下辖上元、江宁、句容、溧水和溧阳等五县。建康路又外置江南行御史台(又称行台、南台),监临东南诸省,统领东南各道提刑按察司,治所建康。江南诸道行御史台,掌管江浙、江西、湖广三行省十道的监察事务,治所设在原南宋建康府府衙内。泰定二年(1325),朝廷命怀王出京城大都到建康,建康路成为怀王府所在地。天历二年(1329)冬,改建康路为集庆路,治上元县和江宁县,下辖上元县、江宁县、句容县、溧水州和溧阳州。考诸史料,有元一代的南京刻书,以建康路明道书院和集庆路儒学为主,间有道观刻书。

一、建康路明道书院刻书

古代书院发端于唐,兴盛于宋。北宋时期,江苏境内最负盛名的书院当为茅山书院,而南宋时期,书院更进一步发展,南京出现了著名的明道书院。该书院为理宗时郡守吴渊依照白鹿洞书院规制创建,宋理宗亲写匾额赐之。景定四年(1263),知府姚希又斥巨资重修,重修后的明道书院各种设施齐备,是当时江南一带规模甚大的书院。入元,明道书院属建康路,除为大量学子提供受教育的机会外,还从事刻书等文化活动,今所考知者有参与《十七史》刊刻工作,并独立完成《新唐书》的雕版。

大德九年(1305),江东建康道肃政廉访司顺从太平路学官之请,分行全道九路儒学,合刻《十七史》,主其事者为建康道肃政廉访司副使伯都。《元史》记载:"伯都幼颖异,不以家世自矜,长嗜书史。大德五年(1301),擢江东道廉访副使,拜江南行台侍御史。未几,召入金枢密院事，领舍儿别赤。"①当时，江东道辖宁国、徽州、饶州、集庆、太平、池州、信州、广德八路，外加铅山州。在刻印之前进行分工，统一版式、字体。其中，太平路率先刊出《汉书》120卷，以为样板，供其他各路取法。孔文声在太平路新刊《汉书》目录后题记说："江东建康道肃政廉访司以《十七史》书艰得善本，从太平路学官之请，遍牒九路，令本路以《西汉书》率先，俾诸路咸而取式之。置局于尊经阁，致工于武林。三复对读者，耆儒姚和中辈十有五人；重校修补者，学正蔡泰亨。板用二千七百七十五面。"②从中可知当时刻书情形。

明道书院承刊《新唐书》225卷，宋欧阳修等撰。每半页10行22字。建康路学录戚明瑞序云："大德丙午（按，应为辛丑）拜都侍御持节江东，尝欲部下各路分刊《十七史》，升③所锓者《唐书》，建康路推官吕承务提其纲，前甘州路教授赵伯升日莅四学监造，且敦儒寻友缕辑毫联，自一校至三校，用心亦勤，时仆鼓箧升序，命述其事云。"④文中的"拜都"即《元史》中的"伯都"。前有校勘官12人，中有溧水学教授屠约和溧水学教授仇远名字。今南京图书馆有藏。

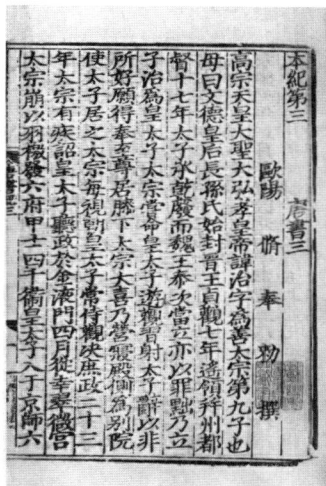

图 3-1-1 《新唐书》二百二十五卷 元大德九年（1305）建康路儒学刻明成化弘治嘉靖南京国子监递修本 苏州图书馆藏

二、集庆路儒学刻书

元朝统治者在完成统一大业后，十分注意学校的恢复和兴办，《元史》载："世祖中统二年（1261），始命置诸路学校官，凡诸生进

---

① （明）宋濂：《元史》卷一百二十一，中华书局1976年版，第2992页。
② （清）瞿镛：《铁琴铜剑楼藏书目录》卷八，中华书局编辑部《宋元明清书目题跋丛刊·清代卷》第4册，中华书局2006年版，第121页。
③ 此处的"升"为地名。唐乾元元年(758)改江宁郡置，以上元为治所。五代时吴杨氏改为金陵府。后唐李氏改为江宁府。宋开宝间复为升州。后升建康府。元代改为集庆路。
④ 转引自江澄波等：《江苏刻书》，江苏人民出版社1993年版，第45页。

修者,严加训诲,务使成材,以备选用。"①督促兴建之余,元政府在各地设立了管理地方教育的专门机构,"至元二十一年(1284)建康路设提举学校官与教授同管学事,二十三年(1286)四月革罢,改设江东道儒学提举司衙门。二十四年(1287)二月十五日,设各道儒学提举司"②。元代儒学在各路、府(州)、县等行政区设立的地方学校,分别称为路学、府学、州学、县学,因传授学习内容以儒学经典为主,故又叫儒学。史载"元时书籍,并由中书省牒下诸路刊行"③,这里的"诸路"就是指各路儒学。

集庆路儒学在元初便得到修整和恢复,"建康路自至元十二年(1275)归附,因前宋府学差官主教,寻设教授,又设江东道儒学提举司"④。大德四年(1300)的一场天灾,使大部分建筑毁于一旦,仅存尊经阁和二座教授厅。明年,行台大使彻理公与官员发动富家巨姓出钱创建正殿,郡人王进德独自创建讲堂,之后,又多次增建。大德七年(1303),总管陈元凯、府判百寿、推官韩居仁、高仁与教授赵由暐出资,重新修筑周围廊庑、斋舍、先贤祠、教官直舍等,并购置大成乐器。至大二年(1309),廉访使卢执重修孔子庙碑,再造祭器。至治二年(1322),又增加学田,新购典籍。经多次建设,规模一新,远胜昔日。

在培养人才方面,集庆路儒学走在各路儒学的前列,这是因为有一大批学有专长的学者于此担任教授,他们在传道授业之余,还积极参与图书版刻工作。今将集庆路儒学所刻典籍列表如下。

集庆路儒学刻书一览表

序号	书名和卷次	作者	刊刻时间	版式	备注
1	《救荒活民类要》不分卷	(元)张光大	后至元元年(1322)	每半页10行,行20字	题桂阳路儒学教授张光大编辑,桂阳路总管高丽完者秃校正。清道光、咸丰间有翻刻本。

① (明)宋濂:《元史》卷八十一,中华书局1976年版,第2019页。

② (元)张铉撰,田崇校点:《至正金陵新志》卷六《官守志·本朝统属官制》,南京出版社1991年版,第268页。

③ (清)于敏中:《天禄琳琅书目·茶宴诗注》,中华书局1995年版,第6页。

④ (元)张铉撰,田崇校点:《至正金陵新志》卷六《学校志·本朝学校》,南京出版社1991年版,第327页。

序号	书名和卷次	作者	刊刻时间	版式	备注
2	《修辞鉴衡》2卷	（元）王构	至顺四年（1333）	每半页10行，行20字。白口，左右双边	前有江南诸道行台御史王理序："命儒学正咸君子实掌版，郑懋刻之集庆路学。"
3	《乐府诗集》100卷	（宋）郭茂倩	至正元年（1341）	每半页11行，行20字。细黑口，左右双边	有至元初元（1264）菊月朔文学冷椽周慧孙序、至元六年（1327）十二月一日永嘉李孝光序。今上海图书馆有藏。
4	《至正金陵新志》15卷	（元）张铉	至正四年（1344）	每半页9行，行18字，注文双行，行字同，左右双边	集庆路儒学与溧阳州学、溧水州学、明道书院合版印行。明初，版入南京国子监。今国家图书馆有藏。
5	《桧亭集》9卷①	（元）丁复	至正十年（1350）	每半页10行，行20字	喻立德跋："南台监察御史张君惟远见而爱之，惜不大传于时，移文有司镂梓集庆学官，教授查信卿实董其役。"
6	《汲冢周书注》10卷	（晋）孔晁注	至正十四年（1354）		
7	《大学鲁斋诗解》1卷	（元）许衡			《南雍志·经籍考》："存者八面，逸者十一。本集庆路儒学梓。"
8	《史记》70卷	（汉）司马迁		半页10行，行22字	《南雍志·经籍考》："存者一千六百面，缺者二百一十九面。本集庆路儒学梓。"
9	《前汉书》100卷	（汉）班固		半页10行，行22字	《南雍志·经籍考》："集庆路儒学梓，计二千七百七十五面。"

---

① 《江苏刻书》中误作《胯亭稿》，见江澄波等：《江苏刻书》，江苏人民出版社1993年版，第46页。

序号	书名和卷次	作者	刊刻时间	版式	备注
10	《后汉书》100卷	（南朝宋）范晔		半页10行，行22字	《南雍志·经籍考》："集庆路儒学梓，二千三百六十六面。"
11	《三国志》65卷	（晋）陈寿		半页10行，行22字	《南雍志·经籍考》："集庆路儒学梓。计一千二百九十六面。"
12	《晋书》130卷	（唐）房玄龄		半页10行，行22字	《南雍志·经籍考》："集庆路儒学梓。"
13	《南史》80卷	（唐）李延寿		半页10行，行22字	《南雍志·经籍考》："本集庆路儒学梓。"
14	《北史》100卷	（唐）李延寿		半页10行，行22字	《南雍志·经籍考》："本集庆路儒学梓。"
15	《隋书》85卷	（唐）魏徵	至顺四年（1333）	半页10行，行22字	《南雍志·经籍考》："本集庆路儒学梓。"
16	《唐书》215卷《释音》25卷	（宋）欧阳修		半页10行，行22字	《南雍志·经籍考》："本集庆路儒学梓。"
17	《五代史》75卷	（宋）欧阳修		半页10行，行22字	《南雍志·经籍考》："本集庆路儒学梓。"
18	《贞观政要》10卷	（唐）吴兢			《南雍志·经籍考》："合四十篇，临川戈直尝集诸家而校正之，刻于集庆路儒学。"
18	《南唐书》10卷	（宋）陆游			《南雍志·经籍考》："本集庆路儒学梓。"
20	《曹文贞公集》10卷《续集》3卷	（元）曹伯启			《南雍志·经籍考》："本集庆路儒学梓。二百八十五面，存者九十一面，坏者一百二十八面，元中丞曹伯启撰，自题其集曰:《汉泉漫稿》，既殁，其子南台管句复亨刊。"

序号	书名和卷次	作者	刊刻时间	版式	备注
21	《刑统赋》2卷	（宋）傅霖			《南雍志·经籍考》："本集庆路儒学梓。"《读书敏求记》："延祐丙辰（1316）刻本。"
22	《宪台通纪》23卷	（元）潘迪			《南雍志·经籍考》："元监察御史潘迪编，本集庆路儒学梓。"
23	《农桑辑要》6卷	（元）司农司编			《南雍志·经籍考》："本集庆路儒学梓。……元延祐三年（1316）刊。"《读书敏求记》："延祐元年（1314）皇帝圣旨曰：'这农桑册子字样不好，教真谨大字书写开版。'盖元朝以此书为劝农要务，故郑重不苟如此。序后梓行结衔皆江浙等处行中书省事官。则知是版刊于江南，当日流布必广。"
24	《厚德录》4卷	（宋）百链真隐（李元纲）			《南雍志·经籍考》："本集庆路儒学梓。"

据元张铉《至正金陵新志》记载，集庆路儒学所藏书版有：

十七史书板，计纸二万三千张：《史记》一千八百一十九，《前汉》二千七百七十五，《后汉》二千二百六十六，《三国志》千二百九十六，《晋书》二千九百六十五，《南史》一千七百七十三，《北史》二千七百二十一，《隋书》一千七百三十二，《唐书》四千九百八十一，《五代史》七百七十三。杂书板：《金陵志》四百八十，《贞观政要》书二百，《朱子读书法》一百七十，《南唐书》一百八十，礼部《玉篇》二百七十，《集庆志》百三十五，《修辞衡鉴》五十六，《农桑撮要》五十八，《救荒活命书》一百五十，《曹文贞公诗集》二百八十五，《宪台通纪》五百一十五，《陈子廉先生诗》二十，《鲁斋先生诗解大学》十

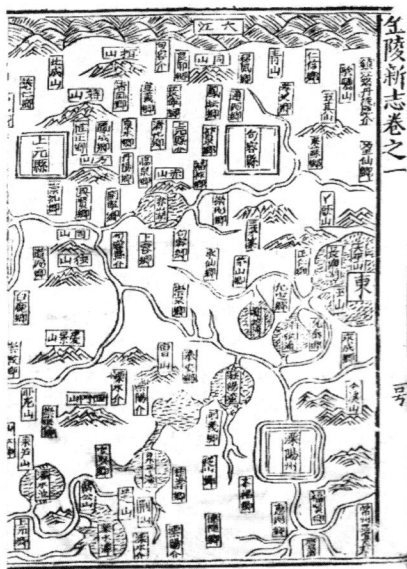

图 3-1-2 《至正金陵新志》十五卷 元张铉纂修 元至正四年(1344)集庆路儒学溧阳州学溧水州学刻 明正德十五年(1520)南京国子监重修本 南京图书馆藏

九,《乐府诗集》一千三百八十,《厚德录》六十,《刑统赋》六十三。①

所藏书版多为自己所刻,可知元代集庆路儒学对于刻书之重视与取得成就之丰。可喜的是,集庆路儒学所刻和所藏书版大都被明初南监继承。

元代建康路和集庆路所刻书籍,因为是九路儒学联合刻书,所以刻书特点比较明显,所刻史书版式大多采用左右双边,或者四周双边、双鱼尾或者三鱼尾、多白口,细黑口也有出现,半页 10 行 22 字,书中钤有印记,框纵在 21 厘米到 23 厘米,框横在 15 到 17 厘米。元代后期儒学刻书特点表现出多样化,总体来说儒学刻书黑口占大多数,而且每半页行数以及每行字数都有所减少,字较元朝前期略大。顾炎武说:"闻之宋、元刻书皆在书院。山长主之,通儒订之,学者则互相易而传布之。故书院之刻有三善焉:山长无事而有勤于校雠,一也;不惜费而工精,二也;板不贮官而易印行,三也。"②所论得宜。

三、句曲(茅山)张雨刻《茅山志》

句曲,山名,在今句容东南,元时属建康路辖境。作为著名的道教圣地,茅山藏书和刻书事业不断,为道教典籍的保存和传播作出重要贡献。

元朝时期,茅山刻书可考者为《茅山志》15 卷。该书编者为刘大

---

① (元)张铉:《至正金陵新志》卷九,《景印文渊阁四库全书》第 492 册,第 386 页。
② (明)顾炎武著,(清)黄汝成集释:《日知录集释》卷十八,上海古籍出版社 2014 年版,第 406 页。

彬。刘大彬,生卒年不详,号玉虚子。钱塘(今浙江杭州)人。延祐四年(1317),仁宗特旨赐刘大彬为茅山四十五代宗师、洞观微妙玄应真人。刘大彬叙录称:"句曲有记尚矣。宋绍兴二十年(1150),南丰曾悃孚仲、昭台道士傅宵子昂修《山记》四卷,所书山水祠宇,粗录名号而已,考古述事,则犹略焉。大彬登坛一纪,始克修证,传宗经箓。又五载,而成是书,凡十二篇十五卷,题曰《茅山志》。……大元天历元年岁在戊辰(1328)十二月二日,嗣上清经箓四十五代宗师洞观微妙玄应真人刘大彬序。"①大彬登坛在延祐四年,"又五载而成是书",知成书当在至治元年或二年(1321 或 1322 年)。此书分诰副墨、三神纪、括神区、稽古迹、道山册、上清品、仙曹署、采真游、楼观部、灵植检、录金石、金薤编等共 12 篇 15 卷。

刘氏叙录写于天历元年,刻梓亦在是年,句曲外史张雨写刊。张雨(1277—1348),又作天雨,旧名泽之,又名嗣真,字伯雨,号贞居子,又号句曲外史。钱塘人。为道士于茅山,历主茅山崇寿观、元符宫。后至元二年(1336)归杭。工诗善书。此书张雨手书上版,精美绝伦。每半页13 行 23 字,大黑口,四周单边。题"上清宗师刘大彬造",前有泰定元年甲子(1324)西秦赵世延序,次泰定四年丁卯(1327)吴全节序。又天历元年(1328)刘大彬自序。由于写刻精美,该版《茅山志》受到后世好评,李致忠说:"是书元刊,字迹秀劲。虽仅存五卷,余为配补,然其内容全面,体例得当,是茅山有志以来最好的一部志书。"②后经兵燹而毁,只存五卷,流传至今者,卷三至七以明成化刊本配补,卷十至十二、十四至十五以清刘履芬抄本配补。但就此仅存之 5 卷,亦为历来藏书家所珍重,曾为唐翰题、赵元方等人收藏,钤有"唐翰题审正""嘉兴唐翰题字子冰书画记""元刊""唐翰题""鹝安校勘秘籍""一廛十驾""赵钫珍藏""人生一乐""无悔斋藏""元方千万""曾在赵元方家"等印记。今藏国家图书馆。③

---

① (元)刘大彬:《茅山志叙录》,(元)刘大彬撰、(明)江永年增补《茅山志》卷首,王岗点校,上海古籍出版社 2016 年版,第 1—3 页。
② 李致忠:《昌平集》,上海古籍出版社 2012 年版,第 482 页。
③ 参考陈红彦《古籍善本掌故》,上海远东出版社 2017 年版,第 167—169 页。

第二节　平江路刻书

苏州在南宋时期称平江府,至元十三年(1276),升平江府为平江路,治所在吴县、长洲县,属江浙等处行中书省。元末,吴王元年(1367)九月,朱元璋政权改平江路为苏州府。元军占领平江之初,残暴的北方蒙古族人执行"凡城池悉命夷堙"①的政策,苏州城遭到了严重破坏。但政局稳定后,元政府采取一系列措施发展生产,且凭借前代积淀下来的深厚的底蕴,平江路经济迅速得到了恢复和发展,城市呈现出初步繁荣的景象,各项文化事业随之振兴,刻书业比前代发展得更加繁荣。

一、官府刻书

元代平江府下辖 2 县 4 州:吴县、长洲县、常熟州、昆山州、嘉定州和吴江州,其中,从事刻书者有常熟知州班惟志、常熟知州卢镇和吴县教谕卢熊等。

班惟志,生卒年不详,字彦功,号恕斋。大梁(今河南开封市)人,一说松江(今上海松江县)人,寓居杭州。师从邓文原。后至元三年(1337)为平江路常熟州知州,除奉议大夫。生平见元钟嗣成《录鬼簿》。在常熟知州任上,班惟志主持刊刻《本草元命苞》9 卷。该书为元人尚从善(字仲良)至顺二年(1331)撰②,系参考《大观本草》分部,撷拾切于日用药物编成。收药 468 种,分为草、木、人、兽、禽、虫、果、米、菜几部,每部又分上、中、下三品。每药分别载录君臣佐使、归经、性味、功能、主治、产地、药材性状、炮制、采收季节等。

高德基,生卒年不详。平江(苏州)人。曾任建德路总管,有《平江纪事》,记载吴郡古迹兼及神怪谣谚诙谐等。至正十五年(1355),任平江郡守,刻印过周伯琦《说文字原》1 卷、《六书正讹》5 卷。其中,《六书

---

① (清)李铭皖、谭钧培修,(清)冯桂芬纂:《同治苏州府志》卷四,《中国地方志集成·江苏府县志辑》第 7 册,凤凰出版社 2008 年版,第 151 页。

② 清人钱曾《读书敏求记》卷三《本草方书类》称"为前序者,至正三年(1343)平江路常熟州知州班惟志",有学者据此推定本书成书于 1343 年,显误。尚从善于该书后自序称成书于至顺二年(1331)。

正讹》半页 5 行 20 字,小字双行。篆文 1 字占小字 6。细黑口,左右文武边,版心记大小字数。

卢镇,生卒年不详,字子安。淮南人。后至元间以领兵副元帅兼知常熟州。至正二十三年(1363)重修并刊刻《琴川志》15 卷。琴川,为常熟别名。该志创修于南宋庆元年间,初刻于嘉定年间,增补于南宋宝祐年间,而以卢镇重修之本为最善。清人张金吾说:"《琴川志》自宋庆元丙辰(1196)县令孙应时创修后,迨嘉定庚午(1210),县令叶凯始广其传。至淳祐辛丑(1241),县令鲍廉又加饰之,然后始为成书。更百余年,旧梓残毁无遗,镇属耆老顾德昭等遍求旧本,参考异同,重锓诸梓,则镇特因鲍氏原本重为刊板耳,非有所更定也。案自序曰:'其成书后,凡所未载,各附卷末。'是则凡分附卷末者,皆镇所增葺,以补鲍氏所未备者,故仍题镇名云。"①

卢熊(1331—1380),号公武。昆山人。元末为吴县教谕,留心典故。入明,先后任多职。卢熊少从杨维桢学,多识,工文章,尤精篆籀,著述数十种。辑有《苏州府志》。至正二十五年(1365),在吴县教谕任上,卢熊主持刊刻《中吴纪闻》6 卷,每半页 11 行 21 字,黑口。此书后有明弘治七年(1494)严春刻本、明正德九年(1514)龚弘刻本、明末毛氏汲古阁刻本、若墅堂刻本及清抄本等传世。

元末明初,苏州曾在张士诚的统治之下,其间,城内建筑得到一定修缮,街道得到整治,城墙更加高广坚固。苏州濒临太湖,城内外水道纵横,湖泊棋布,是名副其实的水乡,而且土壤肥沃,物产丰富,是闻名全国的鱼米之乡,虽然曾经发生过几次战争,但经济很快得到复苏。张士诚能够礼贤下士,吴中士人多往依附,因而,在这个朝代更迭的战乱时期,苏州文人却交往活跃,私人藏书和刻书事业持续向前发展。

为了广招贤士,张士诚在苏州不惜花费重金,专门兴建宾贤馆,四方名士前来依附者有陈基、钱用壬、马玉麟、鲁渊、刘亮、蒋德明、潘元明等人。至正二十一年(1361),张士诚命陈基、钱用壬修补西湖书院书版,校刻旧存经史子集。西湖书院原为南宋太学,宋室南渡后,集经史

① (清)张金吾撰,柳向春整理,吴格审定:《爱日精庐藏书志》(上),上海古籍出版社 2014 年版,第 272 页。

百氏诸书及若干书版,设库藏于学内。元世祖忽必烈至元二十八年(1291),徐东平在浙江为官时,以其址设西湖书院。因年久失修,至正十七年(1357),书院尊经阁毁坏,书库倒塌,书版散失。张士诚知晓后,乃有修复之举。陈、钱二人领命后,调集余姚州判官宇文桂、山长沈裕,广德路学正马盛,绍兴路兰亭书院山长凌云儒、布衣张庸、斋长宋良、陈景等人为校正。招募书手刊工92人,自至正二十一年(1361)十月一日至次年七月二十三日竣工,"重刻经史子集欠缺,以板计者七千八百九十有三,以字计者三百四十三万六千三百五十有二。所缮补各书损裂漫灭,以板计者一千六百七十有一,以字计者二十万一千一百六十有二。用粟以石计者一千三百有奇,木以株计者九百三十。书手刊工以人计者九十有二"。① 书成后,张士诚又命陈基将西湖书院藏书编成书目,并作序于前,刻之,藏于库中。

据陆铨《泰州公私藏书考略》②载,张士诚刻书见于著录的有《通鉴总类》《通鉴续编》《刑平编志》《礼经会元》《金陀粹编》等,由蒋德明、马玉麟、潘元明等校刊。其中,《金陀粹编》刻于至正二十三年(1363),前有陈基序,后有戴洙序。陈基序称:"是编总若干卷,今浙江中书省平章政事兼同知行枢密院事吴陵张公,命断事官经历吴郡朱元佑重刊。且曰:'西湖书院,岳氏故第也,宜序而藏诸。'"③称雄一方的张士诚,十分关心该书刊刻情况,说明其对岳飞是非常敬重的。之后的《金陀粹编》皆以此本为底本,可知该版本之关键。④

二、儒学与书院刻书

北宋景祐二年(1035),时任苏州知州的范仲淹,应地方人士朱公绰之请,奏请朝廷,获准给田五顷办学。范氏将原本所购用作宅基的钱氏

---

① (明)陈基:《夷白斋稿》卷二十一《西湖书院书目补》,《四部丛刊三编》本,上海商务印书馆民国二十五年(1936)影印明抄本。

② 陆铨:《泰州公私藏书考略》,《泰州文献》第2辑,凤凰出版社2014年版。

③ (明)陈基:《夷白斋稿》卷二十一《金陀粹编序》,《四部丛刊三编》本,上海商务印书馆民国二十五年(1936)影印明抄本。

④ 张士诚刻书内容,参考诸祖仁、顾维俊《张士诚刻书考略》,《江苏出版史志》1994年第2期,第123—124页。

南园之地献出建学,此即苏州府学。政和三年(1113),改称平江府学。元初称平江路学,后至元十三年(1276),改平江府为平江路,府学随之改名为平江路儒学。庙学合一的平江路儒学占地极广,规模居东南诸学宫之首,声誉卓著,为其他地方所效仿,古人尝言:"天下州县之学,莫盛于江浙之间。江浙之间之学,莫盛于吴。"①有元一代,平江路儒学先后刊刻典籍多部,但可考知者仅有如下几种。

1.《玉灵聚义》5卷。这是一部占卜书,元陆森撰。陆森,字茂林,平江路人。玉灵,指古代占卜用的神龟。天历二年(1329)平江路儒学刻。傅增湘记载说:"(《玉灵聚义》)十行十六字。题为'光禄大夫行右散骑常侍集贤院学士知院事东海郡开国公徐坚撰,敕授平江路阴阳教授骆天祐校纂,古吴茂林陆森编集。'有乙(己)亥(1299)上元日骆天祐序,泰定二祀(1325)孟春望日石湖后人范溢序,延祐二年(1315)九月望日陆森序,泰定乙丑(1325)正月壬辰日赵孟暄序。……平江路儒学训导俞安国校正、平江路儒学教授鲍椿老校正,平江路阴阳教授张孟祥重校,前平江路阴阳教授骆天祐校正,赵孟暄阅序。"②

2.《通鉴总类》20卷。宋沈枢撰。至正二十二年(1362)苏州郡庠刻。每半页11行23字。原为嘉定元年(1208)四明楼钥所序刻,至正二十二年(1362)江浙行中书省左丞海陵蒋德明分省于吴,命郡庠重刻。傅增湘称"南皮张氏藏书,壬戌(1922)见于《日知报》馆"③。

3.《通鉴续编》24卷。元陈桱撰。④ 至正二十二年(1362)平江路儒学刻。每半页9行22字,黑口,单鱼尾。前有至正二十一年(1361)周伯琦序、至正十八年(1358)陈基诸人序。书口下间有"训导钱汝垧校正,训导钱绅"等字,间有刻工姓名。

4.《战国策校注》10卷。吴师道校正。至正二十五年(1365)平江

---

① (元)杨载:《平江路重修儒学记》,载(清)范能濬编集《范仲淹全集》(下册),凤凰出版社2004年版,第1349页。
② 傅增湘:《藏园群书经眼录》卷七,中华书局1983年版,第615—616页。
③ 傅增湘:《藏园群书经眼录》卷六,中华书局1983年版,第521页。
④ 叶德辉称:"桱本元人,入明为翰林编修,以附杨宪,迁待制。《四库提要》改称明人,为得其实。然此书则实在元时所刊,不得以其为明人而疑之耳。"叶德辉《雁影斋题跋》卷四,湖南图书馆编《湖南近现代藏书家题跋选》(第二册),岳麓书社2011年版,第357—358页。

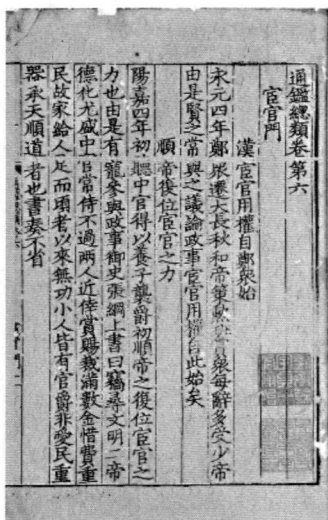

**图 3-2-1 《通鉴总类》
元至正二十二年（1362）苏州郡
庠刻　嘉业堂藏**

路儒学刻。半页 11 行 20 字,小字双行字同,粗黑口,单鱼尾,左右文武边。版心鱼尾上间记字数,下记刻工,有"何原""朱样"等。卷四至卷六末俱刻"至正己巳（1269）前蓝山书院山长刘镛校勘",卷八至卷十俱刻"平江路儒学正徐昭文校勘"。[①]

此外,傅增湘《藏园群书经眼录》记载,大德十一年（1307）平江路儒学刻《新唐书》225 卷,每半页 10 行 22 字,黑口。四周双边。[②] 版心上记字数,下记刻工姓名。前列曾公亮进书表。此书版式与集庆路儒学所刻同,疑为同一版本。且《书林清话》等记载平江路未刻该书。待考。

蒙古人统治江南后,南宋学者多不愿出仕,遂自创书院,私人讲学。元世祖至元二十八年（1291）,诏令各地设立书院,平江路新建的书院有苏州鹤山书院、甫里书院、文正书院,加上南宋沿袭下来的学道书院、和靖书院共 5 所（不包括常熟文学书院和昆山玉峰书院）。除官府管理的书院外,平江路还有私家书院,如天心桥南刘姓梅溪书院。[③] 关于梅溪书院具体情况,史料阙如,叶德辉《书林清话》载其刊刻过《郑所南先生文集》16 篇 1 卷、《清隽集》1 卷、《百二十图诗》1 卷、《锦残余笑》1 卷等。[④]

三、佛教刻书

南宋时期,平江府碛砂延圣禅寺刻成《碛砂藏》,影响十分深远,其后,虽有朝代更迭和绵延战火,但平江路佛教刻书事业并不曾停歇,寺院不断刻印佛经,僧侣亦以一己之力从事之,对于佛教传播起了很大

① 潘国允、赵坤娟:《蒙元版刻综录》,内蒙古大学出版社 1996 年版,第 69 页。
② 傅增湘:《藏园群书经眼录》,中华书局 1983 年版,第 218 页。
③ 史上多地出现过梅溪书院,如南宋淳熙间吉州东冈刘姓梅溪书院、元后至元间建阳张氏梅溪书院等。
④ 叶德辉:《书林清话》卷四,广陵书社 2007 年版,第 70 页。

作用。

元代平江路佛教刻书主要集中在 3 座寺院:碛砂延圣寺、狮子林寺和幻住庵。

1. 碛砂延圣寺。该寺在宋元之际以刊刻《碛砂藏》而闻名于世,有丰富的刻书经验,刻工众多,因而在《碛砂藏》完工后,又继续刊刻其他典籍。今可考者有《碛砂唐诗》20 卷。

《碛砂唐诗》,又名《三体唐诗》《唐三体诗》《唐诗三体家法》《笺注唐贤三体诗法》等,大德九年(1305)吴县碛砂寺魁天纪刻,故世称《碛砂唐诗》。该书为宋周弼辑,元释圆至注。周弼(1194—1255),字伯弱,亦作伯弼。汶阳(今山东肥城)人。少博学,有诗名,宁宗嘉定间进士,曾任江夏令。生前自刊《端平集》12 卷,已佚。释圆至(1256—1298),字天隐,号牧潜,俗姓姚。高安(今属江西)人。工古文,诗亦清婉。著《牧潜集》七卷行世。与碛砂寺僧魁天纪善。此书选录唐人七绝、七律、五律三体诗共 524 首,分体编排,每体再按诗歌法式立格。绝句有实接、虚接、用事、前对、后对、拗体、侧体七格;七律有四实、四虚、前虚后实、前实后虚、结句、咏物六格;五律有四实、四虚、前虚后实、前实后虚、一意、起句、结句七格:总 20 格,每格 1 卷。各卷开首均有周弼对本格诗法的说明,多属起接呼应、造句连章之类,下选诗作证实之,亦多取中晚唐人诗。释圆至注附诗间,有题注、夹注、尾注三种形式,夹注释字义出处,尾注多释意,但常有牵强附会处。关于刻工魁天纪,生平史料极少,所可知者,其与释圆至友善。《坚瓠五集》记载二人间一则故事说:"良洲陈湖碛砂寺,僧魁天纪,读儒家书,尤工于诗。元初高安僧天隐,与友善,赠诗云:'拈笔诗成首首新,兴来豪叫欲举云。难医最是狂冷病,我恰才痊又到君。'"[1]

此书在元明两朝为村塾授徒课本,故版本不少。现存元刻本 3 种:一为《笺注唐贤绝句三体诗法》20 卷本,藏日本静嘉堂文库及北京故宫博物院;二为台湾"国家图书馆"藏元刻 21 卷本,此本比 20 卷诸本多末卷五律"咏物"一体,有学者谓此本应最接近圆至注原貌;三为日本翻刻元至大二年(1309)圆至注、裴庚增注之三卷本,题名《增注唐贤绝句三

① (清)褚人获:《坚瓠五集》卷四,《笔记小说大观》第十五册,江苏广陵古籍刻印社 1984 年版,第 578 页。

体诗法》。①

江澄波等《江苏刻书》说,碛砂延圣院还在延祐五年(1318)刻有《佛说最上根本大乐金刚不空三昧大教王经》7卷,该经属于《碛砂藏》,且刊刻时间也在《碛砂藏》付梓时间内,故不应单独列出。②

2. 狮子林寺。关于狮子林寺(一名师子林寺),史书记载"在府城东北隅。元至正二年(1342)僧惟则建,则多聚奇石,状类狻猊,故名。内有卧云室、立雪堂、问梅阁、指柏轩、禅窝、竹谷诸景"③。惟则(?—1354后),字天如,江西吉安府永新县人,俗家姓谭。嗣法于中峰明本。师子林是其邀请倪元镇(云林)等四人设计叠砌而成,元镇并绘有《师林图》。惟则工诗,有多首诗作存世。他还主持撰刻《师子林剩语》5卷《别录》5卷,半页11行21字,至正二年(1342)刻印题唐释般剌密帝和弥伽释迦译《大佛顶如来密因修证了义诸菩萨万行首楞严经》10卷及《大佛顶首楞严经会解》10卷等。

惟则还撰有《狮子林天如和尚语录》5卷《别录》5卷《狮子林天如和尚剩语录》2卷。至正八年(1348),释善遇将《狮子林天如和尚语录》5卷《别录》5卷付梓,每半页11行21字,细黑口,左右双边。书后有刻书跋7行:"《语录别录》共十卷,昔编草初成之日,钱塘沙门炬菩萨见之,即持去,命张克明重写,仍率同志先刊两卷……至正八年善遇谨识。"④至正十二年(1352),又将《狮子林天如和尚剩语录》2卷付梓,每半页11行21字,黑口,左右单边。刻书跋云:"是集发明禅净土之旨亦颇详矣。今吴郡菩萨戒弟子张善照施财入梓,用广流通,愿与法界一切众生以及当来诸有情等,会宗乘之直指,语言文字悉显禅机,修净业之正因,迷悟圣凡同归乐土。"⑤

3. 幻住庵。该庵为元代高僧明本(1263—1323,俗姓孙,号中峰)兴建。明本《平江幻住庵记》记载说:"大德庚子(1300),予游吴中,郡人

---

① 陈伯海、李定广:《唐诗总集纂要》(上),上海古籍出版社2016年版,第177—178页。
② 江澄波等:《江苏刻书》,江苏人民出版社1993年版,第37页。
③ (清)黄之隽:《江南梵刹志》卷四十四,杜洁祥《中国佛寺史志汇刊》第二辑第3册,台北明文书局1980年版,第67页。
④ 雒竹筠:《元史艺文志辑本》,北京燕山出版社1999年版,第269页。
⑤ 文载傅增湘《藏园群书经眼录》,中华书局1983年版,第884页。

陆公德润施松冈数亩于阊门之西,地曰雁荡,结茅以栖禅者。"①因明本所到之处皆名住所曰幻住,可知苏州幻住庵在阊门西。至大二年(1309),庵中比丘永中刻《镡津文集》22卷。该书为宋代著名僧人释契嵩所撰,被学界普遍认为是研究"儒释融摄"及宋学起源的重要著作。日本内阁文库藏有该版,每半页12行24字,细黑口,左右双栏。卷十五至卷十七原阙,后日本室町时期补写。国家图书馆亦藏有此刊本,由释正传、弥满整理。该本原为私人藏书,并有校点痕迹,存十七卷及卷首、总目,与日本内阁文库藏本应为同一底本。②

有元一代平江路佛教典籍刊刻除上述3寺外,尚有不知寺院归属的刻书2种。

一为至正元年(1341)《元叟和尚语录》(一名《径山元叟和尚语录》)1卷。题侍者法林编。法林(1284—1355),俗姓黄,字竹泉,号了幻。宁海(今属浙江)人。依止法庵太虚剃度为僧,阅"睦州语"有省,遂得印证,为临济宗南岳下第二十一世传人。该书每半页11行21字,黑口,左右双边。清人黄丕烈曾收藏,跋称:"去年夏得此元刻《元叟和尚语录》一册,久欲持赠吾与庵寒石师,因置乱帙中,寻而不获,已许之矣。顷往五峰展墓道,出支硎,顺贺寒石法喜,袖此为赠。想寒石亦相视一笑也。时嘉庆丙寅

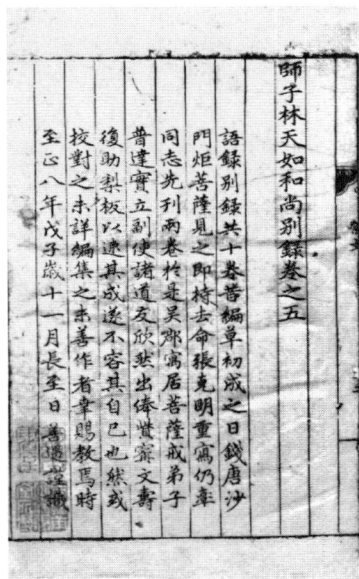

图3-2-2 《师子林天如和尚语录》二卷《别录》五卷《剩语集》二卷 元释惟则撰 元释善遇辑 元至正刻本 南京图书馆藏

---

① (清)钱毂:《吴都文粹续集》卷三十一《平江幻住庵记》,《影印文渊阁四库全书》第1386册,台湾商务印书馆1986年版,第53页。明本在《平江幻住庵记》一文中解释"幻住"一语的缘由:"大觉世尊弃王位,卧雪雪,夜睹明星,与无边有情。同时涉入如幻三昧。嗟乎!众生迫今酣情妄而不自知,我曹出家,虽依此如幻三昧而住,亦有所未悟者。于是所至结庵,一名'幻住'。"意为依"如幻三昧而住"。

② 纪雪娟:《宋僧契嵩〈镡津文集〉版本考述》,姜锡东主编《宋史研究论丛》第14辑,河北大学出版社2013年版,第566—567页。

(1806)春正月十日,荛翁黄丕烈记。"①今藏南京图书馆。

二为至正七年(1347)释念常自撰自刻《佛祖历代统载》(一名《佛祖历代通载》或《佛祖通载》)30 卷。念常,俗姓黄,号梅屋。世居华亭(今属上海)。12 岁出家,从平江圆明院体志学律,曾赴燕京,备受帝师八思巴尊宠。历时 20 余年,写成这部佛教编年体通史,自七佛偈、宇宙初始、盘古、三皇等事叙述起,迄顺帝元统元年(1333)止。依各朝代帝王纪元之年月纪事。所含史事甚多,因此卷帙亦大。每半页 10 行 20 字,黑口,左右双边。为平江路官吏僧尼在念常创议下集资镌板,正书首行下刻"吴郡朱显卿刊"。瞿冕良考证"朱显卿"为"元至正间吴郡人,刻字工人"②。字体以行书上版,圆润秀美。明宣德五年(1430)、万历六年(1578)两次翻刻皆据此本。国家图书馆有藏。③

四、私家刻书

元代平江路官府刻书、儒学和书院刻书、佛教刻书皆取得很大成就,私家刻书也紧跟其后,今考诸史料,得 11 种典籍,列表如下。

元代平江路私家刻书一览表

序号	书名和卷次	作者	刊刻者	刻书年代	版式	文献出处	附注
1	《周易参同契发挥》1卷《释疑》1卷	(元)俞琰	吴中俞琰	至元甲申(1284)	每半页 12行,行 23 字	傅增湘《藏园群书经眼录》卷十	明正统《道藏》第20 册收录
2	《居家必用事类全集》10 集	(元)佚名	吴郡徐元瑞	大德五年(1301)	每半页 13行,行 22 字	[日]森立之《经籍访古志》卷四	国内多家图书馆藏

① (清)黄丕烈:《荛圃藏书题识》卷六,上海远东出版社 1999 年版,第 486 页。
② 瞿冕良:《中国古籍版刻辞典》,苏州大学出版社 2009 年版,第 206 页。
③ 参考魏隐儒《古籍版本鉴赏》,北京燕山出版社 1997 年版,第 46 页。

序号	书名和卷次	作者	刊刻者	刻书年代	版式	文献出处	附注
3	《范文正公集》20卷《别集》4卷	（宋）范仲淹	范氏岁寒堂	天历元年（1328）	每半页12行，行20字，白口，版心下记字数及刻工姓名	《范文正公尺牍》后所载范仲淹八世孙范文英跋语	今藏国家图书馆和上海图书馆等
4	《范忠宣公文集》20卷《遗文》1卷	（宋）范纯仁	范氏岁寒堂	天历元年（1328）	每半页12行，行20字。据宋刊翻雕	范纯仁《范忠宣公文集》附词	今藏浙江省图书馆
5	《范文正公政府奏议》2卷	（宋）范仲淹撰，范纯仁编	吴门范文英	元统元年（1333）	每半页12行，行22字，白口，左右双边。	范仲淹八世孙范文英跋语	今藏国家图书馆
6	《范文正公尺牍》3卷	（宋）范仲淹	吴门范文英	后至元三年（1337）	每半页12行，行21字，黑口，左右双边。	《范文正公尺牍》后所载范仲淹八世孙范文英跋语	今藏国家图书馆
7	《周易集说》40卷	（元）俞琰	吴中俞贞木	至正九年（1349）	每半页12行，行21字，细黑口，左右双边。	傅增湘《藏园群书经眼录》卷一	今藏国家图书馆
8	《传道四子书》8卷	（元）徐达左	吴郡徐达左	至正二十一年（1361）	不详	《善本书室藏书志》记载前有徐达左自序	该版本已佚
9	《笠泽丛书》4卷《补遗》1卷	（唐）陆龟蒙	吴江陆德原	后至元五年（1339）	不详	叶德辉《郎园读书志》卷七	该版本已佚
10	《道园遗稿》6卷	（元）虞集	吴江金伯祥	后至元十四年（1358）	每半页11行，行20字，黑口，左右双边	黄丕烈《黄丕烈书题跋》卷九、傅增湘《藏园群书经眼录》卷十五	国家图书馆藏

上表元代苏州私家刻书，以范氏岁寒堂刻书为代表。

岁寒堂是范氏唐朝高祖时的家塾名，范仲淹《岁寒堂》诗写道："我先本唐相，奕世天衢行。子孙四方志，有家在江城。双松俨可爱，高堂因以名。"①宋元时期，范氏后人一直用此名，以不忘祖训也。元代岁寒堂主人范文英，字廉材，号静翁，范仲淹八世孙。幼孤，依外家文氏读书。后至元间，曾署信州广信书院山长、绍兴路儒学教授，寻以将仕佐郎、平江路教授致仕。至正六年（1346），廉访佥事赵成僖、总管吴秉彝建文正书院，不设教官，由范文英主持。岁寒堂主人范文英为官期间和致仕后，把大量的精力用在了先祖范仲淹文集的刊刻上面。

范仲淹生前自编文集有《丹阳集》8 卷，今佚。殁后，子纯粹搜集编纂《范文正公集》20 卷，苏轼曾为之作序，今存。南宋人另辑有别集 4 卷。此外，尚有《范文正公奏议》2 卷、《范文正公尺牍》3 卷行世。

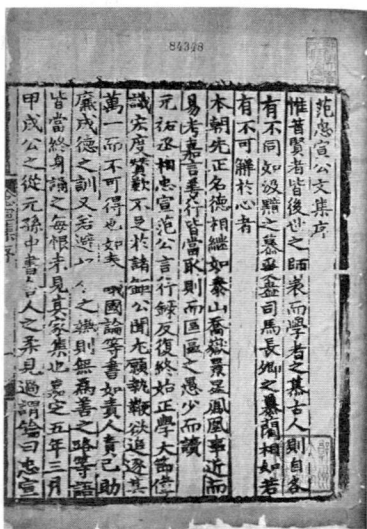

图 3-2-3 《范忠宣公文集》
元天历元年（1328）范氏岁寒堂刻
郑州大学图书馆藏

现存范集宋代版本，有北宋元祐间初刻本，南宋"乾道本""淳熙本""嘉定递修本"等。元天历元年（1328），淳熙嘉定递修本又为范氏子孙刊于家塾岁寒堂，自此，范氏家刻本自成岁寒堂版本系统，在内容上不断有集外增益。后至元三年（1337），由范仲淹八世孙范文英补入原本单行之《范文正公尺牍》。伴随着范仲淹本人作品之搜集已基本完备，本集趋于定型，附录内容开始陆续增加。此为岁寒堂本特色之一。岁寒堂本附录所增计有以下 11 种：南宋楼钥编次、裔孙范之柔校订《范文正公年谱》，元范国倩编《范文正公年谱补遗》《范文正公言行拾遗事录》，北宋陈贻范撰《范文正公鄱阳遗事录》《义庄规

---

① （清）范能濬编：《范仲淹全集》（上册），凤凰出版社 2004 年版，第 35 页。

矩》《褒贤集》《褒贤祠记》《朝廷优崇》《诸贤赞颂论疏》《诸贤诗颂》《祭文》等。王瑞来对于北宋初刻本和元代岁寒堂系统本做过比较,说:"宋本初刊当在元祐以后,元天历本初刊当在南宋初年高宗时期。从这一事实来看,北宋本自然早于元天历本初刊。然而,通过比较宋元二本内容,可以揭示出完全相反之事实。分明源出于一之宋元二本,元本居然较宋本多出二十三篇,而宋本仅比元本多出一诗。并且二本共有之篇目,在内容上宋本多阙,而元本皆存。这些均非刊刻脱落。篇目多,尚可解释为后来之增补。而之于同样篇目,后出者较先出者时间记载具体、文字内容翔实,在逻辑上解释不通。答案只有一个,元本之祖本早于现存北宋本,而宋本则是元本祖本之省文本,乃至散佚本。"[1]

在古代刻书史上,元代起到了承上启下的重要历史作用,由于距离宋代近,且政府十分重视这项工作,故官私所刊多精品,为古代文化传播作出重要贡献。从刻书单位来说,元代苏州出现了官府、书院、寺院、私家等多种机构。从刊刻数量上来看,元代苏州一地所刻并不多,但是质量非常好,学界给以高度评价:"元代平江路刻书有 30 种,以经史子集四部而论,以子部为多,有 11 种,其次为史部 7 种与集部 8 种。总体而言,苏州刻本字迹较为端正,刻工精细,显示了苏州工艺特色。"[2]刻书机构的全面和刻书质量的精工,为苏州明清时期刻书繁荣时期的到来奠定了坚实基础。

第三节　扬州路刻书

元朝扬州一地的行政区划相对于宋朝有了很大变化,"至元十三年(1276),初建大都督府,置江淮等处行中书省。十四年,改为扬州路总管府。十五年,改置淮东道宣慰司,本路属焉。十九年,省宣慰司,以本路总管府直隶行省。二十一年,行省移杭州,复立淮东道宣慰司,止统

---

① 王瑞来:《天地间气——范仲淹研究》,山西教育出版社 2015 年版,第 165 页。
② 王国平:《苏州史纲》,古吴轩出版社 2009 年版,第 147 页。

本路并淮安二郡,而本路领高邮府及真、滁、通、泰、崇明五州"。① 扬州路的行政管辖地域西起安徽东南部,东到大海,相当于今日的三倍之多。这时期扬州路刻书总体情况稍逊于宋代,官府、儒学继续承担刻书主体,并出现之前此地未有的书坊刻书这一新现象。

一、江北淮东道肃政廉访司刻书

元代肃政廉访司,俗称"宪司""监司",前身为提刑按察司。在元代地方统治结构中,廉访司是凌驾于路府州县之上的三大官府之一(另外两个是行省和宣慰司),同时,隶属于御史台和江南、陕西二行御史台的22道廉访司,又相当于元代地方监察网络中的基本网结。至元十四年(1277)正月,增设江南八道按察司,包括江北淮东道提刑按察司,简称淮东按察司,监扬州、淮安、高邮等路府。二十一年(1284),迁扬州路。

至正四年(1344),江北淮东肃政廉访司刊《勤斋集》15卷。作者萧𣂏(1241—1318),字维斗。奉元路(今陕西长安)人。官至国子祭酒,以疾归里,读书终南山下三十余年,以教书为业,所教以孔孟之学为本,以理学为据,系关中理学传人。原书为苏天爵所辑,收遗文80篇、诗260首、乐府28篇。上有牒文"江北淮东肃政廉访司下本路刊印",王澄根据这则牒文说:"此书似为扬州路或扬州儒学所刻。"②惜明代时已亡佚,清人从《永乐大典》中辑出,8卷,收入《四库全书》。

如果说《勤斋集》为江北淮东肃政廉访司所刊尚有疑问,那么《石田先生文集》的刊刻则为江北肃政廉访司命扬州路儒学所刊无疑了。

《石田先生文集》是元代马祖常的诗文集,全书15卷附录1卷。马祖常(1279—1338),字伯庸,也里可温氏。光州(今河南潢川)人。祖常崇尚儒学,曾赞助光州郡守修孔子庙,又于淮南构筑别业,名石田山房,以耕读相标榜,教授《孝经》《论语》,因居石田山房,故别号"石田"。延祐二年(1315),河南乡贡及会试均为第一,廷试第二,授应奉翰林文字,擢监察御史。后拜礼部尚书,寻参议中书省事。元统初,拜御史中丞,

① (明)宋濂等:《元史》卷五十九,中华书局1976年版,第5册,第1414页。
② 王澄:《扬州刻书考》,广陵书社2003年版,第10页。

转枢密副使,乞归。卒谥"文贞"。《石田先生文集》为祖常卒次年,即后至元五年(1339),淮北江东道廉访使苏天爵奏请于朝,由祖常从弟易朔与苏天爵汇编其诗文而成,收诗赋 5 卷、文 10 卷。"元代个人著述行世,通常须经学使审阅通过、备文咨部认可,然后分派各路儒学召工刻梓,故其卷首多列有牒文。《石田集》即是编就后,经宪司委名儒校雠无误,具牒发至扬州路儒学刊刻。其卷首有至元五年王守诚、陈旅、苏天爵等序,正文之前则为后至元五年淮东道肃政廉访司下扬州路总管府交本路儒学刊版牒文。"①国家图书馆藏有该本,为目前所知世间仅存孤本。字仿赵孟頫体,刻印俱精,版式疏朗,在元刻中最为上乘。明弘治六年(1493)熊翀于太原府重刻该书时,元刊本已不易得,遂以传抄本为底本刊刻,字体亦有赵孟頫笔意,后人常以之冒充元刻。

二、古林书堂刻书

元后期,广陵出现一家以专业刻书谋生的胡姓书坊——古林书堂,惜史料对古林书堂具体情况记载不多,今所可知者曾刊印一批医学典籍。

一是《新刊补注释文黄帝内经素问》12 卷。该书早期名曰《黄帝内经》,是现存最早的中医基础理论著作,书成于战国至秦汉间,为时人总结旧说而成,编撰者难以稽考,成编后冠以"黄帝"之名,借以取重于世。该书在流传过程中,因内容的增减、篇次的变化,宋、金、元时主要形成两个版本系统,即二十四卷本和十二卷本。元惠宗后至元五年(1339)胡氏古林书堂所刊本即后一种,宋林亿等校正、孙兆改误。今国家图书馆有藏。目录前有木记:"是书乃医家至切至要之文,惜乎旧本讹舛漏落,有误学者。本堂今求到元丰孙校正家藏善本,重加订正,分为一十二卷,以便检阅,卫生君子幸垂藻鉴。"目录后镌"□本二十四卷,今并为一十二卷刊行"一行,"□"为残缺处,依国家图书馆藏另一部相同版本之残存六卷本证之,当为"元"字。卷端题名"新刊补注释文黄帝内经素

---

① 陈红彦:《古籍善本掌故》,上海远东出版社 2017 年版,第 219 页。

问"，下题"启玄子次注，林亿、孙奇、高保衡等奉敕校正，孙兆重改误"。① 此书曾被清代常熟铁琴铜剑楼收藏，《铁琴铜剑楼藏书目录》称："……此至元刻本。目录后有'原本二十四卷，今并为一十二卷刊行'，末有墨图记二行，云：'至元己卯（1339）菖节古林书堂新刊。'"②菖节即端午节。

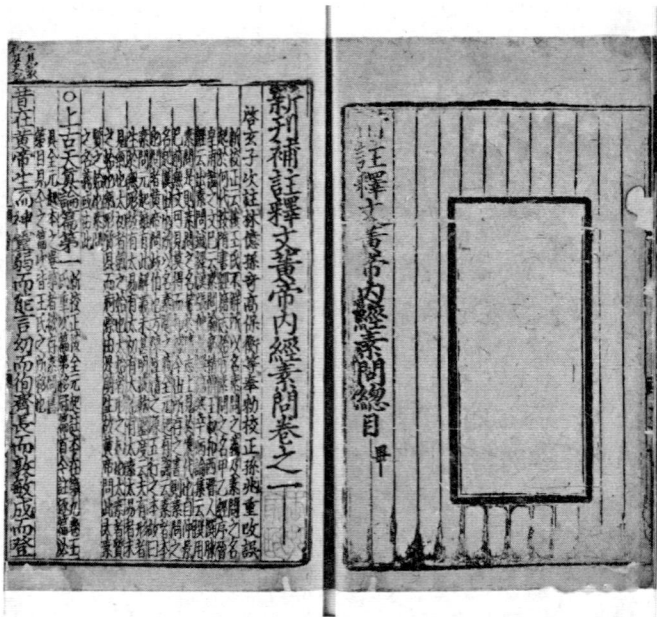

图 3 - 3 - 1　《新刊补注释文黄帝内经素问》　元至元五年（1339）胡氏古林书堂刻

二是《新刊黄帝灵枢》12 卷。总目刻有"元作二十四卷，今并为十二卷，计八十一篇"字样，总目之尾刻有黑地白文长条木印："至元己卯（1339）古林胡氏新刊。"当于《新刊补注释文黄帝内经素问》同一年开雕。卷一末有长方木印："至元庚辰（1340）菖节古林书堂印行。"可知该书之刻历时仅两年。此外，此书总目标题与分卷标题稍异。总目标题为"黄帝素问灵枢集注目录"，《灵枢》卷一正文标题为"新刊黄帝内经灵

---

① 参考唱春莲《元胡氏古林书堂刻本〈新刊补注释文黄帝内经素问〉》，陈红彦主编：《古籍善本掌故》，上海远东出版社 2017 年版，第 255—257 页。

② （清）瞿镛：《铁琴铜剑楼藏书目录》卷十四，与杨绍和《楹书隅录》、潘祖荫《滂喜斋藏书记》合刊本，中华书局 1990 年版，第 207 页。

枢"，卷二至卷十二每卷正文标题为"黄帝素问灵枢集注"，反映刻工非一人，故有此小疵。今国家图书馆有藏，日本宫内厅书陵部亦藏一部。

胡氏古林书堂所刻上二书具有宝贵的文献价值。《素问》每卷之首皆题"启玄子次注林亿孙奇高保衡等奉敕校正"，孙奇是校正医书局非常重要的校注专家，所据底本就是孙奇家藏之书。而《灵枢》所据底本是南宋史崧本。因此，胡氏古林书堂本《素问》《灵枢》在《内经》版本学上具有非常重要的地位。①

三是胡氏古林书堂在元后至元年间除刊刻《新刊补注释文黄帝内经素问》和《新刊黄帝内经灵枢》外，还曾集中刊刻《增广太平惠民和剂局方》10卷《指南总论》3卷《图经本草》1卷、《素问入式运气论奥》3卷、《五运六气诸图附论》2卷、《重广补注黄帝内经素问遗篇》1卷、《五运六气诸图附论》等，皆具有一定规模和影响并流传至今。

三、其他刻书

元代扬州路刻书还有江淮郡学、崇川书府和泰州知州李德贞等，今合在一起来谈。

关于江淮郡学，无法通过史料考知具体情况。《光绪增修甘泉县志》载，至正六年（1346）江淮郡学刻《同文贞公集》30卷。"同文贞"即同恕（1254—1331），字宽甫。奉元路（今陕西西安）人。出身儒学世家，自幼攻读经籍，少年时以学问广博闻名乡里，主持鲁斋书院。延祐六年（1319），以奉议大夫、太子左赞善应召入东宫，教授太子。翌年，以疾辞归。其学术继承阐发程朱理学，是元代关学的重要学者。江淮郡学所刻《同文贞公集》已佚。今所存《榘庵集》15卷辑自《永乐大典》，《四库全书总目》著录。

崇川书府元时属南通，至正九年（1349；一说至正十一年，1351）刻《春秋诸传会通》24卷。该版每半页12行，行22字，小字双行同，细黑口，左右双边。今国家图书馆、上海图书馆、北京大学图书馆、故宫博物院和中国历史博物馆等有藏。叶德辉说："虞氏南溪精舍明复斋……

---

① 钱超尘：《中国医史人物考》，上海科学技术出版社2016年版，第239页。

至正辛卯(1351)刻《春秋诸传会通》二十四卷(后有'至正辛卯仲冬虞氏明复斋刊'及'南溪精舍'两墨记)。"①叶氏于此卷又载:"崇川书府,至正十一年(1351)刻李廉《春秋诸传会通》二十四卷……序后有'至正辛卯(1351)腊月崇川书府重刊'木记。"②比较两则记载,疑窦百出,同一部书在同一时间怎么会出现两家刻书单位呢? 是巧合吗? 日本学者长则规矩也在《书林清话纠谬并补遗》中则直言"崇川书府、明复斋其实一也"③,可为一说。

泰州知州李德贞重刻《淳祐吴陵志》(又名《海陵志》)14 卷。关于李德贞,史志载"字干臣,世东平阳谷(今山东阳谷县)人。皇庆癸丑(二年,1313)以内任被旨尹泰州。政平讼简,郡人安之。暇日访耆老,得宋《淳祐海陵志》,遂捐俸付梓,以传不朽"④。该志为宋人项预所修,南宋淳祐间初刻。项预为宋淳祐间泰州学官,"在任时重修州志,增为十四卷,其时距前志印刻年代淳祐十二年(1252)已五六十年(淳祐为宋理宗在位年号之一,前后十年,即公元 1241 年至 1250 年)。元皇庆癸丑(1313)知州李德贞重刻行世,距初刊时又六十多年。明末清初,这部志仍有抄本存世。州人宫伟镠在其所著《庭闻州世说》中多处提到其家藏有宋抄本《海陵志》,系得之于外曾祖周家,为周阳冈手抄。此后,这部志书的下落就无从考查了。宫所撰州志稿曾多次引用这部志书手抄本的资料,仅注明'依宋志订'、'按宋志载'者,即有十余条目。故从宫志稿中探索淳祐志内容,当可有所收获。又,宫志稿所引宋志资料有嘉定、宝庆年间事,其时俱在(淳)熙后,证明此宋志确系淳祐志而非淳熙志"⑤。

---

① 叶德辉:《书林清话》卷四,广陵书社 2007 年版,第 71 页。
② 叶德辉:《书林清话》卷四,广陵书社 2007 年版,第 72 页。
③ 长则规矩也《书林清话纠谬并补遗》收在叶德辉著,吴国武、桂枭整理:《书林清话》(附《书林余话》)卷后,华文出版社 2012 年版,第 359 页。
④ 原载《雍正泰州志》宦迹门,此处转引自刘永耀:《泰州方志考略》,《江苏社联通讯》1983 年 3 月 22 日,第 26 页。
⑤ 泰州市文史资料研究委员会:《泰州文史资料》第 1 辑,1983 年印本,第 87 页。

第四节　常州路刻书

常州在宋代称州,元朝统一天下后,于至元十四年(1277)升为路,属江浙等处行中书省,治晋陵县、武进县(两县同城),领晋陵、武进二县和宜兴、无锡二州。至正十七年(1357)朱元璋改置长春府,同年更名常州府。元代常州路所辖地区比宋代常州府范围扩大了,但是刻书事业比前代有很大萎缩,造成这一现象的原因是多方面的。考诸史料,元代常州路刻书所可知者有4种。

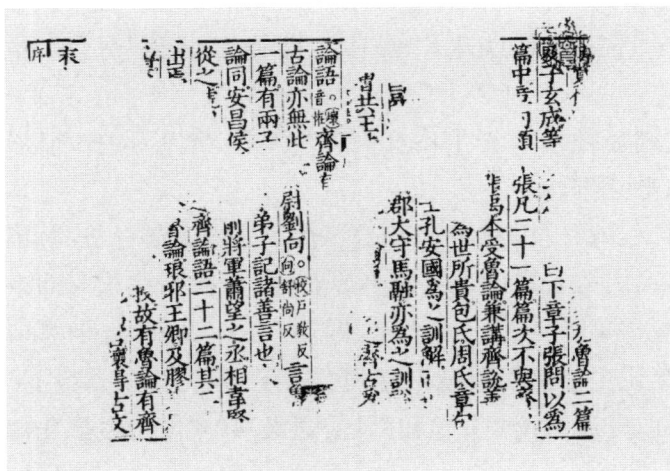

图 3-4-1　《论语集解》　中华再造善本影印元岳氏荆溪家塾刻本

一是《春秋经传集解》30卷,元初荆溪(宜兴)岳氏家塾刻。

晋代杜预《春秋经传集解》是《左传》最为重要的注本,后世凡治《春秋》者,必据以参考。唐代陆德明《经典释文》,即采用杜预注《春秋经传集解》加以文释,从而扩大了该书的传播与影响。岳氏荆溪家塾刻《春秋经传集解》共30卷,每半页8行,行17字,注文双行,行字同,黑口,四周双边。其书耳记某公某年字样,卷后有"相台岳氏刻梓荆溪家塾"或"相台岳氏刻梓家塾",有长方、椭圆、亚字式牌记几种,刊刻极精。相台岳氏所刻群经,旧谓宋代岳珂家刻本,《九经三传沿革例》亦以为系岳珂编著。后经张政烺等考证,此相台本群经乃元初义兴(今宜兴)岳氏据宋末廖莹中世彩堂本校正重刻,与岳珂无涉。[①] 今存世相台岳氏所刻经书,尚有《周易》《论语》《孟子》《孝经》等,国家图书馆皆有藏。此元岳氏荆溪家塾刻本《春秋经传集解》原为临清徐坊旧藏,后散出流入书肆。1930 年,周叔弢先于文友堂收得《春秋名号归一图》及《年表》,继从藻玉堂得 6 卷(十二、十三、二十七至三十);1931 年,又于肆文堂得到 23 卷(卷二至十一、十四至二十六),至此收得此书达 29 卷,唯缺卷一首册。后传闻此册 1932 年已毁于"一·二八"上海闸北日寇炮火之中,遂配以宋抚州公使库刻本。1944 年,卷一首册忽复现于世,索价奇昂,经两年辗转协商,周叔弢终于 1946 年以一两黄金购得,元岳氏荆溪家塾刻本《春秋经传集解》终于合璧。书中钤"徐健庵""乾学""汪玉田藏书记""袁廷梼印""五砚主人""曾存定邸行有恒堂"等印,可见其递藏之序。[②]

二是《周易程朱二先生传义附录》14 卷,至正壬午(1342)桃溪(今宜兴)居敬书堂刻。

本书合程颐《伊川易传》和朱熹《周易正义》为一书,采集程朱遗说附录其下,又引程朱之语丰富两书原有内容,特别注重与两书旧说不同之处。该版本每半页 12 行 22 字,四周双边,双鱼尾,小黑口。末页有书牌云:"至正壬午桃溪居敬书堂刊。"关于居敬书堂,史料不详。

三是《白虎通德论》10 卷和《风俗通义》10 卷,元大德九年(1305)无锡州学刻。

元贞元年(1295 年),升无锡为州,属江浙行中书省常州路,故此处将无锡刻书一并合在常州路讨论。傅增湘《藏园群书经眼录》云:"元大德九年(1305)无锡州学刊本,九行十七字,黑口,版框高六寸六分,阔四寸六分。前有大德乙巳(1305)严度序,半叶四行,行六字。又张楷序六

---

① 根据廖莹中在南宋末期刻书的事实,张政烺先生又对相台岳氏后裔进行考证,确认岳飞子孙一直定居江州,而"相台岳氏刻梓荆溪家塾"的经书,其"不出于(岳)珂之子孙也"。张先生证明宋亡后江州岳氏"渐以衰微",与宜兴岳氏"通谱"。宜兴岳氏居唐门村,是岳飞"宗人",其实并非江州嫡系,唐门岳氏"有岳浚字仲远者,即刊九经三传者也"。"荆溪岳氏刻九经三传,据方回诗当在(元朝)大德间,时宋亡已久,故不避宋讳。"从此书不避宋讳而论,说是宋岳珂所刊,是绝对说不通的。见张政烺:《张政烺文史论集》,中华书局 2004 年版,第 166—168 页。
② 陈红彦:《古籍善本掌故》,上海远东出版社 2017 年版,第 39—41 页。

行。钤嘉禾项笃寿万卷堂印记。"①大德新刻《风俗通义》和《白虎通德论》款式相同,可知推测为同一刻工所为,惜关于无锡州学史料记载不多。此二书今国家图书馆有藏。

以上是元代江苏刻书情况,总体来说对于宋代刻书传统的继承非常明显。以刻书地区为例,举凡宋代已有刻书活动的地区,元代亦能够一脉相承,但仍旧呈现刻书地区分布极为不均的特征,今所可考知的版刻典籍,主要集中于江南和江北的扬州一带,苏北的徐、淮等地刻书未见史料记载,而江南刻书又以集庆路和平江路为主。从刻书质量来说,元代江苏刻书十分重视各项工艺,所刻典籍字体精美,版式疏阔,用纸讲究,留存后世为藏书上品,所谓宋元并提,并非虚言。

① 傅增湘:《藏园群书经眼录》卷八,中华书局 1983 年版,第 661 页。

第四章　江苏明代刻书

　　明朝江苏全境隶属南直隶,分设应天(元末朱元璋改为集庆路)、淮安、扬州、镇江、常州、苏州六府和徐州一州。各府州所辖州、县已基本接近今日江苏各市县的轮廓和范围,其中,泗洪、盱眙二县属于南直隶凤阳府。

　　元末多年的战争纷乱,江苏境内的江淮和江南地区是战争的重灾区,人口锐减,土地荒芜,社会经济遭受严重破坏。明初定都金陵(今南京市),江苏立刻成为全国的政治中心,经济得到了较快的发展。朝廷着手经济恢复事业,朱元璋致力于解放劳动力,努力恢复和发展农业生产,扶植工商业。他两次诏令迁移苏、松、杭、嘉、湖诸府之民安置到淮安、扬州、临濠(今安徽凤阳)等地,达14万户之多,此后百余年中,众多江南民众陆续被强行迁至淮安府一带,还有部分民众是自动移居到田多人少地区的,如位于长江口的崇明岛因受长江阻隔,在元末未受战火侵扰,许多民众逃留岛上得以保全,明廷统一后,社会安定,岛上众多民户为生产和生活方便计,纷纷外移附近县市宽乡,农业生产得到了保障。贸易方面,大运河贯穿全省,南北物资和商品得以经由江苏而输往各地,从而也带动了江苏商业活动的快速发展。经过30多年的着意经营,与以后数十年的休养生息,明初江苏境内的经济又继续发展,趋向繁荣,手工业和商业尤为发达,在生产技术上也有显著的改进。

　　随着经济的发展,作为上层建筑之一的文化,呈现出光辉灿烂的景象。明政府十分重视发展各项文化事业,十分重视典籍的收藏,早在至正二十六年(1366),朱元璋便下令搜集古今书籍,明太祖定元都,大将军收图籍致之南京。复诏求四方遗书,设秘书监丞,寻改翰林典籍以掌之。[1] 各类著作编纂也在明朝建立之初即有序开展,《元史》《大明志》和《永乐大典》等著名典籍都是在江苏境内编纂完成的。私家编纂蔚然成风,各类文集层出不穷。在苏南富庶地区,但凡稍有余财之家,皆以读书和藏书为风尚,大量的藏书为出版提供了丰富的资源,也为学者们从事著述活动提供了丰富的宝藏。江苏境内国子监、府州县学、书院、社学等办学机构健全,士子读书氛围十分浓厚。

稳定的政治局面和繁荣经济文化发展,为刻书业的进步奠定了坚实的基础。明代江苏刻书事业,形成了南京和苏州两个中心。诚如胡应麟说:“凡刻书之地有三,吴也、越也、闽也,蜀本宋最称善,近世甚稀。燕、粤、秦、楚,今皆有刻,类自可观,而不若三方之盛。其精,吴为最;其多,闽为最;越皆次之。其直重,吴为最;其直轻,闽为最;越皆次之。”[2] 又说:“余所见当今刻本,苏、常为上,金陵次之,杭又次之。近湖刻、歙刻骤精,遂与苏常争价。蜀本行世甚寡,闽本最下,诸方与宋世同。”[3] 沈燮元则将明代刻书分为三个时期:洪武—弘治(1368—1505)、正德—万历(1506—1619)和天启—崇祯(1621—1644)。[4] 大致而言,洪武时期,由于朱元璋杀戮功臣,大兴文字狱,对知识分子采取高压的政策,但同时又用怀柔的办法来利诱和笼络知识分子,建立了完善的八股取士制度,故洪武时期所刻除政府法令和记载典章制度的书籍外,以经书为最多。朱棣即位后,所刻书籍,和朱元璋时无甚区别,多御制典籍,颁发内府刊出,分赐各地。宣德时期刻本传世不多,但从传至后世有限的刻本来看,此时期的刻书雕镂甚工,并有插图。成化时期,江苏刻书出现了技术革新趋势,铜活字和木活字技术在江南一带十分流行。正德时期,江苏境内的刻书以私家为主,多部大型丛书在此期刊刻。嘉靖万历时期为明代刻书的黄金时代,官私刻本甚多,质量亦远迈前期,尤其此期小说戏曲发达,各地书籍大量印行,大多附有精美的插图,技巧

① (清)张廷玉等:《明史》卷九十六《艺文志》,中华书局1974年版,第2346页。
② (明)胡应麟:《少室山房笔丛》卷四甲部《经籍会通四》,上海书店出版社2009年版,第43页。
③ (明)胡应麟:《少室山房笔丛》卷四甲部《经籍会通四》,上海书店出版社2009年版,第44页。
④ 参见沈燮元《明代江苏刻书事业述略》,《学术月刊》1957年第9期。

达到了圆熟的境地,深受广大民众的欢迎和喜爱。天启时期官私刻书质量不及万历时期,字体伤于纤巧,行格很宽,字体排列较为疏朗,不及以前美观。崇祯时期此种情况又有改变,出现了毛晋汲古阁和胡正言十竹斋两大著名刻书坊,为后世留下了众多精美的刻本。

第一节　南京中央官府刻书

南京的政治地位始于南朝,其时称建康、建邺等,几度作为南朝的首都,经济文化得到很大的发展,但是,隋唐至元,南京的政治中心地位不复存在,文化事业自然显受影响。随着明王朝的建立,南京的刻书业很快迎来了繁荣发展的历史时期。

明代南京刻书业繁荣与南京重要的城市地位息息相关。朱元璋和朱允炆时代,南京被定为京都,朱棣时代虽然将都城迁往北京,但是南京仍然作为陪都,保留一套完整的中央机构,也有吏、户、礼、兵、刑、工六部,先为京师,后为留都,始终是南方的政治经济中心。南京的教育和文化事业发展具有得天独厚的条件,同时,在南京任职的官员较为清闲,业余时间多以著书和刻书为乐,对刻书事业也是莫大的促进。

一、内府刻书

这里所说的内府刻本,指的是明初南京皇家刻书。南京明廷内府刻书始于洪武三年(1370),止于永乐七年(1409),前后约 40 年时间。

明初内府所刻第一部典籍为《元史》。洪武元年(1368),也就是元朝灭亡的当年,明太祖朱元璋基于"修纂一部前朝'正史',说明元朝的兴亡和明朝的建立都出于'天命',明朝皇帝是'天命所归'的'天子'"[1]的心理作用,下令编修《元史》。明年,以李善长为监修,宋濂、王祎为总裁,另有 16 人为纂修,开局编写,仅用了 188 天即告完工,成书159 卷。洪武三年(1370)重开史局,仍以宋濂、王祎为总裁,用时 143

---

[1]《出版说明》,《元史》卷首,中华书局 1976 年版,第 1 册,第 1 页。

天,续编53卷,与前编厘分附丽,共成210卷。由于时间仓促,成于众手,《元史》出现了诸多讹误,向为学界诟病。但是,朱元璋等不及再行修订,马上命臣工付梓。是年十月十三日,"镂板讫功"①,此即《元史》之祖本,也为明初内府刻书之最早记载。

朱元璋十分重视编选典籍用以施政,从各方面维护大明一统。明人郎瑛《洪武书目》就对其编纂各类典籍有较为详细的记载:

> 痛三纲沦而九法斁,无以新耳目而示劝惩,首作《大诰》三编。欲戒后代人君臣民之愚痴,作《资世通训》。以礼乐不协于中,成书曰《大明集礼》。仿《周礼》而为治天下之宏纲,作《诸司职掌》。曰《大明律》、曰《大明令》,所以立世法也。曰《洪武礼制》、曰《礼仪定式》,所以详世礼也。《清教录》,所以戒僧道也。《大明一统历》,所以钦天道也。定字义书曰《洪武正韵》,后以未当,命刘三吾重编,曰《韵会定正》。念农劳而命户部计田之数,以为文武俸数,作《省贪简要录》。见功臣器用逾制,命翰林院考汉、唐、宋封爵之数,编《稽制录》。编历代宗室诸王善恶者以类,曰《永鉴录》,后又有《昭鉴录》;编历代为臣善恶可以劝戒者,曰《世臣总录》。订正蔡氏书传,名曰《书传会选》。取大禹所叙、箕子所陈、有益治道者,作《洪范注》。纪天下道路者,书曰《寰宇通衢》。载文武官属体统及签书案牍次第、军士月粮宿卫屯田者,曰《政要录》。自叙得之之艰难与更胡俗书,曰《祖训录》;又欲贻孙谋以昭燕翼,成书曰《皇明祖训》。言丧服者,曰《孝慈录》,取五经四书敬天忠君孝亲而成者,曰《精诚录》,集历代祭祀祥异、感应可为鉴戒者,名曰《存心录》。编汉、唐、宋灾异应于臣下者,名曰《省躬录》。以致《道德》有注,《论语》有解,诸经、《元史》有纂。至哉王心! 无一事不加之意也。创业之君,所以难欤。②

上述各书或为朱元璋亲自撰写,或敕令臣僚集体编纂,但郎瑛未记载版刻情况,今考诸史料,梳理内府刊版情况。

---

① (明)宋濂:《宋濂目录后记》,《元史》卷后,中华书局1976年版,第15册,第4678页。
② (明)郎瑛:《七修类稿》卷三十七,上海书店出版社2009年版,第403—404页。

朱元璋鉴于元末法制松弛的教训，主张以"猛"治国，十分重视立法，早在吴元年（1367）十月，即命左丞相李善长为制定律令的总裁官，十二月律令制成，洪武元年（1368）正月颁行天下。洪武六年（1373）夏，刊《律令宪纲》颁发给各司。同年闰十一月，命刘惟谦以《唐律》为蓝本，克服元朝法例条律冗繁的弊病，详细制定《大明律》，共 12 篇 606 条，洪武七年（1374）刻成，由政府颁行。洪武三十年（1397），明政府进一步修订后，再次版刻颁行全国。明代编刻的《大明律》成为古代社会较为完备的法典，与前代相比，在量刑上大抵罪轻者更为减轻，罪重者更为加重，对明代社会的长期稳定起到了重要的作用。

虽然颁发了《大明律》，明初社会秩序渐趋稳定，朱元璋初步尝到了法令严厉的治理甜头，为此，他更亲自撰写一系列严刑酷法，这便是《御制大诰》（亦称《明大诰》）。全部分为四编，初编刊于洪武十八年（1385）八月，凡 74 条；二编刊于洪武十九年（1386）三月，凡 87 条；三编刊于洪武十九年十二月，凡 74 条。洪武二十年（1387）十二月又刊行《大诰武臣》32 条。四编《大诰》是"研究明初法制和当时社会的政治、经济、军事状况及朱元璋法律思想的珍贵文献。此书所述，多为正史及诸野史、笔记所未载"①。《洪武大诰》的颁行使明代的重典治吏达到了登峰造极的程度，为朱元璋的高度集权统治提供了重要的法律依据。四编大诰皆为黑口，四周双边，每半页 10 行 20 字。国家图书馆、故宫博物院、清华大学图书馆、美国国会图书馆等有藏。

在对天下臣民以严刑酷法进行统治的同时，朱元璋对皇室子弟，尤其是各地藩王的监督也不敢放松，他曾命礼部尚书陶凯、主事张筹等采摘汉、唐以来藩王善恶可为劝戒的，编辑成书。但因陶凯出任湖广行省参政，书未及时编成，遂又诏秦王傅文原吉、翰林编修王僎、国子博士李叔允、助教朱复、秦府录事蒋子杰等续修，并于洪武六年（1373）三月初一日编成，缮写 2 卷，随即刊印，赐名《昭鉴录》，颁赐诸王。同年，朱元璋还命廷臣编纂自己的训言为《祖训录》一书，刊刻后分发诸子。他不仅要求儿子们认真仔细阅读这两部书，而且还要将《祖训录》抄写到王

① 杨一凡：《明大诰的版本》，《法学研究》1984 年第 2 期，第 81 页。

宫正殿内宫东壁墙上。朱元璋认为这样做可以使诸子随时观览自省，做到敬守祖法。洪武二十年（1387），朱元璋又编《纪非录》1卷，内府刻成后，以之颁赐训周、齐、潭、鲁等诸藩王。①

除上述各书外，洪武年间明内府还刻书有《御制文集》《相鉴》《华夷译语》《天文书》《孟子节文》《赐诸番诏敕》等。

《御制文集》5卷，洪武七年（1374）朱元璋撰。《四库全书总目》云："《太祖集》初刻于洪武七年（1374）。"②部分版心下端有字数和刻工姓名。开本较大，印制和装帧较为考究。南开大学图书馆今藏有《御制文集四集》30卷，集录朱元璋所作各类文字，亦包括明初刻本之《御制文集》，但未注明纂辑人姓名，亦未见各家著录。③

《相鉴》20卷，洪武十三年（1380）刊。丞相胡惟庸被公开处死后，朱元璋编撰了一系列皇谕钦训，《相鉴》为其中一种。该书记录了历史上82名"贤相"和26名"奸相"，付梓后，分送臣僚阅读。显然，编刻目的在于震慑官员，维护皇权，加强统治。

《华夷译语》2卷，洪武十五年（1382）刊。明火原洁编。火原洁为明洪武十二年（1379）翰林侍讲，本是元人，在元朝做过官。顾炎武《日知录》记载说："洪武十五年正月丙戌，命编类《华夷译语》。上以前元素无文字号令，但借高昌书制为蒙古字，以通天（下）言语。至是，乃命翰林侍讲火原洁与编修马沙亦黑等以华言译其语，凡天文、地理、人事、物类、服食、器用，靡不具载。复取《元秘史》参考，纽切其字，以谐其声音。既成，诏刻行之。自是，使臣往来朔漠，皆能通达其情。"④

《天文书》4卷，洪武十六年（1383）刊。此书又名《明译天文书》或《回回历》。原为西域默狄纳国王马哈麻（穆罕默德）所作，洪武元年

---

① 关于《纪非录》版刻问题，李致忠称由内府刊刻（李致忠《明代南京的印书》，载张秀民《张秀民印刷史论文集》，印刷工业出版社1988年版，第140—141页）；而张德信称仅见抄本，未见刻本（张德信《太祖皇帝钦录及其发现与研究辑录——兼及〈御制纪非录〉》，载朱诚如、王天有主编《明清论丛》第6辑，紫禁城出版社2005年版，第83页）。揆诸史实，此书仅1卷，且颁赐诸王，理应刊刻。

② （清）永瑢等：《四库全书总目》卷一百六十九，中华书局1965年版，第1464页。

③ 南开大学图书馆编：《南开大学图书馆藏国家珍贵古籍图录》，南开大学出版社2015年版，第233页。

④ （清）顾炎武著，黄汝成集释，栾保群、吕宗力校点：《日知录集释》卷四，上海古籍出版社2014年版，第799页。

（1368），徐达平元大都时收其图籍所得。洪武十五年（1382）九月，明太祖命翰林编修李翀、吴伯宗、灵台郎海达儿、回回大师黑亦沙、马哈麻等翻译西域历法。明年译成，缮写以进，随即付梓。

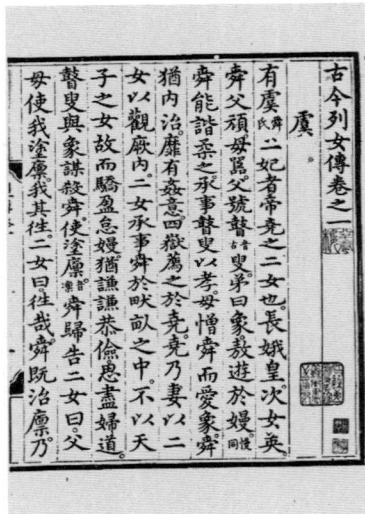

图 4 - 1 - 1 《古今列女传》三卷　明解缙等撰　明内府刻本

《孟子节文》不分卷，约洪武二十七年（1394）刊。朱元璋登基初，对孟子其人十分敬重，给以很高的配祀，但是，不久后读过《孟子》一书，态度随即转变，《明史·钱唐传》载："帝尝览《孟子》，至'草芥''寇仇'语，谓非臣子所宜言，议罢其配享，诏有谏者以大不敬论。唐抗疏入谏曰：'臣得为孟轲死，死有余荣。'时廷臣无不为唐危。帝鉴其诚恳，不之罪。孟子配享亦旋复。然卒命儒臣修《孟子节文》云。"[1]承担删节任务的儒臣为刘三吾。刘三吾经过一番斟酌，删去 85 条，保留 170 多条，于洪武二十七年（1394）十月完成上奏，太祖当即诏命内府刊刻成书，颁示天下。

《赐诸番诏敕》1 卷，朱元璋撰，洪武年间内府初刊，永乐间礼部重刊。永乐二年（1404），明廷将该书连同《古今列女传》1 万本，给赐诸番，其中暹罗（泰国）得到百本之多。

建文帝在位仅 4 年时间，内府刻书情况不详。

明成祖朱棣在南京继位后，对于典籍的刊刻亦十分重视，永乐元年（1403），明成祖命解缙等编《古今列女传》3 卷，上卷收历代后妃，中卷收诸侯大夫之妻，下卷为士庶人之妻。上起传说有虞氏，下至元、明。汉以前多据刘向《列女传》，汉以后取各正史列女传，亦收录明初一些妇女传。当年十二月成书，成祖自作序文，刊印颁行。本书为明初内府刻书中之善本。半页 10 行 18 字，黑口，四周双边。南京图书馆有藏。

---

[1] （清）张廷玉等：《明史》卷一百三十九，中华书局 1974 年版，第 3982 页。

明代南京时期内府是中央政府官府中的核心机构,所刻典籍以明代诸帝所主张的儒家道统之书以及皇帝的诰、训、律、戒、鉴、忠、孝图籍为主,从这个意义来说,内府刻书"实际上成了以出版统治者主导的政治、意识形态书籍为主的'官方出版社'"①,在有明一代对中央及各地官刻书具有重要的指向性作用。

二、经厂刻书

明成祖时期,内府刻书发生了重要变化,刻书之责转由司礼监下辖的经厂担任,版本学上把经厂所刻书统称为"经厂本"。

早在洪武十七年(1384),明内府就已设置司礼监,下设"提督太监一员,掌印太监一员,秉笔太监、随堂太监、书籍名画等库掌司、内书堂掌司、六科郎掌司、典簿无定员。提督掌督理皇城内一应仪礼刑名,及钤束长随、当差、听事各役,关防门禁,催督光禄供应等事。掌印掌理内外章奏及御前勘合。秉笔、随堂掌章奏文书,照阁票批朱。掌司各掌所司。典簿典记奏章及诸出纳号簿"②。司礼监有一项重要的日常工作——负责掌管内廷的古今书籍、名画、册页、手卷以及笔、砚、墨、绢布等物品,而其下属的经厂则是专门刻书机构,专事刻印出版经书,拥有刷印、裱背、刊字等各类工匠千余人。但洪武一朝,经厂主要任务是管理图书,从事刻书之事则要到永乐年间了。张秀民说:"洪、永时所谓'制书',在永乐未迁都前,均在南京宫廷内府刊行,称'内府本'……永乐七年命司礼监刊印《圣学心法》,也称内府本。后来司礼监经厂本之名大著,遂掩内府本之名。"③也就是说,内府刻书由司礼监主持其事乃永乐七年以后,"内府本"之名要早于司礼监"经厂本"。从永乐七年到永乐十九年(1409—1421)迁都北京,前后约12年间,经厂所刻书籍可考知者有15种,列表如下。

---

① 马学良:《明代内府刻书机构探析》,《河北大学学报》(哲学社会科学版)2014年第3期。

② (清)张廷玉等:《明史》卷七十四,中华书局1974年版,第1818—1819页。

③ 张秀民著,韩琦增订:《中国印刷史》,浙江古籍出版社2007年版,第241—242页。又,洪武、永乐父子自撰及命儒臣纂修的书籍,相当于清代的"御制""御纂""御定""钦定"各书,在明代则称为"本朝书",又称为"颁降书"或"国朝颁降官书",均由中央分发给各省府县的儒学诵读和收藏。

明代南京经厂刻书一览表

序号	书名和卷次	作(编)者	刊刻时间	备注
1	《高皇后传》不分卷		永乐十年(1412)	《江苏刻书》称永乐四年(1406)刻,而《四库全书总目》称十年(1412)刻
2	《圣学心法》4卷	(明)朱棣辑	永乐七年(1409)	
3	《金刚般若波罗蜜经集注》1卷	(明)朱棣辑	永乐十一年(1413)	
4	《周易传义大全》24卷	(明)胡广辑	永乐十三年(1415)	
5	《书传大全》10卷《图》1卷《纲领》1卷	(明)胡广撰	永乐十三年(1415)	
6	《诗传大全》20卷《纲领》1卷《图》1卷	(明)胡广辑	永乐十三年(1415)	
7	《诗序辨说》1卷	(宋)朱熹撰	永乐十三年(1415)	
8	《礼记集说大全》30卷	(明)胡广等辑	永乐十三年(1415)	
9	《性理大全》70卷	(明)胡广撰	永乐十三年(1415)	
10	《历代名臣奏议》350卷	(明)黄淮、杨士奇辑	永乐十四年(1416)	
11	《诸佛世尊如来菩萨尊者神僧名经》1卷《感应歌曲》1卷	(明)朱棣编	永乐十五年(1417)	
12	《四书集注大全》36卷	(明)胡广等辑	永乐十五年(1417)	黄绫包背装
13	《神僧传》9卷	(明)朱棣撰	永乐十五年(1417)	
14	《孝顺事实》10卷	(明)朱棣撰	永乐十八年(1420)	黄绫包背装
15	《为善阴骘》10卷	(明)朱棣	永乐十八年(1420)	

关于明代经厂刻书总数,孙文杰说:"明建立之初,宫廷刻书多在南京镂梓,所刊行图书诸如《元史》《回回历法》《大明日历》等。永乐帝朱棣发动'靖难之变'夺取皇位后,在宫中设宦官二十四衙门(内府十二监、四司、八局),其中为首的是司礼监。司礼监下设专门刻书机构——

经厂,以刻印皇帝御撰、御注,或律令等政令典章,或皇帝审定图书,或经、史、子、集四部书为主。据明代《内府经厂书目》记载,著录图书有114种,明刘若愚《酌中志》中《内板经书记略》所著书目达172种,明周宏祖《古今书刻》记载有内府书83种,若将三者对比,经过去重,则明内府出版图书应多于20种。"[1]而上表所列朱棣在南京统治时期经厂刻书之数多达15部,可知明代经厂刻书主要为南京时期。

作为皇家刻书,明代内府(包括经厂)刻书上承五代、两宋国子监刻书和元代兴文署刻书,下启清代内府(武英殿)刻书,是中国古代中央官府刻书链条上的重要一环,也是古籍版本领域极为重要的版本类型之一。由于有皇家在人力和物力上的强有力支撑,南京时期明代内府所刻之书在用纸、装帧、字体和版式行款等各方面质量均属上乘,版式宽大,行格疏朗,大黑口,鱼尾相向,字大如钱,多用赵体字,用上好洁白棉纸,佳墨精印,多作包背装,装帧华美大方。

随着国都搬迁到北京,内府随之北上,明代南京内府(包括经厂)刻书的历史使命已经完成,接下来,经厂刻书主要在北京进行了。

需要说明的是,由于明初南京司礼监经厂是由太监执掌的,而他们的文化水平普遍不高,在刻书过程中,尤其是刊刻专业性极强的典籍时,不可避免地出现了很多讹误,引起后人非议,给以校勘不精的评价。如清人朱彝尊批评明经厂本《广韵》道:"明内库镂版,缘古本笺注多寡不齐,中涓取而删之,略均其字数,颇失作者之旨。"[2]所以,对于经厂本,我们要辩证来看。

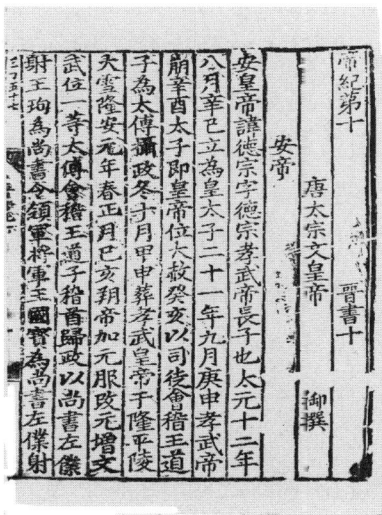

图4-1-2 《晋书》一百三十卷 唐房玄龄等撰 元刻明正德十年(1515)司礼监递修本

---

[1] 孙文杰:《中国图书发行史》,武汉大学出版社2015年版,第246页。

[2] (清)朱彝尊:《曝书亭序跋》,与《潜采堂宋元人集目录》《竹垞行笈书目》合刊本,上海古籍出版社2010年版,第38页。

三、南监刻书

元末至正十六年(1356)三月,朱元璋率部攻下集庆,改其名为应天府。至正二十五年(1365)九月,将原集庆路儒学改建为国子学,并"宜令郡县皆立学校,延师儒,授生徒,讲论圣道,使人日渐月化,以复先王之旧"①。洪武十四年(1381),对南京(洪武元年改应天为南京)国子学进行整顿,新建校舍,明年,国子学改名国子监。洪武二十六年(1393),停办中都国子监,保留南京国子监。明成祖夺取政权之后,决定迁都北京。永乐元年(1403年)又在北京建立了一个国子监。这样,明代就出现了南北两监并存的局面。明代南监(简称南监或南雍)校址在今鸡鸣山之阳,内设五厅(绳愆厅、博士厅、典籍厅、典簿厅、掌馔厅)、六堂(率性堂、修道堂、诚心堂、正义堂、崇志堂、广业堂),号房二千余间。置祭酒、司业、监丞、博士、助教等学官分掌教事,学生最多时近万人,其中有众多远道而来的高丽、日本、琉球、暹罗等来华学生。

明代南监的主要作用在为国家培养可用人才,同时也对文化建设事业作出贡献,从事典籍的保管和整理,并刊刻了大量的图书。关于明代南监刻书,明人黄佐《南雍志》、近人柳诒徵《南监史谈》、今人张秀民《明代南京的印书》和曹之《中国古籍版本学》等所论甚详,今综合各家之说,梳理明代南监刻书过程和成就。

明初南监刻书,主要依赖所收集的前朝旧版片,修补之后即可印行。洪武十五年(1382)十一月,太祖命礼部修补国子监旧藏书板,谕旨云:"古先圣贤,立言以教后世,所存者书而已。朕每观书,自觉有益,尝以谕徐达,达亦好学,亲儒生,囊书自随。盖读书穷理于日用事物之间,自然见得道理分明,所行不至差谬,书之所以有益于人也如此。今国子监所藏旧书板多残缺,其令诸儒考补,命工部督匠修治之,庶有资于学者。"②永乐二年(1404)三月,明成祖也曾命工部修补国子监经籍版。但是,由于种种原因,以上两次补版收

114

---

① (清)张廷玉等:《明史》卷六十九,中华书局1974年版,第1126页。
② (明)黄佐:《南雍志》卷一《事纪一》,《续修四库全书》第749册,上海古籍出版社2002年版,第84页。

效甚微,加上管理不善,书版大量丢失,严重影响典籍的刊印。① 正统六年(1441)四月,祭酒陈敬宗言于朝:"《文献通考》等书乃朝廷备用书籍,今既捐阙,宜令礼部委官盘点见数,转行工部委官带匠计料修补。上皆从之。"②说明明朝各代帝王对于南监保存版片一事十分关心。成化初年,巡视京畿、南京、河南诸道御史董纶"以赃犯赎金送充修补之费,《文献通考》补完者几二千页焉"③。成化十八年(1482),修补《新唐书》。弘治四年(1491),南监再次搜罗各地版片,祭酒谢铎奏称:"本监所有书板,虽旧,多藏贮,而散在天下者,未免有遗。虽旋加修补,而切于日用者犹或未备,乞敕各布政司将所有如《程朱大全集》与《宋史》等书,尽行起送到监,而改东西书库屋为楼,上以为庋置之所,下以为印造之局,则不致污坏散漫,而教化之助,亦永有赖矣。"④嘉靖七年(1528),锦衣卫闲住千户沈麟"奏请校勘史书,礼部议以祭酒张邦奇、司业江汝璧博学有闻,才猷亦裕,行文逐一考对,修补以备传布"⑤。嘉靖八年至十年(1529—1531),南雍先后修补《新唐书》《晋书》《宋书》《南史》《北史》《元史》等。嘉靖三十五年至三十六年(1556—1557),修补《宋史》。嘉靖三十七年(1558),修补《晋书》。万历五年至二十四年(1577—1596),先后修补的史书有《梁书》《新唐书》《新五代史》《汉书》《晋书》《陈书》《周书》《南齐书》《北齐书》《南史》《北史》《宋书》《隋书》《魏书》《史记》。天启二年(1622)秋,祭酒黄儒炳与司业叶灿继正其讹谬,修其残蚀,此次所修补的有《后汉书》《元史》《辽史》《金史》《宋史》等。

以嘉靖间南监印行的二十一史为例,其版片系统有宋刻元明递修

---

① 黄佐《梓刻本末》说:"洪武、永乐时,两经钦依修补,然板既丛乱,每为刷印匠窃去刻他书以取利,故旋补旋亡。至成化初,祭酒王玙会计诸亡书数,已逾两万篇。"见明黄佐《南雍志》卷十八《经籍考》,《续修四库全书》第749册,上海古籍出版社2002年版,第421页。

② (明)黄佐:《南雍志》卷三《事纪三》,《续修四库全书》第749册,上海古籍出版社2002年版,第133页。

③ (明)黄佐:《南雍志》卷十八《经籍考》,《续修四库全书》第749册,上海古籍出版社2002年版,第421页。

④ (明)黄佐:《南雍志》卷四《事纪四》,《续修四库全书》第749册,上海古籍出版社2002年版,第164—165页。

⑤ (明)黄佐:《南雍志》卷十八《经籍考》,《续修四库全书》第749册,上海古籍出版社2002年版,第421页。

本、元刻明修本和明新刻本组成。正因如此,柳诒徵在《南监史谈》中说:"明南京国子监二十一史,世称为南监本。其中故有宋版者七,元版者十,惟《辽》《金》二史翻刻元版,《宋》《元》二史为明版……故南监二十一史,实合江南、四川、广东、北平各地版本。"①今人李明杰根据史料,将嘉靖间南监刻二十一史版本系统以表格形式整理如下。

南监嘉靖间刻印《二十一史》的版本系统②

序号	书名	刻书年代及刻(修)者	版片存佚情况
1	《史记》130 卷(大字本)	明嘉靖七年南监刊	完计 2235 面
2	《史记》70 卷(中字本)	元大德间饶州路儒学刊(明修)	1600 面,欠 219 面
3	《史记》70 卷(小字本)		存 1160 面
4	《汉书》100 卷	明嘉靖七年南监刊	完计 2775 面
		元大德九年太平路儒学刊(明修)	完计 2775 面
5	《后汉书》120 卷	明嘉靖九年南监刊	完计 2477 面
		元大德九年宁国路儒学刊	完计 2366 面
6	《三国志》65 卷	南宋衢州刊元明初递修池州路儒学刊	1392 面,欠 6 面
		元大德十年集庆路儒学梓(明修)	计 1296 面
7	《晋书》130 卷	元集庆路儒学江浙刊十行二十字本	3152 面,失 13 面
8	《宋书》100 卷	南宋绍兴间眉山刊本(元明递修)	2714 面,欠 2 面
9	《南齐书》59 卷	南宋绍兴间眉山刊本(元明递修)	1058 面,欠 3 面
10	《梁书》56 卷	南宋绍兴间眉山刊本(元明递修)	967 面,欠 3 面
11	《陈书》36 卷	南宋绍兴间眉山刊本(元明递修)	548 面,欠 8 面
12	《魏书》124 卷	南宋绍兴间眉山刊本(元明递修)	3382 面,欠 3 面

---

① 柳诒徵:《南监史谈》,柳曾符、柳定生选编《柳诒徵史学论文集》,上海古籍出版社 1991 年版,第 181—206 页。
② 李明杰:《明代国子监刻书考略(上)——补版及新刻图书、底本及校勘问题》,《大学图书馆学报》 2009 年第 3 期。

序号	书名	刻书年代及刻(修)者	版片存佚情况
13	《北齐书》50 卷	南宋绍兴间眉山刊本(元明递修)	704 面,欠 2 面
14	《后周书》50 卷	南宋绍兴间眉山刊本(元明递修)	872 面,欠 5 面
15	《隋书》85 卷	元大德间饶州路儒学刊(明初修)	1694 面,欠 37 面
16	《南史》80 卷	元大德间广德路儒学刊(明初修)	1643 面,欠 130 面
17	《北史》100 卷	元大德间信州路儒学刊(明初修)	2676 面,欠 45 面
18	《唐书》225 卷	元大德九年建康路儒学刊(明初修)	4796 面,欠 85 面
19	《五代史》75 卷	元大德间九路儒学刊(明修)	763 面
20	《宋史》491 卷	明成化十六年巡抚两广都御史朱英刻于广州,嘉靖八年送监	好板 7704 面,裂破模糊板 2043 面,失者 127 面
21	《辽史》115 卷	明嘉靖七年南监刊(取吴下本为底本)	1035 面,欠 3 面
22	《金史》135 卷	明嘉靖七年南监刊(取吴下本为底本)	2398 面
23	《元史》202 卷	明洪武三年序刊	4475 面

从上表可知,几乎所有的二十一史版片都是南监修补前代所遗而来。史书之外,南监还对经书版片也进行了修补。明初南监所藏《十三经注疏》皆为宋元旧版,至正德后递有修补之页,"其初本缺《仪礼》,以杨复《仪礼图》补之,亦宋、元旧板。嘉靖五年(1526),陈凤梧刻《仪礼注疏》于山东,以板送监"①。

在利用前代旧版刻书的同时,南监还鸠工造作,自刻版片,刷印图书。以正史为例,南监就曾多次新镌。洪武三年(1370),南监新刻《元史》,雕造版片 4475 面。弘治五年(1492),礼部尚书兼文渊阁大学士丘濬奏表称:"敕两京内外守备大臣,合同南京司礼监、礼部翰林院官,查盘永乐中原留南京内府书籍有无多寡全欠,具数奏知,量为起取存留,

① 莫友芝撰,傅增湘订补:《藏园订补郘亭知见传本书目》卷一,中华书局 1993 年版,第 2 页。

分派誊补。其止有一本无副余者,将本书发下国子监,敕祭酒司业行取监生抄录,字不必工,惟取端楷,录毕散各堂教官校对,不许差错。每卷末识以誊写监生、校对教官衔名。其师生只照常例俸廪,别无支给,挨次差拨如常。合用刊字、折背、刷印匠作及纸笔之费,行合于衡门量为拨办,不限年月。书成装订,陆续付两监典籍掌管。如此则一书而有数本,藏贮而又有异所,永无疏失之虞矣。"[1]嘉靖七年至十四年(1528—1535),南监重刻《史记》《汉书》《后汉书》《辽史》《金史》;嘉靖八至十年(1529—1531),补版《陈书》《新唐书》,以后又陆续补版《晋书》《宋史》《元史》等。万历二年至二十四年(1574—1596),新刻正史有《史记》《三国志》《宋书》《南齐书》《梁书》《陈书》《魏书》《北齐书》《周书》《南史》《北史》《五代史》等 12 史,其余各书则随时补刻。需要说明的是,南监补刊正史中,有近百名监中学生参与写字、校对和刻字工作,亦有家境富裕之监生出资助刊,后人称"学生实际参加书籍生产,是宋代、清代的国子监所没有的"[2]。

正史外,南监还刻印大量的经书、子书、诗文集、杂书、韵书等。周弘祖《古今书刻》对南京国子监所刻书进行过统计,包括:

《孝经集解》《孝经明解》《孝经注疏》《玄宗孝经》《鲁斋孝经》《范氏孝经》《大学疏义》《大学明解》《大学丛说》《大学白文》《鲁斋大学》《中庸白文》《中庸丛说》《论语白文》《论语注疏》《论语旁通》《论语考证》《孟子白文》《孟子节文》《文公四书》《小学注疏》《小学训疏》《周易注疏》《周易本说》《周易本义》《周易音训》《复斋易说》《尚书释文》《尚书注疏》《尚书表注》《尚书会选》《周易程传》《周易启蒙》《诗传注疏》《诗经集传》《春秋辩疑》《春秋纲领》《春秋公羊传》《穀梁传》《春秋诸国统纪》《春秋本义》《春秋正文》《左氏注疏》《春秋或问》《左氏集解》《息斋春秋》《仪礼经传》《仪礼注疏》《仪礼》《礼书》《乐书》《周礼句解》《周礼集说》《书经补遗》《小学白文》。以上经书。

《颜子》《曾子》《列子》《老子》《孙子》《武经七书》《太玄经》《温公太

① (明)丘濬:《重编琼台集》卷七《请访求遗书奏》,《景印文渊阁四库全书》第 1248 册,台湾商务印书馆 1986 年版,第 145—146 页。
② 张秀民:《张秀民印刷史论文集》,印刷工业出版社 1988 年版,第 145 页。

玄注《太玄索隐》《扬子法言》《文中子注》《说苑》《太极图说》《周子书》《朱子三书》《诸儒鸣道》《朱子大全》《程氏遗书》《朱子语略》《近思录》。以上子书。

《史记》《前汉书》《后汉书》《两汉会要》《两汉诏令》《蜀本末》《诸葛武侯传》《三国志》《晋书》《南史》《宋书》《南齐书》《梁书》《陈书》《北史》《魏书》《北齐书》《周书》《隋书》《唐书》《贞观政要》《五代史》《南唐书》《吴越春秋》《子由古史》《吕氏春秋》《资治通鉴》《通鉴纲目》《通鉴音释》《通鉴问疑》《通鉴纪事本末》《通鉴外纪》《通鉴释文》《宋史》《通鉴前编》《元史》《辽史》《金史》《宋辽金统论》《通鉴考异》《史略》《读史管见》《历代帝王统论》《百将传》《将鉴论断》《诸史会编》《宋名臣奏议》《通志略》。以上史书。

《雅颂正书》《诗谱》《诗序注》《陈先生诗集》《桧庭诗稿》《选诗演义》《乐府诗集》《六朝乐府》《文则》《文法》《文选》《欧文》《晦庵文集》《文章正宗》《续文章正宗》《宋文鉴》《国朝文类》《朱子行状》《淮阳献武王诗》《会稽三赋》《逃虚子集》《南唐蒲先生丛稿》《鸣秋后集》《文章辩体》《皇明文衡》《曾文质公集》《白沙诗集》《唐音》《古今会编》《罗圭峰文集》《甘泉文集》《元文类》《怀麓堂稿》《戴石屏诗集》《阳明文录》《古廉诗集》《圭峰续集》。以上诗文集。

《玉海》《文献通考》《天文志》《大事记通释》《博古图》《尔雅》《尔雅注疏》《五礼新仪》《礼编》《文公家礼》《家礼仪节》《乡饮酒礼图》《祭礼从宜》《了斋年谱》《河防通议》《金陀粹编》《释文三注》《新序》《玄教》《寿亲养老书》《金陀续编》《困学纪闻》《读书丛说》《东莱读书记》《读书法言》《读书工程》《礼部韵》《玉篇》《广韵》《韵府群玉》《书学正韵》《真西山读书记》《毛晃韵》《存古正学》《庙堂忠告》《牧民忠告》《风宪忠告》《宪台记》《南台备记》《国语》《谕俗编》《断狱律文》《唐刑统》《刑统赋》《梦叶录》《洗冤录》《厚德志》《许氏说文》《白虎通》《论衡》《营造法式》《算法》《农桑衣食》《农桑撮要》《栽桑图》《篆书礼》《六书统》《洪武正韵》《六书正讹》《百忍箴》《东莱法源》《黄氏日抄》《草木子》《杜氏通典》《西汉诏令》《皇明政要》《脉诀刊误》《草韵》《平宋志》《昭潭志》《金陵旧志》《金陵新志图》《集庆志》《象台志》《容州志》《龙川乡饮志》《柳州志》《宾阳

志》《苍梧志》《景定建康志》《建武志》《长安志》《斠鄂志》《瑞阳志》《桂林志》《临川志》《玉融志》《救荒活民书》《风俗通》《古文苑》《大观本草》。以上杂书。

《大明令》《大明律》《大诰三篇》《存心录》《永鉴录》《孝慈录》《劝善书》《洪武礼制》《大明官制》《五伦书》《资世通训》《古今列女传》《水马驿程》。以上本朝书。

《四箴字体》《千文》《虞世南百家姓》《鲜于真草千文》《赵孟𬱖千文》《九成宫帖》《率更千文》《小子帖》《草韵》。以上法帖。①

周弘祖所载共 273 种，涵盖四部，但这个数字不是南监刻书全部，今人李明杰根据各种史料，统计南监新刻书中，制书 29 种，经书 107 种，史书 59 种，子书 41 种，诗文集 56 种，类书和政书 5 种，韵书 13 种，杂书 133 种。② 总计 443 种，与古代任何一家官刻机构相比，这个数目都是可观的。

叶德辉对南监刻书给予很高的评价，说："明代官刻书，推南、北京监本为最盛。"③两监相较，南监刻书质量更胜一筹，在有明一代堪称精品，这与其谨严的校勘工作分不开的。南监刻书的校勘工作一般由祭酒、司业担纲领衔，其他监官如监丞、博士、助教，以及学正、学录、典簿、典籍也参与校对，甚至监生也有保管版片、印行书籍、随时校订刊补之责。

明代南监刻书之所以能够取得如此高的成就，究其原因约在如下几方面。

一是多方筹措经费，保障刻书进行。虽然南监刻书属于官方行为，但是刻书经费并不富裕，"与同是明官刻代表之一，并有着充足刻书经费、庞大刻书机构的司礼监相比，南监刻书没有专门的机构给予定额经费，而是临时多方筹措"④。其一，史书中有多处记载，礼部和工部直接承担南监书板的刻补以及书籍的刷印。如洪武十五年(1382)太祖"命

---

① （明）周弘祖：《古今书刻》，与高儒等著《百川书志》合刊本，古典文学出版社 1957 年版，第 327—332 页。
② 李明杰：《明代国子监刻书考略（上）——补版及新刻图书、底本及校勘问题》，《大学图书馆学报》2009 年第 3 期。
③ 叶德辉：《书林清话》卷五，广陵书社 2007 年版，第 84 页。
④ 杨军：《明代南京国子监刻书经费来源探析》，《图书馆杂志》2006 年第 7 期。

礼部颁刘向《说苑》《新序》于学官,寻又命修国子监藏书旧板"①。其二,募集地方官署赎援。明代有犯人用钱财代替和抵消刑罚的制度,政府颁行赎例规定刑罚纳赎的具体折算办法,所收纳的赎金以备地方公用,其中也有用于南监刻补书籍的。明何良俊说:"南京道中,每年有印差道长五人,例有赃罚银数千。丁巳年,屠石屋、叶淮源管印差,要将赃罚银送国子监刻书,因见访及。尔时朱文石为国子司业,余与赵大周先生极力怂恿,劝其刻《十三经注疏》。此书监中虽有旧刻,然残阙已多,其存者亦皆模糊不可读。福州新刻本复多讹舛,失今不刻,恐后遂至漫灭,所关亦为不小,诸公皆以为是,大周托念校勘。余先将《周易》校毕,方校《诗》《书》二经,适文石解官去,祭酒意见不同,将此项银作修《二十一史》板费去,其事遂寝。"②其三,官员捐俸。明代官员的俸禄不高,但还是有人为刻书而捐资,《南雍志》说:"景泰二年(1451),因国子监司业赵琬言:内外诸学生徒合令兼习兵书,劄至南监,搜求旧板,已失其半,本监祭酒吴节因与应天府尹马谅、府丞陈宜谋撙俸资,命工重刻。"③其四,变卖庵寺银。如嘉靖七年(1528)"锦衣卫闲住千户沈麟奏准校勘史书,礼部议以祭酒张邦奇、司业江汝璧博学有闻,才猷亦裕,行文使逐一考对,修补以备传,于顺天府收贮。变卖庵寺银,取七百两发本监(指南监),将原板刊补。其广东布政司原刻《宋史》,差人取付该监,一体校补;《辽》《金》二史原无刻板者,购求善本翻刻,以成全史。完日通印进呈,以验劳绩"④。

二是南监藏有大量典籍,不仅为刻书提供了底本,而且也为校勘提供了佐证。史料记载南监国子监正堂和支堂均有藏书,其前身为集庆路儒学,曾有"宋御书石经本,且多诸家奇书,卷帙以数千计,经兵火后,元人收购亦略全备,及改为国子学而元书皆不存,今本监(指南监)所藏,乃我累朝所颁及递年所积之书也……(嘉靖以后)六堂所贮,则近年

① 黄炳儒:《续南雍志》卷十七《经籍考》,台北伟文出版公司 1971 年版。
② (明)何良俊:《四友斋丛说》卷三,中华书局 1959 年版,第 23 页。
③ (明)黄佐:《南雍志》卷十八《经籍考下》,《续修四库全书》第 749 册,上海古籍出版社 2002 年版,第 434 页。
④ (明)黄佐:《南雍志》卷十八《经籍考下》,《续修四库全书》第 749 册,上海古籍出版社 2002 年版,第 421 页。

请于工部新印二十一史而已"①，总计 147 部 3780 本。

　　三是南监拥有雄厚的学术力量，保证图书刊刻过程中的选书、选板、补版、校勘等工作。古代刻书要保证图书的质量，仅有刻工是远远不够的，而需要渊博的学者参与校勘才能够做到。有明一代，作为全国最高学府的南监，人才荟萃，祭酒、司业等官员在从事教育的同时，更愿意为刻书效力。材料表明，从祭酒到监生，南监中的各类人员无不参与刻书。如上所述，万历十年(1582)参与刊刻《晋书》的人有祭酒、司业、监丞、博士、助教、学正、学录、典籍等大小官员。就分工来看，祭酒和司业主要担任校勘的任务，张邦奇、余有丁、周子义、赵用贤、冯梦祯等人，为校勘《二十一史》作出了重要贡献。不少监生承担写刻的任务，如成化十八年(1482)修补《新唐书》时，由监生汪鉴缮写；嘉靖三十五年(1556)至三十六年(1557)修补《宋史》时，监生刘梦雷、夏愈等亲自握刀向木。当然，也有不少监生参与了校勘工作，如万历二十四年(1596)监生刘世教等就曾参校《三国志》。柳诒徵指出："南监诸史，悉出师生之手。不独写样校样循形数墨，且躬亲剖厥之役，有近世工读之精神，或且可谓为当时一种职业教育。"②

四、其他中央官府刻书

　　明代南京中央官府除了内府、司礼监经厂和南监，还有其他一些中央部、院、馆阁从事过刻书者，主要发生在明初。今综合各史料，统计各中央官府刻书如下。

明代南京其他中央官府刻书统计表

序号	书名和卷数	作(编)者	刊刻单位	刊刻年代	备注
1	《皇明祖训》1卷	(明)朱元璋	礼部		黄绫包背装

---

① (明)黄佐：《南雍志》卷十七《经籍考上》，《续修四库全书》第 749 册，上海古籍出版社 2002 年版，第 416 页。

② 柳诒徵：《南监史谈》，柳诒徵著《柳诒徵文集》第 10 卷，商务印书馆 2018 年版，第 375 页。

序号	书名和卷数	作(编)者	刊刻单位	刊刻年代	备注
2	《洪武礼制》1卷	礼部编	礼部		黄绫包背装
3	《赐诸番诏敕》1卷	(明)朱元璋	礼部	永乐二年(1404)	内府初刊,此为重刊
4	《永乐十三年会试录》1卷	礼部编	礼部	永乐十三年(1415)	嘉靖十一年(1532)礼部重刊
5	《祖训录》1卷	(明)朱元璋撰	礼部	洪武六年(1373)	洪武二十八年(1395)重订,更名《皇明祖训》
6	《书传会选》	(明)刘三吾等撰	礼部	洪武二十八年(1395)	朱元璋赐书名
7	《五经四书大全》		礼部	永乐十三年(1415)	
8	《性理大全》70卷	(明)胡广等	礼部	永乐十三年(1415)	
9	《明伦大典》24卷	(明)杨一清、熊浃纂修	礼部	嘉靖七年(1528)后	《明世宗实录》卷八十九:"嘉靖七年(1528)六月辛丑朔,《明伦大典》书成进呈,上亲制序文,命宣付史馆,刊布天下。"
10	《医方选要》10卷	(明)周文采	礼部	嘉靖二十三年(1544)	成书于弘治八年(1495)
11	《补要袖珍小儿方论》10卷①	(明)徐永宣 撰、(明)庄应祺补要	礼部	万历二年(1574)	庄应祺以钱宏《袖珍小儿方》刻本为主,补以《痘疹方论》《博爱心鉴》,集成《补要袖珍小儿方论》
12	《小儿痘疹方论》2卷	(明)徐永宣撰、(明)庄应祺补要	礼部	万历二年(1574)	

---

① 《江苏刻书》称书名为"《补要袖珍小儿方别论》",应误。见江澄波等:《江苏刻书》,江苏人民出版社1993年版,第58页。

序号	书名和卷数	作(编)者	刊刻单位	刊刻年代	备注
13	《皇明宝训》40卷①	(明)陈治本编	礼部	万历三十年(1602)	同年秣陵周氏大有堂亦有刻本
14	《大明永乐十五年岁次丁酉大统历》1卷	钦天监编	钦天监	永乐十五年(1417)	封面印"大明□□年大统历"字样。书后并刻有监正、监副、治理历法官员姓名,以示官印
15	《吏部职掌》不分卷	(明)方九功撰	吏部	万历二年(1574)	共12册,前有张瀚序
16	《昭代武功编》10卷	(明)范景文撰	兵部	崇祯十一年(1638)	范氏任南京兵部尚书时撰,记明代洪武至万历年间的军事活动
17	《唐策》10卷	(明)冯琦著②	都察院	崇祯五年(1632)	
18	《广舆图》2卷	(明)罗洪先、(元)朱思本撰③	十三道	嘉靖三十七年(1558)	明代本书多次刊印,初版为嘉靖三十四年(1555),此为第二版
19	《皇明马政记》12卷	(明)杨时乔撰	太常寺	万历二十四年(1596)	一名《皇朝马政记》,略称《马政记》。综述明初至万历二十三年(1595)的马政
20	《南京尚宝司志》20卷	(明)潘焕宿撰	尚宝司	明天启三年(1623)	南京尚宝司卿傅宗皋请潘焕宿代为编写而成④
21	《金陵梵刹志》52卷	(明)葛寅亮撰	僧录司	万历三十五年(1607)	天启七年(1627)葛寅亮补刻序文,并用原版重印

---

① 《江苏刻书》称书名为"《明宝训》"。见江澄波等:《江苏刻书》,江苏人民出版社1993年版,第58页。
② 山东省临朐县冶源镇志编纂委员会编:《冶源镇志》,方志出版社2016年版,第246页。冯琦(1558—1603),字用韫,号琢庵。山东青州府临朐县,万历时官至礼部尚书。
③ 江澄波等称作者"元朱思本",卷数为1卷,应误。见江澄波等:《江苏刻书》,江苏人民出版社1993年版,第58页。《广舆图》为明代罗洪先据元朱思本《舆地图》增改而成。因朱图长广七尺,不便舒卷,便把大幅的地图据画方分绘成小幅,刊印成册。除总图外,有16幅分省图。另有16幅边区图,3幅黄河图、3幅大运河图、2幅海路图,4幅关于朝鲜、安南、蒙古和中亚的地图,都是罗氏增广的。
④ 关于《南京尚宝司志》刊刻年代和成书经过,可参考吴璐:《孤本〈南京尚宝司志〉考述》,《新世纪图书馆》2013年第1期。

序号	书名和卷数	作(编)者	刊刻单位	刊刻年代	备注
22	《大明律疏义》31卷	(明)张楷著	承恩寺对住史	成化七年(1471)	张楷原书名《律条疏义》30卷,成化三年(1467)王迪刊。本书为南京承恩寺对住史氏(名不详)据成化三年(1467)本重刊①
23	《醒贪录》2卷		户部	洪武二十五年(1392)	"洪武二十五年八月,命户部臣将内外月给俸米之数,以米计其月谷之数。又计其田亩米谷之数,与其用力多寡为书。颁赐中外,使知恤民。一名《醒贪简要录》"②
24	《教民榜文》1卷		户部	洪武三十一年(1398)	
25	《务农技艺》《商贾书》1卷	(元)熊鼎、朱梦炎	户部	至正二十六年(1366)③	朱元璋称:"民间商贾子弟,亦多不知读书,宜所以当务者,直词解说,作《务农技艺》《商贾书》,使之通知大义,可以化民成俗。"(《明太祖实录》卷二一)
26	《行移繁减体式》1卷		户部	洪武中(1368—1398)	"洪武中,以元季官府文移纷冗,诏廷臣减繁,若为定式。"(《明史》卷九十七)④

　　明代南京中央官府刻书在古代刻书史上具有重要地位,前期刻书体现出中央政府对图书出版事业的重视,代表当时国家刻书的最高水平,是文化繁荣的集中体现;后期随着皇室北迁,留守六部和国子监所刻典籍,是中央政府文化事业的重要组成部分。明代南京中央官府刻书时间跨越整个朝代,涉及多个机构,动用各方面人力,不惜投入巨大

① 张伟仁主编:《中国法制史书目》第1册,台北"中央研究院"历史语言研究所1976年版,第15页。
② (清)黄虞稷撰,瞿凤起、潘景郑整理:《千顷堂书目》卷十一,上海古籍出版社2001年版,第312页。
③ 中华文化通志编委会编:《历代文化沿革·明代文化志》,上海人民出版社2010年版,第398页。
④ 上述四书刊刻情况,参阅李致中《明代南京的印书》,载张秀民《张秀民印刷史论文集》,印刷工业出版社1988年版,第141页。

的财力物力,所刻典籍以切于实用、维护统治为目的。

第一,刊刻大量的礼制和法制典籍。如内府所刻《大明律》《御制大诰》《御制大诰续编》《御制大诰三编》《大诰武臣》等,这类典籍具有最高法律效力,对刚刚从战争中建立起来、亟须整顿社会秩序,建构国家威权的明朝统治者来说,具有重要的法制依据。事实也证明,正是一系列律法制度的刊刻,明初社会很快趋于安定,国家从乱世转为治世。

第二,明太祖朱元璋虽然出身草根,但他从小即怀有强烈的读书之志,在反元斗争中,主动寻求机会结交儒士,学习文化。出于国家稳定和巩固统治的需要,在吸取汉、宋等王朝开国以后经历相当长时期的思想酝酿阶段才确立其政治统治思想的教训后,朱元璋在明朝建立之初便确立理学作为明王朝的统治思想。成祖即位后,亦继续不遗余力地表彰程朱理学,提倡"家孔孟而户程朱"①,因此,理学典籍如《五经大全》《四书大全》和《性理大全书》等,成为明朝南京中央官府刻书重要的内容之一。

第三,明初统治者十分重视总结历史经验和教训,因而大量刊刻各类史书。南京国子监所刻二十一史最为著名。早在明初,新编《元史》已经付梓,而到了嘉靖初年,国子监祭酒张邦奇等请校刻正史,于是将国子监所藏十七史旧板考对校补,又取广东所藏《宋史》板付印,并购求辽金二史善本进行翻刻,再补刊《元史》,至嘉靖十一年(1532)七月完成。二十一史之外,南监还刊刻多部重要史书,朝廷以之颁赐皇室人员、各地藩王、文武朝臣和各地官学,要求他们认真阅读,以史为鉴,从历史中汲取治国经验与教训。

第四,明代南京中央官府所刻书中,还有一部分是为满足宫廷内部人员的阅读需要而刊刻的。这类典籍与生活用度密切相关,涉及后宫闺范、日常礼仪、各种医药和宗教内容等,极大满足了宫廷人员的日常生活和文化生活需要。

---

① (明)胡广:《进五经四书性理大全表》,(明)程敏政编《明文衡》卷五,吉林人民出版社 1998 年版,第 62 页。

第二节　应天府刻书

元至正十六年(1356),朱元璋带兵分三路攻破集庆路(今南京),改名应天府,明朝前期以之为首都,永乐时期迁都顺天府,应天府作为留都。明时,应天府下辖上元、江宁、句容、溧阳、溧水、高淳、江浦、六合八县。因为早期为首都,后期为陪都的关系,明代应天府文化事业极为繁荣,刻书事业不断发展,呈现出坊肆林立的繁荣景象。

一、官府刻书

洪武元年(1368),朱元璋在应天府即皇帝位,次年开始兴建整个应天府新城,经四年完成。洪武八年改建宫殿,洪武十年造成,制度如旧。洪武十一年正月改南京为京师,正式以南京为国都。应天府城就是现在的南京城。应天府署设在城内南部中心内桥西南,江宁县署设在聚宝门内镇淮桥西北,上元县署设在城中中正街以西。① 各官府刻书主要为地方志和乡试录。

应天府署刻 8 种。正德十二年(1517)刻《文公家礼仪节》8 卷、嘉靖十年(1531)刻《嘉靖十年应天府乡试录》不分卷、嘉靖十三年(1534)刻《南畿志》64 卷、嘉靖二十八年(1549)刻《嘉靖二十八年应天府乡试录》不分卷、嘉靖三十四年(1555)刻《嘉靖三十四年应天府乡试录》不分卷、万历五年(1577)刻《应天府志》32 卷、万历三十七(1609)年刻《新刊九我李太史校正大方性理全书》70 卷、崇祯十四年(1641)刻《崇祯十四年应天府乡试录》不分卷。在所有刻书中,《文公家礼仪节》影响最大,该书为南宋大理学家朱熹所撰。原稿本在草成后未及付梓即被窃去,朱子易箦时,原稿本的誊录本始出。门人后学据原稿本分别刊刻广州本、余杭本、临漳本、潮州本、萍乡本等(均佚)。传世刊本有不分卷本、4 卷本、5 卷本、8 卷本、10 卷本等。明人丘濬在《家礼》5 卷本系统上,增注《仪节》,成为 8 卷本。该本最早于成化间(1465—1487)刊行。半页 8

---

① 参考杨宽《中国古代都城制度史研究》,上海人民出版社 2016 年版,第 554 页。

行,行 16 字,版心黑口,四周双边。有成化甲午(1474)丘濬序,次引用书目,次朱子序。卷中有刊记称:"《家礼仪节》初刻于广城,多误字,后至京师,重校改正,然未有句读也。窃恐穷乡下邑初学之士卒遇有事其或读之不能以句,乃命学者正其句读。适福建金宪古冈余君谅及事来朝,谓此书于世有益,持归付建阳书肆,俾其翻刻以广其传云。成化庚子秋八月吉日谨识。"①可知此书初刊于广州,再刻于京师。正德十二年(1517)应天府刻本今浙江图书馆有藏。此外,还有明弘治三年(1490)顺德知县吴廷举刻本、正德十二年(1517)直隶太平府刻本、正德十三年(1518)常州府重刊本、嘉靖元年至五年间(1522—1526)广西刊本等,可知在当时流行之盛况。②

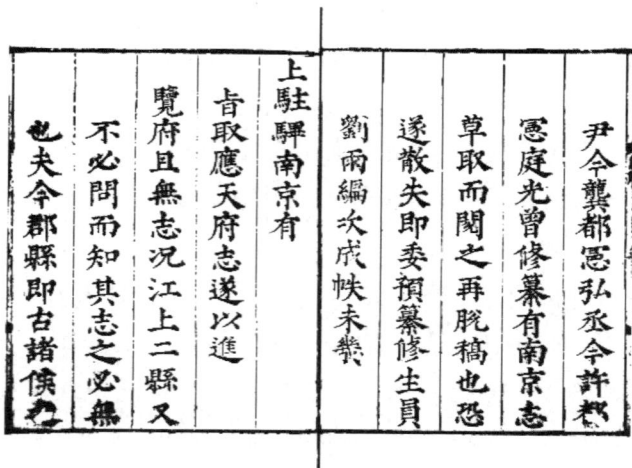

图 4 - 2 - 1 《正德江宁县志》十卷 明王诰修 刘雨纂 明正德十六年(1521)江宁县署刻本

江宁县署刻 2 种。正德十六年(1521)刊《江宁县志》10 卷,明王诰修,刘雨纂;万历二十六年(1598)刊《江宁县志》10 卷,明周诗修,李登纂。其中,前一种为江宁历史上第一部县志,文献价值尤高。早在西晋时期,"江宁"就已经作为县名出现,并一直沿用下来,但遗憾的是,从西晋到明代中期一千多年间,江宁县一直没有一部单独的县志,故正德间新任知县王诰十分感慨:"县必有学以育邑子弟,必有养济院以恤邑无

① 傅增湘:《藏园群书经眼录》卷一,中华书局 1983 年版,第 63 页。
② 参考彭卫民《朱熹〈家礼〉刊本考》,《济南大学学报》(社科版)2017 年第 4 期。

告之民,必有志以验天时、明地利、著人文、表贤材、考民力、察吏治、垂劝鉴,而江宁为赤县,袤然首天下,是三者俱无,其何以为县哉?"[1]有鉴于此,王诰将编修县志作为其任上的一件大事。他找到当时的应天府学生刘雨,编纂了江宁历史上第一部县志,后来又由应天府学生管景等对内容进行了增修,于正德十六年(1521)刊印出版。

上元县署刻 1 种。万历二十一年(1593)刊《上元县志》12 卷,明程三省修,李登纂。明代的上元县辖境与今南京市不同,大致为今南京主城区,包括鼓楼、秦淮、玄武、建邺区全部及江宁、六合的一部分,基本以外秦淮河及长江为界,与江宁县并立。史载明代最早的上元县志乃正德十六年(1521)白思齐修、管景纂的《正德上元县志》,惜亡佚。该本为现存唯一之明代上元县方志,史料价值尤为可贵。万历间,云南人程三省来任上元县令,之前在江西南丰县令任上已经主持纂修《南丰县志》,他深知方志的实用性和价值,故下车伊始便询问上元县志纂修情况,得知自嘉靖以来阙焉无载后,便嘱托邑人李登从事之。纂修工作始于万历十七年(1589),万历二十一年(1593)终于完成,此志编纂"要而不繁,详略得当,体例规整"[2],当地状元焦竑欣然为之撰序。遗憾的是,志书修好后,程三省升为户部云南清吏司主事,未能主持刊刻事宜,由继任者孙廉明用修志剩余的资金刊刻而成。

六合县署刻 2 种。嘉靖三十二年(1553)刊《六合县志》8 卷,明董邦政修,黄绍文纂;万历四十三年(1615)刊《六合县志》8 卷,明黄骅纂修,张启宗增修,施所学增纂。六合县志纂修历史很早,南宋嘉定十一年(1218)刘昌诗主修《六合县志》,[3]其刊版一直留存到明代。史载明代六合县志有多次纂修,永乐十七年(1419)所修纂修者未详,成化间县志为唐诏修,季璘和周沨纂,正德十六年(1521)的县志为林干修,帅子卓等纂,惜以上 3 种县志的刊版情况无从考知。《嘉靖六合县志》卷首《凡例》说:"宋嘉定间县令刘昌诗所修,志板已湮灭,其本无传,近于藏书之

① 南京市地方志办公室编:《南京历代名志》,南京出版社 2017 年版,第 78 页。
② 南京市地方志办公室编:《南京历代名志》,南京出版社 2017 年版,第 76 页。
③ 《光绪六合县志》卷前《旧志纂修姓氏》:"宋嘉定戊寅,知县刘昌诗。"同书《凡例》:"六合县志,一修于宋嘉定中知县刘昌诗。此其权舆也。"按南宋嘉定无壬寅,《万历志》"壬寅"应为"戊寅"之误。戊寅为嘉定十一年(1218)。

家觅得写本,据其所载有可采者增入。"可知该志之修,收录了宋代《嘉定六合县志》中的部分史料。该志编纂仅用 3 月即成,编写时间之短,速度之快,乃历代六合修志之最。由于原刻年代久远,存世十分罕见,目前台湾天一阁藏有初刻本,保存完整、字迹清晰,国家图书馆、浙江省图书馆有胶卷,日本东洋文库有晒印本。[1] 而《万历六合县志》曾经两次编刻,第一次在万历二年(1574),编写体例与嘉靖《六合县志》基本相同;第二次即在万历四十三年(1615),此次编写是在前一次基础上再增纂 40 余年间史事,其体例完全一致,随即付梓。

江浦县署刻 3 种。万历七年(1579)刊《江浦县志》12 卷,明沈梦化修,张梦柏纂;万历四十六年(1618)刊《江浦县志》12 卷,明余枢修,熊师望纂;崇祯十四年(1641)刊《江浦县志》12 卷,明李维樾修,沈中孚纂。需要说明的是,江浦县创设于明洪武九年(1376),割滁州、和州、六合之地而析置,到了洪武二十四年(1391)又割江宁县的部分地区,划归江浦县,故明代之前,江浦县无志书。

溧水县署刻 1 种。万历七年(1579)刊《溧水县志》8 卷,明吴仕诠修,黄汝金纂。此志是明代溧水编纂的第三部县志,前两部均佚。该志有两点值得注意:一是本书《原志》类乎方志论文,阐述有关方志收录范围、记述方法等方面的见解,其中不乏真知灼见,评论多直斥时弊,分析很有见地,这种笔法在其他志书中是少见的。二是志书全文转载了万历五年知县吴仕诠所作的《赋役考》,详细地记载了当时溧水每年上缴给朝廷的赋税清单,为研究明代"一条鞭法"的实施提供了第一手资料。[2]

高淳县署刻 1 种。嘉靖五年(1526)刊《高淳县志》4 卷,明刘启东、贾宗鲁纂修。高淳本属溧水县,明弘治四年(1491)割溧水西南七乡,即镇为县。正德九年(1514),高淳知县顿锐修第一部县志,惜亡佚不传,刊刻情况不详。[3] 该志为高淳县历史上第二部县志,体例悉仿《大明一统志》,嘉靖四十一年(1562)重刻,今存为重刻本。

① 南京市地方志办公室编:《南京历代名志》,南京出版社 2017 年版,第 98 页。
② 《金陵全书》编委会编:《金陵全书·总目提要》,南京出版社 2017 年版,第 43 页。
③ 参见骆兆平《天一阁藏明代地方志考录》,书目文献出版社 1982 年版,第 22 页。

句容县署刻 1 种。弘治九年(1496)刻《句容县志》8 卷。《跋》称："今之句容之志，修于王侯，成于杜侯。""弘治壬子夏(1492)应天府移文属邑，类修郡志，是以知县王僖……兴起……肆力纂辑……谋锓刻。"王僖中途调离句容，后任知县杜槃"学富而才优，政简而行洁，甫三载，百废修举"。所以，该志终于在丙辰(1496)刊印出版，前后历时 4 年。①

此外还要说明的是，明代南京各书院也有刻书活动。关于明代南京书院数量，历来研究者说法不一，丁耀桩称"整个明代，南京地区共兴建书院 27 所，其中新建 24 所，修复前代书院 3 所"②，而张倩如则称"明代南京书院更一度达到 71 处之多"③。之所以会出现统计如此悬殊的数字，原因在于史料对于明代南京各书院记载不一，难于确切统计。明代南京地区经济发达，书院教育走在全国前列，这是不争的事实，如上元县在明代就有新泉书院、崇正书院、文昌书院、虹桥书院、钟山书院、尊经书院、凤池书院、奎光书院等 8 所书院，④在人才培养和典籍收藏与刊刻上多有贡献。惜资料缺失，各书院刻书活动大多不可得知，所能得知的有长水书院，刻书 3 种：(1)《六朝声偶集》7 卷，明徐献忠撰，嘉靖间刊。此书集南北朝五言诗而成。6 册，半页 10 行 16 字，白口，左右双边。(2)《韵经》5 卷，宋吴棫撰，嘉靖十八年(1539)刻。半页 10 行 18 字，白口，左右双边。卷末有"嘉靖己亥(十八年)孟春刊于长水书院"牌记，又有"嘉靖十九年春寓金陵白纸付监前赵材店印"题记。书皮后最末一叶左下角有书工及刻工并联题名："姑苏吴应龙书、金台张宗宝刻。"⑤(3)《太史史例》100 卷，明张之象辑，嘉靖二十年(1541)刻，半页 10 行 18 字。

二、书坊刻书

古代雕版刻书史上，很早就出现了专事刻书以谋利的书商，称为坊

---

① 句容市政协学习和文史委：《句容文史集粹·句容文史资料》第 18 辑，2002 年印，第 237—238 页。
② 丁耀桩：《江苏清代书院藏书研究》，苏州大学硕士学位论文，2019 年，第 18 页。
③ 张倩如：《江苏古代教育生态》，凤凰出版社 2005 年版，第 45 页。
④ 资料来源于(清)武念祖、陈道恒修《道光上元县志》卷九《学校》，《中国地方志集成·江苏府县志辑》第 3 册，凤凰出版社 2011 年版，第 173—175 页。
⑤ 李国庆：《明代刊工姓名全录》(下)，上海古籍出版社 2014 年版，第 940 页。

刻。坊刻出现于宋,发展于元,大兴于明。而明代江苏坊刻则主要聚集于南京和苏州,明人胡应麟说:"吴会、金陵擅名文献,刻本至多,巨帙类书咸荟萃焉!海内商贾所资二方十七,闽中十三,燕、越勿与也。然自本坊所梓外,他省至者绝寡,虽连楹丽栋,搜其奇秘,百不二三,盖书之所出,而非所聚也。"又说:"凡金陵书肆多在三山街,及太学前。"①明代南京书坊喜欢在名号前冠以"金陵"或"秣陵"二字,盖以其地历史之悠久、名望之显赫为自豪。又因书坊云集于三山街及太学前,所以有的书坊常冠以"三山街书林""山书坊"字样。

(一)书坊家数与刻书数量

黄镇伟说,明初金陵书坊的刻书活动并不活跃,洪武至正德近二百年间,目前所知见的书坊不满 10 家,而嘉靖至万历末的近百年间,这个数字就猛增至 40 多家。② 其实,何止 40 家? 1980 年,张秀民先生根据诸家目录及原书牌子,考证出书坊名称有:金陵王举直、金陵积德堂、金陵聚宝门姜家来宾楼、金陵唐对溪富春堂(又作对溪书坊唐富春,又作金陵三山街绣谷对溪书坊唐富春,又称三山街书林唐富春,又作金陵三山街唐氏富春堂)、金陵唐绣谷世德堂、金陵唐氏文林阁、唐锦池(唐锦池又称集贤堂)、唐惠畴、金陵书林唐鲤跃集贤堂、金陵唐鲤飞、金陵书坊唐少桥、唐少村兴贤堂书铺、金陵书林唐广庆堂、唐振吾、唐国达、金陵唐晟、金陵唐翀宇、金陵唐廷仁、金陵唐龙泉、金陵书林周希旦大业堂(又作绣谷周氏大业堂)、金陵书林周曰校(又作周曰校万卷楼)、金陵书林周近泉大有堂(又作金陵书坊周近泉,又作秣陵周氏大有堂)、金陵书坊周氏嘉宾堂、金陵书坊周昆冈、金陵古林周对峰、金陵书林周如泉、金陵书坊吴小山、金陵书坊傅春溟、金陵聚奎楼李溯、金陵书坊胡贤、金陵胡少山少山堂、金陵文枢堂、秣陵陈大来继志斋(又作金陵陈氏继志斋)、金陵郑氏书林奎璧斋、金陵书林余尚勋、白下书林傅梦龙、金陵书林雷鸣、金陵书肆毛少纪、金陵书坊赵君耀、建业刘氏孝友堂、金陵荣寿堂、金陵荆山书林、金陵三山书坊、金陵书坊两衡堂、金陵戴氏、秣陵种文堂、金陵大盛堂、金陵三多斋、金陵车书楼、金陵人瑞堂、金陵长春堂、

---

① (明)胡应麟:《少室山房笔丛》卷四,上海书店出版社 2009 年版,第 42 页。
② 黄镇伟:《中国编辑出版史》,苏州大学出版社 2014 年版,第 233—234 页。

金陵萧腾鸿师俭堂、金陵兼善堂、金陵汇锦堂、金陵光裕堂、金陵亲仁堂、金陵槐荫堂、金陵博古堂、南京九如堂、南京周用书铺（原籍江西东乡县）。① 根据这次统计,张秀民得出结论是金陵书坊从数量上来说"稍少于建阳而多于北京",但数年后,他根据新材料作了修正,列举出 93 家书坊,"多于建阳九家,更远远超过北京"。②

嘉靖万历间是金陵坊刻历史上发展最好的时期,此后盛况不再。张秀民所列举的各家坊刻,最早开办者为王举直,明初刻有《雅颂正音》5 卷,半页 11 行 20 字。由于历史久远,金陵书坊刻书总量难以确切得知,笔者根据江澄波等《江苏刻书》及相关资料记载,统计得知:胡正言十竹斋 25 种、九如堂 1 种、三多斋 4 种、大有堂 1 种、大业堂 3 种、广庆堂 10 种、友石居 2 种、长春堂 1 种、文林阁 20 种、文林堂 2 种、文秀堂 1 种、胡文焕文会堂 2 种、唐富春世德堂 11 种、汇锦堂 1 种、萧少衢师俭堂 9 种、刘秋亭孝友堂 1 种、来宾楼蒋家经坊 2 种、叶贵近山堂 6 种、汪廷讷环翠堂 16 种、荣寿堂 1 种、周履靖荆山书林 1 种、郑思鸣奎璧斋 4 种、傅昌辰版筑居 5 种、唐际云积秀堂 1 种、积德堂 1 种、陈大来继志斋 23 种、唐对溪富春堂 74 种、周竹潭嘉宾堂 4 种、新科书林 1 种、聚锦堂 4 种。当然,由于资料缺失,诸家刻书绝不止此数。

金陵书坊所刻印的书籍涉及经、史、地志、文集、医药、小说、戏曲等多个门类,内容极其丰富,十分畅销,而以戏曲、小说的刻印为主流,流传至今的明代著名戏剧和小说作品皆在此地刊刻,时人称此盛况云:"今书坊相传射利之徒伪为小说杂著,南人喜谈如汉小王光武、蔡伯喈邕、杨六使文广,北人喜谈如继母大贤等事甚多。农工商贩,抄写绘画,家蓄而有之。痴呆女妇,尤所酷好,好事者因目为《女通鉴》,有以也。甚者晋王休徵、宋吕文穆、王龟龄诸名贤,至百态诬饰,作为戏剧,以为佐酒乐客之具。有官者不以为禁,士大夫不以为非,或者以为警世之为,而忍为披波助澜者,亦有之矣。意者其亦出于轻薄子一时好恶之为,如《西厢记》《碧云騢》之类,流传之久,遂以泛滥而莫之捄欤。"③此文

① 张秀民:《张秀民印刷史论文集》,印刷工业出版社 1988 年版,第 145—146 页。
② 张秀民:《中国印刷史》,上海人民出版社 1989 年版,第 348 页。
③ (明)叶盛撰,魏中平点校:《水东日记》卷二十一,中华书局 1980 年版,第 213—214 页。

所述,正是明代社会小说戏曲普遍流行的真实写照,而不得不说的是,金陵书坊的大量刻印,在其中起到推动作用,市民的精神生活亦因此有了很大的提高。

（二）唐对溪富春堂刻书

明代金陵书坊各家之中又以唐姓和周姓所开书坊在数量上占优,其中,唐姓12家,周姓8家。万历中,唐姓各家刻书种类繁多,有医书、经书、文集、尺牍、琴谱和戏曲等,而在数量上以唐对溪的富春堂为最,所刻以戏曲为主。唐对溪,生平不详。万历间在金陵三山街开设书坊曰富春堂,又称金陵三山街绣谷对溪书坊唐富春,或金陵三山街唐氏富春堂。今据杜信孚《明代版刻综录》、杜信孚和杜同书《全明分省分县刻书考》、江澄波等《江苏刻书》、瞿冕良《中国古籍版刻辞典》以及张献忠《从精英文化到大众传播——明代商业出版研究》等文献中,辑录富春堂刻书并列表如下。

唐对溪富春堂刻书一览表

序号	书名	作(编)者	刊刻时间	备注
1	《王叔和脉诀》2卷	(晋)王叔和撰	嘉靖四十四年(1565)	有隆庆元年(1567)四仁堂刻本
2	《重修正文对音捷要琴谱真传》6卷	(明)杨表正撰	万历元年(1573)	一作《新刊出像增补捷要琴谱真传》
3	《云龙翰（東）大成》6卷	(明)谢天祐辑	万历七年(1579)	
4	《新镌增补全像评林古今列女传》8卷	(汉)刘向撰,(明)茅坤补,彭烊评	万历十五年(1587)	
5	《新刊重订出像附释标注拜月亭记》2卷	(元)施惠撰	万历十七年(1589)	有图13幅
6	《新刻注释氏族对联名家记》4卷	(明)姜安辑	万历二十年(1592)	
7	《礼记集注》10卷	(元)陈澔	万历二十五年(1597)	

序号	书名	作(编)者	刊刻时间	备注
8	《皇明典故纪闻》18卷	(明)余继登	万历二十九年(1601)	半页9行18字。白口，左右双边。卷首镌"万历辛丑秋月唐氏世德堂遵依北京原板梓行"
9	《新编古今事文类聚前集》60卷《后集》50卷《续集》28卷《别集》32卷《新集》36卷《外集》15卷《遗集》15卷	(宋)祝穆撰，(元)富大用、祝渊续增	万历三十二年(1604)	
10	《镌新编全像三桂联芳记》2卷	秦淮墨客(纪振纶)校正	万历间	
11	《新刻音释启蒙总龟对类大全》8卷	(明)谢天祐辑	万历三十六年(1608)	
12	《新刊三方家兄弟注点板校正诸文品粹魁华》不分卷	(明)王士骐	万历四十七年(1619)	
13	《新刻出像增补搜神记》6卷	(东晋)干宝	万历元年(1573)	半页11行20字。白口，单鱼尾，四周单栏
14	《新刻出像音注管鲍分金记》4卷28出	(明)叶良表撰	万历间	卷端下题"银峰三溪叶良表著，金陵三山富春堂梓"
15	《新刻出像音注刘汉卿白蛇记》2卷3出	(明)郑国轩撰，朱少斋校	万历间	图26幅。上卷正文卷端首行题"新刻出像音注刘汉卿白蛇记卷之上"，二、三、四行下端分别题"浙郡逸士郑国轩编集""书林子弟朱少斋校正""金陵三山富春堂梓行"，下卷正文卷端首行题"新刻出像音注刘汉卿白蛇记卷之下"

序号	书名	作(编)者	刊刻时间	备注
16	《新刻出像音注劝善目连救母行孝戏文》8 卷	(明)郑之珍编。一说明张凤翼撰	万历间	卷端题"新安郑之珍编,金陵富春堂梓",版心下刻"富春堂",封面题"金陵书坊唐氏富春堂梓"。插图 42 幅
17	《新刻出像音注点板徐孝克孝义祝发记》2 卷	(明)张凤翼撰	万历间	版心下镌"富春堂",卷端下题"书坊对溪富春堂"
18	《新刻出像音释薛仁贵平辽金貂记》4 卷	(明)佚名	万历间	
19	《新刻出像音注韩湘子九度文公升仙记》2 卷 36 出	(明)佚名	万历间	
20	《新刻出像音注刘知远白兔记》2 卷	宋"永嘉书会才人"	万历间	
21	《新刻出像音注薛仁贵跨海征东传白袍记》2 卷 40 出	(明)佚名	万历间	
22	《新刻出像音注花栏王十朋荆钗记》4 卷	(明)朱权撰	万历间	
23	《新刻出像音注王昭君出塞和戎记》2 卷	(明)佚名撰	万历间	
24	《新刻出像音注唐韦皋玉环记》34 出	(明)佚名,一说(明)杨柔胜	万历间	
25	《新刻出像音注花栏南调西厢记》2 卷	(明)崔时佩、李日华撰	万历间	

序号	书名	作(编)者	刊刻时间	备注
26	《新刻出像音注司马相如琴心记》4 卷 40 出	(明)孙柚撰	万历间	图 21 幅。正文卷端首行题"新刻出像音注司马相如琴心记 一/二/三/四卷",次行下端题"金陵书坊富春堂梓"
27	《新刻出像音注观世音修行香山记》2 卷	(明)罗懋登撰	万历间	正文首行书名标作"新刻出像音注观世音修行香山",次行署作"金陵三山富春堂梓行"。版心题作"出像香山记"
28	《新刻出像音注唐朝张巡许远双忠记》2 卷 26 出	(明)姚茂良撰	万历间	卷端下题"金陵弓坊富春堂梓"
29	《新刻出像点板音注李十郎紫箫记》4 卷	(明)汤显祖撰	万历间	四周双边,白口,黑鱼尾,版面左侧镌《出像》书名、卷别、页码及富春堂字样,图上部题有"标目",正文"花栏"有界
30	《新刻出像音注花栏裴度香山还带记》2 卷	(明)沈采撰	万历间	
31	《新刻出像音注花栏韩信千金记》4 卷	(明)沈采撰	万历间	
32	《新刻出像音注商辂三元记》2 卷	(明)沈受先撰	万历间	
33	《新刻出像音注释义王尚忠节癸灵庙玉玦记》4 卷 36 出	(明)郑若庸撰	万历间	
34	《新刻音注出像齐世子灌园记》2 卷 30 出	(明)张凤翼撰	万历间	图 11 幅。正文卷端首行题"新刊音注出像齐世子灌园记卷之一/二",二、三、四行下端分别题"西汉司马子长析传""大明张伯起氏汇编""金陵唐氏富春堂梓行"

序号	书名	作(编)者	刊刻时间	备注
35	《新刻出像音注花将军虎符记》2 卷	(明)张凤翼撰	万历间	
36	《新刻出像音注姜诗跃鲤记》4 卷	(明)陈黑斋撰,明顾觉宇改定	万历间	卷一至卷三,正文首行标作"新刻出像音注姜诗跃鲤记",卷四末标书名。卷一次行署作"金陵书坊富春堂梓",版心题"出像跃鲤记"
37	《新刻出像音注苏音皇后鹦鹉记》2 卷	(明)佚名撰	万历间	
38	《新刻出像音注范睢绨袍记》4 卷	(明)顾觉宇撰	万历间	
39	《新刻出像音注刘玄德三顾草庐记》4 卷 53 出	(明)佚名撰	万历间	图 20 幅
40	《新刻出像音注韩朋十义记》2 卷	(明)罗祐撰	万历间	
41	《新镌图像音注周羽教子寻亲记》4 卷 30 出		万历间	
42	《新刻牡丹亭还魂记》4 卷	(明)汤显祖撰	万历间	
43	《新刻出像音注岳飞破虏东窗记》2 卷		万历间	
44	《新刊古今名贤品汇注释玉堂诗选》8 卷	(明)舒芬编,舒深增补,杨凉注	万历间	
45	《幼科捷径全书》4 卷	(明)傅绍章撰	万历间	
46	《太医院校注妇人良方》24 卷	(宋)陈自明撰	万历间	
47	《新刻出像音注苏音皇后鹦鹉记》2 卷	(明)佚名撰	万历间	

序号	书名	作(编)者	刊刻时间	备注
48	《耳谭类增》54 卷	（明）王同轨撰	万历间	
49	《玉合记》2 卷	（明）梅鼎祚撰	万历间	
50	《新刊重订出相附释标注香囊记》4 卷42 出	（明）邵灿撰	万历间	
51	《历代翰墨选注》14卷	（明）屠隆编并注	万历间	
52	《新刊重订附释标注出相五伦全备忠孝记》4 卷	（明）丘濬撰	万历间	
53	《新刊重订出相附释标注裴度香山还带记》2 卷	（明）沈采撰	万历间	
54	《新刊重订出相附释标注赵氏孤儿记》2 卷	（明）佚名撰	万历间	
55	《新刊出像双凤齐鸣记》2 卷	（明）陆华甫撰	万历间	
56	《新刊重订出像附释标注惊鸿记》2 卷	（明）吴世美撰	万历间	
57	《新镌重订出相注释节孝记》2 卷	（明）高濂撰	万历间	
58	《绣谷春容》12 卷	（明）起北赤心子辑	万历间	
59	《新刊合并官常政要》51 卷	不详	崇祯十二年(1639)	
60	《新刻牡丹亭还魂记》4 卷	（明）汤显祖撰	崇祯间	
61	《重刻出像浣纱记》4 卷	不详	万历间	

序号	书名	作(编)者	刊刻时间	备注
62	《新刻全像观音鱼篮记》2卷	不详	万历间	
63	《新刻出像音注何文秀玉钗记》4卷	(明)心一山人编	万历间	版心下刻"富春堂"
64	《新刻出像音注花栏韩信千金记》4卷	(明)沈采撰	万历间	卷端下题"金陵书坊富春堂绣梓"
65	《新刻出像点板音注李十郎紫箫记》4卷	(明)汤显祖撰	万历间	原题"临川红泉馆编,新都绿筠轩校,金陵富春堂梓"
66	《外科启玄》12卷	(明)申拱宸	万历间	
67	《八十一难经解》4卷	(明)熊宗立撰	万历六年(1578)	
68	《新刻官板补遗珍珠囊药性赋》3卷	不详	万历间	
69	《新刻出像音释古今幼学联珠统宗故事》4卷	不详	万历间	
70	《六壬神课金口诀》6卷《别录》1卷	(明)适适子撰	不详	
71	《皇明馆课标奇》21卷	(明)张位辑	万历间	瞿冕良《中国古籍版刻辞典》称编者为"刘孔当"
72	《武经总要前集》20卷《后集》21卷《百战奇法》2卷《行军须知》2卷	(宋)丁度撰,(宋)李鼎定补	万历间	半页
73	《唐诗品汇》96卷《拾遗》10卷	(明)高棅撰	万历间	半页10行20字,左右双边,白口
74	《新增说文韵府群玉》20卷	(宋)阴时夫撰		

序号	书名	作(编)者	刊刻时间	备注
75	《春秋胡氏传》30卷《纲领》1卷《提要》1卷《诸国兴废说》1卷《春秋列国东坡图说》1卷《经妄训》1卷	（宋）胡安国撰		

需要说明的是，唐氏富春堂还把 10 种戏曲合刻在一起，名曰《绣刻演剧十本》，包括《新刻出像音注宋江水浒青楼记》4 卷、《新刻出像音注花将军虎符记》2 卷、《新刻出像音注薛仁贵跨海征东白袍记》2 卷、《新刻出像音注苏英皇后鹦鹉记》2 卷、《新刻出像音注李十郎紫箫记》4 卷、《新刻出像音注韦皋玉环记》4 卷、《新刻出像音注花栏韩信千金记》4 卷、《新刻出像音注齐世子灌园记》2 卷、《新刻出像音注花栏裴度香山还带记》2 卷、《新刻出像音注刘汉卿白蛇记》2 卷等。此套丛书全书传世极罕，有的零种散传，如今也已少见。①

唐氏富春堂刻书具有如下几种特征：一是种类全，四部皆备。二是数量多，上表所列有 75 种②，而尤以戏曲为主。三是刻本特点鲜明，在版框四周有花纹图案，称为"花栏"，打破宋元以来传统的单边双边的单调格局，书中插图多是大图，线条粗豪有力，多有字号或姓名牌记。四是印书采用优良纸质，装帧考究，质量上乘，并配有精美图释，内容丰富，形式多样，深受当时市民阶层和广大读书人的喜爱，更是受到藏书家们的欢迎。

（三）十竹斋刻书

明代金陵书坊中最有特色的当为胡正言的十竹斋书坊刻书。胡正言（1584—1674），字曰从，别号十竹主人，又号默庵老人。安徽休宁县人。自幼聪慧过人，伶俐通透，做事必求精细绝妙。他博学多才，融会

---

① 参见魏隐儒《中国古籍印刷史》，印刷工业出版社 1988 年版，第 117 页。
② 有研究者称唐氏刻书不只 75 种，如谢灼华称"大约不下百种"，见其《中国图书和图书馆史》（修订版），武汉大学出版社 2005 年版，第 217 页；又如杜海军称"据说富春堂刻书有十集 100 种，现可见到的仍有 50 多种"，见其《中国古典戏曲目录发展史》，广西师范大学出版社 2015 年版，第 98 页。

贯通,自创新意,不拘泥于陈规条框。擅长篆刻,长于绘画,喜藏书、刻书,精通制墨造纸诸艺。学书于李登,精研六书,于诗学、经学、小学、医学均有研究。曾随父客居六安望江湾,继徙霍山。万历三十一年(1603),时年20岁左右已在金陵上元县定居下来,住在鸡笼山侧,"门无俗陋,出尘标格,雅与竹宜。尝种翠筠十余竿于楯间,昕夕博古,对此自娱,因以十竹名斋"①,自号"十竹主人",并开设"十竹斋"书坊,经营刻书业。

崇祯十七年(1644)甲申之变后,福王朱由崧在金陵建立南明弘光小朝廷。胡正言借由吕大器之引荐,为新朝廷督造国玺御宝,并撰《大宝箴》同献以进诤言,因之被授武英殿中书舍人。清顺治二年(1645)六月,南京易主,他矢志不与清廷合作,隐居"十竹斋"中,闭门谢交,并以"胜国遗民"自居。赋闲期间,满怀一腔爱国热情的胡正言秘密加入了复社,与一群抱有同样情怀的遗民交往,他们眷怀故国,辞情恳切,但又隐忍蓄积,不敢声张,仅为获得内心慰藉而已。不过,即便如此,胡正言内心强烈的民族意识,促使他不能做一个单纯的遗民和隐士,他要利用自己积累的丰富的刻书经验继续编著和印刷典籍,普及大众文化。

胡正言十竹斋刻书工作主要发生在明万历、天启和崇祯时期,大致来说,万历、天启时为创业期,崇祯时为鼎盛期,明亡后则逐渐凋落。十竹斋所刻书种类多样,而以印谱及相关的小学、书法类为大宗,次为诗文与医书。兹根据王贵忱《胡正言所刻图书见闻记》②和王贵忱、王大文《胡正言所刻图书简述》③,列表展示胡正言刻书类别如下。

十竹斋刻书分类一览表

类别	书名与卷次	作(编)者	版本说明	备注
经部·小学·字书	《说文字原》1卷	(元)周伯琦撰	崇祯七年(1634)刻	辽宁省图书馆、华侨大学图书馆藏

---

① (明)李克恭:《十竹斋笺谱叙》,第1页,《十竹斋笺谱》卷首。
② 载王贵忱《可居丛稿》(增订本),广东人民出版社2014年版,第68—81页。
③ 载黄俊贵主编《广东省中山图书馆同人文选》,广东省中山图书馆1992年印。

类别	书名与卷次	作(编)者	版本说明	备注
	《六书正讹》5卷	(元)周伯琦撰,胡正言订	崇祯七年(1634)刻	国家图书馆等藏,《西谛书目》著录
	《千文六书统要》2卷附《千字文篆法偏旁正讹歌》1卷	(明)李登撰,胡正言篆	康熙二年(1663)刻	中国社会科学院图书馆等藏
	《千字文》2卷		清初刻	中国社会科学院图书馆藏
	《篆书正》4卷	(清)戴明说撰,胡正言校	顺治十四年(1657)刻,白鹿纸印本	胡正言跋中题"敬书于蒂古堂"。北大图书馆等藏
	《钦颁小学》		崇祯末年刻	
经部·小学·韵书	《韵法横图》1卷《韵法直图》1卷	(明)李世泽撰	明末刻	南京图书馆藏
	《交泰韵》2卷	(明)吕坤撰	崇祯间刻	
史部·杂史类	《敬事草》5卷	(明)孔贞运撰	崇祯间刻	广东省立中山图书馆藏
史部·传记类	《皇明表忠纪》10卷首1卷《附录》1卷	(明)钱士升撰	崇祯间刻	国家图书馆藏
	《苏米谭史广》6卷	(明)郭化辑	崇祯间刻	原题"宣城肩吾郭化辑,有道徐日昌阅,海阳日从胡正言校"
史部·目录类·杂录	《九十授经图》	胡正言撰		
子部·儒家类	《尚书孝经讲义》	胡正言撰		
	《格言类编》6卷	胡正言辑	崇祯六年(1633)刻	

类别	书名与卷次	作(编)者	版本说明	备注
子部·医家类	《古今辞命达》8卷	(明)胡正心辑	崇祯间刻	胡正心为胡正言兄
	《订补简易备验方》16卷	(明)胡正心、胡正言辑	崇祯四年(1631)刻,袖珍本	中国医学科学院图书馆等藏
	《十竹斋刊袖珍本医书十三种》	(明)胡正心汇集	崇祯五年(1632)刊,袖珍本	
	《薛氏医案八种》19卷	(明)胡正心编	崇祯五年(1632)刻	中国医学科学院图书馆藏
	《伤寒金镜录》1卷	(元)敖氏撰,杜清碧增定	崇祯六年(1633)刻	
	《伤寒秘要》2卷	(明)董玹撰定,胡正心补	崇祯六年(1633)刻	
	《伤寒五法》2卷	(明)陈长卿撰	崇祯间刻	以上三种合称《伤寒三种》,见《贩书偶记续编》
子部·艺术类画谱	《石谱》1卷	胡正言辑	彩色套印	国家图书馆藏
	《十竹斋画谱》不分卷	胡正言辑	天启七年(1627)刊,彩色套印	此画谱为胡正言与高阳、魏之璜等人合作选刊前代和时人名家画作而成。内分书画谱、梅谱、兰谱、竹谱、石谱、果品谱、翎毛谱、墨华谱八种,饾版彩色套印,镌刻精妙,设色雅艳,颇为时论所重。有程胜万历四十七年(1619)和杨文聪天启七年题识。后世各种翻刻本、影印本不下10种①

---

① 见周芜《明代两位出版家——汪廷讷和胡正言》,载周芜编著《徽派版画史论集》,安徽人民出版社1984年版,第16—136页。

类别	书名与卷次	作(编)者	版本说明	备注
	《十竹斋笺谱》初集4卷	胡正言辑	开花纸彩色套印	卷首有崇祯十七年(1644)李克恭序文,谓胡氏前已刊印彩笺行世,遇有绘画佳作,"即镂诸板公诸同好。笺之流布久,且多矣,然未作谱也;间作小谱数册,花鸟竹石各以类分,靡非佳胜,然未有全谱也,近始作全谱"。据此可知在编印全谱之前,已刊行过单笺和专册笺纸
	《梨云馆竹谱》1卷	胡正言辑	崇祯间刊	今佚
子部·艺术类·书法	《书法必稽》1卷	胡正言辑	明末刊	沈津《胡正言与十竹斋》著录①
子部·艺术类·书法	《十竹斋临古篆文法帖》	胡正言摹	顺治间原拓本,经折装,刻石拓印	此为胡氏从顺治十年至十三年(1653—1656),四年中陆续摹写而成,有扬明琅、杜濬等七人题识,写刻至精,为胡刻法帖仅见
	《印史》不分卷	胡正言篆	钤写	卷首有陈丹衷、杜濬两序,未署年款,存713印,当属易代前成书,为所知现存胡氏最早印谱
子部·艺术类·篆刻	《印存初集》2卷	胡正言篆	顺治四年(1647)十竹斋开花纸钤印。上格朱钤印文,下格墨印释文	卷一半页收2印,共15页钤59印;卷二半页收4印,共25页钤198印。两卷总钤257印。卷首有周亮工、王相业、陈丹衷、韩诗、杜濬、钱应金序。王相业《印存序》称:"吾友胡曰从氏所为金石古文之书既成,命曰《印史》有日矣。既而见昔有是名也,谋所以易之于雪蕉子。雪蕉子曰,是宜名《印存》。"

---

① 沈津:《胡正言与十竹斋》,《朵云》1983年第5期,第131—134页。

类别	书名与卷次	作(编)者	版本说明	备注
	《印存玄览》2卷	胡正言篆	墨印	见《四库全书总目》著录
	《印存初集》4卷	胡正言篆	顺治四年(1647)开花纸钤印	卷末有彭源、吴奇两篇跋文为两卷本所无。内收胡氏为钱士升、倪元璐、范景文、杨文聪、钟惺、谭元春、王思任、史可法、周亮工、杜濬等朝野名流所刻名号印及闲章,名画家石溪之印亦在其中,总708印。浙江图书馆、广东省中山图书馆藏
	《印存玄览》4卷	胡正言篆	顺治十七年(1660)开花纸墨印	北京图书馆藏
	《胡氏篆草》2卷	胡正言篆	顺治间印	有顾梦游等人序文,上卷版心有"蒂古堂"三字,收印320方。浙江图书馆藏
子部·艺术·杂技	《牌统孚玉》4卷附《四牌歌诀》1卷《四牌评论》1卷	钟离迁士撰,胡正言校	崇祯十三年(1640)刊	
子部·杂家类	《穀诒汇》14卷首2卷	(明)陶希皋辑	崇祯间刻	原题北齐琅琊颜之推著,海阳胡正言校,明滇南陶希皋辑,男琪订,孙男以鈗、以铸督梓。今藏美国国会图书馆
	《十竹斋雪鸿散迹》	胡正言著		
子部·类书类	《重订四六鸳鸯谱》6卷	(明)苏琰撰	崇祯七年(1634)袖珍本	见《罗元觉先生遗书抄本书目》著录,今藏香港大学冯平山图书馆
	《四六霞肆》16卷	(明)何伟然辑	明末刻	清华大学图书馆等藏

类别	书名与卷次	作(编)者	版本说明	备注
集部·词类	《精选古今诗余醉》15卷	(明)潘游龙选,胡正言校	崇祯九年(1636)刊,竹纸印本	附清陈溟增补《精选国朝诗余》一卷,清印本,见《中国善本书提要》著录。中国社会科学院图书馆藏
集部·诗文评类	《诗谭》10卷	(明)叶廷秀辑评	崇祯八年(1635)刊	中国社会科学院图书馆藏

　　胡正言所刻书籍四部皆备,而以艺术类的版画、图谱、书法、篆刻、杂技等为主,后世人研究明代版画或印刷出版都必然会提及胡正言及其"十竹斋"。其人之所以能够在刻书事业上取得如此成就,主要在于两方面。

　　一方面,胡正言本身具有突出的聪明才智。他天生颖异,后天勤苦,具备多方面的才华,通晓书画,精擅六书,谙熟奏刀规律,擅长金石篆刻,对制墨、治印、造笺、刻竹等皆有专究。时人李于坚说:"(胡正言)为人醇穆幽湛,研综六书,若苍籀鼎钟之文,尤其战(擅)胜者。故尝作篆隶真行,简正矫逸,直迈前哲,今海内名流珍袭不翅(啻)百朋矣。时秋清之霁,过其十竹斋中,绿玉沉窗,缥帙散塌,茗香静对,间特出所镌《笺谱》为玩,一展卷而目艳心赏,信非天孙七襄手,曷克办此?曰从庄语余曰:'兹不敏,代耕具也。家世著书,不肩畚粗。忆昔堂上修髓之供,此日屋下坐聚之瞻,于是话焉,何能不私一艺而耻雕虫耶?'余闻而起,敬曰:'诚如君言,藻翰自人文攸赖,与天章云汉并丽无穷,宁得谓伤巧乎?'遂观卒业。盖凡古今典制,中外新裁,以暨高逸之伦,名胜之奥,欣欣木卉,翩翩羽虫,靡不缦烂天真,殊离刻意,编摩风韵,一往深情。择剡藤玉版之光,汇鹅溪薛涛之艳。吾知曰从氏自不以《笺》名,而《笺》自以曰从氏名无疑矣。"①

　　另一方面,胡正言深刻理解画家与刻工间相互沟通的重要性。作为一位刻书家,十竹斋经常雇有刻工十数人,胡正言对工人们不以工匠相称,并愿意花大工钱,聘请技艺高超的名手,不少刻工同时也是高超

---

① (明)李于坚:《笺谱小引》,胡正言《十竹斋笺谱》卷首,中国书店2012年版,第5—10页。

的写工、图绘工,他们往往也参与誊写、图绘工作。在刻印《十竹斋书画谱》《十竹斋笺谱》时,除胡正言自画外,还聘请当时名画家吴彬、吴士冠、倪英、魏之克、米万钟、文震亨等绘画,另请高阳、凌之翰、吴士冠、魏之璜、魏之克、胡家智、高友、行一和尚等名家学者担任校对任务,这些人大多是以卖画为生的职业画家。[①] 在此之前,画家和刻工是分工的,画家不理解刻工工艺,刻工不能与画家紧密联系,不理解画作的某些巧妙特征,而胡正言的做法,"沟通了画家与刻工的隔膜,也正是使我国版画创作得到提高的一个重要关键"[②]。

图 4 - 2 - 2 《十竹斋书画谱》八卷 明胡正言辑 明崇祯(1628—1644)十竹斋印本

在胡正言的各种版刻图书中,最具代表性的当为《十竹斋书画谱》和《十竹斋笺谱》。

万历四十七年(1619),胡正言开始刊刻《十竹斋书画谱》,天启七年(1627)完成。这是中国历史上第一部套色版画,分为书画谱、墨华谱、果谱、翎毛谱、兰谱、竹谱、梅谱和石谱等 8 类,每类 40 幅,一图一文,相

---

① 参见秦宗财《明清文化传播与商业互动研究——以徽州出版与徽商为中心》,学习出版社 2015 年版,第 186 页。
② 王伯敏:《胡正言及其十竹斋的水印木刻》,《东南文化》1993 第 5 期。

互辉映。作品有胡正言自己画的,也有当时名家如吴彬、吴士冠、倪瑛、魏之克、米万钟、文震亨画的,更有摹前代名家如赵孟頫、唐寅、沈周、文徵明、陆治、陈道复等人的作品。凡画 186 幅,字 170 幅,总计绘稿、雕刻 1700 余块。书中的兰、竹二谱附有"起手式",也就是绘画分述画兰写竹的方法。兰谱中绘有"起手执笔式",谱中有图示描叶起笔、交搭、右出、右开诸法,同时还图示画花应注意的各点。竹谱中刊有画诀,并图示写竿、写节、写枝、写叶等各种步骤。这种带有教学性质的画谱,"撇开它套印上精美不论,作为较有系统的整理绘画方法来说,也有一定的价值。而事实上,也正是影响并促进了清初芥子园画传的编刻和印行"①。《十竹斋书画谱》无论是题材选择还是书籍立意,都达到了晚明版画印刷工艺的大乘之境,因而,该书甫一问世,马上受到当时各文化阶层人士的热捧,洛阳为之纸贵,而胡正言也在多年的探索之后终于迎来了曙光,因此书而一举成为江南重商巨贾。该书初版供不应求,胡氏遂于清顺治十二年(1655)重刻印行,而后世翻刻者不绝,先后有嘉庆二十二年(1817)翻刻本、光绪五年(1879)吴县朱记荣校经翻刻本、日本明治大正间(1868—1925)翻刻本,除此之外,还有很多时间不详的翻刻本。

《十竹斋笺谱》完成于清顺治二年(1645),为《十竹斋书画谱》之后的又一部精心巨作。全书 4 卷,共印画页 289 幅,每卷分若干类、种,如卷一收"清供""华石""博物"等 8 类。所画内容有胡氏斋中珍藏的商鼎周彝,或古陶汉玉及文房四宝,或以山水画古人诗意。此外,谱中还绘制历史故实,增进读者对于作品的理解。作品统体不画人物,只以极为简单的一二代表物来表达故事中的意义。如"共被"与"融梨",故事说的是姜肱兄弟与孔融兄弟友好谦让的事情,所作画仅选择与故事有关的"棉被"与"梨子"。这种"避实就虚"的风格,"从作风上来说,具有一种图案性质的绘画,从内容上来说,乃是一种富有历史意义的文物绘图"②。

"这两部巨著,具有极高的艺术价值,为我国版画宝库中宝贵的遗

---

① 王伯敏:《胡正言及其十竹斋的水印木刻》,《东南文化》1993 第 5 期。
② 王伯敏:《胡正言及其十竹斋的水印木刻》,《东南文化》1993 年第 5 期。

产,是当今水印复制艺术的范本,是我国雕版印刷史上的里程碑。对近三百年来的美术界出版界影响甚大,在国外尤其在日本、东南亚一带享有盛誉。"①而两书之所以达到如此之高水准的原因,在于胡正言集中了画家、刻工和印工的智慧和才华,大胆采用印刷史上一切可借鉴的技术和经验,夜以继日,呕心沥血,终于创造了"饾版""拱花"等一整套崭新的木版套色水印技术,取得了划时代的伟大成果。

150

　　"饾版"也称"木版水印",基本程序包括绘、刻、印三个步骤。第一步"绘",按照彩色绘画原稿的色调不同,把画面的阴阳向背、浓淡层次,分解成若干套版样,用笔和雁皮纸勾描分解画面,准确地勾画出各色块的轮廓线以区分出色彩的区域和层次。第二步"刻",就是按照与原作相应的各种线条图案和皴法的风韵,将每一种颜色都分别雕一块版。第三步"印",则依照"由浅到深,由淡到浓"的原则,逐色套印,印刷时每一套版都必须精密地吻合,施加彩墨还要依据画稿笔墨韵味,掌握干湿、浓淡、轻重的变化,使画面阴阳向背、浓淡深浅的效果能够栩栩如生表现出来。

　　古人把五色小饼摆成花卉、禽兽和珍宝等形状,堆叠在盘里供陈设,称为"饾饤",由于这种分色印版堆砌拼合形似饾饤,故称"饾版"。饾版印刷是在套版印刷的基础上发展而来的,较之套版印刷更成熟、更精湛,既有别于北宋出现的、用来印刷纸币的分版套印,也不同于元、明始用的整版套印,是一种类似于分版套印而又具阴阳向背、浓淡层次的新型艺术。用饾版技术印刷出来的产品与手绘作品几乎没有什么区别,达到了几可乱真的程度。

　　"拱花"则是把图画的轮廓线雕刻在木板上制成拱花版,在不施印墨的情况下,用凸凹雕版嵌合压印在纸上,使纸面拱起花纹的无色印刷,类似现代的钢印。此法可使画面中的流水、白云、鸟类羽毛、花叶的脉纹,一一凸现出来,呈现浮雕效果,显得更加剔透、素雅,极尽造化之神功。

　　胡正言"饾版"和"拱花"印刷技术的成功,是明代江苏乃至那个时

---

① 李瑞卿:《胡正言与十竹斋》,南京市白下区政协文史资料工作委员会编《白下文史》第4集《白下揽胜专辑》,1987年印,第63页。

代刻书艺术在追求自我进步时所做的一次较为成功的探索,《十竹斋书画谱》和《十竹斋笺谱》的问世,一改以往南京刻书针对高雅群体的选材理念,"在追求高雅深邃文化的同时兼顾了更广大民众的需求"○,在刻书史上的影响十分深远。

三、私家刻书

私家刻书和坊刻最大的区别是不以营利为目的,而是传承文化、嘉惠后学,对保存珍贵典籍、培养人才起到了很大作用。明代南京官府和坊肆刻书事业不断发展的同时,家刻书也取得了长足进步。据杜信孚和杜同书《全明分省分县刻书考·江苏省卷》"家刻卷目录"所载,明代南京(包括上元、江宁两畿县)共有 82 家,而江澄波等《江苏刻书》记载共有 9 家,除去重复,得 90 家。今列表如下。

明代南京私家刻书一览表

刻书家	刻书家简历	刻书目	文献来源
王元贞	字孟起。诗人。万历二十年(1592)与上元李登、王元坤等共结白社	《韵府群玉》20 卷(元阴时夫编)、《艺文类聚》100 卷(唐欧阳询编)、《馆阁录》22 卷(明吕本撰)、《老子翼》3 卷《庄子翼》3 卷(明焦竑辑)、《詹氏性理小辨》64 卷(明詹景凤撰)、《焦氏易林》8 卷(明焦竑撰)、《王氏书苑》10 卷《补益》12 卷《王氏画苑》10 卷《补益》4 卷(明王世贞编)	《全明分省分县刻书考·江苏省(家刻)卷》(以下简称"《江苏卷》")
王若屏	字惟俨	《续藏书》27 卷(明李贽撰)	《江苏卷》《中国古籍总目》
杨宛	(?—1644)字宛淑。金陵妓。能诗,16 岁归茅元仪。为盗所杀。著有《钟山献》正续集	《钟山献》4 卷	孙克强、岳淑珍《金元明人词话》(南开大学出版社 2012 年版)

① 权威:《晚明徽派刻书的进步——以〈十竹斋书画谱〉的成功为例》,《出版广角》2015 年 10 期。

刻书家	刻书家简历	刻书目	文献来源
胡汝嘉	（1529—1578）字懋礼，号秋宇。嘉靖三十二年（1553）进士。著有《沁南稿》等	《沁南稿》2卷《诗余》1卷	《江苏卷》、徐耀新《南京文化志》（中国书籍出版社2003年版）
乌衣巷	不详，姑以之为家刻	《丽句亭评点花筵赚乐府》2卷（明荀鸭填词）	张棣华《善本戏曲经眼录》（文史哲出版社1976年版）
龚贤	（1618—1689）一名岂贤，字半千。昆山人，流寓南京	《中唐诗·晚唐诗》44卷（龚贤编）	《江苏卷》、钱仲联《元明清词鉴赏辞典》（上海辞书出版社2002年版）
任近臣		《徙倚轩诗集》1卷（明金銮撰）	
朱之蕃	（1557—1624）字元介，号兰蜗。祖籍山东荏平，寓居南京。明万历二十三年（1595）科举状元	《玉山名胜集》6卷（元顾瑛编）、《三家咏物诗》不分卷（元谢宗可、明瞿佑、朱之蕃撰）、《金陵图咏》1卷（明陈沂撰）、《古今图考》1卷（明朱之蕃撰）、《雅游编》1卷（明余梦麟、焦竑、朱之蕃撰）、《明百家诗选》34卷（明朱之蕃辑）、《晚唐十二名家诗》25卷（明朱之蕃辑）、《新锲名家纂定注解两汉评林》3卷（明汤宾尹编）、《长啸轩近稿》1卷《续草》1卷（明陈纯撰）	《江苏卷》《江苏阅读遗存》（南京出版社2015年版）
宋珏	（1576—1631）字比玉。莆田人，流寓金陵。监生	《白云集》7卷《附录》1卷（明陈昂撰）	《江苏卷》《南京文化志》（中国书籍出版社2003年版）
陈沂	字宗鲁。浙江宁波人，寓居金陵。正德十二年（1517）进士	《金陵古今图考》不分卷（明陈沂编）	《江苏卷》、李邺嗣《甬上耆旧传》

刻书家	刻书家简历	刻书目	文献来源
金銮	（1494—1583）字在衡。陇西人，徙居金陵	《千家注杜诗全集》20卷《文集》2卷（宋黄鹤补注）	《江苏卷》、沈德潜《明诗别裁集》
胡承龙	万历时金陵人	《本草纲目》52卷（李时珍撰）	《江苏卷》
俞朝言	金陵人。博学，善古诗文，起家科第，精于医术	《医方集论》1卷（俞朝言辑）	余瀛鳌、傅景华《中医古籍珍本提要》（中医古籍出版社1992年版）
徐智	万历间金陵人。刻工	《王氏书苑》10卷（王世贞撰）、《诗所》56卷（臧懋循撰）、《老子翼》2卷（焦竑辑）、《楚辞》10卷（王逸注）、《太函集》120卷（汪道昆撰）、《新增说文韵府群玉》20卷（阴时夫编）	《江苏卷》、瞿冕良《中国古籍版刻辞典》（苏大出版社2009年版）
童轩	（1425—1498）字士昂。江西鄱阳人。精历算。官至南京吏部尚书	《枕肱集》20卷（童轩撰）	《江苏卷》、胡迎建《鄱阳湖历代诗词集注评》（江西人民出版社2015年版）
瞿佑（一作瞿祐）	字宗吉。浙江人，徙金陵	《通鉴纲目集览镌误》3卷（瞿佑撰）	《江苏卷》、张金吾《爱日精庐藏书志》
张氏	建邺人	《开元天宝遗事》2卷（五代王仁裕撰）	《江苏卷》
徐镕	字春沂。应天府人	《南阳活人书》20卷（宋朱肱撰）	《江苏卷》、瞿冕良《中国古籍版刻辞典》
王潢	字元倬。江宁人。复社成员	《伐檀稿》不分卷（王潢撰）	《江苏卷》、清张穆《顾炎武年谱》
王箬	字小岗。江宁人。以旂子	《王襄敏公集》2卷（明王以旂撰）	《江苏卷》

刻书家	刻书家简历	刻书目	文献来源
吴韺	字众香。江宁人	《文泉子》6卷(唐刘蜕撰)、《唐孙樵集》10卷(唐孙樵撰)、《皇甫持正集》6卷(唐皇甫湜撰)	《江苏卷》、瞿冕良《中国古籍版刻辞典》
甘畅	字旭甫。江宁人	《集古印谱》5卷(甘畅撰)	《江苏卷》《广印人传》
卢雍	字廷佐。江宁人。进士,官湖广布政使	《辽海编》4卷(明倪谦撰)	《江苏卷》
司马泰	字鲁瞻。江宁人。进士,官济南知府	《内台集》4卷(明王廷相撰)、《大明一统赋》3卷(明莫旦撰)、《边华泉集》8卷(明边贡撰)、《半洲稿》4卷[明蔡经(即张经)撰,《北寓稿》1卷《南行稿》1卷《西征稿》1卷《东巡稿》1卷]	《江苏卷》、瞿冕良《中国古籍版刻辞典》
沈朝阳	字宗明。江宁人。贡生	《皇明隆庆两朝闻见记》12卷(明沈越撰)	《江苏卷》
李蓘	字杜若。江宁人(一说淮南人)	《摅探十种》7卷(明李蓘编。明顾元庆《云林遗事》1卷、明杨循吉《联句诗纪》1卷、明杨循吉《往哲录》1卷、宋石茂亮《避戎夜话》1卷、明文林《琅琊漫抄》1卷、明阎季卿《二科志》1卷、宋卢襄《西征记》1卷、元徐颙《稗传》1卷、明朱承爵《存余堂诗话》1卷、明都穆《听雨纪谈》1卷)	《江苏卷》、瞿冕良《中国古籍版刻辞典》
吴自新	(1541—1593)字伯恒。祁门人,徙江宁。进士,官至刑部右侍郎	《李杨二子遗稿》18卷(明李澄编)、《许太常归田稿》10卷(明许毂撰)	《江苏卷》、吴德厚《江宁历史文化大观》(南京出版社2008年版)
吴发祥	(1578—?)江宁人	《萝轩变古笺谱》不分卷(吴发祥编),此书为饾版套印之始	《江苏卷》、瞿冕良《中国古籍版刻辞典》
何湛之	(1551—1612)字公露。江宁人。进士,官至浙江按察使	《陶靖节集》2卷、《韦苏州集》10卷	《江苏卷》、瞿冕良《中国古籍版刻辞典》

刻书家	刻书家简历	刻书目	文献来源
余怀	（1616—1696）字澹心。莆田人，徙江宁	《韦苏州集》10卷	《江苏卷》、龚斌和范少琳《秦淮文学志》（黄山书社2013年版）
余光	字晦之。江宁人。进士，官至浙江道御史	《王氏家藏集》41卷《内台集》9卷《慎言集》12卷《雅述》3卷（明王廷相撰）	《江苏卷》、瞿冕良《中国古籍版刻辞典》
杨抡	字桐庵。江宁人	《太古遗音》不分卷《伯牙心法》1卷（杨抡撰）	《江苏卷》
张益	字士濂。江宁人。进士，官修撰	《唐诗绝句选》5卷（宋谢枋得注）	《江苏卷》
张汝元	字太初。江宁人	《修禊阁稿》2卷（张汝元撰）	《江苏卷》
张天植	秣陵人	《石门洪觉天厨禁脔》3卷（释惠洪撰）	《江苏卷》
张三锡	字叔承。江西盱江人，移居江宁	《医学六要》17卷（张三锡编）	《江苏卷》、高希言等《中医大辞典》（山西科学技术出版社2017年版）
张中立	江宁县丞	《大明一统赋补》4卷（明莫旦撰）	《江苏卷》
赵淮	江宁人。举人	《群书会元截江网》35卷	《江苏卷》
袁应兆	字瑜石。江宁人。举人，休宁教谕	《历朝通略》4卷（元陈栎撰）	《江苏卷》
顾起元	（1565—1628）字太初。江宁人。进士，官至吏部左侍郎	《客座赘语》10卷（顾起元辑）、《归鸿馆杂著八种》（顾起元辑，《中庸外传》2卷首1卷、《顾氏小史》10卷、《金陵古金石考目》1卷、《壶天映语》1卷、《遁园居士批注庄子内篇》1卷、《遁园漫稿》4卷、《蛰庵日录》1卷、《遁园居士戏墨》1卷）、《升庵外集》100卷（明杨慎撰）、《卓氏遗书》2卷（明卓敬撰）	《江苏卷》、申畅等《中国目录学家辞典》（河南人民出版社1988年版）

刻书家	刻书家简历	刻书目	文献来源
顾起凤	(1583—?)字羽王。江宁人。进士，官至户部主事。顾起元弟	《说略》60卷(明顾起元撰)	《江苏卷》、张清河《晚明诗学年表初编》(四川大学出版社2015年版)
徐珫	1490年前后在世，字信之。江宁人。进士，官至浙江布政使参政	《梦溪笔谈》26卷(宋沈括撰)	《江苏卷》、王鹏善编《钟山诗文集》(东南大学出版社2013年版)
徐扬光	字仲芳。江宁人。进士	《国史纪闻》12卷(明张铨撰)	《江苏卷》，吴慰祖校订《四库采进书目》(商务印书馆1960年版)
焦竑	字弱侯。江宁人。进士，官至翰林院修撰	《两苏经解七种》64卷(苏轼《东坡先生易传》9卷、苏轼《东坡先生书传》20卷、苏辙《颍滨先生诗经集传》19卷、苏辙《颍滨先生春秋集解》12卷、苏辙《论语拾遗》1卷、苏辙《颍滨先生道德经解》2卷、苏辙《孟子解》1卷)、《坡仙集》16卷(苏轼撰，明李贽评)、《焦氏笔乘》14卷(焦竑撰)、《诗学会通大成》30卷(焦竑辑)、《中原文献》24卷(焦竑辑)、《陶靖节先生集》8卷、《澹园集》49卷《澹园续集》27卷(焦竑撰)、《许文穆公集》6卷(明许国撰)、《谢康乐集》4卷(南朝宋谢灵运撰)、《藏书》28卷《续藏书》27卷(明李贽撰)、《养正图解》1卷、《焦氏类林》8卷、《栖霞小志》1卷(明盛世泰撰)、《易筌》6卷《附录》1卷(焦竑撰)	《江苏卷》《明史》卷二百八十八
董天胤	字善佑。江宁人	《南国贤书》6卷《前编》2卷(明张朝瑞辑，明许天叙增)	《江苏卷》《金陵全书》(南京出版社2000年版)
王文光	字有孚。上元人。举人，官至定海令	《日本考略》1卷(明薛俊撰)《补遗》1卷(王文光撰)	《江苏卷》、瞿冕良《中国古籍版刻辞典》

刻书家	刻书家简历	刻书目	文献来源
王可大	字元简。上元人。进士，官台州知州	《逊志斋集》24卷（明方孝孺撰）、《国宪家猷》56卷（王可大撰）	《江苏卷》，卢如平《历代台州知府传略》（浙江大学出版社2017年版）
王起宗	字振之。上元人。举人，官漳州知州	《东西洋考》11卷（明张燮撰）	《江苏刻书》
王九之	字钦佩。上元人。进士，官南京太仆寺少卿	《集千家注批点补遗杜工部诗集》26卷《附录》1卷《年谱》1卷	《江苏卷》、沈德潜编《明诗别裁集》
王韦①	字钦佩。江浦人。进士	《集千家注批点杜工部诗集》26卷《附录》1卷（元高楚芳编）	《江苏卷》
许荣	字孟仁。上元人	《袖珍方》4卷	《江苏卷》
许应申	上元人。许榖子。	《鹤江先生颐贞堂稿》6卷（明许榖辑，薛应旂校）	《江苏卷》
谢少南	字应午。上元人。进士，官河南布政使	《泾野先生五经说》21卷（明吕柟撰。《泾野先生周易说翼》3卷、《泾野先生尚书说要》5卷、《泾野先生毛诗说序》6卷、《泾野先生礼问》2卷、《泾野先生说志》5卷）、《谢子象诗集》15卷（明谢承举撰）、《三辅黄图》6卷、《九边图论》1卷（明许论撰）	《江苏卷》
李熙	字师文。上元人。官至浙江按察使	《龟山先生集》16（明金俸撰）、《明刑哀鉴》3卷（明金俸撰）	《江苏卷》、方彦寿《建阳刻书史》（中国社会科学出版社2003年版）

① 据杜信孚纂辑《明代版刻综录》（江苏广陵古籍刻印社，1983年），王韦疑即王九之。

刻书家	刻书家简历	刻书目	文献来源
李登	字士龙。上元人。贡生,崇仁教谕	《冶城真寓存稿》8 卷《续稿》22 卷(李登撰)、《掘古遗文》2 卷(李登撰)	《江苏卷》
陈凤	字羽伯。上元人。进士,官广西参议	《王右丞集注》28 卷、《孟浩然集》4 卷、《方城均田志》1 卷(明吕琦撰)	《江苏卷》
何世守	上元人。举人,吉安府通判	《荣忠录》10 卷(明何世守撰)、《金子有集》1 卷(明金大车撰)	《江苏卷》
张天植	秣陵人	《石门洪觉天厨禁脔》3 卷(宋释惠洪撰)	《江苏卷》
周晖	字吉甫。上元人	《金陵琐事》8 卷(周晖撰)	《江苏卷》
胡汝嘉	(1529—1578)字懋汝。进士,山西参议	《泌南稿》2 卷(胡汝嘉撰)、《绿雨楼诗集》6 卷(明吴镆撰)	《江苏卷》、孙克强等《金元明人词话》(南开大学出版社 2012 年版)
赵兑	字鹭洲。内江人,徙上元。进士,常州知州	《事类赋》30 卷(宋吴淑撰)	《江苏卷》
俞彦	字仲茅。上元人。进士,光禄寺少卿	《俞氏爱园印谱》4 卷(俞彦篆)	《江苏卷》
姚让	字文敏。上元人	《南雍志》18 卷	《江苏卷》
姚汝循	(1535—1597)字叙卿。上元人。进士,大名知府	《参同契经文分解》(题汉魏伯阳,元陈致虚解)《笺注分节解》3 卷(题汉徐景修撰)《三相类》2 卷(题汉淳于叔通撰,元陈致虚解)、《至游子》2 卷	《江苏卷》、瞿冕良《中国古籍版刻辞典》
姚履施	字允吉。江宁人。贡生	《孔门传道录》16 卷(明张朝瑞辑)	《江苏卷》

刻书家	刻书家简历	刻书目	文献来源
姚履旋	字允吉。上元人。举人,巴东县令	《摭古遗文》2卷(明李登辑,姚履旋补)、《孔门传道录》16卷(明张朝瑞撰)	《江苏卷》、徐耀新《南京文化志》
顾璘	(1476—1575)字华玉。吴县人,寄寓上元。进士,南京刑部尚书	《逊志斋集》24卷(明方孝孺撰)、《批点唐音》15卷(明杨士弘辑)	《江苏卷》、卢如平《历代台州知府传略》(浙江大学出版社,2017)
倪岳	(1444—1501)字舜咨,上元人。进士,礼部尚书	《辽海编》4卷(明倪谦撰)、《倪文僖公集》32卷(明倪谦撰)	《江苏卷》、许焕玉等《中国历史人物大辞典》(黄河出版社1992年版)
王绍冈	室名"修竹馆"	《石室秘录》10卷(明王绍冈、徐室撰)	《江苏卷》
徐时建	上元人	《怀柏先生诗集》10卷(明徐霖撰)	《江苏卷》
盛世泰	字仲交。上元人。贡生	《秣陵盛氏族谱》2卷(盛世泰撰)、《游燕杂记》2卷(盛世泰撰)	《江苏卷》
谭廷臣	上元人	《荒政汇编》2卷(明何淳之辑)	《江苏卷》
蒋山	字祈镇。上元人	《南藏》6331卷	《江苏卷》
袁文纪	字邦正。六合人。举人,龙游县令	《友石山人遗稿》1卷(元王翰撰)	《江苏卷》
孙国敉	(1582—?)字伯观。六合人。举人,中书舍人	《读书通》2卷(孙国敉)	《江苏卷》、王灿炽《孙国敉及其〈燕都游览志〉述略》
丁明登	(?—1645)字元龙。江浦人。进士,衢州知府。佛教居士	《兰闺秘方》2卷(丁明登辑)、《医方集宜》10卷(明丁凤撰)	《江苏卷》、张志哲《中华佛教人物大辞典》

刻书家	刻书家简历	刻书目	文献来源
弓元	字大方。江浦人。进士,岳州府推官	《定山集》10 卷(明庄昶撰)	《江苏卷》
石淮	(约 1448—1602)江浦人。进士,督河南学政	《伤寒必用运气全书》10 卷(明熊宗立辑)	《江苏卷》《江浦文史》第 3 辑(1988)
吴泰	江浦人。进士,抚州知州	《康斋先生文集》12 卷(明吴与弼撰)	《江苏卷》
张瑄	字廷玺。江浦人。进士,官至南京刑部尚书	《运览漫录》7 卷(明李祯撰)、《白云集》4 卷(元许谦)、《周礼集说》11 卷《纲领》1 卷《复古编》1 卷(元陈友仁撰)、《经济文集》7 卷(明李士瞻撰)	《江苏卷》、《明史》卷一百六十
蔡日兰		《秘传经验痘科玉函集》6 卷(明丁凤撰)	《江苏卷》
王洛川	金陵人	《新刊大宋宣和遗事》4 卷	《江苏刻书》
叶应祖	金陵人	《王百穀全集》21 种 42 卷(明王稺登撰。子目:《晋陵集》2 卷、《国朝吴郡丹青记》1 卷、《金昌集》4 卷、《虎苑》2 卷、《燕市集》2 卷、《吴社篇》1 卷、《青雀集》2 卷、《生圹志》1 卷、《客越志》2 卷、《苦言》1 卷、《荆溪疏》2 卷、《竹箭编》2 卷、《延令纂》2 卷、《越吟》2 卷、《采直篇》2 卷、《屠先生评释谋野集》4 卷、《法因集》2 卷、《明月篇》2 卷、《雨航纪》1 卷、《采真篇》1 卷、《青苔集》4 卷)	《江苏刻书》
叶如春	金陵人	《螺冠子咏物诗》26 卷《茶歌》1 卷《酒咏》1 卷(明周履靖撰)	《江苏刻书》
杨明峰	金陵人	《新锲龙兴名世录皇明开运武传》8 卷	《江苏刻书》
杨君觊	金陵人	《六书本义》12 卷《图》1 卷(明赵㧑谦撰)	《江苏刻书》
李潮	字时举。金陵人	《诗通》4 卷(明陆化熙撰)、《小窗清笈》4 卷(明吴从先撰)、《新刻刘云峤太史摘纂然然故事》不分卷(明刘日宁编)	《江苏刻书》

刻书家	刻书家简历	刻书目	文献来源
吴谏	字继宗。金陵人	《黄帝素问宣明论方》17卷（金刘完素撰）序后有"万历乙酉岁夏月榖旦金陵三山街吴谏重刊"牌记	《江苏刻书》
吴小山	金陵人	《字字珠新集》6卷（明项桂芳辑）	《江苏刻书》
吴继宗	金陵人	《注释六子要语》6卷（明桂天祥辑，明王良材注释）、《刘河间伤寒三书》20卷（金刘完素撰）	《江苏刻书》

就刻书种类而言，明代南京家刻书籍"主要为经史子集等正统文学，无一部戏曲或小说；其次是医书、地理志、金石图考等；所刻书籍多为刻书者自著或藏书，或者友人的著作"①，除此之外，还有几点需要说明。

第一，明代南京私家刻书者多为文人、学者型藏书家。如上元人王元贞出生诗书之家，曾祖、祖、叔祖、父皆有名一时。金陵曾有疫病流行，死者多，王元贞则捐千金，赈济贫困，掩埋路尸，又修建文庙为国育才。家在秦淮，构阁名卧痴。有桂园在回光寺前，万历二十年（1592），与姚汝循、陈宏世、柳应芳、陈所闻、李登、王元坤等结诗社"白社"（一名"白门诗社"）。著有《桂园社草》《卧痴阁集》等。王元贞还精校勘，曾校勘焦竑《老子翼》《庄子翼》等。② 又如朱之蕃，本为山东茌平人。自幼能文善书，事亲孝，随父寓居南京，明万历二十三年（1595）殿试第一人。三十三年，加服，出使朝鲜，遇属国君臣，轻重有体，朝鲜人

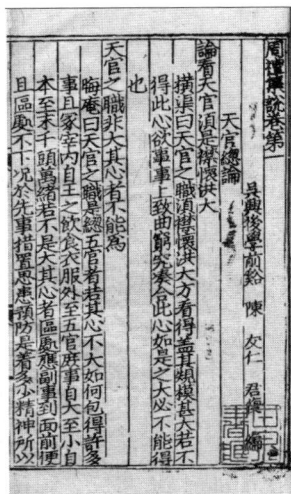

图 4-2-3 《周礼集说》十一卷 元陈友仁辑 明成化十年（1474）张瑄刻本 南京图书馆藏

---

① 韩春平编：《明清时期南京通俗小说创作与刊刻研究》，暨南大学出版社 2012 年版，第 43 页。
② 魏守馀：《秦淮夜谈》第 14 辑《秦淮人物志》，南京市秦淮区地方史志编纂委员会 1999 年印，第84 页。

极口颂之。归来后,升任礼部右侍郎,摄工部,公事之余辑朝鲜诗人柳根诗《东方和音》。于谢公墩北(今秣陵路与朝天宫之间)筑小桃源,收藏在朝鲜搜购的中国文物、古玩、字画、金石等。著有《玉堂屋正字义韵律海篇心镜》《奉使朝鲜稿》《兰嵎诗文集》《南还杂著》《莫愁旷览》等。所刻书以自著为主,多数流传至今。

第二,明代南京私人刻书家中出现了一位杰出的女性。古代女性藏书家已是寥寥,而女性刻书家更是凤毛麟角。明代南京出现的唯一一位女性刻书家名杨宛(1612?—1644),字宛淑。室名玄樯室。杨宛幼为金陵名妓,16 岁归茅元仪。《静志居诗话》说:"止生(茅元仪字)得宛淑,深赏其诗,序必称内子。既以遣荷戈,则自诩有诗人以为成妇。兼有句云:'家传傲骨为迁叟,帝责词人作细君。'可云爱惜之至。"①杨宛著有《钟山献》4 卷,其诗作颇受时人称道,茅元仪评曰:"其于诗游戏涉略,若不经意,然无枯涩之色,鲜润流利。"②天启四年(1624),杨宛刻印自撰《钟山献》4 卷,崇祯四年(1631),又刻印《钟山献续》1 卷《再续》2 卷《三续》2 卷。在那个女性社会地位低下的时代,一个年轻的女性能够将自己的诗文集一再付梓,流传世间,该有多大的勇气!这一不同寻常的举动,让她永远流芳刻书史。不过,这位女性刻书家太有个性,钱谦益记载说:"宛多外遇,心叛止生。止生以豪杰自命,知之而弗禁也。止生殁,国戚田弘遇奉诏进香普陀,还京道白门,谋取宛而篡其资,宛欲背茅氏他适,以为国戚可假道也,尽囊装奔焉。戚以老婢子畜之,俾教其幼女。戚死,复谋奔刘东平,将行而城陷,乃为丐妇装,间行还金陵,盗杀之于野。宛与草衣道人为女兄弟,道人屡规切之,宛不能从。道人皎洁如青莲花,亭亭出尘;而宛终堕落淤泥,为人所姗[讪]笑,不亦伤乎!"③能无悲乎!

第三,明代南京私家所刻书质量上乘。据瞿冕良《中国古籍版刻辞典》记载,很多徽州籍黄姓刻工于明清时期活跃于南京刊刻业,被誉为"雕龙手",故有明一代南京刻书整体质量远远超越其他地区。家刻非

① (清)朱彝尊:《静志居诗话》卷二十三,人民文学出版社 1990 年版,第 767 页。
② 茅元仪之语见朱彝尊《静志居诗话》卷二十三"杨宛"所附,人民文学出版社 1990 年版,第 767 页。
③ (明)钱谦益:《列朝诗集小传·闰集》,古典文学出版社 1957 年版,第 773—774 页。

商业赢利,主其事者多学者或藏书家,他们既有余财,更有学识,眼界较高,因而在典籍的选择、图书的校勘方面有先天优势。此外,这一时期金陵聚集了大量的徽州刻工,尤其是那些擅长绘刻书版的徽人游走各家,为南京刻书业的辉煌作出了重要贡献。如江宁人吴发祥刻《萝轩变古笺谱》不分卷,是目前发现的存世最早的笺谱。该书为颜继祖辑稿,吴发祥刻版,明天启六年(1626)刊于金陵。此书为饾版,实为套印之始。版心框高21厘米,宽14.5厘米,白口,四周单栏,每版一页两面,版口直行"萝轩变古笺谱"6字。共收178幅画笺,分装上、下两册,明代黄锦纸印制。全书有画幅178面,内容多为文人雅好、案头清供或典故象征。典故象征是当时流行的做法,比如画水中荡漾的一只小船,上面放满帙册画轴,题"书画船",应和的是黄庭坚《戏赠米元章》诗:"沧江静夜虹贯月,定是米家书画船。"这描绘的是米芾痴迷书画,所到之处必以书画相随的掌故。《萝轩变古笺谱》多用白描线条,雕刻精致细腻,套色古雅沉静,符合笺纸细巧的特点。它不致喧宾夺主,须留有余地给书写者,又可以把玩馈赠,唱和求墨宝,实在是交游的妙品。[1]

四、宗教刻书

江苏古代刻书事业从一开始便与佛教典籍的刊刻有着密不可分的关系,随着道教的兴盛,道藏刊刻逐渐加入进来,而到了明代,西方天主教传入中国,汉译经典也开始版刻流行,中国传统的方外刻书又多了天主教典籍部分,故本部分以"宗教刻书"称之。

(一)佛教刻书

朱元璋在参加反元义军前曾两度出家为僧,建立大明王朝后,对佛法愈加崇奉,沈德符称"我太祖崇奉释教,观宋文宪《蒋山佛会记》,以及诸跋,可谓至极隆重"[2]。作为明初首都,南京佛教事业很快得到了复兴,据统计,"至天启七年(1627),南京有灵谷寺、天界寺、报恩寺3大刹;栖霞寺、鸡鸣寺、静海寺、弘觉寺、能仁寺5个次大刹;普德寺、清凉寺、金陵寺、碧峰寺、幽栖寺、西天寺、永庆寺、吉祥寺、弘济寺、瓦官寺、

---

① 邵文菁:《中国笺纸笺谱》,浙江摄影出版社2017年版,第91页。
② (明)沈德符:《万历野获编》卷二七《释道·释教盛衰》,中华书局1959年版,第679页。

鹫峰寺等 32 中刹；华严寺、唱经楼、徊光寺、天隆极乐寺等 128 处小刹；另有不具名小刹 100 余处"①。寺院的复兴带来了佛教事业的全面发展，佛藏的刊刻工作在朱元璋的过问下及早开展起来。洪武五年（1372），为修复战争创伤，明太祖亲临蒋山寺②，广召江南名僧至金陵，设"广荐法会"，超度战乱亡灵。并敕令宗泐等高僧校理藏经，并于当年在蒋山寺镂版，二十四年（1391）全藏刊刻初步完成。后又不断增补和重校，至洪武三十一年（1398）全部刻成，版存金陵天禧寺（大报恩寺前身），这就是有名的《洪武南藏》，又名《初刻南藏》，通称《南藏》。全藏 678 函，千字文编次"天"字至"鱼"字，1600 部，7000 多卷。③ 镂板 57160 块。每半页 6 行，行 17 字。梵夹装。

《洪武南藏》的刊刻有两点需要说明。

一是刊刻底本。虽然明代刷印多部，但是几百年后，《洪武南藏》存世极少。1934 年，在四川省崇庆县上古寺中发现全套印本（略残，并杂有部分补抄本和坊刻本），吕澂及时赶到现场观摩，曾对《洪武南藏》做过专门研究。其《南藏初刻考》认为，《洪武南藏》基本部分 591 函（千字文编号从"天"到"烦"），纯系碛砂版藏经的翻刻。大体上说，《洪武南藏》还是保存着《碛砂藏》的原来面目。现存《碛砂藏》印本不算完全，有了《洪武南藏》的参校，很多缺略或差错的地方都可以得到增订。特别是从校勘方面看，《洪武南藏》是对《碛砂藏》原本做了点校的，还在《般若》等大部经里更多用一些精校的妙严寺刻本，所以它的优点要比《碛砂藏》多。另外，《洪武南藏》收录禅宗语录一类的书较多，启发了刻经向这一方面发展。④ 吕澂对《洪武南藏》的研究与考证，给后人以很大的

---

① 赵德兴、蒋少华：《南京佛教小史》，东南大学出版社 2012 年版，第 88 页。

② 蒋山寺始建于南朝梁天监十三年（514），梁武帝改名为开善精舍；唐朝乾符年间改名为宝公院；宋朝开宝间更名为开善场，太平兴国年间改名为太平兴国禅寺，其后又改名十方禅院、蒋山寺；明太祖选择钟山西边为皇家陵园后，就把寺庙迁到东南麓，赐名灵谷禅寺。

③ 数字来源于《中国大百科全书·宗教卷》之"汉文大藏经"条，中国大百科全书出版社 1988 年版，第 153 页。张秀民则称《洪武南藏》共 636 函（一作 635 函），千字文编号始"天"字号，终"石"字号，全藏 6331 卷，镂板 57160 块。见张秀民《张秀民印刷史论文集》，印刷工业出版社 1988 年版，第 143 页。

④ 吕澂：《吕澂集》，中国社会科学出版社 1995 年版，第 246—249 页。原文载《内院杂刊·入蜀之作二》，四川江津 1938 年印；《欧阳大师遗集》第二卷，台北新文丰出版公司 1976 年版，第 1471—1484 页。

启发。

二是南藏结构和刊刻结束时间。以《中国大百科全书》为代表,学术界一般都认为《洪武南藏》的刊刻始洪武五年讫洪武三十一年(1372—1398),结构貌似完整。而事实上,《洪武南藏》的基本结构分为正藏和续藏两部分,其中,正藏591函,为翻刻《碛砂藏》而成,续藏87函,为新增入藏。这也是吕澂最早发现的,但是他没有刻意用正藏和续藏的称呼。日本学者野泽佳美经过研究指出,现收入续藏经中的《古尊宿语录》卷八末尾有这样一段题记:"大明 改元巳卯春,佛心天子重刻大藏经板。诸宗有关传道之书,制许收入。然吾宗虽不执语言文字,若古尊宿语录,实后学指南,又不可无者……岁月云越三年,壬午春,僧录司左讲经兼鸡鸣禅寺住持沙门幻居净戒谨识。"《古尊宿语录》是编纂《洪武南藏》续藏时初次入藏的禅籍,编者为定严净戒(号幻居),且该题记没有被后来的《永乐南藏》版的《古尊宿语录》所收,重要性于此可见。其中"大明 改元巳卯春"中的"巳"应为"己","己卯年"即建文元年(1399),两个空格应为"建文"二字,"佛心天子"指的是建文帝。众所周知,"建文"两字之所以被铲削,乃永乐帝推行的"革除"行为所致。正藏刊刻完成之前,建文帝决定追加续藏,建文三年(1401)冬正藏刊刻完成,便命僧录司正式开始对新编增入续藏佛殿的选定和编纂工作。题记中的"壬午"为建文四年(1402),可知,建文元年,朱允炆制许将"诸宗"典籍新编入藏,收入正在雕刻的《洪武南藏》正藏中。建文三年(1401),续藏开始雕版,净戒随即着手将《古尊宿语录》收入续藏中,到建文四年(1402)完成。但随即因为"靖难"战火而中断。到了永乐二年(1404),改由已经升座为灵谷寺住持的净戒开始重新编纂续藏,到永乐十一年(1413)进入刻版阶段,而续藏的刻版工作最终于永乐十二年(1414)仲冬结束。[①]

《洪武南藏》刻成后,版贮藏天禧寺,外地来南京的和尚可以在经铺内住宿印经,每印1部,须付报恩寺板头钱20两。蒋山寺靠这些经版,

① 参见[日]野泽佳美《明初的两部南藏——再论从〈洪武南藏〉到〈永乐南藏〉》,《藏外佛教文献》2008年1期。

每年可得几百两银子的收入。① 但好景不长，一场大火悄然而至。永乐十一年（1413），"有无籍僧本性，以其私愤，怀杀人之心，潜于僧室放火，将寺焚毁。崇殿修廊，寸木不存。黄金之地，悉为瓦砾；浮图煨烬，颓裂倾欹；周览顾望，丘墟草野。……"②这场人为的火灾焚毁了《洪武南藏》的绝大部分版片，为古代刻书史上一次巨大的灾难。

明成祖也是一位佞佛的帝王，永乐年间，"京师聚集僧道万余人，耗廪米百余石"③，"南京敕建报恩寺，役囚万人"④。永乐皇帝处理政事之余大多数时间在研读佛经，并将心得体会以序、跋、赞等多种形式记录下来。他对大藏经的整理工作深感兴趣，《永乐大典》编成后，也就是永乐七年（1409），朝廷即委派部分编纂人员转而从事大藏经的校勘工作，但天不遂人意，雕版毁于大火。励精图治的明成祖遂谋划重雕大藏经，此项工作始于永乐十一年（1413）报恩寺新建完成后。此次所雕称为《永乐南藏》，或称《明再刻南藏》。雕造工作是在僧录司的领导下进行的，在雕造期间出任僧录司的官员已知的有道衍（字斯道，赐名姚广孝）、道成（字鹫峰，别号雪轩）、净戒（字定岩，号幻居）、智光（字无隐）、一如、思扩等，其中道成经历过这三次刻藏（包括《北藏》）工作，而净戒参加了南藏的两次刻版，在大藏经雕刻史上留下光彩的一笔。

吕澂指出，《明再刻南藏》的藏经刻版是在《初刻南藏》的基础上加以改编的，但是受到元代《至元法宝录》的启发，在全部编次方面作了一大改革。之前各版藏经都以《开元录》为据，先分大小乘，再各别细分经律论，并将宋代陆续入藏各书、译典和著述交互夹杂地附在后面，显得凌乱无序。《永乐南藏》则改变了这一编法，先分经律论，再各分大小乘，而将宋元续入各书分别附在三藏之末，这就清楚得多了。⑤

关于《永乐南藏》的刊毕时间，据《金陵梵刹志》记载，永乐十八年（1420）"十二月十八日，行在僧录司左觉义慧进等谨题：'为誊写藏经

---

① 江澄波等：《江苏刻书》，江苏人民出版社1993年版，第83页。
② （明）朱棣：《重修报恩寺勅》，张惠衣《金陵大报恩寺塔志》，南京出版社2007年版，第55页。
③ （清）张廷玉等：《明史》卷一百六十四《邹缉传》，中华书局1974年版，第4436页。
④ （清）张廷玉等：《明史》卷一百五十七《郑辰传》，中华书局1974年版，第4292页。
⑤ 吕澂：《吕澂集》，中国社会科学出版社1995年版，第246—249页。

事。除誊见行打点查对外,今查得《联珠颂古》等,皆系南京藏内增入,请旨合无除去,惟复刊入?,"①此次奏请四件佛经有《联珠颂古》21卷、《古尊宿语》《续传灯录》36卷和《佛祖统纪》45卷(已至全藏末尾),故"由此说明,最迟至永乐十八年(1420)《永乐南藏》已刊竣"②。

《永乐南藏》共636函,始自"天"字函的《大般若经》,终于"碣"字函的《佛祖统纪》。全藏6331卷,经板共57160块,用纸110526张,其中全页纸107782张,尾半页纸2744张。③ 印刷流通是由南京礼部祠祭清吏司管理的。为规范寺院经板管理和藏经的刷印,专门制定了管理条例,并两度刻碑铭记。因万历年间经铺与管经僧串通,印经纸绢质次价高,或以纸充绢,拖延工期,致使请经僧万般无奈,状告至礼部,礼部为之立案查处,事情才逐渐得以解决。当时参与《永乐南藏》印刷的经铺很多,据日本学者野泽佳美研究可知,留在《永乐南藏》上面的坊铺文字者有聚宝门姜家来宾楼、聚宝门外徐政印行、南京聚宝门外第三牌楼边师姑巷里经坊徐筇泉印行、聚宝门里三坊巷口经房徐后山印行、聚宝门里皇殿廊经房徐后山印行、聚宝门外报恩寺前徐龙山印行、聚宝门外徐云泉印行、聚宝门里西廊周铺印行等近20家印行。④

嘉靖二十九年(1550)以前,《永乐南藏》续刻了三函经卷入藏,分属于"石""钜""野"字三函,包括《维摩诘所说经注》6卷、《大方广圆觉经略疏注》4卷(卷上之一、之二;卷下之一、之二)和《般若波罗蜜多心经集注》1卷、《翻译名义集》14卷。这三函经本均有句读,有别于正藏。明万历初年,奉慈圣皇太后懿旨,曾将未入藏的佛教典籍,新刊41函续入大藏经。由于其版式与《永乐北藏》相同,不适于续补《永乐南藏》,因此在南京大报恩寺又开始了续刻41函经的工作。第二次续刻经板始于万历三十年(1602),至万历四十四年(1616)前后,《永乐南藏》的第二次续刻应已完成。另外需要说明的是,41函续藏的雕版已改用宋体

---

① (明)葛寅亮:《金陵梵刹志》卷二《钦录集》,南京出版社2011年版,第85—86页。

② 李富华、何梅:《汉文佛教大藏经研究》,宗教文化出版社2003年版,第408页。

③ 数字统计来源于(明)葛寅亮《金陵梵刹志》卷四十九《南藏目录》,南京出版社2011年版,第688—725页。

④ 参见[日]野泽佳美《明代大藏经史の研究——南藏の歴史学的基礎研究》,日本汲古书院1998年版,第308页。

字,有别于正藏。①

"永乐南藏"的刻本目前存世者稀少。据《中国古籍善本书目》著录,天津图书馆、苏州市西园寺、吴县光福司徒庙、福建泉州开元寺、福州鼓山涌泉寺、河南新乡图书馆、甘肃省图书馆等单位各藏有 1 部,全国共不过 7 部。两部《大藏经》的刊刻不独在明代南京刻书史上,放在古代刻书史上也是一次巨大的文化工程。

(二) 天主教堂刻书

从明中叶起,天主教的耶稣会、多明我会、方济各会、巴黎外方传教会相继来华。万历十年(1582),耶稣会士利玛窦逐步深入我国内地,打开传教局面。他以传播科学知识为媒介,以天主教教义与儒家伦理观念相融合为传教方针进行传教,并撰写了《天主实义》一书。利玛窦还成功地发展徐光启、李之藻等人为第一批中国天主教徒,并逐步得到朝廷的信任,参与修订历法,掌管钦天监。一时间,明廷贵族中领洗入教者多达 500 余人,至明末,全国约有教徒 15 万余人。在南京,天主教的传播很快,教友中很多是劳动人民,有挑脚结网、种菜烧饭、卖糕、木工为业等等。但是,随着信仰天主教的中国人数增多,天主教在南京的影响力日渐扩大,传教活动日益张扬,来华传教士不但自夸西洋风土人物远胜中华,甚至公开批评中国儒释道等传统文化,从而引起南京地方官员的高度警觉,最终酿成了万历四十四年(1616)的"南京教案"。"南京教案与近代教案相比,规模相对较小,只有十几名传教士和数十名信徒遭到迫害,但南京教案对明末清初的中西文化交流有着深刻的影响,它是西方基督教文化与中国传统文化意识形态一次正面冲突。"②此次事件中受到迫害的就有一位名叫周用的刻书家,究其原因在于刊刻了几部天主教书籍。

史载周用"六十八岁,江西抚州府东乡县人。一向在京居住,开设书铺,并刷书生理。万历三十八年(1610)正月内,王丰肃雇用刷天主经,因与用说:'你年纪老大,何不从天主教,日后魂灵可升天堂?'用遂

---

① 参考李富华、何梅《汉文佛教大藏经研究》,宗教文化出版社 2003 年版,第 411—413 页。
② 周志斌:《晚明"南京教案"探因》,《学海》2004 年第 2 期,第 106 页。

入教"①。从供词来看,周用之加入天主教没有什么宏大的志向,只是抱着死后灵魂可以升天的朴素愿望,也是因为入教的原因很简单,且只是刊刻天主教典籍,故官府最终对周用从宽处理。

被捕之前,周用在南京教堂内先后刊印《交友论》《畸人十篇》和《山海舆地全图》三部典籍。

《交友论》不分卷。原名《友论》,利玛窦著。据利玛窦自己说,万历二十三年(1595)他在南昌时,驻节此地的建安王朱多㸅对他说:"凡有德行之君子,辱临吾地,未尝不请而友且敬之。西邦为道义之邦,愿闻其论友道何如。"②利玛窦认为,回答这个问题在当时的社会气氛中,是一件十分有意义的事情,因此,他仅用两月时间,把自己早年学习与掌握的西方哲人有关友道、友谊的论述,首先翻译成中文,然后选择其中具有普遍意义的格言、名言与警句,加以修饰,最后依据中国人的心理把它们编辑起来。利玛窦在大量摘引欧洲人的著作外,还使用了《诗经》《礼记》《论语》等汉文经典,非常适应中国人的口味和心理。书成之后,马上被赣州知州周大用雕刻出版,更名《交友论》。③ 万历二十七年(1599),周用再刻于南京。

《畸人十篇》2卷。利玛窦撰。体裁采取自设问答的形式,以申天主教之说。明万历二十八年(1600)利玛窦来京师觐见时呈献给明廷,均以中文翻译过来。明万历三十六年(1608)初刻,李之藻收入《天学初函·理编》中。第二年,周用便在南京教堂重新刊刻流传。

《万国舆图》又名《山海舆地全图》。利玛窦制。利玛窦自万历十年(1582)八月到澳门,第二年九月到肇庆,在其住院悬有舆图一幅,当时文人学士见之,莫不惊异,于是制《坤舆万国全图》。第一图创制于万历十二年(1584),已遗失。第二图为万历二十七年(1599)南京某大员仿制。利玛窦到北京后,官绅有请求重制者,于是在万历三十年(1602)刊刻第三图,是年并重印,共8幅,亦亡佚。万历三十六年(1608),受万历

---

① (明)吴尔成:《会审钟明礼等犯一案》,(明)徐昌治《圣朝破邪集》卷二,安政乙卯(1855)冬翻刻版。
② [意]利玛窦:《交友论》,朱维铮主编《利玛窦中文著译集》,复旦大学出版社2001年版,第107页。
③ 关于《交友论》的初次版刻时间和地点问题,参阅邹振环《晚明汉文西学经典:编译、诠释、流传与影响》,复旦大学出版社2011年版。

皇帝之请,利玛窦重修第三图,并付之剞劂。① 万历二十八年(1600),周用所刻《万国舆图》为利玛窦所制第二幅图,今亦不存。

周用之外,明代南京溧水人武位中(字国宝)还刻有《远西奇器图说》3卷。该书由明末在华耶稣会士邓玉函口授,王徵(陕西泾阳人)译绘。邓玉函(1576—1630),字涵璞。瑞士人。基督教传教士,明天启元年(1621)来中国。书中介绍了重心、比重、杠杆、滑车、轮轴、斜面等原理,以及应用这些原理以起重、提重的器械。各种器械和用法都附图说明。此书是我国第一部机械工程学著作,它介绍西方近代科学知识,促进了中国科学技术的发展。明熹宗天启七年(1627)首次刊刻于北京。然目前所能找到的最早的刊本是由武位中根据王徵在崇祯元年中秋日(1628年9月12日)重绘了插图后刊刻的本子。书前有校梓人武位中所作的《奇器图说后序》一文,其次为王徵《奇器图说自序》。自序第四页有"候旨修历"字样,旨字抬头另起一行。每面9行,每行20字。又《奇器图说》每卷之前都有下列三行:"西海耶稣会士邓玉函口授、关西景教后学王徵译绘;金陵后学武位中校梓。"②

第三节　苏州府刻书

元至正二十七年(1367)九月,朱元璋一举消灭了割据平江(今苏州)的张士诚的势力,随即下令"改平江路为苏州府,直隶中书省(洪武十三年(1380)罢中书省,以所领直隶六部。永乐后称直隶南京)。洪武二年(1369),四州复为县。八年(1375),以扬州府崇明县来属。弘治十年(1497),割昆山、常熟、嘉定三县地,置太仓州,仍属苏州府。凡领州一、县七"③。可知明代苏州府所辖区域与前代相比有很大的调整。

明王朝非常重视推动以苏州为中心的江南地区经济发展,在加强

① 参见徐宗泽编著《明清间耶稣会士译著提要》,中华书局1989年版,第317—318页。
② 参见邹振环《晚明汉文西学经典:编译、诠释、流传与影响》,复旦大学出版社2011年版,第306页。
③ 冯桂芬等:《苏州府志》卷二,台北成文出版社1970年版,第128页。

传统农业的基础上，政府强令苏州民众广植桑麻，朝廷实行比较宽松灵活的税收政策，绢帛也获得了与主要农产品大米和小麦相近的财政地位，丝、棉、麻等产品纷纷进入流通领域。嘉靖、万历时期，贸易活动恢复了蓬勃的生机，因此，苏州地区的手工业、商业日趋繁荣，乡镇和中心城市空前兴盛，市民阶层人口大增。"十六世纪末，全国田赋额最重的为南直隶苏州府，约占农村收入的 20%。"① 有明一代，苏州地区承担了高额的赋税，虽然百姓负担很重，但也说明当地经济实力之强，故唐寅有诗赞叹说"世间乐土是吴中"②。经济的繁荣带来人与文化的改变，明代苏州

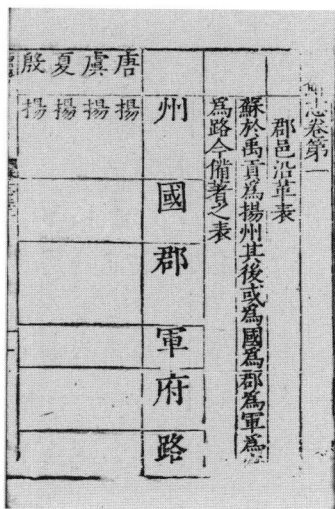

图 4-3-1 《正德姑苏志》六十卷 明林世远、王鏊等纂修 明正德刻本 南京大学图书馆藏

士大夫普遍表现为对都市生活的无比喜爱，对社会风气和新鲜文化活动的需求和支持，在刻书事业上取得了超越前代的成就，一举成为明代江苏的两个刻书中心之一（另一个为南京）。由于所刻典籍种类多，质量高，明代苏州刻书为"全国各府之冠"③，所刻称"苏板"，与内府本、福建本并称。

一、官刻书

有明一代，经济繁荣的苏州府及管辖的各州县官府，承担着大量的贡赋，如洪武二年（1369），苏州一府的逋税额便超过 30 万石，户部曾向朱元璋奏请惩治守臣督管不力之罪，明太祖担心"若逮其官，必责之于民，民畏刑罚，必倾资以输，如是而欲其生，遂不可得矣"④，并未深究。

---

① 黄仁宇：《万历十五年》卷首《自序》，中华书局 2007 年版。
② （明）唐寅：《阊门即事诗》，《唐伯虎全集》，大连图书局 1936 年版，第 30 页。
③ 张秀民：《中国印刷史》，上海人民出版社 1989 年版，第 368 页。
④ （清）陈梦雷、蒋廷锡等：《古今图书集成·经济汇编·食货典》卷一百四十五《赋役部总论八·古今治平略二·明朝田赋》，中华书局、巴蜀书社 1985 年版，第 83666 页。

但接下来,明廷还是在一年之内先后两次更换苏州知府。明代苏州地方官员差不多把地方治理的重点都放在了税收上面,但即便如此,文化事业并未止步,府署、县署、儒学等机构都刻了很多书。周弘祖《古今书刻》记录苏州府刻书计 177 种,是州一级刻书最多的(以下则依次为扬州府 75 种,吉安府 46 种,常州府 45 种,临江府 40 种)。需要说明的是,《古今书刻》记录的是明代初年"各直省所刊书籍"①,未言明是官刻还是坊刻,所录仅有书名,难以考证。又,有明一代的刻书鼎盛期在万历以后,故明代苏州府刻书总数绝不是 177 种,还应多很多。

今根据江澄波等《江苏刻书》、杨镜如《苏州府学志》和倪波《江苏方志考》等,钩稽史料,制成下表。

明代苏州官刻典籍一览表

刻书官府	刻书名称	纂修者	刊刻时间	备注
苏州府署	《苏州府志》50 卷	(明)卢熊纂修	洪武十二年(1379)	第一部以"《苏州府志》"为名的志书。洪武十二年知府李亨命工刻板以传,以丁艰去官未果;汤德来守郡后督刻成之
	《姑苏志》60 卷	(明)林世远修,王鏊纂	正德元年(1506)	有嘉靖年间增刻本,收入《四库全书》
	《苏州府纂修识略》6 卷②	(明)杨循吉纂修	嘉靖间	
	《续吴郡志》2 卷	(明)李诩纂修	明刻③	续(宋)范成大《吴郡志》

① 叶德辉:《重刊古今书刻序》,载周弘祖《古今书刻》(与高儒《百川书志》合刊本),古典文学出版社 1957 年版,第 320 页。按,缪咏禾直言《古今书刻》所载为官刻,是没有依据的。见其《明代出版史稿》,江苏人民出版社 2000 年版,第 76 页。

② 书名根据陈其弟《苏州地方志综录》,广陵书社 2008 年版,第 152 页。其他文献记载如江澄波《江苏刻书》、倪波《江苏方志考》等多称《苏州府志纂修识略》,陈其弟称"明杨循吉撰《苏州府纂修识略》6 卷,误作《苏州府志纂修识略》"。

③ 倪波称该书有明刻本,见其《江苏方志考》,吉林省地方志编纂委员会、吉林省图书馆学会 1985 年印本,第 72 页。其他文献则称该书明代仅有抄本,民国五年张均衡刻入《适园丛书》。存此待考。

刻书官府	刻书名称	纂修者	刊刻时间	备注
	《吴中水利全书》28卷	(明)张国维、蔡懋德撰	崇祯九年(1636)	一名《吴中水利书》。乾隆间,浙江巡抚采进收入《四库全书》
	《魏郑公谏录》5卷	(唐)魏徵撰	正德二年	苏州知府林思绍(字思绍,明四会人)于苏州刻
	《艺文类聚》100卷	(唐)欧阳询等修	嘉靖六年(1527)	苏州知府胡缵宗刻,陆采助刻。陆采跋:"是书之刻,可泉公实主之,始于丁亥(1527)之秋孟,迄于今岁(1528)之秋仲,凡岁有一月而成。其费缗钱四百千有奇,而校雠供馈之劳不知凡几,其成亦云艰矣。继公政者,爱民惜费,欲杜往来之求也,命予焚之,予不忍,仅剟其半,以示存羊之意。"①
苏州府学	《四书详说》不分卷	(明)曹端撰	宣德七年(1432)	明刘昌《县笥琐探摘抄》:"苏州知府况公刻于郡庠。袁铉作序,以为王廉熙阳作,言熙阳丞沔池时稿,留曹端家。刻既成,其书四出,端为霍州学,移文于苏,言《四书详说》乃其所著,《孟子》中有其订定白马之白一段。又言熙阳已坐刑,不当有著书之名。熙阳为山西左布政使,以公事死。无害其著书也。端辨《四书详说》为其所著可也,言熙阳坐刑不当有著书之名,非也。"②

---

① 关于《魏郑公谏录》5卷和《艺文类聚》100卷的刊刻情况,参见杨军《明代翻刻宋本研究》,华东师范大学博士学位论文,2007年,第118页、122页。

② 载胡建林主编《太原历史文献辑要》第4册《明代卷》,山西人民出版社2013年版,第273页。

刻书官府	刻书名称	纂修者	刊刻时间	备注
	《孝经》1卷	(唐)李隆基注	宣德九年(1434)	
	《苏州府儒学志》4卷	(明)蔡昂撰	正德八年(1513)	有徐源、吴宽、王鏊、沈杰、林庭昂等人序,祝允明跋
	《苏州府学志》12卷	(明)王毅祥撰	嘉靖间刊	申时行序,府学教授陈琦补正并捐俸刻梓
	《旧唐书》200卷目录1卷	(后晋)刘昫等修	嘉靖十四年(1535)余姚闻人诠刊	文徵明序:"初御史绍兴闻人公诠视学南畿,以是书世无梓本。他日按吴,遂命郡学训导沈桐刊置学官。"卷末有"苏州府学训导沈桐识"语及校对、捐资人姓名
	《忠烈编》10卷	(明)孙堪、孙埄、孙昇编	嘉靖十九年(1540)	府学泰和人郭恺、吴县推官武陵人陈一德刊
	《阳明先生文录》5卷《外集》9卷《别录》10卷	(明)王守仁撰	嘉靖间	儒学教授钱德洪刻。有黄绾序
	《人物志》3卷	(后魏)刘昞撰	隆庆元年(1567)	儒学教授李苘刻
	《墨池编》20卷	(宋)朱长文撰	隆庆元年(1567)	儒学教授李苘刻
	《白沙先生诗教解》15卷《长编》3卷	(明)陈献撰	隆庆元年(1567)	儒学教授李苘刻
吴县署	《吴邑志》16卷《图说》1卷	(明)苏祐修,杨循吉纂	嘉靖八年(1529)	嘉靖七年(1528),苏祐设局,聘循吉纂邑志。三十八年(1559)曹自守再辑,未终而去,仅成《图》说一卷
	《吴县志》50卷	(明)牛若麟修,王焕如纂	崇祯十五年(1642)	

刻书官府	刻书名称	纂修者	刊刻时间	备注
长洲县署	《长洲县志》14卷	(明)张德夫修,皇甫汸纂	隆庆五年(1571)	此为长洲县之首志。未列修纂者名,因各人纂一卷,而皇甫汸纂第一卷,故题其名。江洪等《苏州词典》
	《长洲县志》14卷《艺文志》10卷	(明)张德夫修,皇甫汸纂	万历二十六年(1598)	《艺文志》为明张凤翼补辑
昆山县署	《昆山县志》16卷	(明)杨逢春修,方鹏纂	嘉靖十七年(1538)	县令杨逢春专委方鹏编次,垂成,杨以奉召去,继之者王廷,请于郡守王肃斋。此志之修撰,虽由官府发起,实乃方鹏私家之力
	《庄渠遗书》16卷	(明)魏校撰	嘉靖四十年(1561)	标题下刻:"苏州府知府太原王道行校刻,昆山知县清河张焯同梓,门人归有光编次。"并有王知府牌行昆山县刊刻公文
太仓州署	《太仓州志》10卷	(明)周士佐修,张寅纂	嘉靖二十七年刊(1548)	崇祯二年(1629)刘彦心重刻
	《太仓州志》15卷	(明)钱肃乐修、张采纂	明崇祯十五年(1642)	崇祯六年(1633),州守刘士斗请张采主修州志,至十五年编成,由州守钱肃乐重理旧录刊印
常熟县署	《常熟县志》4卷	(明)杨子器、桑瑜纂	弘治十六年(1503)	继张洪《新志》而作,总分四类:地理、宫室、官治、人物。经众手辑纂,体裁难以划一,编次也不免于凌乱
	《常熟县志》13卷	(明)冯汝弼修,邓韨纂	嘉靖十八年(1539)	时人评论此志创立体例,网罗放失,叙致简严,颇具陈寿《三国志》之风,足称善本

刻书官府	刻书名称	纂修者	刊刻时间	备注
	《皇明常熟文献志》18卷	（明）管一德纂修	万历三十三年（1595）	邑人管一德为补旧志不足，乃独撰《文献志》18卷，详记明科第人物
吴江县署	《吴江志》22卷	（明）莫旦修	弘治元年（1488）	莫旦序称志即其于天顺间所纂之《松陵志》旧稿增补而成，成书后三十余年由知县孙显为之刻行
	《吴江志》（又名《吴江县志》）28卷	（明）曹一麟修，徐师曾等纂	嘉靖四十年（1561）	初以《莫志》为蓝本，并参校吴江陈理（字君明）纂《吴江志》未就稿而成，然未梓行，时为嘉靖二十七年。嘉靖三十五年一麟来任县令，访求邑乘，徐稿被荐。徐以为稿尚欠水利、武略2门，遂荐举邑人沈岱（字子由）纂水利，大章（字一夔）纂武略。不数月稿成，合为一书
	《松陵集》10卷	（唐）陆龟蒙、皮日休撰	弘治间	知县刘泽刻。见《乾隆吴江县志》卷五十六《古迹》
吴江县学	《文公小学》6卷、《小学渊源》1卷、《小学书图驛括纂要》2卷、《小学书纲领》1卷	（宋）朱熹撰	嘉靖十四年（1535）	《小学书图驛括纂要》也作“《小学书图纂要》”，见李秉乾编《福建文献书目》（增订本，2003印本，第29页）

明代苏州官府刻书以方志为主，这是明代方志编纂热潮的体现。各地方志内容繁富，体量较大，作为政府行为，刊刻方志有财力保障，对官员来说也是一种政绩。此外，我们还要看到，明代苏州官府刻书还有两个倾向：一是多刻前代邑人文集。如《松陵集》10卷为唐代吴江人陆龟蒙和皮日休的唱和集，《乾隆吴江县志》记载说："咸通中，崔璞守吴郡，时皮日休为郡从事，与处士陆龟蒙为文会友，风雨晦莫，蓬蒿翳荟，

未尝不作诗。璞间为诗,亦令两人属和。吴中名士亦多与焉。一年间,所作盈积,龟蒙裒为十通,日休名之曰《松陵集》。"交代了文集的由来和命名,史料价值很高。而更为重要的是这则材料的后面有两行小字按语:"明弘治中,济宁刘泽以进士来知县事,谓是集为邑中故物,捐俸梓之,今废。"①明白无误记载明代吴江县令刘泽曾有刊刻之举,在《松陵集》的流传史上多一个版本记录,可惜的是该版本在清代即已遗失不传。另一则是多刻时文。当地士子科举名成后,时文对其他士子有重要参考借鉴作用,官府则专刻其文。如常熟人汤琛,字鲁保(一作宝),天顺元年(1457)进士,擢刑部主事,晋员外郎,迁广西按察佥事,史载"敏悟绝人,摛文顷刻数百言,以妍捷为工。举于郡,有司刻其文"②。汤琛为官多地,亦十分重视文化事业,成化十年(1474)刻印过张洪《使规》1卷《使缅附录》1卷,该书为研究我国明代以来与各国之友好关系以及东南亚海上与陆路之交通等所应参考之典籍。

二、坊刻书

相对于官刻书数量少、种类单一的局面,明代苏州坊刻书则呈现出书坊众多、数量惊人、品质优良的特征来。

(一)坊刻家数

关于明代苏州书坊数目,曹之《中国古籍版本学》③统计为 27 家,瞿冕良《中国古籍版刻辞典》④为 35 家,张秀民《中国印刷史》⑤为 37 家,缪咏禾《明代出版史稿》⑥统计为 67 家。而统计数量最多的是杜信孚、杜同书《全明分省分县刻书考》⑦,共辑录明代苏州书坊 163 家,它们是:十乘楼、三会堂、文治堂、文茂堂、六经堂、云起堂、天许斋、天葆堂、五云

① (清)丁元正修、(清)沈彤纂:《乾隆吴江县志》卷五十六,《中国地方志集成·江苏府县志辑》第 20 册,凤凰出版社 2008 年版,第 299 页。
② (清)高士鸃、杨振藻修,钱陆灿等纂:《康熙常熟县志》卷十六,《中国地方志集成·江苏府县志辑》第 21 册,凤凰出版社 2008 年版,第 388 页。
③ 曹之:《中国古籍版本学》,武汉大学出版社 2015 年版。
④ 瞿冕良:《中国古籍版刻辞典》,苏州大学出版社 2009 年版。
⑤ 张秀民:《中国印刷史》,浙江古籍出版社 2006 年版,第 262 页。
⑥ 缪咏禾:《明代出版史稿》,江苏人民出版社 2000 年版,第 77 页。
⑦ 杜信孚、杜同书:《全明分省分县刻书考·江苏省卷》,线装书局 2001 年版。

居、五雅堂、长春阁、仁山书林、毛恒所、毛元仲、叶启元玉夏斋、石经堂、书业堂、书带斋、世裕堂、叶清庵、叶龙溪、叶聚甫、叶戊廿、叶碧山、叶詹泉、叶华生、叶仰山、叶仰峰、叶继照、东吴书林、东观阁、弘觉山房、同仁堂、传万堂、观文堂、观成堂、应心斋、周鸣岐启新斋、陈龙山酉酉堂、庞云衢、杨文奎、邮云堂、还读斋、听松楼、步月楼、成裕堂、陆瑞芝、陈世宝、陈敬学、陈仲宜、陈邦忠、陈九仞、宝珠堂、宝鸿堂、宝翰楼、宝鼎斋、宝纶堂、怡怡堂、拥万堂、贯华堂、郁郁堂、尚义堂、安少云尚友堂、委宛斋、经纶堂、金闾书林、养正堂、望云楼、映雪草堂、兼善堂、蒸文馆、唐廷扬振邺堂、夏霖雨、夏振宇、致和堂、徐复道启凤馆、豹变斋、徐铨、徐待溪、徐氏书室、留耕堂、清畏堂、神默斋、敦古斋、敦化堂、龚绍山、龚少山、龚舜绪、龚太初、铭新斋、绣贤堂、黄余堂、长春堂、童润吾、童忆泉、富酉堂、雷芳、雅言堂、舒载阳、新书堂、嘉乐斋、嘉会堂、耶麟斋、管觉仙、鹤来堂、澹思堂、翁元泰霏玉楼、叶顺檀香馆、耀剑山房、麟瑞堂、大观堂、大欢堂、文汇堂、文德堂、文锦堂开美堂、永怀堂、古熙堂、叶杏园、叶敬溪、叶敬池、叶任宇、白玉堂、沈际飞、怀德堂吴门书林、吴门经坊、余长庚、陈长卿存诚堂、宝章阁、郑子明、衍庆堂、段君定、晏良紫、徐守铭宁寿堂、徐衡卿、钱国焕、叶昆池能远居、继志堂、翁少麓、龚尧惠、童涌泉、绿荫堂、莳田书屋、善庆堂、嘉乐堂、蕴古堂、德聚堂、德馨堂、三乐斋、文粹堂、天绘阁、叶舟、白松堂、刘怀川、问龙馆、光启堂、陆元大、陈仁卿、丽锦堂、陈仁锡奇赏斋、周文萃、善得书堂、阊门书肆、嘉显堂、黎光楼等。张献忠对 163 家书坊进行考证后,认为:(1)敦古斋是建阳书坊,坊主为余元熹,不属于苏州书坊;(2)"陈仁卿"乃"陈长卿"之误;(3)书坊叶仰山为南京书坊,而叶仰峰、叶顺檀香馆一向被认为是建阳书林;(4)龚绍山与龚少山当为一人;(5)三会堂属于寺院所办的书坊,因为这类书坊不是纯粹商业性的,故不宜列入。[①] 这样,除去重复和错讹,明代苏州书坊应该在 157 家左右。

(二)书坊选址

明人胡应麟说:"凡姑苏书肆多在阊门内外及吴县前,书多精整,然

---

① 张献忠:《从精英文化到大众传播:明代商业出版研究》,广西师范大学出版社 2015 年版,第 125 页。

率其地梓也。"①提到的苏州明代两处坊刻地点分别是阊门和吴县前。

阊门为苏州八座城门(阊门、胥门、盘门、蛇门、匠门、娄门、齐门、平门)之一,在苏州城西,历代繁华,一直为世人所称道,明人李东阳说:"若苏之为城也,称繁华之地,其最繁且华者莫如阊门。"②阊门为苏州古城之西门,通往虎丘方向,自古以来,阊门一带水路便捷,码头繁多,樯橹林立,万商云集,诚如明人王心一云:"尝出阊市,见错绣连云,肩摩毂击,枫江之舳舻衔尾,南濠之货物如山。"③明代书坊主于附近开设书坊,便于将所刻印的书籍装载运往全国各地。这里是最繁华的商业区,又因阊门外有金阊亭,故阊门一带也称"金阊",于是,明代设在此处的书坊名号前多冠以"金阊"字样。据缪咏禾考证,明代苏州有 32 家书坊名号前冠有"金阊"标识,它们是:金阊书林叶显吾、金阊叶敬溪、金阊叶瑶池天葆堂、金阊叶聚甫、金阊叶敬池书种堂、金阊叶昆池、金阊书林叶龙溪、金阊叶碧山、金阊书林叶启元玉夏斋、金阊书林舒载阳(文渊)、金阊书林舒仲甫(疑即舒载阳)、金阊五云居、金阊东观阁巨古斋、金阊世堂、金阊拥万堂、金阊黄玉堂、金阊雅言堂、金阊书业堂(一作吴郡书业堂)、金阊十乘楼、金阊书林唐廷杨、金阊映雪草堂、金阊陈氏嘉会堂、金阊书林振邺堂、金阊安少云尚友堂、金阊书林叶瞻泉、金阊书林、金阊书林贯华堂、金阊书林绿荫堂、金阊部月楼、金阊东观阁、金阊同人堂、金阊传万堂等。④

"吴县前"指的是吴县县署所在地。明清时苏州古城是苏州府城,城内有江苏巡抚衙门、苏州府衙、三个县衙(吴县、长洲县、元和县)。吴县县衙坐落在古城的一条街巷,东起养育巷,西至施林巷。洪武元年(1368),吴县治移置巷子太平桥西北,称吴县前。清代吴县县衙继续在此,既称吴县前,也称吴县横街。民国后改称古吴路。吴县前处于苏州中心区域,这里商品经济极为发达,明时到处开设书坊,史上有"书肆之

① (明)胡应麟:《少室山房笔丛》卷四,上海书店出版社 2009 年版,第 42 页。
② (明)李东阳:《怀麓堂集》卷三十二,《景印文渊阁四库全书》第 1250 册,台北商务印书馆 1986 年版,第 338 页。
③ (明)叶权:《贤博编》,《明史资料丛刊》,江苏人民出版社 1981 年版,第 179 页。
④ 缪咏禾:《明代出版史稿》,江苏人民出版社 2000 年版,第 77—78 页。缪氏说 33 家,实 32 家,其中"金阊雅言堂"出现两次。

盛,比于京师"①的说法。据江澄波等《江苏刻书》记载,明代苏州与吴县前有关的书坊主要有东吴书林、苏州书林陈龙山酉西堂、吴郡书林大来堂、吴郡书林嘉乐斋、吴郡书林嘉乐堂、吴县书林大观堂、吴县书林大欢堂、吴县书林天许斋、吴县书林叶清庵、吴县书林叶龙溪、吴县书林叶敬池、吴县书林叶华生、吴县书林陈长卿、吴县书林宝翰楼、吴县书林奇赏斋、吴县书林衍庆堂、吴县书林兼善堂、吴县书林翁少麓、吴县书林能远居、吴县书林"李氏"善庆堂、吴县书林童涌泉等21家②,而实际数字还要多。

　　此外,明代常熟坊刻最负盛名者当属毛晋,其汲古阁兼具藏书和刻书两种用途,位于沙家浜七星桥西岸毛家宅基,虽不邻市廛,但水路交通便利,来此售书和购书的书船络绎不绝,此为明代苏州坊刻选址之特例。下文对此有专论。

　　(三)坊刻特征

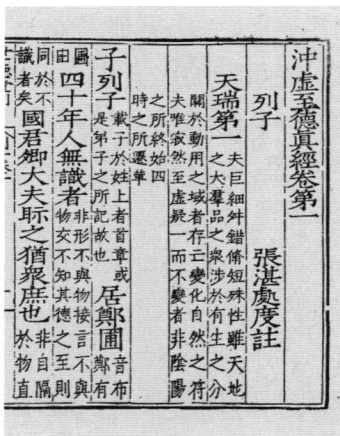

图 4-3-2 《六子全书》
嘉靖十二年顾春世德堂刻

　　明代初年,苏州刻书尚以官刻为主,坊刻典籍鲜有史载。嘉靖后,苏州坊刻活动逐渐成长,无论坊刻家数还是刻书质量均可与金陵抗衡,苏州亦因之成为继金陵之后的另一个刻书中心。整体而言,明代苏州坊刻典籍具有如下几方面特征。

　　一是刊刻质量上乘。明人胡应麟说:"凡刻之地有三:吴也、越也、闽也。……其精,吴为最;其多,闽为最,越皆次之。其直重,吴为最;其直轻,闽为最,越皆次之。"③胡应麟不吝笔墨,两次直言"吴为最",刻印精、性价比高,苏州坊刻书给胡氏留下了深刻的印象。如吴县书林陈长

①　叶德辉:《书林清话》卷九,广陵书社 2007 年版,第 177 页。
②　江澄波等:《江苏刻书》,江苏人民出版社 1993 年版,第 97—104 页。按,其中的"吴县书林叶龙溪"在其他史料中记载为"金阊叶龙溪",应为一人在两处开设书坊。
③　(明)胡应麟:《少室山房笔丛》,上海书店出版社 2009 年版,第 43 页。

卿两次刊刻《文心雕龙》，在《文心雕龙》版刻史上留有重要的一页。万历三十二年（1604），梅庆生（字子庚，原籍江西建昌，占籍福建）刻自注《文心雕龙音注》传世，天启二年（1622），陈长卿和金陵聚锦堂同时将该书再次刊刻。该本卷首有天启壬戌（1622）宋觳隶书重写顾起元《文心雕龙批评音注序》。卷一首叶版心下栏前后有"天启二年梅子庚第六次校定藏版"14字。序后增都穆跋一页，格式、行款、字体一如万历，《定势》一篇缺，《隐秀》篇也有缺文。其他都和万历原刻一样。陈长卿刻本不独传承了梅庆生本，更重要的是为曹批梅定生第六次校定本提供蓝本。后一种刻本款式、版心、刻字、版式大小，刊刻字体乃至于断版处，都与陈长卿本同，但此本每篇都加了曹学佺的眉批，对后人利用和研究《文心雕龙》具有重要的指示作用。①

　　二是覆刻宋元善本。正德、嘉靖、万历三朝，苏州坊刻最盛，形式上也丰富多彩，而重要的是，这一时期苏州坊刻出现了多部覆宋本。明代中期以后，前后"七子"在文坛大倡复古运动，风靡一时，文化领域深受影响，表现在图书出版上，翻刻宋元图书成为一种风潮。这一时期，苏州书坊覆宋刻本具有代表性的有：嘉靖十二年（1533），顾春世德堂刻《六子全书》《老子道德经》《南华真经》等；嘉靖十三年（1534），黄省曾前山书屋刻《水经注》《山海经》《楚辞》等；嘉靖二十一年（1542），郭云鹏宝善堂和济美堂刻《曹子建集》，嘉靖二十三年（1544），刻分类补注《李太白诗集》；嘉靖二十六年（1547），刻宋陈亮编《欧阳先生文粹》及《遗粹》附刊；嘉靖三十三年（1554），黄鲁曾刻《方脉举要》。无年号《柳河东集》《洛阳伽蓝记》《西京杂记》等，也均可谓明代坊刻精品。还有沈辨之野竹斋所刻《韩诗外传》《何氏集》《画鉴》，沈氏繁露堂刻《顾璘近书》，金李泽远堂刻《国语》，吴门龚雷和杜诗刻鲍彪校注《战国策》，东吴徐时泰东雅堂刻《韩昌黎集》《仪礼注》，等，在刻书史上皆深具影响。②

　　三是多刻文学作品。明代后期，苏州坊刻迎来黄金时期，图书大量出版，尤其以刊刻各种小说和文学作品居多。如万历年间，金阊书林舒

① 詹锳：《〈文心雕龙〉版本记录》，（南朝梁）刘勰著，詹锳义证《文心雕龙义证》，上海古籍出版社1989年版，第22—24页。
② 参阅《社会科学战线》编辑部编《古籍论丛》，福建人民出版社1982年版，第408—409页。

载阳刻《封神演义》20 卷；金阊叶昆池刊《南北宋传》；金阊叶敬池书种堂刊《李卓吾批评三大家文集》；万历二十八年（1600），世裕堂刻杨信民《姓源珠玑》和《六朝文集》；金阊书业堂刻汤显祖《南柯记》；万历四十三年（1615），姑苏龚绍山刻《陈眉公先生批评春秋列国志传》；金阊陈氏嘉会堂刻《墨憨斋批点北宋三遂平妖传》；明天启三年（1623），阊门陈龙山西西堂刻陈仁锡《明文奇赏》；吴门宝翰楼刻《东坡先生全集》；天启七年（1627），叶敬池又刻冯梦龙《醒世恒言》和《新列国志》108 回，以及《石点头》。其中，金阊书林舒载阳不惜重价购得《封神演义》稿本，与舒冲甫共同刊刻出来，称《新刻钟伯敬先生批评封神演义》，别题《批评全像武王伐纣外史》，凡 20 卷，100 回，题"钟山逸叟许仲琳编辑""金阊载阳舒文渊梓行"。全书有图 50 页，计 100 面。正文每半页 10 行 20 字。封面有"识语"云："此书久系传说，苦无善本，语多俚秽，事半荒唐，评古愚今，名教之所必斥。兹集乃□先生考订批评家藏秘册，余不惜重资，购求锓行，以供海内奇赏。真可羽翼经传，为商周一代信史，非徒宝悦琛瑰而已。识者鉴之！ 金阊书坊舒冲甫识。"① 金阊叶昆池刊《南北宋传》，全称《新刻玉茗堂批点绣像南北宋传》，南北宋图各有 16 页，行 20 字，多有圈点，署"研石山樵订正""织里畸人校阅"。按，吴王织里在吴县研石山，则可知校订者为苏州人。② 凌濛初《拍案惊奇》崇祯间在苏州书坊刊刻多种，其中，金阊安少云尚友堂刻存世二种：一藏日本日光晃山轮王寺，扉页右题"即空观评阅出像小说"，中题"拍案惊奇"，左边"金阊安少云梓行"及识语；一藏日本广岛大学，扉页题"初刻拍案惊奇"，书前有序，署"即空观主人（即凌濛初）题于浮樽"，又有"凡例"5 则，署"崇祯戊辰（1628）初冬即空观主人识"。此外又有清消闲居、松鹤斋、同人堂等刻本。③ 明代苏州书坊出于商业需求，刊刻大量文学作品，尤以小说为多，对市民文学的发展起到了推波助澜的作用，值得称道。

（四）经营策略

明代苏州坊刻十分成功，在古代刻书史上占据重要的地位，一直以

---

① 谭正璧、谭寻：《古本稀见小说汇考》，上海古籍出版社 2012 年版，第 273 页。
② 孙楷第：《日本东京所见中国小说书目提要》，亚东图书馆 1932 年版，第 80 页。
③ 李梦生：《中国禁毁小说百话》，上海书店出版社 2006 年版，第 101 页。

来,学术界对其成功秘籍进行积极探讨,总结出多方面的经验。

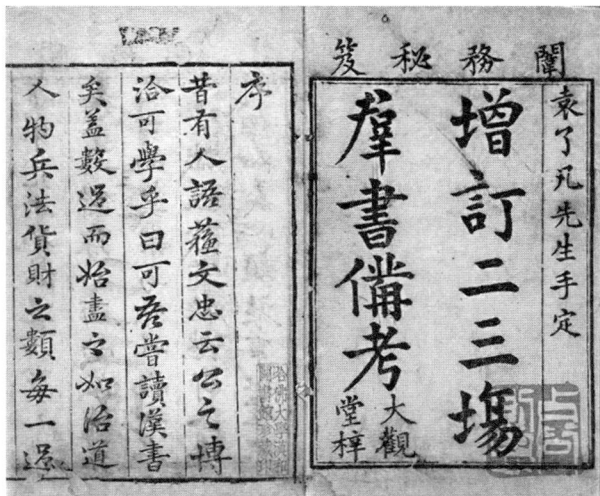

图 4‑3‑3 《增订二三场群书备考》四卷 明崇祯十五年(1642)大观堂刻本

第一,精心策划选题。明代苏州各家坊刻对于图书市场的行情非常关注,了解读者需求,在出版内容上有针对性地选题。大致而言,他们所刻图书主要集中在以下几类:(1) 士人科举用书。明代科举考试进一步完善,热心仕途的士人比比皆是,而苏州地区尤甚,史载明代苏州一州七县考中进士者多达 1016 人。[①] 热衷科举的士人是一群庞大的读者,科举用书中的"四书""五经"和时文便成为各家书坊竞相刊刻的目标图书。《全明分省分县刻书考》统计明代苏州坊刻所刻科举用书多达 28 种,其中,明人袁黄编写、袁俨注《增订二三场群书备考》一书,在崇祯年间分别被致和堂、豹变斋、澹思堂、大观堂等刊刻,可见使用量之大。(2) 市民日用之书。晚明时期,苏州一带的商品经济发展到一定程度,走在其他地区前面。商业发展的一个显著特征是市民阶层的兴起,而市民对于文化生活有着强烈的需求,阅读图书成为生活需求,也是时尚需求,为此,苏州坊刻则瞄准这一人数众多的读者群体,大量刊刻传统的医书、农书以及传奇、平话、小说和戏曲等典籍。明人叶盛说:

① 数字来源于吴建华《明清苏州、徽州进士数量和分布的比较》,《江海学刊》2004 年第 3 期。

"今书坊相传射利之徒伪为小说杂书,南人喜谈如汉小王光武、蔡伯喈邕、杨六使文广,北人喜谈如继母大贤等事甚多。农工商贩,抄写绘画,家畜(蓄)而人有之,痴呆女妇,尤所酷好。"①指出平话、话本、拟话本、小说等是市民阶层阅读的主要内容,明人所撰《金瓶梅词话》《喻世明言》《醒世恒言》《警世通言》等皆由苏州书坊首先刻出,行销国内外。

(3)雅士收藏用书。这里的"雅士"主要指学者、藏书家和出版家等人,更多的时候这三类人群是合一的,他们家境相对富裕,研究学问的热情高,对于图书的需求一直处于高端阶位,对内容和刊刻质量都提出了很高的要求。如崇祯八年(1635)东观阁刻黄淮、杨士奇等编《历代名臣奏议》350卷,18册,半页9行8字,白口,左右双边,书口下有"东观阁"3字。此书史上仅两次刻印,颇具文物价值,一时为明代众多藏书家青睐。明代苏州学者型藏书家众多,他们藏书楼中藏书数量动辄万卷、十万卷,多赖当地书坊源源不断的刻印。此外,这类以收藏或治学为目的的读者群体,多数有一股好古情结,钟爱古本,极大地刺激了书坊对于覆刻宋元典籍的热情。

第二,图书附载广告。崇祯元年(1628)初冬,苏州书坊尚友堂刊《拍案惊奇》时,即空观主人(凌濛初)撰写《凡例》刻于卷端,其中说:"事类多近人情日用,不甚及鬼怪虚诞。正以画犬马难,画鬼魅易,不欲为其易而不足征耳。亦有一二涉于神鬼幽冥,要是切近可信,与一味驾空说谎、必无是事者不同。"②凌濛初告诉读者书中的故事"多近人情日用",其用意很显然,是"从读者阅读心理的角度来看,真实的事情、贴近生活的描写能够很好地引起他们的共鸣与认同,书坊主们意识到这个因素,所以通过凡例,强调取材真实可信,从而迎合读者心理"③。为了"迎合读者心理",明代苏州书坊主可谓绞尽脑汁,各显神通,使出浑身解数。如北京大学藏明崇祯间阊门徐氏书室刻《皇明今文定》24册,书有附录6条,第一条云:"此刻据予十余年来藏本,增以近科,然嘉、隆以来,先辈未见全稿者尚多。近科房书藏稿,经选手漏遗者,又未及见,而

---

① (明)叶盛:《水东日记》卷二十一《小说戏文》,中华书局1980年版,第213—214页。
② (明)凌濛初:《初刻拍案惊奇》,线装书局2012年版,第4页。
③ 王海刚:《论明代书业广告之特征》,《南通大学学报》(社会科学版)2012年第4期,第138页。

海内岂无湛思坚忍不好浮名者？倘嘉惠后学，邮寄阊门徐氏书室，共成补刻，此不佞所厚祈也。"北京大学还藏有陈龙山西西堂刻《明文奇赏》40卷，卷端有为续集征文启，末署："愿与征者，或封寄，或面授，须至苏州阊门，问的书坊西西堂陈龙山，当面交付。"①前一则要求"邮寄"，后一则提出"当面交付"，无论哪种方式，书坊主都会出高价购买，如许仲琳《封神演义》甫一脱稿，金阊书林舒载阳便以高价购得。舒载阳在该书的识语中说："此集乃某先生考订批评秘册，余不惜重赏购求锓行。"②

　　第三，重视与文人合作。为抢占图书市场，吸引读者关注，苏州坊刻讲究时效性，密切与文人间的联系，力争在第一时间把文人的创作成果刊刻出来。吴应箕为明末复社领袖之一，在文人中影响很大，崇祯十年（1637），他从上万篇时文中选800篇，编选成《崇祯丁丑房牍》，随即被金阊书林付梓。他记载当时情形说："金阊书林，迎予千里，予于是入天都，下钱塘，溯苕禾，至虎丘而休焉。文自京刻为各经师所已选者，五千余首，合之行藏诸刻，又万余首。予阅不能为五旬毕，谬以意择之，得佳者八百余篇。书既成，例序之以行。"③前面说过，明代江南文人参加科举者多，故苏州书坊一直把刻印科举用书当作重要的生财之道，为此他们或请当世名人单独撰写，或邀请一众文人组成合作班子，从事科举书籍的编写工作。如进士出身的"震川先生"归有光，文学上崇尚唐宋古文，散文风格朴实，感情真挚，是明代"唐宋派"代表作家，被时人称为"今之欧阳修"，后人称赞其散文为"明文第一"，与唐顺之、王慎中并称为"嘉靖三大家"。归有光曾任南京太仆寺丞，留掌内阁制敕房等官职，因这一身份，其著作受到苏州书坊主的追捧。隆庆六年（1572），归有光选批部分时文，吴县书林郑子明随即前来恳谈，当年即付梓上版，名曰《新刊批释举业切要古今文则》5卷，半页10行24字，卷尾牌记称"壬申岁秋旦郑云亭"，"云亭"为郑子明字。当然，苏州书坊与文人合作的范例当数刊刻冯梦龙作品。冯梦龙编选和创作的话本小说，总称为"古今小说"，他计划按"古今小说一刻""二刻""三刻"的顺序分批出版。苏

---

① 以上两则引文转引自陈嵘《书香苏州》，南京出版社2014年版，第182页。
② 引文转引自张秀民《中国印刷史》，上海人民出版社1989年版，第520页。
③（明）吴应箕：《楼山堂集》卷十七，《丛书集成初编》第2169册，中华书局1985年版，第198页。

州和金陵两地书坊得知这一消息后,纷纷找到冯梦龙,谈合作刊刻计划,最后以《喻世明言》《警世通言》《醒世恒言》之名分别出版。苏州书坊先后承刻的有:天许斋刊本以"古今小说"为书名,于天启年间刻《喻世明言》40 卷,有初刻本和覆刻本之分;衍庆堂刊本以"喻世明言"为名刊行于明末,封面题《重刻增补古今小说》24 卷,其中 21 篇出自《喻世明言》,但目录次序不同于原刻本;衍庆堂刊《警世通言》两种,一为《二刻增补警世通言》4 卷,一为《警世通言》24 卷;天启七年(1627)叶敬池刻《醒世恒言》40 卷,叶敬溪随后同版刊印;衍庆堂刻《醒世恒言》有 40 卷本和 39 本两种,其中,40 卷本之卷二十三为《金海陵纵欲亡身》,三十九卷本则删《金海陵纵欲亡身》,并将原卷二十《张廷秀逃生救父》拆为上、下两篇,分列卷二十、卷二十一,以凑足 40 篇之数,并将原卷二十一《张淑儿智脱杨生》改为卷二十三。①

除书坊主动联系文人进行合作外,文人也经常向书坊推荐。沈德符记载说:"袁中郎《觞政》以《金瓶梅》配《水浒传》为外(逸)典,予恨未得见。丙午,遇中郎京邸,问:'曾有全帙否?'曰:'第睹数卷甚奇快。今惟麻城刘涎白承禧家有全本,盖从其妻家徐文贞录得者。'又三年,小修上公车,已携有其书,因与借抄挈归。吾友冯犹龙见之惊喜,怂恿书坊以重价购刻。马仲良时榷吴关,亦劝予应梓人之求,可以疗饥。予曰:'此等书必遂有人板行,但一刻则家传户到,坏人心术,他日阎罗究诘始祸,何辞置对?吾岂以刀锥博泥犁哉!'仲良大以为然,遂固箧之。未几时,而吴中悬之国门矣。"②可知《金瓶梅》在苏州书坊刊刻,就是冯梦龙推荐的。有的书坊主还邀请文人对将要刊刻的图书进行选评、作注、作序和校订等,以提高图书的身价,并增加读者购买的兴趣,如天启元年(1621)文起(震孟)刻朱墨蓝三色套印本《苏文忠公策论选》12 卷,请的是当时名士茅坤、钟惺为之点评,销行很旺。

第四,力求图文兼美。在选题和内容上做足功夫之外,明代苏州书坊精益求精,不惜重金聘请绘画能手给图书绘制精美的插图。如隆庆

---

① 冯梦龙与苏州书坊合作刊刻"三言"资料,参见张炯、邓绍基、樊骏《中华文学通史·古代文学编》第 3 卷,华艺出版社 1997 年版,第 697—699 页。

② (明)沈德符:《万历野获编》卷二十五,中华书局 1959 年版,第 652 页。

三年(1569),苏州众芳书斋刻顾玄纬辑录的《西厢记杂录》,其中插图《莺莺像》为刻字工匠何钤所刻,该图"刻印精美,开吴派版画之先"①,此画为宋代画院待诏陈居中绘、唐寅描摹,刻画精美、线条流畅,人物栩栩如生,"这时插图很大程度上不再起到文本解说的作用,它开始具有了独立于文本的艺术欣赏价值"②,因此之故,该图也被众多出版商纷纷转载,如徽州玩虎轩刻本《元本出相北西厢记》、金陵继志斋重刻本《重校北西厢记》、武林起凤馆刻本《元本出相北西厢记》等,经考证上述各本所刻的莺莺像皆据此翻刻,而这些图书大多是在万历二十五年至三十八年(1597—1610)期间刻印的。③ 总体来说,有明一代的苏州书坊刻本插图具有取精用宏,精益求精,多有创新之作,追求描摹景物、刻画人物性格,显得更加细腻生动,尤其是插图在小说刊刻中的大量使用,精细绘刻的插图运用使苏州小说显得非常精美,受到读者的广泛欢迎,从而推动书坊刊刻从经史向小说扩展,也由于这个原因,苏州书坊"通过打造精品来以质取胜,才能异军突起,取代建阳,成为新的小说刊刻中心"④。

三、毛氏汲古阁刻书

明代苏州坊刻在古代刻书史上留下浓墨重彩的一笔,其中常熟毛氏汲古阁刻书数量庞大,遍及四部,刻印精美,不独成为苏州一地,甚至是明代全国坊刻图书的佼佼者,邱瑞中直言"在中国历史上,以藏书、校书、刻书兼著述而称名于世者,秦汉以至明末清初,毛晋为第一人"⑤。

(一)著书与藏书

毛晋(1599—1659),原名凤苞,字子九,更字子晋,号潜在,别号汲古主人。毛晋的曾祖玺,字朝用,为迁常熟之始祖,率子孙耕读传家,至毛晋时,已经是第四代人了。毛家的居住地为虞山东湖畔,"迎春门外

---

① 瞿冕良:《中国古籍版刻辞典》,苏州大学出版社 2009 年版,第 371 页。
② 王春阳:《白描与戏曲版画插图研究》,辽宁美术出版社 2018 年版,第 99 页。
③ 参见周心慧《中国古代版刻版画史论集》,学苑出版社 1998 年版,第 69—70 页。
④ 张袁月:《晚清吴地小说研究》,南开大学出版社 2014 年版,第 36 页。
⑤ 邱瑞中:《毛晋》,载张家璠、阎崇东主编《中国古代文献学家研究》,广西师范大学出版社 1996 年版,第 289 页。

之七星桥"①。父亲毛清"以孝弟力田起家,当杨忠愍公涟为常熟令时,察知邑中有干识者十人,遇有灾荒工务,倚以集事,清其首也"②。父亲勤劳朴实,热衷公益,对毛晋的成长有重要影响,史载"晋又好施予,遇歉岁,载米遍给贫家。水乡梁桥,独力成之"③,为地方作出了众多善举。幼年时期,毛晋即有好儒博学、知古明道的理想,大学者钱谦益说:"(子晋)壮从余游,益深知学问之指意,谓经术之学,原本汉唐儒者。"④毛氏好古博学,拜师名门,但并未在仕途上如愿,天启崇祯间屡试不第,遂绝意场屋,转而从事著书编书校书藏书刻书活动,终于成为青史留名的藏书家和刻书家。

毛晋一生勤于笔耕,据统计,著有《虞乡杂记》3 卷、《和古人诗》1 卷、《和今人诗》1 卷、《和友人诗》1 卷、《野外诗》1 卷、《隐湖题跋》1 卷等;编纂有《毛诗草木鸟兽虫鱼疏广要》2 卷、《香国》3 卷、《苏米志林》3 卷、《津逮秘书》15 集 137 种、《二家宫词》2 卷、《三家宫词》3 卷、《元四家诗》26 卷、《宋六十名家词》6 集等。毛晋对于藏书更为倾心,最为人熟知的掌故是其向书商广为告之,高价求购,荥阳悔道人记载说:"(毛晋)性嗜卷轴。榜于门曰:'有以宋椠本至者,门内主人计叶酬钱,每叶出二佰;有以旧钞本至者,每叶出四十;有以时下善本至者,别家出一千,主人出一千二百。'于是湖州书舶云集于七星桥毛氏之门矣。邑中为之谚曰:'三百六十行生意,不如鬻书于毛氏。'前后积至八万四千册,构汲古阁、目耕楼以庋之。"⑤广告出来后,效果立竿见影,史载"天下之购异书者,必望走隐湖毛氏"⑥,好友陈瑚还专门撰诗歌颂此事:"朱庄泾畔见人

---

① (明)荥阳悔道人:《汲古阁主人小传》,载毛晋《汲古阁书跋》(潘景郑校订),与王士禛《重辑渔洋书跋》合刊本,上海古籍出版社 2005 年版,第 2 页。

② (明)荥阳悔道人:《汲古阁主人小传》,载毛晋《汲古阁书跋》(潘景郑校订),与王士禛《重辑渔洋书跋》合刊本,上海古籍出版社 2005 年版,第 2 页。

③ (清)劳必达修、陈祖范等纂:《雍正昭文县志》卷七,《中国地方志集成·江苏府县志辑》第 19 册,凤凰出版社 2008 年版,第 302 页。

④ (明)钱谦益:《隐湖毛君墓志铭》,载毛晋《汲古阁书跋》(潘景郑校订),与王士禛《重辑渔洋书跋》合刊本,上海古籍出版社 2005 年版,第 1 页。

⑤ (明)荥阳悔道人:《汲古阁主人小传》,载毛晋《汲古阁书跋》(潘景郑校订),与王士禛《重辑渔洋书跋》合刊本,上海古籍出版社 2005 年版,第 3 页。

⑥ (清)劳必达修、陈祖范等纂:《雍正昭文县志》卷七,《中国地方志集成·江苏府县志辑》第十九册,凤凰出版社 2008 年版,第 302 页。

烟,近水雕胡虾菜鲜。隔岸便通汲古阁,夜来闻到卖书船。"①从 19 岁那年开始购书以藏,至去世之前仍不断购求,40 多年的积累,毛氏藏书多达 84000 余册。为保存这些善本古籍,他不惜重金先后修筑汲古阁、目耕楼和双莲阁三座书楼②,其形制井然有序。陈瑚记载登汲古阁观书情形说:"登其阁者,如入龙宫鲛肆,既怖急,又踊跃焉。其制,上下三楹,始子讫亥,分十二架。中藏四库书及释、道两藏,皆南、北宋内府所遗,纸理缜滑,墨光腾剡。又有金元人本,多好事家所未有。"③毛晋不仅向民间重金购书,购之不得,则向藏书家借抄,以补自家之缺。《天禄琳琅书目》载:"明之琴川毛晋,藏书富有,所贮宋本最多。其有世所罕见而藏诸他氏不能得者,则选善手以佳纸影钞之,与刻本无异。名曰'影宋抄'。于是,一时好事家皆争仿效,以资鉴赏,而宋椠之无存者,赖以传之不朽。"④毛晋购书藏书,与当时著名的范钦天一阁不同,后者以藏为藏,不许外姓人家登楼阅读,而毛氏藏书则为了以之为底本或校本付刻,为的是更广泛的流传,沾溉后学,保存文化。

(二)刻书活动与分期

常熟毛氏经过几代人勤俭持家,渐渐家产丰盈,钱泳说他"本有田数千亩,质库若干所"⑤。家业传到毛晋时,他更加小心呵护,仔细经营。好友陈瑚记载说:"子晋固有巨才,家蓄奴婢二千指,同釜而炊,均平如一。躬耕宅旁田二顷有奇,区别树艺,农师以为不逮。竹头木屑,规画处置,自具分寸。即米盐琐碎时,或有贻一诗投一札者,辄举笔属和,裁答如流。其治家也有法,旦望率诸子拜家庙,以次谒见师长,月以为常。以故一家之中,能文章,娴礼义,彬彬如也。"⑥凭借不菲的家产做后盾和懂礼识仪的家人相支持,毛晋开启了远大的刻书事业。笔者根据钱大

---

① (明)陈瑚:《湖村晚兴》十首其八,陈瑚《确庵文稿》卷二《诗歌》,《四库禁毁书丛刊》本,第 221 页。
② 关于毛晋藏书楼,清人钱咏记载说:"虞山毛子晋……大为营造,凡三所:汲古阁在湖南七星桥载德堂西,以延文士;又有双莲阁在问渔庄,以延缩流;又一阁在曹溪口,以延道流。"据此推测,则目耕堂在曹溪口。见钱泳《履园丛话》卷二十二,孟裴校点,上海古籍出版社,2012 年版,第 393 页。
③ (明)陈瑚:《为毛隐君六十乞言小传》,载叶德辉《书林清话》卷七,广陵书社 2007 年版,第 135 页。
④ (清)于敏中等:《天禄琳琅书目》卷四,与《天禄琳琅书目后编》合刊本,上海古籍出版社 2006 年版,第 97 页。
⑤ (清)钱泳:《履园丛话》卷二十二,孟裴校点,上海古籍出版社,2012 年版,第 393 页。
⑥ (明)陈瑚:《为毛潜在隐居乞言小传》,载叶德辉《书林清话》卷七,广陵书社 2007 年版,第 135 页。

成所编《毛子晋年谱稿》①、陶湘所编《明毛氏汲古阁刻书目录》②、胡英《毛晋汲古阁刻书研究——兼从〈汲古阁书跋〉数跋看毛晋刻书的文学倾向》③及其他相关文献记载,勾勒毛晋一生刻书活动大致如下。

万历四十一年(1613),15 岁。

刻《屈陶合刻二种》17 卷(《屈子》7 卷《陶集》10 卷)。

万历四十六年(1618),20 岁。

刻《才调集》等。

天启元年(1621),23 岁。

秋,重编《东坡外纪》,友请合《米元章》梓行,因毛晋并辑《米元章志林》,遂合为一册,取名《苏米小品》,付之梓人。又刻《续补高僧诗》。

天启四年(1624),26 岁。

秋,刻陆游之子陆子虞所辑《剑南诗稿》85 卷。

天启五年(1625),27 岁。

三月,刻舅祖缪希雍撰《神农本草经疏》30 卷,同邑李校、云间康元浤、松陵顾澄先及舅氏戈汕相与校雠。本年还辑唐王建、后蜀花蕊夫人及宋王珪三家作品,合为《三家宫词》3 卷(各 1 卷)并付梓。校刻《陶靖节集》。

天启六年(1626),28 岁。

从岳父康了予遗书中得齐己《白莲集》10 卷(附《风骚旨格》1 卷),与蔡本迥异,因此急付梓。

天启七年(1627),29 岁。

将《杨太后宫词》与《宋徽宗宫词》300 首合辑为《二家宫词》2 卷,付梓。又刻《极玄集》。

崇祯元年(1628),30 岁。

毛晋起誓自今伊始,每岁订正经史各 1 部,寿之梨枣。本年刻印《晋书》130 卷、《周礼》12 卷。五月十三日,刻自撰《唐人选唐诗八

---

① 钱大成,刘奉文整理:《毛子晋年谱稿》,《国立中央图书馆馆刊》1947 第 4 期。
② 陶湘,窦水勇校点:《明毛氏汲古阁刻书目录》,载陶湘编《书目丛刊》,辽宁教育出版社 2000 年版。
③ 胡英:《毛晋汲古阁刻书研究——兼从〈汲古阁书跋〉数跋看毛晋刻书的文学倾向》,广西师范大学硕士学位论文,2007 年。

种》。本年还刻《杨大洪先生忠烈实录》。

崇祯二年(1629),31 岁。

元旦,开雕《新唐书》225 卷。本年还刻《孝经注释》9 卷、《五色线》《群芳清玩》《津逮秘书序》等。

崇祯三年(1630),32 岁。

二月二十七日,刻《芥隐笔记》一卷。五月,购得胡震亨密册汇函烬余板一百有奇。六月十五日,开雕宋欧阳修《五代史》74 卷。开雕《毛诗》20 卷。七月八日,开雕《津逮秘书》15 集 144 种。本年还刻《吴郡志》50 卷、《甘泽谣》等。

崇祯四年(1631),33 岁。

刻《元宫词》百首于三家、二家宫词之尾。整理《丹渊集》残本付梓。七月七日,开雕《陈书》36 卷。本年还开雕《周易》9 卷。

崇祯五年(1632),34 岁。

十月,跋《唐诗纪事》并付梓。十一月,开雕《后周书》50 卷。本年还开雕《尚书》20 卷、《宝晋斋四刻》等。

崇祯六年(1633),35 岁。

十一月,《酉阳杂俎续集》刻成。十二月,开雕《梁书》56 卷。本年还开雕《孟子》14 卷、《倪云林诗集》4 卷、《西溪丛语》、《洺水词》等。

崇祯七年(1634),36 岁。

四月八日,开雕《宋书》200 卷。本年还开雕《公羊传》28 卷、《梁书·皇太后传》、《公羊传》、《确庵文集》等。

崇祯八年(1635),37 岁。

八月十六日,开雕《隋书》85 卷。本年还开雕《穀梁传》30 卷、《弃草诗集》、《秦张两先生诗余合璧》等。

崇祯九年(1636),38 岁。

五月,开雕《魏书》130 卷。秋,刻《众妙集》1 卷,自为跋。本年还开雕《仪礼》17 卷。

崇祯十年(1637),39 岁。

十月十五日,开雕《南齐书》59 卷。本年还刻《论语》20 卷。

崇祯十一年(1638),40 岁。

开雕《北齐书》50 卷。本年还开雕《左传》60 卷、《元人十种诗》《子夏诗序》等。

崇祯十二年(1639),41 岁。

七月十六日,撰《毛诗草木鸟兽虫鱼疏》成,自为序,遂付梓。九月初九日,开雕《北史》100 卷。得宋刻王肃注《孔子家语》,以付梓人。得元代释圆至撰《牧潜集》7 卷,抄本及残破元版各 1 册,遂付梓。本年还开雕《礼记》63 卷,宋洪迈《容斋题跋》2 卷、欧阳修《集古录》,明毛晋《毛诗草木鸟兽虫鱼疏广要》、王英明《重刻历体略》等。

崇祯十三年(1640),42 岁。

元旦,开雕《史记》130 卷。春,覆刻宋本《华严经》。十一月初三日,开雕《南史》80 卷。开雕《尔雅》11 卷。所编《津逮秘书》总 15 集刊行。还刻《存悔斋集》等。

崇祯十四年(1641),43 岁。

刻《史记》130 卷。

崇祯十五年(1642),44 岁。二月,开雕《前汉书》120 卷。秋,得明影宋抄本《姚少监集》10 卷,急付梓。刻《河汾诸老诗》《月泉吟社》《贵耳集》。九月初九日,刻《大学衍义》。编刊《诗词杂俎》。刻宋朱熹集注《四书》19 卷。

崇祯十六年(1643),45 岁。

三月三日,开雕《后汉书》130 卷。十月,《大学衍义》刻成。另刻《明僧弘秀集》等。

顺治元年(1644),46 岁。

春,《十七史》刻成。二月,开雕《三国志》65 卷。六月,向同邑严陵秋借《忠义集》(后附《宋遗民录》),命陆甥手钞,付梓。冬,友人同邑钱谦贞请毛晋代刻自著《未学庵诗稿》。

顺治二年(1645),47 岁。

二月,开雕钱谦贞《未学庵诗稿》。

顺治三年(1646),48 岁。

开雕钱谦贞《未学庵集外诗》。

顺治五年(1648),50 岁。

补辑《晋书·载记》30 卷。刻《新唐书·进书表》和《目录》。

顺治六年(1649),51 岁。

元日,跋《锦带书》,并将其刻入《津逮秘书》。春,钱谦益以《列朝诗集》委毛晋镂板。补辑《五代史·司天考》2 卷、《职方考》1 卷和《十国世家年谱》1 卷,陈师锡序 1 叶,补辑《陈书·儒林传》《文学传》2 篇。

顺治七年(1650),52 岁。

补辑《后周书·异域列传》2 篇,《孟子注疏·题辞解》11 叶,《梁书·皇后太子列传》2 篇。

顺治八年(1651),53 岁。

补辑《宋书·符瑞志》3 卷、《百官志》2 卷,《隋书》脱简《志》30 卷。

顺治九年(1652),54 岁。

刻钱谦益《列朝诗集》81 卷,补辑佚《魏书》脱简《志》20 卷(原缺"天象"三四),《南齐书》《舆服志》1 篇《高逸传》1 篇《孝异传》1 篇。

顺治十年(1653),55 岁。

补辑《北史》脱简《本纪》12 卷、补辑《北齐书》之《神武本纪》《后主本纪》《幼主本纪》和各列传散页。

顺治十一年(1654),56 岁。

钱谦益《列朝诗集》刻成。补辑《南史》之《列传》卷六十至卷七十,《史记》之《周本纪》1 卷《礼书》1 卷《乐书》1 卷《历书》1 卷《律书》1 卷《儒林列传》567 页。

顺治十二年(1655),57 岁。

补辑《前汉书》之《艺文志》1 卷《文三王传》《贾谊传》《叙传》等,补辑《后汉书》"八志"30 卷。

顺治十三年(1656),58 岁。

补辑《三国志》之《蜀志》卷二至卷七和《上三国志》1 篇。《十七史》再次刻成。刻《云林集外诗》,并作跋。

顺治十四年(1657),59 岁。

春朝,为明影宋抄本《姚少监集》10 卷作题跋并授梓人。

如果把上述刻书活动进行分类的话,则毛晋刻书可分三个时期。

第一个时期从明万历末到天启年间（1573—1627）。此时的毛晋正当青年，迷上刻书这个行业，并初试锋芒，"不事生产，日招梓工，弄刀笔"①，虽然刻书不多，但为终生刻书奠定了良好的基础。

第二个时期崇祯年间（1628—1644）。这一时期是毛晋刻书的兴盛期，绝大多数毛刻本都是这个时期完成的。从天启四年至崇祯六年（1624—1633），共刻书 200 余种。其中天启四年到天启七年（1624—1624）刻书较少，崇祯元年至崇祯六年（1627—1633）平均每年刻 30 种左右，崇祯七年至崇祯十七年（1634—1644）仍旧保持这个刻书速度。《十三经》《十七史》和《津逮秘书》中的多数图书都是这个时期刻印的。《津逮秘书》收书 145 种，其中，《齐民要术》《周髀算经》《辍耕录》《东京梦华录》《齐东野语》《道德指归论》《泉志》《岁华纪丽》《益都方物纪略》《佛国记》《真灵位业图》《大唐创业起居注》《汉杂事秘辛》《搜神记》《异苑》《周氏冥通记》《搜神后记》《录异记》《乐府古题要解》《春渚纪闻》等 20 种为崇祯三年（1630）购胡震亨家藏版片而印，其余 125 种为自刻。

第三个时期清朝建立至其去世（1644—1659）。这一时期，毛晋的主要工作是针对《十七史》进行修补，直至顺治十三年（1656）才得以修补完毕。毛晋晚年钟情佛典，所刻佛教著作有汉释安世高译《佛说本相猗致经》、晋释竺法护译《尊上经》、晋竺昙无兰译《寂志果经》、姚秦释鸠摩罗什译《禅法要解经》、南朝宋释沮渠京声译《末罗王经》和《摩达国王经》、梁释僧祐撰《出三藏记集》、陈释真谛译《涅槃经本有今无偈论》和《遗教经论》、北魏释菩提流支译《百子论》、唐

图 4 - 3 - 4 《汉书》一百卷
汉班固撰 明崇祯十五年（1642）毛氏汲古阁刻本 苏州大学图书馆藏

① 钱大成：《毛子晋年谱稿》，刘奉文整理，《国立中央图书馆馆刊》1947 第 4 期。

释义净译《佛为海龙王说法印经》、宋释法天译《外道间圣大乘法无我义经》、明释明河撰《补续高僧传》、清牧云撰《懒斋别集》《病游草》等。此外,毛晋还刻有明憨山大师撰《梦游全集》等。①

毛晋数十年如一日,为了刻书,他"夏不知暑,冬不知寒。昼不知出户,夜不知掩扉"②。清顺治十六年(1659),一代刻书大师走完了最后的人生,于汲古阁中溘然长逝。毛晋去世后,毛扆子承父志,又续刻多种。劳碌一生的毛氏到底刻了多少书?毛晋生前曾向儿子毛扆交代说:"吾节衣缩食,遑遑然以刊书为急务,今板逾十万,亦云多矣。"③由于毛氏刻书损毁过多,故具体书目难以统计,但是板片超过十万倒是可信的。

（三）刻书特色

毛晋汲古阁刻书为古代刻书史上的一件大事,在其生前已经名满天下,广为传颂。好友杨补为之诗云:"天下皆传汲古书,石仓未许方充实。购求万里走南北,问奇参秘来相率。隐湖舟楫次如鳞,草堂宾客无虚日。"钱龙惕亦有诗云:"辞林争纸贵,奇书走八埏。或慕汲古名,积书齐山颠。"④钱谦益更是直言"毛氏之书走天下"⑤。毛晋刻书之所以广受好评,与其刻书精心选择底本、认真校勘和重视刻印大型典籍等特征是分不开的。

第一,精选底本。毛晋刻书重视对底本的选择,与其向来重视收藏宋元版本图书有关。其汲古阁藏书8万多册,中多宋元古本,他曾在门前悬挂木牌,高价收购,一时传为美谈。此外,汲古阁所在的七星桥周边私家藏书楼云集,"南去十里为唐市,杨彝凤基楼在焉;东去二十里为白茆市,某公红豆庄在焉"⑥,在刻书过程中,即便汲古阁没有相关善本

① 资料参考江苏省常熟市沙家浜镇志编纂委员会编《沙家浜镇志》,方志出版社2017年版,第59页。
② (明)毛晋:《重镌十三经十七史缘起》,载陶湘《明毛氏汲古阁刻书目录》,窦水勇校点,载陶湘编《书目丛刊》,辽宁教育出版社2000年版,第23页。
③ (清)毛扆:《影宋精抄本五经文字九经字样》,载毛晋《汲古阁书跋·附编》,潘景郑校订,与王士祯《重辑渔洋书跋》合刊本,上海古籍出版社2005年版,第128页。
④ 上两首诗引自江苏省常熟市沙家浜镇志编纂委员会编《沙家浜镇志》,方志出版社2017年版,第62页。
⑤ (明)毛晋:《汲古阁书跋》,潘景郑校订,与王士祯《重辑渔洋书跋》合刊本,上海古籍出版社2005年版,第1页。
⑥ 叶德辉:《书林清话》,广陵书社2007年版,第137页。

底本，毛氏亦能够与附近藏书好友相互交换而得到，或者以之互相参证。汲古阁刻《津逮秘书》所收的一些宋、元说部以及他单刻的唐宋诗人文集就多据宋本，此外《四唐人集》《六唐人集》《元人十集》《避暑录话》《诗外传》、郑注《尔雅》《后村题跋》《魏公题跋》《芥隐笔记》《孟东野集》《云英先生诗集》《松陵集》《花间集》《片玉词》《史记索隐》《乐府诗集》《吴郡志》《晋书》和《剑南诗稿》等，也都是以宋刻本作为底本的，而最为代表性的是刊刻《说文解字》。东汉许慎的《说文解字》是我国最早的系统性的文字学著作，开古代字典编撰的千年风尚，然元明两代学者不重小学，公私刻书，竟无人顾及，如此重要的典籍几有沉晦之虞。崇祯间，毛晋购得北宋"大徐本"《说文解字》，马上翻雕行世，自宋代徐铉等校订《说文》后，除小字本外，它本《说文》尽佚。铉本（即大徐本）宋刻本流传甚稀，元明两代学者所见实际上多为李焘《说文解字五音韵谱》始东终甲本，毛晋刊刻之后，"至此大徐本《说文》复行于世"①。叶德辉盛赞毛晋此举，"使元、明两朝未刻之本，一旦再出人间，其为功于小学，尤非浅鲜"②。那么，毛晋为什么要如此费时费力费财寻找宋元版本为底本呢？关于这个问题，时人就有疑虑，好友陈瑚记载说："子晋日坐阁下，手翻诸部，雠其讹谬，次第行世。至滇南官长万里遣币以购毛氏书，一时载籍之盛，近古未有也。其所锓诸书，一据宋本。或戏谓子晋曰：'人但多读书耳，何必宋本为？'子晋辄举唐诗'种松皆老作龙鳞'为证曰：'读宋本然后知今本老龙鳞之为误也。'"③

第二，用心校勘。梁启超对毛晋刻书赞赏有加："汲古阁本书，流布古籍最有功，且大有益于校勘家。"④毛晋刻书之所以"大有益于校勘家"，主要在于他本人对于校书情有独钟。他每天坐在楼下，手捧一书，边读边校；每一书刻藏事，他都亲撰跋语，介绍作者和注者，说明版本来源和优缺点。如跋《漱玉词》称："黄叔阳云：'《漱玉词》三卷。'马端临云：'别本分五卷。'今一卷。考诸宋元杂记，大率合诗词杂著为《漱玉

---

① 刘会龙：《〈说文解字〉版本源流考略》，载王蕴智、史凤民主编《许慎文化研究·第三届许慎文化国际研讨会论文集》，江西人民出版社 2017 年版，第 374 页。

② 叶德辉：《书林清话》，广陵书社 2007 年版，第 134 页。

③（明）陈瑚：《为毛潜在隐居乞言小传》，载叶德辉《书林清话》卷七，广陵书社 2007 年版，第 135 页。

④ 梁启超：《中国近三百年学术史》，商务印书馆 2017 年版，第 10 页。

词》，则厘全集为三卷无疑矣。第国朝博雅如用修先生，尚慨未见其全，湮没不几久耶！庚午仲秋，余从选卿觅得宋词廿余种，乃洪武三年（1370）钞本，订正已阅数名家，中有《漱玉》《断肠》二册，虽卷帙无多，参诸《花庵》《草堂》《彤管》诸书，已浮其半，真鸿宝也。急合梓之，以公同好。末载《金石录后序》，略见易安居士文妙，非止雄于一代才媛，直脱南渡后诸儒腐气，上返魏晋□□□遗事数则，亦罕传者。"①对《漱玉词》编选、流传以及校勘情况逐一记述，史料价值非常珍贵。

毛晋一生刻书众多，如果凭借一人之力校勘，那是相当困难的，为此，他专门聘请一帮学者辅助自己，并且分置在三处从事校勘工作：汲古阁是收藏和刊刻儒家著作的地方，博学鸿儒于此校书；双莲阁供有佛像，适合学问僧在此校勘佛经；又一阁也称关王阁，是校勘道藏的地方。此外，汲古阁周边有绿君亭、二如亭等，也都是校书的地方。根据史料可知，参与《神农本草经疏》校勘的有李枝、康元宏、顾澄先、戈汕等人，参与《十三经》《十七史》补遗的校勘人员有陶介立、王元之等。②

第三，多刻大书。与同时期其他坊刻相比，汲古阁刻书的另一个显著特点是多刻大型典籍，种类多，部头大，收藏价值高。刚开始刻书时，毛晋还没有明确的规划，诗文集和医学类书籍都刻，随着事业的扩大和影响力的深远，到崇祯间迎来了刻书的辉煌期，毛晋渐渐把大型图书刊刻作为重点，于崇祯年间先后刻《唐人选唐诗八种》《群芳赏玩》《津逮秘书》《元人十种诗》《六十种曲》《十三经》《十七史》《文选李注》和《汉魏六朝百三名家集》等。古往今来，没有任何个人刻书数量之多能和毛晋一较高下，仅一部《十七史》就包括《史记》《汉书》《后汉书》《三国志》《晋书》《宋书》《齐书》《梁书》《陈书》《魏书》《北齐书》《周书》《南史》《北史》《隋书》《唐书》和《五代史》等17部官修正史，篇幅达1600多卷之巨，而《津逮秘书》规模更是惊人，分15集，收书140多种。

第四，用纸讲究。毛晋刻书专门建有刻书作坊，所用纸十分讲究，都是在江西专门制造的，厚者曰毛边，薄者曰毛太。毛晋曾亲自到江西

---

① （明）毛晋：《汲古阁书跋》，潘景郑校订，与王士禛《重辑渔洋书跋》合刊本，上海古籍出版社2005年版，第111—112页。

② 参考江苏省常熟市沙家浜镇志编纂委员会编《沙家浜镇志》，方志出版社2017年版，第60页。

大量采购竹纸,若检查纸的质量没有毛病,便在纸边上盖一个篆书"毛"字印章,一示合格,二示专用。① 毛边纸最初起源于南方产竹的江西等地方,后来向浙江、福建、四川、湖北等地扩散开去,受到社会大众的欢迎。它以嫩竹作原料,用传统的石灰沤烂发酵,捣碎成浆,再添加适当的黄色染料,不施胶,手工竹帘抄造而成。造成的纸呈米黄色,质地略脆,但价格相对便宜,用之印刷书籍美观醒目,收藏长久亦不变质。一个不争的事实是,该纸流传与毛晋的提倡有关。此外,还要说明的是,毛晋不但在刻书用纸上十分讲究,抄书用纸也如此。他一直花大价钱求购善本典籍,虽然得到了众多好本子,但并不是所有书主都愿意出售,为此,他就通过影抄的方式来得到与善本几乎一模一样的复制品。毛晋对于这项工作也是非常重视的,聘用手艺最好的工匠,挑选最好的纸墨,这就是著名的"毛钞"。

（四）刻书精品

如果从毛晋一生众多刻书中选择精品的话,经部数《十三经注疏》,史部数《十七史》,陶湘称之为"名誉最著而流行最广者"②。毛氏对刊刻这两部大型典籍情有独钟,他说:"天启丁卯（1627）,初入南闱,设妄想祈一梦。少选梦登明远楼,中蟠一龙,口吐双珠,各隐隐籀文。唯顶光中一山字皎皎露出,仰见两楹分悬红牌,窃心异之。铩羽之后,此梦时时往来胸中。是年余居城南市,朝夕梦归湖南载德堂,柱头亦悬'十三经''十七史'二牌,焕然一新,红光出户。元旦拜母,备告三梦如一之奇。母欣然曰:'梦神不过教子读尽经史耳,须亟还湖南旧庐,掩关谢客。虽穷通有命,庶不失为醇儒。'"③这两项宏大的文化建设工程耗费

---

① 关于"毛边纸"的命名,一说当年毛晋到江西订购纸张时,恣意压价,给的银两少一点。槽户心里不高兴,故意减去一道整理工序,即干燥后不裁切让纸边呈毛状。结果运到江苏常熟的竹纸（用于印书）都没有切边。由此被人称为毛边纸。又一说,在明代江西当地称造纸的作坊为"纸棚",专门生产纸的主人叫"槽户",鉴别纸张等级的工匠称"看纸师傅"。某次,一些槽户把这种留有毛糙纸边的竹纸做出来后,被看纸师傅见了,顿时觉得奇怪,便问道:"怎么成了毛边纸?"其后习以为常,由此叫开而得毛边纸之名。见刘仁庆《纸系千秋新考》,知识产权出版社 2018 年版,第 305 页。

② （清）陶湘:《明毛氏汲古阁刻书目录序》,载陶湘《书目丛刊》,窦水勇校点,辽宁教育出版社 2000 年版,第 19 页。

③ （明）毛晋:《重镌十三经十七史缘起》,载陶湘《书目丛刊》,窦水勇校点,辽宁教育出版社 2000 年版,第 22 页。

毛氏 30 年的时间（1627—1657），当他开雕《十七史》中的《晋书》时，年二十九，当刻完全部典籍并撰写《重镌十三经十七史之缘起》作为总结时，年五十九，人生中最美好的岁月都献给了这两部典籍。

汉古阁刻本《十三经注疏》首页分两行刻有"毛氏〇〇〇〇正本"字样，两行字的中间有 5 个小字"汲古阁绣梓"，页面上有"毛氏正本"钤印。序言每半页 9 行，21 字，版心上方刻有篇卷名称，版心下方镌有"汲古阁"字样。左右双边，白口。每行都顶格书写。正文每半页 9 行，20字，版心上方刻有篇卷名称，中间刻有篇卷页数，版心下方镌有"汲古阁"字样，左右双边，白口。大字单行为经文，中字单行为注文，注文上方有阴文"注"，其上方有阴文"传"。或者为笺文，其上方有阴文"笺"；小字双行为疏义，上方有阴文"疏"。每节首行抬头、顶格书写，其它行均低一格书写。书末有阴文"皇明崇祯改元……毛氏补镌"，注明各书的刊刻时间、版权归属。《十七史》各书则在书名页"汲古阁十七史"大字，"附宋辽金元简录"小字。正文前有督漕使者钱谦益、侯于唐和张能麟等人的序言，每半页 5 行或者 6 行，每行 11 字或者 12 字。其后刻有督漕使者、张能麟等人的钤印。正文每半页 12 行，25 字。左右双边，白口，单鱼尾。①

汉古阁本《十三经注疏》和《十七史》大部分采用明朝北监本为底本，而《十七史》则间或有以三朝本、或者影宋本为底本的。两部大型典籍的刻印在古代刻书史上影响很大。首先，在两书的版本史上起到了承上启下的作用。《十三经注疏》和《十七史》在刻书史上版刻次数很多，而汲古阁本则是对前代版本的有效继承，而又为后世很多书坊机构翻刻和覆刻等刊刻提供了底本来源，如清代苏州著名书坊书业堂重印《十三经注疏》，牌记为四周双边，其上题"嘉庆三年（1798）仲冬"，围内右上题"汲古阁原本"，左下题"金阊书业堂重雕"，版式和汲古阁的版本几乎完全相同。其次，作为一个完整的全本，汲古阁刻本《十三经注疏》和《十七史》成为其后两本大书诸多版本在校勘刻印的时候都无法绕过的一个重要版本，如清朝武英殿本《十三经注疏》《二十四史》、阮元

① 以上内容参考赵玉君《毛晋刻〈十三经注疏〉〈十七史〉考》，东北师范大学硕士学位论文，2011 年。

刊本《十三经注疏》等，以及中华书局在二十世纪出版的《十三经注疏》《二十四史》，参校本中都有汲古阁本的身影。最后，在明朝末年，《十三经注疏》和《十七史》与毛晋同时期的其他版本的版片，或因年代的久远，或因天灾人祸而使得主持机构的懈怠而逐渐散失（监本最严重）等，在这个特殊的阶段，汲古阁《十三经注疏》版本就显得弥足珍贵，作为坊刻本，汲古阁本《十三经注疏》和《十七史》所面对的是广大的平民读者，在民间市场中广受欢迎，为传统文化的普及和传播作出了巨大的贡献。

当全部两大巨著刊刻完毕后，毛晋内心十分释然，他略带自豪地说："回首丁卯至今三十年，卷帙纵横，丹黄纷杂，夏不知暑，冬不知寒，昼不知出户，夜不知掩扉。迄今头颅如雪，目睛如雾，尚矻矻不休者，惟惧负吾母读尽之一言也。而今而后，可无憾矣。窃笑棘闱假寐，犹夫牧人一梦耳。何崇祯之改元，十三年之安堵，十七年之改步，如镜镜相照不爽秋毫耶！至如奖我罪我，不过梦中说梦，余又岂愿人人与我同梦！"①

除了上述两部经史巨著，毛晋所刻《宋六十名家词》也属于刻书中的精品。名为《宋六十名家词》，实为61家，凡6集。第一集10家：晏殊《珠玉词》、欧阳修《六一词》、柳永《乐章集》、苏轼《东坡词》、秦观《淮海词》、黄庭坚《山谷词》、毛滂《东堂词》、晏殊《小山词》、陆游《放翁词》、辛弃疾《稼轩词》；第二集10家：周邦彦《片玉词》、史达祖《梅溪词》、叶梦得《石林词》、姜夔《白石词》、向子諲《酒边词》、蒋捷《竹山词》、谢逸《溪堂词》、毛开《樵隐词》、程垓《书舟词》、赵师使（当作侠）《坦庵词》；第三集10家：赵长卿《惜香乐府》、杨炎（脱"正"字）《西樵语业》、高观国《竹屋痴语》、周必大《近体乐府》、吴文英《梦窗稿》四卷、吴文英《梦窗绝笔》又补遗、黄机《竹斋诗余》、黄昇《散花庵词》、石孝友《金谷遗音》、方千里《和清真词》、刘克庄《后村别调》；第四集10家：张元幹《芦川词》、程珌《洺水词》、张孝祥《于湖词》三卷、葛立方《归愚词》、刘过《龙洲词》、李之仪《姑溪词》、王安中《初寮词》、陈亮《龙川词》、蔡伸《友古词》、

---

① （明）毛晋：《重镌十三经十七史缘起》，载陶湘《书目丛刊》，窦水勇校点，辽宁教育出版社2000年版，第23页。

戴复古《石屏词》;第五集 10 家:曾觌《海野词》、杨无咎《逃禅词》、赵彦端《介庵词》、洪琰《空同词》、洪咨夔《平斋词》、李公昂《文溪词》、沈端节《克斋词》、葛胜仲《丹阳词》、侯寘《懒窟词》、张榘《芸窗词》;第六集 11 家:周紫芝《竹坡词》、杜安世《寿域词》、吕滨老(当为吕渭老)《圣求词》、王千秋《审斋词》、韩玉《东浦词》、陈师道《后山词》、黄公度《知稼翁词》、陈与义《无住词》、卢祖皋《蒲江词》、晁补之《琴趣外篇》、卢炳《哄堂词》。

　　汲古阁刻印唐宋词,在中国词史上具有极为重要的承前启后之意义。在毛晋之前,唐宋词别集丛刻也有一些,比如南宋时期长沙书坊所刻《百家词》(实为 92 种,97 家)、临安陈氏书坊所刻《典雅词》、闽中书肆所刻《琴曲外篇》以及宋末元初《六十家词》①等,大多散佚流失,其对清代前中期的影响较小。元代近百年时间内没有大规模的词集丛刻,到了明代,比较重要的词集丛编有吴讷所辑录《百家词》,明紫芝漫抄本《宋元名家词》以及石村书屋抄本《宋元三十三家词》等,虽然规模大,但因其为抄本,传播效应远不能与《宋六十名家词》相媲美。直到清末,才出现了规模超过毛晋汲古阁《宋六十名家词》的《彊村丛书》。其他唐宋词大型丛刻诸如王鹏运《四印斋所刻词》,江标《宋元名家词》,吴昌绶、陶湘《景刊宋金元明本词》等都集中出现在清朝末年。换言之,除了侯文灿的《宋十名家词》外,清代前中期真正大规模的唐宋词集刊刻几乎没有,全靠明末毛晋的丛刻传播唐宋词集。因此,就清代前中期唐宋词的传播而言,毛晋的词集丛刻是极为重要的文献载体,"实有宋词苑之功臣也"②。更重要的是,毛晋每刻一词集,均于其后撰有跋尾,或交代版本源流,或介绍词作者之生平爵里,或品评词作,都具有一定的认识价值。除了《宋六十名家词》外,毛晋还刻有《词苑英华》,其中包括秦观词集《少游诗余》。另外,其所刻《诗词杂俎》中收李清照《漱玉词》和朱淑真《断肠词》两部宋代女词人词集,版本价值很高。尽管后人对于

① 此《六十家词》与毛晋所刻《宋六十家词》不是同一种丛刻,张炎《词源》云:"旧有刊本《六十家词》,可歌可诵者,指不多曲",见唐圭璋编《词话丛编》,中华书局 1986 年版,第 255 页。
② 《宋六十名家词》,上海古籍出版社 1989 年版,第 611 页。

毛晋刊刻唐宋词集存在"卷数之改动,首数之增删,字句之讹脱"①等问题多有指摘,仍不能掩盖汲古阁所刻唐宋词其应有的价值。一直到乾隆年间,清廷编修《四库全书》,其词集文献来源基本也是毛晋所刻词。②

毛晋将刻书活动看作一种充满了社会责任感的行为,再加上家境殷实,于是毛刻在当时的书籍流通领域迅速崛起成为市场上的宠儿,一时享有"毛氏之书走天下"③的盛誉。在出版经营的最盛时期,汲古阁雇用的工匠最多时达到数百人,但到了晚年时期,毛晋将家产用尽,不得不变卖田产用于刻书,自己则节衣缩食,穷困以终,将生命和智慧全部交给了刻书事业,在古代刻书史上留下浓墨重彩的一笔。

四、家刻书

相较宋元时期,苏州明代刻书出现一个最大的变化就是家刻书十分繁荣。明初,由于朝代更替,兵燹刚过,经济遭到破坏,文化事业的恢复尚需时日,苏州私家刻书和其他地方一样都不多。如宣德九年(1434)常熟人吴讷刻元代吴澄撰《草庐吴先生文粹》5卷,正统十一年(1446)常熟人魏祐刻明谢子方撰《易义主意》2卷,天顺七年(1463)昆山张和、欧阳溥刻元柳贯撰《柳待制文集》20卷《标目》2卷《附录》1卷等,以儒家经解或文集为主。明中期,受文学复古运动的影响,苏州一地的私家刻书掀起了翻刻、仿刻宋本的热潮,如吴县洞庭山人陆元大于正德十四年(1519)借得都穆家藏宋庆元、徐民瞻本《陆士衡文集》10卷和《陆士龙文集》10卷,于苏州翻刻《晋二俊集》20卷;正德十五年(1520),苏州袁表翻刻宋本《皮日休文薮》10卷以及《脉经》10卷;正德十六年(1521),陆元大又在苏州翻刊了《花间集》10卷等,这种仿刻宋本的热潮很快扩展到全国广大地区,在刻书史上留下深远影响。万历之后,苏州私家刻书迎来了高峰,一方面继承了前期刻书的优良传统,

---

① 唐圭璋:《宋词四考》,江苏古籍出版社 1985 版,第 64 页。
② 毛晋刻《宋六十名家词》的情况,此处参考陶友珍《唐宋词在清代前中期的传播与接受》,苏州大学博士学位论文,2020 年,第 21—22 页。
③ (明)钱谦益:《隐湖毛君墓志铭》,载毛晋《汲古阁书跋》卷首,与王士禛《重辑渔洋书跋》合刊本,上海古籍出版社 2005 年版,第 1 页。

继续翻刻宋本，时有精品，而且注重经世书籍的刊刻，另一方面刻书家多刻先人或者自己文集，以示家族文脉绵长，门第高贵。但是，也应看到，这一时期所刻书存在校订不精、急于求成的弊病，质量出现下降。

（一）私家刻书分布

笔者根据叶昌炽《藏书纪事诗》、杜信孚和杜同书《全明分省分县刻书考·江苏省（家刻）卷》、江澄波等《江苏刻书》、俞洪帆和穆纬铭《江苏出版人物志》、南京师范大学古文献整理研究所《江苏艺文志》以及各地方志记载进行统计，明代苏州私人刻书家地域分布如下。

吴县 98 家：卫泳、马龙、王观、许宇、华靖、吴从先、张如兰、范善溙、范律之、袁世忠、阴锃、徐普、徐焴、徐媛、徐执庵、薛旦、吴趋、周拱辰、沈云翔、俞姓（门无子）、赵均、王鳌、王俸、王永熙、王穉登、归道传、戴文光、

图 4 - 3 - 5 《妙绝古今》明嘉靖二十九年（1550）苏献可刊

伍忠光、卢襄、卢雍、卢翰、申用嘉、叶初春、袁无涯、刘凤、刘儁孺、许自表、许自昌、伍袁萃、朱鸿渐、朱蔚然、朱勤业、朱克裕、朱景元、袁袠、孙大绶、沈津、沈达、沈颉、沈世昌、沈与文、沈继孙、杨可、杨廷枢、杜诗、吴惠、吴一标、张淮、张习、张一鸣、张维城、张象贤、陈鎏、陈镒、陈宏策、陈元素、陆泔、陆采、邵以正、郑纲、林符、袁韫玉、杨循吉、文秉、季泰、茅枋、周臣、范惟一、范允临、范允豫、董氏茭门别墅、施大猷、陈天锡、赵枢生、贺泰、袁宏、袁表、袁年、袁翼、袁洪愈、袁尊尼、黄省曾、黄鲁曾、黄姬水、冯梦龙、苏献可、郭云济等。

长洲县 9 家：郭云鹏、张献翼、张凤翼、周长庚、皇甫汸、皇甫涍、皇甫泰、周之标、顾元庆等。

元和县 1 家：吴元恭。

昆山县 65 家：方凤、方士骐、方士骧、王迎电、王志庆、王志坚、王志长、王同祖、王叔政、王临亨、王廷俞、叶梦淇、叶重华、吴熙祖、归道传、朱夏、沈绍庆、严春、吴大有、余燫、陈懋德、张寰、张和、张丑、张汝舟、张

文柱、张应文、张大复、陈允升、郑文康、郑应龙、郑若曾、郑玉清、郑若庸、卢熊、周广、周玄晖、周复俊、周凤起、孟绍曾、项璁、俞允文、顾潜、顾循、顾天圻、顾晋璠、顾成建、顾梦羽、顾绍蒂、顾绍芳、留耕书堂、高屿、叶恭焕、夏昶、徐官、王执礼、龚诩、龚无竟、葛鼎、葛鼐、顾锡畴、魏校、魏庠、潘玄度等。

太仓州 37 家：王忬、王庆祥、王士骐、王世啸、王在晋、王世贞、王世懋、王时敏、王锡爵、傅逊、毛在、朱家法、孙文龙、李模、吴震元、陆伸、陆之裘、陈如纶、张溥、张泰、张采、张永锡、张振之、邵弁、顾梦麟、周锡、金濂、郑鼎、赵宧光、凌云翼、顾允升、张道悟、曹灼、曹逵、管志道、穆世锡、顾存仁等。

常熟县 141 家：丁汝宽、丁孺端、马兆胜、卫拱宸、王舜耕、杨仪、邓�韨、冯复京、冯廷璋、孙永祚、归起先、卢信、汤琛、许重熙、刘橄、刘效、陈察、孙宋、孙朝肃、孙朝益、沈应魁、沈春泽、宋奎光、卢翙、庞云衢、李诗、李枝、李庆云、李而进、严治、严澂、严柟、严翼、吴讷、杨彝、何钫、何大成、陆问礼、陈𫓧、陈玉陛、陈尧文、陈尧仁、陈星枢、陈仲麟、陈禹谟、张著、张规、张文麟、张𫞩孟、张书绅、邵鉴、范来贤、周木、周堂、屈冲霄、施雨、赵开美、赵用贤、姚宗仪、唐韶、顾云程、顾大诏、翁宪祥、徐栻、徐绾、徐汝良、钱学、钱岱、钱文选、钱达道、钱椿年、钱世扬、钱希言、桑大协、盛赞汝、翁孺安、黄门、黄美中、蒋芬、蒋以忠、蒋以化、蒋国玦、程宗、范恺、缪希雍、瞿汝说、瞿汝夔、瞿汝稷、瞿式耜、瞿景淳、瞿函中、魏祐、郑思先、吴讷、陈继善、杨子器、徐伯虬、周潮、曹逵、沈风、梁英、罗鸿、冯汝弼、盛赉汝、周光宙、章美中、徐椤、严澍、严泽、严济、钱达道、秦四麟、赵琦美、徐希冉、吕处德、徐启东、严桢、徐良、徐昌祚、王绛、吕远、大韶、沈应宿、真松、陆向礼、钱谦益、归传、钱谦贞、马弘道、冯舒、冯班、冯知十、李杉、陆贻宗、施于民、周尚仁、蒋棻、孙取益、徐氏、王氏、翁氏等。[①]

吴江县 38 家：王可大、王叔承、毛以燧、叶可成、史璧、史兆麟、史兆斗、叶绍颙、庄氏森桂堂、吕纯如、朱鹭、沈慇、沈崇绥、沈正宗、吴岩、吴山、吴瑞徵、吴士颜、吴邦桢、陆绍珩、张泽、张禄、张隽、张世伟、计东、周

---

① 曹培根根据《江苏刻书》《江苏出版人物志》《江苏艺文志》及《琴川书志》等统计，明代常熟刻书家共124人，见其《常熟出版史概论》，载《文献史料论丛》，中国文联出版社1999年版，第71页。

之彝、周应愿、周应仪、周永年、赵襘、袁黄、徐师曾、萧云程、沈宜修、盛应期、蒋杰、沈静专、俞安期等。

震泽县 1 家：王延喆。

由上可知，明代苏州私家刻书相较于金陵、北京、杭州等处人数最多，刻书成为学者阶层的一种时尚，需要说明的是，上述刻书家数量并非全部，有的刻书家事迹不彰，刻书活动散见于史料中。如娄坚，"与唐时升、程嘉燧为炼川三老。嘉定知县谢三宾合坚与时升、嘉燧、李流芳之诗文，镂板行世，名曰《嘉定四先生集》"①。娄坚，字子柔。嘉定（今属上海）人，尝寓居吴江。识高品修，为学者所宗。工书法，人争传购。受居士戒，素食长斋，专修净业。娄氏寓居吴江期间所刻《嘉定四先生集》在清代被后人多次翻刻，是研究明代嘉定文学的重要文献。

（二）多刻大型书籍

明代苏州家刻不但所刻数量多，而且种类全，举凡总集、类书、丛书等大型典籍皆有刊刻，而刊刻大型古籍是需要有一定的经济实力和较高的印刷技术的，这从一个侧面反映出当时苏州私刻家的出版水平。

总集。历代总集编纂数量庞大，明代苏州私人刻书家所乐于刊刻的多为唐宋总集，如万历间，吴县徐普刻《玉台新咏》10 卷《续》5 卷，其中续编部分为明郑玄抚所辑；嘉靖三年（1524），吴县徐焴刻宋姚铉辑《重校唐文粹》100 卷；万历三十四（1606）年，吴县赵均刻宋洪迈辑《宋洪魏公进万首唐人绝句》40 卷《目录》4 卷，崇祯六年（1633）刻《玉台新咏》10 卷；常熟吴讷刻自辑《唐宋名贤百家词》130 卷，等等。

类书。古代类书卷帙浩大，内容包罗万象，举凡应举、为文皆不可或缺，历代类书中以唐宋时所编最为经典，故明代苏州私人刻书家所刻也以这时期的类书为主。如万历二年（1574），常熟周光宙以活字印行李昉等《太平御览》1000 卷，未竟而卒，其子周堂续刻成；万历十五年（1587），常熟赵用贤刻王应麟《玉海》200 卷，他以南监本为底本，并修补四千多叶；万历间，常熟陈禹谟刻虞世南《北堂书钞》160 卷，并为之作补注，等等。

---

① （清）陈纕、丁元正修，倪师孟、沈彤纂：《乾隆吴江县志》卷三十六《寓贤》，《中国地方志集成·江苏府县志辑》第 20 册，凤凰出版社 2008 年版，第 159 页。

丛书。丛书编纂始于南宋,以化整为零、内容系统的优势备受出版界追捧,明代苏州私人刻书家多热衷于此。如嘉靖三十一年(1552),吴县黄鲁曾刻《汉唐三传》14 卷,子目有晋皇甫谧《高士传》3 卷、汉刘向《古列女传》7 卷、汉刘向《列仙传》3 卷、唐沈汾《续列仙传》1 卷;嘉靖间,长洲郭云鹏刻明黄鲁曾《编选四家宫词》4 卷,子目有《王建宫词》1卷、《花蕊夫人宫词》1 卷、《宋徽宗宫词》1 卷、《王珪宫词》1 卷;万历二十七年(1599),常熟赵开美刻《仲景全书四种》,子目有金代成无己《注解伤寒论》10 卷和《伤寒明理论》4 卷、汉张仲景《金颐要略》3 卷、宋朱肱《增注类证活人书》23 卷;万历三十年(1602),吴县袁无涯刻明袁宏道撰《袁中郎集》15 种 53 卷,子目包括《潇碧堂集》20 卷、《广庄》1卷、《瓶花斋集》10 卷、《瓶史》1 卷、《解脱集》4 卷、《锦帆集》4 卷、《去吴七牍》1 卷、《狂言》1 卷、《别集》1 卷、《觞政》1 卷、《广陵集》1 卷、《敝箧集》1 卷、《破研斋集》3 卷、《桃源咏》1 卷、《嵩华游草》1 卷,等等。

除上述提到的总集、类书和丛书外,明代苏州私人刻书家还十分重视刊刻固海防、抗倭寇之书。如万历二十四年(1596),太仓王士骐撰成《皇明驭倭录》9 卷,以编年的形式汇集从明太祖到万历历朝皇帝有关驭倭的诏旨、大臣的章奏、中外战守方略等,随即付梓;又如太仓王在晋参考郑若曾《筹海图编》、邓钟《筹海重编》以及范涞《海防类考》等书的基础上,旁搜统括,汇集有关海防的各种资料编成《海防纂要》14 卷,分为山海舆地图、沿海事宜、外国考程途针路、朝贡通考、朝鲜复国经略、驭倭方略、船器攻围法等,于万历四十一年(1613)刻成;还有常熟人徐泽,"持己方介,淹贯经籍,颇好言兵。仕平谷学教谕,撰《安边策》数万言。平谷近边,诸生服习其书,始知用兵古法,以干镇守大臣,时无知者,独武弁相与礼重之,为刻行其书"①,惜徐泽《安边策》后世不传。此外,还有刻外国典籍的。如万历四十五年(1617),太仓赵宧光与葛一龙刻《朝鲜史略》6 卷,该书一名《东国史略》,不著撰人名氏,乃明时朝鲜人所纪其国治乱兴废之事。

---

① (清)高士鸜、杨振藻修,钱陆灿等纂:《康熙常熟县志》卷二十《文苑》,《中国地方志集成·江苏府县志辑》第 21 册,凤凰出版社 2008 年版,第 484 页。

（三）刻书工艺精美

苏州私人刻书家往往不惜花费资金，在刻书质量上尽善尽美，目的为给后世留下宝贵的文化财富。如吴县顾春，所刻书多请周慈写版、陆奎操刀，嘉靖十二年（1533），在吴县写刻《六子全书》6 种 60 卷，用白棉纸细印，此书版式、刀笔皆佳，字体遒劲，展卷令人赏心悦目，该书问世后，从明代至民国多次被翻刻和影印，系诸本之祖本。嘉靖间，吴县人苏献可刻《韩诗外传》10 卷，刀笔工致，字画舒展，横轻直重，墨色极佳，也是苏州良匠周慈、陆奎等杰作，《天禄琳琅书目》误入元版，被《四部丛刊》收录。

前面说过，明代刻书业兴起翻刻宋版书之风，苏州家刻更盛。诸多翻宋本在工艺上精益求精，几可乱真。如嘉靖七年（1528），吴县金李所刻《国语》与龚雷所刻《战国策》同出宋本，二书影刻极似原本，讳字、缺笔依旧，后被《四部丛刊》影印收录；吴县郭云鹏在影宋刻上也多有精品，嘉靖间所刻《河东先生集》45 卷，是影摹宋廖莹中的世彩堂本，摹刻逼真，并称绝妙，实可和原刊媲美；嘉靖三年（1524），徐焴在苏州翻刻宋本《重校正唐文粹》100 卷，写善镂精，字体略肥硕，为世人所重；嘉靖二十五年（1546），常熟蒋孝明翻刻宋本《陶靖节集》10 卷《总论》1 卷，卷首有虞守愚《陶集叙》，次为梁萧统《陶渊明集序》，文末有"晋陵蒋氏梓于家塾"篆文长方印，是陶集历代刻本中质量上乘者。

明代苏州私人刻书家还多用活字印刷，一时成为时尚。主要有：（1）正德嘉靖间苏州印《晏子春秋》8 卷，每半页 9 行，行 18 字；（2）嘉靖间丽泽堂木活字印宋刘达可辑《璧水群英待问会元》90 卷，每半页 11 行，行 23 字，卷末印"丽泽堂活版印行，姑苏胡昇缮写，章凤刻，赵昂印" 4 行；（3）正德间昆山县不具名氏印昆山叶盛撰《水东日记》38 卷，每半页 10 行，行 20 字；（4）隆庆三年（1569），海虞黄美中印太仓王世贞撰《凤洲笔记》24 卷《续集》4 卷；（5）明万历二年（1574），常熟桑大协木活字印明常熟桑悦撰《思玄集》16 卷；（6）万历间，吴郡严氏印明常熟严讷撰《春秋国华》17 卷；（7）万历二十二年（1594），太仓赵宧光木活字印明太仓赵枢生撰《含玄斋遗编》4 卷《别编》10 卷《附录》1 卷，每半页 9 行，行 18 字；（8）万历间太仓赵宧光印明太仓赵枢生撰《含玄子》16

卷《附录》1卷、《玄斋遗编》4卷,每半页9行,行18字;(9)明弘治间,昆山人顾恂以铜活字印行过宋范成大《石湖居士集》34卷、明孙蕡《西庵集》10卷;(10)吴县孙凤曾用铜活字印过宋代陈恩《小字录》1卷;(11)长洲韩氏用铜活字印《曹子建集》;等等,不一而足。

(四)女性加入刻书行列

明代苏州私人刻书家中还有一个令人欣喜的现象,那就是出现了一位女性刻书家——徐媛。徐媛(1560—1620),字小淑,法名净照,一作静照。长洲人。徐惟实女,副使范允临妻。其人多读书,好吟咏,与寒山陆卿子为诗友,二人相互唱和,才力伯仲,难分轩轾,吴中士大夫交口而誉之,流传海内,称"吴门二大家"。徐氏论诗独不喜杜甫,而倾慕李贺,以为"子美虽大家,然多俚语,易入学究;长吉怪怪奇奇,俱出自创,不致以鬼才开宋人门户"①。范允临以书负时名,夫妇卜筑天平山,享园亭诗酒之乐。徐氏撰有《络纬吟》12卷,并于万历四十一年(1613)自刻问世。《络纬吟》所收主要是各体诗歌,次为赋、序、传、颂、诔、悼词、祭文及尺牍,卷九为诗余,有词四首。卷首有万历四十三年(1615)钱希言《范夫人〈络纬吟〉叙》、万历四十一年范允临《〈络纬吟〉小引》和董斯张《徐姊范夫人诗序》、徐泖仲《〈络纬吟〉题辞》等。②

(五)出现刻书家族及著名刻书家

"家族组织是中国传统社会结构的基础。在数千年的历史变迁中,家族以血缘关系为纽带,并通过与地域关系、利益关系的结合,演化出种种再生形态,形成一个从家庭到宗族不断分化整合的系统,渗透于民间基层社会的政治、经济、文化生活中,对传统中国的社会变迁、经济变迁、文化变迁有深刻的影响。"③明中叶以后,随着经济、文化在战乱之后日益复苏,苏州一带的文化人继承元末辉煌,并通过家族传承和联姻等

---

① 梁乙真:《中国妇女文学史纲》,上海书店出版社1990年版,第348—349页。
② 明代长洲人周之标于天启间先后刻印过《女中七才子兰咳集》5卷、《新刻出像点板增订乐府珊珊集》4卷、《吴语萃雅》4卷、《周君建鉴定古牌谱》2卷等,杜信孚、杜同书《全明分省分县刻书考·江苏省(家刻)卷》称之为女性,无独有偶,戚昕《明代女性出版家周之标》(《新世纪图书馆》2012年第10期)更在标题中指为"女性出版家",而张燕婴《明末出版家周之标不是女性》(《新世纪图书馆》2014年第5期)通过史料考辨,力证周之标不是女性。
③ 吴功华:《桐城地域文化研究》,安徽师范大学出版社2014年版,第141页。

方式,串珠为链,逐渐形成一个庞大的文化家族网络。在刻书事业上,最为突出的表现是家族成员皆从事之,或兄弟共同刻书,或祖孙几代持续其事。此外,明代苏州出现了一批私家刻书大家,不独是江苏刻书史上的重要现象,放在全国考量也是很有影响的人物。

1. 吴县黄氏家族刻书

嘉靖年间,吴县黄氏家族黄鲁曾、黄贯曾、黄省曾兄弟刻书远近闻名,刻书质量上乘,流传久远。黄氏祖籍河南,十六代祖黄斌明初任职苏州,遂家焉。父黄昕,勤于治产,家业丰厚,为黄氏兄弟日后求学、藏书和刻书打好了经济基础。

黄鲁曾(1487—1561),字德之,一字得之,号中南,人称中南先生。正德丙子(1516)举人,为文闳衍,好奇纵诡,诗多散佚。严嵩闻其名,欲招之,不能得。余生主要在苏州度过,与皇甫兄弟、王宠兄弟以及张凤翼兄弟结成文学团体,人称"黄家二龙、王氏双璧、皇甫四杰"。黄鲁曾以慷慨大方、乐于助人而闻名。父授产千金,悉以置书、刻书。著有《续吴中往哲记》《南华合璧集》等。所刻书有:嘉靖三十一年(1552),刻《汉唐三传》14卷(子目:晋皇甫谧《高士传》3卷、汉刘向《古列女传》7卷、汉刘向《列仙传》3卷、唐沈汾《续列仙传》1卷);嘉靖三十三年(1554),刻宋刘开《方脉举要》3卷和魏王肃《孔子家语》10卷(明何孟春注);嘉靖三十七年(1558),刻宋杨侃辑《两汉博闻》12卷;嘉靖间所刻书还有明杨循吉撰《南峰乐府》1卷,元杨朝英辑、黄鲁曾续辑《太平乐府》1卷,唐李龙辑《唐僧弘秀集》14卷等。

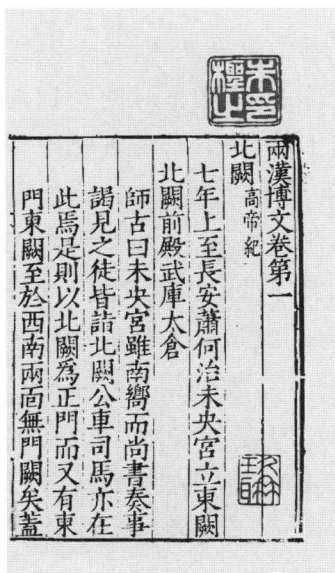

图4-3-6 《两汉博闻》①
黄鲁曾刻

黄鲁曾有一子名黄河水(原名德水),字清父,卓有诗名。著有多部

---

① 按:书影页"两汉博文"之"文"字为"闻"字之误。

游记及诗集,还参与编选《唐诗纪》170 卷《目录》34 卷,万历十三年(1585),该书由其合作者吴瑭刊刻。

黄氏兄弟中,黄贯曾生平最简略,字一之,室名曰浮玉山房,余不详。贯曾刻有《二十六家唐诗》50 卷,包括《李峤集》《苏廷硕集》《虞世南集》《许敬宗集》《李颀集》《王昌龄集》《崔颢集》《崔曙集》《祖咏集》《常建集》《皇甫冉集》《皇甫曾集》《严武集》《权德舆集》《李益集》《严维集》《司空曙集》《韩君平集》《顾况集》《武元衡集》《李嘉祐集》《耿沣集》《秦隐君集》《包何集》《包佶集》《郎士元集》等。

无论从学术影响还是刻书成就来说,黄氏家族中最有代表性的人物当为黄省曾。黄省曾(1490—1540?),字勉之,号五岳山人。作为三兄弟中年最幼者,其学识与成就都远超两位兄长。黄省曾一心向学,博览群书,未中举时便受到王鏊、李梦阳、王守仁和霍韬等人的称赞。嘉靖十年(1531),黄省曾中乡试第一名,但未做官。他热衷于旅行,并以"五岳山人"为号,曾到长安、北京等地游历,其余的多数时间都在家乡苏州从事著书、藏书和刻书,并与当地著名人物如文徵明、皇甫汸和张凤翼等世家大族交往。黄省曾对学术研究有着强烈的愿望,正德十六年(1521),因为对王守仁的心学感兴趣,于是开始与王守仁通信联系,两年后,来到绍兴拜王守仁为师,并将王守仁与学生的语录汇编成书,节选内容被收录于钱德洪编辑的《传习录》最后一部分。嘉靖六年(1527),王守仁被朝廷召回镇压江西叛乱,黄省曾继续在湛若水的指导下学习,黄省曾还向李梦阳学习诗歌创作。嘉靖八年(1529),在京口养病的李梦阳请黄省曾刊刻自己的作品选集,黄省曾遂为其书作序并刊刻。黄省曾一生创作大量诗歌,部分诗歌及其子的诗歌被整理成集,题为《二黄集》。他对《诗经》、刘向《列仙传》、皇甫谧《高士传》、沈汾《续仙传》、荀悦《申鉴》等古籍多有研究,或作颂,或作注,或作序,其他著作有《吴风录》《西洋朝贡典录》《稻品》《蚕经》《鱼经》《艺菊》《芋经》《兽经》等。究黄省曾一生,主要的文化贡献还是在刻书上,所刻书有:正德七年(1512)刻唐刘义《唐刘义诗》1 卷,正德十三年(1518)刻汉王逸《楚辞章句》17 卷,正德十四年(1519)刻汉荀悦《申鉴注》5 卷(黄省曾注),嘉靖四年(1525)刻魏嵇康《嵇中散集》10 卷,嘉靖八年(1529)刻明皇甫谧《高士传》3 卷,嘉靖九年(1530)刻明李梦阳《李空同先生集》66 卷,嘉靖十三年(1534)刻魏葛洪《西京杂记》6 卷和北魏郦道元《水经注》40 卷,嘉靖二十年(1541)刻明潘希曾《竹涧先生文集》8 卷《奏议》4 卷《附录》1 卷,嘉靖三十一年(1552)刻梁陶弘景《梁陶贞白先生文集》2 卷等。黄省曾刻书重视选用底本,严格校勘,如所刻《水经注》,"尽管后世评论家指摘书中的错误,该书仍是重要的明刊本《水经注》版本"①。黄省曾本人的多数作品或以单行本的形式刊行,或部分章节被刊行于其他作品集中,其著作内容丰富,包括对经、史、子、集的校释等,诗文集题为《五岳山人集》38 卷,去世后由家人刊刻。

黄省曾之子黄姬水(1509—1574),字纯父,一作淳父,一字子淳,号质山,又号圣长。生而聪敏,得父钟爱,出入必携之。黄姬水幼年跟从祝允明习书法,并日渐擅长。十三岁入府学,但科举之途并不顺畅,屡次受挫后,将全部精力投入文学创作、书画收藏等方面,终至家财耗尽。嘉靖中,倭寇猖獗,姑苏遍燃烽火,遂西上金陵,留居六年,得与诸卿大夫名士交往,多有唱酬。返乡后,家业逐渐凋零,不得已抛售家藏刻版,又售奇书以解衣食之窘。黄姬水去世后,子黄嘉芳刊刻其多数作品集,其中,《白下集》11 卷是黄姬水早年的著作,包括了黄姬水暂居南京时所写的诗歌;《高素斋集》29 卷收载黄姬水晚年作品。另外,女婿顾九思对黄姬水诗文进行补编,名曰《黄淳父先生全集》24 卷,万历十三年(1585)刻版。不过,出生于刻书世家,黄姬水子承父业,也刊刻了大量的书籍,最有名的作品之一是覆宋版荀悦《前汉纪》30 卷,其他的有晋袁宏《后汉纪》30 卷、宋范仲淹《范文正公集》20 卷《别集》4 卷《尺牍奏议》5 卷《附录》17 卷、宋范纯仁《范忠宣公文集》20 卷(修补元岁寒堂本)、自撰《贫士传》2 卷、明屠本畯《楚骚协韵》10 卷等。

2. 吴县袁氏家族刻书

吴县袁氏刻书家族指的是袁表、袁褧、袁褒和袁裹四兄弟及堂兄袁衮、袁裘等,时人称为"袁氏六俊"。早在明代中期,生活富足的袁氏家族便已经开始收集图书,家族藏书楼名为"嘉趣堂",所收藏的绝大多数

---

① [美]富路特、房兆楹原主编,李小林、冯金朋主编:《明代名人传(三)》,北京时代华文书局 2015 年版,第 906 页。

图书中均有此印记。清钱大昕称吴门袁氏"一门文献,照耀志乘,至今称为甲族"①。

长兄袁表(1488—1553),字邦正,号陶斋,一号宝华山人。十三岁为庠生,正德元年(1506)奉制国学,嘉靖十年(1531年)就选吏部,同年任西城兵马司副指挥。嘉靖十二年(1533)改任南京中城兵马司副指挥。十八年(1539)得罪官僚,被诬入狱,不久获释。十九年(1540),为江西临江通判,二十四年(1545)辞归,诗酒自娱。著有《河西关志》《黎平府志》《闻德斋志》《江南春集》等。袁表常常与另一位同时代的福建人袁表(字景从,进士)相混,因此常被误认为是福建十二位诗人文选的作者。袁表于正德间刻晋王叔和撰《脉经》10 卷,正德十五年(1520)刻印过唐皮日休《皮子文薮》10 卷,嘉靖十八年(1539)刻印过沈周辑《江南春词集》1 卷和《郡斋倡和录》4 卷等。

袁褧(1495—1573),字尚之,号谢湖、懒生、藏亭、中皋子,因晚年耕谢湖之上,又自号谢湖居士、石湖漫士。兄弟四人中排行第二。青年时期的袁褧一心奔着科举,但是多次参加乡试而屡屡败北,最后只能通过捐资进入国子监学习,其后也并没有机会外出做官。袁褧遂把主要精力和财力用在了藏书和刻书方面,自称"余家藏书百年"②,先有磐石斋作为藏书楼,后又筑西庚草堂为藏书之所,并专辟嘉趣堂为刻书之地。袁褧刻书如下:嘉靖十二年(1533),刻北周虞辩撰《大戴礼记注》13 卷(卷十三后有"嘉靖癸巳吴郡袁氏嘉趣堂重雕"牌记),嘉靖十三年至二十八年(1534—1549),刻《金声玉振集》53 种 63 卷;嘉靖十四年(1535),刻宋朱熹集注《楚辞集注》8 卷《辩证》2 卷《后语》6 卷、汉扬雄撰《反离骚》1 卷、《世说新语》3 卷;嘉靖十六年(1537),刻明顾璘撰《国宝新编》1 卷(后有"苏城吴趋坊陆家雕版"牌记);嘉靖二十五年(1546),刻宋傅崧

---

① (清)钱大昕:《潜研堂文集》卷二十六《平江袁氏家谱序》,陈文和主编《嘉定钱大昕全集》第 9 卷,凤凰出版社 2016 年版,第 413 页。

② 袁褧之语见其嘉趣堂刻《文选》六十卷末叶"吴郡袁氏善本新雕"隶书木记识语:"余家藏书百年,见购翥宋刻本《昭明文选》有五臣、六臣、李善本、巾箱、白文、大字、小字殆数十种。家有此本,甚称精善,而注释本以六家为优,因命工翻雕,匡郭字体,未少改易。始于嘉靖甲午(1534),成于己酉(1549),计十六载。"卷末又《跋》又称:"余家藏书百年,此本甚称精善,因命工翻雕,匡廓字体,未少改易,计十载而完,用费浩繁,梓人艰集。余模拓传播海内,览兹册者,毋徒曰开卷快然也。"

卿校注《夏小正戴氏传》4 卷;嘉靖二十八年(1549),刻《六家文选注》60卷,以及具体刊刻年代无考自编的 3 部小说集:《前四十家小说》40卷、《后四十家小说》40 卷和《广四十家小说》40 卷等。其中,最有代表性的作品是《六家文选注》和《金声玉振集》。袁褧所刻《六家文选注》为其仿宋蜀郡广都裴氏善本的重刻本,今有日本静嘉堂文库藏本,凡 30册。其本先录昭明《文选序》,次录李善《上文选注表》及国子监准敕节文,次为吕延祚《进五臣集注文选表》及《上遣将军高力士宣口敕》,次目录,然后是正文 60 卷,书末有雕刻时间及刻工姓名等标识。据日本人斯波六郎《对〈文选〉各种版本的研究》可知,它与明州本颇近而不尽相同明州本省略之注,此本却详出。与胡刻本、赣州本、四部丛刊本等比较,此本多有可证诸本之误者。然此本亦多有意改动注文之处。① 袁褧从嘉靖十三年(1534)起,着手将家藏中最为珍贵的部分以及朋友的著作汇编一起,并一一刊刻,计 53 种 63 卷,全书分皇览、征讨、纪乱、组绣、起变、考文、丛聚、水衡、边防、撰述等 10 类,是明代政治、经济、军事以及学术研究方面的重要资料,"称得上是明朝最重要的丛书之一,这主要是因为其中所收录的 55 部图书当中,至少 40 部图书是关于历史和地理的珍贵文献,一些甚至是首次刊行"②。袁褧刻书的一大特点是十分重视时事需求,在丛书刊刻中加入一批关注时局的图书。如嘉靖二十七年(1538),山东按察副使王献开始开凿一条横穿山东半岛名为胶莱河的新运河,以缩减海运路程,但是王献在被迫离职后,这项工程进展缓慢。袁褧及时捕捉这一信息,《金声玉振集》刻入佚名《海道经》1卷、佚名《海运则例》1 卷和刘仁本《海道漕运记》1 卷。刊行不久,多位官员上书建议继续这一工程,嘉靖二十三年(1554)10 月,御史何廷钰受命调查地势,崔旦则记录下调查的详细情况,包括开凿这条运河的可行性和优点,题为《海运编》2 卷,是年岁尾,袁褧便直接刊行此书。再如《金声玉振集》中有关于海盗问题的 3 部图书:万表的《海寇议前》1 卷和《海寇后编》1 卷、茅坤的《海寇后编下》1 卷,袁褧为其中的两部图书

① 参见胡大雷、韩晖《昭明文选教程》,广西师范大学出版社,2016 年,第 177 页。
② [美]富路特、房兆楹原主编,李小林、冯金朋主编《明代名人传(六)》,北京时代华文书局 2015 年版,第 2237 页。

撰写题跋一并刊刻出来，3 部著作和两则题跋成为关于明代中期海盗问题的重要资料。

袁褒排行第三。袁褒(1499—1577)，字与之。身长七尺，音如巨钟，好读书，轻财好施，与王宠友善，王宠家贫，褒常宽贷之。潜心读书，性恶佛老。晚年筑室桃花坞，抱膝长吟其间以自娱。嘉靖十年(1531)冬，文徵明为作《袁安卧雪图》。著有《东窗笔记》《括囊稿》等。袁褒刻书今不可考，但其子袁年刻书流传下来。袁年(1539—1617)，字子寿，号德门。万历五年(1577)进士，曾任山东青州知府、江西副使、云南副使、陕西按察使。万历十二年(1584)刻堂兄袁尊尼所撰《袁鲁望集》12 卷。

袁氏四兄弟中，袁袠名最彰，后世影响最大。袁袠(1502—1547)，字永之，号胥台。嘉靖五年(1526)进士，是袁家四兄弟当中唯一一位通过科举考试获取功名的。不久出仕，任刑部主事，嘉靖八年(1529)，任河南乡试考官。十一年(1532)，在担任兵部武选司主事期间，因仓库失火烧毁，被充军至湖州卫，明年被赦免，并于 7 年后担任南京兵部主事。二十二年(1543)，出任广西提学佥事，不久致仕回乡。著有《胥台集》20卷、《皇明献宝》22 卷、《吴中先贤传》10 卷、《世纬》1 卷等。袁袠的刻书活动今考者为刊刻唐寅《唐伯虎集》2 卷。

袁袠是明代最早编纂和刊刻唐寅诗文集的人。袁袠在《唐伯虎集序》中说："《唐伯虎集》二卷，乐府、诗总三十二首，赋二首，杂文一十五首，内《金粉福地赋》阙不传。"可知，袁袠编选的《唐伯虎集》2 卷，收唐寅 49 篇作品，其中《金粉福地赋》阙如，仅存名，所以实际作品只有 48 篇。又说："袠童时尝获侍高论，接杯酒之欢。"可见他少年时代就经常参加吴中文人的雅集，时常能听到唐寅辈的高谈雅论。袁袠所刻《唐伯虎集》，主要收集保存了唐寅具有复古情调的诗文，而对唐寅晚年类似白居易闲适的诗作却没有保留，这和袁袠的审美倾向有关。袁袠编选的《唐伯虎集》缺陷不少，但首创之功不可没，此本为后人重编唐寅作品集提供了基础，明代何大成刊刻的《唐寅集》，就是以袁本为底本，不断扩充而成的。袁袠刊本对于唐寅在文学领域能拥有一席之地，有着积极的意义。但据万历间曹元亮翠竺山房重刻此书时称原本已罕见。①

此外,袁袠之子袁尊尼也是袁氏家族中的刻书家。袁尊尼(1523—1574),初名梦熊,字鲁望,号吴门。嘉靖二十二年(1543)举人,嘉靖四十四年(1565)进士,历官刑部主事、山东提学副使,为王世贞推重,文徵明引为忘年交。著有《袁鲁望集》12卷,万历元年(1573)刻。父亲袁袠曾自撰自刻《袁永之集》,未竟而殁,嘉靖二十六年(1547),袁尊尼续刻成之,共20卷。

袁袠的两位堂兄袁袠和袠是颇为著名的诗人,同时也热衷刻书。袁袠(1499—1548),字补之,号谷虚。精书法与鉴藏。嘉靖十七年(1538)进士,授江西庐陵知县,擢礼部仪制司主事,升署员外郎,广西佥事,引疾归。著有《袁礼部集》《世纬》。袁袠(1509—1558),字绍之。诸生。屡试不利,乃博涉经史及汉唐以来名家文,工诗古文。居家有孝行,晚循资贡礼部,未仕而卒。有《志山诗集》。遗憾的是,囿于史料之阙,二人刻书情况不得其详。

3. 长洲顾元庆大石山房刻书

顾元庆(1487—1565),字大有。长洲人。世居黄埭镇,故有时自称"埭川人"。早年求学于都穆,中年移居阳山大石左麓,称其山为顾家青山,称其房为大石山房,称其堂为夷白斋,后来雕刻典籍时,最爱用这个斋名。后世文人常称其为大石先生、阳山顾氏。他啸傲山林,避尘绝俗,终身不仕。顾氏家族经济实力一向雄厚,但顾元庆的兴趣不在经营上,而在图书艺文方面,钱谦益说:"(顾氏)兄弟多纤啬治产,山人独以图书自娱,自经史以至丛说,多所纂述。"②他把大量的财富用在了收藏典籍上面,夷白斋藏书多达万卷,保留许多珍贵的宋本和名画古玩,丰富的家藏为其刻书提供了巨大的便利条件,所刻的众多典籍便是以家藏为底本的。顾元庆虽然僻居山林,但是他善于结交,好友中多为清高耿直、富有文才的雅士,所以他对于外部世界的了解非常及时,尤其留意图书出版方面的情况。他经常外出游学,考察古迹,丰富阅历,获取刻书资料。如18岁时前往京口焦山寻找瘗鹤铭碑,未果,31岁时再次

---

① 参考苏州博物馆:《唐寅的如梦人生》,紫禁城出版社2014年版,第23页。
② (明)钱谦益:《列朝诗集》(下),上海古籍出版社2008年版,第478页。

前往，终于在当地好友的指引下一睹碑铭真迹，他根据考察结果撰写《瘗鹤铭考》并刊刻问世。顾元庆学问根基扎实深广，知识极为渊博，远迈一般学者，自己创作小说诗文，并编刻大量古代小说，作品有《瘗鹤铭考》、《茶谱》、《山房清事》、《檐曝偶谈》、《云林遗事》及附录、《大石山房十友谱》（又名《十友图赞》《山房十友谱》《十友谱》）、《消暑珠》、《云拊新编》、《大石八景记》、《阳山新录》（合撰）、《夷白斋诗话》、《紫府奇元》、《阳山顾氏文房小说》（又名《顾氏文房小说》《阳山顾氏文房四十种》）、《顾氏明朝四十家小说》（又名《梓吴》《顾氏文房丛刻》《顾氏明代文房小说四十种》）、《广四十家小说》）等。①

顾元庆所刻书以小说丛书为主，分述如下。

《阳山顾氏文房小说》40 种 58 卷。正德十二年至嘉靖十年（1517—1531）刻，收录作品自汉至宋，40 种之中有 30 种是顾氏家藏本，其中大多为唐宋传奇、笔记小说，亦有六朝志怪，另有《洛阳名园记》《古今注》《小尔雅》《诗品》《德隅斋画品》等有关地理、音韵、文艺理论之类的书。其中，《诗品》刻印于正德十二年（1517），《松窗杂录》刻印于嘉靖十年（1531），前后用 14 年时间。"从版本来说，十七种是宋本，其中《刘宾客嘉话录》后有'乾道癸巳十一月海陵卞圜谨书，吴良缮写'之字。乾道是南宋孝宗的年号，癸巳即乾道九年（1173），可见顾元庆还藏有宋朝抄本。从这一点来看，《文房小说》的版本是很珍贵的。"②本丛书颇具学术价值，向为学界所重，后人汇刻丛书多取自于此，版本为后世藏书家所珍重。

《顾氏明朝四十家小说》40 种 47 卷。嘉靖十八年至二十年（1539—1541）刻。收录的主要是明前期江浙一带名贤时哲的笔记小说作品，包括顾元庆自著作品 7 种，即《瘗鹤铭考》《夷白斋诗话》《阳山新录》《檐曝偶谈》《大石山房十友谱》《云林遗事》《茶谱》等，另有宋元作品 4 种，即《稗史集传》《西征记》《避戎夜话》《清夜录》。本丛书对于研究明初的笔记小说创作特点，及明代小说观念有着重要价值。

---

① 书目来源于朱银萍《顾元庆及其编刊小说研究》，暨南大学硕士学位论文，2011 年，第 25—26 页。

② 钟来因、顾亚平：《顾元庆研究》，江苏省社会科学院文学研究所《明清小说研究》第 6 辑，中国文联出版公司 1987 年版，第 188—189 页。

《广四十家小说》40 种，嘉靖间刻。这是继《阳山顾氏文房小说》《顾氏明朝四十家小说》之后，顾元庆所辑的又一部丛书，采录汉唐至元明间文言小说 40 种，多数属于说部作品，包括《贾氏谈录》《陶朱新录》《天隐子》《白獭髓》《冀越集》《石田杂记》《友会谈丛》《寇莱公遗事》《历代帝王传国玺谱》《桂苑丛谈》《避戎夜话》《江淮异人录》《清夜录》《吴中旧事》《西征石城记》《中朝故事》《平江纪事》《震泽纪闻》《明皇十七事》《杜阳杂编》《兴复哈密国王记》《苹野纂闻》《摭言述妓馆五段事》《苏谈》《绿珠内传》《否泰录》《东方朔神异经》《开颜集》《江海歼渠记》《闲燕常谈》《景仰撮书》《拘虚晤言》《宝椟记》《太湖新录》《蚕衣》等。世间传本较少，1915 年上海文明书局据顾氏所刻版本石印后，方始广为流传。①

顾元庆辑录刊刻的三部小说丛书，收录重点是宋明文言小说作品，具体到每部丛书，收录作品各有侧重，但它们"对于探讨顾元庆的编辑思想及明代丛书的编刊活动，深入了解明中期文言小说创作由萧条走向复苏乃至兴盛过程的小说观都有重要价值"②。

丛书收录作品数量多，刊刻工程量大，而顾氏本人对于编纂工作每事躬亲，故刊刻时间跨度很长，为此，他采用递刊的方式进行，编好一种即刊刻一种，而且随编随刊，刊刻一种汇集一种。前面说过，《阳山顾氏文房小说》是从正德十二年到嘉靖十年约 15 年的时间里陆续编刊汇集而成的，而《顾氏明朝四十家小说》的作品刊刻主要集中在嘉靖年间，但是在正德十三年就有一种《瘗鹤铭考》率先刊出，而其余作品的刊刻则都集中在嘉靖前中期才完成。虽然采用递刊方式，耗时很长，但是顾氏仍然尽力保持版本一致，其刻书有三个方面显著的特征。

第一，版式一致。三部丛书的刊刻历时几十年，但是顾氏一直保留统一的版式，均为半页 10 行 18 字，甚至道家类丛书《紫府奇元》，以及为王穉登和岳岱分别刊刻的《雨航纪》与《阳山志》，行款都是如此。

① 《明史·艺文志》小说家类《千顷堂书目》类书类著录《广四十家小说》为袁褧编，南京图书馆藏本题为顾元庆辑。又，闵宽东等人说："因顾元庆编刊未竟即卒，此书直到 1915 年始由上海文明书局石印行世。"见闵宽东、陈文新、刘僖俊《韩国所藏中国文言小说版本目录》，武汉大学出版社 2015 年版，第 268 页。
② 朱银萍：《顾元庆及其编刊小说研究》，暨南大学硕士学位论文，2011 年，第 1 页。

第二，书中插图多顾氏手绘。《顾氏明朝四十家小说》中的《茶谱》与《大石山房十友谱》属谱录类作品，书中的插图全部出自顾元庆之手。其中，《茶谱》插图共有 8 幅，图文布局不全相同，第二幅"苦节君行省"图占整幅版面，文字亦占整幅版面，除此以外的 7 幅图均采用左文右图的布局，这些图画在作品中主要是起辅助作用，帮助读者理解文中说明性的文字；《大石山房十友谱》配有 10 幅插图，版面安排统一为左文右图，图画的作用与《茶谱》同。在作品中配入插图，虽在明代大为盛行，但是在丛书中配入插图的，《顾氏明朝四十家小说》还是比较早的。

第三，多附牌记。顾氏所刻书的牌记都放在全书的最末一行，内容有"阳山顾氏文房""阳山顾氏刻梓家塾""阳山顾氏十友斋宋本重刻""嘉靖己亥岁吴郡顾氏刻梓于阳山草堂之大石山房"等几种形式，或反映作品的版本依据，或表明书籍刊刻的时间和地点，或表明编刊者自身的籍贯和姓氏，或表明书籍刊刻的"家塾"性质等。

4. 常熟赵氏脉望馆刻书

脉望馆是明代赵用贤及其子赵琦美的书房，位于赵宅内。赵宅坐南朝北，有门屋、正厅和后堂。大厅东侧厢房为"脉望馆"，面阔三间，内置落地长窗，前有天井，小而精巧。大木构架、梁枋彩画、雕花柱础、踢脚砖和丁字斗拱。① "脉望"是指古书中的蛀虫，据《仙经》记载："蠹虫三食神仙字，则化为此物，名为脉望。"②把藏书室取名"脉望馆"，赵氏父子对典籍之酷爱于此可见。赵氏脉望馆与钱谦益的绛云楼、毛晋的汲古阁齐名，在中国古代藏书史上有很高地位。最盛时，藏书量达 5000 余种 20000 余册，刻书达 36 种 126 卷③，依据秘本、善本为底本抄校大量书籍。所藏《古今杂剧》242 种，现入藏中国国家图书馆，是研究戏曲史的宝库。

赵用贤(1535—1596)，字汝师，号定宇。明隆庆五年(1571)进士，随后在翰林院任职，参与编纂《大明会典》。曾因弹劾张居正而遭廷杖

---

① 江苏省文物局编：《江苏阅读遗存》，南京出版社 2015 年版，第 24 页。
② 《仙经》记载的这段文字出自唐段成式《酉阳杂俎·续集》卷二，《唐五代笔记小说大观》，上海古籍出版社 2000 年版，第 727 页。
③ 数字来源于曹培根《江南明珠脉望馆》，齐鲁书社编《藏书家(上)》1—5 合订本，齐鲁书社 2014 年版，第 60 页。

并革职,张居正去世后,官复原职,不久从经筵讲官升至吏部左侍郎兼翰林院。万历二十一年(1593),因受排挤被迫离职,赋闲在家,从事诗文创作。著有《松石斋集》36 卷,万历四十六年(1618)刊印。

赵用贤刻书今可考者为明万历十年(1582)刻《管韩合刻》①,就是将《管子》和《韩非子》二书一并刊刻。赵用贤刊刻此书非常重视选择善本作底本,但是寻求的过程并不顺利,他说:“余行求古善本庶几遇之者,几二十年始得之友人秦汝立氏。”②赵用贤对新刻《管韩合刻》十分用心,进行了补添脱字脱句、删除衍字、更正讹字、调整章句、补刊注释等细致的工作,给后世留下《管子》和《韩非子》比较重要的版本。诚如耿振东所论:“从刻书的角度讲,赵氏‘求古善本’,并将之作为刊刻《管子》的底本,表现出一个藏书兼刻书家的卓识远见。在刊刻过程中,他以‘近板数家’为参照,对于宋本《管子》的错讹及时订正,表现出审慎严谨的学术态度。他还选择‘刘绩所注其最切当者列之篇首’,并将自己的心得一并刊刻。凡此,均使赵刊《管子》成为继宋本、刘本之后重要的《管子》研究文本。”③说的是《管子》,当然也适合《韩非子》。

与父亲一样,赵琦美对于藏书和刻书更加痴迷。赵琦美(1563—1624),一名开美,字仲朗,又字如白,号玄度,又号清常道人。以父荫历官南京督察院照磨、刑部贵州司郎中,授奉政大夫。史载:“(赵琦美)生平损衣削食,假书缮写,朱黄雠校,欲见诸实用。得善本,往往文毅公序而琦美刊之。”④尤其爱好戏曲,收集元明杂剧二百多种,整理校勘编成《脉望馆钞校本古今杂剧》,填补了古典戏曲文献一系列空白,被誉为“仅次于敦煌石室与西陲的汉简的出世”⑤。另著有《洪武圣政记》32

---

① 《虞山镇志》称赵用贤“先后汇校、重刊《管子》《韩非子》《南齐书》《北齐书》《玉海》等书”,后三种不可考。见江苏省常熟市虞山镇志编纂委员会编《虞山镇志》,方志出版社 2017 年版,第 196 页。

② (明)赵用贤:《管子·管子书序》,《管韩合刻》卷首,明万历十年(1582)刻本。

③ 耿振东:《管子学史》,商务印书馆 2018 年版,第 396 页。

④ (清)郑钟祥、张瀛修,庞鸿文等纂:《常昭合志稿》卷三十二,《中国地方志集成·江苏府县志辑》第 22 册,凤凰出版社 2008 年版,第 558 页。

⑤ 郑振铎说:“这弘伟丰富的宝库的打开,不仅在中国文学史上增添了许多本的名著,不仅在中国戏剧史上是一个奇迹,一个重要的消息,一个变更了研究的种种传统观念的起点,而且在中国历史、社会史、经济史、文化史上也是一个最可惊人的整批重要数据的加入。这发见,在近五十年来,其重要,恐怕是仅次于敦煌石室与西陲的汉简的出世的。”见郑振铎《跋脉望馆钞校本古今杂剧》,《郑振铎全集》第 6 卷《劫中得书记》,花山文艺出版社 1998 年版,第 892 页。

卷、《伪吴杂记》3 卷、《容台小草》1 卷、《脉望馆书目》卷等,其中,《脉望馆书目》1910 年被罗振玉刊印,收录在《玉简斋丛书》中,原稿被影印收录于《涵芬楼秘笈》。

《虞山镇志》记载赵琦美刊印图书 43 种、235 卷,①但可考者不多,据徐子方《赵琦美年谱》②记载,刻书情况如下:万历二十三年至二十七年(1595—1599),刻汉张仲景《仲景全书四种》26 卷和宋苏轼《东坡先生志林》5 卷;万历三十年(1602)四月,刻宋苏轼《仇池笔记》2 卷;万历三十五年(1607),刻唐段成式《酉阳杂俎》37 卷;万历三十八年(1610),校刻宋朱存理《铁网珊瑚》16 卷和佚名撰《朝鲜史略》6 卷;万历三十九年(1611),校刻宋阮逸和胡瑗《皇祐新乐图记》3 卷。除上述几种外,《全明分省分县刻书考·江苏(家刻)卷》记载赵琦美刻书还有:万历三十年(1602),刻宋苏轼《东坡先生艾子杂记》1 卷《渔樵闲话》1 卷《杂纂》1 卷;万历四十八年(1620),刻赵用贤《松石斋集》20 卷又 6 卷;万历间还刻宋吴缜《新唐书纠谬》20 卷,题汉赵君卿注、北魏甄鸾重述、唐李淳风注释《周髀算经》1 卷,宋李籍《周髀算经音义》1 卷,汉徐岳撰、北周甄鸾注《数术记遗》1 卷等。

赵琦美刻书非常重视实用性,并且有着一腔仁人之心,这方面在刻《仲景全书》时体现得最为明显,他说:

> 岁乙未(1595),吾邑疫疠大作,予家臧获率六七就枕席。吾吴和缓明卿沈君南昉在海虞,藉其力而起死亡殆遍,予家得大造于沈君矣。不知沈君操何术而若斯之神,因询之。君曰:"予岂探龙藏秘典,剖青囊奥旨而神斯也哉? 特于仲景之《伤寒论》窥一斑两斑耳!"予曰:"吾闻是书于家大夫之日久矣,而书肆间绝不可得。"君曰:"予诚有之。"予读而知其为成无己所解之书也。然而鱼亥不可正,句读不可离矣。已而购得数本,字为之正,句为之离,补其脱略,订其舛错。沈君曰:"是可谓完书,仲景之忠臣也。"予谢不敏。先大夫命之:"尔其板行,斯以惠厥同胞。"不肖孤曰:"唯唯。"沈君

---

① 江苏省常熟市虞山镇志编纂委员会编:《虞山镇志》,方志出版社 2017 年版,第 197 页。
② 徐子方:《赵琦美年谱》,《戏曲艺术》2018 年第 3 期。

曰:"《金匮要略》,仲景治杂证之秘也,盍并刻之,以见古人攻击补泻缓急调停之心法。"先大夫曰:"小子识之。"不肖孤曰:"敬哉!"既合刻,则名何从? 先大夫曰:"可哉,命之名《仲景全书》。"既刻已,复得宋版《伤寒论》焉。①

乙未年为万历二十三年(1595),赵琦美 33 岁,人在常熟。这一年家乡发生了一场很大的疫疫,不幸的是赵家多人患疾,他们请来名医沈南昉救治,沈南昉用《伤寒论》中的古方施救,颇有效,全家人得以平安。经此一场灾难,赵琦美深知古代医书的实用价值,为保护民众留存医术起见,他从沈南昉处借来张仲景《伤寒论》,遂出资刻之,并逐渐把具有同类价值的医书汇刻一起,名曰《仲景全书四种》,子目包括金成无己撰《注解伤寒论》10 卷、金成无己撰《伤寒明理论》4 卷、汉张仲景撰《金匮要略》3 卷、宋朱肱撰《增注类证活人书》23 卷。

常熟为文化之乡,明代刻书家辈出,赵氏脉望馆刻书虽然数量不及毛氏汲古阁,但是刻书重实用,重校勘,为后世留存了上好版本,功不可没。

5. 太仓王世贞刻书

王世贞(1526—1590),字元美,号凤洲,又号弇州山人。王世贞出身望族,祖父为进士,官至南京兵部侍郎;父亲为举人,官至蓟辽总督,因与严嵩不睦被朝廷问罪,处以极刑。王世贞天资聪颖,17 岁参加乡试中举,21 岁进士,先是供职大理寺,后任刑部主事、山东青州兵备副使、直隶大名副使、山西按察使、湖广按察使、右副都御史、大理寺卿、应天府尹、南京刑部尚书等。十年京官生涯奠定其文学界的地位,成为"后七子"中重要成员,与李攀龙一起同主文盟,一起倡导文学复古运动,反对"前七子"提倡的复古理论,主张"文必秦汉,诗必盛唐"。王世贞一生多地为官,但不辍耕耘,是明代著述最为丰富的文人,著作中纯文学约占三之二,史学约占三之一,另外还有一些关于书画方面的著述,流传后世的主要有《弇州山人四部稿》174 卷《续稿》207 卷、《弇山堂别集》100 卷、《嘉靖以来首辅传》8 卷、《觚不觚录》1 卷等。

---

① (明)赵琦美:《刻仲景全书序》,《仲景全书》卷首,中医古籍出版社 2004 年影印本。

王世贞有生之年忙于仕宦、撰述,但仍忙里偷闲从事刻书事业。据郑利华《王世贞年谱》①记载,王世贞有 3 次刻书之举。

(1)嘉靖三十五年(1556)四月,更定俞允文集 4 卷,梓之,并作序。俞允文(1511—1579),字仲蔚。昆山人。与王世贞友善。此处所言"俞允文集四卷"不见载书目,因而王氏刊刻情况不详。俞允文的诗文集曰《仲蔚先生集》24 卷,为万历十年(1582)程善定刻,程氏《刻俞仲蔚先生文集后序》称:"万历庚辰(1580),先生病且死,憾未与余永诀。讣至,余哭于予家,复走哭于墓……已而郡丞刘公欲全梓其诗文,遽去任弗克。余曰:'此先生之灵,俾余得偿夙心。'乃收其全稿,归校梓于西野书屋。集凡二十四卷,王先生复序于首,其行状志铭传表咸附集后。"②卷首有嘉靖丙辰(1556)王世贞《仲蔚先生集序》。

(2)隆庆四年(1570),徐文通家人以徐氏遗诗嘱托王世贞,王世贞汰别其猥杂者,之后付梓。徐文通,字汝思。浙江永康人。嘉靖二十三年(1544)进士,历官刑部郎中,山东按察副使、左参议,福建右参议。该集 2 卷,8 行 17 字,左右双边,王世贞《徐汝思诗集序》称"其弟汝明哀汝思遗诗凡四百余首,书谓予'幸勿忘延陵之义'。予逊谢不获,则为汰别其猥杂者,仅得百五十余首,付梓人"③。

(3)隆庆五年(1571)七月,李驹以其父李攀龙全集授予王世贞,王世贞又索要李攀龙的碑传,手为校雠入梓。按,王世贞所刻李攀龙诗文合集,题为《沧溟集》,凡 30 卷、附录 1 卷,其中诗 14 卷,文 16 卷。有张佳胤序。明万历间,由于王世贞操持诗坛权柄多年,故此本《沧溟集》屡经翻刻,有平阳府刊本、万历二十八年(1600)陈陛济南刊本等。王世贞去世后,诗坛风气发生变化,李攀龙的诗文集遂无人刊行。

《全明分省分县刻书考·江苏(家刻)卷》记载王世贞刻书除李攀龙《沧溟集》30 卷外,尚有:隆庆三年(1569),刻自撰《凤州笔记》33 卷、明杨继盛撰《杨忠愍公集》3 卷《附录》1 卷;隆庆五年(1571),刻自辑《尺牍清裁》60 卷、明乔宇撰《乔庄简公集》10 卷;万历四年(1576),刻明华

① 郑利华:《王世贞年谱》,复旦大学出版社 1993 年版。
② 崔建英:《明别集版本志》,中华书局 2006 年版,第 757 页。
③ 崔建英:《明别集版本志》,中华书局 2006 年版,第 333 页。

叔阳撰《华礼部集》8 卷；万历五年（1577），刻自撰《弇州山人四部稿》180 卷；万历间，刻自撰《皇明盛事》3 卷《异事述》1 卷等。

此外还要提及的是，王世贞在李时珍《本草纲目》的刊刻过程中起到了巨大的助推作用。万历八年（1580），年逾五旬的王世贞在太仓弇山园接待来访的年过六旬的李时珍，这次见面，李时珍捧出刚刚成书的《本草纲目》求序，王世贞不仅满口答应，不久还帮助联系金陵书商胡承龙承印刻板。不过，因为忌惮太医院所编《本草品汇精要》存封禁中一事，王世贞拖延了十多年时间才写好千字序文。[①] 万历十八年（1590）正月，李时珍再次赶到太仓，亲手接过王世贞所撰序，转交给金陵胡承龙，是年《本草纲目》即版刻流传。

第四节　常州府刻书

明初，朱元璋将常州地区划出两浙，直属南直隶，且改常州路为长春府。至明成祖永乐七年（1409），恢复长春府为常州府，沿用至清末，其中泰昌初，因避光宗常洛讳，一度改名尝州。明代常州府管辖范围为一府五县，即常州府（府署在武进县）、武进县（相当于今常州市市辖区）、无锡县、江阴县（今江阴市及张家港市一部分）、宜兴县（今宜兴市）和靖江县（今靖江市），辖区范围基本上相当于今日常州市市辖区、无锡市全境、隶属泰州市之靖江市以及隶属苏州市之张家港市部分地区。

明代常州府据天然的地理优势，依发达的经济形势，拥悠久的历史沉淀，各种文化事业高度发展，人才辈出，据统计，明代常州一府 5 县共有进士 636 人，其中武进 249 人、无锡 200 人、宜兴 113 人、江阴 73 人、靖江 1 人。常州府所辖各县，在经济发展的促进下，市民的文化需求大大增长，带动戏曲和小说创作的热潮。明代常州从事学术研究者人数

---

① 王世贞用 10 年时间写序，除政治原因外，还与其一贯的治学态度有关，他要看懂这部药物学和植物学的巨著，绝不可能在三五年就通览，十年阅读一本书的可能性极大。参见曾庆雨《王世贞与〈本草纲目〉》，载姚大勇、张玉梅编《王世贞与明清文化国际学术交流会论文集》，上海三联书店 2016 年版，第 261—264 页。

众多,出现了地理学家徐霞客、图书编纂家陈济、理学家谢应芳、经史学家薛应旂、政治家孙慎行、"东林八君子"(顾宪成、顾允成、高攀龙、安希范、刘元珍、叶茂才、钱一本、薛敷教)、文学家唐顺之等著名人物。学术文化的发展带来图书编纂和刊刻的旺盛需求,兼之受江南运河城市的辐射带动作用,福建和徽州刻工不断涌入,常州刻书业取得了突飞猛进的发展,并渐成规模。

明代常州地区刻书特征非常明显,表现在如下几方面。

一是官刻书以本地方志为主,几乎各府县的方志在明代都做到了随编随刻。如《常州府志》,先后有明洪武十年(1377)、明成化五年(1469)、明正德八年(1513)、明万历四十六年(1618)等 4 次编纂,除洪武间的刻本今不可见,其余皆有刻本流传下来,而成化五年本先后经过3 次刊刻(五年、十九年和清嘉庆二十五年),可见明代常州官府对于志书编刻之重视。

二是科举对于刻书具有重大的推动作用。据统计,明代常州先后出现的 636 名进士中,75 人有刻书经历。[①] 从这些进士刊印书籍来看,刻书内容虽然包括经史子集,但仍以经史为主,具有经世致用的特征。进士刊印书籍大多集著作者与刊印者于一身,如顾宪成于万历三十九年(1611)刊印自己的著作《泾皋藏稿》22 卷,清人纪昀给予了高度评价:"惟宪成持身端洁,恬于名利,且立朝大节,多有可观,且恬于名利,论说亦颇醇正,未尝挟私见以乱是非,究不愧于儒者,故特录其集并详论末流之失,以示炯戒焉。"[②]

三是世家大族成为明代常州私家刻书的主体。明代常州一如江南各地,产生许多文化家族,家族的优势不仅可以提供强大的经济保障,更能在科举考试、政治仕途以及经济竞争中占据优势。明代常州文化家族世代读书,风雅相传,家族内有功名之人积极从事著述事业,并刊刻出很多具有借鉴意义的作品,充分体现出家族的文化底蕴和素养,积极为文化事业作出贡献。世家大族刻书以家谱、家集为主,既是一个家族的印记,更是记载地方风土人情的文献,是地方志的最好补充。

---

① 资料见陈聪《明清常州府刻书业与文学活动研究》,延边大学硕士学位论文,2016 年,第 16 页。
② (清)永瑢等:《四库全书总目》卷一百七十二,中华书局 1965 年版,第 1513 页。

四是明代常州在活字印刷史上留下了重要的一页。叶德辉说："明时活字印书如此广远，而皆在无锡一邑。至今三百余年，无锡犹盛行活字印本。"①活字印刷术虽然早在宋代就已经发明出来，但是至今不见实物流传，而元代活字印刷主要用的是木活字，相对而言，铜活字更加耐久，并不易变形，印出来的典籍字迹清晰。明代无锡华氏是历史上真正意义的使用铜活字印刷书籍的人，弘治三年（1490），华燧首次用铜活字印成《会通馆印正宋诸臣文集》50 册，后又印行《百川学海》《锦绣万花谷》等书，其后安氏也运用相同的方法从事印刷，二家铜活字印出来的图书成为后世收藏家争相追捧的珍贵典籍。

一、武进县刻书

明代常州府署设在武进县，故此处所言武进县刻书，应该包括常州府署在内的各种刻书活动。分述如下。

（一）官府刻书

明代常州府署和武进县署从事的官府刻书活动主要是刊刻当地府志。明代常州地区的府志先后有 4 种：（1）《常州府志》19 卷，约在永乐十六年（1418）纂成，为明代常州最早的府志，但该志当时仅有抄本，刊刻与否未见史料记载。②（2）《（重修）毗陵志》40 卷，孙仁修，朱昱纂。明成化五年（1469）纂成后随即上版，十九年（1483）重刻。（3）《常州府志续集》8 卷，张恺纂，明正德八年（1513）刻。（4）《（重修）常州府志》20卷，刘广生修，唐鹤徵纂，明万历四十六年（1618）刻。

明代武进县志今可考知仅《武进县志》8 卷，明晏文辉修，唐鹤徵纂，万历三十三年（1605）刊。这是武进县历史上第一部县志，也是现存最早的县志。

---

① 叶德辉：《书林清话》附《书林余话》卷下，广陵书社 2007 年版，第 226 页。
② 《中国地方志联合目录》著录为洪武志、张度修，谢应芳纂，均误。该志书面及各卷书口、卷端均题《常州府志》，未署纂修人，书中内容有明永乐年间事。据明成化《重修毗陵志》朱昱《书增修毗陵志后》："郡志之修始以宋《咸淳志》为之本，次以国朝十年续志与夫永乐十六年、景泰五年……之副稿"，据此推测该志可能修于永乐十六年（1418）。参见王建中主编《江苏省志》92《附录》，江西人民出版社 2008 年版，第 36 页。

（二）私家刻书

武进县枕江滨湖，沃野百里，素以"鱼米之乡"见称，这里文化自古发达，号称"名区"，有明一代文人辈出，著述繁富，出现了多位私人刻书家，所刻考知者有：丁致祥、吴钟峦、吴氏云栖馆、王㒜、王道瑞、毛诉、毛宪、孙慎行、叶金、叶荣、叶谷、白昂、庄襗、庄起元、朱昱、孙仁、孙士元、李备、李袭芳、蒋一葵、吴亮、吴职思、吴孝思、吴中行、吴邦彦、唐鹤徵、陈组绶、张弘道、谢守廉、郑鄤、郑梓、周伟、周宗颜、周宗邠、周诗雅、恽厥初、吴仲、唐正之、杜泾、徐常吉、徐逢吉、徐慰怀、钱春、钱一本、弹琴堂、蒋孝、董承诏、蔡稳、薛应旂、薛寀、杨鑪、杜渐、李伦、陈睿谟、张豫诚、胡公愉、董逢元、龚道立、恽绍龙、邹忠允。[①]

武进县私家刻书身份多进士出身。如丁致祥正德三年（1508）进士，官至户部主事；吴钟峦崇祯七年（1634）进士，桂林推官；王㒜景泰二年（1451）进士，官至吏部尚书；毛宪正德六年（1511）进士，官至刑部给事中；孙慎行万历二十三年（1595）进士，官至礼部右侍郎；白昂天顺元年（1457）进士，官至礼科给事中；庄襗弘治九年（1496）进士，官至宝坻县令；庄起元万历三十八年（1610）进士，官至抚州知府；吴亮万历二十九年（1601）进士，官至大理寺少卿；吴仲正德十二年（1517）进士，官至南京太仆寺少卿；吴中行隆庆五年（1571）进士；唐鹤徵隆庆五年（1571）进士，官至礼部主事；陈组绶崇祯七年（1634），官至兵部职方司郎中；郑鄤天启二年（1622）进士，供职都察院；周诗雅万历四十七年（1619）进士，官广平县令；恽厥初万历三十二年（1604）进士，官至陕西布政司使；吴仲正德十二年（1517）进士，官至监察御史；徐常吉万历十一年（1583）进士，官至中书舍人；钱春万历三十二年（1604）进士，官至光禄卿。钱一本万历十一年（1583）进士，官至福建道御史；蒋孝嘉靖二十三年（1544）进士，官至户部主事；董承诏万历三十五年（1607）进士，官至浙江布政使；薛应旂嘉靖十四年（1535）进士，官至浙江提学副使；薛寀嘉靖四十五年（1566）进士，官至南京刑部主事；陈睿谟万历三十八年（1610）进士，官至息县令。进士刻书家兼具官僚和学者的身份，与那些

---

① 统计资料出自杜信孚、杜同书著《全明分省分县刻书考·江苏省卷（家刻）》，线装书局 2001 年版。其中邹忠允在本书中列入明代阳湖县，实则明初阳湖县并入武进县。

逐利为主的书商刻书目的不同,他们从事刻书更多"在于自身阅读、家族科考绵延、先祖遗文整理、乡梓文献积累、研究成果交流,以及'立言'的需要"①,也正是因缘于此,所以明代武进县乃至常州一带的私家刻书十分讲究质量,今举其中 4 家详细述之。

1. 朱昱刻书

朱昱,生卒年不详,字懋阳。史载其"博综群书,尤长于诗,闻王学实达善和中峰《梅花百律》一夕而成,亦追和之,晨起濡墨,曾不移晷,百篇卒就。王文肃与修郡志,昱助铅椠。既而昱又为《续志》八卷,文肃加称赏,尤亟称其孝行"②。作为本地名士,朱昱先后参与《重修毗陵志》和《重修三原志》的编纂工作,更感人的是,郡志修成后,他还"助铅椠",全力襄助郡志的刊刻。朱昱家刻书今可考知者为弘治十四年(1501)刻元代著名作家杨维桢撰《铁崖文集》5 卷,半页 12 行 20 字,题"毗陵朱昱校正"。关于刊刻情由,朱昱说:"巡按淮扬侍御冯君执之,得其稿一编于少卿储静夫,遂分为三卷,专介而来取正一二。昱受而读之,则知先生之文流落人间者,不啻泰山一毫芒耳,乃出先君子贞义先生所藏者,合为五卷通刻焉。"③

2. 蒋一葵刻书

蒋一葵,生卒年不详,字仲舒,号石原。万历二十二年(1594)举人,历官灵川知县、京师西城指挥使,官至南京刑部主事。为官之余,四处访问古迹,并一一记录。有书斋曰"尧山堂",万历十九年(1591)刻自辑《皇明状元全策》12 卷,二十五年(1597)刻王崇庆《山海经释义》18 卷图 1 卷。蒋一葵刻书不多,但能够适应时代需求,如所刻《皇明状元全策》就是为众多士子科举服务。明代殿试策问和应试者对策多是对各种现实问题的讨论,当然,也包含对儒家经典、礼乐制度、天文地理、修身养性、历史典制等内容的探讨。《皇明状元全策》是每科殿试中挑选出来的最佳对策,代表了明代科举策文的最高水准,不仅在相当程度上

---

① 来新夏:《前言》,陈心蓉《嘉兴历代进士藏书与刻书》,黄山书社 2014 年版,第 1 页。
② (清)于琨修、陈玉璂纂:《康熙常州府志》卷二十三《人物》,《中国地方志集成·江苏府县志辑》第 36 册,凤凰出版社 2008 年版,第 488 页。
③ (明)朱昱:《题〈铁崖文集〉后》,(元)杨维桢著、邹志方点校《杨维桢诗集》,浙江古籍出版社 1994 年版,第 504 页。

可对皇帝的理念甚至决策产生影响，而且为后人研究明代科举乃至明史提供了重要史料。

3. 唐氏纯白斋刻书

纯白斋是武进唐顺之、唐鹤徵父子的室名。唐顺之（1507—1560），字应德，号荆川，又号义修。嘉靖八年（1529）进士，累仕右佥都御史，巡抚凤阳。作为唐宋派重要领袖，唐顺之为文汪洋曲折，屹然为一大宗，学者称荆川先生。唐顺之刻印过李攀龙《新刊增广古今名家诗学大成》24 卷，宋朱弁《曲洧旧闻》10 卷（半页 10 行，行 19 字），宋邵雍《伊川击壤集》8 卷等。①

唐鹤徵（1538—1619），字元卿，号凝庵。唐顺之子。隆庆五年（1571）进士，授礼部主事。后与张居正不合而落职。复出后，历任工部郎、尚宝司丞、光禄寺少卿、太常寺少卿等。唐鹤徵承袭父亲的理学思想，面对明王朝即将倾覆的现实，以"致良知"标宗的王学，非但无力扶危定倾，而且由于它的空谈心性和虚无主义本质，更加剧了这种社会危机。于是，唐鹤徵和许多有识之士从王学唯心论中分化出来，转向唯物论，成为晚明著名的唯物主义哲学家。唐鹤徵著作丰富，有《宪世编》6卷、《周易象义》4 卷、《周易合义》2 卷、《桃溪札记》1 卷、《元卿三稿》3卷、《太常遗著》3 卷等。与父亲刻古人或当代人著作不同，唐鹤徵所刻典籍主要是父亲著作及自辑之书，今可考知的有：（1）万历元年（1573），刻唐顺之《重刊荆川先生文集》17 卷《外集》3 卷《附录》1 卷，每半叶 10 行，行 20 字，白口，左右双边，单黑鱼尾，鱼尾下镌"荆川文集""荆川外集""荆川文集附录"。卷端不著撰人名氏。嘉靖己酉（1549）王慎中《重刊校正唐荆川文集序》，序终落为"嘉靖己酉冬十月望晋江遵岩居士王慎中思甫序"，序后镌"万历元年（1573）孟春吉旦重刊于纯白斋"。此为唐顺之集万历本系统之祖本。②（2）万历三十二年（1604），刻自辑《今文选》12 卷；③（3）万历四十二年（1614）刻《宪事编》6 卷；

---

① 见瞿冕良《中国古籍版刻辞典》，苏州大学出版社 2009 年版，第 504 页。
② 张惠琼：《〈荆川集〉版本研究》，《常州大学学报》（社会科学版）2012 年第 3 期。
③ 一说《今文选》为明孙釴、余寅所辑。见《湖北省图书馆建馆八十周年 1904—1984》，1984 年印本，第363 页。

（4）万历间,刻自订《周易子义》4 卷《易法》1 卷。

此外,唐顺之的弟弟唐正之曾在嘉靖四十一年（1562）刊刻《唐荆川先生编纂左氏始末》12 卷,半页 10 行,行 20 字,白口,四周单边。

4. 薛应旂刻书

薛应旂（1500—?）,字仲常,号方山。少贫贱,嘉靖十四年（1535）进士,曾任浙江慈溪知县、江西九江府儒学教授、南京吏部考功司主事、本部稽勋司郎中、江西建昌府通判、刑部陕西司员外郎、浙江提学副使等。薛应旂治学师承邵宝、欧阳德等大儒,其学既有王守仁心学的因素,也有朱子理学的影响。薛应旂不仅是当时知名的理学家,而且文名颇盛,与唐顺之等人并称为“文章宗匠”。著有《方山先生文录》22 卷、《四书人物考》40 卷、《宋元资治通鉴》157 卷、《宪章录》47 卷、《薛方山纪述》1 卷、《薛子庸语》12 卷、《甲子会纪》5 卷等。

薛应旂所刻全是自撰或自辑之书,其中,嘉靖三十七年（1558）刻自撰《四书人物考》20 卷和《甲子会纪》5 卷,嘉靖四十五年（1566）刻《宋元资治通鉴》157 卷。而嘉靖二十二年（1543）,薛应旂所辑刻《六朝诗集》24 种 55 卷①,在明代辑刻古代别集活动中具有重要地位。

早在弘治、正德前后,随着以李梦阳、何景明为代表的“前七子”复古运动的展开,翻刻汉唐文人别集蔚然成风,其中尤以江南地区为盛。嘉靖初,以李攀龙、王世贞为首的“后七子”崛起,明代文坛掀起第二次复古运动高潮,表现在图书出版方面则是出现了汇编、翻刻旧本别集现象,相继出现了旨在“网罗放佚”的汉魏六朝诗歌总

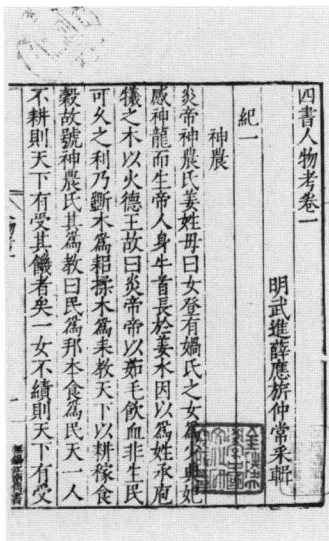

图 4-4-1 《四书人物考》四十卷　明薛应旂辑　明嘉靖三十七年（1558）刻　南京大学图书馆藏

---

① 此书确为薛应旂所刻,但是否其人所编,历来有争议。傅增湘《藏园群书题记》认为是宋人所编,王重民《中国善本书提要》认为是明人徐献忠所编,而认为极有可能为毗陵人蒋孝所编。参见杨焄著《明人编选汉魏六朝诗歌总集研究》,陕西人民教育出版社 2009 年版,第 71—73 页。

集。其中薛应旗辑佚并刊刻的《六朝诗集》就是在这种背景下发生的。《六朝诗集》收录 24 家别集:《梁武帝集》1 卷、《梁简文帝集》上下卷、《梁宣帝集》1 卷、《梁元帝集》1 卷、《后周明帝集》1 卷、《陈后主集》1卷、《隋炀帝集》1 卷、《陈思王集》4 卷、《阮嗣宗集》3 卷、《嵇中散集》1卷、《陆士衡集》7 卷、《陆士龙集》4 卷、《谢康乐集》1 卷、《谢惠连集》1卷、《谢宣城集》5 卷、《江文通集》4 卷、《鲍氏集》8 卷、《梁刘孝绰集》1卷、《梁刘孝威集》1 卷、《梁沈约集》1 卷、《何水部集》2 卷、《阴常侍集》1卷、《王子渊集》1 卷,以及《庾开府集》上下卷。虽然全书题名为"诗集",实则兼收诗、赋两类作品,在排列时先赋后诗。

二、无锡县刻书

明朝时期,无锡迎来了古代发展史上的繁荣时期,依凭优越的自然条件、便利的水陆交通和相对安定的社会环境,社会生产力得到较快的发展,商业活动得到大大提高,文化事业亦取得了前所未有的成就。

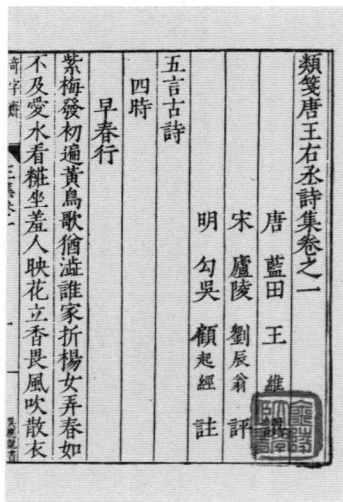

图 4-4-2 《类笺唐王右丞诗集》十卷 唐王维撰 明顾起经注 明嘉靖三十五年(1556)顾起经奇字斋刻 南京大学图书馆藏

(一)刻书总特征

在刻书方面,明代无锡呈现出几方面显著的特征。

第一,热衷刊刻诗文总集。受文学上复古思潮的影响,明人编刻了许多前代诗文总集,嘉靖以后,明人对于当代诗文总集也着意编纂刊刻。无锡处在江南文学圈的中心位置,文学名家辈出,对于文集的需求量甚大,当地学者便有意为之。如俞宪(1506—1577),字汝成。嘉靖十七年(1538)进士,除刑部主事,出为绍兴同知,再为南京刑部郎中,寻擢江西佥事,迁山东参议,分守辽阳,具著声绩。历官至湖广按察使,乞归。史载"宪好读书,工诗,风格萧雅,尝甄综有明一代之诗,录而刻之,曰《盛明百家诗》"①。此书分前编、后编,300 卷,收录明初至明中叶诗人 300 余家,仿唐殷璠《河岳英灵集》体例,每集之前附以小序,介绍所选诗人生平,并论其诗。俞宪刊刻此书经过了漫长的时间,从嘉靖一直到万历年间才完成。俞宪编刻《盛明百家诗》收罗繁复,但卷帙浩繁,不便流传,不久,朱之蕃依据《盛明百家诗》,汰其七八,存仅二三,名《盛明百家诗选》35 卷,刻梓以传。几乎和俞宪同时的无锡人顾起纶出于对当时所流行的明诗选集不满的原因,并且为了体现出重当代的特点,编纂《国雅》20 卷、《续国雅》4 卷,全书所选诗人共 248 位,时间跨度从洪武到隆庆。书成之后交由奇字斋顾起经付梓,万历元年(1573)印行,卷二十有"勾吴武陵郡奇字斋新雕"牌记。顾起经,生卒年不详,字元纬,号罗浮外史、龙山外史。顾起经藏书极丰,嘉靖三十四年(1555)设"奇字斋",所刻《类笺唐王右丞诗集》10 卷《文集》4 卷,纸墨莹润,开卷悦目。

第二,多刻类书。类书是古代一种特有的文献,三国曹魏修《皇览》肇始,经过魏晋、隋唐的发展,至宋代达到了类书发展的高峰,明清以降,编纂之风不减。类书以收罗繁富,按类编排,便于查阅的特点,在没有辞典的古代,一书在手,则寻拣资料十分方便,故成为古代刻书的宠物。因为类书卷帙庞大,没有丰厚的财力支持难以刊刻,宋人所刻类书大都官府所为,到了明代,江南一带经济繁荣,私家遂有能力刻之,而无锡一县所刻最多。弘治六年(1493),华燧会通馆铜活字印《会通馆印正辑补古今合璧事类备要前集》69 卷《后集》81 卷《续集》56 卷(宋谢维新编)、《别集》94 卷《外集》26 卷(宋虞载编),书口上方有"弘治岁在旃蒙单阏";正德十年(1515),华坚兰雪堂铜活字印唐欧阳询《艺文类聚》100卷,目录后有"乙亥冬锡山兰雪堂允刚铜活字印版印行"正楷阴文牌记;嘉靖十年(1531),华云太华书院刻宋吴淑《事类赋》30 卷;嘉靖十五年(1536),秦汴绣石书屋刻《锦绣万花谷前集》40 卷《后集》40 卷《续集》40卷《别集》30 卷;嘉靖三十一年(1552),华麟祥刻《事类赋》30 卷;嘉靖三十五年(1556),秦汴绣石书屋刻宋虞载《古今合璧事类备要前集》69

---

① (清)裴大中修,秦湘业纂:《光绪无锡金匮县志》卷二十二《文苑》,《中国地方志集成·江苏府县志辑》第 24 册,凤凰出版社 2008 年版,第 356—366 页。

卷《后集》81 卷《续集》56 卷（宋谢维新编）《别集》94 卷《外集》60 卷；同年，秦柄雁里草堂刻《古今合璧事类备要》不分卷；嘉靖间（1524—1534），锡山安国"桂坡馆"铜活字印唐徐坚《初学记》30 卷；万历元年（1573），黄正色刻宋李昉等《太平御览》1000 卷；万历四年（1576），施显卿编刻《新编古今奇闻类纪》10 卷，半页 11 行，行 23 字，白口，上下单边，左右双行。80 年间，无锡一地先后刊刻了 10 部类书，在古代类书版刻史上留下了光辉的一页。

第三，活字刻书迎来了史上的辉煌时代。活字刻书是古代印刷史上的重要发明，但囿于各种因素，直到明代才得以推广开来，而无锡一地用活字印书最为流行。一是各家所用多为铜活字。宋代毕昇发明了胶泥活字，元代王祯使用木活字印书，但是明代无锡人多用铜制造活字，这是因为木活字使用寿命有限，保存时间也不长，人们想到用金属原料来代替木质材料，是很自然的事情，加上无锡经济状况较好，有不少富户巨商，用铜作原料铸成活字印书，一经发明便走俏起来，华氏"会通馆"和"兰雪堂"，以及安氏"桂坡馆"都使用了铜活字。二是从事活字印书人数多，据江澄波统计，有明一代无锡从事活字印书者有华燧、华珵、华坚、安国、吴梦珠、游廷桂、饶世仁、游榕等 8 人[①]。三是所印典籍部帙大，多为类书和总集。上面已经列出几部活字印刷的大型典籍了，此外还有如弘治十一年（1498），无锡华珵"会通馆"铜活字印宋陆游撰《渭南文集》50 卷；正德元年（1506），无锡华燧"会通馆"铜活字印宋高似孙辑《会通馆印正文苑英华纂要》84 卷；正德八年（1513），无锡华坚"兰雪堂"铜活字印唐元稹撰《元氏长庆集》60 卷和唐白居易撰《白氏长庆集》71 卷；嘉靖三年（1524），无锡安国"桂坡馆"铜活字印宋魏了翁撰《重校魏鹤山先生大全集》110 卷；隆庆六年（1572），无锡吴梦珠铜活字印明昆山张士瀹辑《国朝文纂》50 卷；隆庆至万历间，铜活字印宋李昉等撰《太平广记》500 卷《目录》10 卷。

第四，私家刻书人数多。有明一代，无锡刻书家辈出，主要有：马世奇、华云、谈氏、尤瑛、冯善、王永积、王化醇、王化弘、黄广、华坚、华云、

---

① 江澄波：《江苏活字印书》，江苏人民出版社 1997 年版。

刘弘、顾祖训、安璜、安希尧、安如石、安如山、安如磐、安绍芳、顾起经、华淑、华察、华露、华珵、华宗泽、华麟祥、华善继、华之充、华彦谋、华五伦、华滋蕃、华叔阳、华师召、华从智、华希闵、华允诚、华继祥、华夏、吴情、吴铤、吴升之、华燧、邹翙、邹量、邹道元、邹迪光、何世泰、何栋如、谈允贤、陈以忠、陈幼学、邵宝、邵勋、邹漪、周子文、顾可久、施渐、施可晟、施显卿、俞宪、高攀龙、邵宝、谈恺、谈修、秦瀚、秦沦、秦汶、秦禾、秦堈、秦镆、顾治、顾宪成、顾祖美、顾道洪、顾祖源、顾起伦、顾可久、顾与演、莫息、倪珵、钱普、钱公善、钱孟濬、龚勉、舒伯明、黄学海、黄正色、黄传祖、曹荃、曹仁孙、秦汋、秦柄、蔡瀛、蔡望卿、蔡伯庸、周子仪等。① 还有的仅有斋名,斋主则不可考。

（二）刻书三大家

王绍曾说:"考无锡刻书,以四家为最著,曰华氏,曰安氏,曰黄氏,曰秦氏。华氏所刻,均为活字本;安氏所刊,间有刻本;而黄氏秦氏,则均为刻本而非活字本。其中以华氏为最有名,安氏次之,黄秦又次之。"②王绍曾所云之秦氏,实为清人,故此处仅论述华、安、黄3家刻书。

1. 华氏刻书

明代无锡华氏印本,有室名者2家:兰雪堂和会通馆。兰雪堂为华坚、华镜,会通馆为华燧、华煜。另有华珵,亦为无锡华氏一门。若推华氏一门中刻书代表,则非华燧莫属。

华燧(1439—1513),字文辉,号会通、梧竹。华燧与华煜共用室名"会通馆",人称"会通君"。华燧是鹅湖华氏宗族一支的第十四代后裔,这一宗族于北宋末年首次迁入该地区。华燧继承了家族的上千亩良田,但由于经营不善,财产在逐渐减少,为此,不得已投身于商业经营以挽救家族财产的颓势,知天命之年才放下生意,转而从事读书治学。他把家族藏书楼中的书全部沿着墙排列,便于查阅,经过多年的攻读,他先后编撰《治丧切问》《九经韵览》《十七史节要》等著述。华燧对校对及刊刻书籍更感兴趣,尤其是用铜活字印制书籍。他和胞弟华煜在所有印制的书籍上均有刻有"会通馆"印章。华燧活字印刷的书籍有几十

① 资料出自杜信孚、杜同书《全明分省分县刻书考·江苏(家刻)卷》,线装书局 2001 年版。
② 王绍曾:《无锡刻书考》,《目录版本校勘学论集》,上海古籍出版社 2005 年版,第 564 页。

种,但留存下来的仅有少数而已。今可考者如下。

《锦绣万花谷》前集 40 卷《后集》40 卷《续集》40 卷。宋襄赞元撰。弘治七年(1494)铜活字印。每半页 9 行 17 字,黑鱼尾,双栏。标题及门类大字,余均小字双行。白口单边。版心上印"弘治岁在/玄黓困敦"两行,"玄黓困敦"即壬子,为弘治五年(1492)。下印"会通馆活/字铜版印"两行。

《锦绣万花谷》前集 40 卷《后集》40 卷《续集》40 卷,宋佚名编。铜活字印。半页 9 行 17 字,单栏。版心上印"弘治岁在/阏逢摄提格"两行,"阏逢摄提格"为甲寅,弘治七年(1494)。下印"会通馆活/字铜版印"两行。

《会通馆印锦绣万花谷》(或《锦绣万花谷》)100 卷,宋佚名编。半页 7 行 13 字,版心上有刻工(排字工)名。

《会通馆校正宋诸臣奏议》150 卷,宋赵汝愚撰。半页 9 行 17 字。大黑口,双栏。铜活字印。字体版式均与《锦绣万花谷》同。

《会通馆印正宋诸臣奏议》150 卷,宋赵汝愚撰。半页 18 行 17 字。黑鱼尾,左右双栏。版心上印"弘治岁在/阏逢阉茂"两行,"阏逢阉茂"为甲戌,但弘治无"甲戌"年。下印"会通馆活/字铜版印"两行。

《会通馆集九经韵览□□卷》,半页 9 行 17 字。书口年号有两种题法:一题"弘治岁在/旃蒙单阏",旃蒙单阏为乙卯,弘治八年(1495);一题"弘治岁在/箸雍敦牂",箸雍敦牂为戊午,弘治十一年(1498)。下印"会通馆活/字铜版印"两行。

《会通馆印正辑补古今合璧事类前集》69 卷《后集》81 卷《续集》56 卷《别集》94 卷《外集》66 卷,宋谢维新编。半页 9 行 17 字。书口年号有两种题法:一题"弘治岁在/箸雍敦牂",箸雍敦牂为戊午,弘治十一年(1498)。一题"弘治岁在/旃蒙单阏",旃蒙单阏为乙卯,弘治八年(1495);下印"会通馆活/字铜版印"两行。

《容斋随笔》16 卷《续笔》16 卷《三笔》16 卷《四笔》16 卷《五笔》10 卷。宋洪迈撰。半页 9 行 17 字,版心上印"弘治岁在/旃蒙单阏"两行,即弘治八年(1495)。下方有"会通馆活/字铜版印"两行。

《会通馆校正音释书经》。半页 9 行 17 字。版心有"会通馆活/字铜版印"两行。

《会通馆校正音释诗经》。半页 9 行 17 字。版心上有"弘治岁在/强圉大荒落"（疑似），强圉大荒落为丁巳，弘治十年（1497）。下有"会通馆活/字铜版印"两行。音释在每篇后，前有朱熹诗传序。

《会通馆校正音释易经》4 卷。排印时间不详。

《会通馆校正音释春秋》12 卷。弘治十年（1497）铜活字印。

此外，华氏还用铜活字印如下两部：《记纂渊海》200 卷，7 行 13 字，白口，黑鱼尾，左右双栏。《善本总目》著录"明弘治华燧会通馆铜活字印本"；《会通馆印正文苑英华纂要》84 卷《辨证》10 卷，书口题"岁在柔兆□□"，黑鱼尾，左右双栏。①

华燧对于刻书十分用心，他"好校阅同异，辄为辩证，收录成帙，遇老儒献书，即持以质焉"②。所印书全部采用铜活字，且"多繁篇巨帙，印制工整"③。如对于《锦绣万花谷》一书，"（弘治）五年印本卷十第七页第五行小字第六行作'亭'，（弘治）七年印本改作'院'。由此可见，仅九行本《锦绣万花谷》，华氏先后排印过三版。加上七行本，华燧先后排印《锦绣万花谷》至少 4 次。从现存的 4 种不同版本可以知道，华燧编印《锦绣万花谷》时花费精力最多，他将宋代 120 卷本《锦绣万花谷》，先后排印了 3 次，同时还在进校将其改编为 100 卷的工作"④。

华燧之外，华氏家族其他刻书家当属华坚和华镜父子。

华坚（1513—1516），字允刚。他是华燧的兄长华炯的幼子。华坚与子华镜共用室名"兰雪堂"，刻印的全部书籍都有"兰雪堂"印章，并有序。与会通馆一样，兰雪堂也是用铜活字印书，今可考知的典籍如下。

《春秋繁露》17 卷，每半页 14 行 13 字，版心上有"兰雪堂"3 字，下有刻工姓名，间有"活字印行"4 字。

① 上述华燧刻书目录来源于刘向东《华燧会通馆活字印本丛考》（程焕文、沈津、张琦主编《2016 年中文古籍整理与版本目录学国际学术研讨会论文集》，广西师范大学出版社 2018 年版）、王绍曾《无锡刻书考》（王绍曾《目录版本校勘学论集》，上海古籍出版社 2005 年版）、江澄波《江苏活字印书》（江苏人民出版社 1997 年版）等。
② 《华氏传芳集》卷十五，明嘉靖十一年（1532）华从智刻，隆庆六年（1572）华察续刻本。
③ 江澄波：《江苏活字印书》，江苏人民出版社 1997 年版，第 19 页。
④ 刘向东：《华燧会通馆活字印本丛考》，程焕文、沈津、张琦主编《2016 年中文古籍整理与版本目录学国际学术研讨会论文集》（上），广西师范大学出版社 2018 年版，第 435 页。

《艺文类聚》100卷，每半页14行13字。目后有墨图记云："乙亥冬，锡山兰雪堂华坚允刚活字铜版校正印行。"有华镜所作序。乙亥为正德十年（1515）。

《蔡中郎文集》10卷《外传》1卷。目录后有"正德乙亥春二月，锡山兰雪堂华坚允刚活字铜版印本"22字。正德乙亥年即正德十年（1515）。

《元氏长庆集》60卷、《白氏长庆集》70卷。版心有"兰雪堂"3字，每卷末有"锡山兰雪堂华坚活字铜版印"记。正德八年（1513）印。

《文苑英华辨证》10卷，版心有"岁在柔兆摄提格"。柔兆摄提格为丙寅年，即正德二年（1507）。

华氏家族的第三位从事刻书及活字印书者为华珵。华珵（1438—1514），字汝德，号梦萱、尚古生。华济次子。华珵与弟弟华珏同在当地儒学学堂里读书，在经历了七次科考失败后，最终得以进入太学，曾任光禄寺署丞。弘治十二年（1499），华珵由于身体原因致仕还乡。他爱好收藏，与沈周交往密切，二人互相展示藏品。家中建有"尚古斋"，珍藏珍器、书法范帖、字画、书籍和拓本，而更喜刻书，每当获得一本珍本，或者朋友提供一部手稿，华珵通常很快刊印出来。史载其"所制活板甚精密，每得秘书，不数日而印本出矣"[①]，但是没有说清楚华珵所制活字是木活字、泥活字还是铜活字。华珵在《渭南文集》卷末有一篇自记说："余既得放翁《剑南续稿》印之，而惜未见其文。无几，又得《渭南》旧本，于是遂为全帙，急命归之梓墨。虽物之行塞有数，而一旦完璧金为快睹，盖不独余之私幸而已。书完漫识其末。尚古生华珵记。"潘天祯经过目验原本后，分析说：

> 记虽短，但说明了两个情况：一是印序是先印《剑南续稿》，后印《渭南文集》，诗文皆有，"遂为全帙"，并非陆游全集。二是《渭南文集》的印法。吴宽序云："托活字摹而传之。"祝允明书后云："光禄华公活字新本。"而珵自记则说："归之梓墨。"同述一事而行文不

---

① （清）徐永言、严绳孙、秦松龄纂：《康熙无锡县志》卷二十二《行义》，《中国地方志集成·善本方志辑》第1编，凤凰出版社2014年版，第531页。

同,古常有之,不过"梓墨"一词用在这里,似乎有点特殊。梓的本义是木名,明人喜用"梓"或"梓行"表示雕板印书,理记"归之梓墨"似有"木活字印"的含义?可考。总之原书三篇序跋中,不但没有"铜活字"的提法,甚至连一个"铜"字也没有,不能不加正视。①

因此,各种著述说华珵铸铜活字刻书之说是否符合史实,尚需进一步考证。华珵刻印书很多,但今可考知者仅有:弘治间印明沈周撰《石田诗选》10 卷;弘治十五年(1502),刻印宋陆游著《剑南续稿》8 卷《渭南文集》50 卷,行款与宋陆游之子子遹刻本同;弘治十四年(1501),华珵购得宋左圭所编《百川学海》160 卷,随即付印。所印全部书籍均有"尚古斋"的印章。

2. 安氏刻书

明代无锡安氏刻书主要指的是安国。安国(1481—1534),字民泰,号桂坡。先祖为苏州人黄茂,明初娶无锡安明善之女,入赘安府,居胶山之麓。安国为黄茂的第四代孙,出生时,安氏家族已经十分兴旺。成年后,安国擅经营,投资规模大,收获汇报多,渐成为当地巨富。安国为富且仁,乐善好施,当地每有公益建设,他总是慷慨解囊,深受百姓爱戴。安国因山治圃,在胶山山坡上建起一座花园,广植桂树,名其园为"桂坡馆",称画室曰"天香堂",又建一座名为"菊乐园"的花园。安国酷爱旅行,游历了诸多名山险胜,每次游览皆有纪闻,并编纂为《四游记》和《游吟稿》。安国还是一位著名的收藏家,喜欢收藏古董和艺术品,包括绘画、珍本古籍和拓本。除此之外,安国在刻书方面多有建树,不但刊印了众多高质量的典籍,更重要的是在铜活字印刷书籍方面所付出的贡献。

大约从正德七年(1512)始,安国开始斥巨资从事刻书活动,种类包括博物志、地理著作、文学作品等,这些书都是以其藏书或他人藏书的珍本为底本刊印的,但遗憾的是所刻典籍存世较少,可考知者有:正德十六年(1521),铜活字印刷《东光县志》6 卷,这是最早的铜活字方志;

---

① 潘天祯:《明无锡华珵铜活字印本说问题》,《新世纪图书馆》2003 年第 6 期,第 65 页。华珵自记亦转载于此文。

嘉靖二年（1523），据吴郡都穆重编印刷《颜鲁公文集》15 卷；嘉靖三年（1524），铜活字刊印宋单锷著《吴中水利通志》17 卷，配有绘图；嘉靖十年（1531），根据宋绍兴十七年（1147）余四十三郎宅刻本翻刻《初学记》30 卷；嘉靖十八年（1539），铜活字排印南宋魏了翁《魏鹤山先生大全集》109 卷。安国在生命的最后十年里还刊印《古今合璧事类备要》359 卷、汉董仲舒《春秋繁露》17 卷，元熊朋来《五经说》7 卷及《熊朋来集》，明沈周《石田诗选》10 卷、施仁《左粹类纂》12 卷等，上述 6 部典

图 4-4-3 《吴中水利通志》安国桂坡馆排印铜活字本

籍刊印的具体时间难以考知。需要说明的是，安国对于部分书籍有过两次刊印，第一次是铜版活字印刷，第二次则是木板雕版印刷，究其原因，美国学者富路特说得好："在第一版活字印刷之后便不能用来再版，只能重新排版，而木版则可以重复利用。"①如《颜鲁公文集》，安国起初是通过铜版活字印刷，后来又于嘉靖二年（1523）以宋本为底本以木版刊印，不过第二次采用雕版刻印后，内容上多了《年谱》1 卷《行状》1 卷《铭碑》1 卷《旧史本传》1 卷《新史本传》1 卷，多出的部分是颜真卿的研究史料；再如《初学记》，最初也是由铜版活字印刷，后来又于嘉靖十年（1531）改用木版雕版印刷。安国所刊印的书籍，大部分都印有"锡山安氏馆"或"锡山安桂坡馆"的标识，每卷标题之下又印"锡山安国校刊"。他用铜活字印书相当认真，错漏很少，所以质量高。以所印《重校鹤山先生大全集》为例，在边栏外，印有大字"宙七十二""洪七十三"等编号，"除每卷印有卷数外，加上这样的编号，次序更加清楚，好像西书中指示装订次序的记号，可以大大减少误差，这在中国书中是不多见的"②，因而深受后世藏家喜爱。

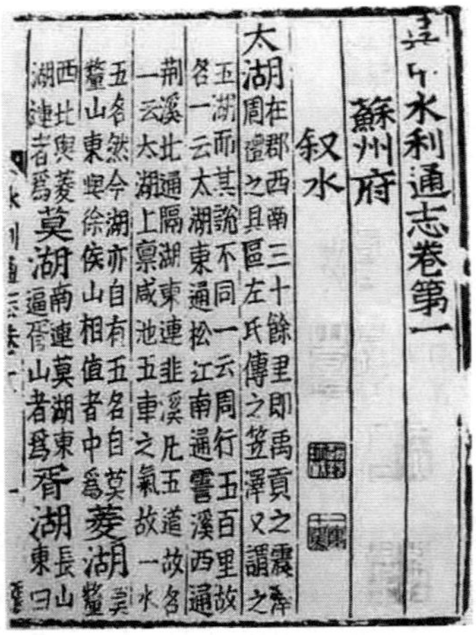

① ［美］富路特、房兆楹主编：《明代名人传》，北京时代华文书局 2015 年版，第 16 页。
② 杜信孚：《明代版刻浅谈》，《江苏出版史志》1989 年第 1 期，第 92 页。

3. 黄氏刻书

明代无锡黄氏刻书主要以黄正色为代表。黄正色(1501—1576),字士尚,号斗南。嘉靖八年(1529)进士。官南海令,擢南京监察御史,劾中官鲍忠等,被诬下狱,谪戍辽东30年。穆宗初召还,迁南京太仆寺卿,致仕卒。史称"以直节显"①。各种史书记载黄正色刻书之事指的是刊刻《太平御览》一事。隆庆五年(1571),迁居无锡的浙江人倪炳开始雕版《太平御览》,万历元年(1573)藏事。书前有万历元年孟春黄正色序,故一般称该版《太平御览》为"黄正色本"。黄正色《序》叙述刻书缘起说:

> 宋世刻本,俱已湮灭,近世云间朱氏仅存者,亦残缺过半。海内钞本虽多,传写辗转,讹舛益甚。语曰:"传之再四,必将以白为黑,矧鲁之为鱼,亥之为豕乎!"吾锡士大夫有好文者,会此文明盛世,因闽省梓人用活字版校刊,始事于隆庆二年(1568),至五年(1571),才印其十之一二,浩翰苦难,闽人散去。于是浙人倪炳伯文,笃信好古,居于锡,虑斯工未就,毅然谋于郡邑二三大夫,协力鸠工,锓诸梨枣,经之营之,三阅寒暑矣,度时量力,再期可成。先是,孙国子虞允一元,博学能文,力任校雠,忽于隆庆六年(1572)捐馆,弗克终事。今苦于舛讹,乃吾同年薛宪副应登甲,抗志理学,游心艺文,校得善本,藏诸家塾。其仲子庠生名逢者,善继先志,邃意典籍,方进未止。出所藏本,俾倪氏缮写付刻。②

从上述这段话可知,早在倪炳刻印《太平御览》之前,有福建人饶世臣等在锡山拟以活字印是书,但是由于种种原因,工作进展非常慢,3年才成十分之一二,不久,这些人散去,刻书之事半途而废。浙江人倪炳继其后,捷足先登,于万历元年(1573)左右,终于刻印完毕,这样,明代《太平御览》的第一版终于在他手中完成,所以又称"倪炳校刊本"。由此可见,所谓黄氏刻书,实则黄正色参与谋划,真正的刻者为倪氏。

黄正色本《太平御览》四周单边,每半页 11 行 22 字,注文小字双

① (清)张廷玉等:《明史》卷二百零七,中华书局 1974 年版,第 5477 页。
② (明)黄正色:《太平御览序》,《太平御览》卷首,《景印文渊阁四库全书》第 893 册,第 2 页。

行,字数同。版心花口,单鱼尾,鱼尾上方记书名"太平御览",鱼尾下方记卷第(如"卷一"),再下记页次。首卷首行顶格题"太平御览卷第一",第二、三、四行低一、低一、顶格题"宋翰林学士……李昉等奉旨纂",卷末行有尾题。卷首有"太平御览小引",次有"太平御览总目";再次为南宋蒲叔献《序》和李廷允《跋》,序后有"太平御览目录"。王绍曾认为该版《太平御览》"错简误字,疑似颇多,然有绝胜嘉庆二十三年(1818)鲍崇城刻小字本之处"①,倒有些道理。

三、宜兴县刻书

元代岳珂在宜兴刻印多种典籍,为人称道,明代刻书事业在此得到很大的推进。据杜信孚和杜同书统计,共有 26 位刻书家:万士和、王期升、汤镠、许用中、任卿、沈晖、咏兰堂、吴亮、吴道行、吴正忠、吴达可②、何士晋、陈于廷、陈一教、邵维祯、杭洄、范翔、徐溥、徐琳、徐文炯、徐元相、曹三旸、沈敕、路进、路迈、蹇曦等。上述各家刻书具有以下几方面特色。

第一,以各类文集为主。有刻唐人文集的,如正德十二年(1517),汤镠刻唐刘长卿《刘随州集》11 卷。有刻宋人文集的,如正德十二年(1517),沈晖刻宋杨时撰《龟山先生集》35 卷;嘉靖间,曹三旸刻宋真德秀撰《西山先生文章正宗》24 卷;嘉靖三十四年(1555),沈敕刻宋朱弁撰《曲洧旧闻》10 卷和宋魏泰撰《东轩笔录》15 卷。但更多的是刻本朝人文集,主要有弘治十二年(1499),杭洄刻明杭淮撰《杭双溪诗集》8卷;嘉靖八年(1529),徐文炯刻明徐溥撰《徐文靖公谦斋集》8 卷;同年,徐元相刻明徐溥撰《谦斋文录》8 卷,万历十三年(1585),陈一教刻明孙继皋撰《孙宗伯集》10 卷;万历四十三年(1615),徐琳刻明陈良谟撰《见闻纪训》2 卷、明董谷撰《碧里杂存》1 卷;万历四十六年(1618),邵维祯刻明邵珪撰《邵半江存稿》4 卷等。

第二,刊刻自著或自编之作。"有明中叶,嘉靖及万历之世,朝政不纲,而江左承平,斗米七钱。士大夫多暇日,以科名归养,望者风气渊

① 王绍曾:《无锡刻书考》,王绍曾《目录版本校勘学论集》,上海古籍出版社 2005 年版,第 578 页。
② 杜信孚、杜同书《全明分省分县刻书考·江苏(家刻)卷》称为"吴违可",误。

雅,其故家谱系多闻人,或刓一书,或刻一帖,其小小异同,小小源流,动成掌故,使侳偬拮据、朝野骚然之士,闻其逸事而慕之,览其片楮而芳香悱恻。"①说的是明代文人喜好编纂自己文集并付诸版刻的普遍现象,这种情况在宜兴同样存在,主要有万士和刻自撰《万文恭摘集》12 卷《外集》1 卷,蒋如奇刻自辑《明文致》20 卷,吴亮刻自辑《四不如斋类钞》12 卷和《止园集》24 卷《续》1 卷,蹇曦将元人倪瓒的《云林诗集》6 卷《续集文》1 卷《续抄》5 卷编好后即付梓,等等。

第三,刊刻大型典籍。主要有 2 部:一部是万历四十五年(1617)陈于廷刻沈节甫所辑《纪录汇编》123 种 216 卷。该书所辑均为明开国至嘉靖间君臣野史杂记,分类编次,同一史实相对集中,取材广泛,大体上明代初中期的重要史料均囊括其中,为治明史的基本参考文献,其中部分书籍已佚,仅见是编,更足珍贵。是刻半页 10 行 20 字,白口,四周单边。另一部是崇祯十年(1637)路进所刻《资治通鉴》294 卷,路进还把宋金履祥撰、元陈栎续《资治通鉴前编》18 卷《举要》2 卷一并刻梓,流传后世。

明代宜兴刻书中,堪为代表者当数吴达可。吴达可(1541—1621),字叔行,号安节。尚书吴俨之从孙。万历五年(1577)进士,历知会稽、上高、丰城,皆有政绩。选授御史,疏请御经筵勤学,视盐长芦,因抗加征盐税而改按江西,后擢太仆少卿,再迁南京太仆卿,召改光禄,进通政使。卒后赠右副都御史。吴达可为官各地,迭有政声,其人并爱好诗文,每到一处,致力刻书。刻书情况如下。

1. 万历六年至十六年(1578—1588),刻明王鸿辑《薛文清公行实录》5 卷。该版半页 10 行 18 字,白口,四周单边。前有明正德六年(1511)乔宇序。总目后有"万历十六年中秋望日正学书院识重刊"及监修、督校者姓名。山西大学图书馆藏有该版,第一卷后有万历四十五年(1617)河津知县立买公田石碣文,字迹明显不同,为补刻。卷三后有万历二十六年(1598)巡按山西监察御史涂宗浚祭文。卷四后有崔讲《谒文清公祠有感二首》,为补刻。②

① (清)龚自珍:《龚定盦全集》第三辑,光绪二十三年(1897)万本书堂刻本。
② 张梅秀、何满红、刘秀荣:《山西大学藏珍贵古籍图录》,三晋出版社 2012 年版,第 50 页。

2. 万历十六年(1588),刻明杨爵《斛山杨先生遗稿》5卷。杨爵,字伯珍,一字伯修,号斛山。富平(今陕西富平)人。嘉靖八年(1529)进士,官至河南道监察御史,追谥忠介。曾上封事触忌,系狱七年,但治学不废,著述多种,诗文颇佳。杨綵守西安时,为之辑佚,编为《斛山杨先生遗稿》4卷,并捐俸刻之,未蒇事而迁官,委之安嘉善继其事,隆庆六年(1572),安氏终于刻成。万历六年(1578)巨鹿人陈世宝身为御史,十分推崇该书,与曾如春一起刊刻此书,流传世间。需要说明的是,《全明分省分县刻书考·江苏(家刻)卷》及瞿冕良《中国古籍版刻辞典》皆称万历十六年(1588)吴达可刻有此书。事实是,万历十六年前后,吴达可巡历蒲城,聂世润谒见,吴达可问及杨爵祠宇书籍,称"《斛山稿》若辈几席间不可少",聂世润遂"拾遗稿合周杨诸先生鸿制并得恩诏墓表等篇汇为全帙,分为五卷"①,卷五为附录。该版本9行22字,白口,四周单边,双鱼尾,版心上镌"斛山遗稿"4字。吴达可撰写《题杨斛山先生文稿》于卷首。因此,该版本应该是吴达可提议,聂世润所刻,《明别集版本志》记载为"明万历十六年聂世润刻后印本"②为是。

3. 万历三十年(1602),刻唐顺之辑《唐荆川先生编纂诸儒语要》20卷。该书为唐顺之辑录周敦颐、二程、张载、谢良佐、杨时、胡宏、朱熹、张栻、陆九渊、杨简、王守仁等人之语及文章而成,成书年代不详。万历三十九年(1611),黄一腾再次刊刻此书,流传后世。

4. 万历三十一年(1603),刻余继登《淡然轩集》8卷。该版9行20字,白口,四周双边,单鱼尾,版心上镌书名,卷端题"瀛海余继登世用父著　琅邪冯琦用韫父校　延陵吴达可叔行父阅"。《四库全书总目》说:"继登有《典故纪闻》,已著录。是集分奏疏二卷、序记三卷、志铭及杂文二卷、诗一卷。继登卒后,其友人冯琦序而刻之。"③纪昀等人称"冯琦序而刻之",说对了一半,冯琦撰写《余大宗伯集序》冠于卷首,但刊刻者为吴达可与李开芳。李开芳《淡然轩集卷后》称:"今大宗伯冯(琦)面命开

---

① (明)聂世润:《题斛山先生集后》,《斛山杨先生遗稿》卷末,万历十六年(1588)刻本,中国社会科学院文学研究所藏。
② 崔建英等:《明别集版本志》,中华书局2006年版,第574页。
③ (清)永瑢等:《四库全书总目》卷一百七十二,中华书局1965年版,第1513页。

芳曰：'……若师有不与俱往者，《淡然轩集》在，今按江右侍御吴公业捐俸刻于祠司，不果，即就之江右，而臬长张公皆吾谱也，必佐斯役，子盍董诸！'……即与长公商集不朽计，并录谕、祭、葬、谥暨诰、敕、诸龙章、诸墓文、诸谱籍、门人奠文同《淡然轩集》刻为一部以传……"①从此文可知，《淡然轩集》之刻成，吴达可为首功，惜未完而罢，李开芳续其成。

5. 万历三十一年（1603），刻明邓以赞撰《邓定宇先生文集》6卷。邓以赞（1542—1599），字汝德，号定宇。南昌新建（今属江西）人。隆庆进士，由庶吉士授编修。后历官中允、南京祭酒、礼部侍郎、吏部侍郎。学宗姚江良知之学，从事讲学，不事著述，所著文章多随手散佚，故生前未有文集行世。先生殁后四年，吴达可巡按江西，搜求先生文字于亲友间，方有文集流传。吴达可刊本白口，单边，单黑鱼尾，半页8行17字。卷首有吴达可《邓文洁公稿序》，卷末有万历癸卯（1603）夏邹元标《文洁邓先生文集序》。吴达可序称："余私淑心慕亦既有年，入其里不及觅其踪，亟从伯氏比部君索其遗编未得。冬月巡方吉州，会年友南皋君于文江，谈及先生风范，因出遗稿视余……因令黄、汪二令阅正，而付之剞劂，以垂永永。"可知该本非出自家藏稿，乃根据邹元标所藏稿本编订，刊于南昌府。②

6. 明万历三十二年（1604），刻宋谢枋得《叠山集》5卷。谢枋得（1226—1289），字君直，号叠山。江西弋阳人。宝祐四年（1256）进士，历抚州司户参军、建康考官、江东提刑、使知信州等职。宋亡不仕，被福建行省魏天核强之北行，至大都，绝食死节，门人私谥文节。此书是谢氏一生著述的汇编，其所撰《易》、《诗》、《书》、三传及《四书解》等，原本合为64卷，岁久散佚。明嘉靖间揭阳林光祖为广信府知府时，以黄溥校本刊行于世，仅分作上、下两卷。万历三十二年（1604），吴达可重为辑佚，刊刻于上饶。但此编欠精，多有舛误，清弋阳知县谭瑄对旧本重加校订，所编较详备。

① （明）李开芳：《淡然轩集卷后》，余继登《淡然轩集》卷尾，明万历三十一年（1603）刻本。
② 参见许蔚《明儒邓定宇先生遗著版本述》，《地方文化研究》2017年第1期。

四、江阴县刻书

　　江阴自古为人文渊薮,经济发达,文化繁荣,早在宋代就有江阴军官刻和以耿秉为代表的家刻。入明之后,刻书之风不减,中后期的百年间,江阴官府编纂 3 部方志,全部刊刻,分别是:正德十五年(1520)刻黄傅纂修《(弘治)江阴县志》14 卷,嘉靖二十六年(1547)刻赵锦修、明张衮纂《江阴县志》21 卷,崇祯十二年(1639)刻冯士仁等纂修《(崇祯)江阴县志》8 卷。其中,嘉靖《江阴县志》是古代诸多江阴县志中较好的一部,当时的江阴知县余姚人赵锦总结此书时说:"其遗文故实,多采诸旧志。而提纲以示之准,纠谬以协于贞,芟芜以归于核,蒐逸以入于详,使灿然足以信今而传后。"①也就是说此书记事有据,有纲有目,详明正确,简而有法。

　　明代江阴私家刻书则比官刻要丰富得多,刻书家有周高起、郁文周、许节、朱承爵、朱绍、朱善庆、苏䅶、李鹗翀、李逊之、何迁、陈沐、陈嘉猷、张灏、范鸣谦、李铨、赵应春、高宾、颜儒、杨抡、袁一骥、徐经、徐中孚、夏树芳、黄道、朱熊、常信、缪虚白、薛诩、薛甲等。相较于官府刻书种类之单一,明代江阴私家刻书则呈现出多样性的特征。

　　第一,翻刻宋本,流传后世。宋代刻本以其写刻精美、校勘严谨为后世推重,明代各地出现了大量的翻刻之风,江阴刻书家自然也不例外。弘治十四年(1501),涂祯得宋嘉泰本汉桓宽《盐铁论》10 卷,随即为之翻刻。该版每半页 10 行 20 字,白口,单鱼尾,四周双边,版心镌"论×"及页码。莫友芝评价涂祯翻刻本云:"前有弘治十四年吴郡都穆序,行、格与宋本同,桓宽之'桓'及书中'匡'字均沿宋讳阙笔,在明人刻书可谓极有家传者也。"②《盐铁论》一书,宋元旧本几不见传,涂祯将其刊印行世,广为传布,其后不少人据之再行翻刻。

　　第二,刊刻医书,普济百姓。医书之刻,惠人最广,明代江阴刻书家知晓此理,愿出资刻之。弘治十三年(1500),高宾刊刻自己编写的《便

---

① (明)赵锦:《书江阴县志后》,《嘉靖江阴县志》卷后,上海古籍出版社 2011 年版,第 391 页。
② 莫友之语见叶德辉《郎园读书志》卷五,湖南图书馆编《湖湘文库·湖南近现代藏书家题跋选》第 1 册,岳麓书社 2011 年版,第 225 页。

产须知》2卷。高宾,字舜穆,弘治九年(1496)进士,曾任瑞安县令。《便产须知》上卷为嗣续论、交会旺相日、交会禁忌、夫妇方药,以及经胎产诸疾、临产须知、催生等40篇;下卷为逆产横产针刺、灸法、碍产、坐产、盘肠卧产、经日不产、死胎、胞衣不下、子宫不收等篇。每篇除叙述病状、病理、诊断、治疗外,均附有方药治法、服法等。古代医疗水平低下,妇女生育过程中遇到诸多难题,本书之编刻方便实用,为医家常备之书。

第三,刊印文集,嘉惠士子。古人文集为一生文章之结撰,举凡奏议、进表、序跋、诗文等各种文体兼备,军国、边疆、治学、交游……涵盖众多话题,是其一生智慧的总结,对后人多有助益。明代江阴刻书家所刻典籍中,文集最多。如何迁在嘉靖三十九年(1560)分别刊刻了宋王安石撰《临川先生文集》100卷,以及宋欧阳修撰《欧阳文忠公集》150卷《附录》6卷,前者半页12行20字,白口,上下单边,左右双边;后者半页10行20字,白口,四周单边。第二年,何迁又刊刻宋陆九渊撰《象山先生全集》36卷以及明徐阶撰《少湖先生学则辨》1卷,两书皆半页10行20字,白口,四周单边。三书之刻利于江阴士子收藏与阅读,对科举考试和诗文创作善莫大焉。

明代江阴刻书家辈出,而堪称代表者有3人。

1. 夏树芳刻书

夏树芳(1550—1635),字茂卿,号习池、冰莲道人。幼年因父谦吉遭难家贫,刻苦自学,教授村里。万历十三年(1585),与子孝琛同中南京国子监乡试举人。因母老未赴京会试,隐居江阴毗山东麓设塾教书数十年,所教生徒多为举人或进士,东林党人缪昌期便为其学生。当朝见其才高名重,曾三次请他出山赴吴辅佐陈献章治府,均遭拒绝。他学深善文,著述甚丰。万历间,董其昌与居士陈懿卜计划重刻宋本《大观帖》10卷于石,少第三、六、九卷。陈居士访遍江南未得,后于夏树芳处摹得南宋榷场原石拓本,遂成完璧。晚年手不释卷,日书千言,与四方名士相往还,吟诗作画,毫无倦色。

夏树芳所刻书皆为自辑之作,主要有:万历二十六年(1598)刻《词林海错》16卷,万历三十七年(1609)刻《女镜》8卷,天启三年(1623)

刻《奇姓通》14卷,不知具体年代但为万历间所刻的还有《法喜志》4卷、《茶董》2卷、《玉麒麟》2卷、《酒颠志》2卷、《冰莲集》4卷等。以上诸书为夏氏采辑众书而来,均为人所传诵,如关于《词林海错》一书,钟惺说:"快心悦口,乃遂至十卷,不可谓得之不多者矣。……取错于海,犹之田之谷、牢之畜、陂之鲜,而圃之果蔬也。"①极言内容广博。

2. 李鹗翀刻书

李鹗翀(1556—1603),原名鹤种,字如一,后以字行,别字贯之,号近复。祖李诩,字厚德,号戒庵老人。他僻处乡野,却酷爱读书,能诗会文。加上为人正直,乐于助人,故在当地很受人们的尊重。李诩喜聚书,藏书处曰世德堂,收藏大量典籍,盈箱满箧,塞满户窗,但仍不满足,家有余钱尽用以购书。嘉靖三十九年(1560),李诩出资出力,参加筑城,以御倭寇。不幸,世德堂藏书仍毁于后来的倭乱之中。李鹗翀虽然未能继承世德堂藏书,却将祖父的藏书事业发扬光大。李鹗翀考入县学后,认识了许多古文奇字,学业大有长进。曾数次赴省赶考,均名落孙山,于是摒弃举业,在乡间农耕、读书。因自幼接触图书,又常闻祖父搜书、藏书之佚闻,故始终对图书充满感情。祖上虽蓄有一些钱财,但他淡薄金钱,嗜书如命,品行一如其祖,每年的田地收入,除去缴纳赋税及衣食之资外,几乎全用来购买图书,遇到好书,常典屋卖田,每得一部善本,总会设案焚香,恭肃膜拜。多年收购,图籍渐渐丰盈,终于成为江南一带有名的大藏书家。因为购书太多,李鹗翀的家产逐渐用光,晚年生活陷入了困顿之中,但他并不后悔,指其藏书曰:"富猗、郑矣。"②

藏书渐多之后,李鹗翀仿南宋藏书家晁公武《郡斋读书志》和尤袤《遂初堂书目》体例,编成《得月楼书目》不分卷,据不完全统计,内中共著录得月楼所藏书近2000种,每种图书主要注明卷数,间或注明册数、版本及著者,其中宋元版本有17种之多。③清初大诗人王士禛

---

① (明)钟惺:《词林海错序》,载钟惺著,张国光点校《隐秀轩文》,岳麓书社1988年版,第78—79页。

② (清)钱谦益著,(清)钱曾笺注,钱仲联标校:《牧斋有学集》卷三十二《李贯之先生墓志铭》,上海古籍出版社1996年版,第1157页。

③ 王明发:《李如一与得月楼》,《江苏地方志》1999年第2期,第36—37页。

在《池北偶谈》中提道:"《南唐书》今止传陆游、马令二本,胡恢书久不传,惟江阴赤岸李氏有之。"①藏书家缪荃孙在刊刻《得月楼书目》时跋曰:"此目止百九十余种,虽云摘录,然世间已佚之书……共二十七种。"②由此可见得月楼藏书之珍罕。

李鹗翀的藏书思想有两大显著特点:一是为阅读而收藏,二是为流传而收藏。他虽身居乡村,以务农为本,但他读书非常认真。钱谦益为其所作《李贯之先生墓志铭》称:"其读书也,阙必补,讹必正,同异必雠勘。疾不辍业,衰不息劳……(李鹗翀尝言)天下好书,当天下人共之。"③所以,凡是有人向他询问有关图书的问题,他都尽其所知及时给予答复,只要是读书人向他借书,他都尽力满足。

因缘于藏书丰富,李鹗翀还编纂、刊刻了一些图书。所辑有《友乡录》《礼记辑正》两种,因卷帙浩繁,未能在生前付梓,清顺治二年(1645),两部书稿及其他文章诗赋与得月楼藏书同遭厄运。刊刻图书今可考知者如下:万历间刻明李诩撰《戒庵老人漫笔》8卷,万历三十四年(1615)刻自辑《藏说小萃》11种27卷。后一种在刻书史上较有影响,这部丛书所收均为明人笔记小说类著作,共收书11种,著者以江阴籍人士为主,包括汤沐《汤廷尉公余日录》1卷、张谊《宦游纪闻》1卷、张衮《水南翰记》1卷、朱承爵《存余堂诗话》1卷、徐充《暖姝由笔》3卷又《汴游录》1卷、李诩《戒庵老人漫笔》8卷、唐觐《延州笔记》4卷、崔铣《洹词纪事抄》1卷续抄1卷、杨仪《明良记》4卷又《保孤记》1卷等。刻成之后,李鹗翀轻舟五百里,问序于陈继儒,陈氏读罢该书,欣然为之撰序,称其为"有道士也。孝友忠信,沉深读书,独能收合先辈之遗编补残订讹,不惜余力,顿使延陵诸君子之风流标格,亡之子孙而传之君手。其亦有功于乡之文献矣"④。

3. 朱承爵刻书

朱承爵(1480—1527),字子儋,号磐石山樵,别号西舜城居士,晚更

---

① (清)王士禛:《池北偶谈》卷十九"胡恢书",上海文明书局1920年版,第6册,第20页。
② 缪荃孙著、张廷银、朱玉麒主编:《缪荃孙全集·诗文》,凤凰出版社2014年版,第208页。
③ (清)钱谦益著,(清)钱曾笺注,钱仲联标校:《牧斋有学集》卷三十二《李贯之先生墓志铭》,上海古籍出版社1996年版,第1157页。
④ (明)陈继儒:《藏说小萃》,《陈眉公全集》上册,上海中央书店1936年版,第75页。

号左庵。先世婺源人,洪武初徙居江阴。少即颖脱,从师讲授,理明词畅,沛然有得。盛年雄俊,锐志进取,弘治十七年(1504)至南京应试,试毕,悉市国学书以归。此次应试不第,而他并未丧失信心,在家仍然读书,扬榷探竟,期有以自发。自是每试辄加异,越数年,其名大噪。然而屡试不利,乃援例入国学,为国子监生。此后无意仕进,以诗书自娱,与文徵明、唐寅交情甚笃。淡薄功名后,朱承爵酷爱艺文,锐意收藏,悬金购书,搜集法书名画,所积鼎彝名画法书及古墨刻,皆不下千品之多。居常坐小斋,左图右史,铅椠纵横,寻核雠勘,乐而不厌。文徵明说:"其所与游,若唐寅子畏、薛章宪尧卿辈,皆一时名流。其仕而显,若陈侍讲鲁南、王太仆钦佩,顾宪使华玉,皆折节与交。"①著有《灼薪剧谈》2卷、《鲤退稿》(今佚)、《存余堂诗话》1卷等。

藏书著书之外,朱承爵还充分利用己藏,甄选善本,或摹写,或新刻,在江阴刻书史上占据重要地位。王京州通过各种史料,考得朱承爵刻书如下。②

朱承爵刻书一览表

书名(卷数)	出处及说明	备注
《阮嗣宗诗》1卷	《读书敏求记·诗集》:朱子儋取家藏旧本,刊于存余堂	丁福保、黄节、逯钦立等均称未见
《庾子山诗集》4卷	《读书敏求记·诗集》:朱子儋重刻《庾开府诗》四卷于存余堂	今藏中国国家图书馆
《樊川诗集》4卷	阑外有"江阴朱氏文房"六字,末有朱承爵跋	今藏中国国家图书馆
《浣花集》10卷	《藏园群书经眼录·集部一》:明正德间江阴朱承爵朱氏文房刊本	今藏中国国家图书馆
《黄太史精华录》8卷	《续通志·艺文略》:《精华录》八卷,黄庭坚诗,明朱承爵编	今藏中国国家图书馆

① (明)文徵明:《朱子儋墓志铭》,载周森树著《文林乡情》,2001年印本,第486页。
② 王京州:《朱子儋藏书考》,《古典文献学术论丛》第一辑,黄山书社2010年版,第91—98页。本书关于朱承爵刻书内容主要参考这篇文章,特此感谢。

书名（卷数）	出处及说明	备注
《放翁律诗钞》4卷	《艺风藏书续记·诗文第八》：明刻大字本，明朱承爵抄并序	新中国成立后归李一氓藏
《泽秀集》7卷	《天一阁书目》卷四称之为"朱氏竹素斋刊本"	现藏台北"国家图书馆"
《啸旨》1卷	唐寅《啸旨后序》（《唐伯虎全集》卷五）末称"子儋朱君，好古博雅，一时俊彦之良，无有逾者。于仆契分甚厚，暇日出是编以相勘校"云云，知朱承爵曾刻此书	
《存余堂诗话》1卷	李一氓称刻于家塾，继刻于顾元庆编《阳山顾氏文房小说四十种》内	

由上表可知，朱承爵刻书以别集为主，篇幅一般不大，其中《浣花集》卷数最多，也不过寥寥10卷。朱承爵刻书有字大行阔、雕印精工的特点，因而备受好评。李一氓称《放翁律诗钞》"字大悦目，白棉纸精印，公库私藏，均未见于目，迄今已逾四百年，亦明镌善本中之善本矣"①，傅增湘评《浣花集》"字皆绝佳，方知是集以朱刻本为最胜，其流传之最稀……各家藏目所无，明刻唐人集中最为罕秘，当与宋元同珍"②。一是因为流传稀少，二是因为刊印精工，故明知其为朱刻，仍珍之如宋元旧本。更有不知其为明刻，误定朱承爵刻本为元本甚至宋本者。如于敏中等不识朱承爵其人，以跋文推断"必非宋人"，又以"板式纸质定之"，认为《黄太史精华录》"当属元时刊本无疑"③。由此更见朱承爵刻本之精，足可与宋元本相媲美。

朱承爵刻书，并不是简单摹写古书，而是非常重视辨伪和辑佚，使古籍在旧貌的基础上焕然一新。如辨《樊川续集》《樊川别集》杂有许浑之作，朱承爵刻《樊川诗集》将其一一删汰。刻《浣花集》时，朱承爵遍考载籍，辑得《咏白牡丹》等佚诗2首，附集后作为补遗，一并刊行。又如《阮嗣宗诗》，世间流传仅五言80首，朱承爵取家藏旧本刊刻，多四言

---

① 李一氓：《一氓题跋》，生活·读书·新知三联书店1981年版，第141页。
② 傅增湘：《藏园群书经眼录·集部一》，中华书局1983年版，第1109页。
③ （清）于敏中等：《天禄琳琅书目 天禄琳琅书目后编》，上海古籍出版社2006年版，第196页。

13首,远轶通行本二、三首之上,对比《直斋书录解题·阮步兵诗》"首卷四言十三篇"的记载,其刻印之底本很可能正是陈振孙所亲见之宋本。阮籍、庾信、杜牧、陆游四人别集,通行本多诗文合璧,朱承爵刻本则专取其诗,略去其文,从其《黄太史精华录跋》"心宝其名"的自白中知其看重选本,具有自觉的选家意识,如刊刻陆游集,不独专收诗,且专刺取七律。[①] 钱曾比勘朱承爵刻本与家藏本《庾开府诗集》,发现前者采录"子山诗犹未全备",比家藏本少一百余首,其实朱承爵未必不知此本所遗尚多,刊印该集很可能正是从选本的角度出发的。"未收曰选摘也",未收者,乃摘选之余诗,《放翁律诗钞跋》此句似可为刊行《庾开府诗集》作注脚。

五、靖江县刻书

靖江位于苏北平原南端,长江之滨。隋唐时期属泰州海陵、吴陵县。宋代易名阴沙,属泰兴县。元代半属泰兴县,半属江阴县。明洪武二年(1369)属江阴县。成化七年(1471)从江阴析出建县,属常州府。

明代常州府属各县皆有刻书活动,靖江县也不例外,史书记载从事刻书者有 2 家[②]。

1. 朱得之刻书

朱得之(1485—?),字本思,号近斋,又号参玄子。以岁贡官桐庐县丞,不久挂冠归。曾从学王守仁,梁启超因此称其学"颇近于老氏,盖学焉而得其性之所近者也"[③]。为南中王门心学的主要代表。著有《庄子

---

① 清阮元《天一阁书目》卷四著录说:"《放翁律诗钞》四卷,刊本,宋陆游撰,明正德庚辰(1520)江阴朱承爵选。"并录有朱承爵原序,云:"放翁尝从范石湖辟入蜀,故其诗号《剑南集》。集中诸体皆备,惟律尤为和平粹美,如'百年浮世几人乐,一雨虚斋三日凉'、'画楼酒旆滴残雨,绿树莺声催暮春',概可想见。而晦翁亦善称之。余尝编读其集,录七言律得三百首有奇,厘为四卷,因名曰《放翁律诗钞》,未敢曰'选摘'也。"载范邦甸等撰,江曦、李婧点校《天一阁书目 天一阁碑目》,上海古籍出版社 2010 年版,第 358 页。

② 杜信孚、杜同书《全明分省分县刻书考·江苏(家刻)卷》把"懋德堂朱邦苧"归于靖江县刻书,称其刊刻《集千家注批点杜工部诗集》20 卷《年谱》1 卷,第 60 页。按,朱邦苧(1513—1572)是明朝第七任靖江王,第六任靖江王朱经扶的儿子,祖籍安徽凤阳。嘉靖四年(1525)朱经扶薨逝,嘉靖六年(1527)朱邦苧承袭王位,在位 45 年。明代靖江王的封地在广西桂林,而非江苏之靖江县。

③ 梁启超:《节本明儒学案》,上海古籍出版社 2018 年版,第 436 页。

通义》10 卷、《老子通义》2 卷和《列子通义》2 卷,并于嘉靖四十年(1561)将三书全部刻出。以《庄子通义》为例,据卷首《刻庄子通义引》可知为朱氏晚年所著,该书对于《庄子》本旨"有明显偏离,使朱氏解庄具有儒学化倾向,更与王氏心学息息相关"①。

2. 朱氏快阁刻书

自宋黄庭坚《登快阁》一诗流行后,各地兴建快阁不计其数,以快阁为室名而刻书者,较著名的明人为天启间新都(徽州旧称)唐琳快阁刻自辑《快阁藏书》10 种 58 卷,而明代靖江快阁主人朱氏则生平不详。朱氏于隆庆六年(1572)刻明王穉登所撰《青雀集》2 卷和《燕市集》2 卷,二书版本一致,皆 10 行 18 字,白口,左右双边,版心鱼尾下镌书名同大题。其中,《青雀集》卷二后有"隆庆庚午三月靖江朱氏快阁雕本"牌记二行,卷末镌"隆庆庚午仲夏靖江朱氏快阁雕本";《燕市集》各卷末俱镌"隆庆庚午三月靖江县朱氏快阁雕本"。

第五节　镇江府刻书

入明后,镇江府属中书省直管,时人对其地理位置的重要性有更加明确的认识,史称"高皇帝定鼎金陵,镇江为畿辅首郡,而江山佳□之胜,自古甲于海宇,二百年来,上德洪数,人文炳耀,视他郡为尤杰云"②,清人顾炎武也称镇江"上接淮南,左控大海,前控神京,为下流第一要害"③。明代镇江下辖丹徒县、丹阳县和金坛县,府署和三县皆有刻书活动。

一、官府刻书

明代镇江官府刻书,主要指的是镇江府署及各属县所刻的方志。

① 续修四库全书总目提要编撰委员会编《续修四库全书总目提要·子部》,上海古籍出版社 2015 年版,第 64 页。
② (明)王应麟、王樵纂修:《万历重修镇江府志·志序》,国家图书馆编《原国立北平图书馆甲库善本丛书》第 318 册,国家图书馆出版社 2014 年版,第 503 页。
③ (清)顾炎武撰,谭其骧、王文楚等点校:《肇域志》,上海古籍出版社 2004 年版,第 39—40 页。

　　早在唐代,镇江一地就开始府志编纂,史载唐孙处玄纂《润州图经》20 卷,惜已佚。宋元时期编纂多部镇江府志,各有一部流传下来。明代镇江府署设在京口,官府主持编纂多部方志,其中永乐和成化时期所修府志已亡佚。可考知的 3 部府志刊刻情况如下。

　　《正德镇江府志》32 卷,林魁修,史鲁纂。关于该志编纂情况,范然说:"正德五年(1510),浦州史宗道出任镇江府推官,在任时纂写了《正德镇江志》的前半部分,并将写好的稿子请杨一清和靳贵校正。正德七年(1512),史宗道擢给事中到南京任职,于是杨一清应史宗道之请为《正德镇江志》编撰了后半部分。成稿后,杨一清又约请镇江知府林魁商议刻印。"①以此可知林魁所修《镇江府志》曾有刻本。续编者杨一清(1454—1530),字应宁,号邃庵。祖籍云南安宁。因其父葬于丹徒,遂落籍丹徒。少年聪慧,勤奋好学,文章极佳,好谈经济大略。成化八年(1472)进士,以副使督学陕西。弘治十五年(1502),升都察左副都御史,巡抚陕西,因不附宦官刘瑾,被诬去官。起复后,总制延绥、宁夏、甘肃三镇军务,计除宦官刘瑾立功,升任吏部尚书,兼武英殿大学士。后因江彬等擅权,辞职归京口。嘉靖三年(1524),以少傅、兵部尚书、左都御史总制陕西三边军务,最后进为首辅,后被张璁构陷,落职居丹徒家中。

　　《万历重修镇江府志》36 卷,王应麟修,王樵等纂。王樵(1521—1601),字明逸,别号方麓。金坛县金城镇人。嘉靖二十六年(1547)进士,授行人,升刑部主事,又升刑部员外郎。因秉公执法,得罪严嵩,被调离京都,放外任,先后任山东兖州府金事、浙江金事,分巡浙西时值倭寇侵犯浙江沿海,带兵予以反击,击沉倭寇 4 艘战舰升为尚宝卿,又迁任南京鸿胪寺卿、南京太仆寺卿,累官至大理寺卿、刑部侍郎、南京都察院右都御史等职。王樵晚年所编纂的这部《万历重修镇江府志》,汇集前志之长,出自名家之手,记事纂言,核其事实,汇其精粹,颇具特色。万历二十四年(1596)刊刻存世。

---

① 范然:《名人与镇江》,南京大学出版社 1992 年版,第 124 页。

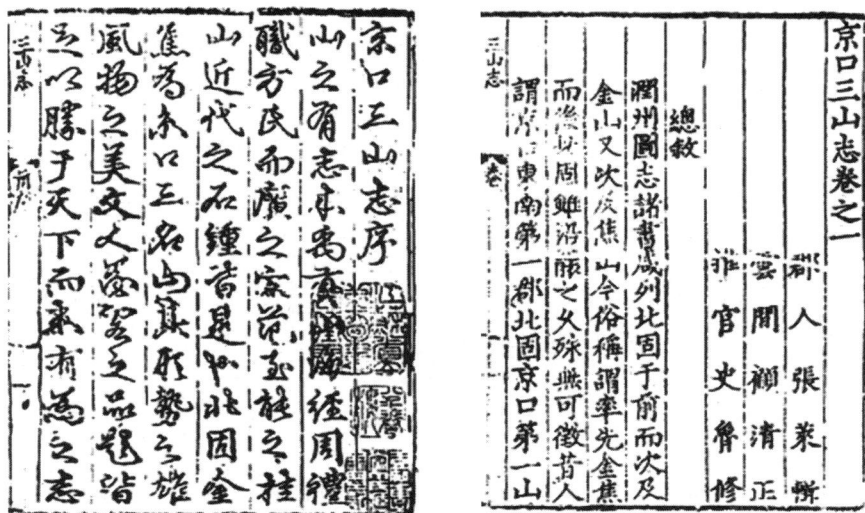

图 4-5-1 《京口三山志》 张莱辑,顾清正,史鲁修 明正德七年(1512)刻本 南京图书馆藏

　　《京口三山志》10 卷,张莱辑,顾清正,史鲁修,正德七年刻。金山、焦山、北固山是位于京口地区众多山中的三座,本来相互独立,但慢慢被关联到一起,遂成为"京口三山"。而现存文献中,最早提出"京口三山"概念的就是这部《京口三山志》,该书考订了金山、焦山、北固山的名迹和历史沿革,并汇集了关于三山的历代诗文,具有重要的文献价值和文化价值。

　　府志外,丹徒、丹阳和金坛三县亦各自纂修刊刻本地方志。

　　正德十四年(1519)刊刻的《丹徒县志》4 卷,由李东修,杨琬纂,卷首有杨一清序,后世称之"为丹徒县志开创之举"①,该志以当时新刊《镇江府志》为基础,附以近事,体例虽然谨严,但也确实失之过简。万历元年(1573),何世学纂修《丹徒县志》4 卷付梓,在正德志的基础上增辑正德十四年至万历元年(1519—1573)之事。崇祯七年(1634),张文光再次增修《丹徒县志》,但只是在万历志的基础上增入"选举题名"一门而已,该志亦雕版问世,惜已经亡佚。

　　丹阳修志始于南宋淳熙年间,蔡逢主修,已佚。明代丹阳县分别在永

① 镇江市丹徒区地方志编纂委员会:《镇江市丹徒区志》,方志出版社 2013 年版,第 1045 页。

第四章 江苏明代刻书

乐、正统、正德、隆庆年间共 4 次编纂方志,分别由张刚与王庸、朱方、汤敬礼、马祋主修,遗憾的是,前三种尽皆亡佚,唯有最后一种留存下来。《隆庆丹阳县志》12 卷,为马祋修,丁一道纂,隆庆三年(1569)版刻行世。[①]

金坛县志始修于明代,可考知者有二:(1)正德十一年(1516)刘天和纂修。王守仁序称:"麻城刘君天和之尹金坛也,三月而政成。考邑之故而创志焉。"[②]对于这次修志的历史意义给予了明确的肯定,从王阳明撰序一事,推测该志理应版刻。(2)万历八年(1580)刘美康纂修,囿于史料所缺,该志编纂和版刻情况不详。

二、私家刻书

相较于官刻书的单一性,明代镇江的私家刻书则表现为从事刻书者众多,种类丰富多样的特征。

(一)丹徒县私家刻书

据不完全统计,明代丹徒县私人刻书家有 10 人,每家刻书 1 种。[③] 分别是:

嘉靖八年(1529),丁瓒刻自撰《素问抄补正》12 卷附《滑氏诊家枢要》1 卷;

嘉靖十九年(1540),靳贵刻自撰《戒庵文集》20 卷;

嘉靖三十六年(1557),严宽刻明田汝成撰《西湖游览志》24 卷《志余》26 卷;

嘉靖四十五年(1566),吕克念刻明吕高撰《江峰漫稿》12 卷《西湖书院训规》1 卷;

嘉靖间,唐侃刻宋寇准撰《寇忠愍公集》7 卷;

万历二年(1574),陈文刻明林希元撰《新增增订易经存疑》12 卷;

万历三十二年(1604),范仑刻宋刘宰撰《漫塘文集》36 卷;

万历三十二年(1604),茅溱刻自撰《韵谱本义》10 卷;

---

① 《中国新编地方志总目提要》编纂委员会编《中国新编地方志总目提要》,方志出版社 2006 年版,第 485 页。

② (明)王阳明:《王阳明全集·序记说、杂著》,华中科技大学出版社 2015 年版,第 39 页。

③ 数字来源于杜信孚、杜同书《全明分省分县刻书考·江苏(家刻)卷》,线装书局 2001 年版。

万历四十三年(1615),谈自省刻元吴澄撰《易纂言》10卷;

崇祯间,朱葵刻宋陈师文等编《太平惠民和剂局方》10卷《指南总论》3卷。

总体来看,明代丹徒县私家刻书种类不多,但是具备一个显著的特征,那就是满足科举和日用。如嘉靖二十年(1541),林希元以大理寺丞免官,家居无事之日,有感于当时热衷举业的人追求词藻,忽视义理的现状,因取平日自己说《易》的有关著述重加删饰,撰成《易经存疑》一书(成文刻成后名《新增增订易经存疑》)。该书主要"是为当时科举士子所作,所以它不仅对《周易》的经文和传文都逐字逐句进行了十分详细的解释,而且十分注意阐发程朱的理学思想"①。又如朱葵所刻宋陈师文等编《太平惠民和剂局方》,为宋代太平惠民和剂局主导编写,是全世界第一部由官方主持编撰的成药标准。分伤风、伤寒、一切气、痰饮、诸虚等14门,载方788首。所收方剂均是中医中药方剂,记述主治、配伍及具体修制法,是一部流传较广、影响较大的临床方书。

(二)丹阳县私家刻书

丹阳县的刻书历史可以追溯到南宋,嘉泰元年(1201),县斋曾刊刻费衮撰《梁溪漫志》10卷,但因史料阙如,元代丹阳县刻书情况不得而知。明代丹阳县私家刻书者有:丁一中、万玉堂孙沐、汤道衡、庄绶光、众妙斋吴玄、孙育、孙云翼、李一阳、范仓、姜宝、姜志濂、荆光裕、贺裳、贺学易、贺学礼、贺懋熙、贺懋忠、姜志邹、姜志衡、贺烺、贺世寿、贺邦泰、眭明永、萧疏斋吴氏、葛谌等25家。综观25家刻书,特色可以归为两方面。

一方面,各家所刻书规模较小,每家刻书在1—2种间,即便有刻丛书者如丁一中,其在万历元年(1573)所刻《温陵留墨》,子目为宋王十朋《宋王梅溪先生温陵留墨》、宋真德秀《宋真西山先生温陵留墨》、明朱炳如《明朱白野先生温陵留墨》,全部为1卷。刻书规模小的原因大致在于非为赢利,而是出于志趣,与金陵、苏州、常州等大都市各家坊刻决然不同,优秀的刻工多在聚集在大都市谋生,很少有愿意长期待在小城

---

① 安平秋、章培恒主编:《中国禁书大观》,上海文化出版社1991年版,第282页。

的,不独丹阳,其他县也是这种情况。

另一方面,多刻佛教典籍。丹阳历为江南佛教圣地,南朝萧梁诸位佞佛的帝王皆为丹阳人,佛教事业在此地久盛不衰,对明代刻书业有重要的影响,为数不多的刻书家居然刊刻了大量的佛教典籍,表列如下:

明代丹阳佛教典籍刊刻一览表

序号	书名	作(译)者	刊刻年代	刻书家	刻书家生平
1	《佛本行集经》60 卷	(隋)释阇那崛多译	崇祯三年(1630)	汤道衡	字平子。万历四十四年(1616)进士,南昌、东昌知府
2	《续高僧传》40 卷	(唐)释道宣撰	万历间	贺学易	任福建福宁州福安县尹。卷四十后有"福建福宁州福安县尹贺学易施赀刻《续高僧传》,刻字若干,银若干云"
3	《景德传灯录》30 卷	(宋)释道原撰	万历三十四年(1606)	贺学礼	字知立
4	《佛说未曾有正法经》6 卷	(宋)释法天译	万历四十一年(1613)		
5	《阿毗昙毗婆沙论》82 卷	(宋)释浮陀跋摩、道泰同译	崇祯五年(1632)		
6	《佛说阿阇世王经》2 卷	(东汉)释支娄迦谶译	崇祯四年(1631)		
7	《菩萨戒本》1 卷	(唐)玄奘译	崇祯五年(1632)	贺懋熙	字尔辙,号旭庵。崇祯贡生,光禄寺卿
8	《佛说净业障经》1 卷		崇祯五年(1632)		
9	《菩萨戒羯磨文》1 卷	(唐)玄奘译	崇祯五年(1632)		
10	《百喻经》2 卷	(南朝齐)释求那毗地译	崇祯八年(1635)		

（三）金坛县私家刻书

金坛地处镇江之南,西邻金陵,东毗常州,历来为江南富庶之地,文化久远,名人辈出。明代嘉靖、万历期间刻书出现了诸如于湛、于嘉、于文熙、于玉立、于玉德、于明照、于孔兼、王烨、王樵、王均、王杲、王懋锟、王肯堂、王尧封、史潜、周钟、贺万元、曹祖鹤等私人刻书家,[①]所刻典籍具有如下两方面特征:

一方面,以卷帙短小者为主。今可考知 18 位刻书家中有 16 位只刻一部书,如于湛嘉靖十六年(1537)刻《契翁中说录》2 卷,于嘉万历间刻《李长吉诗集》4 卷,于文熙万历十八年(1590)刻《元城语录》3 卷《行实》1 卷,等等,不一而足。出现这种情况的原因在于,与金陵、常州、苏州等刻书中心相比,金坛缺少一个完善的图书刊刻、营销市场,刻书家并不能全力以赴从事之。

另一方面,多刻科举考试用书。镇江府明代共出现进士 164 人,而金坛县有 76 人,几占镇江府之半。[②] 作为镇江府的科举之乡,金坛县的士子对于应举之书的需求量很大,故刻书家多愿意刻此类典籍。其中,最为代表性的是王樵《尚书日记》。王樵为官之余,十分好学,精通经学,著述颇丰。所著《尚书日记》为其研究《尚书》之专著,四库馆臣称"樵是书于经旨多所发明,而亦可用于科举,尤适得是书之分量"[③]。王樵《尚书日记》在明代有 6 次刊刻,仅在金坛县就有两次:第一次是万历十年(1582)于明照刻,6 册,包背装,左右双边,白口,单、黑鱼尾,版心下方有页数,并偶有如"闽人游文炳刊"等刻工标示,于明照《叙》半页 6 行,行 12—16 字不等,自"书例"始半页 10 行,行 21 字。第二次是万历二十三年(1595)王樵自刻,20 册,包背装,四周单边,白口,单黑鱼尾,版心下方有页数,王樵自序半页 5 行,行 11 字,王樵子肯堂"谨述"、姪孙锡琛"谨识"半页 6 行,行 14 字,于明照《日记》序、王樵《书帷别记》序、蔡立身《日记》序、彭燧《日记》序(即彭本、蔡本之跋)半页 10 行,行 20 字。[④]

明代金坛县刻书成就和后世影响最大者当属王樵之子王肯堂。

① 私人刻书家姓名来源于杜信孚、杜同书《全明分省分县刻书考·江苏(家刻)卷》。
② 资料来源于严其林《镇江进士研究》,复旦大学出版社 2014 年版,第 516—517 页。
③ (清)永瑢等:《四库全书总目》卷十二,中华书局 1965 年版,第 99—100 页。
④ 关于《尚书日记》明代版本项,此处参考王笃堃《王樵〈尚书日记〉研究》,重庆师范大学硕士学位论文,2017 年,第 7—10 页。

王肯堂(1549—1613),字宇泰,一字损仲,号损庵,自号念西居士、郁冈斋主。一般医家又尊称其为"王金坛"。少年及青年时期,王肯堂刻苦攻读文史经典,但是,母亲的一次重病彻底改变了其初衷。家人请了许多名医前来医治,但这些医生所讲病理各不相同,杂药乱投,毫不见效,后来幸得高手挽救,才转危为安。经过这次经历,王肯堂对医学产生了浓厚兴趣,他放下科举书,转而孜孜不倦地攻读医书,几年后医术渐渐精湛。一次,妹妹患乳痈,病情危重,经多个外科名手医治都未见好转,王肯堂根据从医书上学来的知识竟然治愈了妹妹的病。此事传开后,每天都有许多患者慕名到王家求医。父亲王樵认为从事医学会妨碍日后科举,严禁王肯堂从医,他不得不暂停学医而专攻读举业。万历十七年(1589),王肯堂考中进士,同年被选为翰林检讨,后为备员史馆。为官期间,王肯堂为人刚正。万历二十年(1592),日本首领丰臣秀吉先侵略朝鲜,后扬言出兵大明,明朝将领仓皇招兵买马,却不予训练。王肯堂看不过去,疏陈十议,愿辞去本职,假御史名义练兵。不料,此举却受到明政府"浮躁从事"的批评,王肯堂愤而辞官。

官场失意后,王肯堂转而重新研习医理,并大量整理医籍、撰写医书。万历三十年(1602),王肯堂撰写《杂病证治准绳》8 卷、《杂病证治类方》(一名《类方证治准绳》)8 卷,万历三十二年(1604)撰写《伤寒证治准绳》8 卷,万历三十五年(1607)撰写《女科证治准绳》5 卷、《幼科证治准绳》9 卷,万历三十六年(1608)撰写《疡科证治准绳》6 卷,全部 44卷,合称《证治准绳》或《六科证治准绳》。全书以"证治"为特色,"每证博引《内经》《伤寒杂病论》等经典,旁采后世医家学术见解,又结合自己的临床见解加以论述,条理清晰,持论平允,选方妥切,更偏重于临床实际应用"[①]。

《证治准绳》全部完成后,王肯堂还撰写《古今医统正脉全书》《医镜》《医辨》《医论》《灵兰要览》《胤产全书》《胎产证治》《郁冈斋医学笔麈》《医学穷源集》等医学著作,为古代医学发展作出重要贡献。此外,他还涉猎群书,知识广博,除医学外,还研究佛经禅学、西洋历法、碑帖

---

① 甄雪燕、梁永宣:《明代医学宗师——王肯堂》,《中国卫生人才》2016 年第 12 期。

书画等,撰写的相关论著有《尚书要旨》《论语义府》《律例笺释》《念西笔麈》《郁冈斋帖》等。

如果说撰写著述是王肯堂学术"主业"的话,那么从事典籍刊刻则是其学术"副业"。在万历年间,他先后刻书 4 种 70 卷,为明代金坛县刻书之最。

1. 万历十七年(1589)刻宋释德洪撰《大佛顶首楞严经合论》10 卷。该书一名《大佛顶如来密因修证了义诸菩萨万行首楞严经合论》,4 册。开卷首叶前半绘一佛坐莲座像,旁有二菩萨侍立。佛像同页背面排《大佛顶首楞严经合论序》。全经末尾有施刻识语:"金坛王肯堂施银贰两,于玉立施银壹拾伍两,于玉德施银壹拾玖两,范氏施银贰两,沈氏施银壹两,王肯堂集众檀越银壹拾壹两叁钱捌分肆厘,共刻《大佛顶首楞严经合论》十卷。明万历己丑夏六月朔日识。"明白写着刊刻时间,但没有刊刻地点。①

2. 万历三十二年(1604)刻明戴思恭撰《秘传证治要诀》12 卷《类方》4 卷。戴思恭(1324—1405),字原礼,号肃斋。浙江诸暨人。著名医学家。《秘传证治要诀》分 12 门,列若干病证,详述病因、病机、症状、治则、治法及治验等;《类方》根据前述病证列出所用方药,其中汤类方 167 首,饮类方 36 首,散类方 104 首,丸、丹、膏类方 135 首。二书互为参阅,有证有方,便于临床实用。王肯堂校勘后付梓流传。

3. 万历三十三年(1605)刻唐孙思邈撰《千金翼方》30 卷。孙思邈《千金翼方》系统论述了伤寒六经辨证、内科杂病、外科疮肿、诊病察色、辨别阴阳表里虚实以及治疗技术等方面内容,提供了宝贵临床经验,历来备受医家重视。王肯堂《新刻千金翼方序》说:"三从子廷鉴以母病,欲刻医书,冀获冥佑,请于余,余以此书授之,而表弟孙仲来助余校订尤力,苦无他本雠校。"知此书与其侄王廷鉴合刻,王肯堂表弟孙仲来校订。但由于"苦无他本雠校",仅以通行本为底本而刊刻,除了明显讹字予以径改外,其余讹误一仍其旧,这是因为王氏所据之底本来自友人徐土彰家,而徐氏之本何时所刻,从何而得,均无所考,所以王肯堂之

① 参考宏伟《方册藏的刊刻与明代官版大藏经》,朱诚如、王天有主编《明清论丛》第 5 辑,紫禁城出版社 2004 年版,第 182 页。

本不能称为善本。①

4. 万历三十六年(1608)刻明沈鲤撰《纶扉奏稿》6 卷。该版本共 6 册,9 行 18 字,左右双边。纶扉者,内阁也,即皇帝身边的办事机构。著者沈鲤(1531—1615),字仲化。归德府虞城县(今河南虞城)人。嘉靖四十四年(1565)进士,万历帝还在东宫当太子时,沈鲤为东宫讲官,颇受太子赞赏。太子登位,历官编修、侍讲学士、礼部右侍郎、礼部尚书、东阁大学士、文渊阁大学士等,十分尊崇。本书共一百余疏,各篇大多直言敢陈,毅然特立,其所奏之事,实国脉民生之所系,因而不断遭到首辅沈一贯及中贵打压,故其奏疏中多有乞归、乞休、请辞之篇。王肯堂为朝官的情形与沈鲤非常相似,故刊刻此书,实有寄寓焉。

另据《全明分省分县刻书考·江苏(家刻)卷》记载,万历三十二年(1604)王肯堂刻明鲁伯嗣撰《婴童百问》10 卷。曹之进行一番考辨之后说:“明鲁伯嗣著《婴童百问》有明嘉靖二十一年(1542)文华殿大学士夏言序,上海书店 1985 年影印本因定为明嘉靖二十一年(1542)刻本。然其目录前题:‘明鲁伯嗣学著,鳌峰熊宗立校、宇泰王肯堂订。’……熊宗立生于明永乐七年(1409),死于明成化十八年(1482)。明嘉靖二十一年(1542)已去世 60 年,墓木已拱,何能预役!……王肯堂生于明嘉靖四十五年(1566),嘉靖二十一年尚未出生,亦不可能参与是役。王肯堂曾著儿科专著《幼科准绳》,自序:‘……《百问》(按:指鲁伯嗣《婴童百问》)则挂一漏万……’可见王肯堂力斥《婴童百问》等书之非,即使他生逢明嘉靖二十年(1542),也不可能参与修订工作。综上所述,可知熊宗立、王肯堂分别是明代前期、后期的著名医学家,书估硬是把两个互不沾边的人拉扯在一起,拉大旗作虎皮,托名以售欺,如此而已。”②即便是万历三十二年(1604),王肯堂亦不会出资刊刻这样一部漏洞百出、误人不浅的医书。

---

① 参考钱超尘《中国医史人物考》,上海科学技术出版社 2016 年版,第 125 页。
② 曹之:《中国古籍版本学》,武汉大学出版社 2015 年版,第 481—482 页。

第六节　扬州府刻书

早在元至正十七年,也就是明太祖龙凤三年(1357)十月,朱元璋改扬州路为淮海府,四年后改为惟扬府,吴元年(1366)正月再改为扬州府。明代扬州府辖县三:江都、仪真、泰兴;辖州三:高邮州(县二:宝应、兴化)、泰州(县一:如皋)、通州(县一:海门)。明代前期,社会经济还处于逐步恢复阶段,此时扬州刻书事业发展缓慢,不论官刻、坊刻还是家刻,刻书规模都不大,到了明代中后期,农业、手工业都发展到了较好的水平,盐业、漕运的发展又带动了交通和商业的繁盛,这是刻书事业的经济基础。同时,扬州成为各地文人往来的汇聚地,大大推动了刻书事业的不断进步。

一、扬州府治刻书

经过宋金对抗、元与南宋之战及元末动乱,扬州城居民大半死于战乱或流离失所,当朱元璋攻占扬州时,城中极为荒凉。驻守的明朝官员认为扬州旧城难收,遂在旧日宋大城的西南角构筑新城,这便是后来的扬州旧城。明朝中叶,倭寇屡犯扬州,嘉靖三十四年(1555),又在扬州城东商业区构筑城池,即后来的新城。明代扬州新旧两城,实际上是一个整体的两个相连部分,两处城池商户云集,经济极为繁荣,文化事业蒸蒸日上,刻书业不断向前推进。

（一）官府刻书

1. 扬州府署刻书

与明代其他府署一样,扬州府署所刻书主要是地方志。明代扬州志计有 2 次纂修,初修于嘉靖年间,再修于万历年间。

《嘉靖惟扬志》38 卷,明朱怀幹修,盛仪纂。朱怀幹,字守正,湖州归安人。嘉靖十一年(1532)进士,授刑部主事,历泰州同知、扬州知府。盛仪,字德璋,江都人。弘治十八年(1505)进士,官至太仆寺卿。该志为现存最早的扬州府志,特点非常显著,"一是编纂体例颇为严谨,《历代志》尤为独创。以编年体记叙唐尧至明初扬州所发生的重大历史事件,于正史多有补正,且开后世志书大事记之例。二是旧志资料赖之以存。宋代虽曾有《大观扬州图经》《绍熙广陵志》《嘉泰广陵续志》《宝祐惟扬志》等,然至明已无完书。三是资料丰赡,信而足征。盐政系扬州一大政治经济特色,人文荟萃亦扬州为古名郡之缘由,是志于此收录颇丰,诗文更达三分之二,诚为卓见,此后也成为扬州修志之传统。四是叙论精辟,旨在资政。编纂者'于每卷或一二卷共为一论,以发明大意'"①。嘉靖二十一年(1542)初刻,四十二年(1563)重刊。

《万历扬州府志》27卷首1卷,明杨洵修,徐銮纂,明万历二十九年(1601)修。杨洵,字晖吉,山东济宁人。万历二十六年(1598)任扬州知府。徐銮,生平不详,时任扬州推官。该志有图一、志十二,志下又分类,后人称为"纲目分明,条理清晰"②。万历三十三年(1604)扬州府署刊刻。

2. 两淮都转盐运使司刻书

盐运使始置于元代,称为都转盐运使司盐运使,简称"运司""盐运使"。明朝于两淮、两浙、长芦、河东、山东、福建等六处设都转盐运使司,管辖盐务,具体掌管食盐运销、征课、钱粮支兑拨解以及属地私盐案件、缉私考核等。两淮都转盐运使司设在扬州,下辖泰州、海安、通州三分司。由于财力上的优势,从明代开始,两淮都转运使开始刊刻典籍,今可考知者仅有弘治十四年(1501)刻《晞发集》6卷,唐文载校。半页10行20字,大黑口。首有泰州储巏序,末有冯允中跋。《晞发集》为宋遗民谢翱所撰,其人平生著书百余卷,死后以文稿殉葬,世间所留尚多,计有诗6卷、杂文5卷,其他各类专书近10种,然后世所传者唯《晞发集》。该书初刊于何时不详,唐文载刻本为最古之本,因而版本价值尤高。③

---

① 陈锴竑、姜龙、卢桂平:《扬州历史文化大辞典》,广陵书社2017年版,第861页。

② 陈锴竑、姜龙、卢桂平:《扬州历史文化大辞典》,广陵书社2017年版,第725页。

③ 王澄说,两淮都转运使司正德十一年(1516)刻明蓝章撰、龙正演注《八阵合变图说》1卷。见王澄《扬州刻书考》,广陵书社2003年版,第11—12页。按,《四库全书总目》子部兵家类存目著录:"《八阵合变图说》无卷数。两淮盐政采进本。明龙正撰。正,武都人。正德中,莱阳蓝章,巡抚四川,驻兵汉中,遣人至鱼复江,图八阵垒石,正时在幕中,遂推演为《图说》,刊于蜀中。"永瑢等《四库全书总目》卷一百,中华书局1965年版,第843页。所谓明刻本是在四川,而非扬州。

3. 扬州官员刻书

古代官员出守一方,主导一地之政治,掌管一地之财力,引领一地之文化风尚,因而,他们从事的刻书活动既具有官刻性质,又具有私刻特征。明初,扬州距离首都应天府颇近,而明廷迁都北京后,扬州又为金陵和北京往来之要冲,于此做官,可得诸方面之便利,故官员刻书大行其道。今表列官员刻书情况如下。

明代扬州官员刻书一览表

序号	姓名	官职	刻书题名与卷次	刻书年代	备注
1	杨成玉	知府	《宋人诗话》10种10卷	弘治三年(1490)	部分散佚,尚存刘攽、欧阳修、司马光、陈师道、吕本中、周紫芝、许凯等7种
2	李绂	知府	《育斋先生诗集》17卷,明兴化高榖撰	弘治间	半页12行21字
3	侯秩	知府	《广文选》82卷《目录》2卷,明刘节辑	嘉靖十二年(1535)	半页10行21字,白口,四周单边
4	张正位	知府	《苏门集》8卷,明高叔嗣撰	嘉靖四十二年(1563)	半页10行20字,有门人毛恺后序、张正位后序
5	壬楷	推官	《李克斋督抚经略》8卷,明刘景绍辑	嘉靖间	
6	郭光复	知府	《倭情考略》1卷《守扬练兵辑要》1卷《兵机纂》8卷,郭光复撰	万历间	
7	虞德烨	知州	《吕氏春秋》26卷,秦吕不韦撰,汉高诱注	万历七年(1579)	以许宗鲁刻本为底本。虞氏在扬州府署住处内室名资政左室,故所刻书多用"维扬资政左室"牌记
			《重排并音连声韵学集成》13卷,明章黼撰	万历六年(1578)	序后有"万历戊寅孟夏维扬资政左室"大字正楷2行13字牌记
			《题韵直音编》7卷,明章黼撰	万历六年(1578)	

序号	姓名	官职	刻书题名与卷次	刻书年代	备注
			《墨池编》6卷，宋朱长文撰	万历八年（1580）	半页10行22字，绵纸12册。目后有刊书姓氏11行，有"江都知县秦应聪同刊""本府儒学训导邢德琏校正""县学生员陆君弼、苏子文同校"等
8	陈蕙	南京御史	《广文选》60卷，刘节辑	嘉靖十六年（1537）	
9	刘祐	淮南兵备道	《节孝先生文集》30卷《语录》1卷《事实》1卷，宋徐积撰	嘉靖四十四年（1514）	半页10行20字
			《宋学士文集》75卷，明宋濂撰	嘉靖四十四年（1565）	正德九年（1514）张缙刻，嘉靖四十四年（1565）刘祐重刻

（二）书院刻书

扬州书院起于宋，寂于元，明代中期逐渐中兴。成化间，知府王恕在江都创建资政书院，为明代扬州第一所新建书院。进入嘉靖朝，扬州书院迎来高速发展，包括扬州府治在内，江都、邗江、泰州、靖江等扬州所辖各地，均有至少一所新建书院出现。明代扬州书院在数量上突飞猛进，书院制度也较为完善，大部分书院都有学田、讲舍、书斋、讲堂等建置，在这种条件下，书院的各项活动也得以有条不紊地展开，在典籍方面除大量藏书外，还有多次刻书之举。

1. 正谊书院刻书

正谊书院创办于明代。董仲舒为江都王刘非相时，规劝刘非"正其谊不谋其利，明其道不计其功"①，首开江都尊师重教之风。为纪念董仲舒，明人在其故宅建正谊书院，正德间改建书院为董子祠，专祀董仲舒。弘治十四年（1501），正谊书院刻元杨维桢撰、毗陵朱昱校正《铁崖先生文集》5卷，半页10行20字，卷末后有"姑苏杨凤书于维扬之正谊书院"

---

① （东汉）班固：《汉书》卷五十六《董仲舒传》，中华书局1962年版，第2524页。

一行。关于刊刻经过,朱昱说:"巡按淮扬侍御史冯君执之得其稿一编于少卿储静夫,遂分为三卷,专介而来取正一二。昱受而读之,则知先生之文流落人间者,不啻泰山一毫芒耳,乃出先君子贞义先生所藏者,合为五卷通刻焉。"①该版收录杨维桢文章较全,且校对精审,故谢灼华先生称之为"有名的善本"②。

2. 维扬书院刻书

维扬书院,一名维扬书馆。明嘉靖五年(1526),扬州巡盐御史雷应龙创办,院址在扬州府西门内仰止坊,内设六经阁祠堂、资贤门、资贤堂、丽泽门、志道堂等。其后,御史徐九皋、陈蕙、洪垣、彭端吾等多次修复。崇祯十六年(1643),御史杨仁愿再次修复书院后,钱谦益为作《重修维扬书院记略》。嘉靖四十二年(1563)刻,维扬书院刻明人徐爌撰《四书切问》③8卷。徐爌,生卒年不详,字文华,号岩泉。太仓人。嘉靖三十二年(1553)进士,授长沙府推官。父死丁忧,服阕补武昌,后拜四川道御史,又改迁山东巡盐二淮,升江西按察副使督学江西,迁山西道行太仆寺卿,致仕。著有《四书初问》《太极测》《雁门集》《琢玉新声》《南游日记》《淮海观风录》等。

3. 慎德书院刻书

关于慎德书院之创办,清人李兆洛说:"扬州盐运使公廨,隙地甚旷,相传包汉江都王相董子仲舒故宅而为之,有井曰'董子井'。明初,运使何士英亭其井,建董子祠于前。自后屡有迁移,大抵皆在旁近,记具州志。年久而圮。隆庆初,运使徐衍祚浚其井,新其祠,榜之曰'慎德书院'。"④万历九年(1581),两淮都转运使陈楠辑刻《四子全书》(又名《紫薇堂四子》《明刻四子》)23卷,题"慎德书院陈楠刻本",白文无注,刻版精整。其子目有《道德真经》2卷、《文始真经》3卷、《冲虚真经》8卷、《南华真经》10卷。

---

① (元)朱昱:《题〈铁崖文集〉后》,杨维桢著,邹志方点校《杨维桢诗集》,浙江古籍出版社1994年版,第504页。

② 谢灼华:《中国图书和图书馆史》(修订版),武汉大学出版社2005年版,第259页。

③ 王澄《扬州刻书考》误作"《四书切问》",广陵书社2003年版,第15页。

④ (清)李兆洛:《景贤楼记》,顾一平《扬州名园记》,广陵书社2011年版,第110页。

4. 邗江书院刻书

关于邗江书院的成立经过,史书缺载。嘉靖二十三年(1544)冬,王艮门人颜钧游扬州邗江书院,"为会十日",明年八月,"复会天宁",在其准备南渡之际,"约以每月之五日,食宿会所",颜钧为此作《扬州同志会约》,其中说:"因心以立学,因学而成会。"①据此可知两方面信息:一是邗江书院至迟在嘉靖年间已经成立,二是邗江书院的地点应该在扬州天宁寺内。

明代邗江书院刻书可考知者有两次:第一次是嘉靖二十六年(1547)刻明马文升著《马端肃公奏议》16卷。书前有谢应征序,书后有同年辑者跋。马文升(1426—1510),字负图,别号约斋,又号三峰居士、友松道人。钧州(今河南禹州)人。景泰二年(1451)进士,授为御史。历按山西、湖广,迁福建按察使,升左副都御史,入为兵部右侍郎。历辽东巡抚、右都御史、总督漕运。弘治初任兵部尚书,后任吏部尚书。武宗时上疏乞去。《马端肃公奏议》共有55篇,乃嘉靖二十六年(1547)其孙天祐所编次,为孝宗弘治元年至武宗正德元年(1488—1506)间马文升历任各官所作奏议,内容较为广泛,四库馆臣给以"大抵有关国计,不似明季台谏惟事嚣争"②的评价。

第二次是嘉靖二十九年(1550),重刊《大明律附例解》。按,《大明律附例》30卷《附录》1卷,洪武三十年(1397)敕编,明舒化等纂例。而《大明律附例解》之初刻时间不详,邗江书院刻本原藏松坡图书馆,该书卷一首页题"邗江书院原本重刊"。

(三)私家刻书

明代扬州私家刻书主要集中在中后期,刻书家多为藏书家、学者、文士,少数为寓贤。今根据王澄《扬州刻书考》收录资料,依据刻书年代先后,表列如下。

---

① (明)颜钧:《颜钧集》卷四《扬州同志会约》,中国社会科学出版社1996年版,第29页。

② (清)永瑢等:《四库全书总目》卷五十五,中华书局1965年版,第498页。

扬州私家刻书一览表

序号	书名及卷次	著者	刻书家	刻书年代	备注
1	《灵棋经》1卷	（汉）东方朔撰，（晋）颜幼明、（刘宋）何承天注，（元）陈师凯、（明）刘基解	鲍栗之	成化十四年(1478)	半页10行21字，黑口，四周双边
2	《扬州琼花集》1卷	（明）杨端撰	杨端	成化二十三年(1487)	杨端，字惟正。明鄞县人。成化间寓居扬州
3	《圣学格物通》100卷	（明）湛若水撰	陈陞①	嘉靖十二年(1533)刻	半页11行19字，白口，左右双边
4	《渔石集》4卷	（明）唐龙撰	王惟贤	嘉靖十三年(1534)	半页10行20字
5	《高皇帝御制文集》20卷	（明）朱元璋撰	王惟贤、徐九皋	嘉靖十三年(1534)	
6	《东洲续集》12卷	（明）崔桐撰	周希哲	嘉靖三十四年(1555)	半页10行20字，白口，单鱼尾，左右双边
7	《笺注唐贤绝句三体诗法》20卷	（宋）周弼辑，（元）释圆至、无隐笺注	火钱	嘉靖间	半页11行19字，白口，左右双边
8	《隶释》27卷	（宋）洪适撰	王云鸾	万历十六年(1588)	
9	《重修宣和博古图录》30卷	（宋）王黼等撰	于承祖	万历十六年(1588)	于承祖室名泊如斋、芙蓉社
10	《觳音集》1卷	（明）于承祖撰	于承祖	万历三十年(1602)	署"广陵于承祖芙蓉社刊"

---

① 王澄《扬州刻书考》标注为"扬州佚名"，并称《北京大学图书馆善本书目》著录此书，未署刻者姓名"（广陵书社2003年版，第24页）。按，该书亦藏于无锡市图书馆，署名"陈陞"刻。见江苏省文化厅、江苏省古籍保护中心编《江苏第四批国家珍贵古籍名录图录》，凤凰出版社2014年版，第100页。

序号	书名及卷次	著者	刻书家	刻书年代	备注
11	《路史》46卷（一作47卷）	（宋）罗泌纂	乔可传	万历三十九年(1611)	半页10行20字，小字双行同，白口，单鱼尾，四周单边，眉上镌评《凡例》后有"万历岁辛亥秋寄寄斋"牌记。首有朱之蕃序，略云："近岁洪都仅梓其半，未睹全书。钱塘旧版，雠校未详，错误迭出。广陵乔可传志笃缥湘，酷嗜参博，冀广流传，爰命梓人，躬勤检阅。刻既告竣，嘱叙简端。"
12	《四溟山人诗》10卷《诗家直说》2卷	（明）谢榛撰，盛以进辑	盛以进	万历四十年(1612)	《诗家直说》后有"万历壬子夏广陵盛以进从先再识"牌记
13	《我有轩集》3卷附《哀挽诗》1卷	（明）范之默撰	范之熊、范之鹿	万历四十四年(1616)	
14	《说庄》2卷	（明）李腾芳撰	范凤翼	万历间	
15	《大学衍义补》160卷《首》1卷	（明）邱濬（即丘濬)撰	乔应甲	万历间	明猗氏人。官至南京右都御史，刻于扬州
16	《李翰林集》12卷	（唐）李白撰	顾懋光	天启四年(1624)	半页10行20字，白口，四周单边
17	《张曲江集》12卷《附录》1卷	（唐）张九龄撰	顾懋光	天启四年(1624)	半页10行20字，白口，四周单边
18	《黄太史怡春堂藏稿》3卷	（明）黄辉撰	乔可传	天启五年(1625)	
19	《升恒编》12卷	（明）张承翼撰	孙安国	崇祯六年(1633)	
20	《唐诗品汇》90卷《拾遗》10卷	（明）高棅辑，张恂重订	张恂		半页10行20字，小字双行字数同，白口，单鱼尾，左右双边

从上表可以看出，明代扬州府治私家刻书具有两个主要特征：

一是刊刻有助于"治道"典籍。这方面以乔应甲刻《大学衍义补》160卷为代表。《大学》为儒家经典，汉时杂入《礼记》之中，宋时人始大力表彰，列入《四书》。宋儒真德秀作《大学衍义》发挥格物、致知、诚意、正心、修身、齐家诸义，但缺治国平天下部分。入明，丘濬博采六经诸史百家之文，加按语抒发己见，补其所缺，成《大学衍义补》。成化二十三年(1487)十一月奏上。该书卷首有一卷补述"诚意正心之要"。正文160卷，分《正朝廷》《正百官》《固邦本》《制国用》《明礼乐》《秩祭祀》《崇教化》《备规制》《慎刑宪》《严武备》《驭夷狄》《成功化》12章。《大学衍义》"主于理"，该书"主于事"，其内容包罗宏富，为研究古代，尤其是明代前期和中期经济、政治、文化、教育、司法、军事发展，提供了重要资料。《大学衍义补》最早于弘治初刊行，万历时再版，明神宗朱翊钧亲为作序，很受统治阶级和学界欢迎。

二是刊刻大型诗文总集。明代诗文总集编纂贯彻对皇朝歌功颂德这一主旨，因而无论是编纂前代作品还是当代作品，总是要把"敦厚""风雅"的特点显现出来。这类作品一经问世，很快会得到刻书家的垂青，扬州私家刻书也一样，如高棅的《唐诗品汇》90卷，在明代作为馆阁、家塾课本，流传颇广，影响甚大，成化间陈炜初刻，之后经过汪宗尼、汪季舒、陆允中等校订，扬州人张恂又再加校订刊印，质量逐渐提高。而对于本朝诗作总集，扬州刻书家也乐于版刻，如卢纯学辑《明诗正声》60卷，以"正声"作为诗歌创作的最高标准，选取明诗中的佳作，万历十九年(1591)刊刻以传。

（四）书坊刻书

相较于金陵、苏州和常州等地，明代扬州书坊业算不上发达，根据史料考察仅有王修能广陵书社和汪应魁贻经堂两家。

王修能，生平不详，明万历间在广陵经营书坊，万历间先后刻有罗贯中《三遂平妖传》2卷20回、明熊廷弼撰《熊经略先生疏稿》6卷《书牍》5卷以及明李贽撰《续藏书》27卷。三种书全是明人著述，其中，《三遂平妖传》乃中国历史上第一部神魔小说，问世之后深受广大读者喜爱；《熊经略先生疏稿》是作者经略辽东的重要史料，晚明时期朝野对于

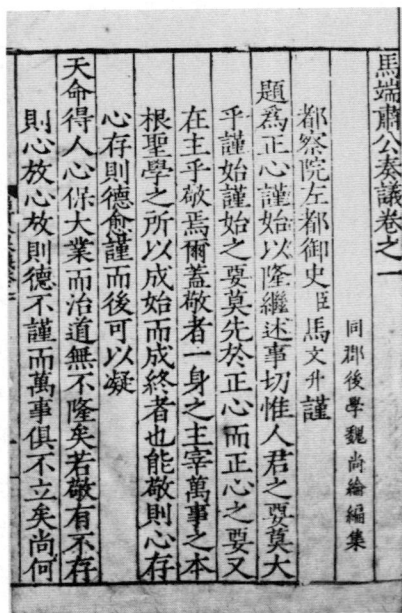

图4-6-1 《马端肃公奏议》十六卷 明马文升撰 明嘉靖二十六年(1547)葛涧邗江书馆刻本 南京图书馆藏

经略辽东十分关心,此书之刊刻为民众了解辽东提供了很大的帮助;《续藏书》主要评述明朝开国到万历时的近百名大臣,对了解与评价明代历史人物,全面研究明代社会无疑地有重要的作用。由此可知,王修能刻书能够适应图书市场需求,了解读者的阅读兴趣,适时刊刻"畅销书",既获得了利润,又促进了典籍的传播。

相对而言,汪应魁的贻经堂刻书则颇称壮观。

汪应魁,生卒年不详,字元杓。安徽休宁人。史料称:"专攻《尚书》,尝订正《尚书》句读六卷。顾锡畴见而叹曰:'《尚书蔡传》迩来坊刻亥豕混淆,汪元杓,余通家子也,从余游,遵京本精校详,其句读令穷经者有指南,有志翼经者也。'"①按,顾锡畴(1585—1646),字九畴,号瑞屏、天叙子。直隶昆山人。明万历四十七年(1619)进士。授庶吉士,改授检讨,迁赞善,升国子监祭酒在家迁少詹事、詹事。返京擢礼部左侍郎,代理尚书。后为南京礼部左侍郎。明亡,寓居温州,被总兵贺君尧所害。顾锡畴称汪应魁为"通家子",可知顾氏与汪应魁的父辈交情甚好,两家为世交。又,《同治韶州府治》称:"汪应魁,徽州人,嘉靖四十年(1561)任主簿。"②据此可知汪应魁主要生活在嘉靖间,参与过科举,在广州做官,至于什么原因、什么年代来到扬州开设贻经堂书坊,则不得而知。

汪应魁贻经堂在扬州刻书甚多,《中国古籍善本书目》和《明别集版本志》等多有收录,整理如下。

---

① (清)蒋廷锡等:《钦定古今图书集成·理学汇编经籍典》第三百六十卷《经学部》,中华书局1987年影印,第584册,第36页。

② (清)额哲克修,单兴诗纂:《同治韶州府志》卷四《职官表》,同治十三年(1874)刊本。

1. 正德十年(1515)，刻金朝韩道昭《大明正德乙亥重刊改并五音集韵》15 卷，8 册。韩道昭，生卒年不详，字伯晖。真定松水(今河北省正定县)人。撰《五音集韵》，改并《广韵》之韵部，又改变韵书之体制，以《三十大字世》排列各韵中之字，为韵书与等韵学相结合之首创者。

2. 天启七年(1627)，刻瑞士人邓玉函述、明王徵译绘《远西奇器图说录最》3 卷。每半页 9 行 20 字，白口，四周双边。王徵为陕西人，天主教徒，他向来华传教士们学习西方语言后，开始翻译西方著作。天启七年(1627)，王徵在北京将《远西奇器图说录最》翻译完毕，当年汪应魁便在扬州付刻，可知汪应魁对于西方典籍的热爱之情。但是，由于西方语言符号和复杂的器物图等问题，该版受到后人诟病，郑振铎说："像齿轮之类，刻工每图省事，往往刻作圆形，与原意已大为不同。"[①]不过，虽然出现质量问题，但首刻之功还是值得肯定的。

3. 天启、崇祯间，刻明王徵撰《新制诸器图说》1 卷。每半页 9 行 20 字，白口，四周双边。天启六年(1626)，王徵翻译《新制诸器图说》成，两年后，武位中首刻于扬州，汪应魁不久翻刻，是该书的第二个版本。汪应魁在《奇器图说小序》称："客游广陵，得郡司理关中王公授西儒邓函璞(按邓玉函字函璞)《奇器图说》一编，盖函璞之所指授，而王公之所译注者也。《图说》所载不啻数十百种……至若图绘之精，语言之妙，又不待言矣……予惧是录传布弗广，命剞劂氏重刻之，俾宇内好事君子师而用之。"汪应魁在扬州见到了王徵，从他那里得到了《奇器图说》。"重刻"二字说明汪应魁见到了武位中的刻本，并以此为基础翻刻出第二个刊本。汪应魁刻本中收录了《武位中序》。由于汪序未注撰著时间，无法确定该本印刷的具体时间。张柏春等人推断，汪应魁本应刊刻于1628 年 10 月至 1631 年间。[②]

4. 崇祯四年(1631)，刻宋程颐传、朱熹本义《周易传义》(又名《周易程朱传义》)24 卷，宋程颐撰《上下篇义》1 卷，宋朱熹撰《图说》1卷《五赞》1 卷《筮仪》1 卷。线装 4 册，半页 9 行 18 字，小字双行，白口，

① 郑振铎：《西谛书话·求书目录》，生活·读书·新知三联书店 1983 年版，第 569 页。
② 参考张柏春、田淼、刘蔷《〈远西奇器图说录最〉与〈新制诸器图说〉版本之流变》，《中国科技史杂志》2006 年第 2 期。

单鱼尾,四周双边,正文卷端刻"明汪应魁句读并校订"9字。

5. 崇祯四年(1631),刻宋蔡沈撰、明汪应魁句读《书经集传》(一名《书经集传句读》)6卷。半页9行18字,小字双行,白口,四周单边。《贩书偶记续编》卷一著录作"《书经集传句读》六卷,明应魁撰,崇祯四年刊"①,看来是弄错了作者。

6. 崇祯四年(1631),刻宋朱熹撰《诗经集传》8卷。半页9行18字,小字双行,白口,四周双边。该书宋刻本为20卷,附《诗传纲领》1卷《诗图》1卷《诗序》1卷,嘉靖三十五年(1556)崇正堂刻本仍是20卷。然嘉靖间吉澄刻本则为8卷,自是以后,明清各种刻本皆为8卷。②

7. 崇祯四年(1631),刻元陈澔撰《礼记集说》16卷。半页9行18字,小字双行,白口,四周双边。陈澔《礼记集说》是元代研究《礼记》的一部重要书籍,该书在官方的支持下成为各地儒生必读书,并在之后的几百年里成为学习《礼记》的必读书。

8. 崇祯四年(1631),刻宋胡安国撰《春秋四传》38卷《纲领》1卷《提要》1卷、《列国东坡图说》(又名《东坡图说》)1卷、《春秋二十国年表》(又名《二十国年表》)1卷、《诸国兴废说》1卷。半页9行18字,小字双行17字,白口,四周双边。

9. 崇祯五年(1632),刻明钟惺编并评、汪应魁删订《唐宋八大家文选》24卷。半页9行18字,白口,左右双边。关于该书之编纂,学术界争议比较多,付琼说:"明末汪应魁伪托钟惺的《唐宋八大家选》竟然汇集120家评点,意见驳杂,真伪莫辨,所加新评对所引评点又无所发明或驳正,虽然貌似荟萃古今,其实脱离了古今评点的链条而自说自话。所引诸评只是为了装点门面,吸引读者,增加销量,以达到射利的目的。"③

10. 崇祯五年(1632),刻明汤宾尹选辑、汪应魁增订《纲鉴标题》4卷。半页上9行,字无定数,下9行27字,白口,四周单边。

---

① 孙殿起:《贩书偶记续编》卷一,上海古籍出版社1980年版,第7页。
② 参考崔富章《〈四库提要·诗类〉补正》,中国诗经学会编《诗经国际学术研讨会论文集》,河北大学出版社1994年版,第453页。
③ 付琼:《清代唐宋八大家散文选本考录》,商务印书馆2016年版,第138页。

二、江都县刻书

目前所知明代江都县官刻书仅有一部,即明张宁修、陆君弼纂《万历江都县志》23卷,万历二十七年(1599)重刻。江都历史悠久,但是志书编纂却始于明代。嘉靖四十一年(1562)修成的《江都县志》,是江都历史上最早的一部县志,共8卷,邑人葛洞纂。此志因年代久远,早已失传,后世只能从史料记载中知道一点情况。《万历江都县志》是江都历史上第二部志书,这部县志以嘉靖县志为蓝本,而稍有增益。卷前有万历丁酉(1597)张宁序、修志名氏、志目、陆君弼序,书后有万历己亥(1599)何龙图后序。陆《序》记述修志始末。全书仿照正史,分为纪、表、志、传四类。包括郡县、秩官、选举、提封、建置、食货、儒学、秩祀、兵戎、杂志、秩官循良、秩官名臣、选举名贤、名贤、寓贤、勋戚、孝义、列女、外传等。修纂者关注国计民生,于类目前后,常以"撰曰""按"等发表议论,涉及治安、战备、火患、水利、赋役等方面,多切中时弊;因卷首无凡例,故也用以阐明取材依据、编纂方法,有时也用以表述纠讹订谬的考证成果。万历二十五年(1597)编纂成书。

相比较官刻之萧条,明代江都私家刻书则呈现一派繁荣景象,从刻书时间来看,主要集中在嘉靖和万历年间,据史料可知,最早的刻书活动为弘治五年(1492)高铨辑刻明王概撰《王恭毅公驳稿》2卷,最晚的刻书活动则为崇祯十四年(1641)周嘉冑刻自撰《香乘》28卷,时间跨度达150年。一个半世纪间,涌现出一大批刻书家,这些刻书家的类型可以分为4种。

(一)进士刻书

明代江都刻书家进士出身且官位显赫者主要有高铨、何城和郑元勋。

高铨(1443—1510),字宗选,号平山,晚更号遗安老人。成化五年(1469)进士,官至南京户部尚书。曾任大理寺评事12年,负责重要案件的初步复审工作,是大理寺卿的得力助手。大理寺评事要精通律例,熟知程序,具备丰富的司法经验,方能评审妥当,得到上司的认可。高铨任职大理寺评事,要归功于王概的赏识和推荐。王概之子王臣言:

"高君……先公器其贤,南进士荐擢廷评。"①高铨从王概处学到很多的法律知识,对王概的判词驳论推崇有加,故希望将王概的判词驳论编辑成书,惠及世人。《王恭毅公驳稿》2 卷成于弘治五年(1492),时高铨任浙江等处提刑按察司副使,书成后随即付梓,半页 10 行 19 字。清代纪昀等人似乎没有认识到该书的价值,《四库全书总目》仅录书名,题为《王恭毅驳稿》上、下两卷,两江总督采进本,今已不得见,《钦定续通志》《钦定续文献通考》也均采用上述书名。康熙间黄虞稷《千顷堂书目》所录书名为《王恭毅公驳稿》。两书所记书名虽有一字之差,但从《四库全书总目》提要对两江总督采进本所介绍的"编次成帙,首列参驳文书式九条,而以所驳诸案分载于后"的体例看,与弘治五年刻本相同。1995 年,齐鲁书社将上海图书馆所藏明弘治五年刻本影印出版,书名为《王恭毅公驳稿》,收入"四库全书存目丛书"。②

何城,生卒年不详,字叔方。原籍陕西榆林,徙居江都。嘉靖十一年(1532)进士,官至刑部。嘉靖二十四年(1545),刻明高棅辑《唐诗正声》20 卷。半页 10 行 19 字,白口,左右双边。高棅选编《唐诗品汇》,因嫌其泛博,乃撮其精粹,删定为 22 卷,定名《唐诗正声》。全书收 140 余位诗人的作品 930 余首。正统七年(1442)彭曜首刻,嘉靖三年(1524)胡缵宗刻,刊有《唐诗正声凡例》。何城明确说明是依据胡缵宗序刻本重刊的,其中的《唐诗正声凡例》也是延续胡缵宗本而来的。嘉靖二十五年(1546),何城刻明包节辑《苑诗类选》30 卷,半页 10 行 21 字。《苑诗类选》是包节从《文苑英华》中诗歌部分单独辑出编纂而成,时间范围上始梁下至晚唐,是一部诗歌总集。嘉靖二十一年(1542),包节自云南以疾告归,居闲则取《文苑英华》诗而读之。他认为《文苑英华》在诗歌史上有续《文选》的价值,《文苑英华》之诗与《文选》之诗相衔接,于是便将《文苑英华》所载之诗单独辑出,并将过于靡丽、纤弱的作品进行删减。嘉靖二十四年(1545)冬,包节携《苑诗类选》入楚,嘱校于王龙田给

---

① (明)高铨辑:《王恭毅公驳稿》前序,《四库全书存目丛书》本。
② 参考张光辉《王概〈王恭毅公驳稿〉的文献价值》,《史学月刊》2007 年第 10 期。

舍,嘱梓于何月梧太守。① 何城还刻廖道南《楚纪》60 卷,半页 10 行 20 字。《楚纪》是一本湖广地区的地名索引,作者廖道南耗费十余年时间编制此书,试图展示其故里的重要地位。楚地曾是明代的龙兴之地,也是朱厚熜为兴王时的封邑。廖道南写此书显然是为了取悦皇帝。在结语部分,廖道南模仿大史学家司马迁所著《史记》中自序的体例,记述其世系出处及仕途经历。该书完成于嘉靖二十四年(1545),何城刊刻时间应在之后不久。②

郑元勋(1598—1645),字超宗,号惠东。原籍安徽歙县,先人于万历年间到扬州从事盐业,遂寓居江都。家有息园和媚幽阁。自幼聪慧,天启四年(1624)顺天乡试第六名,任兵部主事。时江淮大饥,郑元勋以米麦千石赈灾,时人称赞。息园构筑好后,他广邀名士饮酒赋诗,顾炎武和归庄等都曾与会。郑元勋还积极参加复社,成为当时的名士之一。崇祯十六年(1643)进士第三名,以母老家居。明亡后,痛哭不已,出资募勇,并出任南明兵部职方司。著有《影园瑶华集》3 卷、《影园诗稿文稿》,辑《左国类函》24 卷。所辑《媚幽阁文娱》系因不满晚明政治腐败,社会动乱而为,清代统治者将之列为禁书,不准流入社会。郑元勋亦热心刻书事业,刻书情况如下:(1)崇祯三年(1630)刻(一作郑光化刻本)自辑《媚幽阁文娱》不分卷(一说 10 卷),半页 9 行 20 字,白口,白鱼尾,四周单边。12 册。前有陈继儒序、唐显悦序、崇祯三年郑元勋自序,后有崇祯三年郑元化赞可定。唐序后刻"白门李文孝希禹梓"字样。(2)崇祯十二年(1639)刻自辑《媚幽阁文娱二集》10 卷,原题"明郑元勋超宗选,陈继儒眉公定,郑元化赞可、郑侠如士预订",半页 9 行 20 字,白口,四周单边。(3)崇祯间刻明郑元勋、王光鲁同辑《左国类函》24 卷,半页 9 行 20 字,白口,四周单边。半页 9 行 20 字,小字双行,白口,四周单边。又刻自辑《影园文集》3 卷。(4)明末刻明钟惺辑并评《唐宋十二大家文归》14 卷、郑元勋辑并评《国朝大家文归》2 卷,计 2 种 16 卷。半页 9 行 18 字,白口,四周单边,眉栏镌评。(5)崇祯间刻自辑《影

① 参考武兆先《明代诗人包节及其诗文文献研究》,青海师范大学硕士学位论文,2014 年,第 16—17 页。
② [美]富路特、房兆楹原主编《明代名人传》,北京时代华文书局 2015 年版,第 1234 页。

园瑶华集》3 卷,前有"崇祯庚辰六月虞山老人钱谦益书于茸城舟次"序,重刻时删去。①

（二）家族刻书

明代江都也出现家族刻书现象,为这一时期的刻书文化注入新内涵。代表者为葛氏家族——父亲葛钦,儿子葛涧、葛洞。

葛氏父子原为凤阳人,徙居江都,皆喜藏书,累积万卷之巨,史书记载说:"葛涧,字子东。其先凤阳人,父钦徙江都。钦嗜古书,构楼五楹,藏书数千卷。至涧益至万余卷。江淮间称积书多者无如葛氏。涧博学,有名理,坐卧一楼,手一编,寒暑不废。尝撰本朝人物编,始洪武,迄嘉靖,数十百卷,人为列传甚悉。少从湛若水游,德器深粹。年七十余卒。"②时人对于葛氏藏书成就多有赞美,朱曰藩还专门创作一首《葛氏藏书楼歌》诗作,其中说:"中都葛君有道士,三世侨居广陵肆。天生妙志用不分,金薤琳琅杀青字。汉代虚遗三箧书,边韶曾称五经笥。……"③基于藏书方面的巨大成就,葛氏父子对于刻书一样痴迷。其中,葛钦在嘉靖间先后刻元丘葵撰、明顾可久辑《周礼补亡》6 卷以及南朝齐褚澄撰《褚氏遗书》无卷数。葛涧为湛若水弟子,博学有名理,撰有《国朝人物编》数十卷,室名新泉书屋,刻书多以此名为牌记。嘉靖十六年(1537)校刻明刘节辑《广文选》60 卷、嘉靖四十二年(1563)刻明湛若水撰《扬子折衷》6 卷、嘉靖四十五年(1566)刻明吕柟撰《横渠张子释》6 卷。葛洞曾参与编纂《江都县志》,增辑 8 卷,室名邗江书馆。嘉靖二十六年(1547)刻明马文升撰《马端肃公奏议》16 卷。

（三）学者刻书

明代江都一地出现多位学者刻书者,其中以郝梁和陆弼为代表。

郝梁,字子高,别号龙渠子,又号龙泉山人。明嘉靖间江都人。苏州监生。室名万玉堂。郝梁刻书今可考知者有 4 种。

---

① 江澄波等《江苏刻书》记载郑元勋于崇祯十三年(1640)刻明江西万时华撰《广陵散》不分卷,但无史料记载万时华撰《广陵散》,待考。

② (清)五格、黄湘纂修:《乾隆江都县志》卷二十三《文学》,《中国地方志集成·江苏府县志辑》第 66 册,凤凰出版社 2008 年版,第 294 页。

③ (明)朱曰藩:《葛氏藏书楼歌》,载(清)徐燝敫修,陈浩恩等纂《光绪增修甘泉县志》卷二十一《艺文》,《中国地方志集成·江苏府县志辑》第 44 册,凤凰出版社 2008 年版,第 141 页。

嘉靖二年（1523），刻宋毛居正撰《六经正误》6 卷。毛居正，字谊父。衢州人。所著《六经正误》，取《易》《书》《诗》《礼记》《周官》《春秋三传》诸本，参以子、史、字书、选粹、文集等，研究异同，凡字义音切，毫厘必校。宋代付官府刊刻，但校勘不精。郝梁刻本半页 10 行 18 字，相对宋版来说，校勘颇精。

嘉靖三年（1524），刻宋何无适、倪希程编《诗准》4 卷《诗翼》4 卷。其中，《诗准》乃撮古谣歌词、汉魏晋宋诗而成；《诗翼》乃撮唐杜甫、李白、陈子昂、韦应物、韩愈、柳宗元、权德舆、刘禹锡、孟郊，宋苏轼、黄庭坚、欧阳修、王安石、陈师道、陈与义、秦观、张耒、郭祥正、张孝祥、陆游等人诗作而成。郝梁刻本半页 10 行 18 字，白口，左右双边，卷末有郝梁《跋》。

嘉靖三年（1524），重刻宋张耒《张文潜文集》13 卷。张耒诗文集在其生前就已行世，但因党祸，北宋崇宁初与苏门诸人的著作一起遭禁毁。南宋初，张耒名誉得以恢复，原来被人私下传抄及收藏的诗文作品又被编成几种新的集子，重新抄刻流传。周紫芝编《谯郡先生文集》100 卷，晁公武《郡斋读书志》著录张文潜《柯山集》100 卷，陈振孙《直斋书录解题》著录张耒《宛丘集》70 卷《年谱》1 卷，又有蜀本 75 卷。可知南宋时张耒集有多种，名称、卷数各异。令人遗憾的是，南宋张耒各种文集今均不传，明清时版刻的各本卷数与上述宋本均不同，说明现存张耒集已非宋本原貌了。① 郝梁所刊为文集，不载诗，半页 10 行 18 字，白口，左右双边，前有"嘉靖甲申江都马驷"序，末有"龙渠山人郝梁"跋。

嘉靖三年（1524），刻汉扬雄撰、晋范望注《太玄经解赞》10 卷，唐王涯撰《说玄》1 卷《释文》1 卷。《太玄经》和《说玄》都是阴阳五行、生克制化之术数的典籍，这类典籍在明代很有市场。近代藏书家周越然曾收藏此书，他说："余家藏者，系明嘉靖中郝梁复刻宋两浙茶盐司本也，白口；单鱼尾，四周双栏，版心下方题'万玉堂'三字，半叶八行，行大十七字，小双行，字数同。收藏有'四明卢氏抱经楼藏书''如皋李犹龙元德甫海岳山房藏书记''畏天畏人心法积书积德吾家''子孙保之''莫棠楚生父印''独山莫氏铜井文房藏书印''公白'等图记。……世有明刊之

---

① 参见汪涌豪、骆玉明《中国诗学》第 3 卷，东方出版中心 2008 年版，第 244—246 页。

书，而其价值等于宋刊者，《太玄经》其一也。何哉？因宋本失传而明翻刻者，精美绝伦故也。"①对郝梁刻本赞誉有加。

陆弼，生卒年不详，一名君弼，字无从。与唐寅并称两才子，好结纳贤豪，受人激赏。隆庆间廷试，授官知州，不就。隆庆三年（1569）、万历三十七年（1609）先后在乡里组织诗社，结纳文士，声誉籍甚。好博涉，多所撰述，著有《正始堂集》24 卷、《芳树斋集》4 卷、《北户录补注》4 卷、《广陵耆旧传》及传奇《存孤记》等，又纂《江都县志》23 卷，助吴琯增辑《唐诗纪》170 卷。

万历二十二年（1594），校刻明屠本畯纂疏《毛诗郑笺纂疏补协》20 卷。"是书取《毛传郑笺》尽录之，曰《纂疏》；于协韵之中既分录旧说，又复补之，曰《补协》。总题曰《明甬东屠本畯纂疏补协》。"②陆弼刻本书题原作"《毛诗郑笺》"，次行题"汉赵人毛苌传，北海郑玄笺"，又次行题"明甬东屠本畯纂疏补协，江都陆弼、歙程应衢校"，下书口刻"玄鉴堂"，为程应衢刻书堂号，可知该书为陆弼和程应衢合作所刻。

万历四十年（1612），陆弼与吴琯、谢陛、余策合刻明冯惟讷辑《诗纪》156 卷《目录》36 卷。冯惟讷所编的《诗纪》通称《古诗纪》，为明代汉魏六朝诗歌完备的大型诗歌总集，文献价值远胜之前各种诗选集。现存最早有嘉靖三十九年（1560）陕西刻本，题"巡按陕西监察御史太原甄敬裁正，陕西按察司佥事北海冯惟讷汇编"。陆弼等人所刻本，半页 9 行 19 字，小字双行同，白口，单鱼尾，四周双边，题"北海冯惟讷汇编，郢郡吴琯校订"，其他各卷所列校订者尚有陆弼、谢陛、俞策。"四人之中当以吴琯为主要组织者。此本内容一仍前本，但取消了嘉靖本所分的前集、正集、外集、别集，并各自分卷的方法，而是将全书合并，统一分卷。至于这两种版本的优劣高下，明、清两代人多以后者胜过前者。"③

万历间，陆弼与汪宗尼校刻明杨慎撰《丹铅总录》27 卷。《丹铅总录》成书于嘉靖三十三年（1554），为杨慎门人梁佐所编。梁佐《序》称："先生暇日著《丹铅余录》《续录》《摘录》，已有刻本。以佐受教有年，乃

---

① 周越然：《旧籍丛话》，北方文艺出版社 2017 年版，第 212 页。
② 张寿镛：《约园杂著续编》，上海书店出版社 1992 年版，第 642 页。
③ 杨焄：《明人编选汉魏六朝诗歌总集研究》，陕西人民教育出版社 2009 年版，第 91 页。

尽出《丹铅三录》《四录》《别录》《附录》《闰录》诸稿授之佐。佐乃删同校异,析之以类,合而名之曰'总录',捐俸以梓。赵子一重督刻而成之。"梁佐所刻为该书的首刻本,陆弼合汪宗尼校刻重刻本,从版本上可知有刻工何鲸、黄锵,书工何之源等。

此外,万历间陆弼还刻自撰《正始堂集》21 卷,刻本上有潘之恒等人评语,余不详。

（四）其他人刻书

此处的其他人刻书,指的是刻书家生平资料难以考证或者较少者,兹列表如下。

生平资料缺考明代江都刻书家刻书一览表

序号	刻书家	刻书时间	所刻典籍	备注
1	李纪	弘治间	（唐）刘长卿撰《刘随州文集》11 卷《外集》1 卷	半页 10 行 18 字
2	周凤	正德六年（1511）	（宋）朱熹撰,（明）吴讷编《晦庵诗钞》1 卷《晦庵文钞》7 卷	
3	火增	嘉靖十五年（1536）	（明）湛若水撰《甘泉先生文集内编》28 卷《外编》12 卷	半页 10 行 21 字
4	黄埻	嘉靖三十一年（1552）	（明）张逊业编校《十二家唐诗》(一名《初唐十二家集》)12 种 24 卷	半页 9 行 19 字,白口,双鱼尾,四周双边。版心上镌"东壁图书府"5 字,正文卷端下题"江都黄子笃梓行",黄埻室名东壁图书府
5	卞柴	嘉靖间	（明）赵玉芝辑《六祖大师法宝坛经》1 卷	书口下镌"须弥亽琴剑室"6 字,或"须弥山剑室"5 字
		嘉靖间	（明）陈献章撰《白沙子集》8 卷	半页 9 行 18 字
6	萧海	嘉靖间	（明）刘德编《唐耿沣诗集》6 卷	
7	史起寅	嘉靖间	（宋）王观撰《扬州赋》1 卷	史起寅为嘉靖举人,官建阳县令

序号	刻书家	刻书时间	所刻典籍	备注
8	王朝相	隆庆三年（1569）	孙武撰《孙子书》3卷	
		万历四十一年（1613）	《便产痘疹合并方书》2卷	
9	张学礼	万历间	《考古正文印薮》6卷	与京口刘汝立同选并于合刻
10	万桂	万历三十九年（1611）	（明）王纳谏撰《左国腴》4卷（《左腴》2卷《国腴》2卷）	半页8行20字，白口，四周单边。万桂室名九雁斋
11	章万椿	万历三十九年（1611）	（宋）苏轼撰，（明）王纳谏编《苏长公小品》2卷	半页9行21字，白口，四周单边。版心上镌"苏长公小品"，下镌刻工名。序后有"万历辛亥八月既望雕于章氏心远轩"牌记
12	周于藩	万历四十年（1612）	周于藩著《小儿推拿秘诀》（又名《小儿推拿仙书》）不分卷	
13	余大茂	天启间	（明）李云翔编《诸子拔萃》8卷	
14	葛澄	天启间	（金）成无己撰《伤寒明理论》3卷《方论》1卷	
15	周嘉胄	崇祯十四年（1641）	周嘉胄辑撰《香乘》28卷	半页8行18字，小字双行同，白口，四周单边
16	王光鲁	崇祯十六年（1643）	《阅史约书》5种6卷①	半页9行20字，白口，四周单边
		明末	王光鲁撰《古今官制沿革图》1卷	
17	明月庵	崇祯间	（明）阎有章撰《说礼》33卷	明月庵为佚名刻书家室名
18	汇贤堂	崇祯间	（明）王光鲁编撰《历朝经济考》1卷	汇贤堂为佚名刻书家室名

① 子目：《历代地图》1卷附《历代窃据图》、《历代地理直音》2卷、《历代事变图谱》1卷附《古今官制沿革图》、《古语训略》1卷、《元史备忘录》1卷附《碧渐堂诗草》不分卷。

三、仪真县刻书

仪真,旧称真州。汉代始置县,唐代称为扬子县,北宋赐名仪真。洪武二年(1369)改扬子县为仪真县,清雍正元年(1723),复改仪征县。大运河在仪真向南穿越长江,仪真处在水上交通十字路口,商贸云集,人才汇聚,文化发展较快,刻书事业不落后。

明代仪真县署刻书1部。隆庆元年(1567),仪真县署出资刻申嘉瑞修,李文、陈国光等纂《仪真县志》14卷。申嘉瑞,字叔献,河南叶县人,举人。嘉靖四十三年(1564)任仪真知县。李文,仪真人,曾任浙江开化县知县,后以承德郎升任湖州府通判。陈国光,仪真人,曾任广东潮州府通判。仪征本地县志早在宋淳熙、嘉定时已有修纂,明初以来亦屡次纂修,然皆散佚。嘉靖四十五年(1566),申嘉瑞听从诸位儒生建议,邀请邑人李文、陈国光、刘鼎等人纂写,前后用八个月的时间完成,成书后随即付梓。该志成为仪征今存最早的县志,是后人研究仪征明代历史文化必不可少的史料。

而私家刻书则出现5家。

1. 黄长寿,字延祉,号望云。原籍歙县潭渡。"少业儒,以独子当户。父老,去之贾。以儒术饰贾事,远近慕悦,不数年赀大起。驻维扬理盐策,积著益浩博"[1],遂为仪真人。喜吟咏,又喜蓄书,著有《望云遗稿》。黄长寿还喜刻书,嘉靖九年(1530)刻明黄瓒撰《雪洲文集》12卷《续集》2卷。此外,刘尚恒还指出,除《雪洲文集》外,黄长寿还刊刻过《文公家礼》《诗人玉屑》《壬辰集》《壬辰续集》《江湖揽胜集》等。[2]

2. 蒋山卿(1486—1548),字子云,号江津。正德九年(1514)进士,授工部主事。正德十四年以谏阻武宗朱厚照南巡寻乐被杖,贬南京前府都办。起复后官南宁知府、广西布政司参政。工诗文,与乡人景旸、赵鹤、朱应登并称"江北四子"。亦擅书画,著有《南泠集》《休园集》。嘉靖十七年(1538),蒋山卿刻明顾璘撰《息园存稿》23卷,其中诗14卷,卷

---

① 原载《歙县潭渡黄氏族谱》卷九《望云翁传》,转引自张海鹏、王廷元主编《明清徽商资料选编》,黄山书社1985年版,第449页。
② 刘尚恒:《徽州刻书与藏书》,广陵书社2003年版,第250页。

首有湖广汉阳府同知洛阳陈大壮序;文 9 卷,卷首有湖广宝庆府知府资中邓继曾序。蒋山卿为顾璘刻集,缘于二人的师徒关系。弘治九年(1496),顾璘中进士,观政工部,旋请疾归南京家中,与尚未仕家居的陈沂、王韦肆力为文,时称"金陵三俊"。弘治十二年(1499),宋应登中进士,来南京任户部主事,遂并称"江南四大家",明代南京作家群正式形成。其后,顾璘等人或家居,或官南曹,很多时间都在南京。嘉靖初,边贡来任南京太常少卿,后升至南京户部尚书,也加入了南京作家群。除上述诸人外,南京作家群的成员还有顾璘从弟顾璨、蒋山卿、赵鹤、景旸、王宠等。①

3. 张楷,字范仲,一字同野。室名芙江草堂。嘉靖十三年(1534)举于乡,不求仕进,隐居潜江园,专心经史,肆力为文章,一时士大夫竞称尊宿。嘉靖二十三年(1544),续外祖父黄瓒前志,撰《维扬人物续志》12 卷。嘉靖二十四年(1545)刻宋王观撰《扬州赋》1 卷,卷首有张楷《刻扬州赋序》,接着为王观本传和正文。张楷还同时刻《续扬州赋》1 卷,为南宋江都人陈洪范所撰,陈于淳熙间为扬州学正,卷首为作者本传,乃张楷述撰。嘉靖二十五年(1546),张楷又刻《艺林》12 种 12 卷,书口下方有"芙江草堂"四字。该丛书的子目为:《释名》1 卷,汉刘熙撰;《文章缘起》1 卷,梁任昉撰;《沧浪吟卷》1 卷,宋严羽撰;《文赋》1 卷,晋陆机撰;《诗品》1 卷,梁钟嵘撰;《童蒙训略》1 卷,宋吕本中撰;《文章家训》1 卷,北齐颜之推撰;《文录》1 卷,宋唐庚撰;《文章精义》1 卷,元李涂撰;《谈艺录》1 卷,明徐祯卿撰;《文苑春秋叙录》1 卷,明崔铣撰;《文训》1 卷,明王祎撰。

4. 盛稔,字伯丰。仪真人。万历十四年(1586)进士,官至平阳知府、井陉参政,以被谗拂衣归里,杜门扫迹,淡泊著书。著有《养蒙纂要》《忠烈小传》等。万历间,盛稔刻明徐枢撰《寰宇分合志》8 卷。该书所载"系古今疆宇广狭分合及帝王传绪事迹得失大略,自五帝迄元代止。首卷分合总论,语有纰缪"②。

5. 王廷栋,字上木。生活在明末,以恩贡终,余不详。崇祯间刻自

---

① 廖可斌:《明代文学复古运动研究》,上海古籍出版社 1994 年版,第 80 页。
② 中国第一历史档案馆:《纂修四库全书档案》,上海古籍出版社 1997 年版,第 608 页。

撰《声远堂稿》，无卷数。

四、泰兴县刻书

南唐昇元元年(937)，李昇登位，同年升海陵县为泰州府，设海陵济川镇建县，取"国泰民安，百业兴旺"之意，取名"泰兴"，属扬州路总管府。元明因之。明代泰兴县刻书不彰，可知者仅有朱篪刻茅大方撰《希董先生遗书》5卷，嘉靖十一年(1532)刻。

茅大方(？—1402)，本名茅埔，字大方，又作大芳，以字行。明泰兴人。洪武中为淮安府学教授，三载考绩入朝，朱元璋召对，大悦，擢为秦府长史，并勉励其像汉代大儒董仲舒一样辅佐秦愍王朱樉。大方以特受隆遇，益自激奋，为表不忘高祖教训和追攀董氏之意，名其居所曰希董堂。建文元年(1399)，擢右副都御史兼吏部右侍郎。燕王靖难之役后，大方被囚，不屈而死，其诗文集亦被禁止流传。至弘治初，邑人吏部侍郎储巏始辑其集，并以"希董"为名。嘉靖中，世宗下诏旌表靖难死节诸臣，都御史刘梅国辑佚茅氏诗文，并规划刻梓。明人姜清《希董先生遗集序》说："《希董遗集》者，柴墟储公为茅先生大方集也。……正德末，始祠泰兴，而其遗文则弘治初柴墟实辑之。盖勤二十余载，所得仅若干篇。编校未遑，公已即世，呜呼！惜哉！昔予谒公南曹，获闻其义。又十七年辛卯，过海陵，与公从子金宪洵嗣□太学生灏检遗书，得之。手录以行。明年度淮，中丞梅国刘公会予舟中，偶及是录，欣然欲加编校，刻梓以传。"①但刻者并不是刘梅国，他把辑佚成集的诗文授邑令朱篪，朱篪为之刊行。张京元说："《希董先生遗集》，诗若干首，文若干篇。弘治初，海陵储少宰搜录成帙，至嘉靖癸巳(十二年，1533)，邑侯朱公始为入梓。"②

刻者朱篪(1493—1546)，字守谐，号思斋，浙江山阴(今绍兴)人。正德十五年(1520)会魁，与兄朱箎同举进士，嘉靖五年(1526)殿试，钦赐双凤齐飞匾。历官扬州府泰兴县知县、江西道监察御史巡按湖广，累赠光禄大夫、左柱国少师、兵部尚书兼都察院右都御史，曾巡视辽东。

① 沈乃文：《明别集丛刊》第1辑第25册，黄山书社2013年版，第194页。
② 沈乃文：《明别集丛刊》第1辑第25册，黄山书社2013年版，第194页。

五、高邮州刻书

北宋开宝四年(971),置扬州高邮县。南宋建炎四年(1130)升为承州,绍兴三十一年(1161)复为军,乾道二年(1166)复以泰州之兴化县来属,元至元十四年(1277)升为高邮路。明洪武元年(1368)降高邮府置,辖宝应县和兴化县。明代高邮州、宝应县和兴化县刻书事业取得了很大的成就,今分别述说。

(一)高邮州刻书

明代高邮州官府刻书主要有州署刻《高邮州志》,知州胡民表、知州邓浩和制使李之藻刻书。

隆庆六年(1572),范惟恭修、明王应元纂《高邮州志》12 卷成,州署出资刻之。范惟恭,江西丰城人,隆庆四年(1570)任高邮知县。王应元始祖为濠梁人,从征高邮,有功授总旗,遂占籍。该书题材包括志、传、表三类,特点有二:一是突出反映高邮水利特点,二是对唐宋明各朝高邮境内户数和口数进行统计,特别是嘉靖年间十年一次的统计数字,以及对自然灾害伤亡人数统计等,颇有文献价值。[①]

胡民表,字昙瞻,号我山。江西龙泉人。举人。嘉靖八年(1529)任高唐州学正,嘉靖二十四年(1545)任高邮郡守,二十九年(1550)以台州府同知调任高唐州知州。胡民表任职各地,多有刻书之举。任高邮知州期间刻秦观《淮海集》40 卷《后集》6 卷《长短句》3 卷,半页 12 行 21字,白口,四周单边。秦观《淮海集》最早刻本见于宋绍兴年间,有《长短句》3 卷。入明,先有高邮人张綖于鄂州刻本,胡民表所刻为翻刻张綖本。明代还有华州公署刻、嘉靖四十四(1565)年张光补刻本、万历四十六年(1618)李之藻刻本、明末段之锦武林刊本等。

邓浩,生平不详,吕柟弟子。嘉靖间,邓浩任高邮知州,于此刻吕柟撰《二程子钞释》10 卷,半页 10 行 22 字。吕柟是明代著名思想家,"早年师从薛敬之,受教于薛瑄门下,是程朱理学的忠实信奉者。……被誉为自张载以来中国西北部最著名的哲学家"[②]。吕柟一生著述颇丰,包

① 陈锴竑、姜龙、卢桂平:《扬州历史文化大辞典》(下),广陵书社 2017 年版,第 845 页。
② [美]富路特、房兆楹主编:《明代名人传》,北京时代华文书局 2015 年版,第 1373 页。

括诗文、儒学经典和宋代哲学经典集注、公文以及他帮助编纂的地方志,其中,《二程子钞释》10 卷和《朱子钞释》2 卷大多选自宋代思想家的文章精品,并附上吕柟的注解。邓浩作为吕柟的学生,在接受其教育的基础上,又刻其书,目的在于广泛传播其思想。

李之藻(1565—1630),字振之,又字我存,号凉庵居士。浙江仁和(今杭州)人。万历二十六年(1598)进士,历官南京工部员外郎、福建学政、开州知州、南京太仆寺少卿、光禄寺少卿等。其中,万历四十三年(1615)迁高邮制使,在高邮为官期间,治南河,成绩显著,政务之余从事刻书事业,今可考知者有两部:一为宋高邮陈造撰《江湖长翁文集》40卷,另一为宋高邮秦观撰《淮海集》40 卷《后集》6 卷《长短句》3 卷。两书刊刻的时间都是在万历四十六年(1618),版式相同,半页 9 行 21 字,白口,单鱼尾,左右双边,版心上镌书名,下镌刻工姓名。

明代高邮州私家刻书从刻书家人数和刻书数量来说,皆远胜官刻,今可考知者有如下 6 家。

1. 黄谏(1403—1465),字廷臣,号卓庵,又号兰坡。高邮人(一说陕西兰县人)①。正统七年(1442)探花,历官侍讲学士兼尚宝寺卿。黄谏是明代知名学者,才华出众,诗文并茂,有著述多种。天顺元年(1457),辑刻解缙《解学士先生集》31 卷,半页 12 行 20 字,同年还刻宋何粲注、自己音释的《亢仓子》1 卷,9 行 20 字。

2. 陆澍,生平不详。高邮人。正德五年(1510)高邮陆澍刻明王宠撰《东泉志》4 卷,半页 11 行 22 字。吴县人王宠为明代有名的书法家,以诸生贡太学。所著《东泉志》是一部关于运河工程的水利著作。

3. 李棣,字鞞斋。高邮人。余不详。隆庆六年(1572),刻汉曹操撰、唐杜牧注《孙子集注》13 卷,半页 10 行 20 字,白口,四周双边。据史书记载,《孙子兵法》问世以后,不断有人进行注释,致其卷帙、字数增多。汉末曹魏时期,曹操"削其繁剩,笔其精切,凡十三篇,成为一编,曹自为序,因注解之"②。曹操所注《孙子》是现存最早的《孙子兵法》注本,因所注简明切要、见解卓荦而备受后人推崇,是后世各种传本、刻本的

---

① 多洛肯:《明清甘宁青进士征录》,上海古籍出版社 2018 年版,第 240 页。
② (唐)杜牧:《樊川文集》卷十《注孙子序》,上海古籍出版社 1978 年版,第 151 页。

祖本,有影宋本传世。

4. 王百祥,字仲善。高邮人。庠生。万历四十五年(1617),刻汪广洋撰《凤池吟稿》10 卷,同郡王应元校刻,半页 9 行 20 字,白口,左右单边。汪广洋(? —1379),字朝宗。高邮人。元末进士出身,通经能文,尤工诗,善隶书。年少时跟随太祖朱元璋起义反元,被朱元璋聘为元帅府令史、江南行省提控,受命参与常遇春军务。明朝建立后,先后担任山东行省、陕西参政、中书省左丞、广东行省参政、右丞相职务。受封忠勤伯。洪武十二年(1379),因受胡惟庸毒死刘基案牵连,被朱元璋赐死。《凤池吟稿》收录汪氏诗作 400 余首,大多为作者缅怀古迹以及与友人交游唱和之作,其中有不少内容涉及扬州史事,可以作为研究明代扬州文人交游活动以及当时社会状况的一份有价值的史料。王百祥刊刻之前,该书先后有葛廷光刻本和焦竑所藏的"广右刻本",今人刘延乾考证说:"《凤池吟稿》应是汪广洋毕生诗歌的选定集,从储罐所藏抄本,到葛廷光的刻本,再到焦竑所藏的'广右刻本',都属这个系列。宋濂的序只是汪广洋早期诗集《汪左丞诗集》的序,王百祥刊刻时挪用为《凤池吟稿》序,而实际在'广右刻本'中就已挪用该序。"①此外,王百祥还在万历间刻明兴化沈霖撰《沈山人诗》6 卷《续集》6 卷,半页 9 行18 字。

5. 李廷芝,字九畹。高邮人。室名戏鸿馆。万历间刻宋秦观撰《淮海长短句》1 卷,1 册,半页 8 行 20 字,白口,四周单边,版心下镌"戏鸿馆"三字。题"明郡人李廷芝九畹、长洲袁玄又玄校"2 行。叶阴叶阳各为单栏,字体俊逸,兼作行书,似手书上版。后刻东坡、山谷二跋,亦行书。②此外,瞿冕良先生还记载李廷芝刻印过元周砥、马治《荆南倡和诗集》1 卷附录《荆南集后》1 卷,半页 10 行 20 字。③

6. 沈氏,高邮人,室名华萼堂,生平待考。崇祯十六年(1643),沈氏华萼堂刻明高邮夏洪基撰《历代帝王统系》2 卷。夏洪基,字元开,号岳山。清初高邮人。精于篆隶六书之学,考订最详。顺治十五年岁荐

---

① 刘延乾:《江苏明代作家研究》,东南大学出版社 2010 年版,第 47 页。
② 参考蒋哲伦、杨万里《唐宋词书录》,岳麓书社 2007 年版,第 272 页。
③ 瞿冕良:《中国古籍版刻辞典》,苏州大学出版社 2009 年版,第 316 页。

不试,耽泉林之乐,所交皆一时贤者。家富藏书,著《藏书谱》《梅花余咏》等。夏洪基还撰有《孔门弟子传略》2卷,亦刻于明末,未署刻者,似为高邮沈氏华尊堂所刻。①

除上述各家外,张綖与张守中父子组成的刻书世家在明代高邮刻书史上留下佳话。

张綖(1487—1543),字世文(一作世昌),号南湖居士。正德八年(1513)举人。官至武昌通判,迁知光州,罢归。著有《杜工部诗释》《杜工部诗通》《诗余图谱》《南湖诗集》等。嘉靖十六年(1537),刻宋杨亿等撰《西昆酬唱集》2卷,半页12行20字,版心上方刻"玩珠堂"三字,卷次以上下命名。前有张綖序、杨亿自序,次酬唱诗人姓氏。嘉靖十七年(1538),刻自撰《杜工部诗释》3卷。

张守中(?—1575),字裕斋,张綖子。嘉靖四十一年(1562)进士,以虞衡司郎中分署遵化铁冶。垦田数百亩,岁得米以给冶人。又城白冶以御敌,升浙江按察司副使,擒获矿贼,调官贵阳,剿平叛苗功第一。辞官后,好文学,喜刻书。著有《明农录》《诗文遗集》等。张守中的刻书活动有:嘉靖三十年(1551),刻王磐(守中舅父)撰《王西楼先生乐府》1卷,半页9行20字;王磐撰《王西楼先生野菜谱》1卷,上文下图,行字不等,白口,四周单边;嘉靖三十七年(1558),刻父亲张綖所撰《南湖先生诗集》4卷《附录》1卷,半页10行19字,白口,四周单边;嘉靖四十五年(1566),刻明张志选撰《行吾先生摘稿》2卷《附录》1卷,半页9行20字;隆庆三年(1569),刻父亲张綖撰《杜工部诗通》3卷;隆庆六年(1572),于浙江刻张綖撰《杜工部诗通》16卷《杜工部七言律诗本义》4卷等。

(二)宝应县刻书

与高邮州情形相似,明代宝应县刻书活动也可以从官府刻书和私家刻书两方面述说。

明代宝应县署主要刊刻3部志书。(1)嘉靖十七年(1538),巡按直隶监察御史杨瞻命现任宝应县令刻宋佐、闻人诠修《宝应县志略》4

---

① 杨绳信:《中国版刻综录》,陕西人民出版社1987年版,第48页。

卷,半页 9 行 22 字。嘉靖五年(1526),浙江余姚人闻人诠任宝应知县,见宝应史无志书,遂于政事之暇,率邑之多彦,稽典询俗,参之《一统志》与维扬新旧志,博采备录,延县儒学训导杨周南,举人朱曰藩、仲言永、杨启芳,监生朱应辰等始载于编,将脱稿,奉命入朝,事中辍。嘉靖十四年(1535),桂林人宋佐继任宝应知县,遂取稿校订,二载而成编。嘉靖十七年(1538),巡按杨瞻巡视宝应,宋佐以《志略》手稿奉阅,杨瞻大加赞赏,亲写序文,命速梓以传,后人遂称为杨瞻刻本。杨瞻(？—1555),字叔后,号舜原。蒲坂人。官至四川金事。该志分天文、地理、田赋、祠祀、官师、人物、诗文等志,前有闻人诠序,卷末有宋佐后序。该志以简为贵,而内容往往不得其详。(2)隆庆三年(1569),汤一贤刊自己主持纂修的《宝应县志》10 卷,汤一贤,湖广蕲州人。举人。隆庆二年(1568)任宝应知县。是书实由汤一贤校辑,儒学教谕登州吴铎、生员仲承嘉、吴敏道同修。汤一贤莅任,查阅县志,嫌嘉靖志过于简略,故不厌其繁而作是编。卷首有汤一贤序、目录,卷末有吴铎跋。全书包括舆图、区域、建置、官政、秩官、人物、艺文、灾祥、纪遗。所记内容较嘉靖县志稍详,尤详于人物、艺文。书成遂刻之。(3)万历二十二年(1594),陈煃刻自己主修、吴敏道主纂《宝应县志》12 卷。万历二十年(1592),陈煃聘吴敏道重纂县志,志稿初成而吴氏西归,陈煃亲自为之标次删削,并与县儒学教谕卢洪夏雠校,万历二十二年(1594)刻。卷前有陈煃序、凡例、目录、宝应县图说,书后有万历甲午卢洪夏跋。全书包括疆域、营缮、民事、水利、灾祥、秩官、人物、艺文、纪遗各志,所记较嘉靖、隆庆二志为详。

县志之外,明代宝应知县闻人诠和徐成位亦在任所从事刻书。嘉靖十四年(1535),知县闻人诠刻后晋刘昫撰《旧唐书》200 卷。"自《新唐书》行世,《旧唐书》读者日少,得书不易。至明嘉靖中,余姚人闻人诠已有'酷志刊复,苦无善本'之叹。经闻人诠穷搜力索,始得宋版翻雕,称闻人本。嗣后各种翻刻《旧唐书》皆从闻人本出。"[1]需要说明的是,闻人诠是嘉靖五年(1526)开始任宝应知县期间,嘉靖十四年(1535)离任,

---

① 柴德赓:《史籍举要》,商务印书馆 2015 年版,第 110 页。

也就是在离任的时候该书之刻藏事。万历六年(1578),宝应知县徐成位冰玉堂刻《六家文选注》(一名《六臣注文选》)60卷,60册,10函,半页9行18字,注文小字双行同,白口,单白鱼尾,四周双边,绵纸。徐成位,字惟得,号中庵。湖广景陵(今湖北天门市)人。隆庆元年(1567)举人,隆庆二年进士。历官徽州知府、山东副使、山东登莱兵备等职。早在万历二年(1574),崔孔昕等刊刻《六臣注文选》,汪道昆为之作序。徐成位所刻,行款、字句皆据崔本,但往往加以校改,两种刻本在《文选》版本史上具有重要价值。

明代宝应私家刻书共有朱应登、朱曰藩、盛夔、吴敏道、张稷和冀绮等,其中朱应登和朱曰藩为父子。

朱应登(1477—1526),字升之,号凌溪。弘治十二年(1499)进士,除南京户部主事,迁知延平府,以副使提学陕西,调云南,寻升布政司右参政,因恃才傲物,中飞语,罢归。著有《凌溪先生集》18卷等。朱曰藩(1501—1561),字子价,号射陂。室名三葵亭。嘉靖二十三年(1544)进士,任浙江乌程知县时,大力清理积弊。历官南京刑部、兵部主事,转礼部主客郎中。后任九江知府,扩建濂溪书院,可容纳诸生200多人。在任闲暇,则闭户读书,博学工诗文,杨慎引为神交。年届不惑,与罗文恭、洪先等讲修身立命之学,并亲自抄录《六经》,为之纂注,后人称为宝应理学先驱。卒后,入祀九江名宦祠和宝应乡贤祠。著有《山带阁集》33卷,辑有《七言律细》2卷等。父子二人为官耿直,治学有方,著述多传,并且都热心刻书。其中,朱应登刻书今可考知者仅一种,即正德五年(1510)校刻刘宋鲍照撰《鲍明远集》(又名《鲍参军集》《鲍氏集》)10卷,半页10行17字,白口,四周单边。序与卷第一接连而下,每卷目接正文。朱曰藩刻书较多,嘉靖三十三年(1554),刻朱应登撰《凌溪先生集》18卷,半页10行19字;嘉靖三十四年(1555),刻自撰《山带阁集》33卷,万历元年(1573),朱氏重刻时,陈文烛为之作序;嘉靖三十五年(1556)刻自撰《池上编》2卷,半页10行18字,白口,左右双边。嘉靖三十八年(1559)重刻;嘉靖间刻北周庾信撰《庾开府诗集》6卷,半页10行18字,白口,左右双边。

盛夔,字尧卿,号筠谷,自号筠谷道人。成化监生,仕北城兵马指挥司指挥,敕进阶承德郎擢四川府同知,官至都转运盐运史致仕。正德十三年(1518),刻汉桑钦撰《水经》3 卷,半页 8 行 14 字。

吴敏道(? —1594?),字曰南,号南华山人,乡里称舫斋先生。万历三年(1575)岁贡生,才名籍甚,然终生不得志。筑清院草堂,居读其间,与王世贞论交。著有《南华山人集》21 卷、《吴曰南集》11 卷、《观槿稿》6 卷、《观槿续稿》10 卷、《折麻集》1 卷、《水影堂编》1 卷等,皆于隆万间付梓,其中,自刻者为隆庆元年(1567)刻《观槿稿》6 卷。除此之外,吴敏道还在万历十四年(1586)刻《唐李颀诗集》无卷数。

张稷,字世用。成化五年(1469)进士,官太常寺博士、福建巡按御史。著有《竹西集》。明成化十八年(1482),刻宋章樵注《古文苑注》21 卷,半页 10 行 18 字。

冀绮(? —1510),字文华。成化五年(1469)进士,曾任户部郎中,历应天府尹,进太仆卿。弘治二年(1489),刻佚名《五色线》3 卷,半页 10 行 20 字,黑口,四周双边。

(三)兴化县刻书

兴化是个有两千多年历史的古邑,地处苏中里下河腹地,境内河湖港汊纵横交错,密如蛛网,因四面环水,交通不便,地处偏僻,自古以来是避兵的好去处。由于历来少受战争侵扰,文化事业一直平稳发展,明代的刻书活动也一样取得一定成就。

1. 兴化县署刻书

有明一朝兴化县署刻两种县志。(1)嘉靖三十八年(1559)刻《兴化县志》4 卷。该志为时任知县武陵胡顺华纂修,"是史上可考的兴化最早的县志,亦是今存的最早县志"①。其体式并仿《大明一统志》例,凡例云:"疆域、田赋、户役之类,其有条陈奏疏,事关民隐者,俱不敢略。"为后世提供了较多的地理经济方面的资料。嘉靖三十八年(1559)修成即刊行,但当时传本不广,后起的万历、康熙县志中均未提及此志,今唯国家图书馆庋藏一部。(2)万历十九年(1591)刻《兴化县志》10 卷。该志为欧阳东凤修,严锜、陆西星纂,万历十九年(1591)修成,纪事至万历

---

① 政协大丰县委员会文史资料研究委员会编:《大丰县文史资料》第 5 辑,1985 年印本,第 186 页。

十八年(1590)。关于此志之修,欧阳东风在序中曰:"东风承乏兹土,获睹旧志世代沿袭,碌落错陈。爰起世宗末祀,以抵庆、历、三、四十年,文献凋谢,注迹疏阔,失时不修将成缺典,有憾焉。间与一二耆儒错综其事,删窜改易,润之以文藻,汇为全书,名之新书。"此志于水利方面的内容反映较详,于风情礼仪亦有较多记载。

2. 兴化县令李戴刻书

李戴(1531? —1607),字仁夫,号对泉。河南延津人。隆庆二年(1568)进士,随后的三年时间一直出任兴化县知县,之后擢任户科给事中、陕西布政司右参政及按察司按察使,官至吏部尚书。兴化知县任上,该地曾发生三次洪灾,"一方面,李戴恳请朝廷减免百姓赋税并给予经济援助;另一方面,李戴力劝百姓不要背井离乡,并散尽家财以解百姓燃眉之急"①。也许是出于对自己首次任职之地的热爱,离开兴化后,李戴对兴化的人和事一直记在心里,并为兴化学者刊刻 2 部典籍:一是万历十七年(1589),李戴刻兴化人李春芳所撰《李文定公贻安堂集》14卷《附录》1 卷;另一是万历二十九年(1601),李戴为他在兴化时的旧友陆西星所著《楞严经述旨》作序,并在其推动下,筹集资金对该书进行刊行。② 在这篇序中,李戴还称赞陆西星编撰的其他两部著作——关于道教内丹修炼的《方壶外史》及其对道教的阐释之作《南华真经副墨》。

3. 在外地做官的兴化人刻书

(1)王中孚刻书。中孚,字化远。嘉靖三十四年(1555)顺天乡试举人,知南宫县,擢东昌府判官,乞休归。嘉靖四十三年(1564)刻明沈鲁撰、袁梦龙选《沈山人续集》10 卷,但"付梓未果,万历间子伯祥续成之"③。

(2)李齐芳刻书。齐芳,字子蕃,一作子繁,号墟村,又号青霞外史,自署广陵人。嘉靖间仕至都督府都事。归里后,致力刻书。刻书活动如下:隆庆二年(1568),刻自编、沈鲁评释《韵略类释》4 卷,该书依《广韵》分卷列韵,收字范围则大体同《洪武正韵》。每韵内分列小韵,

① [美]富路特、房兆楹主编:《明代名人传》第 3 卷,北京时代华文书局 2015 年版,第 1184 页。
② 参见[美]富路特、房兆楹主编《明代名人传》第 3 卷,北京时代华文书局 2015 年版,第 1185 页。
③ 瞿冕良:《中国古籍版刻辞典》,苏州大学出版社 2009 年版,第 48 页。

但不注反切，释义亦极简，如"东，春方。蝀，蝃蝀。涷，暴雨"等，以便记忆。万历二年（1574），刻《李杜诗合刊》，半页9行18字，白口，四周单边，包括《李翰林分类诗》8卷《赋》1卷，李齐芳、李茂年等分类；《杜工部分类诗》11卷《赋》1卷，李齐芳、李茂年、李茂材（齐芳侄）分类，该书后有舒度、李茂年、李茂材三篇跋，版本价值较高，郑振铎称"甚精善"①。万历六年（1578），刻明钱后岩辑、李齐芳增辑《宦邸便方》1卷，明陆西星注《南华真经副墨》8卷，明陆西星撰《读南华真经杂说》1卷。万历二十二年（1594），刻宋郭忠恕撰《佩觿》3卷《辨证》1卷。万历间，辑刻《幼科图诀医方辑要》2卷，上卷治小儿杂症，下卷专治痘疹。

（3）陆瑄刻书。瑄，曾任大冶主簿，善画山水、人物。著有《乐湖外史》。父亲陆颙，字伯瞻。洪武中明经，授礼部主事。永乐初，与修《太祖实录》，奉使朝鲜。景泰元年（1450），陆瑄刻父亲陆颙所撰《新编颐光先生集》6卷《拾遗》1卷《文集》1卷《外集》2卷，半页11行20字。

（4）李嗣京刻书。嗣京，字少文，一字嘉锡。崇祯元年（1628）进士，官南昌府推官、福建巡按，明亡不仕。任推官期间，李嗣京"全力为本县请免南粮，百姓感恩戴德，建李司李祠祭祀之。咸丰五年（1855），被太平军毁"②。其刻书活动有2次：一次是崇祯七年（1634），刻明邹德溥撰《圣朝交泰录》9卷，又刻自辑《滕王阁续集》19卷；第二次在崇祯十五年（1642），刻明王维桢撰《王允宁先生存笥稿》41卷，半页9行18字，白口，左右双边。

（5）李清刻书。清（1602—1683），字心水，号映碧，入清更名青。隆庆初首辅李春芳之孙。崇祯四年（1631）中进士，官至工科都给事中、大理寺左丞，居言路，中立无倚。明亡不仕，致力著述，有《澹守斋集史论》《女世说》《史略正误》《南北史南唐书合注》《正史外史摘奇》《二十一史同异》《南渡录》《三垣笔记》《明史杂著》等。崇祯十年（1637），李清刻自撰《李映碧公余录》2卷，包括《读史随笔》《理偶笔》2种。

4. 普通学者刻书

明代兴化没有仕宦经历的学者从事刻书活动，可考者3人：陆西

① 郑振铎：《西谛书跋》卷四，北京文物出版社1998年版，第228页。

② 卢英：《奉新山水人文寻踪》，江西教育出版社2015年版，第85页。

星、李逢甲和宗元豫。

陆西星，字长庚，号潜虚，又号蕴空居士、方壶外史。早年为诸生，九试不遇，遂弃儒从道，后世道教信徒号为"东派"之祖。一生著作甚丰，有《无上玉皇心印妙经测疏》《黄帝阴符经测疏》《老子道德经玄览》《周易参同契测疏》《参同契口义》《崔公入药镜测疏》《纯阳吕公百字碑测疏》《紫阳真人金丹四百字测疏》《龙眉子金丹印证诗测疏》《邱长春真人青天歌测疏》《玄肤论》《金丹就正篇》《金丹大旨图》《七破论》，共14种，皆收入《方壶外史》之中。此外另著《南华副墨》，按"虚、静、恬、淡、寂、寞、无、为"八字分卷，以寓《庄子》之宗旨。晚年参禅，又有《楞严述旨》。其学说上承钟昌，主张阴阳双修，重视意守阴跷的作用在内丹术修炼中形成自己的体系，后人因此派主要游行在江浙一带，故称为东派。陆西星刻书3种：一是隆庆三年(1569)刻自撰《周易参同契测疏》1卷，卷首有陆氏自序，半页9行18字，小字同格双行字数同，白口，四周单边，版心下镌"末孩堂"及刻工名。二是万历元年(1573)刻自撰《参同契口义》1卷，半页9行18字。小字同格双行字数同，白口，四周单边，版心下镌"末孩堂"及刻工名。三是明万历六年(1578)刻自注《南华真经副墨》8卷。此外，陆西星所撰《方壶外史》8卷，成书于明嘉靖四十三年(1564)，乃集《玉皇经》《阴符经》《道德经》《参同契正文》《吕祖师百字歌》《邱祖师百字歌》《龙眉子金丹印证诗》等书籍之精要而成，隆庆间有刻本，刻者不详，待考。

李逢申，万历四十七年(1619年)进士，官至工部郎中，余不详。天启四年(1624)刻明李清注《武经七书》25卷，子目有：《孙子》3卷，周孙武撰，汉曹操注；《吴子》2卷，周吴起撰；《司马法》3卷，周司马穰苴撰；《唐太宗李卫公问对》3卷，唐李靖撰；《尉缭子》5卷，周尉缭撰；《黄石公三略》3卷，汉黄石公撰；《六韬》6卷，周吕望撰。

宗元豫，字子发，一字半石。生活在明末清初人，布衣。博习经史掌故，著述甚富。崇祯五年(1632)，刻明兴化李沂选辑《唐诗援》20卷。入清之后，宗元豫继续刻书，康熙十二年(1681)辑刻《两汉文删》24卷。

六、泰州刻书

明代泰州属扬州府,领如皋一县。泰州自宋代始有刻书活动,元代衰而不绝,至明则迎来中兴。官方主要刊刻本地方志。

一是泰州府署刻 2 部州志。万历三十年(1602),泰州府署刻明李存信修、黄佑纂、章文斗编《泰州志》(一作《甲辰志》)12 卷,半页 10 行20 字,白口,四周单边,版心记刻工姓名。有明一代,泰州于正德、嘉靖、万历、天启、崇祯五度修志,其中,正德、天启间修成志稿,嘉靖、万历、崇祯刊刻成书。正德、嘉靖、天启时的志书亡佚,这次所刻志书则是"现存最早的泰州地方志"①。崇祯六年(1633),泰州府署刻明李自滋修、刘万春纂《泰州志》10 卷,半页 10 行 20 字,白口,四周单边。李自滋,北直隶博野县人。崇祯元年(1628)进士,二年任泰州知州。刘万春,如皋县人,万历四十年(1612)进士,官至浙江右参政。是志起修于天启四年(1624),成于崇祯六年(1633)。全志分职方、建置、赋役、官师、选举、人物、方外、艺文 8 志,内容丰富,体例清晰。

二是如皋县署刻 3 部县志。嘉靖三十九年(1560)刻明童蒙吉修、谢绍祖纂《重修如皋县志》10 卷。童蒙吉,浙江临安县人。举人,嘉靖三十八年(1559)任如皋知县。谢绍祖,字小沧。广东海阳县人。举人,嘉靖三十六年(1557)任如皋教谕。该志每篇皆有谢绍祖所撰小序,志中内容详尽,取舍精当,其中所载刘基卜居聚族于此极为详细。万历二十八年(1600)刻明张星修《如皋县志》14 卷,该志于清乾隆初散佚,具体刊刻情况不详。万历四十六年(1618)刻明李廷材修、吕克孝续纂《如皋县志》10 卷。

明代泰州(含如皋县)私家刻书成就远迈官刻,先后出现了 27 位刻书家,他们刻书的基本情况如下表所示。

---

① 泰州市海陵区政协文史资料委员会编《海陵文史》第 14 辑,2005 年印本,第 52 页。

明代泰州私家刻书情况表

序号	刻书家	生平简历	刻书情况(著者、书名和卷次)	备注
1	储巏	字静夫,号柴墟。成化二十年(1484)状元。授南京吏部主事,正德中累迁户部左侍郎	弘治间刻宋谢翱撰《晞发集》10卷《晞发遗集》2卷《遗集补》2卷《天地间集》1卷《西台恸哭记》1卷《冬青引》1卷;明张丁撰《西台恸哭记注》1卷《冬青树引注》1卷	
2	储洵	字平甫,储巏侄。正德六年(1511)进士。官台州知府、兵部侍郎	嘉靖四年(1525)刻储巏著《柴墟集》(一作《柴墟斋集》)15卷	
3	林春	字子仁,号东城。嘉靖十一年(1532)会试第一。官司封员外郎、文选郎中	嘉靖十七年(1538)刻明邹守益撰《东廓邹先生文集》12卷	
4	吕清、吕乐	新安人,寓居泰州	嘉靖十九年(1540)刻宋吕颐浩撰《吕忠穆公奏议》3卷	
5	华湘	字源楚,号南畹。正德十二年(1517)进士。官光禄寺少卿	嘉靖二十年(1541)刻自撰《诗经臆说》14卷本	半页10行24字,白口,四周双边
6	张羽	字凤举,号东田。弘治进士。官至河南布政使	嘉靖三十六年(1557)刻金董解元撰《古本董解元西厢记》8卷	
7	徐嵩	字仲望,号小石。徐蕃子。正德十六年(1521)进士。官终右副都御史	嘉靖间泰州刻明宋濂撰《潜溪集》8卷	
8	芮天宇	嘉靖十八年(1539)贡生。曾任江西建昌县知县	万历七年(1579)刻明倪珣撰《京寓稿》1卷	书后有"泰兴县芮天宇刊"一行
9	蒋科	隆庆二年(1568)进士。官至建宁知府	万历十四年(1586)刻明贾三近辑《皇明两朝疏钞》(一名《皇明嘉隆疏钞》)20卷	

序号	刻书家	生平简历	刻书情况(著者、书名和卷次)	备注
10	黄应元	字会卿,号东川。安徽歙县人,寓居泰州刻书为生	万历十七年(1589)刻明耿纯撰《诗对押韵前集》1卷《后集》4卷	
11	陈应芳	字元振,号兰台。万历二十三年(1595)进士。官至福建布政司参政	万历二十三年(1595)刻自辑《敬止集》3卷	半页9行18字,白口,四周双边,版心镌刻工名
12	李思谦	字鸣卿。万历间举人	万历三十一年(1603)刻明李登辑《摭古遗文》2卷、明姚履旋增辑《再续摭古遗文》1卷	
13	储耀	字文振。明泰州人。万历贡生	万历四十二年(1614)重刻储罐撰《柴墟斋文集》15卷《首》1卷	
14	张京元	字思德,一字仲山。明泰兴人。万历三十二年(1604)进士。累官至江西提学副使	万历四十六年(1618)刻自撰《删注楚辞》不分卷(一作2卷)	
15	张幼学	字词臣,一字汉白。彭大翼婿。著有《张词臣诗集》《青楼恨》传奇等	万历四十七年(1619)刻彭大翼辑《山堂肆考》228卷、张幼学增辑《补遗》12卷(内分《官集》48卷《商集》48卷《角集》48卷《徵集》48卷《羽集》36卷《补遗》12卷)	半页11行22字,白口,单鱼尾,四周单边
16	刘万春	字中孕(一作字衷孕、公孕),室名澹然居(一作澹然堂)。万历四十四年(1616)进士。历官户部主事、兵部郎中、浙江布政司参政	万历四十八年(1620)刻自撰《守官漫录》5卷,崇祯十四年(1641)刻自辑《皇明历科会试录典要》5卷	
17	黄呈理	不详	天启元年(1621)刻明王纳谏辑《评选古尺牍》8卷	半页8行18字,白口,左右双边

序号	刻书家	生平简历	刻书情况(著者、书名和卷次)	备注
18	凌似祖	凌儒孙	天启四年(1624)刻明凌儒撰《旧业堂集》10卷	
19	唐志契	字敷五,又字玄生。工画,尤擅山水	天启六年(1626,一作天启七年)刻明自撰《绘事微言》4卷	
20	袁懋贞	字九潆。万历二十五年(1597)举人。官至江西南康知府	天启间刻自撰《善明堂诗集》8卷、《庐山纪事》7卷,崇祯七年(1634)刻自撰《寤园山人素辞》10卷	《善明堂诗集》半页9行18字,白口,四周单边。版心镌刻工姓名
21	王家俊	生活在明末,王栋玄孙	崇祯间刻本王栋撰《一庵先生遗集》2卷	
22	孙应鳌	字山甫,清平县人,徙如皋。嘉靖三十二年(1553)进士。南京工部尚书	嘉靖四十二年(1563)刻明乔世宁撰《邱隅集》19卷;嘉靖四十三(1564)年刻明马汝骥撰、乔世宁编《西玄集》10卷《诗集》不分卷,明邱濬撰《世史正纲》32卷	以下如皋县刻书家
23	李之桢	生平不详	天启四年(1624)刻《前唐十二家诗》24卷	
24	冒鸾	字廷如,弘治六年(1493)进士。兵部武库司主事	正德六年(1511)刻元王珪撰《泰定养生主论》16卷	
25	冒梦龄	字汝九。冒襄祖父	天启间刻唐薛涛撰《薛涛李治诗集》2卷	
26	冒襄	字辟疆,自号巢民	崇祯八年(1635)刻明董其昌书、冒襄辑《寒碧楼帖》	
27	冒起宗	字嵩少,崇祯元年(1628)进士。安庆兵备副使	崇祯间刻明宋应昌撰《春秋繁露直解》1卷	清顺治九年刻明冒起宗撰《拙存堂逸稿》7卷

七、通州(南通)刻书

宋元时期,通州刻书活动不彰,仅有零星记载。入明后,通州属扬州管辖,下领海门一县,经济得到高度发展的同时,刻书事业亦得到稳步前进。

官府刻书有通州州署和海门县署刻书。有明一朝,南通曾经先后7次纂修州志,但五佚二存。永乐十六年(1418)严敦大修《通州志》1卷,景泰五年(1454)孙徽修《通州志》1卷,弘治四年(1491)施纪修《通州志》2卷,以上3志均亡佚。嘉靖七年(1528),进士出身的南海人钟汪任通州知州,下车伊始,首询图志之事,得知前志全部亡佚后,甚为感慨,遂聘福建莆田举人林颖、通州学正陈待科,训导张绅、卞玉庐、金润、生员丁铁等,以原通州举人顾磐具稿而未成篇的实录为基础,旁搜芟补,采辑成书。钟汪为书作序,并亲自过问刊刻之事,终于在嘉靖九年(1530)刻印成册。此后,嘉靖三十三年(1554)和嘉靖三十八年(1559)亦有两次修撰之举,惜亦不存。万历二年(1574),进士出身的福建晋江人林云程以刑部郎出任通州知州,在任期间,政通人和。但林云程查阅当地古籍后,以州志历久不修,文献莫征为憾,遂于万历五年(1577)初,聘浙江鄞县人沈明臣、州人陈大科、顾养谦等,同心协力,编为8卷,一岁而成。刑部尚书王世贞专为撰序,万历六年(1578)刊刻成书。

明末,南通人邵潜还纂修《州乘资》4卷。邵潜,字潜夫,自号五岳外臣。通州人。性格孤僻。工诗歌,尤工字学,精籀篆。著有《循吏传》《友谊录》《眉如草》《邵山人诗集》等。该书卷一为杂识、秩官、选举、名宦、流寓、名臣、列传、机祥、山川、河渠、风俗、官制、学校、武备、城隍、社仓、朝贺、祀典、乡饮、津梁、则壤、户口、馈运、岁课、岁办、贡赋、徭役、丁粮、仙释、祠宇、寺观、冢墓、遗事等类;卷二为艺文、碑记、诗、著述等类;卷三为宦迹;卷四为人物、附续等。"其中'徭役'记载'一条鞭法'之实施、演变和利弊得失甚为详细,史料价值颇大。"①弘光元年(1644)修成后,随即付梓,半页9行19字,小字双行,字数同,白口,四周单边。今南京图书馆和湖北图书馆有藏。

海门地处南通县东,本一沙角突出江海间者,为江海涨沙冲积而成,初名东布洲,五代后周显德五年(958)置海门县,明仍之。嘉靖十五

① 黄苇:《中国地方志词典》,黄山书社1986年版,第266页。

年(1536)，海门县署刻吴宗元修、崔桐纂《海门县志》10卷。吴宗元，号石湖。江西金谿县人。举人，嘉靖十四年(1535)任海门知县。崔桐，字来凤。海门人。正德十二年(1517)进士，授翰林院编修，官至礼部右侍郎。该志由教谕朱衣、训导欧阳果等收集故实，崔桐总其成。首有海门新旧图各一，卷目为疆域、山水、风俗、食货、建置、礼制、官守、人物、古迹、词翰。

根据《全明分省分县刻书考·江苏家刻卷》记载，明代通州私家刻书有9家，分别是邓霓、江一夔①、陈实功、陈大科、邵潜、江一山、周令闻、彭大翼和范凤翼等，其中，范凤翼刻书成就最高，影响最大。

范凤翼(1575—1655)，字异羽，号太蒙，学者称真隐先生。通州(今江苏南通市)人。万历二十六年(1598)进士，授顺天府教授，历官户部主事、尚宝司丞、大理寺丞等。天启六年(1626)为阉党中伤，削职为民。返乡归隐后，范凤翼积极投身文化事业，读书藏书之外，刊刻大量图籍。陈晓峰先生根据《南通范氏诗文世家》《真隐先生年谱补注》以及地方史志为参考，以时间先后钩稽范凤翼所刻图书。②

1.《经络图说》不分卷，天启三年(1623)刻。此为范凤翼家藏医学秘籍，《序》曰："绘其图于右，经络穴道外，更集运气之所值，药性之所投，六淫之自来，七情之虚实，阴阳表里之分，气血多少之别，五形所属，五味所主"该书为经络医学典籍，为便于阅读学习，范氏随书附图解说。

2.《超逍遥草》1卷，范凤翼著，崇祯五年(1632)刻，顺治八年(1651)重刻。范氏自序曰："往余三膺朝命，两守山茨，即祸患之中，歌咏不辍，酣寝宴如，自顾区区卒不为荣辱所制，问理《九辩》中语'去乡离家兮，来远客。超逍遥兮，今焉薄'，予所阅历亦若斯焉，因题曰《超逍遥草》。"董其昌为之作序。

① 山东省图书馆、山东省古籍保护中心编《山东省珍贵古籍名录(第一批)》著录卢纯学《明诗正声》60卷录为万历十九年(1591)江一夔刻(齐鲁书社2009年版，第114页)。而《全明分省分县刻书考·江苏家刻卷》又记载同一年卢纯学自刻《明诗正声》60卷。关于江一夔，王澄《扬州刻书考》标注为"广陵江氏"(广陵书社2003年版，第37页)。按，《光绪通州直隶州志》卷十三《人物志》记载："江一夔，字季章。例贡，通判河间，谢事归，绝迹公庭，与诸名士为诗酒欢。"《中国地方志集成·江苏府县志辑》第52册，凤凰出版社2008年版，第612页。
② 本部分内容参考陈晓峰《明代范凤翼刻书考论》，《广西社会科学》2014年第4期。

3.《山茨振响集》，范凤翼等撰，崇祯七年（1634）刻。万历三十八年（1610）退居乡里，范凤翼创通州山茨社。崇祯五年（1632）始避难寓居金陵，崇祯七年（1634）范凤翼返乡，招集诗友唱酬。该集所收为是年通州山茨社集诸家诗作。

4.《楚辞解注》，著者王氏不详。崇祯十二年（1639）范凤翼校刻。

5.《乐府古题要解》2卷，唐吴兢撰。崇祯十二年（1639）范凤翼校刻。该书是现今可考最早的题解类乐府书籍。

6.《春秋左氏节文》15卷，明汪道昆著。崇祯十二年（1639）范凤翼校刻。汪氏摘录《左氏春秋》中脍炙人口、影响深远的部分以为津梁，借此提炼全书精髓。

7.《说庄》3卷，明李腾芳著。天启四年（1624）后范凤翼校刻。有秀水包鸿逵万历四十二年（1614）《序》、长沙庄以临天启四年（1624）《跋》。

8.《女诫》1卷，汉班昭著。崇祯十二年（1639）范凤翼校刻。

9.《尊腰馆寿言》2卷，明叶向高等撰。崇祯十二年（1639）范凤翼校刻。其中《七十寿言》1卷，《八十寿言》1卷，分别有"天启三年（1623）癸未九日武林年家晚生黄汝亨"序、"崇祯丙子（1636）仲春年家晚生郑三俊"序。范凤翼父范应龙万历三十六年（1608）拜直隶庆云县令，因子官吏部，为引嫌辞擅，辞官归里，筑尊腰馆，以诗趣颐养天年。范应龙万历四十一年（1613）七十寿，天启三年（1623）八十寿，大江南北谱绅学士以诗文相贺，分别纂为二书。

10.《奉法要》，崇祯十二年（1639）范凤翼校刻。此为佛教义理精选本，合《归心篇》《戒杀文》两书以成。

11.《清流摘镜》6卷，明吴岳辑。崇祯十三年（1640）范凤翼刻。吴岳从尚未完成的野史著述中摘录明末党争内容加以编纂，起于甲子（1624）夏，止于丁卯（1637）秋，探究党祸起源与危害，以作时人前车之鉴。

12.《范玺卿诗集》21卷，范凤翼著，崇祯十三年（1640）刻。

13.《行盐定例》，范凤翼刻。通州为滨海之地，辖六盐场，为保证中央财政收入，同时维护灶户利益，避免微收无度、肆意盘剥，范凤翼刊刻运销食盐之法律条款,地方赖以稍安。

14.《范勋卿文集》6卷,范凤翼著,顺治八年(1651)刻。首有范景文《序》、钱谦益《范勋卿文集序》、王思任《范玺卿集序》、冒起宗《范勋卿全集序》,分别收入疏、序、传、启、书、议、题跋、行状、墓志、像赞、祭文、问、募疏13种文体。

15.《范勋卿诗集》21卷,范凤翼著,顺治八年(1651)刻。该书在《范玺卿诗集》基础上增新补遗,重新付梓。

16.《真隐寿言》16卷,为各界贺寿诗文精选。

17.《续诗集》3卷,范凤翼著,顺治十二年(1655)刻。《续诗集》收录了范凤翼顺治九年至十二年(1652—1655)间诗作,由其子国禄编订,离世前夕刻成,前有郑三俊序。

18.《历代诗选》,范凤翼编,刻年不详。此书是其诗学思想的集中体现,意在对历代诗歌删汰繁芜,为时人创作提供富有意义的借鉴。

19.《法帖》,范凤翼编,刻年不详。是范氏根据自身审美要求,选择、编排、刊刻的名家书法作品。

需要说明的是,上述典籍有范凤翼刻于明代,也有刻于清代的,因为范氏生平跨越两朝,且主要行实在明代,故一并列出。范凤翼的刻书成就标志明末清初扬州地区,甚至是江苏一地私家刻书的全面繁荣。他在刻书领域之所以能够取得如此高的成就,是有多方面因素的。

首先,范凤翼夙慧勤学,博极群书,万历二十七年(1599)授直隶滦州知州,闻有"金宝坻、银滦州"之言,辞富甘贫,不求闻达,上《改教疏》,改授顺天府教授,以传道授业解惑为职志。万历三十八年(1610),范凤翼急流勇退,远离政治斗争,回乡隐居,讲学不辍,四方学士云集,相与发明孔孟之学。范凤翼敬畏经典,对六经、《庄》《骚》等传统典籍推崇备至。

其次,范凤翼具备深厚的学术修养,家藏丰富,同时致力博求,为刻书校勘提供了资源和保证。在广泛阅读的基础上,范凤翼精选刊刻版本,如所刻吴兢《乐府古题要解》保存和发掘了较多汉乐府古题资料。他与著名藏书家交往密切,校刻《说庄》《春秋左氏节文》《楚辞解注》《乐府古题要解》等书时寓居金陵,频繁地与名流雅集,借阅了当地大量的藏书资料,丰富校刻内容。

最后,范凤翼雅好诗文,为官期间多与时人交往切磋,归隐园林后,啸傲林泉,吟咏不绝。其诗文忧念社稷,关心民瘼,吟赏烟霞,感伤身世,不一而足,每隔一段时间便结集雕版,多年来,陆续刊刻的有《超逍遥草》《范勋卿诗集》《范勋卿文集》《续诗集》等,这种雕印自己文集的做法亦是明清时期文人的普遍行为。

第七节　淮安府和徐州刻书

明代江苏虽然进入了刻书的繁盛期,但是自宋元时期呈现的苏南、苏中刻书热,苏北刻书冷的现象一直延续下来,今将淮安府和徐州两地刻书情况合在一起叙述。

一、淮安府刻书

淮安府设于明朝初年,直隶南京,明成祖朱棣迁都北京后,改属南直隶。府治山阳县,辖山阳、清河(今淮安市淮阴区)、盐城、安东(今涟水县)、桃源(今泗阳县)、沭阳等 6 县,领海州(辖赣榆县)和邳州(辖宿迁县和睢宁县)。明代淮安府辖区广,幅员辽阔,地势平坦,土层深厚,开发历史久,为全省农业发展最早的地区之一,是多种作物主要产区。与江南地区相比,淮安府的文化发展相对滞后,但是刻书活动还是陆续开展。

（一）官府刻书

根据史料记载,明代淮安府的官刻书包括各府县刊刻方志、淮阴公舍刻书、淮安府署刻书、盱眙县署刻书、盐城县署刻书、两淮都转盐运使司刻书等。

1. 官刻方志

主要体现在方志的刊刻上,今根据倪波《江苏方志考》[①]所载,将淮

① 倪波:《江苏方志考》,吉林省地方志编纂委员会、吉林省图书馆学会 1985 年印本。

安府及下辖各州、县方志修纂及刊刻情况列表梳理如下。

<h2 style="text-align:center">明代淮安府方志修纂、刊刻一览表</h2>

序号	方志名称	修纂者(明)	纂成时间	刊刻时间	备注
1	《淮安府志》16卷图1卷	薛鎏修,陈艮山纂	正德年间	正德十三年(1518)	明代第二次府志纂修。卷首有陈艮山序
2	《淮安府志》20卷	郭大纶修,陈文烛纂	万历元年(1573)	万历间	卷首陈文烛序,卷末黄九川跋
3	《淮安府志》24卷	宋祖舜、方尚祖纂	天启元年(1626)	天启元年(1626)	首为舆地图18幅,依次为沿革表、建置志、秩官志、学校志、典礼志、兵戎志、贡赋志、河防志、选举志、人物志、艺文志和丛纪志
4	《重修邳县志》10卷	杨辅纂修	嘉靖十六年(1537)	嘉靖间	卷首有陈柏序、杨辅序。这是现存最早的邳州志
5	《宿迁县志》8卷	喻文伟修,何仪、刘箅纂	万历五年(1577)	万历间	这是最早的宿迁县志。卷首有喻文伟序,卷末有何仪后序
6	《宿迁县志》8卷	何东凤修,何九州纂	万历二十四年(1596)	万历间	已佚
7	《赣榆县志》	樊兆程、李一凤修,唐时熙等纂	万历十八年(1590)	万历间	天一阁藏明本《赣榆县志》卷五,一册,记事至明万历十九年(1591)止,很可能为本志残本
8	《(续)赣榆县志》	董杏修	崇祯十三年至十六年(1640—1643)修	不详	亡佚
9	《海州志》	廖世昭纂修	嘉靖元年(1522)		亡佚
10	《海州志》	张峰纂修,裴天裕增订	嘉靖四十三年(1564)		亡佚

序号	方志名称	修纂者(明)	纂成时间	刊刻时间	备注
11	《海州志》	陈复亨纂修	隆庆六年(1572)	隆庆间	据嘉靖间张峰所辑州志存稿补辑,为现存最早海州志
12	《海州志》	刘梦松纂修	天启三年(1623)		亡佚
13	《清河县志》4卷	吴宗吉修,纪士范纂	嘉靖四十四年(1565)	嘉靖间刻	卷首有胡应嘉序,卷末有吴宗吉后序
14	《盐城县志》10卷	杨瑞云修,夏应星等纂	万历十一年(1583)	不详	

需要说明的是,倪波《江苏方志考》记载,正德十三年(1518),李天界修、陈惟渊纂《盱眙县志》2卷成书,万历十二年(1584)李上元修、戴任纂《盱眙县志》12卷成书,二书亦皆随即刊刻。但是,明时盱眙县初属泗州,后改属凤阳府,故不在论述之列。此外,据黄虞稷《千顷堂书目》记载,万历十九年(1591)许璞首纂《桃源县志》,"桃源"为泗阳县旧称;另万历二十年(1592),沭阳县当地修《沭阳县志》1部。以上两部书不见载于倪波《江苏方志考》,后世无传,揆诸情理,应有刊刻之举。此外,考诸各种史料,不见明代安东(涟水)有志书之编纂。

2. 淮阴公舍刻书

弘治十年(1497),淮阴公舍刻明刘绩编注《春秋左传类解》20卷。刘绩,字用熙,号芦泉。湖广江夏人。弘治三年(1490)进士,仕至镇江知府,著有《三礼图》《六乐说》《管子补注》等。公舍指官家宅舍,似为刻书之地。但,同是这一年,刘绩亦自刻《春秋左传类解》20卷,半页12行24字。[①] 如果这个说法成立,则两次版刻为同一人所为亦有可能。

3. 淮安府署刻书

前表中已经列淮安府属刻3种志书,此外,嘉靖四十四年(1565)还刻有明王廷辑《前汉书抄》8卷《后汉书抄》8卷,又名《两汉书抄》16卷。王廷,字子正,号南岷。南充人。嘉靖十一年(1532)进士,授户部主事,

① 瞿冕良:《中国古籍版刻辞典》,苏州大学出版社2009年版,第246页。

历苏州知府,有正声,卒谥恭节。该本今藏台湾"国立中央图书馆",版匡高 20.2 厘米,宽 13.7 厘米。四周单边。每半页 10 行 20 字。版心白口,单鱼尾,鱼尾下方记书名卷第(如"前汉书抄卷一"),再下方记叶次,并偶记刻工名。首卷首行顶格题"前汉书抄卷之一",次行低半格题"通议大夫户部右侍郎兼金都御史总督漕运兼提督军务巡抚凤阳等处地方南充王廷节抄",第三行低九格题"刑部主事常熟钱之选校正"。卷末有尾题。第一册封面左上方、扉叶同有墨字题"两汉书抄"。卷首有嘉靖乙丑(四十四年,1565)朱炳如《两汉书抄序》、钱之选《两汉书抄序》,书末有嘉靖甲子(四十三年,1564)王廷《题两汉书抄后》、嘉靖乙丑(四十四年,1565)沈珠《书两汉书抄后》、嘉靖甲子刘祜《跋两汉书抄后》。前、后《汉书抄》各别有 8 卷。刘跋后次一行题"淮安府儒学训导刘宗周督刊"。①

(二)私家刻书

明代淮安府私家刻书虽不及江南地区兴盛,但各属县皆有,今据杜信孚、杜同书《全明分省分县刻书考·江苏(家刻)卷》记载,一一胪列。

1. 山阳县私家刻书

明朝山阳县为淮安府治所在地,是淮安府最为繁荣的地区,私人刻书有 7 家。

(1)杨上林,字子渐,号龙津。嘉靖十四年(1535)进士,历官长兴县令、户科给事中、吏部都给谏。嘉靖十五年(1536),刻明张珍撰《古今论略》10 卷,半页 12 行 20 字,大黑口,四周双边。嘉靖十七年(1538),刻宋朱熹撰《楚辞集注》8 卷,半页 10 行 20 字,白口,上下单边,左右双边。前有顾应祥序,又唐枢序,次目录,次各家楚辞书目,次朱熹序,次屈原传。本书首页次行题:"山阳杨上林校刊。"②

(2)牛斗,生卒年不详,字应宿。嘉靖十四年(1535)进士。嘉靖十八年(1539),刻明高棅编《唐诗品汇》90 卷《拾遗》10 卷。

(3)毕玉,生卒年不详,天顺元年(1457)进士,官曲阳县令。弘治十一年(1498),刻晋王叔和撰《脉经》10 卷。

① 李国庆:《明代刊工姓名全录》(下),上海古籍出版社,2014 年版,第 497 页。
② 傅增湘:《藏园群书经眼录》,中华书局 1983 年版,第 978—980 页。

（4）潘埙（1476—1562），字伯和。正德三年（1508）进士，曾任工科给事中、兵科都给事中、右副都御史等职。秉性刚直，弹劾无所辟忌，著有《淮郡文献志》《楮记室》等。嘉靖三十九年（1560），刻明潘埙辑《甲记室集》15卷。

（5）蔡翰臣，字世卿。山阳人，余不详。嘉靖间，刻明朱曰藩《山带阁集》33卷。本书前有明翰林院编修杨慎序。是集诗15卷，杂文18卷，是朱曰藩生平著述的汇编。《附录》1卷，收录桑维乔《中顺大夫江西九江知府射陂朱君行状》，罗洪先《中顺大夫江西九江知府射陂朱君墓志铭》以及杨慎书信两通。朱曰藩生平最服膺杨慎，与杨氏交往甚密，并得到了杨慎的大力擢拔和诗学熏染。万历四年（1576），刻明杨慎撰《千里面谈》2卷。

（6）张世才，生卒年不详，字德夫，号幼白。万历十六年（1588）举人，十七年进士，官礼部仪制司郎中。因上疏要求册立太子，黜退郑贵妃族人而得罪郑贵妃，谪长芦盐运判官，后起为南京户部员外郎。卒祀乡贤。万历三十一年（1593），刻《唐诗六集》（包括《河岳英灵集》3卷，唐殷璠辑；《国秀集》3卷，唐芮挺章辑；《极玄集》2卷，唐姚合辑），9行20字，左右双边，白口。

（7）岳钟秀，字元懿。万历举人，德化、新野县令。"天启间任思南府，居官清正"①。天启六年（1626），刻宋曾慥撰《类说》60卷。

2. 淮阴县私家刻书

明代淮阴县私家刻书可考者仅淮洲草堂章氏，于隆庆四年（1570）刻明李东阳撰，明潘辰、谢铎评点《拟古乐府》2卷。李东阳非常推赏汉魏乐府古辞，于弘治年间先后拟作古乐府101首，弘治十七年（1504）汇为2卷。成编后，友人谢铎、潘辰为之评点，门生何孟春为之作注。明清时期，此集刻本较多，章氏淮州草堂刻本为其中一种，但章氏及淮州草堂情况不详。

3. 盐城县刻书

明代盐城县私家刻书仅有1家。嘉靖间刘充刻明刘三吾《坦斋诗

---

① 贵州省文史研究馆点校：《贵州通志·宦迹志》，贵州人民出版社2004年版，第259页。

集》9 卷,该刻本存世极稀,天一阁有藏,但仅"一册,存卷八至九"①。刘
兖,生卒年不详,字思补。嘉靖举人,官新喻县令。

4. 邳州刻书

明代邳州私家刻书有 2 家,分别是:

(1) 成化十九年(1483),陈铎刻自撰《词林要韵》1 卷。陈铎
(1488? —1521?),字大声,号秋碧。曾祖父陈文是朱元璋麾下一名将
军,去世后被追赐侯爵。陈铎在南京的一个卫所任职,与其官职相比,
他的散曲更为著名,他将书房命名为"秋碧轩",门厅起名为"七一居"。
尽管朱元璋最先在南京建都,但南京在明代早期的文化成就乏善可陈,
正德间,陈铎、徐霖、金琮等人"一起使南京成为当时的文学艺术中
心"②。陈铎是明代散曲大家之一,沈德符认为他的作品可与元代大家
的散曲相媲美。其散曲分别被编入《秋碧乐府》1 卷、《梨云寄傲》1 卷,
另外还有《秋碧轩集》和《香月亭集》等其他著作,但已散佚。陈铎所
刻《词林要韵》早已不传,然在明清之际忽然发现一部菉斐轩《词林韵
释》,清初学者误认为是宋人所作,然其目录开端却写着《新增词林要
韵》。待考。(2) 嘉靖八年(1529),汤克宽刻魏王肃注《孔子家语》3 卷。
汤克宽(? —1576),字武河。由世荫历官至都指挥佥事,充浙江参将。
嘉靖三十二年(1553)二月,率舟师击败进犯温州的倭寇。不久升苏松
副总兵,驻金山卫(今属上海),受命统制江淮,提督海防诸军。同年冬
至次年初,因攻崇明南沙倭不利被劾夺官从军。继而复以功任为浙西
参将。三十四年五月,督率水师与俞大猷等分进合击,于王江泾大破倭
寇。七月,因受权臣严嵩党羽赵文华诬陷,与总督张经并被逮至京,下
狱论死。后赦出,赴广东剿倭自效。随俞大猷破倭寇于海丰,以功授
惠、潮参将。晋狼山副总兵,奉命留广东剿海盗吴平,迫其远遁。晋署
都督佥事、广东总兵官。隆庆初,倡议招抚吴平余党曾一本。不久因曾
一本降而复叛,被逮问罪。后赦免,奉命赴蓟镇立功自效。万历四年
(1576),随军出塞追击蒙古炒蛮部,遇伏战死。③

---

① 骆兆平:《新编天一阁书目》,中华书局 1996 年版,第 127 页。
② [美]富路特、房兆楹主编:《明代名人传》,北京时代华文书局 2015 年版,第 258 页。
③ 李德义、于汝波:《中国将师名录(五代至清代卷)》,解放军出版社 2007 年版,第 626—627 页。

5. 睢宁县刻书

明代睢宁县刻书仅有朱宗①一人。宗,字子因。父佑,纯孝,执父丧,太守听其哭声,赞叹说:"鬼神亦不堪其恸也。"朱宗受父亲熏陶,更加孝道。其父死后,朱宗在墓地搭席棚为屋,守孝三年,期满,仍不肯离去。朱宗以举人任江宁县,称循良。有权贵侵占民田,朱宗依法断然惩处。皇上召回,坐是致仕。著《蒙庵集》4卷。② 弘治五年(1492),朱宗于江宁令上刻《洪武京城图志》不分卷。该书为明太祖敕礼部纂修,前有洪武二十八年(1395)杜泽《〈洪武京城图志〉序》、王俊华《〈洪武京城图志〉记》及《皇都山川封城图考》;次为目录:宫阙、城门、山川、坛庙、官署、学校、寺观、桥梁、街市、楼馆、仓库、厩牧、园圃;再次为正文,文虽简略,但展现了明初经过二三十年的建设,南京作为京都的盛大规模、雄伟气象;文中插图有《皇城图》《京城山川图》《大礼坛山川坛》《庙宇寺观图》《官署图》《国学图》《街市桥梁图》《楼馆图》等。该书原有洪武间刊本,为初印本,已佚。流传下来最早的版本即为此本。明承直郎南京户部主事王鸿儒《跋》称"弘治壬子(1492),于杭人陈有功处,忽得此书,虽未足以满平生之怀,而金陵名胜之迹,大抵得之矣,岂非亦一快幸也哉!江宁县知县朱宗,博雅而好古者也,见而悦之,曰:此正宗所愿见而不可得者,庸讵知海内之人有不同此心者乎? 请寿诸梓,以广其传"③。此后的各种刊本几乎都是以弘治五年重刊本作为底本翻刻的。

二、徐州刻书

徐州历史悠久,文化发达,但是囿于史料之缺,明代以前的刻书情况不得而知。明初徐州曾属凤阳府,直隶京师,后属南直隶,下辖丰、沛、萧、砀4县,州邑即今铜山区境。由于萧县和砀山县今属安徽省管辖,故其刻书情况不在讨论之列。在经济文化得到全面发展的同时,明代徐州刻书事业始有成就。

---

① 杜信孚、杜同书:《全明分省分县刻书考·江苏(家刻)卷》误题为"朱宏"。
② 尹传声等:《睢州历史人物》,2007年印本,第15页。睢州为河南睢县古称,此书将朱宗作为睢县历史人物,原因不明,待考。
③ (明)礼部纂修,欧阳摩一点校:《洪武京城图志》卷末王鸿儒《跋》,南京出版社2006年版,第55页。

（一）官府刻书

和明代苏北其他府县一样,徐州官府所刻也以方志为主,今根据倪波《江苏方志考》、赵明奇《铜山县志书版本情况简介》①及相关资料,按年代顺序略述如下。

早在正统三年(1438),浙江余姚人宋骥从宣德八年(1433)始任徐州学正,他从正统二年秋起到正统三年(1437—1438)正月期间主修《彭城志》,史称"正统本《彭城志》",是在永乐十八年(1420)本《彭城志》基础上重修的。该志称"彭城"而不称当时的实际行政区名"徐州",大概是取古地名而命名。永乐本现已亡佚,无法考知具体情况,因此正统本《彭城志》是现存最早的官修徐州志书。该志为手抄本,故也是现存版本最早的抄本徐州志书。后来所修的志书,则基本上付梓流行了。

1. 弘治七年(1494)刻《重修徐州志》

该志为马暾所修。暾,字廷震,勤于问学,闻见赡博;廉介刚方,才更明敏。成化七年(1471)举人,初任山西潞州知州。在任九年,居官平恕,宗藩信服,无挠法者。均徭赋,赈孤穷,恤流移,兴学育才,表励风俗。迁南京户部员外郎,寻晋郎中,卒于官。有《韦斋手稿》藏于家。在外供职期间,马暾非常关心家乡的历史资料,他认为旧志分类条目过于烦琐,详略去取,多有失当,便自己动手,仿《大明一统志》体例,重分类目,对徐州地方史料进行大量考证,参考典籍多达百部。马暾呕心沥血,四易志稿,历经数年终成其功。弘治七年(1494),新任徐州知州何宗理非常赞赏马暾用心之勤,考订之精,便将稿本寄至京师,托付手艺精湛的工匠刻版印刷,并请国子监祭酒林瀚撰写序言,成为现今存世版本最早的刻本徐州志书。弘治本《重修徐州志》凡 10 卷。卷前冠有 6 图 1 表。令人遗憾的是,该本现今仅存卷一至卷二,余皆失散。今国家图书馆善本部藏有残本。

2. 嘉靖间刻《徐州志》

嘉靖年间梅守德、任子龙纂修。梅守德,字纯甫,号宛溪。安徽宣城人;任子龙,字跃之,号雨川。浙江鄞县人。其时,梅守德来徐州就任

---

① 赵明奇:《铜山县志书版本情况简介》,政协江苏省铜山县委员会编《铜山文史资料》第 2 辑,1983 年印本,第 25—42 页。

监仓官,文笔较好。任子龙是个道士,亦善文章,他路过徐州与梅相会,二人志趣相投,谈吐合契,遂与商议纂修方志。在地方的资助下,经过数年努力,终遂心愿,并刻梓以传,但遗憾的是具体刊刻年月无考。嘉靖本《徐州志》凡 12 卷。半页 9 行 19 字,分订为 6 册,共为 1 函。

3. 嘉靖间刻《沛县志》10 卷

景泰五年(1454)知县古信所修《沛县志》为最早,已佚,刊刻情况不详。嘉靖二十二年(1543)王治、马伟纂修。凡例称:"旧志久失其传,遍求民间,得景泰五年知县古信所修残编。"①可知该志之修是参考景泰志的,今未见。这是现存最早的沛县志。卷首马伟序,卷一舆地志,卷二建置志,卷三田赋志,卷四职官志,卷五祠祀志,卷六选举志,卷七人物志,卷八古迹志,卷九杂志,卷十艺文志,卷末张庆旸后序。该志成书年代可知,但刊刻年代不详,揆诸情理,应该在成书不久。

4. 隆庆三年(1569)刻《丰县志》2 卷

正德间,知县裴爵草创《丰县志》稿,但未刻。隆庆三年,尹梓为县令时,得到裴爵所创初稿,遂延请崔勖、刘存义、曹可教、刘光久等人,在保存裴志的基础上,"研精旁搜,增辑而成"②,书前有尹梓及彭城御史万宗德 2 则序。本年纂成,随即付梓流传。

5. 万历五年(1577)刻《徐州志》6 卷

万历间,姚应龙纂修《徐州志》6 卷,其中卷一为州总图、州境、沿革、星野、疆域、形胜、风俗、山川、城池;卷二为古迹、土产、职官、公署、学校;卷三为兵防、漕政、河防、赋役;卷四为祀典、选举、宦绩;卷五专载人物;卷六为封建、灾祥、方外、杂记。卷末附有凡例和纂修姓氏。所刻具体年代不详,半页 10 行 20 字,小字双行,卷内编次页码,每卷各为 1 册,合为 1 函。天津图书馆有藏。纂修者姚应龙,浙江慈溪人,万历二年(1574)就任萧县教谕。协助纂修者严淮和庄重,其中严淮为云南大理人,砀山县教谕,庄重为本乡人,余不详。

(二)私家刻书

明代徐州私家刻书共 5 家,情况如下。

---

① 转引自骆兆平《天一阁藏明代地方志考录》,宁波出版社 2012 年版,第 26 页。
② 林平、张纪亮:《明代方志考》,四川大学出版社 2001 年版,第 66 页。

1. 徐州马暾刻书

马暾其人,前面已经介绍过。在主修《徐州志》之后,他还于弘治十二年(1499)私刻宋陈师道撰、明魏衍编《后山先生集》30卷。半页11行22字,黑口,四周双边。卷三十后有"潞州儒学廪生郭铭缮写"一行。陈师道文集宋人所编名为《后山集》20卷,目录1卷,刊于何时不详。宋本之后,马暾刻本为古。该本经过魏衍辑佚,计有诗12卷、文8卷、《谈丛》6卷、《理究》1卷、《诗话》2卷、《长短句》1卷,通为30卷。但"因刊者以传录本上板,又无别本校正,故脱讹甚多"①。此外有明人翻刻弘治本,翻刻年代不详,或以为在嘉靖时。

2. 徐州刘文显刻书

刘文显,字公谟。余不详。万历间刻明梅鼎祚辑《汉魏诗乘》20卷《吴诗》1卷《总录》1卷。《汉魏诗乘》分为前后集,前10卷为汉诗,后10卷为魏诗。全书依据冯惟讷《古诗纪》,以世次时代先后排列,卷首辑录历代研究、分析、品藻古诗的评论,并介绍和考订所著录诗篇的来源。

3. 徐州清省堂刻书

清省堂是明嘉靖间彭城一刻书家的室名,可知明代徐州已有商业刻书活动,但具体情况不详。嘉靖十二年(1533),清省堂刻印过宋严羽《沧浪先生吟卷》2卷,每半页10行18字。

4. 沛县刘应广刻书

刘应广,生平不详。万历间刻宋叶廷珪辑《海录碎事》22卷。宋人叶廷珪喜读书,闻士大夫家有异书,无不借读,择录其可用者,辑录为本书。"海"为百川汇聚之处,比喻事物汇集,这里指书海;"事"乃典故、故实也。此书在众书中摘录大量文句典故而成,有一字至四字者,不甚整齐,故名《海录碎事》。

5. 沛县阎尔梅刻书

阎尔梅(1603—1679),字用卿,一字调鼎,号古古、白耷山人等。崇祯三年(1630)举人,为复社巨子。甲申、乙酉(1644—1645)间,为史可

---

① 傅璇琮、祝尚书编:《中国古代诗文名著提要·宋代卷》,河北教育出版社2009年版,第189页。

法划策，史不能用，乃散财结客，奔走国事。清初剃发，号蹈东和尚。诗有奇气，声调沉雄。著有《白牟山人集》。阎尔梅刻书全为自撰文集，其于崇祯八年(1635)所作《日删集自序》云："余为诗凡数变，成集者亦非一种。初刻《江上草》，则丁卯年自金陵历濑上以及江阴之所作也。再刻《疏影居诗》，则戊辰年自沛入燕京往来之所作也。三刻《与木居诗》，则庚午、辛未年间乡居即事之所作也。四刻《爨字草》，则壬申年客淮阴之所作也。五刻《自娱诗》，则癸酉年由吴门以及西湖之所作也。初皆自以为是，有所得辄收之集中，迨久而悔其于《三百篇》之道尚茫然也。于是去烦就简，存十一于千百间，统而集之于一，则乙亥年所刻之《日删集》是也……余之所谓日删者，日日删之，正未有已时也。"①据此可知，阎尔梅于明天启七年(1627)刻有《江上草》，崇祯元年(1628)刻有《疏影居诗》，四年刻有《与木居诗》，五年刻有《爨字草》，六年刻有《自娱诗》，八年刻有《日删集》，可惜此6种单行本诗集均已亡佚。

6. 武源县徐昌治刻书

徐昌治，字觐周。家有知问斋。武源县人。武源县在今邳州西北。徐兄因守边而殉国，其家蒙受朝廷恩赐，徐昌治因以感动，遂"咨讨故实，上下二三百年，采掇成书"②，成《昭代芳摹》30卷，收集从太祖到熹宗九代帝王史实，汇编而成，为明代众多国史之一。崇祯九年(1636)，将该书版刻以行。

---

① (明)阎尔梅：《日删集自序》，《白牟山人文集》卷上，《续修四库全书》第1394册，上海古籍出版社2002年版，第493页。
② (明)徐昌治：《昭代芳摹·序》，《四库禁毁书丛刊》史部第43册，北京出版社1997年版，第2页。

第五章　江苏清代刻书

　　晚明时期内忧外患,农民军进京,皇帝自尽,满人入关,定鼎中原,曾经显赫一时的大明王朝灰飞烟灭。明清易代,对江苏一省的影响是巨大的:一是江苏军民的抗清斗争至惨至烈,经济文化遭受到严重破坏;二是顺治时期把江苏和安徽分治,江苏省的规模和实力远远比不上曾经的江南省;三是清代前期的统治者多次掀起文字狱,而文字狱主要发生地点在江苏。在上述的影响下,江苏的文化事业虽步履维艰,但仍创造出辉煌的成就。

　　清代江苏管辖江宁、苏州、松江、常州、镇江、扬州、淮安 7 府和徐州 1 州。后经雍、乾时期不断调整,到光绪末年,各府州分辖情况如下:(一) 江宁府辖上元、江宁(与上元同治)、句容、溧水、江浦、六合、高淳 7 县;(二) 苏州府辖吴县、长洲(与吴县同治)、元和(与吴县同治)、昆山、新阳(与昆山同治)、常熟、昭文(与常熟同治)、吴江、震泽(与吴江同治) 9 县及太湖、靖湖 2 厅;(三) 镇江府辖丹徒县、丹阳县、金坛县、溧阳县、太平厅;(四) 常州府辖武进、阳湖(与武进同治)、无锡、金匮(与无锡同治)、江阴、宜兴、荆溪(与宜兴同治)、靖江 8 县;(五) 扬州府辖江都、甘泉(与江都同治)、扬子、高邮州、兴化、宝应、泰州、东台 6 县 2 州;(六) 淮安府辖山阳、阜宁、盐城、清河、安东、桃源 6 县;(七) 徐州府辖铜山、萧县、砀山、丰县、沛县、邳州、宿迁、睢宁 7 县 1 州。上述 7 府外,还有一个直隶南通州,辖海门、泰兴和如皋等县。本章所述之清代江苏刻书就以上述 8 府(州)为主。

　　清代江苏刻书事业呈现初期平稳运行、中期进入鼎盛、晚期渐渐衰落的发展轨迹。

　　清初因袭明代开创的局面,江苏境内官府刻书以康熙时期清政府在扬州设立的诗局为代表,诗局刊刻了皇皇巨制《全唐诗》及一系列典籍;地方官府主要是修纂地方志,并一直持续到清末。乾隆、嘉庆至光绪年间,江苏刻书业进入鼎盛时期,其中坊刻极为繁荣,各地书坊数量相较明代显著增多,不但各大城市书坊林立,一些小城镇亦新建多家书坊,以苏州和金陵最为集中,苏州有名的书坊有扫叶山房、宝兴堂、聚文堂、绿荫堂、文学山房、五经堂、四美堂、黄金屋、书业堂、秀野草堂等,金陵的著名书坊则为奎璧斋、聚锦堂、德聚堂、富文堂、李光明庄等。也是在这一时期,私家刻书开始进入鼎盛期,江苏境内出现了两类出版家:一类是出版自己著作和前贤诗文的著名文人,如沈德潜、阮元、黄丕烈等;一类是在考据、辑佚、校勘学兴起之后,专出丛书、逸书和摹刻旧版书的藏书家和校勘学家,如顾广圻、徐乾学、顾嗣立等。当然,两类刻书家的刻书情形也不是决然对立的。清中期丛书刊刻也较为兴盛,众多学术名家的辑佚考订之书、家族丛书、郡邑丛书等大量涌现,并带动个人文集的雕印问世。晚清时期,西方列强一面对中国进行军事侵略,一面进行经济和文化掠夺,西方先进的印刷技术传入中国后,传统的雕版刻印技术受到了严重冲击,江苏刻书业随即转入衰落期,能继续从事这项事业的,主要是为数不多的学者和藏书家,且多集中在江南地区。随着帝制时代的寿终正寝,民国时期各地普遍采用西式先进印刷术,传统的雕版印刷术逐渐成为历史,但是,江苏境内仍有坚守传统的人,如南京的金陵刻经处顽强地存活下来,一直坚持到今天,江苏刻书史难画"句号",它的文化影响力将永远持续。

第一节　江宁府刻书

　　清代的江宁府与今日的南京市江宁区不是一回事。顺治二年(1645),清政府改南京为江南省,应天府为江宁府,辖江宁、上元等县。咸丰三年(1853),太平天国定都江宁府,改名"天京"。同治三年

（1864），复称江宁府，辖江宁、上元等县。作为江苏省的首府，清代江宁的刻书事业与苏州一样，领全省风气之先。

一、府县署刻书

由于清代政治中心在北京，所以江宁府不像明代金陵各中央官府皆有刻书之举，而是零星之举，根据江澄波等《江苏刻书》记载，清代江宁官府出现的刻书情况有：乾隆四十三年（1778），江宁布政使刻《违碍书籍目录》不分卷；道光十年（1830），江苏布政使司刻清陈宏谋等纂修《物料价值则例》不分卷；同治六年至光绪十四年间（1867—1892），江宁藩署先后刻印清耆英修、麟桂纂《钦定科场条例》60 卷，清奎润纂修《续增科场条例》不分卷，清吴嘉撰《吴学士文集》4 卷，清钱欣撰《捕蝗要诀》不分卷；同治十一年（1873），江苏省忠义局刻自编《昭忠录》90 卷；光绪间，江苏粮道库刻《江苏海运全集》12 卷，江宁臬署刻清张瑛撰《论孟书》2 卷《读四书》1 卷。[①]

除上述刻书之举外，清代江宁府及所属各县还刊刻了多部当代编纂的地方志，兹根据倪波《江苏方志考》[②]和彭年德《江宁历代方志提要与评析》[③]整理如下。

《金陵待征录》10 卷，金鳌编，道光二十四年（1844）编刻，光绪二年（1876）重刻。

《金陵琐志》5 种 10 卷，陈作霖编，光绪间刻。5 种包括《运读桥道小志》1 卷、《凤麓小志》4 卷、《东城志略》1 卷、《金陵物产风土志》1卷、《南朝梵刹》2 卷。

《金陵通纪》10 卷，陈作霖编，光绪三年（1877）成书，光绪三十三年（1907）刻。

《金陵通传》45 卷，陈作霖编，光绪八年（1882）成书，光绪三十年（1904）刻。

以上为冠"金陵"之名的专志。

---

① 江澄波等：《江苏刻书》，江苏人民出版社 1993 年版，第 227—228 页。
② 倪波：《江苏方志考》，吉林省地方志编纂委员会、吉林省图书馆学会 1985 年印，第 33—40 页。
③ 彭年德：《江宁历代方志提要与评析》，南京市江宁区地方志编纂委员会办公室 2007 年印本。

《江宁府志》34 卷,陈开虞纂修,康熙七年(1668)刻,乾隆五十七年(1799)由孙翤光补刻其残缺,嘉庆七年(1802)又补刻其残缺。

《江宁府志》56 卷,吕燕昭修,姚鼐纂,嘉庆十六年(1811)刻。

《(续纂)江宁府志》15 卷首 1 卷,蒋启勋等修,汪士铎等纂,光绪七年(1881)刻。

以上江宁府志。

《六合县志》12 卷,刘庆运修,孙宗岱纂,顺治三年(1646)刻。

《六合县志》12 卷,洪炜修,汪铉纂,康熙二十三年(1684)刻。

《六合县志》10 卷首 1 卷,苏作睿修,徐重龄纂,雍正十三年(1735)刻。

《六合县志》6 卷,廖抡升修,戴祖启纂,乾隆五十年(1785)刻。

《六县合志》8 卷,谢延庚、吕宪秋修,贺廷寿、唐毓和纂,光绪六年(1680)成书,光绪九至十年(1883—1884)刻。

以上六合县志。

《上元县志》24 卷,唐开陶等纂修,康熙六十年(1721)刻。

《上元县志》27 卷首 1 卷末 1 卷,蓝应袭修,何梦篆,程廷祚纂,乾隆十六年(1751)刻。

《上元县志》24 卷首 1 卷末 1 卷,武念祖修,陈杗纂,道光四年(1624)刻。

以上上元县志。

《江宁县志》14 卷,佟世燕修,戴本孝纂,康熙二十二年(1683)刻。

《江宁县志》26 卷,袁枚纂修,乾隆十三年(1748)刻。

以上江宁县志。

《上元江宁乡土合志》6 卷,陈作霖编,宣统二年(1910)江楚编译书局刻。

《(同治)上江两县志》29 卷首 1 卷,莫祥芝、甘绍盘修,汪士铎等纂,同治十三年(1874)刻,另有光绪二年(1876)重刊本。

以上上元、江宁合志。

《(重修)江浦县新志》12 卷,郎廷泰纂修,康熙二十四年(1685)刻。

《江浦县志》8 卷,项维正纂修,雍正四年(1726)刻。

《江浦埠乘》40 卷首 1 卷,侯宗海、夏锡宝纂,光绪十七年(1891)刻。以上江浦县志。

二、太平军在金陵刻书

清代刻书史上,太平军刻书属于另类的"官刻",其在江宁时期的刻书为巩固政权作出了重要贡献。

早在金田首义后,太平军就已经开始镌刻书籍。在向金陵进军的途中,太平军十分重视招募各种人才,投奔太平军的百工技艺中就有不少能写善书的镌刻印刷工匠。咸丰二年(1852)四月,李寿晖被封为正典镌刻,校对一切伪书。同年,洪秀全"恐通军大小男女兵将未能熟知天父圣旨命令及熟知天兄圣旨命令,致有误天命天令……特将诏书寻阅天父天兄圣旨命令最紧关者,汇录镌刻成书"①,要求全军上下熟读记心,免犯天令。咸丰三年(1853)二月,顺江东下的太平军一举攻克金陵,建都天京,又相继攻克镇江、扬州等地。太平军囊括了金陵、扬州等地的刻工,连同随军而来的广西、两湖工匠,组成了一支人数众多的刻书队伍,至此,刻书的组织机构日趋完善,有较为明确的具体分工。

(一)编删书稿及机构

定都之后,太平军设置诏书衙、诏命衙、删书衙等,从事编纂、撰稿、抄写和刻印工作。(1)诏书衙。主要编纂书籍,填写兵册、家册等事。衙址在天京城内慧圆庵。负责官员设正、又正、副、又副"典簿书"4 人,并有"协理"之职。东殿吏部尚书李寿春曾任此职。金田起兵等基本骨干曾钊扬、黄再兴、何震川等都曾在诏书衙编纂书稿。(2)诏命衙。主要负责写诏旨、告谕,兼编书籍等事。衙址在天京城内富民坊。负责官员设正、副"典诏命"二人。(3)删书衙。咸丰四年(1854)三月,洪秀全下诏设立。衙址在天京城内明瓦廊大街前户部郎中梅曾亮宅,负责官员有曾钊扬、何震川和卢贤拔等。在洪秀全亲自主持下,删改孔孟诸子百家书,取其中合乎天情道理者,经天王洪秀全披阅准旨,镌刻颁行,供人阅读。(4)镌刻衙。定都南京后设置,后扩大为镌刻营,内设"典镌

① 王重民、王会庵、田余庆等编:《中国近代史资料丛刊·太平天国》,上海人民出版社 1952 年版,第 59 页。

刻"官四人,属朝内官,职同指挥。衙址在天京复成仓大街。主要雕刻诏旨、诏书以及各种钤印戳记。按规定,书稿完成后,需先禀报列王转禀东王,最后由天王审阅批准后,再移交镌刻衙雕刻书版。该机构曾出版《天朝田亩制度》《行军总要》等书。

(二)雕刻书版

书稿完成后,需先禀报列王,转禀奏东王,启奏天王御览,蒙恩旨准,然后交镌刻衙雕刻书版。此项工作参与的匠人很多,但主要来自广西、两湖、金陵和扬州等地。定鼎金陵后,太平军所到之处广散书籍,有的典籍如《天条书》,最初每馆衙一本,后来则要求人手一册,所有人必须朝夕诵读,于是不断刊刻。此外,太平军势力不断发展,根据地不断扩大,建立政权、设置百官,都需要各种大小钤印戳记,原有的镌刻衙远远不能满足新的需要,遂扩大为镌刻营。张德坚《贼情汇纂》记载,镌刻营自将军以下镌刻营自将军以下正副各官、典官、属官计有 1715 人,伍卒 12500 人,官兵共计 14215 人。说明当时太平军所需各种诏旨、告谕、公据、书籍及钤印、戳记等的数量非常之大。同治二年(1863)二月,幼天王洪天贵福将原典镌刻改为总典镌刻,可见太平军后期镌刻营机构更为庞大,职官也相应增多。

(三)刷印成书

书版镌刻完毕后,交刷印衙印刷,然后装帧成本,交宣诏衙颁行。为满足对于公据、谕告、书籍的需求,刷书衙工匠人数亦有不少,太平军建都不久,从事印刷的工匠多达 400 多人,衙址在文昌宫后檐。太平军除镌刻衙、刷书衙外,严格禁止私人刻版出书,即便各地将领、守土官、乡官,也不可擅自为之。直到天京事变后,才略有松动。

(四)旨准颁行

刷印装帧成书后,必须钤盖天王"旨准"金玺后,才能由宣诏衙颁行。洪秀全的金玺 3 寸 6 分见方,四面龙纹,中刻"旨准"二字,凡批答奏章及各书皆钤印之。在出版书籍上面钤盖天王金玺,是恐怕天下人不知尊重。宣诏衙设正、又正、副、又副宣诏书 4 人,负责收发诏书。太平军为扩大影响,除积极向各地百姓散步镌刻的书籍外,还向来访、旅游、经商的外国人慷慨赠送。太平军印刷的书籍质量前期尚可,纸张、镌刻、印刷都不错，但是到了后期，则镌刻和印刷质量每况愈下，书中多有错别字、漏字，不得已以贴纸条的方式代替铲板另刻。

太平军镌刻出版的书籍总称"诏书"，又称"圣书"，亦称"天书"。后世学者称为"太平天国官书"或"印书"，因其镌刻刷印颁行需要天王洪秀全御览旨准，故又称"太平天国旨准颁行诏书"。太平军历年所刻书籍可考者如下。

咸丰元年（1851），刻《幼学诗》《太平礼制》2 种，前者封面为绿色，后者为红色。

咸丰二年（1852），刻《天条书》《太平诏书》《太平军目》《天父下凡诏书第一部》《天命诏旨书》《颁行诏书》等，封面皆为红色。

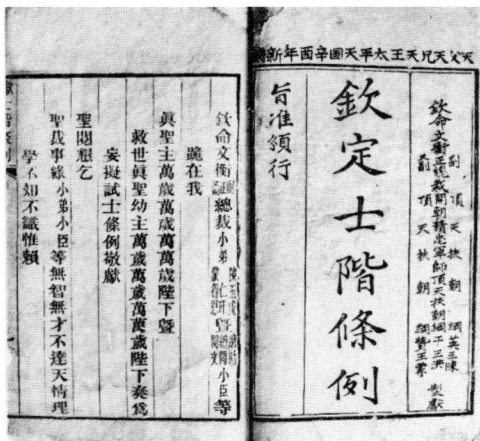

图 5-1-1 《钦定士阶条例》一卷 洪仁玕等撰 太平天国十一年（1861）刻本 太平天国历史博物馆藏

咸丰三年（1853），刻《天父上帝言题皇诏》《旧遗诏圣书》《太平条规》《三字经》《颁行历书》《太平天国癸好三年新历》《太平救世歌》《新遗诏圣书》《太平天国甲寅四年新历》《建天京于金陵论》《贬妖穴位罪隶论》《诏书盖玺颁行论》《天朝田亩制度》《天父下凡诏书第二部》等。封面由红色改为黄色。卷首开列书目，即"旨准颁行诏书总目"，并钤盖天王"旨准"金玺。

咸丰四年（1854），刻麦都斯《天理要论》（节录）、《天情道理书》、《御制千字诏》，并增印《旧遗诏圣书》3 册。

咸丰五年（1855），镌刻颁行《行军总要》。

咸丰七年（1857），颁行《太平天国戊午八年新历》《天父诗》，后一卷无"旨准颁行诏书总目"。

咸丰八年（1858），镌刻颁行《醒世文》《武略》《钦定制度集编》。《武略》卷首无"旨准颁行诏书总目"，而《钦定制度集编》已失传。

咸丰九年（1859），刻洪仁玕《资政新编》。虽然书内称"已蒙旨准，并蒙圣照：'此篇传镌刻官遵照颁行'"，但书名并未列入"旨准颁行诏书总目"。

咸丰十年（1860），刻《王长次兄亲目亲耳共证福音书》《太平天国辛酉十一年新历》。

太平军"诏书"卷首附有"旨准颁行诏书总目"，始于太平天国癸好三年（1853），迄于庚申十年（1860），共计29部，《王长次兄亲目亲耳共证福音书》是总目中的最后一部"诏书"。1857—1860年间，太平军除镌刻新书外，还大量出版前期已经镌印过的书籍和修订本，一部分无标志，一部分在全书之末加盖"某年尊改"四字朱戳。此为太平军刻书制度中的一项措施。

咸丰十一年（1861），刻《诛妖檄文》《钦定士阶条例》《钦定英杰归真》《钦定军次实录》。

同治二年（1863），用铜版印刷颁行《太平天日》。

此外，刻书时间不详的有：《幼主诏书》《天父天兄天王太平天国己未九年会试题》《开朝精忠军师干王洪宝制》《钦定敬避字样》等书。①

三、金陵书局刻书

同治三年（1864），金陵被清军攻克，太平军失败，为了重建清王朝的统治秩序，统治者采用了一系列善后措施，同治帝谕令曾国藩"江南北现经荡平，亟宜振兴文教"②。江南江北经过十多年战争中的烧杀焚掠，经济和文化十分凋敝，曾经的藏书之地风光不再，因而"振兴文教"大计的首要问题是如何解决士子有书可读的问题，晚清官书局就是在这一背景下成立起来的。从同治六年到光绪中期以后，是各地官书局大规模兴建的时期，先是湖北、江苏、浙江、江西、山东、四川、广东等地设置书局，之后山西、河北、广西、贵州、云南等地亦纷纷设立书局。

金陵书局是"晚清设立较早、影响较大的官书局，亦是晚清官刻由

---

① 此部分内容主要参考章义平《太平天国镌书出版概述》，《江苏出版史志》1989年第1期，第67—71页。

② 《清实录·穆宗实录》卷一百一十三"三年八月"。

中央向地方转移的重要代表"①。咸丰十一年(1861)八月,湘军克复安庆,部署粗定,曾国藩即令莫子偲采访遗书,又与弟弟曾国荃商议,两兄弟出资刊刻《船山遗书》322卷,目的在于以表彰乡贤前哲,曾国藩本人在行军用兵之余,亦亲自参加了书稿的雠校工作。此时之书局随军迁行,尚未有定名。同治三年(1864)六月,湘军克复金陵,曾国藩将书局带到南京,遂正式称为"金陵书局"。据方宗诚记曰:"曾公既克复金陵,立书院以养寒士,立难民局以招流亡,立忠义局以居德行文学之士,立书局校刊四书十三经五史,以聘博雅之士。故江浙被难者,无不得所依归。"②是年末,曾国藩转任直隶,李鸿章成为两江总督,来到江宁,他继承曾国藩刊书之志,金陵书局规模不断扩大。同治五年(1866)十一月,曾国藩重回江宁任两江总督,更加重视金陵书局的刻书活动,筹措经费,延聘学者,并于次年移局冶城山之飞霞阁,开始大规模刊刻经史典籍。同治七年(1868),曾国藩调任直隶总督,但仍时时致函书局中人,就刊书经费、学者延聘、宜刊书目等事共同磋商。同治九年(1870),曾国藩三任两江总督,而金陵书局刻书事业日见其盛。在曾氏任两江总督、直隶总督的10年间,金陵书局发展可谓达至顶峰,人才荟萃,经费充裕,刊书数量众多且内容极为精审。同治十一年(1872),曾国藩病逝于两江总督之任,金陵书局刻书事业亦因之受到极大影响,其后虽间有刻书,但终因人才凋零、经费困难而逐步趋向衰落。光绪二年(1876),金陵书局校勘人士唐仁寿卒,他自同治四年入局,曾在书局分校《晋书》《南齐书》,复校《后汉书》各志,并与张文虎同校《史记集解》。自曾国藩去世后,金陵书局校勘人士或殁或散,及唐仁寿去世,金陵官书局文采风流尽矣。光绪六年(1880),金陵书局提调洪汝奎调任两淮盐运使,道员范志熙接任提调。洪氏后在淮南书局刊刻经史子集四部善本多种。范氏在任中亦采取了一系列措施以重振金陵书局。光绪二十七年(1901),金陵官书局完成了历史使命后,并入江楚编译局。

金陵书局之所以在晚清官书局中独树一帜,是与其人才汇聚分不

---

① 朱宝元:《金陵书局刻印书籍考论》,《现代出版》2017第6期。
② (清)方宗诚:《柏堂师友言行记》卷三,台北文海出版社1968年版,第71页。

开的。曾国藩多方罗致,聚集众多知名学者,如汪士铎、莫友芝、刘毓崧、张文虎、李善兰等,故金陵书局所刊书籍多经通人校勘,素称精审。① 金陵书局刻书经过大致可以分为 3 个阶段:第一阶段为同治四年至同治十三年(1865—1874),集中刻印经史,总计刻书 56 种,平均每年刻书近 5 种;第二阶段是光绪元年至十七年(1875—1891),以刊刻史地和钦定义疏为主,新刻印书籍 25 种,重刻同治间金陵书局本经部书籍 10 种;第三阶段是光绪十八年至宣统三年(1892—1911),以重印为主,新刻书籍总计仅 7 种,平均每三年刻书 1 种。②

一直以来,学术界研究金陵书局刻书具体书目主要依赖《两县志·艺文上》《江宁府志·实政》《江南书局书目》《官书局书目汇编·江南书局》等四种,但是问题在于,四者之间互有出入、各有增删,都存在误收、漏收的缺憾。兰秋阳在各大图书馆查阅之后,对这一问题有最新的认识,他说:"综上所述,我们可以得出结论:四种书目所收录 60 种、陈、苏二文补遗 20 种以及笔者补遗 18 种,这三类合计 98 种(不含重刊本、不含子目、不含合售本),便是金陵书局刊刻书籍种数。其中,《诗经集传》《尚书蔡传》《礼记集说》《周礼郑注》《周易程传》《周易本义》《春秋穀梁传》《春秋公羊经传解诂》《四书集注》《尔雅郭注》《小学集注》《惜抱轩今体诗选》《渔洋山人古诗选》《前汉书》《后汉书》《则古昔斋算学》《唐人万首绝句选》《近思录集注》18 种刊过两次,《春秋左传杜注补辑》《三国志》2 种刊过三次,若将这些重刊本也计入,则金陵书局刊刻书籍的总数是 120 种。"③兰氏所查考的全部书目如下。

同治三年(1864)

1.《唐写本说文解字木部笺异》1 卷,1 册。

2.《李秀成供状》,1 册。

---

① 参考徐雁、黄镇伟、张芳编《中国古代物质文化史·书籍》,开明出版社 2018 年版,第 230—232 页。

② 金陵书局刻书分期参考朱宝元《金陵书局刻印书籍考论》,《现代出版》2017 第 6 期。朱宝元将金陵书局的刻书历史分为四期,其中,第三期为光绪十七年至宣统元年(1891—1909),第四期为宣统至民国十四年(1909—1925)。第四期并未刻书,只是售书,故不得分为一期。光绪二十七年(1901)金陵书局并入江楚编译局,故不宜分为第四期。

③ 兰秋阳:《金陵书局与晚清学术(1864—1911)》,中国社会科学院博士学位论文,2018 年,第 84 页。

同治四年(1865)

3.《王船山遗书》56种322卷,160册。

4.《周易本义附音训》12卷卷首卷末各1卷,2册。

5.《几何原本》15卷卷首9卷,8册。

同治五年(1866)

6.《易经程传》8卷,3册。

7.《诗经集传》8卷《诗序辨说》1卷,4册。

8.《尚书蔡传》6卷卷首卷末各1卷,4册。

9.《礼记陈氏集说》10卷,10册。

10.《春秋左传杜注补辑》30卷卷首1卷,8册。

11.《重学》20卷《圆锥曲线说》3卷,6册。

12.《惜抱轩今体诗选》18卷,2册。

13.《渔洋山人古诗选》32卷,8册。

14.《春秋左氏传贾服注辑述》20卷,6册。

同治六年(1867)

15.《春秋公羊经传解诂》12卷附《音本校记》1卷,2册。

16.《则古昔斋算学》13种附刻1种,7册。

17.《小学集注》6卷,1册。

18.《三国志》65卷,20册。

同治七年(1868)

19.《五种遗规》17卷,10册。

20.《吾学录初编》24卷,8册。

21.《两汉刊误补遗》10卷附录1卷,6册。

22.《周礼郑注》6卷,6册。

23.《尔雅》3卷,3册。

24.《春秋穀梁传》12卷,2册。

25.《孝经》1卷,1册。

26.《仪礼郑注句读》17卷《监本正误》1卷《石本误字》1卷,4册。

　　重刊《惜抱轩今体诗选》18卷,2册。

　　重刊《渔洋山人古诗选》32卷,8册。

同治八年(1869)

27.《前汉书》120 卷,16 册。

28.《后汉书》90 卷《续汉书八志》30 卷,16 册。

29.《肇域志》50 卷,1 册。

30.《文选李善注》60 卷,10 册。

同治九年(1870)

31.《史记索隐集解正义合刻本》130 卷,20 册。

32.《史姓韵编》64 卷,24 册。

33.《读书杂志》10 种 82 卷《余编》2 卷,24 册。

34.《唐人万首绝句选》7 卷,2 册。

35.《礼部遗集》9 卷附年谱 1 卷,2 册。

　　　　重刊《三国志》65 卷,8 册。

同治十年(1871)

36.《晋书》130 卷,20 册。

37.《艮斋先生薛常州浪语集》35 卷,5 册。

同治十一年(1872)

38.《曹集铨评》10 卷逸文 1 卷,2 册。

39.《毛诗故训传郑笺》30 卷,6 册。

40.《佩文广韵汇编》5 卷,2 册。

41.《南史》80 卷,12 册。

42.《北史》100 卷,20 册。

43.《宋书》100 卷,16 册。

44.《陈书》36 卷,4 册。

45.《魏书》114 卷,20 册。

46.《四书集注》19 卷,6 册。

47.《楚辞》17 卷,4 册。

48.《校刊史记集解索隐正义札记》5 卷,2 册。

49.《两江忠义采访录》。

同治十二年(1873)

50.《曾文正公奏疏文钞合刊》6 卷,4 册。

同治十三年（1874）

51.《大学衍义》43 卷，8 册。

52.《梁书》56 卷，6 册。

53.《周书》50 卷，4 册。

54.《北齐书》50 卷，4 册。

55.《南齐书》59 卷，6 册。

56.《读史镜古编》32 卷，6 册。

光绪元年（1875）

57.《司马温公家范》10 卷，1 册。

58.《近思录》14 卷，4 册。

光绪二年（1876）

59.《仿宋相台五经》93 卷，32 册。

光绪四年（1878）

60.《仿汲古阁本史记》130 卷，16 册。

光绪六年（1880）

61.《舆地广记》39 卷《校勘札记》2 卷，4 册。

62.《元和姓纂》10 卷，4 册。

63.《元和郡县图志》40 卷《阙卷逸文》1 卷《考证》34 卷，14 册。

光绪七年（1881）

重刊《尚书蔡传》6 卷卷首卷末各 1 卷，4 册。

光绪八年（1882）

64.《元和郡县补志》9 卷，2 册。

65.《元丰九域志》10 卷，4 册。

66.《太平寰宇记》200 卷目录 2 卷，36 册。

67.《御制数理精蕴二编》45 卷表 8 卷，40 册。

68.《吴学士诗集》5 卷《吴学士文集》4 卷，6 册。

重刊《则古昔斋算学》13 种附刻 1 种，7 册。

光绪九年（1883）

69.《蚕桑辑要》1 卷，1 册。

重刊《春秋左传杜注补辑》30 卷卷首 1 卷，10 册。

重刊《周易程传》8 卷,3 册。

光绪十一年(1885)

70.《西夏纪事本末》36 卷卷首 2 卷,4 册。

71.《白香词谱笺》4 卷,2 册。

光绪十二年(1886)

72.《王船山先生年谱》2 卷,2 册。

73.《金刚经联语》1 卷,1 册。

光绪十三年(1887)

重刊《前汉书》120 卷,16 册。

重刊《后汉书》100 卷《续汉书八志》30 卷,16 册。

重刊《三国志》65 卷,8 册。

光绪十四年(1888)

74.《钦定诗经传说汇纂》21 卷卷首 2 卷诗序 2 卷,15 册。

75.《钦定书经传说汇纂》21 卷卷首 2 卷书序 1 卷,12 册。

76.《钦定周官义疏》48 卷卷首 1 卷,24 册。

77.《钦定仪礼义疏》48 卷卷首 2 卷,25 册。

78.《钦定礼记义疏》83 卷,31 册。

79.《御纂周易折中》22 卷,10 册。

80.《钦定春秋传说汇纂》38 卷首 2 卷,20 册。

光绪十五年(1889)

81.《诗经集传音释》20 卷《诗序》1 卷《诗图》1 卷《诗传纲领》1 卷,4 册。

82.《书经集传音释》6 卷卷首卷末各 1 卷,6 册。

83.《周易传义音训》8 卷卷首卷末各 1 卷,8 册。

84.《湘军记》20 卷,12 册。

重刊《近思录》14 卷,4 册。

重刊《春秋左传杜注补辑》30 卷卷首 1 卷,10 册。

光绪十六年(1890)

85.《江南书局书目》不分卷,1 册。

86.《镕经铸史斋印行书目》不分卷,1 册。

87.《退补斋书目》不分卷，1册。

88.《临阵心法》1卷，1册。

89.《续古文辞类纂》28卷，12册。

光绪十七年（1891）

90.《徐骑省集》30卷《补遗》1卷，6册。

91.《香山诗选》6卷，2册。

光绪十九年（1893）

92. 重刊《周易本义附音训》12卷卷首1卷卷末1卷，2册。

93. 重刊《礼记陈氏集说》10卷，10册。

光绪二十一年（1895）

94. 重刊《尔雅郭注》3卷，3册。

95. 重刊《春秋公羊经传解诂》12卷重刊《宋绍熙公羊注附音本校记》1卷，2册。

96. 重刊《春秋穀梁传》12卷，2册。

光绪二十二年（1896）

97. 重刊《诗经集传》8卷《诗序辨说》1卷，4册。

光绪二十三年（1897）

98.《中兴将帅别传》36卷，10册。

99.《圣门名字纂诂》2卷《补遗》1卷，2册。

100. 重刊《唐人万首绝句选》7卷，2册。

101. 重刊《小学集注》4卷，1册。

光绪二十四年（1898）

102.《劝学篇》2卷，1册。

光绪二十六年（1900）

103.《异闻益智丛录》34卷，8册。

光绪三十年（1901）

104. 重刊《校正唐荆川先生文集》12卷《外集》3卷《补遗》5卷，10册。

光绪三十二年（1903）

105.《中兴将帅别传续编》6卷，2册。

宣统元年(1909)

106.《权言》1卷,1册。

需要说明的是,"金陵书局"这一称呼并不是固定的,当时还有其他有多个名称,所刻书籍上的牌记就有"金陵书局""江南书局"和"金陵官书局"3个,其中的"金陵官书局"只见于《圣门名字纂诂》1种。因为书局所刻书多是翻刻,故历届主事者十分重视校勘。同治六年(1867)三月,曾国藩第二次任两江总督,对金陵书局刻书之事倾注了更多的心力,他命周学濬、张文虎草拟章程,并亲自改定,"三更后核定刻字法式四条、书局章程八条,约改三百余字"①,这就是《金陵书局章程》,可惜的是这个章程已失传,好在清人张文虎《张文虎日记》中对此记述较多,可以从中考知。

朱宝元说:"金陵书局存世半个世纪,刻印书籍主要以传统典籍为主,尤其是同治年间,在曾国藩的领导下,金陵书局汇集了一批学有专长的名士,他们之间相互商讨,精审校勘,为晚清书院教育和士子学人提供了一批佳本,奠定了金陵书局的声誉。金陵书局与官方和民间、官员和士人有着广泛的刻书与传播互动,与其他地方官书局一起,共同为传统典籍和学术文化的传播作出了时代贡献。"②对金陵书局的评价十分中肯和客观。

四、书坊刻书

与明代相比,清代江宁的书业更为发达,主要表现为3个方面的特征:一是藏书家多,著名藏书家有黄氏千顷斋、丁雄飞心太平庵、周亮工赖古堂、曹寅楝亭、袁枚小仓山房、朱绪曾开有益斋、孙星衍孙氏祠堂等。二是书肆多,主要集中在三山街、状元境书肆街、夫子庙书肆区和花牌楼书店街。如《桃花扇》中描写了三山街书坊的盛况说:"在下金陵三山街书客蔡益所的便是,天下书籍之富,无过俺金陵;这金陵书铺之多,无过俺三山街;这三山街书客之大,无过俺蔡益所。"③《白下琐言》记

①(清)曾国藩:《曾国藩全集·日记之四》,岳麓书社2011年版,第13页。
② 朱宝元:《金陵书局刻印书籍考论》,《现代出版》2017年第6期,第68页。
③(清)孔尚任:《桃花扇》卷三,人民文学出版社1959年版,第183页。

载状元境书坊的聚集情况说："书坊皆在状元境，比屋而居有二十余家，大半皆江右人，虽通行坊本，然琳琅满架亦殊可观。"①状元境的书肆以李光明庄最为有名。夫子庙有书肆 30 家，花牌楼有大小书店四五十家。② 各家书肆鳞次栉比，街宇相望。三是坊刻书多，三山街一带的书肆既从事售书，又从事刻书，藏、刻、售三位一体，大大促进了书业的繁荣。

清人甘熙是晚清南京著名藏书家，他对南京的书坊分布情况十分熟悉，说："书坊皆在状元境，比屋而居有二十余家，大半皆江右人。虽通行坊本，然琳琅满架，亦殊可观。廿余年来，为浙人开设绸庄，书坊悉变市肆，不过一二存者，可见世之逐末者多矣。"③随着时代的变化，昔日的书坊逐渐成为售卖俗物的市肆，令人惋惜。今人江澄波等著《江苏刻书》载，清代南京坊刻书可考者有 15 家，他们是：三山堂、三乐斋、三多斋、文英堂、文进堂、世德堂、叶永茹、芥子园、李光明书庄、宝仁堂、金陵刻经处、胜玉堂、萃文书屋、暎旭斋、翼圣堂。④ 需要说明的是，金陵刻经处属于佛教刻书，将其归入坊刻有些勉强，下文将其单独论述。《江苏刻书》所载各家坊刻刻书情况如下。

1. 三山堂。《宁我斋稿赋》2 卷《文》2 卷《诗》3 卷《词》3 卷，清白下林淳撰，嘉庆二十三年(1818)刻；《问斋医案》5 卷，清京口蒋宝素撰，道光间刻。

2. 三乐斋。《唐诗笺要》16 卷，清高淳吴瑞荣辑，乾隆间刻；《唐诗类释》19 卷，清濮阳臧岳编，乾隆间刻。

3. 三多斋。《杜诗笺注》20 卷，清朱鹤龄辑注，乾隆间刻。

4. 文英堂。《明清贡举考略》6 卷，清怀宁黄崇兰辑，光绪间刻。

5. 文进斋。《泉史》16 卷，清镇洋盛大士辑，道光十四年(1834)刻。

6. 世德堂。《笠翁传奇》10 种 20 卷，清李渔撰，康熙间刻。

7. 叶永茹。《杜工部诗集辑注》20 卷《集外诗》《补注》1 卷《文集》2

① (清)甘熙：《白下琐言》卷二，南京出版社 2007 年版，第 25 页。
② 数字来源于曹之《中国古代图书史》，武汉大学出版社 2015 年版，第 191 页。
③ (清)甘熙：《白下琐言》卷二，南京出版社 2007 年版，第 25 页。
④ 江澄波等：《江苏刻书》，江苏人民出版社 1993 年版，第 236—238 页。

卷《年谱》1 卷,清吴江朱鹤龄撰,康熙元年(1662)刻。

8. 芥子园。《笠翁一家言全集》16 卷,清李渔撰。雍正八年(1730)刻;《古文析义》16 卷,清林云铭辑,康熙间刻;《博山堂三种曲》18 卷,明范文若撰,康熙间刻;《四六初征》20 卷,清李渔辑,康熙十年(1671)刻。

9. 李光明庄。《医宗己任编》4 种 8 卷,清杨乘六辑,光绪十七年(1891)刻;《续古文辞类纂》28 卷,清遵义黎庶昌辑,光绪间刻;《春秋左传详节句解》8 卷,宋朱申撰,光绪间刻;《宋元明诗钞三百首》2 卷,清丹徒朱梓、冷昌言辑,光绪间刻;《古文观止》12 卷,光绪间刻;《空谷传声》不分卷,清汪鎏编,光绪间刻;《拙尊园丛稿》6 卷,清遵义黎庶昌撰,光绪二十一年(1895)刻;《书经集传》6 卷,宋蔡沈集传,光绪间刻;《女四书》4 种 4 卷,明王相笺注,光绪六年(1880)刻;《左绣》30 卷,清钱塘冯李骅、定海陆浩同评辑,光绪间刻;《四书》(白文),光绪间刻;《四书集注》28 卷,宋朱熹集注,光绪间刻。

10. 宝仁堂。《四书绎》30 卷,清彭城陈景惇辑,道光三十年(1850)刻;《金陵名胜诗抄四秦淮诗抄》2 卷,清李鳌辑,清道光十二年(1832)刻。

11. 胜玉堂。《韵法准说》1 卷,清任丘王应鲸撰,乾隆四十一年(1776)刻;《通鉴纲目注证》4 卷,清任丘王应鲸撰,乾隆四十一年(1776)刻。

12. 萃文书屋。《红楼梦》120 回,乾隆五十六年(1791)刻。

13. 暎旭斋。《石室仙机》5 卷《诸家集说》1 卷,明上元许毂撰,康熙间刻。

14. 翼圣堂。《禅真逸史》40 回,明方汝浩撰,康熙间刻。

不过,上述所列各家刻书情况并不完全符合历史的真实,至少存在两方面的问题。

一方面,存在考证不清的问题,如排印《红楼梦》最早版本"程甲本"的萃文书屋到底在哪里? 研究者提出了北京、南京和苏州三说。胡文彬说:"20 世纪 70 年代末,我们在中国社会科学院研究所藏程甲本上发现了'万茂魁记'和'东厂扇料'印记后,又于 2004 年在中国艺术研究院图书馆藏书中发现齐如山先生曾经收藏过的程甲本《红楼梦》,其第 27

回第 7 叶 A 面天头上也有'万茂魁记'（阴文圆印）和'东厂扇料'（篆字阴文）的同样印记。由于纸张批次的不同，不一定每部程甲本上都可查到这两种印记，但这两方印记却给我们提供了辨识程甲本的一个重要证据，同时也证明了程甲本的摆印地点就在北京。"①从这两个证据来说，萃文书屋应该是在北京的。不过，也有研究者认为，所谓"东厂扇料"，实为"本厂扇料"之误，因此这个印记不能作为"程甲本"摆印地点在北京的证据。② 从纸张印记上虽然不能直接认定"程甲本"的摆印地点，但综合程伟元、高鹗生平交游，程伟元序所透露出来的残稿来源信息，以及绣像风格、早期翻刻书坊东观阁等，可确证系北京书坊等所刻，认定"程甲本"摆印于北京当无疑问。③ 综合上述考证，可知萃文书屋应为北京的书坊。其实早在胡文彬等人的文章之前，瞿冕良先生《中国古籍版刻辞典》已经把萃文书屋归为北京的书坊了。④

另一方面，所列刻书不全。《江苏刻书》记录李光明庄刻书 12 种，而实际刻书数量远超此数。李光明庄是状元镜中的一家书肆，曾在曾国藩大营内从事雕版印刷，清军攻入南京，李光明就包办了乡试考场中的印题和文卷事务，随后就开设书庄专门印行一些流行书籍。李光明庄雕印的书籍内容比较广泛，有童蒙读物、文稿朱卷等，既自己选题刻印，也代为其他人雕印，可以说煊赫一时，刻书种类繁多。黄永年称其在 20 世纪 90 年代在苏州得到李光明庄刻《香山诗选》6 卷 2 册，书后附录一页售书广告，开列 109 种书目，分蒙训、闺训（3 种）、史料（4 种）、经类（31 种）、文类（3 种）、杂学（8 种）、良方（5 种）等。⑤ 又据李光明庄所刻《三字经注解备要》，该书卷首附有目录，著录图书 167 种，其中经类 41 种、史类 6 种、子类 3 种、集类 52 种、启蒙类 24 种、闺范类 4 种、杂学类 24 种、善书类 13 种。因此，至于李光明庄到底刻印了多少种书，目

---

① 胡文彬：《程刻本〈红楼梦〉的两个版本与"第三种"版本》，《曹雪芹研究》2011 年第 2 辑，中华书局 2011 年版。

② 项旋、舒鸣：《〈红楼梦〉程高本纸厂印记考辨》，《红楼梦学刊》2015 年第 6 辑。

③ 习斌：《绣像里的红楼梦》，上海远东出版社 2018 年版，第 4 页。

④ 瞿冕良：《中国古籍版刻辞典》，苏州大学出版社 2009 年版，第 759 页。

⑤ 黄永年：《介绍一个世纪前的童蒙读物》，《陕西师范大学学报》（哲学社会科学版）1997 年第 4 期。

前尚无确切的数字,但种类丰富、数量众多是肯定的。①

五、李渔芥子园刻书

家刻一般是指文人在家中雇用刻工刻印书籍,江宁在明代就有焦竑、黄虞稷等著名文人在家中刻书,影响深远。入清之后,江宁的文人家刻依然繁荣,主要有半日读书斋、义竹山房、司徒文膏、许宗衡、朱豫、朱照廉、车持谦、张宝、张宝德、岳梦渊、周宝俣、翁长森、黄越、黄之纪、黄周星、温葆深、管同、程廷祚(以上上元),程嗣章、马士图、甘熙、甘煦、司马梅、田林、邓廷桢、邓家绺、朱直、刘旗锡、严观、何照瀛、陈毅、陈宗彝、陈作霖、周京、胡光国、侯芝复(以上江宁),凌霄、朱实发、杜嵩、徐氏(以上六合)等。② 上述诸家所刻书,少者 1 种,如张宝于道光十一年(1831)刻自辑《泛槎图六集》不分卷;多者 4 种,如翁长森于光绪元年至十四年(1875—1888)间先后刻朱绪曾撰《开有益斋读书志》6 卷《续集》1 卷、翁长森撰《石城七子诗抄》14 卷、朱绪曾撰《金陵诗征》48 卷、何忠万撰《何子清先生遗文》2 卷等。但是,如果要从清代江宁家刻中推举出最有影响力的一位,则非李渔芥子园莫属。③

李渔(1611—1679),初名仙侣,后改名渔,字谪凡,又字笠鸿,号笠翁。原籍浙江兰溪,出生于如皋。因家道中落,移居杭州,顺治十八年(1661)举家迁居南京。他在南京居住了 20 多年,并营建一代名园——芥子园。芥子园建于康熙七年(1665),地址大概位于现在水西门赤石矶一带,距离周处台不远。他在芥子园门口挂上这样一副对联:"孙楚楼边觞月地,夏侯台畔读书人。"④孙楚酒楼和夏侯台都在现在水西门一带,周处台现在是南京市文物保护单位,位于中华门内东侧娄湖头。

李渔是文艺奇才,在其传奇般的一生中创作《笠翁十种曲》(含《风筝误》等)、《无声戏》(又名《连城璧》)、《十二楼》、《闲情偶寄》、《笠翁一家言》等作品,共计 500 多万字,堪称著述颇丰的一代名家。而更重要

---

① 金陵图书馆编著:《金陵图书馆》,天津大学出版社 2017 年版,第 179 页。
② 资料统计自江澄波等《江苏刻书》,江苏人民出版社 1993 年版,第 254—262 页。
③ 江澄波等《江苏刻书》把李渔芥子园刻书归入坊刻类。
④ 于静:《南京历代名园》,南京出版社 2017 年版,第 125 页。

的是,除了创作外,李渔致力于刻书,为清代江宁坊刻中的佼佼者。

康熙八年(1669),芥子园终于落成,芥子园书铺也随之宣告诞生,李渔的刻书事业进入了新的阶段。在此之前,李渔曾经创办翼圣堂书铺,"由于翼圣堂经营有年,声誉日著,不宜废止,故与芥子园书铺并立,实为一家"①。芥子园书铺编纂出版过大量名著,如"明代四大奇书",即《三国志演义》《水浒全传》《西游记》《金瓶梅》,另有《情史类略》《镜花缘》《绿牡丹》《今古奇观》《情梦柝》《西厢记》《笠翁传奇十种》等,还有李渔自己诗文杂著《李笠翁一家言全集》《闲情偶寄》《芥子园画传》以及各种锦笺,等等。限于资料和条件,芥子园刊刻的书籍种类已难以穷尽,有些原版书已经湮没,但是,芥子园印行的书籍今天已成为善本书,为国内外图书馆所珍藏,其中,最为人乐道的是继明末《十竹斋书画谱》之后,又一部为广大群众所喜爱的套色水印画谱——《芥子园画传》。

《芥子园画传》编者王概(1645—约1710),初名匄(一作改,亦名丐),字东郭,后改今名,字安节。秀水(浙江嘉兴)人。随父侨居金陵,兄弟三人皆为名震一时的画家,以卖画为生。王概山水学龚贤,松石以雄快取势。论者以为健硬有余,而冲和不逮。与当时名流汤燕生、李渔、程邃、孔尚任、周亮工等交往。35岁时为《芥子园画传》编绘山水集。画传由沈心友刊刻出版。沈心友(1638—?),字因伯,号克庵,一号芥子园甥馆主人。本为将门之子,早年失怙,由祖父抚养成人。原本跟随李渔读书,因其忠厚诚实、勇于任事而为李渔器重,约在顺治十七年(1660)被李渔招赘为婿。沈心友帮助李渔打理各种业务,编辑图书,管理书铺,评点诗文,成为李渔事业的得力传人。《芥子园画传》共刊刻出版四集,初集刊于康熙十八年(1679)。李渔序说:"因伯遂出一册,谓予曰:'是先世所遗,相传已久。'……又出一帙,笑谓予曰:'向居金陵芥子园时,已嘱王子安节增辑编次久矣,迄今三易寒暑,始获竣事。'"可知是李渔的女婿沈心友请王概依据明末画家李流芳的原本增辑而成的。李流芳的原本仅43页,王概花了3年编绘,增至133页。画谱稿成之时,李渔正养病于杭州吴山,女婿从南京赶来,持此请其翻阅,李渔以之为

① 沈新林:《李渔评传》,南京师范大学出版社1998年版,第358页。

"不可磨灭之奇书,而不以公世,岂非天地间一大缺陷事哉？急命付梓"①。因为此谱镌刻于"芥子园",所以当画谱行世时,便命名为《芥子园画传》。李渔去世后,画传继续以"芥子园"之名刊刻,第二集和第三集刊行于康熙四十年(1701),第四集刊于嘉庆二十三年(1818),前后历时一个半世纪。该书问世后,在绘画史上产生了很大影响,美术界几乎无人不晓,在彩色套印方面,更有其重要的地位,后人给以高度评价："《芥子园画传》在绘、刻、印三者都达到了卓越的成就。它吸收了十竹斋水印木刻的传统方法,在某些地方,又提高了十竹斋水印的技术,作为版画的发展来说,《芥子园画传》在绘画史上的贡献是不可磨灭的。"②

六、金陵刻经处刻书

1840 年以来的中国,内忧外患,各项事业遭受巨创。以佛教而言,众多佛经惨遭毁灭,如《嘉兴藏》毁于兵燹,乾隆时期刻的《龙藏》亦仅作为大寺院藏经楼的点缀品,信徒们多依靠口传背诵一些早晚功课、经忏佛事等应时经文,而那些反映佛学文化精华内容部分,学人则无经可读。在佛学遇到危机的情况下,金陵刻经处的创办,对佛学事业厥功甚伟。

杨仁山(1837—1911),名文会以字行。安徽石埭(今石台)人。精佛学。自幼随进士出身、在外做官的父亲辗转各地,9 岁回乡,10 岁读书,14 岁能文,但不喜科举。太平天国战乱,举家飘荡,他一边避难,一边搜集各种书籍,凡音韵、历算、天文、地理以及黄老、庄列之书,无不遍读。某次读到《大乘起信经》,悟得奥旨,从此痴迷佛典,百般购置。同治四年(1865),清军攻克南京,翌年李鸿章署两江总督,委杨仁山董理江宁工程,杨氏遂定居南京。同治五年(1856),他约集王梅叔、郑学川(未几出家,取法名妙空)等 10 多位同人,劝募经费,在南京北极阁发起创办刻经处,选择善本,刻印流传。金陵刻经处刻印的第一部经书是魏源辑的《净土四经》(《无量寿经》《十六观经》《阿弥陀经》《妙法莲华经·

① (清)诸昇等:《芥子园画传》卷首李渔《序》,中国书店 1982 年版,第 2 页。
② 王伯敏:《中国版画通史》,河北美术出版社 2002 年版,第 156 页。

普贤行愿品》),因"净土"能普遍被群众理解和接受,典籍需求量大。

同治十二年(1873),杨仁山摒绝一切世事,家居专心读书。不久又游历苏浙各地梵刹搜求佛经,为生活计,往汉口主持盐局工程,与曾纪泽游历日本和西欧等地。每到一处总是多方设法搜购古代散佚的佛经,仅在日本通过真宗僧人南条,就购得佛经注疏近 300 种,全部送往刻经处刻印流通。光绪六年(1880),杨仁山谢绝曾纪泽邀其一同出使俄国的请求,回到南京后继续忙于刻经事业。不久,刻经处一分为二:郑学川在扬州砖桥设江北刻经处,南京部分仍归杨仁山居士总管,名金陵刻经处。光绪二十五年(1899),杨仁山把自己住宅(今南京淮海路 35 号)共 71 间房屋及六亩多院落,全部捐献给了金陵刻经处,公诸四方,永为刻经流通场所,他留给三个儿子的却是分认3810 两银子的债务。

晚清时期,也有其他寺院承办刻经处的,刻印了一些经书,但是多数有始无终,或人亡业败。杨仁山意识到,为了使刻经流通事业后继有人,亟须培养佛学研究人才。光绪三十四年(1908)冬,杨仁山在刻经处举办"祇洹精舍",吸收学僧,培养佛学僧才,并亲自授课。由于他注重学术研究,互相促进,门下不仅出现了欧阳竟无、太虚这样的佛学大师,还出现了谭嗣同、章太炎等革新派人物,以及黎端甫、桂柏华等各究一宗的学者。谭嗣同的代表作《仁学》就是在刻经处写成的。宣统二年(1910),杨仁山在刻经处创设佛学研究会,提倡居士道场,讲学刻经,佛学研究会成了护持刻经处的组织。

依照杨仁山居士的愿望,金陵刻经处的业务是刻印佛教经典和图像,讲学著述,弘扬佛法,传授流通佛经,复兴佛教文化。创始之初,全国各地寺庙里收藏的藏经佛典总数在万卷以上,内容繁杂,异译别本相并流传,初学者望洋兴叹。杨仁山为便利初学者,从历代刻印大藏经、日本缩印大藏经 8535 卷,卍字续藏经 7144 卷,共 15679 卷,并从古德遗书中,选辑 460 部 3320 卷又 436 纸,编成《大藏辑要目录》,陆续刻印流通。

杨仁山及其后继人,除按照《大藏辑要目录》刻印流通佛经外,还从扬州法藏寺江北刻经处、"支那内学院"刻经处、苏州玛瑙经房、苏州洞庭西山祇树庵、北京刻经处、天津刻经处、常州天宁寺、上海金刚道场等处收藏各地经书刻版。1981 年以来,金陵刻经处共清理了收藏的经版 125000 余块,其中有精细雕刻的灵山法会图、观音菩萨等佛像 18 种,版 69 片,典籍 1000 多种,1 万多卷。最有价值的经典有玄奘全集、大品、小品、大智度、维摩经,还有日本弘教书院缩印的《大藏经》,日本藏经书院编印的《续藏经》等,另外还保存有刻经处创始人杨仁山居士的日本朋友南条雄文、赤松连城、岛田蕃根从日本和朝鲜帮助寻回的藏外遗书和失传的古籍 280 多种,其中许多是隋唐间诸高德之章疏。①

大致来说,金陵刻经处版刻佛经的特征有四。

首先,精心挑选所刻佛经。为了保证所刻经书的质量品位和佛法的严肃性,金陵刻经处从创立之初即拟定了"三不准"原则:第一,疑为伪经者不刻;第二,文义浅俗者不刻;第三,乩坛之书不刻。以后数十年间,他们一直保持着这一优良传统,刻经处声望与日俱增。

其次,刻书数量巨大。据统计,金陵刻经处自同治五年(1866)刊刻《净土四经》以来,至 1966 年,百年间共刻印经籍 491 种,见存各类版片 157192 块。其中,晚清时期刻印经籍 253 部,民国以后至 1949 年刻印 210 种(包括"金陵刻经处"研究部刻印的 43 种),1949 年以后刻印 36 种。② 时至今日,金陵刻经处依然以每年 10 部左右的数量刊刻不已。

再次,校刊精审。历代刻版大都是按照别版印本翻刻,不仅有错字,而且无句读和圈点,还有的段落不清,注疏和经文分开。金陵刻经处从一开始就十分重视校勘,先编校原稿,经疏合刊,加句、逗、圈、点,分清段落,使读者免于寻经对疏及分段断句之烦。此外,旧时所刻佛经,往往取材他国,刻藏时多基于信仰,不重学术。金陵刻经处则力矫其弊,以高丽藏为准,以日本缩刷藏经、藏文藏经和梵文藏经为参考,版式统一,因而得到读者的高度评价,称之为"杨文会版"或"宁刻本"③。

---

① 参考黄常伦《中国最大的佛经刻印流通场所——金陵刻经处》,《江苏出版史志》1989 年第 1 期,第 55—57 页。

② 罗琤:《金陵刻经处研究》,上海社会科学院出版社 2010 年版,第 157 页。

③ [日]内藤湖南:《中国史通论》,九州出版社 2018 年版,第 764 页。

最后,图文并茂。金陵刻经处的印刷设备十分简单,除打眼和刀切外,没有一点现代化设备,全是原始的木板刻印技术,但就是依仗这种简陋的设备和技术,他们在图版雕刻上精益求精。金陵刻经处的图像刻版始于清同治十二年(1873),依据净土经论审定章法,请画者山阴张盆(寿之)、刻者潘文法画刻《西方极乐世界依正庄严图》。金陵刻经处现存 18 幅菩萨像雕版,主要有《慈悲观世音像》《西方极乐世界依正庄严图》《灵山法会图》等,是杨仁山当年潜心研究佛教造像,延请名画家张益、张国瑞绘制,名刻工潘文法等雕刻而成。这些版画艺术珍品规模之宏大、技艺之精湛、保存之完好,举世罕见。光绪四年(1878),张国瑞摩康熙三十五年(1696)金陵名画家周璕(嵩山)绘《慈悲观音像》,属群像构图,长达两米,采用密不容针的高超技法,以细腻流畅的线条,刻画出佛教中四圣六凡计 97 人,人物形象庄严华妙,栩栩如生,静中有动。

第二节　苏州府刻书

明末清初的改朝换代,给江南尤其是苏州带来了沉重的打击,经过一段较长时间的缓慢恢复,直到乾隆年间,苏州经济才逐渐恢复元气,接续明代中期以来的发展态势,成为全国最为发达的地区。时人对于苏州的繁荣多有记载,如沈寓在《治苏》一文中说:"东南财赋,姑苏最重;东南水利,姑苏最要;东南人士,姑苏最盛。"①苏州得地利,物产丰饶,又有勤劳的民众,故一直成为经济增长最快地区,其繁荣程度称冠天下,刘献廷称:"天下有四聚,北则京师,南则佛山,东则苏州,西则汉口。"②"四聚"之中,市肆繁华又以姑苏为最。清人孙嘉淦《南游记》中也说:"姑苏控三江、跨五湖而通海,阊门内外,居货山积,行人水流,列肆招牌,灿若云锦,语其繁华,都门不逮。"③经济繁荣的另一面,带来了文化的高度发展,刻书作为其中重要的文化现象,在清代得到了比明代

---

① (清)沈寓:《治苏》,《清经世文编》卷二十三《吏政九》,中华书局 1992 年版,第 604 页。
② (清)刘献廷:《广阳杂记》卷四,光绪间吴县潘氏功顺堂刻本,第 33 页。
③ (清)孙嘉淦:《南游记》,嘉庆十年(1805)刻本,第 12 页。

更为全面的发展。

一、府县署刻书

清代，苏州府署和县署刻书主要为地方志。清代是地方志编纂刊刻的繁荣时代，作为经济文化发展较快的地区，苏州方志编纂走在各地前列，府志、县志大都由官府出资刊刻，所可考知者有：

《康熙苏州府志》82卷首1卷，宁云鹏、卢腾龙等修，沈世奕、缪彤纂，康熙三十年(1691)刻；《乾隆苏州府志》80卷，雅尔哈善、习寯纂修，乾隆十三年(1748)刻；《道光苏州府志》150卷首10卷，石韫玉、宋如林纂修，道光四年(1824)刻；《同治苏州府志》150卷，李铭皖、谭钧培修，冯桂芬纂，同治十三年(1874)修稿本，光绪八年(1882)江苏书局刻本。以上苏州府志。

《康熙吴县志》60卷首1卷，汤斌修，孙佩纂，康熙三十年(1691)刻；《乾隆吴县志》112卷首1卷，姜顺蛟、叶长扬修，施谦纂，乾隆十年(1745)刻。以上吴县志。

《康熙长洲县志》22卷，祝圣培修，蔡方炳、归圣脉纂，康熙二十三年(1684)；《乾隆长洲县志》34卷首1卷，李光祚修，顾诒禄纂，乾隆十八年(1753)刻。以上长洲县志。

《乾隆元和县志》36卷，许治修，沈德潜、顾诒禄纂，康熙二十六年(1687)刻。《康熙常熟县志》26卷首1卷末1卷，高士鸃、杨振藻修，钱陆灿等纂，康熙二十六年(1687)刻；《康熙常熟县志》8卷，康熙五十一年(1712)刻；《雍正昭文县志》10卷，劳必达、陈祖范修，雍正九年(1731)刻；《乾隆常昭合志》12卷首1卷，言如泗纂，光绪二十四年(1898)活字印行；《光绪重修常昭合志稿》50卷，郑钟祥、庞鸿文纂，光绪三十年(1904)活字本。以上常熟县志。

《乾隆昆山新阳合志》，顾登、张予齐修，邵大业、王峻纂，乾隆十六年(1751)刻；《道光昆新两县志》40卷首末各1卷，石韫玉总裁，王学浩纂修，道光六年(1826)刻；《光绪昆新两县续修合志》，金吴澜、汪堃、朱成熙纂修，光绪六年(1880)刻；《康熙吴江县志》46卷首1卷，郭琇修，叶燮纂，康熙二十三年(1684)刻；《康熙吴江县志续编》10卷，王前修，包贤纂,康熙五十九年(1720)刻;《乾隆震泽县志》36卷,陈和志修,沈彤等纂,乾隆十一年(1746)刻;《乾隆吴江县志》58卷首1卷,沈彤等纂;《光绪吴江县续志》40卷首1卷,金福曾等修,熊其英等纂,光绪十年(1884)刻。以上吴江县志。

清代苏州府署和各县署除刻方志外,还有零星的刊刻诗文集活动。如苏州府署光绪四年(1878)刻清钱载《箨石斋诗集》50卷。钱载是清代中叶著名的文学家,尤以诗见长。其文有《箨石斋文集》,而此集则为诗歌全集,最初即刊刻于乾隆间,苏州府署所刻为重刻本。又如杨氏海源阁所藏《水经注》40卷,2函16册,半页9行21字,白口,四周双边,单黑鱼尾,为苏州府署据武英殿聚珍板刻本。[①]

二、江苏舆图局刻书

关于江苏舆图局的成立,《民国吴县志》卷七十五上"金德鸿"条说:"同治初,大吏奏设江苏舆图局,测绘大江以南州县各图,董其事者为桐乡沈善登、崇明李凤苞与德鸿。"[②]该志同卷"顾沄"载:"同治乙丑(1865),大府奏设舆图局,(顾)沄与焉。"[③]更加明确成立的具体时间。设在苏州的江苏舆图局运用在当时比较先进的技术手段,"出新意,用反罗经二十四向,分二百四十度,随路曲直,立向节,节实量。遇湖海及断港绝潢暨沙洲,立借根垂壶引线之法,测高山缩平而立弦求句股诸法,西人见之亦称精密"[④]。经过几年的努力,测绘工作取得了众多成就,江苏舆图局便把测绘成果刊刻出版,同治十年(1868)刻印成《苏省舆地图说》(包括《苏省总图》《苏松常镇太五里平方舆图》《松常镇太二里平方舆图》),署名丁日昌,合订成23册,用五色套印。

---

① 山东省图书馆编《山东省图书馆藏海源阁书目》,齐鲁书社1999年版,第98页。

② 曹允源、李根源:《民国吴县志(二)》卷七十五上,《中国地方志集成·江苏府县志辑》第12册,凤凰出版社2008年版,第518页。

③ 曹允源、李根源:《民国吴县志(二)》卷七十五上,《中国地方志集成·江苏府县志辑》第12册,凤凰出版社2008年版,第519页。

④ 曹允源、李根源:《民国吴县志(二)》卷七十五上,《中国地方志集成·江苏府县志辑》第12册,凤凰出版社2008年版,第518页。

三、苏州藩署刻书

顺治十八年(1661),江南布政使司分置左右,江南左布政使司仍驻江宁(今南京),而江南右布政使司则移驻苏州。康熙六年(1667),清政府改江南右布政使司为江苏布政使司,其署衙一般称为"苏州藩署",衙署设在明大学士王鏊别墅怡老园。考诸史料,有清一代,苏州藩署刻书活动主要如下。

康熙四十二年(1703),清帝第四次南巡,命苏州巡抚宋荦照式刊刻《御制诗》2 集。四十四年(1705),康熙第五次南巡,诏宋荦刻《资治通鉴纲目》,两年后校刊完成,并进呈御览。同年,宋荦进呈《皇舆表》100 部及《江左十五子诗》,受到清帝赞赏。宋荦刻的这些书皆冠以内府刻本,实则刻于苏州府署。①

乾隆六年(1741),陈宏谋在苏州任江苏按察使时,刻《司马文正公传家集》80 卷。

乾隆五十五年(1790),刻清陈毅辑《摄山志》8 卷首 1 卷。②

嘉庆十一年(1806),刻清汪志伊辑《荒政辑要》9 卷首 1 卷。本书辑历代救荒政策。卷首有周礼十二荒政等文,正文分禳弭、清源、查勘、则例、救援、粜粜、糜粥、防范、善后九门,各门下又分若干目。③

嘉庆十三年(1808),刻清明亮、赵璠等撰《钦定军器则例》32 卷,6 册。④

道光九年(1829),宋代大学者苏象先裔孙、清四川总督苏廷玉守苏州,从黄丕烈士礼居得影抄《苏魏公谭训》副本后,寻宋椠旧本依缺补录,不失宋刻面目,重新雕版以广其传。

道光三十年(1850),两江总督陆建瀛属长洲陈奂校刊《尔雅郭注义疏》20 卷,刻好后陆氏将书版携至江宁,藏于金陵节署中。

光绪十四年(1888),苏州布政使黄彭年刻清光聪谐撰《有不为斋随

---

① 叶瑞宝、张晞:《苏州古籍印刷史略(续)》,苏州市传统文化研究会编《传统文化研究》第 18 辑,群言出版社 2011 年版,第 446 页。
② 杨绳信:《中国版刻综录》,陕西人民出版社 1987 年版,第 186 页。
③ 高潮、刘斌:《中国法制古籍目录学》,北京古籍出版社 1993 年版,第 63 页。
④ 刘申宁:《中国兵书总目》,国防大学出版社 1990 年版,第 257 页。

笔》10卷。

四、江苏官书局刻书

晚清同光时期，各省纷纷设立书局。同治七年(1861)，江苏巡抚丁日昌上奏："治敦吏治必先选牧令，欲选牧令必先使耳濡目染于经济政治之书，然后胸中确有把握，临政不致无所适从。"①遂开设江苏官书局于苏州，也称苏州官书局。江苏官书局聘请著名校勘学家、藏书家刘履芬为提调，著名经学家俞樾任总校。在丁日昌领导之下，迅速发展起来，刻印了大量经史之书，并参加五局合刻《二十四史》的刻书活动。同治九年(1870年)，丁日昌离职后的官员均对江苏官书局刻书予以重视，如巡抚张之万因新刻《明纪》无序，于是请正谊书院著名学者冯桂芬为之作序。

光绪五年(1879)，刘履芬任嘉定知县，提调由原钱塘知县诸可宝继任。光绪十五年(1889)，江苏布政使贵筑人黄彭年在沧浪亭可园，创建学古堂。光绪三十四年(1908)，江苏巡抚陈启泰增设存古学堂。这二处也都刻书，书版后来并入江苏书局。刚毅任巡抚时，把所辑《秋谳辑要》交由书局提调诸可宝校勘刊行。

光绪后期，清政府统治日益衰败，经费难筹等原因使江苏官书局的经营受到很大的影响，如光绪中核减书价，并编有《重订核实价目》，在光绪二十四年(1898)，对江苏官书局进行裁撤，归并江苏官书坊，主要靠提取版息来维持书局运转，基本上不再雕刻新书，江苏官书局逐渐走向衰落。民国三年(1914)，经省批准，江苏官书局由江苏省立第二图书馆(即后来的苏州图书馆)接收，改名为"官书印行所"继续刷印出售，延到全面抗战时才停止。1960年根据国务院相关指示精神，由苏州市图书馆将馆藏全部书版移交扬州。

江苏官书局"刻书时间之长，品种之多，可称全国各大官书局之冠"②，他们通过自刻、修补旧版重印、官员捐赠书版等途径，所刻图书在晚清官书局刻书中具有重要地位。从刻书数量上看，同治七年至光绪十七年(1868—1891)是江苏官书局刻书最多的时间段，此间刻书150

---

① (清)丁日昌：《设立苏省书局疏》，《丁日昌集》(上)，上海古籍出版社2010年版，第12页。
② 江澄波：《吴门贩书丛谈》(上)，北京联合出版公司2019年版，第106页。

余种,占江苏官书局刻书总数的 74%。这期间不仅刻书数量多,且多为大部头的经史之书,如诸经要义,辽、金、元三史,牧令书等。

从刻书类别来看,江苏官书局所刻书非常吻合张之洞《书目答问》经、史、子、集、丛分类法。其中,虽然丛书类仅有《古逸丛书》1 种,但在清末官书局的刻书史上影响巨大。光绪六年(1880),杨守敬作为何如璋公使的随员赴日,在日期间爱到书肆买书,久之发现众多中国宋元珍本,"旋交其国医员森立之,见所著《经籍访古志》,遂按录索之。会遵义黎公使庶昌接任,议刻《古逸丛书》,嘱守敬极力搜访"。① 黎庶昌接替何如璋出任日本公使,和杨守敬齐心协力,一起搜访,发现众多珍贵的宋元刻本和旧抄本古籍,且大多是善本、孤本。随着搜集的扩大,《古逸丛书》的计划很快得到落实。杨守敬"出使时值艰巨,乃节三年薪俸万数千金,耗二年心力,独成此书"。② 他们搜访古籍的范围上至王室秘府,下至寺观、士大夫及百姓家中,择要刊刻,"刻随所获,概还其真,无复伦次,经始于壬午(1882),告成于甲申(1884)"③,经过与杨守敬 3 年搜访和校勘,终于"使中国数千百年坠简复还旧观,海内士大夫得者莫不惊为秘籍"。④《古逸丛书》最初在日本以美浓纸印刷,精美绝伦。该书 200 卷,收书 26 种。不久之后,黎庶昌将《古逸丛书》版片从日本带回,"旋举版俾苏州书局(即江苏书局),与海内同志公其好"⑤。

关于江苏官书局的刻书情况,江澄波统计后得出刻书 206 种,5047 卷,1632 册,具体如下。⑥

同治六年(1867)刻:

《小学集注》6 卷,宋朱熹撰,2 册;

《汪龙庄遗书》4 种 15 卷,清汪辉祖撰,6 册;

① (清)杨守敬撰,张需校点:《日本访书志序》,辽宁教育出版社 2003 年版,第 1 页。
② (清)陈矩:《东游文稿·记遵义黎莼斋先生刊〈古逸丛书〉》,光绪间贵阳陈氏刊本。
③ (清)黎庶昌辑:《古逸丛书》,江苏古籍出版社 2002 年版,第 1 页。
④ (清)陈矩:《东游文稿·记遵义黎莼斋先生刊〈古逸丛书〉》,光绪间贵阳陈氏刊本。
⑤ (清)陈矩:《东游文稿·记遵义黎莼斋先生刊〈古逸丛书〉》,光绪间贵阳陈氏刊本。
⑥ 江澄波:《吴门贩书丛谈》(上),北京联合出版公司 2019 年版,第 106—118 页。另据朱士嘉先生《官书局书目汇编》(中华图书馆协会 1933 年印)统计,江苏官书局共出书 188 种,以经史子集四部分类,计经部 28 种,史部 73 种,子部 45 种,集部 42 种,另有《古逸丛书》1 种。

《陆清献公莅嘉遗迹》2卷,清陆陇其撰,清黄维玉辑,1册。

同治七年(1868)刻:

《说文解字注》30卷,附《六书音韵表》5卷,清段玉裁撰,16册;

《司马氏书仪》10卷,宋司马光撰,1册;

《牧令全书》5种23卷,清丁日昌编,14册;

《牧令书辑要》10卷,清徐栋撰,丁日昌重编,4册;

《保甲书辑要》4卷,清徐栋撰,4册。

同治七年(1868)刻:

《牧民忠告》2卷,元张养浩撰,1册;

《刘廉舫先生吏治三书》6卷(《庸吏庸言》2卷、《读律心得》3卷、《蜀僚问答》1卷),清刘衡撰,4册;

《钦颁州县事宜》1卷,清田文镜撰,1册;

《文庙丁祭谱》1卷,清佚名撰,1册;

《文昌庙乐舞图》1卷,清佚名撰,1册;

《苏省舆地图说》(省总图、松常镇太五里方图、二里平方舆图),清丁日昌编,14册;

《陆清献公治嘉格言》1卷,清陆陇其撰,1册;

《二十四孝图说》1卷,清佚名撰,1册;

《朱子治家格言》1卷,清朱用纯纂,1册;

《周文忠公尺牍》2卷、《附录》1卷,清周天爵撰,1册。

同治八年(1869)刻:

《资治通鉴》294卷,附《释文辨误》12卷,宋司马光撰,100册;

《续资治通鉴》220卷,清毕沅撰,60册;

《资治通鉴目录》30卷,宋司马光撰,10册;

《司马温公稽古录》20卷,宋司马光撰,4册;

《察吏六条》1卷,清丁日昌撰,2册;

《百将图传》2卷,清丁日昌撰,2册;

《近思录集注》14卷,宋朱熹撰,清江永集注,4册;

《小学集解》6卷,宋朱熹撰,明吴讷集解,2册;

《小学纂注》6 卷,附《朱子年谱》1 卷,宋朱熹撰,清高愈纂注,2 册;

《读书分年日程》3 卷《纲领》1 卷,元程端礼撰,2 册;

《程氏性理字训》1 卷,清程若庸补辑,1 册;

《韩昌黎集》40 卷《外集》10 卷《遗文》1 卷、《韩集点勘》4 卷,唐韩愈撰,清陈景云点勘,10 册;

《古文辞类纂》75 卷,清姚鼐撰,12 册。

同治九年(1870)刻:

《禹贡正诠》4 卷,清姚彦渠撰,2 册;

《律例便览》8 卷附《处分则例图要》6 卷,清蔡嵩年、蔡逢年编,6 册;

《吾学录初编》24 卷,清吴荣光撰,6 册。

同治十年(1871)刻:

《明纪》60 卷,清陈鹤撰,20 册;

《通鉴外纪》10 卷《目录》5 卷,宋刘恕编集,清胡克家注补,10 册;

《直省释奠礼乐记》6 卷,清应宝时撰,4 册;

《杨园先生集》54 卷《年谱》1 卷,清张履祥撰,16 册。

同治十一年(1872)刻:

《重订文选集评》15 卷首 1 卷末 1 卷,清于光华编次,16 册;

《三流道里表》19 卷,清唐绍祖撰,2 册;

《实政录》7 卷,明吕坤撰,6 册;

《培远堂手札节存》3 卷,清陈宏谋撰,1 册。

同治十二年(1873)刻:

《五军道里表》18 卷,清常泰修撰,18 册;

《春秋属辞辨例编》60 卷首 2 卷,清张应昌撰,12 册;

《吴地记》1 卷《后集》1 卷,唐陆广微纂,1 册;

《吴郡图经续纪》3 卷,宋朱长文纂,1 册;

《辽史》115 卷,元脱脱撰,12 册;

《明卅家诗选》初集 8 卷二集 8 卷,清汪端选,8 册。

同治十二年(1873)刻：

《沈端恪公遗书》2卷，清沈近思撰，2册；

《元史》210卷，明宋濂等撰，40册；

《史鉴节要便读》6卷，清鲍东里撰，2册；

《元史氏族表》3卷，清钱大昕撰，2册；

《补元史艺文志》4卷，清钱大昕撰，2册；

《自然好学斋诗集》1卷，清汪端撰，3册。

光绪元年(1875)刻：

《辽史拾遗》24卷《纪年表》1卷，清厉鹗撰，清汪远孙撰表，8册；

《理瀹骈文摘要》2卷，清吴尚先撰，2册；

《儒门法语》1卷，清彭定求撰，1册；

《蕴兰吟馆诗余》2卷，清恩锡撰，1册。

光绪二年(1876)刻：

《大中讲义》3卷，清朱用纯撰，3册；

《楚汉诸侯疆域志》3卷，清刘文淇撰，1册；

《医林纂要探源》10卷，清汪绂撰，10册；

《陆宣公集》22卷首1卷《附录》1卷，唐陆贽撰，6册；

《昙云阁诗集》8卷《附录》2卷《外集》1卷《词抄》1卷、《音匏随笔》1卷，清曹楙坚撰，5册。

光绪三年(1877)刻：

《汇刻五经四书》93卷，宋朱熹等撰，36册；

《辽史拾遗补》5卷，清杨复吉撰，2册；

《思辨录辑要》22卷《后集》13卷，清陆世仪撰，8册。

光绪四年(1878)刻：

《辽金元三史国语解》46卷，清乾隆时奉敕撰，10册；

《秋审实缓比较条款》5卷，清谢诚钧撰，2册；

《志学会约》1卷、《困学录》1卷，清汤斌撰，1册；

《欧阳点勘记》2卷，清欧阳泉撰，2册。

光绪五年(1879)刻：

《学仕遗规》4卷补4卷，清陈宏谋撰，5册；

《图民录》4卷，清袁守定撰，2册；

《筹济编》32卷首1卷，清杨景仁编，8册；

《小学韵语》1卷，清罗泽南撰，2册；

《张忠敏公遗集》9卷首1卷《附录》6卷，明张国维撰，6册。

光绪六年(1880)刻：

《五礼通考》262卷，清秦蕙田撰，100册；

《金史详校》10卷首1卷附《史论王答》1卷，清施国祁撰，10册；

《五省沟洫图说》1卷，清沈梦兰撰，1册。

光绪七年(1881)刻：

《周易本义》12卷，宋朱熹撰，2册；

《读礼通考》120卷，清徐乾学撰，12册；

《论语古注集笺》10卷《考》1卷，清潘维城撰，6册；

《唐宋诗醇》47卷《目录》2卷，清爱新觉罗·弘历御选，20册。

光绪八年(1882)刻：

《周易孔义集说》20卷，清沈起元撰，8册；

《通鉴地理今释》16卷，清吴熙载撰，3册；

《易经读本》3卷，清周樽撰，2册；

《书经读本》6卷，宋蔡沈集传，5册；

《诗经读本》8卷，宋朱熹集传，4册；

《礼记集说》10卷，元陈澔撰，11册；

《左传读本》30卷，晋杜预、宋林尧叟注，10册；

《四书读本》26卷，宋朱熹集注，6册；

《春秋左传贾服注辑述》20卷，清李贻德撰，6册；

《资治通鉴目录》30卷，宋司马光撰，10册；

《资治通鉴宋本校勘记》5卷、《元本校勘记》2卷，清张瑛撰，1册；

《苏州府志》150卷首3卷，清李铭皖、谭钧培修，冯桂芬纂，80册；

《楚辞集注》8卷《辩证》2卷《后语》6卷，宋朱熹集注，明蒋之翘评

校,4 册;

《唐宋十大家全集录》50 卷,清储欣选辑,32 册。

光绪九年(1883)刻:

《说文解字系传》40 卷,南唐徐锴撰,8 册;

《大清通礼》54 卷,清李玉鸣撰,12 册;

《寰宇访碑录》12 卷,清孙星衍、邢澍同撰,4 册;

《直斋书录解题》17 卷,宋陈振孙撰,6 册;

《蚕桑辑要》3 卷,清沈秉成撰,1 册;

《靖节先生集注》10 卷首 1 卷,晋陶潜撰,清陶澍集注,4 册;

《续古文苑》20 卷,清孙星衍编,4 册;

《唐文粹》100 卷,宋姚铉编,16 册。

光绪十年(1884)刻:

《仪礼要义》50 卷,宋魏了翁撰,12 册;

《论孟书法》2 卷、《读四书》1 卷,清张瑛撰,1 册;

《西汉会要》70 卷,宋徐天麟撰,10 册;

《东汉会要》40 卷,宋徐天麟撰,8 册;

《唐会要》100 卷,宋王溥撰,24 册;

《墨妙亭碑目考》4 卷,清张鉴撰,2 册;

《西夏纪事本末》36 卷《年表》1 卷,清张鉴撰,4 册;

《沧浪小志》2 卷,清宋荦撰,1 册;

《眉山诗案广证》6 卷,清张鉴撰,2 册。

光绪十一年(1885)刻:

《说文解字校录》30 卷,清钮树玉撰,14 册;

《三国志证闻》2 卷,清钱仪吉撰,2 册;

《重订江苏海运全案原案》6 卷,清谭钧培辑,6 册;

《唐文粹补遗》26 卷,清郭麐辑,4 册。

光绪十二年(1886)刻:

《周易要义》10 卷,宋魏了翁撰,4 册;

《尚书要义》20 卷,宋魏了翁撰,6 册;

《毛诗要义》20卷，宋魏了翁撰，12册；

《礼记要义》32卷，宋魏了翁撰，8册；

《五代会要》30卷，宋王溥撰，6册；

《定盦文集补编》4卷，清龚自珍撰，2册；

《古文苑》21卷，宋章樵注，4册；

《宋文鉴》150卷《目录》3卷，宋吕祖谦编，24册。

光绪十三年(1887)刻：

《圣谕广训直解》1卷，清佚名编，2册。

光绪十四年(1888)刻：

《通行条例》4卷，清佚名撰，6册；

《弟子职集解》1卷《考证》1卷《补音》1卷，清庄述祖集解，黄彭年考证补音，1册；

《蚕桑简明辑说》1卷，清黄世本撰，1册；

《有不为斋随笔》10卷，清光聪谐撰，2册；

《璞斋集》5卷，清诸可宝撰，4册；

《南宋文范》70卷《外编》4卷《作者考》2卷，清庄仲芳编，16册。

光绪十五年(1889)刻：

《大清律例总类》7卷，清佚名撰，2册；

《牧令须知》6卷，清刚毅编，2册；

《审看拟说》4卷，清刚毅撰，2册；

《元文类》70卷《目录》3卷，元苏天爵编，10册；

《明文在》100卷，清薛熙编，10册。

光绪十六年(1890)刻：

《字林考逸》8卷补1卷，清任大椿辑，陶方琦补，4册；

《仓颉编》3卷续1卷补2卷，清孙星衍撰，任大椿续，陶方琦补，2册；

《学古堂日记》54卷，清雷浚、汪之昌选，26册；

《江苏省例正编》7卷《续编》7卷《三编》8卷《四编》12卷，清佚名辑，12册；

《读律一得》4卷,清宗继增撰,2册;

《江苏海塘新志》8卷,清李庆云等纂,4册;

《愧林漫录》2卷,明瞿式耜撰,2册;

《萃锦吟》8卷,清奕䜣撰,5册;

《八代诗选》20卷,清王闿运编,8册;

《古逸丛书》26种200卷,清黎庶昌辑(在日本使署刻成,后版归江苏书局重印),49册。

光绪十七年(1891)刻:

《王会篇笺释》3卷,清何秋涛撰,3册;

《唐律疏义》30卷《音义》1卷,唐长孙无忌撰,8册;

《捕蝗要诀》1卷、《除螟八要》1卷,清钱炘和撰,1册;

《洗冤录义证》4卷《附录》2卷,清刚毅撰,2册;

《笃素堂集抄》3卷,清张英撰,1册;

《南宋文录》24卷,清董兆熊辑,6册;

《金文雅》16卷,清庄仲芳编,4册。

光绪十八年(1892)刻:

《公门果报录》1卷,清宋楚望撰,1册;

《九数存古》9卷,清顾观光撰,4册;

《切问斋集》12卷,清陆耀撰,4册。

光绪十九年(1893)刻:

《碑传集》160卷,清钱仪吉纂,60册。

光绪二十年(1894)刻:

《才调集补注》10卷,唐韦縠编,清宋邦绥补注,4册。

光绪二十一年(1895)刻:

《历代名儒名臣循吏合传》51卷,清朱轼、蔡世远同编,24册;

《江苏全省舆图》3卷,清诸可宝纂,3册;

《金文最》60卷,清张金吾辑,16册。

光绪二十二年(1896)刻：

《毛诗订诂》8 卷《附录》2 卷,清顾栋高撰,4 册；

《沈余遗书》3 种 8 卷,清赵舒翘辑,4 册。

光绪二十三年(1897)刻：

《仪礼章句》17 卷,清吴廷华撰,4 册；

《代数启蒙》4 卷,清冯澂撰,4 册；

《衍元笔算今式》2 卷,清汪香祖撰,2 册；

《七十家赋抄》6 卷,清张惠言编,5 册。

光绪二十四年(1898)刻：

《刺字集》4 卷,清沈家本撰,1 册；

《劝学篇》2 卷,清张之洞撰,1 册；

《增删算法统宗》11 卷首 1 卷,明程大位编,清梅毂成增删,4 册；

《万象一原》9 卷,清夏鸾翔演,1 册；

《割圜通解》1 卷,清吴诚撰,1 册；

《盈朒一得》不分卷,清崔朝庆撰,1 册；

《董氏诹吉新书》2 卷,清董潜等撰,2 册；

《古文关键》2 卷,宋吕祖谦选,2 册；

《求益斋全集》20 卷,清强汝询撰,6 册。

光绪二十六年(1900)刻：

《小沧浪笔谈》4 卷,清阮元撰,2 册。

光绪三十二年(1906)刻：

《庸言》4 卷,清余元遴撰,2 册。

光绪间(1875—1908)无年月刊：

《学古堂藏书目》,清黄彭年编,1 册；

《筑圩图说》,清孙峻撰,1 册；

《大婚合卺礼节》,佚名撰,1 册；

《圣谕十六条附律易解》,佚名撰,1 册；

《劝善要言》,佚名撰,1 册；

《庭训格言》,清爱新觉罗·玄烨撰,清胤禛述,1册;

《保甲章程》,佚名撰,1册;

《清讼章程》,佚名撰,1册;

《秋谳辑要》,清刚毅辑,1册;

《童蒙须知韵语》,佚名撰,1册;

《心政经合编》,宋真德秀撰,1册;

《弟子规》,清李子潜撰,1册;

《诫子书》,清聂继模撰,1册;

《词辨》,清周济撰,1册;

《苏州城厢图》,1张;

《苏省五属十里方舆图》,1张;

《劝善歌》,1张。

附:江苏存古学堂刻印书

光绪三十三年(1907)刊《存古学堂丛刻》不分卷,清王仁俊撰,2册;

光绪三十四年(1908)刊《孝经学》7卷,清曹元弼撰,1册;

光绪三十四年(1908)刊《白虎通义引书表》1卷,清王仁俊撰,1册;

宣统元年(1909)排印《读书镫》1卷,清邹福保撰,1册;

宣统元年(1909)排印《彻香堂经史论》1卷,清邹福保撰,1册;

宣统元年(1909)排印《文钥》2卷,清邹福保撰,2册;

宣统二年(1910)木活字排印《经学文抄》25卷首3卷,清梁鼎芬、曹元弼辑,30册;

宣统二年(1910)刊《范文正公全集》48卷,宋范仲淹撰,10册;

宣统二年(1910)刊《范忠宣公全集》25卷,宋范纯仁撰,6册。

江苏官书局从同治六年始开刻至宣统末,前后共刻206种5047卷,1632册。其刻书时间之长,品种之多,居全国各省官书局之首。江苏官书局印书版片之来源渠道多样,一是自刻,如《牧令全书》《江苏全省舆图》等。二是修补旧书版重印,如补刻胡克家复元本《资治通鉴》、毕沅《续资治通鉴》等。三是刷印捐赠书书版,如《古逸丛书》等。四是接受学古堂和存古学堂所刻之版片,如《学古堂日记》等。民国三年

（1914 年），江苏省立第二图书馆（即苏州图书馆前身）创设，官书局所有版片归图书馆接收。1960 年，根据国务院"要求各地把散失的古籍书板分点集中进行整理"的指示精神，苏州图书馆将所有古籍版片移交扬州今广陵古籍刻印社。

　　除以上四类官府刻书外，清代苏州其他官府亦有零星刻书之举，主要有：（1）苏州龙泉官舍乾隆二十八年（1763）刻明叶子奇撰《草木子》2 卷。（2）苏州汤晋苑局同治六年（1865）刻清胡培翚撰《仪礼正义》40 卷。① （3）苏州保息局同治七年（1866）刻清段玉裁撰《说文解字注》15 卷和《六书音韵表》2 卷，该书原为嘉庆十三年（1808）段氏经韵楼所刻，书版后归苏州保息局，保息局遂补刻印行。② （4）虞山官廨刻咸丰七年（1857）清周沐润撰《养生四印斋文》3 集 6 卷《诗集》22 卷。（5）苏州府学刻书 5 种：康熙间，刻清人过孟起《苏州府学志》；雍正元年（1678），苏州府学刻清姚德教《罗峰家训》1 卷、《训蒙正则》1 卷，有江苏巡抚何天培书于吴门院署的序文；同治八年（1869），刻清王其福、潘世湉《苏州府学明伦堂匾额志》不分卷，潘遵祁序、王其福识，道光六年（1826）汤达重刻识；光绪三十二年（1906），刻清代钱国祥《国朝三邑诸生谱》，版藏府学洒扫处。苏州府学刻书"校对精良，字体洁雅，墨气香浓，纸色苍润，展卷便有惊人之处，有宋刻之妙"③，受到后人称赞。

五、书坊刻书

　　明代苏州刻书繁荣，出现了众多书坊。清初，由于社会动荡，兼之清代统治者对于文化的钳制，坊刻事业一段时间走入谷底。康乾时期，随着社会稳定，经济逐渐繁荣，市民的文化需求不断提高，坊刻事业重新回到正轨，并逐渐超越明代，时人称："印板之盛，莫盛于今矣，吾苏特工。"④而究苏州清代坊刻，则有如下几方面特征。

① 以上两则刻书史料皆出自杨绳信《中国版刻综录》，陕西人民出版社 1987 年版，第 186 页。
② 黄永年、贾二强：《清代版本图录》，浙江人民出版社 1997 年版，第 57 页。
③ 杨镜如编著：《苏州府学志》（上），苏州大学出版社 2013 年版，第 70 页。
④ （清）袁栋：《书隐丛说》卷十三，《续修四库全书》第 1137 册，上海古籍出版社 2002 年版，第 122 页。

一是成立印书业的行会组织。清代苏州工商业十分发达,各行各业为了维护共同利益,多有行会组织,行会组织根据实际情况而制定规约,行业共同遵守,这种做法对于工商业的有序发展起到了重要保护作用。康熙十年(1671),苏州成立首个书业公所——崇德书院,"供奉梓潼帝君,为同业订正书籍讨论删原之所。并同业中异乡司伙,如有在苏病故,无力回乡者,代为埋葬狮山义冢等项事宜"[1]。道光二十五年(1845)六月二十八日,苏州印书行规制定出来后,刻石留存,名曰《崇德公所印书行规碑》,原碑在苏州尚义桥缸甏河头十四号崇德公所,碑高129.5公分,宽59.4公分。条规中说:

> 书坊一业,贸易四方,苏郡会集之所,是在宪境设立崇德公所。缘刷印书籍,向无行规,前有印手徐怀顺倡立行规,霸持各店,收徒添伙,勒加印价,经职员赵万青等禀,蒙贺前县吊毁行簿,许等自知理肘,挽人调处,具结销案,给示禁约在案。近有朱良邦等仍敢立行规,霸持各店收徒,勒增节礼,刷印草率,讹诈外来印手入行钱文,职等禀蒙差提,邀沐庭讯,当将朱良邦责儆递籍,附和之朱德超、周基彩、韩宝林从宽,着具嗣后听坊自雇,不敢霸阻切结。许怀顺、焦茂春、李锦山倘再来苏滋扰,禀候提讯递籍……[2]

同治十三年(1874)三月十四日,又立《吴县为重建书业公所兴工禁止地匪借端阻挠碑》,原碑亦在苏州尚义桥缸甏河头十四号崇德公所,碑高101.4厘米,宽51.6厘米。行规的制定极大加强各坊肆之间的协作与团结,可见苏州书业的繁荣及其管理之有序。

二是书坊数量庞大。清代苏州书坊有从明代延续下来的,如金阊书业、宝翰楼等,为明末老铺,入清后继续刻书,但更多的是清代新

①《吴县为重建书业公所兴工禁止地匪借端阻挠碑》,江苏省博物馆编《江苏省明清以来碑刻资料选集》,生活·读书·新知三联书店 1959 年版,第 73 页。

②《崇德公所印书行规碑》,江苏省博物馆编《江苏省明清以来碑刻资料选集》,生活·读书·新知三联书店 1959 年版,第 72—73 页。

成立的。江澄波等考证出 45 家①,张秀民考证出 57 家②,而叶瑞宝和张晞二人更是考证出 105 家之多。105 家是:

　　三吴大业堂、金阊孝友堂、古吴文英堂、古吴德聚堂、金阊王允明、金阊同文堂、吴门柱笏堂、金阊文雅堂、金阊素政堂、金阊叶继照、姑苏扫叶山房、金阊刘汝洁、金阊勤有楼、吴郡崇书院、吴趋宛委堂、郁郁堂、吴郡邓明玑、长洲天德尚贤堂、王氏绿慎堂、素心堂、姑苏隆溪堂、古吴沈氏裕麟堂、金阊文粹堂、吴门南芝草堂、金阊周子肇、姑苏桐石山房、苏州文喜堂、铁瓶书屋、金阊黄金屋、古吴振秀堂、金阊文宝堂、苏州松鹤斋、楠槐堂、亦西斋。以上皆存在于顺康时期。

　　念修堂、阊门鹏翮堂、萃秀堂。以上属雍正时期。吴门仁寿堂、吴郡小郁林、金阊宝仁堂、吴门李又韩、穆大展近文斋局、姑苏思义堂、姑苏观承堂、姑苏云龙阁、金阊学耕堂、金阊函三堂、姑苏二友堂、金阊瑞凝堂、姑苏嫁史轩、姑苏王氏聚文堂。以上为乾隆时期书坊。

　　钱听默萃古斋、金阊惟善堂、姑苏张遇清局、陶正祥五柳居、金阊萃英堂、王凤仪有耀斋局、胡立群经义斋、姑苏讲德斋、姑苏裕德坊、苏州会文堂、姑苏来青阁、金阊同清堂、金阊起秀堂。以上属嘉庆时期。

　　毛上珍传书斋、金阊世堂、吴门玉照堂、吴郡张斌莱、金阊三友堂、吴郡张金彪局、金阊经义堂、汤晋苑局、吴青霞斋、喜墨斋、万有喜斋、得见斋、王兰坡、陶升甫、吴郡宝善堂。以上属道光时期。

　　相石山房、徐文圃局、甘朝士铺。以上为咸丰时期书坊。

　　姑苏裕文祥、吴门五云楼、顾悦庭漱芳斋、玛瑙经房。以上属同治时期。

　　苏州小酉山房、谢文翰斋、紫文阁、朱记荣槐庐家塾、汪少坡六润斋、古吴黄文治、姑苏红叶山房、吴郡徐元、李金心芳斋、郑子兰苏文铭斋、姑苏梓文阁、振兴书社、文学山房、开智书室、姑苏扫叶永记书庄、金阊巽记书庄、吴门德馨堂、姑苏锦奎堂、文木山房等。以上属同治以后

---

① 见江澄波等《江苏刻书》,江苏人民出版社 1993 年版,第 241—250 页。
② 张秀民:《中国印刷史》,浙江古籍出版社 2006 年版,第 394 页。

之书坊①。

三是为迎合市民口味,多刻戏曲小说、书画艺术、医学等。这类图书不仅数量品种多,而且印刷极其讲究,绣像镂版,装帧精良,利润丰厚,成为南北各地书估的抢手货。如金阊书业堂早在明代刻印过《秘传眼科龙木医术总论》10 卷,汤显祖《邯郸记》2 卷,梅膺祚《字汇》12 卷首 1 卷末 1 卷,朱晋祯辑《橘中秘》4 卷、《温疫论》2 卷。入清后,该书坊与宝翰楼、绿荫堂齐名,刻印的图书有:《花镜六卷图》1 卷,西湖陈淏辑,康熙二十七年(1688)刻;《新评龙图神断公案》10 卷,乾隆四十年(1775)刻;《后西游记》40 回,乾隆四十四年(1779)刻;《豆棚闲话》12 卷,题圣水艾衲居士编,乾隆四十六年(1781)刻;《芥子园画传》2 集 8 卷,乾隆四十七年(1782)刻;《说呼全传》12 卷 40 回,乾隆四十九年(1784)刻;《四子谱》2 卷,清锡山过文年撰,乾隆五十一年(1786)刻;《景岳全书》64 卷,明张介宾撰,嘉庆二十四年(1819)刻;《张氏医书》7 种 27 卷,清张璐、张登撰,嘉庆间刻;《拍案惊奇》18 卷,明凌濛初撰,道光三年(1823)刻;《老子袭常编》2 卷,清南通王绍祖撰,道光三年(1823)刻;《韵综》5 卷《检字》1 卷《集字》5 卷,清开封陈诒厚撰,道光间刻等。所刻图书紧紧围绕市民需求,为清代市民文化的发展作出了重要贡献。

关于清代苏州坊刻的具体书目,叶德辉《书林清话》、张秀民《中国印刷史》和江澄波等《江苏刻书》等皆有统计,今据各家之说,将可以考知的书坊刻书种数和卷数列表如下。

清代苏州书坊刻书种数和卷数表②

序号	书坊	刻书种数	刻书卷数	备注
1	姑苏二友堂	1	6	
2	姑苏二酉斋	1	3	

---

① 叶瑞宝、张晞:《苏州古籍印刷史略(续)》,苏州市传统文化研究会《传统文化研究》第 18 辑,群言出版社 2011 年版,第 449—450 页。

② 根据戚福康《论明清苏州的坊刻》统计制表,载《南昌师范学院学报》(社科版)2014 年第 4 期。

序号	书坊	刻书种数	刻书卷数	备注
3	姑苏大树堂	2	20	
4	姑苏千钟书屋	1	1	不分卷以1卷计
5	古吴三多斋	1	7	
6	文渊堂	1	6	
7	文粹堂	2	9	
8	谢氏文翰斋	1	4	
9	金阊文藻堂	1	18	
10	徐氏文艺斋	1	1	不分卷以1卷计
11	文莫堂	1	1	
12	文喜堂	1	1	
13	文越堂	1	5	
14	王君甫(书坊)	2	2	
15	吴门书林仁寿堂	1	12	
16	金阊赵氏书业堂	20	177+40回	
17	宁止堂	1	4	
18	吴门书林甘朝士局	1	64	
19	乐古斋	1	24	
20	兰蕙轩	6	6	
21	苏州书坊	2	28+50集	
22	有鸿堂	1	8	
23	扫叶山房	9	345	统计到咸丰时期
24	金阊书林同文堂	1	1	
25	金阊书林传万堂	2	28	
26	金阊书林成裕堂	1	12	
27	金阊书林观成堂	1	18	

序号	书坊	刻书种数	刻书卷数	备注
28	酉阳堂	1	6	
29	玛瑙经房	1	60	
30	姑苏来青阁	1	32	
31	金阊怀新堂	1	20	
32	吴门书林	1	17	
33	金阊书林宝翰楼	8	58	1种不分卷以1卷计
34	金阊步月楼	1	16	
35	金阊书林明德堂	1	4	
36	金阊书林函山堂	1	4	
37	金阊书林笏堂	1	1	不分卷以1卷计
38	姑苏映雪堂	1	10	
39	金阊书林桐石山房	1	13	
40	钱德苍（书坊）	1	48	
41	金阊书林"石琰"清素堂	4	9	
42	金阊崇德书院	4	2＋328回	
43	金阊得见斋	1	28	
44	金阊裕文堂	1	4	
45	金阊琴川书屋	1	314	
46	金阊敬乐斋	1	12	
47	金阊敦本堂	3	12	
48	金阊绿筠堂	1	1	不分卷以1卷计
49	金阊绿荫堂	4	129	
50	苏州绿慎堂	2	2＋55回	
51	姑苏聚文皇堂	12	210	1种不分卷以1卷计

序号	书坊	刻书种数	刻书卷数	备注
52	姑苏醉六堂	1	4	
53	姑苏德馨堂	4	40	
54	姑苏稼史轩	1	4	
55	胥门"胡(立群)氏"经义斋	2	27	以上资料见《江苏刻书》
56	庙前陶氏五柳居	3	19	
57	山塘钱氏萃古斋	3	41	1种不分卷以1卷计
58	郡城学余堂书肆	1	80	
59	玄妙观前学山堂书坊	1	1	
60	府东敏求堂	2	2	不分卷以1卷计
61	玄妙观东闵师德堂	1	10	
62	臬署前书坊玉照堂	2	5	
63	臬署前文瑞堂	1	10	
64	臬辕西中公堂书坊	1	10	
65	醋坊桥崇善堂书肆	1	1	不分卷以1卷计
66	郡东王府基周姓墨古堂	1	20	
67	阊门横街留耕堂	2	13	
68	阊门文秀堂书坊	1	70	
69	金阊门外桐泾桥头书铺芸芬堂	1	1	不分卷以1卷计
70	玄妙观前墨林居	2	2	不分卷以1卷计
71	紫阳阁朱秀成书坊	1	7册	
72	葑门大观局	1	1	不分卷以1卷计
73	遗经堂	1	3	
74	酉山堂	1	3	
75	本立堂书坊	1	2	

序号	书坊	刻书种数	刻书卷数	备注
76	王府基书摊高姓	2	5	
77	胡苇洲书肆	1	1	
78	振邺堂	1	1	以上资料见于《书林清话》《中国印刷史》等

需要说明的是,《书林清话》《中国印刷史》等对清代苏州书坊的记载,仅是列举性质,不能包括全部刻书,且还不包括苏州府下属的常熟、昆山、太仓、吴江等地的书坊刻书,实际刻书总数要远超此数。从刻书时段来说,康熙中后期及乾隆时期是苏州坊刻的活跃期,鸦片战争以后,上海开埠,商业出版活动一时云集沪上,苏州坊刻遂逐渐衰退。

六、扫叶山房刻书

关于扫叶山房成立时间,一直以来有明代说[1]、清初说。宣统元年(1909),《图画日报》刊登扫叶山房北号广告称:"国初汲古阁毛氏所刊书籍,如《十三经》《廿一史》等不下数百余种。后板子全归吴中席氏。席氏既得此书板,即开设书肆于江苏省垣,牌号曰扫叶山房。"[2]按照杨丽莹《扫叶山房创始年代考》中的观点,扫叶山房在乾隆四十九年(1784)左右创立。[3]

扫叶山房的创始人为席世臣(1756—1814),字邻哉,一字郚客。苏州东山洞庭人。祖席襄,官至台州盐运副使,娶著名藏书家刻书家顾嗣立孙女为妻。父席绍容,例授户部山西司员外郎,娶蒋氏,为常熟名门之后。成年后,席世臣娶山西永宁州知州陆灏女为妻。乾隆四十八年(1783)秋,他前往南京参加省试,因病未终场而返。两月后,受父命游学京师,以商籍身份入读国子监。乾隆四十七年(1782),清高宗下旨缮

---

① 魏隐儒《中国古籍印刷史》称"创设于明万历年间",宋原放等《上海出版志》称"初见于明季刻书";民国三年(1914)《文艺杂志》创刊号刊载一则扫叶山房"启事"说"本坊创自明季,迄今三百余年",揆诸实情,则为商家夸大之词,不足信。《中国近代出版史料二编》,第365页。
② 《图画日报》第5号第7页,上海古籍出版社1999年影印,第2册,第296页。
③ 杨丽莹:《扫叶山房创始年代考》,《图书馆杂志》2005年第2期。

写江浙三阁《四库全书》，需要大批校勘人员，席世臣作为国子监生，符合充任校对身份。三年的校书生涯，席氏得以窥见大量内府藏书，为返乡创设扫叶山房并刊刻大量典籍积累了重要的文化资本。

扫叶山房的刻书历史，大致可以分为乾嘉时期、同光时期和清末民初三个阶段。乾嘉时期所刻典籍以史部为最多，多以内府藏本或殿本为底本，席世臣亲自校订，版式上主要仿照汲古阁本和殿本，具有较高的学术价值和影响力，流传较为广泛。杨丽莹根据史料记载和各地图书馆藏，将乾嘉时期刻书统计后绘制成表，①今根据该表，按照刻书年代先后排列如下。

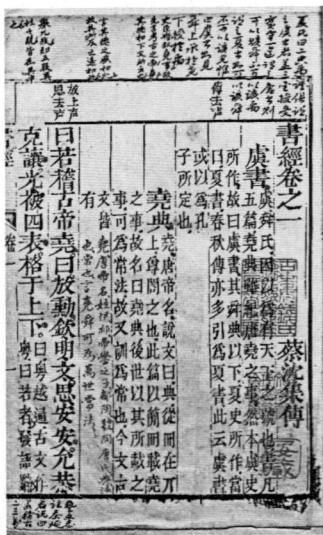

图5-2-1 《书经集传》六卷 宋蔡沈集传 清嘉庆五年扫叶山房刻本 南京图书馆藏

《容斋五笔》60卷，宋洪迈撰，乾隆五十九年（1794）刻；

《宋辽金元别史》207卷（又名《四朝别史》：宋王偁撰《东都事略》130卷、明钱士升撰《南宋书》60卷、宋叶隆礼撰《契丹国志》27卷、旧题宋宇文懋昭撰《大金国志》40卷、清邵远平撰《元史类编》42卷），乾隆六十年（1795）刻；

《东观汉纪》24卷，汉刘珍撰，乾隆六十年（1795）刻；

《旧五代史》150卷，宋薛居正撰，嘉庆元年（1796）刻；

《古史》60卷，宋苏辙撰，嘉庆元年（1796）刻；

《元经薛氏传》15卷，隋王通撰，唐薛收传，宋阮逸注，嘉庆元年（1796）刻；

《元诗选癸集》，清顾嗣立编，嘉庆三年（1798）刻；

《贞观政要》10卷，唐吴兢撰，嘉庆三年（1798）刻；②

---

① 杨丽莹：《扫叶山房史研究》，复旦大学博士学位论文，2005年。
② 杨丽莹以为"乾隆间"刻，而苏士梅以为"嘉庆三年"刻。见苏士梅注说《贞观政要》，河南大学出版社2016年版，第17页。

《钱塘遗事》10卷,元刘一清撰,嘉庆四年(1799)刻;

《大唐六典》30卷,题唐玄宗李隆基撰,李林甫等注,嘉庆五年(1800)刻;

《泰西水法》6卷,[意]熊三拔撰、明徐光启译,嘉庆五年(1800)刻;

《仪礼旁训》17卷,清佚名撰,嘉庆五年(1800)刻;

《春秋释利》15卷,晋杜预撰,嘉庆五年(1800)刻;

《西汉年纪》30卷,宋王益之撰,嘉庆五年(1800)刻;

《书经集传》6卷,宋蔡沈撰,嘉庆五年(1800)刻;

《刘涓子鬼遗方》5卷,南齐龚庆宣撰,嘉庆五年(1800)刻;

《孙真人千金方衍义》30卷,清张璐,嘉庆六年(1801)刻;

《周官精义》80卷,清连山斗撰,嘉庆十二年(1807)刻;

《校订困学纪闻集证》20卷,宋王应麟撰,清阎若璩等笺,清万希槐辑,嘉庆十八年(1813)刻。

扫叶山房所刻书籍多能够做到上慰前人,有益来学,嘉庆三年(1798)所刻《元诗选癸集》就是其中的代表。康熙时,长洲人顾嗣立秀野草堂刻《元诗选》初、二、三集,各以十干为序,但都缺癸集。席世臣通过各种渠道搜辑资料,终于将癸集补刻齐全,并同旧版一起刷印,这样才有完整的顾氏《元诗选》行世。癸集前有席世臣《序》:

> 顾秀埜先生《元诗选》,以十干分部,自甲至壬,既寿诸梓,风行海内,惟癸集未竣,而先生递没。先大父守朴君愿出也,尝取是编授世臣,而深以癸集独阙为憾,递先大夫捐馆,世臣每读是编,辄潜然动其心,乃访先生之曾孙果庭,得已刻之板并未刻之稿,积取以归,如获拱璧,爰与果庭反复细校,勘其脱落,重加修订。板之坏者补之,稿之完者锓之,盖十易寒暑而始克藏事,庶几先生搜辑之功,自此勿隳,亦先大夫之志也。其十集所未备者,世臣博采群籍,别为《补遗》一编,将续梓以问世焉。①

用十年寒暑补刻先朝未完之书,令人为之感叹。席世臣去世后,扫叶山房经营出现了重要的变化。这种变化一方面是时代使然,道光和

---

① (清)席世臣:《元诗选癸集序》,顾嗣立《元诗选癸集》卷首,扫叶山房嘉庆三年(1798)刻本。

咸丰年间,因太平天国战乱,扫叶山房也难免于兵燹,乾嘉时期所刻的书版毁损很多;乱后,清廷在各省相继成立官书局,传统的雕版印刷业受到了严重的挑战,扫叶山房在刻书的品种、数量以及经营的形式和规模等方面都较为艰难,但是依然向前发展。另一方面是人为因素,席世臣之后,扫叶山房由其子孙继续经营,道光二十五年(1845),孙席元章开始接手扫叶山房。席元章(? —1862),字晦甫,一字冠甫。青浦县岁贡生。席元章其人潜心经学,但不谙经营,故此期所刻书之内容和质量皆不及乾嘉间席世臣主事所刻。咸丰十年(1860),太平军攻下苏州,席元章被太平军扣为人质,数日后获释,但又于同治元年(1862)再次被掳,从此后音讯全无,扫叶山房乾嘉至道光间所刻书版在战乱中多遭毁坏,损失惨重,一段时间被迫关闭。

同治元年(1862),扫叶山房主人易为席威。席威(1845—?),一名素威,字孟则,一字仪廷,廪生,曾入上海龙门书院读书。为重振扫叶山房刻书的昔日盛况,席威延聘多位学者从事刻书工作。扫叶山房在上海重新开业,先后刊刻书籍数百种,并与校经山房、江左书林有过密切合作关系,三家联合刻书,同时,席威还恢复了原在苏州阊门大街的门店,改设为分号。这样,扫叶山房同时在上海和苏州经营,迎来了刻书的高潮时期,所刻典籍品种多,数量大,如所刻《毛声山评点绣像金批第一才子书三国演义》《绣像评点封神榜全传》《千家诗》以及《龙文鞭影》初、二集附《童蒙四字经》,等等,都是流行甚广的书。光绪八年(1882),扫叶山房刊行《扫叶山房书目》,之后又不断修订,该目共收录自刻及寄售、代售局刻本和他坊刻本约计 1030 多种。[①]

清末石印法盛行,各书肆出石印书甚多,因版刻锓板不便,扫叶山房亦逐渐以石印代替雕版。民国时,扫叶山房已有 5 个分号:北号,在上海棋盘街;南号,在上海彩衣街;汉号,在汉口四官殿;苏号,在苏州阊门内;松号,在松江马路桥。苏号历史最久,木刻一般以苏州最多,而石印则以上海为最多。五号所刻书,皆以圆形瓦当式篆体"扫叶山房"作为统一的商标,而正因为如此,扫叶山房刻书很多,但

---

① 杨丽莹:《扫叶山房史研究》,复旦大学博士学位论文,2005 年,第 70 页。

是在苏州分店的刻书情况则难以从中厘清。诚如陈晓明所言："私家书坊能经营几百年，刻书几百种，在数量上与清内府刻书相上下，为国内罕有。"①

七、私家刻书

清代苏州家刻迎来了鼎盛时期，这是因为清代考据学兴起，而苏州又成为考据学的中心，是乾嘉学派吴派的发源地，出现了顾炎武、顾广圻、黄丕烈、孙星衍、钱大昕、钱大昭、钱遵王等著名学者，大批丛书、逸书和旧版书重新编辑刊印，私家刻书蔚然成风，图书编辑机构林立。根据江澄波《江苏刻书》②记载，笔者统计清代苏州私家刻书家数和所刻种数列表如下。

清代苏州地区私家刻书一览表

地区	刻书家数	刻书种数
吴县	89 人	251 种
长洲	76 人	238 种
元和	18 人	98 种
昆山	15 人	40 种
镇洋	8 人	22 种
常熟（含昭文）	71 人	348 种
吴江	66 人	669 种
总计	343 人	1666 种

上表所反映的仅为《江苏刻书》所列举的家刻情况，而事实上，由于清代刻书资料繁夥，很难考知全部人数和种数。观有清一代苏州家刻，

---

① 陈晓明：《扫叶山房》，《江苏出版史志》1996 年第 1 期，第 52—53 页。
② 江澄波等《江苏刻书》有"西溪别墅"（江苏人民出版社 1993 年版，第 287 页），应为"陆肇域"。西溪别墅位于吴县甪直镇，为甫里后人陆肇域乾隆五十一年(1786)仿陆龟蒙别墅八景而筑。其中的"从吾馆"应为"葛芝"（江苏人民出版社 1993 年版，第 306 页）。从吾馆在昆山西门内，清初葛芝读书处。龙仙当时避迹山中，晚归是馆，闭户著书，馆约一亩之大，偏西有小屋三间。见魏嘉瓒编著《苏州历代园林录》，燕山出版社 1992 年版，第 207 页。《江苏刻书》又单列"葛芝"刻《卧龙山人文集》14 卷，显然为重出，第 309 页。

其特点突出表现在如下几方面。

一是乾嘉时期掀起一股翻宋仿宋潮流,对刻书业的发展产生了巨大的影响。这方面尤以黄丕烈为代表,下文要专述黄氏刻书。一般的家刻者也有此举,如吴江人徐达源"工为诗,宗杨诚斋,晚年出入山谷。以翰林院待诏需次京师,交一时贤士大夫,而特善阳湖洪亮吉、钱塘吴锡麟、蒙古法式善、长洲顾元熙。达源既擅风雅之誉,性豪迈,喜宾客,钱塘袁枚常至其家,其配曰吴琼仙人,所称珊瑚夫人者也,著录为随园弟子。达源既好宾客,尤留心文献,里中有公事,尝为之主办,以杨诚斋诗罕善本,刻之"①。苦于前代无善本,徐达源于嘉庆五年(1800)刻《诚斋诗集》16 卷,在诸多杨万里的诗集刻本中,今人给以"校订尚精"②的评价。

二是家刻者多刻自己的著作及前贤诗文,这类刻本大多为手写上版,选用纸墨都比较考究,是清私刻中的精品。如明人沈啓撰写《吴江水考》5 卷,嘉靖四十三年(1564)初刻,入清后该版本不传,乾隆二年(1737),"公之八世孙守义重为开雕,校雠备至,使后人得藉是以行善政,宁止显扬祖烈而已? 是可嘉也"③。

三是家刻者具有深厚的文化情怀,他们对于典籍始终报以珍视和保护心态,把刻书看作一生最崇高的事业。在和平时期,众多学者默默从事编纂和校刻工作,而在战乱年代,他们依然钟情于刻书。如吴江人陆日爱"当粤贼已乱,得杨园张氏未刻书数卷,日爱刻之,其友人凌淦见之曰:'此何时也,而犹刻书为?'日爱曰:'此何时也而不刻书为?'"④

清代苏州家刻者众多,今举其中佼佼者 10 家略述如次。

(一)顾炎武刻书

顾炎武(1613—1682),本名顾绛,字宁人,人称亭林先生。昆山人。

与黄宗羲、王夫之并称明清之际的三大学者，杰出的经学家、思想家、史地学家、音韵学家和藏书家。顾炎武早年即与名士交往，讲学论道，留心时事，对社会问题有很深的探讨研究，并有强烈的爱国思想。清兵南下时，参与反清复明活动，失败后终身不仕而专心治学，从事边防和西北地理的研究，并撰写了《天下郡国利病书》和《肇域志》。晚年则笃志经史，全力撰写《日知录》。他自30岁后即潜心学问，凡读书必作笔记，自称："愚自少读书，有所得辄记之，其有不合，时复改定。或古人先我而有者，则遂削之。积三十余年，乃成一编，取子夏之言，名曰《日知录》，以正后之君子。"①

《日知录》的体例是将平日读书所得随时记下的读书札记。因其以考据性文字居多，且大量篇幅研讨历史问题，故多数学者又将其归入史评、史考体。全书共32卷，不分门类，所记共1020条，每条一个标题。内容涉及政治、经济、军事、哲学、宗教、经学、历史、文学、艺术、语言、文字、数学及法律法规、典章制度、天文地理等方面，极其广泛。每论一事，必详加考证，凝聚作者30余年学习钻研的心得与认识，内容丰富，考证翔实，较为集中反映顾炎武的史学思想，对后世学者产生较大影响。

自从中年开始把事业转向于学术，《日知录》的写作伴随顾氏的终生，该书可以说是顾炎武一生中最重要的著作，因此，只要一息尚在，顾炎武还要继续写下去。此书在写作过程中就已经知名于学术界，顾氏曾因友人多求抄写，考虑到抄本流传不广的局限性，遂于康熙九年（1670）先刻《日知录》8卷附《谲觚十事》，是为符山堂初刻本。顾炎武去世后，弟子潘耒重加校勘整理，于康熙三十四年（1695）在福州刊印，这是现存最早的32卷本《日知录》。其后又有多种校勘、补正本。道光十四年（1834），黄汝成博采各家校勘补正本的研究成果，成《日知录集释》30卷，是流传最广的研究《日知录》的重要参考书。

自己刻书外，顾炎武还委托别人刻《广韵》1种。《顾炎武年谱》说："李子德尝得《广韵》旧本，顾亭林言之陈祺公，托张力臣为锓木淮阴，此

---

① （清）顾炎武著，黄汝成集释，栾保群、吕宗力校点：《日知录集释》目录首识语，上海古籍出版社2014年版，第2页。

唐人所用之韵也。"①事情是这样的：顾炎武向来重视音韵，主张以唐韵正宋韵，需要以《广韵》为依据，但当时藏有《广韵》的人少而又少，难觅此书。顾炎武曾多次向友人陈上年提及此事，而陈上年亦究心于音韵。后李因笃（字子德）偶然在都城书肆里见到《广韵》，便立刻购买。康熙六年（1667），顾炎武听说李因笃家藏有《广韵》旧本，便请陈上年借来《广韵》，并转托张力臣为自己开雕此书，陈上年向李因笃借来该书后，还拿出自己的俸禄作为刻书之费，张力臣遂在淮阴刻《广韵》一本。

（二）顾广圻刻书

顾广圻（1766—1835），字千里，号涧蘋，别署无闷子、一云散人、牛背散人、思适居士，学者称其为"万卷书生"。吴县人。受业于江声，精通经学、小学，尤善校雠。史称其"天质过人，经史、训诂、天算、舆地靡不精通，至于目录之学，尤为专门。……乾嘉间以校雠名家，文弨与广圻为最著云"。② 顾广圻因为家境贫困，虽身通六艺，但仅为谋食之资，不得已为多位学者校书、刻书而赚取日常生活费用，但是为后代留下一大批校勘精审印制精美的图籍。他提出"不校校之"的校雠理论，就是要求校雠者既不改变书原貌，又能说明书的是非得失。该理论对于保持古书原貌，杜绝臆改有很重要意义。经考证，"顾氏校刻之书共有53种，其中经部11种，史部有16种，子部有15种，集部有11种"③。其刻书活动分为自己出资刊刻、与他人集资刊刻和代他人刊刻等几种类型。④

由于家境贫寒，顾广圻自刻之书2种：（1）复刻明嘉靖本晋郭璞《尔雅注》3卷，嘉庆十一年（1806）刻于江宁。（2）清段玉裁《释拜》1篇，嘉庆十二年（1807）刻于江宁。与他人集资刻书1种：补刊重修曹寅刻毛抄本宋丁度等《集韵》10卷，嘉庆十九年（1814）与方维甸等人合资刻于江宁。与上述两种刻书情况不同，顾广圻一生中所刻大量典籍中绝大部分是代他人所刻。

---

① 张穆等撰：《顾炎武年谱外七种》，上海古籍出版社2012年版，第52页。
② 赵尔巽等：《清史稿》卷四百八十一，中华书局1977年版，第13192页。
③ 湖北大学学位办编：《湖北大学硕士学位论文摘要汇编（2001年卷）》，自印本，第243页。
④ 参考张志云《顾千里与古籍刻印出版事业》，《出版科学》2003年第2期。

助孙星衍校刻 15 种：（1）明梅鷟《尚书考异》6 卷，嘉庆十九年（1814）校刻于江宁；（2）汉许慎《说文解字》15 卷，嘉庆十四年（1809）校刻；（3）孙星衍《魏三体石经遗字考》1 卷，嘉庆十一年（1806）刊刻于江宁；（4）唐王瓘《广黄帝本行记》1 卷，嘉庆十二年（1807）校刊于江宁；（5）《轩辕皇帝传》1 卷，嘉庆十二年（1807）校刊于江宁，与《广黄帝本行记》合为一册；（6）元陶宗仪《古刻丛钞》1 卷，嘉庆十六年（1811）校刻于江宁；（7）魏曹操《孙子注》3 卷，（8）周吴起《吴子》3 卷，（9）周司马穰苴《司马法》3 卷，以上 3 种合为 1 册，嘉庆五年（1800）校刊；（10）宋宋慈《洗冤集录》5 卷，嘉庆十二年（1807）校刻于江宁；（11）隋李播《天文大象赋》1 卷，嘉庆十七年（1812）校刻于江宁；（12）晋葛洪《抱朴子内篇》20 卷，嘉庆十八年（1813）校刻于江宁；（13）宋韩元吉辑《古文苑》9 卷，嘉庆十四年（1809）校刻；（14）孙星衍编《续古文苑》20 卷，嘉庆十七年（1812）校刻于江宁；（15）唐长孙无忌等《唐律疏议》30 卷，嘉庆十二年（1807）校刻于江宁。以上诸书大都收入《平津馆丛书》或《岱南阁丛书》。

助黄丕烈校刻 4 种：（1）吴韦昭《国语注》21 卷，嘉庆四年（1799）校刻于苏州；（2）汉高诱《战国策注》33 卷，嘉庆八年（1803）校刻于苏州；（3）《汪本隶释刊误》，嘉庆二年（1797）为黄丕烈校勘《隶释》，成《隶释刊误》，嘉庆二十一年（1816）黄丕烈始刊成；（4）汉焦延寿《易林》16 卷，嘉庆十三年（1808）校刻于苏州。以上皆收入《士礼居丛书》。

助张敦仁校刻 3 种：（1）汉郑玄《礼记注》20 卷，嘉庆十一年（1806）校刻于江宁；（2）《仪礼注疏》50 卷，嘉庆十一年（1806）校刻于江宁；（3）东汉桓宽《盐铁论》10 卷，嘉庆十二年（1807）校刻于江宁。

助秦恩复校刻 5 种：（1）唐骆宾王《骆宾王文集》10 卷，嘉庆二十一年（1816）校刻于扬州，收入石研斋《唐人三家集》；（2）唐李观《李元宾文集》6 卷，嘉庆二十三年（1818）刻；（3）汉扬雄《法言》13 卷，嘉庆二十四年（1819）校刻；（4）唐吕温《吕衡州文集》10 卷，道光七年（1827）校刊于扬州；（5）唐赵元一《奉天录》4 卷，道光十年（1830）刻，收入《石研斋四种》。

助胡克家校刻 2 种：（1）唐李善《文选注》60 卷，嘉庆十四年（1809）

校刻；（2）《胡三省音注资治通鉴》294 卷，嘉庆二十二年（1817）校刻于江宁。

助吴鼎校刻 5 种：（1）《平冤录》1 卷，嘉庆十五年（1810）刊刻；（2）周晏婴《晏子春秋》8 卷，嘉庆二十一年（1816）校刻于扬州；（3）《韩非子》20 卷，嘉庆二十一年（1816）校刊于扬州；（4）宋宋慈《洗冤集录》5 卷；（5）元王兴《元冤录》2 卷。

助汪士钟校刻 2 种：（1）唐贾公彦《仪礼疏》50 卷，道光十年（1830）校刻于苏州；（2）宋张锐《鸡峰普济方》30 卷，道光八年（1828）校刻于苏州。

助洪宾华校刻 2 种：（1）南唐徐楷《说文系传》40 卷，道光三年（1823）校刻于扬州；（2）宋朱熹《宋名臣言行录》24 卷，道光元年（1281）校刻于扬州。

助鲍廷博校刻 3 种：（1）宋孙奕《履斋示儿编》13 卷，嘉庆十六年（1811）刊刻于杭州；（2）宋彭叔夏《文苑英华辨证》10 卷，乾隆六十年（1795）刻于杭州；（3）元王逢《梧溪集》7 卷，道光三年（1823）刊印于杭州。以上 3 种收入《知不足斋丛书》。

助汪喜孙校刻其父汪中遗稿 2 种：（1）《广陵通典》10 卷，道光二年（1822）刻于扬州；（2）《述学》5 卷，道光三年（1823）刻于扬州。

助其从兄顾抱冲校刻 1 种：汉刘向《列女传》8 卷，嘉庆元年（1796）刻于苏州。

助廖寅校刻 1 种：晋常璩《华阳国志》13 卷，嘉庆十九年（1814）刻。

助沈恕校刻 1 种：宋杨潜《绍熙云间志》4 卷，嘉庆十九年（1814）刻于江宁。

助车秋舲校刻 1 种：宋王象之《舆地碑记目》4 卷，道光九年（1829）刻于江宁。

助书贾陶五柳校刻 1 种：《太玄经集注》10 卷，嘉庆三年（1798）刻于苏州。

还有不知助何人所校刻 1 种：宋姚铉编《唐文粹》100 卷，道光六年（1826）刻于扬州。

顾广圻主持校刻的诸多古书，大都据宋、元善本精校覆刻，附考异于后。覆刻能存古书之旧,考异则是撰写校勘记,对那些古书善本进行纠谬正讹,以求得古书之真。这种刻书方式把存古求真很好地结合起来,既能流传善本,又便于学子研读,因此产生了很大影响。他认为刻书应以流传古人著述,方便学子读书治学,强烈反对把刻书当作一种谋利手段,认为如果刻书者仅为谋利,无益于提高古书刊本质量,对于那些唯利是图的刻书者所造成的流毒,他深恶痛绝。顾广圻还坚持刻书须持严慎的态度,精心校勘,谨慎改字,切不可草率敷衍,以免贻误学者。

(三)黄丕烈刻书

黄丕烈(1763—1825),字绍武,又字绍甫,号荛圃、荛夫、求古居士、秋清居士、见独学人、佞宋主人等,晚号复翁。吴县人,占籍长洲。乾隆五十三年(1788)中举。嘉庆六年(1801)大挑知县一等,签发直隶,不愿赴选而纳赀议叙六部主事,注铨兵部主事。次年会试落第归里。博通经史,文章根柢六经,善骈俪文,能书工诗。酷嗜藏书,人称"书淫",自称"书魔"。于悬桥巷筑荛圃,藏书多得自毛晋汲古阁、钱谦益绛云楼、王闻远孝慈堂等。收藏约200多部宋版书和上千种元、明刻本及大量的旧抄本、旧校本,且多善本,与周锡瓒、顾之逵及亲家袁廷梼并称"藏书四友",为东南藏书家之大宗。黄丕烈曾言:"余喜藏书,而兼喜刻书。欲举所藏而次第刻之,力有所不能办。"[①]基于精通鉴别和校勘的基础上,黄丕烈对刻书亦情有独钟,他曾经想把自己所藏的宋元善本一一刊刻出来,但由于数量太大,无法完全实现,但是他还是尽一生之力刊刻了不少好书,同时也为别人刊刻了众多古本。其刻书主要目的,在供同好而广流传,此外他还以自己刻印的图书作为交换的手段。

晚年,黄丕烈曾在苏州玄妙观察院场开设滂喜斋书籍铺,协助经营的是著名学者段玉裁。该书铺曾张贴《士礼居刊行书目》,共录发售书籍20种,每种列出书名、册数、书价、刊年四项。20种书是:《国语》21卷、《汲古阁书目》不分卷、《国策》33卷、《博物志》10卷、《季沧苇书目》不分卷、《百宋一廛赋》不分卷、《梁公九谏》不分卷、《焦氏易林》16

① (清)黄丕烈著,屠友祥校注:《荛圃藏书题识·附录》,上海远东出版社1999年版,第887页。

卷、《宣和遗事》2卷、《舆地广记》38卷、《藏书纪要》不分卷、《三经音义论孟孝经》3卷、《仪礼》17卷、《汪本隶释刊误》不分卷、《船山诗草选》6卷、《周礼》12卷、《洪氏集验方》5卷、《夏小正》4卷附《集解》4卷、《伤寒总病论》6卷、《同人唱和集》3卷。

黄丕烈刻书始于嘉庆庚申(1800),其时38岁,直到终岁,前后25年时间,专心致志于此,既不为名,也不为利,而是要把善本古籍和有益于人们的著述流传于世。因为精通版本之学,黄丕烈刻书尤其重视底本精选,看重宋刻本,上述20种所刻书目中,宋本作为底本者占一半以上。黄丕烈刻书在写刻上更为讲究,除照原刻上版外,有些并请名家书写,如《国语》是由李福写的,《国策》是由许瀚屏写的,《伤寒总病论》是由施南金写的;《汲古阁书目》和《百宋一廛赋》是由其亲手写的。① 他还重视为刻书撰写序跋,除叙述书籍优缺以外,往往说明刻书的缘起和经历,使人看过以后,更可理解其从事刻书的意图和热情,而有所启发,增加教益。

(四)潘祖荫刻书

潘祖荫(1830—1890),字东镛,一字伯寅,小字凤笙,号郑庵。吴县人。状元宰辅潘世恩孙。父潘曾绶,道光举人,官终内阁侍读。年十九因祖父恩获赏举人,咸丰二年(1852)进士,官至工部尚书兼军机大臣。学问渊博,文藻艳发,兼工诗词,夙治《说文》,耽嗜汉学。好收藏,闻有彝器出土则倾囊以购,藏有史颂鼎、盂鼎、克鼎等稀世之宝。辑有《攀古楼金石款识》2卷。藏有宋刻《金石录》《白氏文集》《后村先生集》《葛归愚集》《淮海居士长短句》《公羊春秋何氏注》等,每得一书必加评释,编著《滂喜斋宋元本书目》《滂喜斋读书记》,著有《四本堂文集》《潘文勤公奏疏》1卷、《潘祖荫日记》4卷等。

潘祖荫一生辑刻书籍甚多,开始并无计划,随得随刻。至光绪年间,逐渐汇集成《滂喜斋丛书》《功顺堂丛书》,此外尚有多种单刻。今人徐学林钩稽史料,一一考证。② 今根据其考证,按年编排如下。

咸丰八年(1858),刻自撰《秦輶日记》不分卷。

---

① 参考钱亚新《黄丕烈的校勘与刻书工作》,《江苏图书馆工作》1982年第3期。
② 徐学林:《滂喜斋主潘祖荫刻书与收藏》,《出版科学》2008年第4期。

同治四至十三年（1865—1874），刻清许宗衡撰《玉井山馆集·文集》5卷《诗集》15卷《诗余》1卷《文续》2卷《笔记》1卷，计5种24卷。

同治六年（1867），刻自撰《沈阳纪程》不分卷；同治六年至光绪四年（1867—1876），在京师刻自辑《滂喜斋丛书》4函55种94卷。

同治八年（1869），刻清沈兆霖撰《沈文忠公集》10卷《年谱》1卷，清陈寿祺撰《陈比部遗集》3卷、《绦喜堂诗稿》1卷，清邵懿辰撰《蕙西先生遗稿》1卷。

同治九年（1870），刻清许宗衡撰《玉井山馆笔记》1卷，重刻宋王象之撰《舆地碑记目》4卷。

同治十年（1871），刻清陈寿祺撰《绦喜堂诗稿》1卷，清邵懿辰撰《半岩庐遗诗》2卷。

同治十一年（1872），刻自撰《攀古楼彝器款识》2卷附《沙南侯获刻石释文》1卷，清歙县曹应钟撰《唫敢览馆稿》1卷，清钱塘戴熙撰《古泉丛话》3卷《附》（又名《沙南侯获石刻释文》）1卷。

同治十二年（1873），刻清吴大澂《沙南侯获刻石双钩本》不分卷附张之洞《释文》及诸家跋。

同治十三年（1874），刻清镇洋彭兆荪撰、清孙元培和孙长熙注《小谟觞馆全集》4种22卷。

同治间，刻清胡澍撰《黄帝内经素问校义》不分卷，朱墨套印钱大昕撰、弟子钱塘何元锡编、诸城刘喜海评《竹汀先生日记钞》2卷，清邵懿辰撰《半岩庐遗集》不分卷。

光绪元年（1875），刻清王维德辑《外科证治全生集》（又名《外科全生集》）6卷附《金疮铁扇方》1卷）。

光绪三年（1877），重刊顾广圻撰、黄丕烈注《百宋一廛赋注》1卷。

光绪五年（1879），刻清潘曾沂撰《小浮先生闭门集》6卷、《船庵集》12卷《词》1卷。

光绪六年（1880），刻清钱杜撰《松壶画赘》2卷、《松壶画忆》2卷（总称《松壶先生集》4卷），清叶廷琯辑《感逝集》4卷。

光绪八年（1882），刻清黄丕烈撰《士礼居藏书题跋记》6卷。

光绪九年（1883），辑刻清保山吴树声撰《沂水桑麻话》1卷。

光绪十年（1884），刻清汪芑撰《茶磨山人诗钞》8 卷，沈涛撰《说文古本考》14 卷，黄丕烈撰、自辑《士礼居藏书题跋记》6 卷，潘钟瑞本《石氏乔梓诗集》2 种 2 卷，自辑《癸酉消夏诗》1 卷、《南苑唱和诗》1 卷，自撰《潘文勤公杂著》，自辑《功顺堂丛书》21 种 81 卷，朱墨套印清何元锡编、清钱大昕撰《竹汀先生日记钞》2 卷。

光绪间，刻自撰《芬陀利室词》1 卷。

同治十一年（1872），刻清恩寿辑《潘刻五种》6 种 16 卷。

同治十三年（1874），刻清许宗衡撰《玉井山馆笔记》不分卷，自撰《潘文勤公杂著》7 种 7 卷（不分卷作 1 卷）。

宣统间，刻自撰《东陵日记》1 卷、《西陵日记》1 卷。

（五）叶昌炽刻书

叶昌炽（1849—1917），字鞠裳，号颂鲁，又号缘裻，自题寂鉴遗民、缘裻庐主人等。长洲县人。叶氏先祖本浙江绍兴人，高祖时迁苏州。肄业于正谊书院，为冯桂芬高足，与同门王颂蔚、袁宝璜合称"苏州三才子"，同佐冯桂芬纂修《苏州府志》。光绪十五年（1889）进士，选翰林院庶吉士，散馆授编修，历充国史馆协修，官至甘肃学政。民国后赋闲居乡，坚不出仕。

叶昌炽一生大部分时间忙于仕宦，但闲暇时则致力于金石、书法、藏书等研究，且在各个领域颇有建树，其学术代表作为《藏书纪事诗》和《语石》，时人称誉为"二百数十年间无人荟萃之创作。文字一日不灭，此书必永存天壤"①。叶氏从事刻书种类不多，主要是刊刻自己的上述两部书，不过，由于质量上乘，学术影响大，而成为清代苏州家刻本的代表性之作。

光绪十六年（1890），叶昌炽《藏书纪事诗》初稿编撰完成，恰在此时，爱徒江标出任湖南学政，正致力于刊刻《灵鹣阁丛书》，于是萌发将《藏书纪事诗》刻入丛书的念头，辗转将书稿寄给江标。江标接到老师大作后，十分重视，遂于光绪二十四年（1898）刊刻完毕，《藏书纪事诗》被收录在《灵鹣阁丛书》第五集。

---

① （清）吴郁生：《缘督庐日记钞序》，叶昌炽《缘督庐日记钞》卷首，北京图书出版社 2007 年版。

尽管江标刊刻灵鹣阁本《藏书纪事诗》依据的是叶氏亲自编订的稿本，由于种种原因，讹误颇多，招来时人批评。为此，从光绪三十二年（1906）起，叶昌炽息政归隐，专心修订，扩编为 7 卷。两本区别在于：一是 6 卷本的附录部分放在了家刻本的最后一卷；二是调整 6 卷本中时代有误、附传不明者多首；三是在原有传主下又新增附传多人。① 修改完毕后，叶昌炽发下宏愿，自己刊刻出来。但是，叶氏为官各地，却清贫一生，薪俸所得，多购典籍，就在叶氏为版刻费用犯愁之际，不可思议地发生了天上掉馅饼的事。叶昌炽座师潘祖荫之弟潘祖年，曾问学叶昌炽，得知叶昌炽窘于刻书经费后，托叶昌炽好友邹福保捎来二百金，意在资助其刊刻诗文集，但是这笔数目可观的意外之财被叶氏"挪用"来作为雕印《藏书纪事诗》的纸墨费了。② 资金问题解决了，付梓工作自然就顺利地开展起来了，《藏书纪事诗》家刻本半页 11 行 23 字，左右双边，全书共 7 卷，成为后世的通行本。

叶昌炽创作并刊刻的第二部学术名作《语石》10 卷，创稿于光绪二十六年（1900）三月，第二年十月下旬完成初稿，全书共 274 条，484 则。初稿写成后，叶昌炽依据《金石萃编》及相关续编补编本、《续语堂碑录拾遗》《碑版文广例》等书进行补缺，光绪二十八年（1902）又开始校对工作。这期间，其友人纷纷索要稿本，先睹为快，宣统元年（1909），叶昌炽在家庭经济十分拮据的情况下，还是毅然出资将《语石》付梓。从初稿写就到刊出，前后用了 10 年时间，可见叶昌炽对刻书事业的审慎态度。

（六）顾嗣协、顾嗣立刻书

顾氏为苏州历代望族，到了清代康熙间，唯亭顾氏更是人才辈出，出现了有志于藏书刻书的顾嗣协、顾嗣立兄弟二人。顾氏兄弟的父亲顾予咸于顺治间考中进士，官至吏部员外郎，顺治十六年（1659）乞假归田，致力于编纂和笺注活动，先后编著《昌谷集注》4 卷、《温飞卿集笺注》9 卷等。在文化氛围如此浓厚的家庭中生长，顾嗣协和顾嗣立从小奠定了坚实的文学基础。

---

① 参见叶昌炽《藏书纪事诗》卷六末，上海古籍出版社 1999 年版，第 697—698 页。
② 参见叶昌炽《缘督庐日记钞》（第四册）"宣统辛亥四月二十日"，北京图书馆出版社 2007 年版，第 190—191 页。

顾嗣协(1663—1711),字迂客,一字依园,号楞伽山人,别号三洲居士。康熙二十一年(1682)依父亲雅园而建依园,其南为学诗楼,作为诗酒之场,与金侃、潘镠、黄玢、金贲、蔡元翼和曹基等人创依园诗社,时有"依园七子"之称。他汇编七子诗作,并"有依园七子之刻"①。康熙四十六年(1707),顾嗣协由岁贡生授任为新会县令,清廉自守,却非常爱才,重视文教,经常召集本地有学问的人士,征求施政意见和谈论诗文,创作的诗歌编成《玉台新刻》。他特别仰慕当地先贤陈献章的学问和为人,得知何九畴重编《白沙子全集》6卷成,遂亲自校正、作序,并组织重刻。其时,顾嗣立南下看望兄长,随机参与此事。因粤版字多伪讹,顾嗣立雇请江南优秀工匠专程赴广东雕版,于康熙四十九年印行,是集今存。遗憾的是,不久之后,顾嗣协下乡回县署时染病,不幸殉职。顾嗣协诗才甚高,著有《依园诗集》6卷、《漪园近草》,哲理诗《杂兴》至今广泛流传。

顾嗣立(1665—1722),字侠君,号闾丘。康熙十八年(1679)中顺天乡试举人。性豪饮,有"酒帝"之称。博学,工诗文,精于选学。曾由江苏巡抚宋荦推荐,进京分纂《宋金元明四朝诗选》《皇舆全览》等书。康熙五十一年(1712)进士,选翰林院庶吉士,入武英殿纂辑《鸟兽虫鱼广义》。后改授知县,以疾辞归。

顾嗣立生前喜藏书,筑秀野草堂,插架储书,又竿立画,置酒娱宾,朱彝尊有《秀野草堂记》,王原祁、禹之鼎等有《秀野草堂图》。藏书处名抱经斋、读书斋、梧语轩等,藏书印曰"顾嗣立印""顾印嗣立""侠君""顾侠君""顾嗣立曾藏""顾嗣立""秀野草堂顾氏藏""秀野草堂顾氏藏书印"等。他纂辑《元诗选》初集68卷二集26卷三集16卷,又癸集若干卷,所收百家均有小传,并附评语,为其成名之作。其所著及编纂的著述还有:《秀野草集》5卷、《小秀野集》3卷、《金焦集》1卷、《山阴集》1卷、《大小雅堂集》5卷、《啖荔集》2卷、《梧桐轩集》3卷(以上共20卷,总名《闾丘诗集》);《秋查集》2卷、《双并书屋集》3卷、《枣下集》1卷、《春树草堂集》4卷(以上10卷,总名《书馆闲吟》);《罗浮集》7卷、《书馆续

---

① 邓之诚:《清诗纪事初编(上)》,上海古籍出版社2013年版,第329页。

吟》1 卷、《河西集》4 卷、《殿西集》2 卷、《秋风樛歌》1 集、《寒厅集》1
卷、《长干集》1 卷、《畅轩集》1 卷、《话雨轩集》1 卷、《芜成集》1 卷、《学诗
楼集》2 卷、《宜静居集》2 卷、《病闲吟稿》1 卷、《桂林集》8 卷、《嵩岱集》3
卷(更名《味蔗诗集》)、《戊子消夏集》1 卷、《秀野草堂倡和集》、《间丘文
类》2 卷、《寒厅诗话》2 卷、《间丘辨围》《依园会艺》《注昌黎诗》12
卷、《补注东坡诗集》《诗林韶护》40 卷、《宋金元明四朝诗选》《四川方舆
路程考略》《鸟兽虫鱼广义》等。①

著书外,顾嗣立"性好刊书,精而又夥"②,秀野草堂不只是读书著
书、诗酒风雅的乐园,也是其藏书、刊书之地。清人叶昌炽《藏书纪事
诗》咏之曰:"坊南花竹秀而野,插架青红屋高下。梦中昨见古衣冠,或
立而盱或拜者。"③顾嗣立一生刊刻典籍众多,所可知者如下:

《温飞卿诗集笺注》7 卷《别集》1 卷《集外》1 卷,唐温庭筠撰,明曾
益注,清顾子咸补注,康熙二十六(1687)刻;

《石湖居士诗集》34 卷,宋范成大撰,康熙二十七年(1688)刻;

《楞伽山人诗集》8 卷,顾嗣协撰,康熙二十八年(1689)刻;

《诗林诏濩》20 卷,顾嗣立辑,康熙三十四年(1695)刻;

《秀野草堂诗集》5 卷,顾嗣立撰,康熙三十四年(1695)刻;

《金焦集》1 卷,顾嗣立辑,康熙三十六年(1697)刻;

《昌黎诗集注》11 卷《年谱》1 卷,唐韩愈撰,顾嗣立删补,康熙三十
八年(1699)刻;

《依园诗集》6 卷,顾嗣协撰,康熙三十九年(1700)刻;

《元诗集》10 集 306 卷,顾嗣立辑,康熙四十四年(1705)刻;

《国朝诗采》,顾嗣协编,康熙四十四至四十五年(1705—1706)刻;

《间丘诗集》60 卷,顾嗣立撰,康熙间刻。

顾嗣立刻书特色鲜明,他酷爱文学,尤其留意搜集前人诗集,所刻
书也多为诗集。如康熙三十八年(1699)所刻《韩昌黎先生诗集》1
卷《年谱》1 卷,由其本人删补。该书"字形为手写楷体,而不是通常的

---

① 资料出自清沈藻采编撰,徐维新点校《元和唯亭志》,方志出版社 2001 年版,第 240 页。
② 顾廷龙:《跋间邱先生自订年谱》《顾廷龙全集·文集卷下》,上海辞书出版社 2015 年版,第 923 页。
③ (清)叶昌炽著,王欣夫补正:《藏书纪事诗》,上海古籍出版社 1989 年版,第 424 页。

横轻直重的宋体。是清初写刻印本的精本之一。版心有'秀野草堂'，版心右上记字数，右下记刻工。为吴郡名刻工邓明玑、初骧所刻，这些刻工技艺高超，刻板不改原书面貌"①。

（七）张海鹏、张金吾刻书

张海鹏（1755—1816），原名荣基，字若云，又字庆槐，一作卿槐，号子瑜。常熟人。曾祖张士恒、祖张朝绩及父张仁济皆富藏书，为名士。

张海鹏自幼颖异，读书刻苦。年二十一补诸生。因三试不中，遂绝意科场。生平乐善好施，曾捐赀创立从善局，以济穷困。尤笃志藏书、刻书、校勘，藏书室名"借月山房"，所藏书有"张海鹏印""字若云号卿槐""张海鹏校正图书记"等钤记。

在古代私家刻书中，张海鹏刻书情操十分高尚，他曾说："藏书不如读书，读书不如刻书。读书只以为己，刻书可以泽人。上以寿作者之精神，下以惠后来之沾溉，其道不更广耶！"②此语对后世有重要的影响。究其一生，张海鹏用尽家产，先后辑刊多部大部丛书、类书和总集，主要成果如下。

《学津讨源》20 集，收录经史子集各类书 170 种 1410 卷。书名中的"学""津"两字，各取自宋代左圭所辑的丛书《百川学海》与明毛晋辑刻的《津逮秘书》。开雕于嘉庆七年（1802），成书于九年（1804），前有洪亮吉、劳树棠序及张海鹏自序。该书以毛晋《津逮秘书》15 集为基础，毛版久漫漶，张海鹏取而汰益，又请钱塘藏书家何元锡从文澜阁《四库全书》抄写副本，广为 20 集，所选各书均经细择，包括毛氏汲古阁原书本、张海鹏旧藏宋元本和自购本，还有借自各家之本以及抄自文澜阁《四库全书》本等。

《太平御览》1000 卷，宋李昉等编。开雕于嘉庆九年（1804），完成于嘉庆十四年（1809）。张海鹏利用何元锡抄周锡瓒藏宋刻本 366 卷、黄丕烈藏旧抄本 519 卷又序目 16 卷、张氏自藏旧抄 22 卷、范氏天一阁旧钞 23 卷，刻于照旷阁。参加校订者有黄廷鉴、孙原湘、盛大士等。该版半页 11 行 22 字，白口，左右双边，单黑鱼尾。卷首有渤海劳树棠、阳

---

① 王桂平：《清代江南藏书家刻书研究》，凤凰出版社 2008 年版，第 61 页。
② （清）黄廷鉴：《第六弦溪文钞》卷四《朝议大夫张君行状》，《丛书集成初编》第 2462 册，第 83 页。

湖孙星衍、昭文孙原湘、钱唐(塘)何元锡、昭文张海鹏序5种。黄廷鉴记载该书刊刻经过云:"(海鹏)又念六朝古籍罕存,惟《太平御览》中征引颇多。是一书传,而群书之匦略以传,允称类书之冠。宗人观察燮藏有明人旧钞,据为主本,校雠再三,付梓未半;复从何上舍,得影宋钞本,详加覆勘,已刊者不惮刓改。中有两册,为两本俱阙,复嘱上舍泛海至宁波范氏天一阁补钞,是书始臻于完善。"①惜张刻行世不久,版即遭毁,是为一痛。

《借月山房汇钞》16集13函137种290卷。张海鹏说:"我朝文教涵濡,垂百六十年,经学、考据尤轶前代,或脱稿而未及行世,或编刻而流传未广,如玑玉金贝,辉彩散见,不可无以荟蕞而统摄之也。"②开雕于嘉庆十一年(1806)。该丛书专收清代学者著述,学术价值和实用价值都很高。体例上仿鲍廷博《知不足斋丛书》,刊为袖珍本,刻印尤佳。

《墨海金壶》117种735卷。开雕于嘉庆十七年(1812),藏事于二十二年(1817)。前有石韫玉、赵怀玉、杨希铨序,清末上海博古斋影印时,又附有刘承幹、莫棠所撰题记。石韫玉序称:"余披览其目,凡九经七纬以及史氏遗闻轶事,旁逮兵、农、方技、稗、乘、一家之言,无不胪列而灿陈之。此其搜罗之广,来访之勤,固非咫闻曲学之士所能及也。"③是书具有很高的学术价值,获得了不少学者的高度赞许,如民国时期藏书家刘承幹说:"斯集搜罗之广博,加以雠对精谨,吾知学者于此不特书多未见,且又得善本而读之,其获益岂不宏哉!"④

《金壶编》14种,开雕于嘉庆二十一年(1816),但遗憾的是开雕不久张海鹏不幸去世。而更加不幸的事发生在他去世5年后,道光元年(1821)七月十一日,张氏藏书、刻书之所传望楼遭受祝融之难,上下26楹贮藏的书籍、版片、字画、古玩等多遭焚毁。

张金吾(1787—1829),字慎旃,号月霄。10岁时双亲辞世,叔父张海鹏将其抚养成人。嘉庆十三年(1808)补博士弟子员,后参加省试不

---

① (清)黄廷鉴:《第六弦溪文钞》卷二《与张若云州司马伦太平御览考异书》,丛书集成初编本2461册,第83页。
② (清)张海鹏:《借月山房汇钞》卷首序,嘉庆十一年(1806)张海鹏刻本。
③ (清)石韫玉:《〈墨海金壶〉序》,张海鹏《墨海金壶》卷首,嘉庆十七年(1812)张海鹏刻本。
④ 刘承幹:《〈借月山房汇抄〉序》,见《借月山房汇抄》,民国九年(1920)上海博古斋据清张氏刊本影印。

售,遂弃功名,绝意仕途。张金吾自幼博览群书,尤专心于版本目录学,讲求古籍,考核源流,纂集经说,采辑金文。笃志储书,藏书积十年,合先人旧籍,有 8 万余卷,藏书室名诒经堂(亦称爱日精庐)、诗史阁、求旧书庄等。藏书多经部之书,有宋、元旧椠以及金、元两代遗集。他考虑到金、元两代写书的人很多,但未见有人加以搜集整理,遂对金、元两代遗集加意搜访,广为收集。其中王朋寿《类林》、孔元楷《祖庭广记》、蔡松年《明秀集注》、吴宏道《中州启札》,皆属世上少见的孤本、善本。其所编藏书目录有《爱日精庐书目》20 卷、《藏书志》4 卷、《爱日精庐藏书志》36 卷及《续志》4 卷等。

张金吾生长于考据学风靡一时的时代,其家世代出英儒,尤其是受到叔父张海鹏的濡染,因此也走上了考据道路。张海鹏校刻《学津讨源》等书时,就让他参加校雠考订工作,据有关文献记载,他在嘉庆至道光年间,以“爱日精庐”的名义出版了数量颇为可观的古籍。嘉庆二十一年(1816),刊刻自撰《广释名》2 卷;嘉庆二十四年(1819),采用木活字印刷李焘《续资治通鉴长编》500 卷;嘉庆二十五年(1820),用木活字印刷自撰《爱日精庐藏书志》4 卷;道光六年(1826),刊刻自撰《两汉五经博士考》3 卷;道光七年(1827),刊刻自撰《爱日精庐藏书志》36 卷《续志》4 卷。同时,他还协助叔父张海鹏校刊宋代著名类书《太平御览》。上述所刻书中,质量最好的属《续资治通鉴长编》,“该书字体精美,印刷清晰,《中国版刻图录》选录了其中的书页作为书影”①。

(八)汪士钟刻书

汪士钟(1786—?),字春霆,号阆园,一作阆源,别署三十五峰园主人、艺芸主人等。长洲人。贡生,遵例报捐员外郎,官至观察使、户部侍郎等职。父汪文琛,居苏州山塘街,以开益美联社布号而饶于资,曾捐巨资修苏州文庙,又在浙江嘉善县购置海昌查氏二十五峰园。道光七年(1827),汪士钟在山塘白姆桥东建汪氏义庄。

汪士钟遍读乃父所藏四部之书,蓄志搜罗宋元旧刻及《四库全书》未收之书。其藏书主要来自黄丕烈士礼居、周锡瓒香严书屋、袁廷梼五

---

① 政协常熟市委员会学习和文史委员会编:《常熟文史》第 30 辑《名城春秋》,政协江苏省常熟市委员会学习和文史委员会 2002 年印本,第 228 页。

研楼、顾之逵小读书堆等四大家。藏书楼名艺芸书舍,堂上有联:"种树类求佳子弟,拥书权拜小诸侯。"阮元曾赠一联:"万卷图书皆善本,一楼金石是精摹。"①足见其痴书之情和收藏之富。汪士钟曾将所藏典籍编目为《艺芸书舍宋元本书目》,载宋本 320 种、元本 196 种,顾广圻谓:"汪君阆源,藏书甚富……宿具神解,凡于有板以来官私刊刻,支流派别,心开目瞭,遇则能名。而又嗜好所至,专一在兹,仰取俯拾,兼收并蓄,挥斥多金,曾靡厌倦。以故郡中传流,有名秘笈,搜求略遍,远地闻风,挟册趋门,朝夕相继,如是累稔,遂获目中所列宋若干种,元若干种,既精且博,希有大观。海内好古敏求之士,未能或之先也。"②汪氏藏书盛极一时,但后代不擅藏书,商号经营不善,又值战乱,藏书逐渐散去。精品为瞿镛铁琴铜剑楼所得,杨氏海源阁、郁氏宜稼堂、常熟赵氏旧山楼及潘祖荫亦有部分收藏。清人叶昌炽对于汪士钟藏书之散十分惋惜,为之诗曰:"艺芸散后归何处?尽在南瞿与北杨。留得宋元书目在,一编中有小沧桑。"③

在拥有大量藏书的基础上,汪士钟精选其中的精品为底本,先后刻翻宋景德本《孝经义疏》3 卷,翻宋景德本《仪礼单疏》44 卷,宋刘克撰《刘氏诗说》12 卷、《郡斋读书志》20 卷等。上述诸刻本中,《郡斋读书志》的刊刻时间在嘉庆二十四年(1819),余则难以考知,但是由于为影刻,后人给以"校勘精审,镌刻工整"④的评价,珍若拱璧。

(九)鲍廷爵刻书

鲍廷爵,生卒年不详,字叔衡,号奂甫。安徽歙县人,迁居常熟。官浙江候补知县。父鲍振芳喜藏古书,建后知不足斋藏书楼,盖追慕同族鲍廷博知不足斋藏书楼也。鲍廷爵接管后知不足斋后,继续购藏珍稀古籍,成为常熟小有名气的藏书家,其藏书印为"海虞鲍氏珍藏金石书画之章"。

因为做官无成,鲍廷爵遂将全部精力用在藏书和刻书上。他最初

---

① 李峰:《苏州通史·人物卷》(中),苏州大学出版社 2019 年版,第 321 页。
② (清)顾广圻:《艺芸书舍宋元本书目序》,汪士钟《艺芸书舍宋元本书目》卷首,民国十三年(1924)苏州文学山房木活字刊本。
③ (清)叶昌炽著,王欣夫补正:《藏书纪事诗》,上海古籍出版社 1989 年版,第 615 页。
④ 张树栋、庞多益、郑如斯等:《中华印刷通史》,印刷工业出版社 1999 年版,第 242 页。

是在常熟寺前街东段经营书业的,此地为当地书业经营的集中地,鲍廷爵在这里建立第一个售书坊——抱芳阁。在常熟开设书坊不久之后,由于各种原因,鲍廷爵迁出常熟,转而定居上海,并开设分局抱芳阁,以"常熟抱芳阁"名义刊书。光绪八年(1883)12 月 12 日,《申报》刊载《新开抱芳阁书庄》广告说:"本庄向在虞山收集旧椠,精校诸书。今就上洋增启新肆,广集各省官蜀刊本并各旧家藏板善本书籍及日本铅印,各坊登报之书无不赅备。另有异书,全帙多至万卷,罗列古今天地人物,为海内希有宝笈。赏鉴诸君,请至棋盘街。本庄采择格外平价,以广招徕后先行交易。择吉开张。此布。"①一时沪上抱芳阁名声在外,应广大消费者需求以及自己拓展业务的需要,鲍廷爵遂在湖南、湖北、金陵等地开设分店。为了能够更好地经营和管理图书,他还编纂刊刻营业书目《抱芳阁书目》,收书 1015 部,种类繁多,涉及面广。

鲍廷爵一生最可道的是刻书事业。他踵武鲍廷博《知不足斋丛书》,亦从事丛书刊刻,名之曰《后知不足斋丛书》。潘曾玮为丛书所作序说:"鲍君叔衡旧亦歙产,世居常熟,代有闻人,景企前徽,博采旁搜,竭数十载之力,积书百余种……"②《后知不足斋丛书》分前四函与后四函,前四函共 25 种,为初编,刊于光绪八年至光绪十年(1882—1884),后四函收书 31 种,刊于光绪五年至光绪十五年(1879—1889),为增编。后人对该丛书之刻给予高度评价,论者称"汇辑旧传及时彦著述有裨于实学"③,可为的评。

《后知不足斋丛书》之外,鲍廷爵还曾刊刻多种单行本,情况如下。

光绪十九年(1893),代八千卷楼主人刻《万历钱塘县志》《嘉靖仁和县志》;

光绪元年(1875),刻清朱梓、清冷昌言辑《宋元明诗三百首》6 卷《摘句》1 卷,计 2 种 7 卷;

光绪(1875—1908)间,刻《石经残字考》1 卷;

①《新开抱芳阁书庄》,《申报》1883 年 12 月 12 日第 22 版,上海书店 2012 年影印,第 113 页。
②(清)潘曾玮:《后知不足斋丛书·序》,鲍廷爵《后知不足斋丛书》第 1 函卷首,凤凰出版社 2010 年版,第 5—6 页。
③ 罗志欢:《中国丛书综录选注(上)》,齐鲁书社 2017 年版,第 124 页。

光绪五年（1879），刻清许奉恩撰《里乘》10 卷；

光绪五年（1879），刻清许奉恩撰《兰苕馆外史》10 卷；

光绪六年（1880），刻清孙偭撰《尔雅直音》2 卷；

光绪八年（1882），刻明陈钟厘撰、清甘受和订定《隶诀辨释》不分卷；

光绪八年（1882），刻明佚名撰《篆诀辨释》1 卷；

光绪八年（1882），刻清阮元藏、清朱为弼编《积古斋钟鼎彝器款识》10 卷；

光绪八年（1882），刻宋王尧臣等编、清钱侗辑释《崇文总目》5 卷；

光绪九年（1883），刻明李中梓辑注《内经知要》2 卷；

光绪十年（1884），刻汉郑玄撰、自辑《郑氏遗书五种》9 卷（细目为：《驳五经异义》1 卷《补遗》1 卷、《箴膏肓》1 卷、《起废疾》1 卷、《墨守》1 卷、《郑志》3 卷《附录》1 卷）；

光绪十年（1884），刻宋张炎撰《山中白云词》8 卷；

光绪十年（1884），刻清常熟吴卓信撰《澹成居文钞》4 卷附《丧礼经传约》1 卷，计 2 种 5 卷；

光绪十二年（1886），刻清叶桂撰、清叶万青辑《叶氏医案存真》3 卷；

光绪十六年（1890），刻清钱塘朱枫辑《吉金待问录》4 卷《录余》1 卷《补遗》1 卷，计 3 种 6 卷。[①]

第三节　常州府刻书

雍正二年（1724），常州府的大部分县份因人口、赋税繁多，而一分为二：从武进县分出阳湖县（今常州市区南部）；从无锡县分出金匮县（今无锡市北部），从宜兴县分出荆溪县（今宜兴市西南部），因此常州府的辖县增加到 8 个，称为“常郡八邑”，即武进县、阳湖县、无锡县、宜兴

---

① 鲍廷爵单刻书资料参见徐学林编《徽州刻书史长编》第 6 卷，安徽教育出版社 2014 年版，第 2229—2237 页。

县、江阴县、靖江县、金匮县和荆溪县。清代常州人才辈出,据统计共有进士645人,包括武进208人、阳湖68人、无锡130人、金匮40人、江阴62人、宜兴97人、荆溪24人、靖江16人。清代常州的学术成就更为骄人,徐震《清代毗陵书目序》称:"惟清室当顺康之世,有明遗老志恢复而不遂,则移心力于学术。亦有自托于文辞书画者。于时吾乡则有臧琳考证经义,恽鹤生治颜元之学,邵长衡工为诗古文,恽寿平擅妙于书画。此其见端也。下逮乾嘉,厥途四畅,群美萌生,其在吾乡,乃有赵翼、黄景仁、孙星衍、洪亮吉、张惠言、恽敬、赵怀玉、庄述祖、李兆洛、董祐诚之伦,于经于史于诸子于文字音韵训诂校勘金石天算之学,于诗于赋于词于古文骈俪之作,既各极其精,能旁及经脉药石,如邹澍、张琦之造述艺事,如钱伯坰、庄宝书、黄乙生之书,钱维城、钱维乔、汤贻汾之画,亦一时之隽也。复有庄存与、刘逢禄,上理《公羊》,探西汉经生之家法,于惠、戴之外,独辟经术。清代今文之学由是导其源。此皆尤卓越绝伦者也。自余名家不下百数十人,以区区两邑之地,牢笼一代学术,艺能掩众,长而居要,岂非习尚渐摩使然也。"①在学术文化极为繁荣的情况下,刻书活动也迎来了常州历史上的新时代。

一、府县署刻书

和苏州府一样,清代常州府官刻书也主要集中在府县方志的刊刻上。

清代常州府志仅刊刻1部,即《常州府志》38卷首1卷。该志为于琨修,陈玉璂纂,康熙三十三年(1694)修成,次年付梓。陈玉璂乃武进人,康熙六年(1667)进士,官中书舍人。以事罢官,家居抑郁,遂发愤著书,多乡邦地志。后人论该志曰:"此志为陈玉璂代表作,也是清代武(进)、阳(湖)人士修志发轫之书。"②

清代常州所属8县,刊刻志书情况不尽相同,分述如下。

雍正四年(1726),析武进之故晋陵地置阳湖县,阳湖在武进县东50里。清代两县方志之刻有分有合。(1)《乾隆武进县志》14卷,王祖肃

---

① 张惟骧:《清代毗陵书目》卷首,常州旅沪同乡会民国三十三年(1944)印,第1—2页。
② 陈光贻:《中国方志学史》,福建人民出版社1998年版,第125页。

修,虞鸣球纂,乾隆三十年(1765)刻。是志为武进与阳湖分县后同城而治时所修,故于分合多有记述。志中所记史事人物,秩然有序,分合得当。(2)《乾隆阳湖县志》12卷,陈廷柱修,虞鸣球、董潮纂,乾隆三十年(1765)刻。是志为阳湖置县后之首创,凡涉及二县内容,能于合中见分,分中见合,同城新分县志中,是志处理得当,划分完善。(3)《光绪武进阳湖县志》30卷,张球、王其淦等修,汤成烈等纂,光绪五年(1879)刻,是关于光绪间武进和阳湖县历史的一部史书。(4)《光绪武阳志余》12卷首卷,庄毓鋐、陆鼎翰纂修,光绪十三年(1887)刻。

　　宜兴、荆溪县志4次纂修,共6种。雍正二年(1724),荆溪县从宜兴县析出,皆属常州府,两县虽然分治,但是有清一代志书编写基本上还是将之合在一起的。(1)康熙二十五年(1686),宜兴县署刻《重修宜兴县志》10卷图1卷,李先荣修,徐喈凤纂。乾隆二年(1737)增刻。(2)嘉庆二年(1797),宜兴县署和荆溪县署联合刻3种县志:第一种名《重刊宜兴县旧志》10卷,上限为康熙二十五年(1686),下限至雍正三年(1725),是在康熙李先荣所修县志的基础上编写的;第二种为《重刊宜兴县志》4卷,上限为雍正四年(1726),下限至嘉庆二年(1797);第三种为《重刊荆溪县志》4卷,上限为雍正四年(1726),下限至嘉庆二年(1797)。以上3种志书皆为宜兴知县阮升基、荆溪知县唐仲冕等主修,原安徽泾县教谕邑人蜀山书院宁楷主纂,后两种为宜兴、荆溪分治后的第一部县志。(3)道光二十年(1840),宜兴县署和荆溪县署合刻《重刊续纂宜荆县志》10卷。宜兴知县顾名、荆溪知县龚润森等修,本县贡生吴德旋纂,上限嘉庆三年(1798),下限至道光二十年(1840),这是两县分治后的第一部合志,简称"嘉道志"。(4)光绪八年(1882),宜兴县署和荆溪县署合刻《宜兴荆溪县新志》10卷。宜兴知县施惠、荆溪知县钱志澄等主修,顺天府府尹周家楣总裁,本县人吴景墙主纂,上限道光二十一年(1841),下限至光绪八年(1882),简称"道绪志"。①

　　阳湖县志1种。乾隆三十年(1765),阳湖县署刻《阳湖县志》12卷,陈廷柱修,虞鸣球、董潮纂。为清代阳湖置县后首创县志。

① 参考蒋靖辉《历代宜兴县志编修考略》,《宜兴文史资料》第11辑,政协宜兴县委员会文史资料研究委员会1986年印本,第115页。

江阴县志 4 种。(1)《康熙江阴县志》22 卷,龚之怡修、沈清世续修,陈芝英纂、朱廷鋐等续纂,康熙二十二年(1683)刻;(2)《乾隆江阴县志》24 卷首 1 卷,蔡澍修,罗士瓒续修,乾隆九年(1744)刻;(3)《道光江阴县志》28 卷首 1 卷,陈延恩、金咸修,李兆洛等纂,道光二十年(1840)刻;(4)《光绪江阴县志》30 卷首 1 卷,卢思诚修,冯寿镜续修,季念诒纂、夏炜如续纂,光绪四年(1878)刻。

靖江县志 4 种。(1)《康熙靖江县志》18 卷,郑重修,袁元、朱凤台纂,康熙八年(1669)刻;(2)《康熙续增靖江县志》18 卷,胡必蕃修,金敞纂,康熙二十三年(1684)刻;(3)《咸丰靖江县志稿》16 卷,于作新修,潘泉纂,咸丰七年(1857)刻;(4)《光绪靖江县志》16 卷首 1 卷,叶滋森修,褚翔纂,光绪五年(1879)刻。

清代无锡县志刊刻较为复杂,按其类别,大致可以分为无锡、金匮两县并立前的无锡志,无锡、金匮两县并立后的无锡志和金匮志。(1)无锡、金匮两县并立前的无锡志 1 种,即《康熙无锡县志》42 卷,徐永言修,严绳孙、秦松龄纂,康熙二十九年(1690)刻。(2)无锡、金匮两县并立后的无锡志 1 种,即《乾隆无锡县志》42 卷首 1 卷,王镐修,华希闵纂,乾隆十六年(1751)刻。(3)无锡、金匮两县并立后的金匮志 2 种,《乾隆金匮县志》20 卷,王允谦修,华希闵纂,乾隆七年(1742)刻;《道光金匮县图志》2 卷,朱子庚修,华湛恩纂,道光二十九年(1849)刻本。(4)无锡、金匮两县并立后的合志 8 种,刊刻情况见下表:

清代无锡、金匮合志修纂、刊刻情况表

序号	方志名称和卷次	修纂者	刊刻年代
1	《锡金识小录》12 卷	黄卬辑	光绪二十二年(1896)王念祖活字本
2	《无锡金匮县志》40 卷首 1 卷	韩履宠、齐彦槐修,秦瀛纂	嘉庆十八年(1813)
3	《无锡金匮续志》10 卷首 1 卷	李彭龄修,杨熙之纂	道光二十年(1840)
4	《锡金志外》5 卷	秦锡淳纂修	道光二十三年(1843)

序号	方志名称和卷次	修纂者	刊刻年代
5	《锡金考乘》14卷首1卷	周有壬纂	道光间刻本,同治九年(1870)世瑞堂活字本
6	《无锡金匮县志》40卷	裴大中、殷如珠修,秦缃业纂	光绪七年(1881)刻本,二十九年(1903)重刻本
7	《锡金乡土历史地理》2种4卷(《锡金乡土历史》2卷、《锡金乡土地理》2卷)	侯鸿鉴编	光绪三十二年(1906)无锡艺文斋活字本
8	《锡金乡土地理》2卷	侯鸿鉴编	宣统元年(1909)无锡文苑阁活字本①

二、南菁书院刻书

光绪八年(1882),在两江总督左宗棠的鼎力支持下,江苏学政黄体芳将学政驻地选在江阴,并在县城内中街创建南菁书院。江阴这所小城,因为江苏学政驻地所在,一时间成为全省教育中心。黄体芳之所以把全省最高学府设在江阴小城,是从两个方面考虑的:一方面,江阴地处偏僻,不似苏州和江宁这类府城喧闹,有利于士子安心考试,还可减少诸如请托、贿买秀才之类弊端发生。若在府城,则士绅多,关系杂,由此产生弊端的机会就多。另一方面,江阴地理位置刚好处在苏、松、常、镇四府中心,苏南各地士子赴江阴考试,道里大致均等。苏北虽然幅员辽阔,但经济文化自不能与苏南相比。诚如明万历年间礼部侍郎常州孙慎行所云:"设为院(案:督学察院),则常(案:常州府)之江阴,以为地僻且道里均也。"②

光绪十一年(1885)十月,王先谦继黄体芳之后来到江阴任学政,到

---

① 光绪三十一年(1905)正月,侯鸿鉴拿出多年教授所得薪资八百八十金,并出售家藏古物所得,及夫人典卖首饰相资助,在无锡租赁校舍,创办私立竞志女学,自任校长。其间纂修《锡金乡土历史地理》《锡金乡土地理》,应该属于私修,"艺文斋"和"文苑阁"也是书坊,故此两志属于坊刻,非官刻。因其为方志,权置于此。

② (明)孙慎行:《新建督学察院碑记》,明冯士仁修,徐遵汤、周高起纂《崇祯江阴县志》卷五,《无锡文库》第1辑,凤凰出版社2011年版,第338页。

任后的第一件事就是开设南菁书局,"奏准在院中设局,汇刊《皇清经解》续编,于院西长江水师协镇署故址建屋两进,为刊书局"①。早在道光五年(1825),著名学者阮元在两广总督任内,于广州学海堂内刊刻《皇清经解》,4 年后刊成。《皇清经解》1400 卷,收 73 家,183 种,凡清初至嘉庆年间著名的经学著作搜罗略备。但是,由于受到时代与地域的局限,仍不免有遗珠之憾。嘉道至同光间,经师辈出,经学著作又成汗牛充栋之势,因此,早就有学者想仿阮元而续编经解,然终难如愿。如德清俞樾就曾说过:"江浙之开书局也,余曾有续刻《皇清经解》议,因博访通人,搜罗众籍,戴子高望以书目一纸见示,采撷略备。乃当事诸君子,莫有从余意者。余穷老且病,此志终不果矣。"②俞樾难以做到的被王先谦在南菁书院做到了,究其原因,诚如吴新雷说:"南菁书局具备四个有利条件:一是资金充裕,王先谦带头捐银一千两,又募集一大笔款项,资金上超过了官办的金陵书局和江苏书局。二是技术上,江阴书坊自北宋仁宗天圣七年(1029)刻《国语韦昭注》、南宋孝宗乾道二年(1166)刻《高丽图经》以来,历代有刻书的传统技艺,晚清时,江阴城还有博文堂、宝文堂和源德堂三个书坊,有一批刻印高超的工匠。三是在访求江苏学者的著作方面,黄体芳曾经做过深入细致的调查工作,这为王先谦寻书奠定了基础。四是整理校订方面,有一批精通业务的南菁课生做王先谦的坚强后盾。"③

具体来说,在督江苏学政之前,王先谦在京师时就于阮元所刊《皇清经解》外,搜集数量不少的典籍,到江阴任上,更加留心搜访,总数接近 200 种。此外,江阴本地人士缪荃孙、桐城萧穆也为王先谦访书刻书提供了重要帮助,二人把家藏的众多清代经说典籍无偿提供给王先谦供作底本之用。江阴城虽小,但历来具有刻书的优良传统,清代尤甚。顺治间,张能鳞编《儒宗理要》29 卷就是在江阴学署刊刻问世的;康熙间,邵嗣尧刻自撰《四书初学易知解》10 卷,谢履厚刻自撰《江南风雅》6

① 陈思修,缪荃孙纂:《江阴县续志》卷六《学校》,《中国地方志集成·江苏府县志辑》第 26 册,凤凰出版社 2008 年版,第 91 页。

② (清)俞樾:《春在堂随笔》,江苏古籍出版社 2000 年版,第 41 页。

③ 参考吴新雷《南菁书院的学术研究及其对文化界的贡献》,《南京大学学报》(哲学社会科学版)1985 年第 2 期,第 18—24 页。

卷,郑任钥刻明徐方广增注清郑任钥校订《朱子孟子或问小注》14卷；雍正间,邓钟岳重刻《近思录》14卷等；乾道间,江阴的刻书业已经趋向发达,姚文田刻自撰《邃雅堂集》10卷、祁寯藻刻徐楷《说文解字系传》40卷等,皆为四方学者争购典藏。王先谦于江阴刻书,可谓占据天时地利人和。在底本校勘上,幕友几乎都参与《皇清经解》续编的编辑校对工作,其中王先慎、吴光尧、刘钜所校卷数最多。而吴光尧在学幕尚未满一年,即病逝于江阴学署中,可谓鞠躬尽瘁,生死以之了。具体事务做得最细致的还是亲兄弟王先慎,作为总编,所校卷数也是幕友中最多的,王先谦对他的信任也一直胜过外人。在学幕3年,王先慎出棚助兄阅卷的机会极少,时间几乎都待在江阴,全身心地投入编校工作中。①

但即便如此,江阴地小,还是难于承担全部书版镌刻重任,为此,王先谦利用丰厚的人脉,邀请其他官书局代刻,苏州、上海和上沙3地官书局齐心协力,共同将书版刻好,最后全部运送到江阴统一刷印。全部书版总计17362块,刊刻完成后,一直刷印到20世纪30年代,每年刷印20多部,直到1937年日本侵华战争全面爆发,书版全部毁于战火。

《续皇清经解》1430卷,实际收录专著209部,其中有一些非常重要的典籍,如顾炎武《九经误字》、王夫之《诗经稗疏》、阎若璩《尚书古文疏证》、胡渭《易图明辨》、龚自珍《春秋决事比》、俞樾《古书疑义举例》等,对古代文化的保存和延续作出重要贡献,中华书局在编印《四部备要》时曾采用一批南菁书院刻的名作。

南菁书局成立初衷只是雕刻《续皇清经解》,但在该书镌刻完毕,后任学政及院长继续刊刻其他书籍,主要有:光绪十二年(1886),刻王先谦主编《清嘉初集》5卷5册;光绪十三年(1887),刻王先谦主编《清嘉二集》4卷4册、《清嘉三集》3卷3册、王先谦和缪荃孙主编《南菁书院丛书》144卷、王先谦主编《江左制义辑存》3册;光绪十四年(1888),刻王先谦和缪荃孙主编《南菁书院丛书》144卷;光绪十五年(1889),刻黄以周和缪荃孙主编《南菁讲舍全集》(又称《南菁文钞初集》)9卷;光绪二十年(1894),刻黄以周主编《南菁文钞二集》6卷、溥良主编《南菁札记》

① 参考杨培明《南菁书院志》,上海书店出版社2015年版,第59页。

23 卷；光绪二十七年（1901），刻丁立钧主编《南菁文钞三集》16 卷。另有《四语汇编》4 册、张之洞著《劝学篇》2 册、宋杨名时著《杨氏全书》等，具体刊刻时间无考。

在晚清官书局刻书史上，南菁书局所刻书数量并不多，但是学术价值尤高。

一方面，研究清代经学发展史，《续皇清经解》是必读之书。阮元《皇清经解》收录的是清前、中期经学名著，道光以后的著作大都被收进《续皇清经解》中，汇集了清代中晚期经学著作精华。更难能可贵的是，王先谦突破阮元只收古文经学派著作，不收今文经学派著作的藩篱，兼收今文和古文经学派著作，使清代今文经学派的名家论著"都得以公之于世，打破了过去闭塞的局面，令人耳目一新，在学术思想上影响了维新派"①。

另一方面，南菁书院所刻课作选刊三集（《南菁文钞初集》9 卷《二集》6 卷《三集》16 卷），"可以了解到书院课生平时研究学习的内容和书院的学术取向的变化，还可以看出剧烈的'世变'给书院带来的巨大影响"②。三集收录的课作呈现经学作品逐渐减少、史论和算学题逐渐增多、不收文学作品的倾向，这个倾向是在晚清政局大变，思想控制放松，读书人出于对国家前途的忧虑，撰文借古讽今，抨击时弊的背景下发生的。而刊刻算学作品，更是书生们学习西方先进科技，崇信科学救国的思想转变，从中可知南菁书院诸生所满怀的忧国忧民情操。

三、私家刻书

明人胡应麟说："余所见当今刻本，苏、常为上，金陵次之，杭又次之。"③说的是明代江南各地刻书情况，而这种情况一直延续到清代。有清一代，常州文化取得了前所未有的成就，举凡科举、教育、宗族、文学、学术等方面不仅居全国前列，而且有不少独特的要素和执牛耳的人物，

---

① 吴新雷：《南菁书院的学术研究及其对文化界的贡献》，《南京大学学报》（哲学社会科学版）1985 年第 2 期，第 20 页。
② 赵统等：《南菁书院志（初稿）》，江苏省南菁高级中学 2002 年印，第 103 页。
③ （明）胡应麟：《少室山房笔丛》卷四《经籍会通四》，上海书店出版社 2009 年版，第 44 页。

他们纷纷加入刻书行列,所刻典籍多为学术精品。如秦蕙田,"乾隆元年进士第三人。累官刑部尚书。蕙田少承家学,以经术笃行为江阴杨名时所知。父道然,以藩邸事久系县狱,蕙田既通籍,服阕陈情,乞以身赎父罪,道然竟得释。领西曹最久,遇事沉毅果断,退则闭户著书。其学以穷经为主,生平精力尤萃于《五礼通考》一书,盖本朱子遗义,而参诸昆山徐氏《读礼通考》,凡阅三十八年而后成,因并徐书刻之"①。秦蕙田所编刻《五礼通考》262卷,是研究中国古代礼学的集大成之作,该书裁减《十三经注疏》《二十四史》等文献之资料,条分缕析,按类排比,后附案语,考辨吉、凶、宾、军、嘉五礼,具有极其重要的学术价值。张惟骧《清代毗陵书目》共著录清代常州刻书186种(丛书算1种),1775卷(不分卷以1卷计)②,如果把丛书的子目加在一起,则数字更加可观。众多刻书家独具只眼,喜爱编选丛书付梓,如孙星衍刻《岱南阁丛书》和《平津馆丛书》、盛宣怀刻《常州先哲遗书》、缪荃孙刻《云自在龛丛书》等,因其刊刻精美,善于选择,勤于校勘,无不在刻书史上留下辉煌的一页。

在清代,读书之家稍有余财便投入刻书,所刻之书多师友诸书,目的在于通过刻书以传,延续精神生命。常州也一样,众多家刻活动是基于亲情、友情而为,其中还有一些更为特殊的情况。如无锡人周有壬,"幼弃举业,橐笔游公卿间数十年,于邑中文献掌故考求甚力,断碑只字靡不搜访。编录《梁溪文钞》凡八十卷,又著《锡金考乘》,补正邑志为多。其次女毓芳适秦赓彤。有壬卒,毓芳收集父书,勤护之,《考乘》十四卷则其病革时,出私橐金所刊也"③。《锡金考乘》14卷首1卷,专为邑志证其疑漏,文笔简雅,考证明确,后之修志者多所仿效。周有壬于道光间完成书稿后下世,未及付梓,交由次女毓芳珍藏,毓芳嫁人、生子,忙于生计,直至同治九年(1870)濒殁之际,方才出箧中所藏,拿出全

① (清)裴大中、倪咸生修,秦缃业等纂:《光绪无锡金匮县志》卷二十一《儒林》,《中国地方志集成·江苏府县志辑》第24册,凤凰出版社2008年版,第350页。
② 张惟骧:《清代毗陵书目》卷六《清代毗陵校勘家校刊之书著于世者录为一卷》,常州旅沪同乡会民国三十三年(1944)印本,第211—228页。
③ (清)裴大中、倪咸生修,秦缃业等纂:《光绪无锡金匮县志》卷二十二《文苑》,《中国地方志集成·江苏府县志辑》第24册,凤凰出版社2008年版,第370页。

部积蓄交给世瑞堂活字版行。女儿为父亲刻书,自古鲜少。又有侨寓宜兴的浙江长兴人沈无咎,"年四十未娶,有金坛汤氏女归之,名朝,字蕉云。工诗。无咎值七夕作《七巧诗》,与蕉云歌吟,声达户外,里人多传诵之。时邑人周岱钟、瞿源洙集诸名流作诗文会于潮音寺,无咎与焉。蕉云自号华严女子,先无咎卒。无咎为作传,筑埋诗亭于墓上(墓在蜀山鲎塾)。又尝汇其夫妻唱和之作,付之梓,名《笙磬同音集》"①。将自己与妻子的唱和诗集雕刻出版,以告慰亡妻在天之灵。

清代常州家刻者众,兹选最具代表者4人,略述其刻书活动。

(一)孙星衍刻书

孙星衍(1753—1818),字伯渊、渊如、苑如,号季述、季仇、薇隐、芳茂山人,室名有问字堂、岱南阁、平津馆、嘉谷堂、澄清堂、五松园、廉石居等。阳湖人,后迁居金陵。星衍幼有异禀,读书过目成诵。及长,先后肄业龙城和钟山书院,在龙城书院向卢文弨和钱大昕学习,治学开始转向经学与考据学。之后在安徽学使刘权之幕府和陕西巡抚毕沅幕府度过一段较长的游幕生活,毕沅对其一生治学范围、治学方法和学术历程等产生了重要影响。乾隆五十一年(1786),孙星衍乡试中式,明年中进士,授翰林院编修,充三通馆校理。散馆后任刑部直隶司主事,官至山东布政使,为宦多政绩。嘉庆十六年(1811),孙星衍称病请假回乡,不再出仕。曾客居扬州三年,参与校刊《全唐文》。嘉庆二十一年(1816)始,先后在南京钟山书院、泰州安定书院、绍兴书院、杭州诂经精舍等讲学,从事英才培育大事。

孙星衍博及群书,勤于著述,在经学、史学、金石、舆地、小学、目录、版本、校勘、辑佚等多领域均有突出成就。所著《尚书今古文注疏》是"清代《尚书》学研究方面的最好成果,代表了清代《尚书》学研究的最高成就"②。孙星衍还是乾嘉时期著名的藏书家,受父亲影响,年轻时即喜爱藏书,至老不辍。通过购买、抄写、交换等途径,从事收藏,他曾在《得

---

① (清)李先荣原本,阮升基增修,宁楷等增纂:《嘉庆增修宜兴县旧志》卷八《人物·侨寓》,《中国地方志集成·江苏府县志辑》第39册,凤凰出版社2008年版,第349页。

② 焦桂英、沙莎:《标点说明》,孙星衍《平津馆鉴藏记书籍·廉石居藏书记·孙氏祠堂书目》卷首,上海古籍出版社2008年版,第3页。

赵文敏所书"曝书"二字以署书楼口占二绝句》中自嘲说:"薄宦廿年徒立壁,买书钱是卖文钱。"①经过几十年的苦心经营,孙星衍藏书日丰,到其去世时,藏书多达 2000 多种,且中多善本。他先后编纂《平津馆鉴藏记书籍》《廉士居藏书记》和《孙氏祠堂书目》3 种,在清代目录版本学史上举足轻重,影响深远。

有清一代,读书利己、刻书泽人的观念深入人心,孙星衍也一样,他"一生刻书七十五种五百余卷,以精善著称,所刻《岱南阁丛书》与《平津馆丛书》成就了其在清代刻书史上的地位"②。

"岱南阁"是孙星衍的书斋,因其做山东兖沂曹济兵备道时治所在岱宗之南而得名,后刻第一部丛书时即以此为名曰《岱南阁丛书》。该丛书刊刻时间较长,其中,最早的一种为乾隆五十年(1785)所刻《仓颉篇》,最晚的一部为嘉庆十四年(1809)影宋刻《古文苑》,历时 25 年之久。这段时间孙星衍先后在毕沅幕府、京师为官、充山东兖沂曹济兵备道、丁母忧以及为山东督粮道等,故刻书地点极为分散。"平津馆"是孙星衍做山东督粮道时治所藏书处,在德州境内。汉公孙弘为丞相,封平津侯,封地距离德州不远,孙星衍以此名其藏书处曰"平津馆",又以之名所刻第二部丛书。《平津馆丛书》以嘉庆五年(1800)刻影宋本《魏武帝注孙子》《吴子》《司马法》为最早,嘉庆二十三年(1818)刻《芳茝山人诗录》和《长离阁集》为最晚,前后 18 年。

孙星衍所刻《岱南阁丛书》主要有两个版本:一个是乾嘉间刻大字本,共 19 种 172 卷;另一个是嘉庆三年(1798)在兖州刻巾箱本,共 5 种 24 卷。《平津馆丛书》也有 2 个版本:一个是嘉庆间原刻本,共 38 种 212 卷,扉页刻"平津馆丛书某集""兰陵孙氏藏版"字样;另一个是光绪十一年(1885)吴县朱记荣槐庐家塾重刻本,共 10 集,较原刻略有增补。上述 2 种丛书外,孙星衍还有单刻书籍 4 种:(1)《补三国疆域志》2 卷,洪亮吉撰,朱为弼批校,乾隆四十六年(1781)刻;(2)《景定建康志》50卷,宋马光祖修,宋周应合纂,嘉庆六年(1801)刻;(3)《绍熙云间志》3卷,宋杨潜纂,嘉庆十九年(1814)沈岐云与孙星衍同刻于金陵;(4)《孙

① (清)孙星衍:《芳茝山人诗录》,《丛书集成初编》第 2319 册,商务印书馆 1937 年版,第 79 页。
② 焦桂美:《孙星衍研究》,上海古籍出版社 2017 年版,第 333 页。

氏祠堂书目内编》4 卷《外编》3 卷,孙星衍撰,嘉庆十五年(1810)刻。

清代学者刻书一般不以营利为目的,主要在于为往圣继绝学,深惧古人著述淹没不传。而具体到孙星衍,考察其刻书目录则会发现,其刻书有明确的精品意识,"不惜重费,延聘通人,甄择秘籍,详校精雕,终使两部集中了其学术成果、承载了其学术思想、体现了其刻书精神的丛书享誉学林,经久不衰"[①]。

(二)李兆洛刻书

李兆洛(1769—1841),字申耆,晚号养一老人。武进人。肄业龙城书院。嘉庆九年(1804)举于乡,次年成进士,选庶吉士、武英殿协修。散馆后任安徽凤台县知县,修水利,增堤防,设沟闸,深耕耘。在任 7 年,因父丧辞官返乡。后随康兆镛来广东,又随赴扬州,如此作四方游者数年,所至辄考其山川形势,民俗利病。先后主讲安徽真儒、敬敷两书院和江阴暨阳书院近 20 年,四方学子,从问不绝,造就很多人才。李兆洛"幼聪颖,读书日能读百余行,藏书逾五万卷,皆手加丹铅校羡脱正错误,矢口举十三经,辞无遗失,自汉唐及近世诸儒说条别得失不检本。尤嗜地理学,购各省通志较互千余年来水地之书,证以正史,刊定顾祖禹《读史方舆纪要》与原文之不符者"[②]。他精研《通鉴》《通典》《文献通考》,尤以舆地学最精,录善本,访名家,辑成《历代地理志韵编今释》20 卷、《历代地理沿革图》《大清一统舆地全图》《皇朝舆地韵编》《皇朝一统舆图》《海国纪闻》《海国集览》等。

藏书、育人、读书和著书之外,李兆洛的另一项学术成就是刻书,终其一生,热衷刊刻活动。早在乾隆五十四年(1789),李兆洛就读于常州龙城书院,主讲为清代大校勘学家、刻书家卢文弨。受卢文弨影响,他对刻书产生了特别的兴趣。李兆洛任安徽凤台知县期间,经常"与二、三英彦谱颂谐笙,削竹镌珍"[③],参与刊刻活动。自凤台辞官后,他四方游者六七年,将薪俸所得几乎全部用于刻书。道光三年(1823),李兆洛应邀为江阴暨阳书院山长,其间刊刻了大量图书。直至道光二十年

---

① 焦桂美:《孙星衍研究》,上海古籍出版社 2017 年版,第 337 页。
② 张维骧:《清代毗陵名人小传稿》卷六,常州旅沪同乡会 1944 年印行,第 142 页。
③ (清)周仪炜:《小山嗣音序》,载李兆洛编《小山嗣音》,嘉庆二十二年"湘雪轩"刊本。

（1840 年），即去世的前一年，他的刊刻活动也未停止。

孙振田根据李兆洛《养一斋文集》、蒋彤《李申耆先生年谱》和《养一子述》等史料，钩稽李兆洛刊刻图书近 50 种。[①] 今将孙文所考刻书目录迻录如下。

嘉庆元年（1796），刻自撰《历代略》；

嘉庆八年（1803），刻李述来《读通鉴纲目条记》20 卷；

嘉庆十七年（1812），刻臧庸《皇朝经解》《孔子年表》《七十子表》《孟子编年略》等；

嘉庆二十五年（1820），刻凤应韶撰、李兆洛辑《凤氏经说》3 卷；

道光元年（1821），刻六承如节编《皇朝舆地略》、张惠言《虞氏易礼》2 卷、《周易郑荀义》3 卷、《易义别录》14 卷、《虞氏易变表》1 卷、《易图条辨》1 卷、李兆洛辑《骈体文钞》31 卷；

道光二年（1822），刻洪饴孙《三国职官表》3 卷《史目表》1 卷；

道光三年（1823），刻明李廷机《举业荃蹄》；

道光四年（1824），刻李逊之《三朝野记》7 卷、自辑《旧言集》无卷数、刘逢禄《春秋公羊何氏释例》10 卷《后录》6 卷；

道光八年（1828），刻程德赟《程子香文钞》2 卷，叶维庚撰、李兆洛编定《纪元通考》12 卷；

道光九年（1829），刻自辑《旧言集》无卷数；

道光十年（1830），刻史问和《鉴楼集》、潘观常《静寄轩集》；

道光十一年（1831），刻自撰《纪元编》（六承如编）3 卷、自辑《桑梓潜德续录》、郡城某氏《执中蕴义》；

道光十二年（1832），刻李兆洛重编《皇朝一统舆地全图》（董佑诚绘）、六承如节编《皇朝舆地略》、德宣《西碉诗文集》；

道光十三年（1833），刻邹浩《道乡先生文集》40 卷；

道光十四年（1834），刻顾炎武撰《日知录集释》（黄汝成集释）32 卷《刊误》2 卷《续刊误》2 卷、自辑《辨志书塾所见帖》；

道光十五年（1835），刻瞿式耜《瞿忠宣公集》10 卷、洪颐孙《补梁疆

① 孙振田：《李兆洛刊刻活动考论》，《古典文献研究》2007 年刊，第 470—481 页。

域志》4 卷;

道光十七年(1837),刻自编《李氏家牒》、胡承诺《绎志》19 卷、卢文弨《抱经堂诗钞》7 卷、屈轶《享帚集钞》1 卷、自撰《历代地理志韵编今释》20 卷(木活字刊印)附《皇朝舆地韵编》2 卷;

道光十八年(1838),刻庄存与《彖传论》《彖象论》《系辞传论》《八卦观象解》《卦气论》《算法约言》;

道光十九年(1839),刻南唐徐锴《说文解字系传》40 卷《校勘记》3 卷;

道光二十年(1840),刻吴育《私艾斋文钞》6 卷、董士锡《齐物论斋文集》6 卷、张成孙《端虚勉一居文集》3 卷。

在清代私家刻书史上,李兆洛占有一席之地,这不仅是数量问题,更主要的是其刻书具有鲜明的特点。李兆洛是晚清今文经学大家,著书和刻书带有浓厚的学术色彩,借刊刻宣扬经世致用的学术思想,有资实学。他注重社会效应,表达社会关切,重视对乡邦文献的收集、整理与刊刻,为保存与传播先贤时哲的著述作出了重要贡献。

(三)盛宣怀刻书

盛宣怀(1844—1916),字杏荪、幼勖、荇生、杏生,号次沂、补楼,别署愚斋,晚号止叟。武进人。同治九年(1870),入李鸿章幕,初任内文案,又先后总管招商局、电报局、铁路总公司、汉冶萍公司。由淮军幕而入官,授命邮传大臣、红十字会会长,一生官运亨通,财源横流。盛宣怀在治事之余,寄情于图书、金石、书画,以其地位和财力,不数年而大有积,收藏多为江南故家散出者,以苏州江氏灵鹣阁、巴陵方氏碧琳琅馆和杭州王氏退圃旧藏为多。其中以宋版《圣宋文选》《通鉴纪事本末》最享盛名。他还曾远游日本,在异域购得典籍1500 部以上,这又成为其藏书特色。其藏书思想比较开明,曾和端方相约各出私藏共建"淞滨金石图书院",公诸天下后世。他还刻一方"贻之子孙不如公之同好"的印章。后端方爽约,他则自行其志,于宅旁拨地十余亩,构造愚斋图书馆,于宣统二年(1910)落成,入藏各类图书达十余万册,还聘请缪荃孙编成《愚斋图书馆藏书目录》18 卷,另有《盛氏图书馆善本书目》4 卷。①

　　早年,盛宣怀曾协助父亲盛康编纂《皇朝经世文续编》,选文 120 卷,目的在于用经世致用的实学来治理国家和社会。在参与编辑的过程中,盛宣怀了解到家乡藏书家历来有为乡贤刻著述的传统,虽然接下来一生主要时间用在了创办洋务等实业中,但他一直念念不忘效法前人,有编刻家乡典籍之宏愿。同时,晚清时期,虽国力衰落,但各地对于地方文献的刊刻一时成为风潮,主要有王灏《畿辅丛书》、吴兰修《岭南丛书》、陶福履《豫章丛书》、赵尚辅《湖北丛书》、丁丙《武林掌故丛编》等等,这些丛书对地方文献的保存流传作出了重要贡献。

　　中年时期,盛宣怀终于完成了为乡贤刻书的夙愿,这就是《常州先哲遗书》之刻。该丛书是由缪荃孙向盛宣怀提出刊刻的,盛宣怀在与缪荃孙的通信中,提出编刻要求是"毗陵文献佚而无征,亟宜搜罗,仿《湖南文征》收刻成书,拟即发征文公启。尊处(缪荃孙)必多存件,度里中转不及外省流传之多,或即以国朝为限制,不录前朝文字"②。丛书编辑起光绪二十年(1894)夏六月,讫民国四年(1915)冬,中间经历了太多波澜。丛书第一集自梁讫明,收书 40 种,又附清人撰著 3 种。续编收书 31 种,则十之九为明清两代之书,又补第一集之遗者 2 种。全书所据,大半为缪荃孙所藏之书。缪氏编校时,原拟分为 3 集,写定目录,旋以鼎革之故,就已刻者进行整理,所余尚 2000 余种,故目录前题曰"第一集"。凡明以前书,大多用影抄本或旧抄本、或《四库》本、或其他私家丛书本,而明清各书则大半用原刻本为底本,书前目录均注明刊刻情况。所选之书涵盖文集、笔记、目录、年谱、语录、尺牍、杂钞、训诂释义等,称其为常州地区的"四库全书"毫不为过。大学者叶德辉对该书推崇备至,称"唯《常州(先哲遗书)》出自缪艺风老人手定,挟择严谨,刻手亦工,后有作者,当取以为师资矣"③。

　　《常州先哲遗书》由盛宣怀出资,缪荃孙总负责,具体抄校者为一众名家,有况周颐、高骏烈、陈庆年、马长儒、吴文郁、汪衍、庄清华、赵

---

① 参考李楠、李杰编著《中国古代藏书》,中国商业出版社 2015 年版,第 176 页。
② 钱伯城、郭群一整理,顾廷龙校阅:《艺风堂友朋书札(下)》,上海人民出版社 2018 年版,第 802 页。
③ 叶德辉:《书林清话》卷九,广陵书社 2007 年版,第 176 页。

诐寿、谢宝琳、缪凤祥、缪九畴、罗榘、丁立诚、汪康年,而负责刊刻者有陶子麟、宋进凤、汪洵、史恩縣、吴德潚。其中的陶子麟为湖北黄冈人,专营刻书业,设刻书肆于武昌,以姓名为店号,摹刻古本旧体是其特长,刻过刘世珩《玉海堂影宋丛书》、张钧衡《择是居丛书》、徐乃昌《随庵丛书》以及《徐文公文集》《玉台新咏》等。丛书"从其他清代或官方丛书或私家丛书中选择精本善本开雕,从根本上保证了书籍的质量,此过程也体现出清代各种丛书之间的一种互动,表现出书籍流传也就是知识分享、保存文献资源的过程,具有书籍流通和阅读史的意义"①。

(四)缪荃孙刻书

缪荃孙(1844—1919),字炎之,号筱珊,晚榜所居堂曰"艺风",世称为"艺风先生"。祖庭槐,嘉庆十年(1805)进士。父焕章,道光十七年(1837)举人。荃孙少随父居蜀,以华阳县籍举同治六年(1867)乡试,登光绪二年(1876)进士。授编修,负文名,旋以论学忤相国徐桐,遂绝意仕进,故官止四品卿,衔学部候补参议,举经济科,亦不应征。性直而好学若命。貌丰朴,能饮酒,善谈谑,豁如也。同光间,常熟翁同龢、吴县潘祖荫、南皮张之洞、顺德李文田,咸以博涉嗜古著称,缪荃孙遂从之游,专攻考证碑板、目录之学,旁罗山经地志,故其学博贯衡综,洪纤毕洞,衣钵朱彝尊、全祖望、纪昀、阮元、王昶、黄丕烈、顾广圻、钱仪吉之余绪。

缪荃孙收藏宋元明清旧抄、旧刻书 10 多万卷,周秦洎元石刻 10800 多种,皆手自校勘题识,得一秘籍新碑,欣然忘食。遇到海内不经见的孤本佚文,则设法钩取迻抄,都贾、海客、毡椎线装之匠,奔走于门,举世服其赡博。先后任两湖、南菁、钟山、经心、泺源、龙城等书院讲席,学者对其尊敬有加,将之等同于卢文弨、姚鼐等。

光绪二十六年(1900)后,各地纷纷兴办学堂,张之洞为两江总督,奏改钟山书院为江南高等学堂,延聘缪荃孙为讲席,缪氏遂手订各种规章,又请购杭州丁氏八千卷楼善本书,倡立江南图书馆。不久,张之洞

① 庞颖萃:《清代学术丛书的编刊与学术发展》,南京大学硕士学位论文,2014 年,第 83 页。

领学部,奏以缪荃孙主京师图书馆,缪氏千方百计,通过收藏内阁大库之书、收集敦煌石室唐写卷子、购买归安姚氏 10 万多卷藏书等途径,把南北两大图书馆先后充实起来,时人给以很高评价,赞曰:"笃古之士犹得钻仰脉其间,不令中国历代钜刻珍钞、万国希觏之宝流放、沽鬻于东西都市者,荃孙力也。"①辛亥革命发生后,缪荃孙避居上海,赵尔巽延其为清史馆总裁,缪氏独任儒学、文学、隐逸、土司诸传,及康熙朝大臣传,所撰文字足资征信。

各种政务之外,缪荃孙一生还积极从事刻书活动,多为人编刻,故署他人名。今人苏晓君钩稽其所刻书有如下 13 种:②(1)《国朝常州词录》31 卷,缪荃孙辑校,光绪二十二年(1896)刻;(2)《辽文存》6 卷附录 2 卷,缪荃孙辑,光绪二十二年(1896)刻;(3)《艺风藏书记》8 卷,缪荃孙编,光绪二十七年(1901)刻;(4)《三水小牍》2 卷《逸文》1 卷附录 1 卷,唐皇甫枚撰,缪荃孙补;(5)《云自在龛丛书》5 集 36 种,缪荃孙辑;(6)《对雨楼丛书》4 种,缪荃孙辑;(7)《藕香零拾》39 种,缪荃孙辑。以上 3 种刻于光绪至宣统间(1909—1911)。(8)《丁亥诗抄》1 卷,王念孙撰,宣统元年(1909)刻;(9)《艺风堂文漫存》4 卷《别存》2 卷《续集》8 卷《外集》1 卷,缪荃孙撰,宣统二年(1910)刻;(10)《艺风堂藏书续记》8 卷,缪荃孙编,民国二年(1914)刻;(11)《艺风堂文续集》8 卷,缪荃孙编,民国二年(1914)刻;(12)《后三唐人集》3 种,缪荃孙辑,民国五年(1916)刻;(13)《烟画东堂小品》26 种,缪荃孙辑,民国九年(1920)刻。需要说明的是,最后一种刻成之时,缪荃孙已经谢世一年多了。

第四节　镇江府刻书

清代镇江府下辖丹徒、丹阳、金坛和溧阳 4 县,其中溧阳县于雍正

---

① 陈思修,缪荃孙纂:《江阴县续志》卷十五《人物·儒林》,《中国地方志集成·江苏府县志辑》第 26 册,凤凰出版社 2008 年版,第 188—189 页。该志中缪荃孙传文字为丹徒柳诒徵撰,辽阳陈思补录。
② 苏晓君:《苏斋选目》,中国经济出版社 2013 年版,第 218—221 页。

八年(1730)划归镇江管辖。顺康以至康乾时期,镇江发展有序平稳,和大清王朝的国运相向而行。咸丰八年(1858),第二次鸦片战争结束,清政府与英国签订《中英天津条约》,镇江成为长江下游第一个通商口岸,开埠时间比汉口、九江和南京还早。镇江开埠后,设有英、美领事馆和英国租界,招徕英商开设贸易洋行(公司),随后美、德、法、日等国商人也竞相来镇设行,多达 20 多家,一时间镇江成为外商在长江下游的商贸中心和进口洋货的主要中转地。但是,不久爆发的"洪杨之乱"对镇江又是一次残酷打击,大量的文物和文献惨遭焚毁,众多学者文人远走他乡。

镇江历来文人学者辈出,清代尤甚,学术成就十分突出。著名的小学大家段玉裁出生在金坛县,同是金坛人的于敏中在《四库全书》修纂过程中担任正总裁,编写《钦定天禄琳琅书目》10 卷;丹徒张玉书深为清帝康熙所倚重,曾与陈廷敬等编《康熙字典》42 卷,又编《佩文韵府》106 卷附《韵府拾遗》6 卷。

一、府县署刻书

据江澄波等《江苏刻书》记载,清代镇江官府刻书有光绪间润州榷廨刻 1 种:清大兴沈道宽撰《话山草堂诗文钞》5 卷《杂著》7 卷《辞钞》1 卷;镇江清真寺刻 3 种:同治十三年(1874)刻清上元刘智撰《天方至圣实录》20 卷,光绪十九年(1893)刻清上元刘智撰《真功岁微》3 卷,光绪三十年(1904)刻清马复初撰《四典会要》4 卷。[①] 这个记载不能反映清代镇江官刻的全貌,而事实上,各县署编刻的方志也是重要的官刻书。

(一)镇江府署刻书

清代镇江府署刻 2 部镇江府志:一是《康熙镇江府志》54 卷首 1 卷,高得贵修,张九徵等纂,康熙十三年(1674)和二十四年(1685)两次刊刻。二是《乾隆镇江府志》55 卷首 1 卷,由镇江知府朱霖主修,该书内容绝大部分由康熙《镇江府志》摘录得来,内容增加至乾隆十五年(1750),并附录《桐村疏稿》1 卷,乾隆十五年刻成。

---

① 江澄波等:《江苏刻书》,江苏人民出版社 1993 年版,第 230、232 页。

（二）丹徒县署刻书

清代丹徒县所修本地志书6种,刊刻4种:(1)《康熙丹徒县志》10卷首1卷,鲍天钟修,何焌、程世英纂,康熙二十二年（1628）刻。(2)《嘉庆丹徒县志》47卷首4卷,贵中孚、万承纪修,蒋宗海、张崟等纂,嘉庆十年(1805)刻。由于本志是在蒋春梦《续修丹徒县志》未刊稿本的基础上编纂起来的,故本志虽修于嘉庆年间,而纪事则以乾隆六十年(1795)为止。(3)《光绪丹徒县志》60卷首4卷,何绍章、冯寿镜修,吕耀斗纂,光绪五年(1879)刻。(4)《丹徒县志摭余》21卷,李恩绶纂,李丙荣续辑,光绪十六年(1890)刻。

（三）丹阳县署刻书

清代丹阳县署刊刻本地志书3种:(1)《康熙丹阳县志》20卷,纂修人员有文林郎知丹阳县事吴之彦,署教谕事过于飞,训导吴燮,生员贺国璘、姜文灿和汤玉浮等,康熙二十二年(1683)刻。由于知县吴之彦离任,志书仅刻至卷十二"乡贤"而止,乾隆时修县志时,这12卷的版片也不全了。(2)《乾隆丹阳县志》22卷,邹廷谟、贺祥珠修,荆泽永、贺沈采纂,乾隆十五年(1750)刻。(3)《光绪丹阳县志》36卷首1卷,刘诰、凌焯、陈炳泰修,徐锡麟、姜璘、林福源纂,光绪十一年(1885)刻。

（四）金坛县署刻书

清代金坛县署刻本地方志有3种:(1)《康熙金坛县志》16卷,郭毓秀纂修,康熙二十二年(1683)刻。(2)《乾隆金坛县志》12卷,杨景曾修,于枋等纂,乾隆十五年(1750)刻。(3)《光绪金坛县志》16卷首1卷,丁兆基等修,汪国凤纂,光绪十一年(1885)刻。

（五）溧阳县署刻书

溧阳县在清代6次纂修本地方志,前3次纂修都是在康熙朝,刊刻与否史无记载。刊刻的3次指的是:(1)《乾隆溧阳县志》12卷,吴学濂纂修,乾隆八年(1743)刻。(2)《嘉庆溧阳县志》16卷,李景峄、陈鸿寿修,史炳、史津纂,嘉庆十八年(1813)刻,又有光绪二十二年(1896)活字本。(3)《光绪溧阳县续志》16卷,朱畯、王祖庆等修,冯煦纂,光绪二十三年(1897)修,两年后又用活字排印。

二、私家刻书

相对于清代江南其他地区私家刻书繁荣的情形,镇江刻书则始终呈现不温不火的特征,这与镇江的地理位置有很大的关系。西面的江宁一直是政治和文化中心,刻书事业历来发达,东面的常州和苏州也是经济文化重镇,刻书事业十分繁荣,处在"夹缝"中的镇江刻书业实在难以和相邻地区比肩,私家刻书方面更为明显。今人蔡国美对于清代镇江刻书情况有一个统计,并制成表格如下。

清代镇江地区刻书情况初步统计表①

地区	经部	史部	子部	集部	丛书	合计
丹徒	10	16	35	75	13	149
丹阳	6	1	11	11	不详	29
金坛	6	2	6	13	3	30
溧阳	6	4	4	13	2	31

需要说明的是,上表统计的清代镇江刻书情况并不完全,遗漏不少。如《民国丹徒县志》卷十八《艺文》著录本地学者所著典籍多为刻本,经笔者检索,除去蔡国美《清代镇江刻书研究》已经著录过的,尚有如下多种。

赵曾望《十三经独断》1卷,活字本;

吴丽生《读易一斑》2卷,光绪间刻;

马建忠《马氏文通》4卷,光绪间刻。

以上经部。

释明贤《鹤林寺志》1卷,刻本;

潘永圜《读史津逮》4卷,康熙间刻;

张思恭《扈从录》1卷,裔孙其堉刻;

曾燠《续金山志》20卷,道光四年(1824)刻;

韩怡《竹书纪年辨正》4卷,嘉庆间木存堂刻;

① 蔡国美:《清代镇江刻书考》,南京师范大学硕士学位论文,2006年,第41页。

柳兴恩《雷塘庵主弟子记》1 卷,刻本;

周伯义《金山志》20 卷《北固山志》14 卷,光绪三十年(1904)刻;

戴启文《西湖三祠明贤考略》2 卷,光绪三十四年(1908)刻;

刘鹗《治河五说》1 卷,家刻;

赵佑宸《宝晋书院志》12 卷,光绪间刻;

赵定邦《长兴县志》32 卷,光绪三年(1877)刻;

释秋涯《续金山志》2 卷,光绪二十七年(1901)刻;

陈庆年辑《张忠武公事录》4 卷,光绪三十一年(1905)刻。

以上史部。

《郭畀日记》4 卷,古学汇刊印;

毛志道《六壬经纬》6 卷,金闾讲德斋刻;

顾堃《觉非庵笔记》8 卷,光绪八年(1882)刻;

李文荣《仿寓意草》2 卷,光绪十三年(1887)刻;

陈克劬《苹蓬类稿》3 卷,光绪间刻;

蔡嵩年等《处分则例图要》6 卷、《律例便览》6 卷,同治乙丑(1865)刻;

高燨《遗安堂算稿》2 卷,光绪间刻。

以上子部。

张文逊《唐贤清雅集》3 卷,乾隆三十年(1765)刻;

鲍皋《海门外集》10 卷、《海门诗钞》8 卷、《海门诗钞外集》4 卷《补遗》1 卷,刻本;

李御《文园六子诗》1 卷,乾隆间刻;

刘文培《天香阁诗钞》8 卷,嘉庆十九年(1814)刻;

左墉《云根山馆诗集》3 卷,嘉庆间刻;

郭堃《种蕉馆诗集》6 卷《附录》1 卷,光绪二十一年(1895)刻;

王豫《江苏诗征》183 卷,道光元年(1821)刻;

钱之鼎《三山草堂赋钞》1 卷,道光间刻;

法嘉荪《饭珠轩遗集》4 卷《遗稿》1 卷,道光二十三年(1843)刻;

赵佩湘《恒春吟馆诗集》2 卷,道光间刻;

周瀛《商芝山馆诗钞》2 卷,道光间刻;

袁燮和《书台诗钞》1卷,嘉庆三年(1798)刻;

钱为湄《清芬堂诗词集》1卷,道光二十二年(1842)刻;

清瑞《客邸杂诗》1卷,活字本;

包国璋《蜻庵赋钞笺注》2卷,道光九年(1829)刻;

张铉《寸草园汇钞》8卷,道光八年(1828)刻;

张尚炯《思勉斋诗集》8卷,道光元年(1821)刻;

张崇兰《梅悔庵文钞补》1卷,咸丰间刻;

戴楫《纯甫古文钞》6卷,同治庚午(1870)刻;

戴楫《阴骘文四言诗》1卷,刻本;

施峻《云樵诗剩》1卷,光绪十二年(1886)刻;

黄之然《桂山诗钞》1卷,咸丰十一年(1861)刻;

欧阳苏《容安轩诗存》2卷,光绪二年(1876)刻;

李士林《留春馆余龄漫笔》1卷,光绪十五年(1889)刻;《重游泮水诗续集》1卷,光绪十六年(1890)刻;

徐维城《天韵堂诗存》8卷,光绪元年(1875)刻;《赋钞》1卷,光绪四年(1878)刻;

韩弼元《翠岩室诗文稿仅存》3卷,光绪四年(1878)刻;

缪之镕辑《箕裘集》24卷,光绪三十一年(1905)刻;

丁绍德《梦松书屋诗文集》2卷,光绪二十四年(1898)刻;

戴启文《招隐山房诗钞》10卷,刻本;

庄械《蒿庵遗集》12卷,许氏刻;

赵彦《三砚斋诗剩》1卷,光绪八年(1882)刻;

周伯义《焦东阁诗存》1卷,刻本,《京江后七子诗》,刻本;

茅国安《东亭九艺》1卷,《东亭诗草》1卷,同治十二年(1873)刻;

凌永贞《幽光集》2卷,光绪间刻;

万沛洪《南海移□草》1卷,刻本;

道典于《可以兴录》1卷,刻本;

赵徽禾《位思轩四种》,宣统二年(1910)刻;

李承衔《自怡轩厄言》4卷,光绪二十二年(1896)刻;《楹联剩语》4卷,光绪十二年(1886)刻;

李佳《独诵堂集》6卷,刻本;

刘炳奎《桐华山馆诗钞》,光绪二十二年(1896)刻;

李慎传《植庵集》10卷,光绪间刻本;

吴丽生《修月山房诗钞》1卷,光绪二十二年(1896)刻;

陈任旸辑《焦山六上人诗》4卷,刻本。

以上集部。

李恩绶《讷盦骈体文存》2卷、《读骚阁赋存》2卷,并光绪十六年(1890)刻;《讷盦类稿》,宣统辛亥(1911)本;《冬心草堂诗选》2卷,宣统辛亥(1911)刻;《缝月轩词录》2卷,光绪甲辰(1904)刻;《润州赋钞》8卷,光绪十三年(1887)刻;《历代诗人祠堂记》1卷,光绪二十五年(1899)刻;

延清《庚子都门纪事诗》6卷,光绪辛丑(1901)刻,《锦官堂诗钞初集》《续集》,刻本;

张宝森《铎隐诚斋赋钞》2卷,光绪间刻,《悔庵诗存》2卷,活字印本;

邹宝德《云锦天衣集》2卷,光绪十年(1884)刻;

陈克劬《知悔斋文》2卷、《晴漪阁诗》6卷、《红豆帘琴意》1卷,光绪丁亥(1887)刻;

陈克常《藤花馆》2卷《词》1卷,光绪十三年(1887)刻;

刘礼淞《青藜(阁)吟草》6卷,同治间刻;

尹恭保《抱膝山房全集》4卷,光绪五年(1879)刻;

尹克昌《志伊斋文集》2卷,光绪间刻;

戴燮元妻钱令芬《竹溪渔妇吟》1卷,刻本;

李掌珠《怡秋轩初稿》1卷,光绪三十年(1904)刻。①

丹徒是清代镇江府治所在地,历来与京口密不可分,文化成就自然要高于其他3县,刻书成就亦然,反映的是镇江清代私家刻书的全貌亦不为过。诸多家刻书中,刊刻情况呈现出多样化特征。

有自刻者。如丹徒人管兆桂,"少时,与张石帆、鲍海门诸诗人结浣

① 张玉藻、翁有成修,高觐昌等纂《民国丹徒县志》卷十八《艺文》,《中国地方志集成·江苏府县志辑》第30册,凤凰出版社2008年版,第770—774页。后16种也是集部,原书未注明。

图 5-4-1 说文解字三十卷 清段玉裁撰 清乾嘉间段氏经韵楼刻本 南京图书馆藏

花社，以祀少陵。久客京师，归，梓其诗四卷"①。陆游《老学庵笔记》说："四月十九日，成都谓之浣花遨头，宴于杜子美草堂沧浪亭。倾城皆出，锦绣夹道。自开岁宴游，至是而止，故最盛于他时。予客蜀数年，屡赴此集，未尝不晴。蜀人云：'虽戴白之老，未尝见浣花日雨也。'"②此后把每年的四月十九日定为"浣花日"。乾隆七年（1742），丹徒诗人管兆桂得石刻杜甫像，乃与友人结社举行浣花会，主要成员多为本地人，酹酒祭拜杜甫，并联吟唱和。首次雅集在此年十一月初九，此后屡有此举，管兆桂选历年浣花会上的唱和诗编辑成集，并自刻以行，惜后世不传。

有为官期间刻于官所的。如丹阳人吉彦英，"乾隆乙酉（1765）拔贡，选安徽太平县教谕，擢广西城步县知县，左迁湖南武陵丞，旋知城步县。所至以著书为事，已刊者《十舍集》《射稽草》《抱遗集》《字说》十余种，未刊者尚多。今皆不存"③。

从刊刻者来说，更多的是亲人间的行为。有孙辈为祖父刻书者，如丹阳人贺国璘著有《深柳读书堂诗稿》《百城楼集》《载道堂集》《飞鸿阁诗余》《楚江唱和诗余》《职方考》等，"光绪初，国璘裔孙某收其古文，刻之，名《天山遗集》"④。有女婿为岳丈刻书的，如丹阳人贾淦为张世清之婿，张世清"著《惜阴轩诗草》，经乱被毁，子亦亡"⑤，作为女婿，贾淦义不

① （清）何绍章、冯寿镜修，吕耀斗等纂：《光绪丹徒县志》卷三十三《人物》，《中国地方志集成·江苏府县志辑》第 29 册，凤凰出版社 2008 年版，第 653 页。
② （宋）陆游撰，李剑雄、刘德权点校：《老学庵笔记》卷八，中华书局 1979 年版，第 108 页。
③ （清）刘诰、凌焯修，徐锡麟、姜璘纂：《光绪丹阳县志》卷二十《文苑》，《中国地方志集成·江苏府县志辑》第 31 册，凤凰出版社 2008 年版，第 234 页。
④ （清）刘诰、凌焯修，徐锡麟、姜璘纂：《光绪丹阳县志》卷三十五《书籍》，《中国地方志集成·江苏府县志辑》第 31 册，凤凰出版社 2008 年版，第 512 页。
⑤ 孙国钧、周桂荣等纂：《民国丹阳县志补遗》卷三十三《人物·文苑》，《中国地方志集成·江苏府县志辑》第 31 册，凤凰出版社 2008 年版，第 664 页。

容辞纂辑《诵芬轩烬余草》，并将之刊出。还有族人帮助刊刻的，如丹阳朱士龙"诗学韩昌黎、苏子瞻，尤善排偶。赵雨楼太守于道光己丑（1889）开浚运河，改建黄金闸落成，适童试，太守以是命题，士龙在风檐中成五言百韵，仍遍作古今各体诗。太守见其卷，亟赏之，拔置第一"[1]，朱士龙去世后，族侄朱龙文将其遗稿刊出行世。

清代镇江私家刻书者多，若推其代表性人物，则非陈庆年莫属。

陈庆年（1862—1929），字善余。丹徒人。肄业于江阴南菁书院，光绪十四年（1888）优贡生。尝选授江浦县教谕，征辟经济特科，均辞不就。先应曾国藩召，赴南京主修《两淮盐法志》，后入张之洞幕，任江楚译书局总纂，为张氏纂《洋务辑要》。随后任两湖书院分教，讲授《兵法史略学》，后应端方聘赴武昌，任文高、普通两学堂讲师，主讲中国史。又入湘，任高等学堂监督兼提调湖南全省学务，筹建定王台藏书楼。旋赴江南，与缪荃孙等创建江南图书馆。光绪二十三年（1897），陪同缪荃孙赴杭州，以七万元价购入丁氏八千卷楼遗书，使其免蹈湖州皕宋楼之覆辙。光绪二十四年（1898），陈庆年在家乡与同志创立强学会，广征图书，提倡新学。民国以后，讲学于乡里传经堂。著作有《中国历史教科书》《列国政要》《卫经答问》《道光英舰破镇江记》《顺治镇江防御海寇记》《知记录》《西石城风俗志》《补三国志儒林传》《通鉴纪事本末要略》《五代史略》《辽史讲义》《明史详节》《汉律佚文疏证》等。

陈庆年生前酷爱藏书，于镇江磨刀巷建"横山草堂"，占地数千平方米。住宅东首建藏书楼一座，名"传经楼"，藏书近十万册，内中最有特色的藏书是镇江乡邦文献，后人给以晚清近代镇江"私家藏书首推陈氏横山草堂"[2]的美誉。在拥有如此之多藏书的基础上，陈庆年更是把精力和财力投入到刻书上去。

光绪三十三年（1907）四月，陈庆年应端方之邀，主持江楚编译局和江南图书馆，在此期间，对该局的经费筹划、印本销售、原料采集、版本保存以及在石印技术推广方面出力甚多，积累了丰富的刻书经验。归

---

① 孙国钧、周桂荣等纂：《民国丹阳县志补遗》卷三十三《人物·文苑》，《中国地方志集成·江苏府县志辑》第 31 册，凤凰出版社 2008 年版，第 665 页。

② 柳和城：《百年书人书楼随笔》，浙江教育出版社 2017 年版，第 29—30 页。

乡后,他从江北招募刻工,开始自己刻书活动。他说:"余征存乡哲遗书,自唐以来,每朝各有数种,写定一种已,皆考证作跋,为之雕播。"①光绪三十年(1906),陈庆年为端方编《洋务辑要》一书时,在焦山书藏发现抄本《嘉定镇江志》和《至顺镇江志》,十分重视,遂重新校勘,抄录新本,宣统二年(1910)交给刻工开雕,很快完成。陈庆年刻《嘉定镇江志》22卷,8册,《至顺镇江志》21卷,8册,两部方志是研究镇江地方文献必不可少的工具书。

　　宣统二年至民国八年(1910—1919),陈庆年从事《横山草堂丛刊》之刊刻。全部丛书共2集,收书22种69卷,附录3种5卷。所刊著作多为丁氏八千卷楼旧藏,如宋施枢《芸隐倦游稿》1卷、《横舟稿》1卷用汲古阁影宋本为底本,并参照周春藏旧抄本;元郭畀《云山日记》2卷用原稿本;《快雪斋集》1卷用旧抄元人小集本;元龚璛《存悔斋诗》4卷用毛抄本,又辑诗文序跋等为《补遗》;明丁元吉《陆右丞蹈海录》2卷用龚氏抄本,以上均为丁氏所藏,且是刊本流传不广的著作。其余著作多从各书辑出或以旧本付梓,校勘亦精。陈庆年自著2种《横山保石牍存》1卷、《崇德窑捐牍存》1卷,是汇辑当时公牍而来。陈庆年为每种书都撰写序和跋,交待刊刻原因、底本来源、版本价值以及作者生平等,是研究历代文人的重要参考书。这部丛书刊刻相当精致,字体清整,刀锋明快,印刷质量上乘。每书题名均用篆字书写,显得非常雅致古朴。

　　宣统三年(1911)年,陈庆年刊刻《云窗词》《京口三山志》《京口掌故丛编》。民国十三年(1924),陈庆年将自己主要著作汇辑为《横山乡人类稿》13卷,并刊刻完成,赠给北京、上海、南京、长沙和镇江等地图书馆收藏。

第五节　扬州府刻书

　　清代扬州府下辖江都、甘泉、天长(滁州)、仪征、兴化、宝应、东台等

---

① 徐苏:《博学通才陈庆年》,政协丹徒县文史资料研编《丹徒人物》,1996年印本,第125页。

六县,另有高邮和泰州二州,辖区与明代相比略有调整,且天长(滁州)今属安徽省,不在此处所论。论及刻书,"进入清代,扬州刻书达于顶峰,刊刻数量之多、部头之大、质量之高,为前代所未有,在我国雕版印刷史上亦占有重要的地位"①。论者常将扬州与苏州、南京并列为清代江南三大刻书中心,无论是官刻、坊刻还是家刻,均发展迅猛,善本迭出,因此王澄更进一步称清代扬州刻书事业"以空前的业绩跃居中国刻书名区之列"②。

康熙四十四年(1705),曹寅在扬州天宁寺创办以编校刊刻内府书籍为主的古书出版机构——扬州诗局,标志清代扬州刻书鼎盛时期的到来。乾隆以至道光时期,扬州官私刻书持续稳步前进,但是咸丰年间"洪杨之乱",给扬州刻书业带来巨大冲击。太平军在扬州前后占据 11 年,进出 14 次,扬州城受到严重破坏。不过,太平军在占领扬州后,也看中这里优厚的刻书资源,先后成立删书衙及镌刻衙等机构,开始利用扬州雕版印刷技术,刻印大量书籍,并且将很多扬州刻书匠人调到天京,从某种程度上来说,对于扬州刻书业也是一种推广和宣传。"洪杨之乱"后,社会秩序逐渐得到恢复,同治八年(1869),盐运使方濬颐在扬州琼花观街设立淮南书局,整理补修旧有《盐法志》及各种官方残版,刊刻地方文献,重刊经史子集,刻书事业逐渐振兴。清末,石印和铅排等新的印刷技术从西方传入中国,先进技术逐步取代古老的雕版印刷,扬州刻书业逐渐式微,至民国时,已跌落到最低点,只有零星的版刻活动惨淡经营了。

一、府县属刻书

清代扬州各府县署刻书主要以本辖区方志为主,偶然也有其他图书之刻。

(一)扬州府署刻书

清代扬州府署先后组织了 7 次扬州总志修纂,皆及时刊刻问世。

---

① 扬州市政协文史和学习委员会编:《扬州文史资料》第 23 辑,扬州市政协文史和学习委员会 2003 年印本,第 297 页。

② 王澄:《扬州刻书考》,广陵书社 2003 年版,第 53 页。

它们是:《康熙扬州府志》27 卷,雷应元纂修,康熙三年(1664)刻;《康熙扬州府志》40 卷,金镇纂修,康熙十四年(1675)刻;《康熙扬府州志》40 卷,张万寿修,崔华纂,康熙二十四年(1685)刻;《雍正扬州府志》40 卷,尹会一修,程梦星等纂,雍正十一年(1733)刻;《嘉庆扬州府图经》(一名《广陵图经》)8 卷,阮元修,江藩纂,嘉庆十一年(1806)刻;《嘉庆重修扬州府志》72 卷首 1 卷,阿克当阿修,姚文田等纂,嘉庆十五年(1810)刻;《同治续纂扬州府志》24 卷,方濬颐修,晏端书、钱振伦、卞宝第纂,同治十三年(1874)刻。除地区总志外,扬州府署还刻 3 种专志:《平山堂图志》10 卷首 1 卷,赵之壁修纂,乾隆三十年(1765)刻;《扬州营志》16 卷,陈述祖修,郑余堂等纂,道光十一年(1831)刻;《淮扬水利图说》1 卷,冯道立撰,道光十二年(1832)刻。

(二)江都县署刻书

清代江都府署先后组织了 5 次县志纂修和刊刻活动:《康熙江都县志》16 卷,李苏纂修,康熙五十六年(1717)刻;《雍正江都县志》20 卷图 1 卷,陆朝玑修,程梦星等纂,雍正七年(1729)刻;《乾隆江都县志》32 卷图 1 卷,五格、黄湘重修,程梦星等纂,乾隆八年(1743)刻,光绪七年(1881)重刻;《嘉庆江都县续志》12 卷首 1 卷,王逢源纂,李保泰修,嘉庆二十四年(1819)修,光绪七年(1881)重刻;《光绪江都县续志》30 卷附《图说》1 卷,谢延庚修,刘寿曾纂,光绪十年(1884)刻。

(三)甘泉县署刻书

甘泉县因境内有甘泉山而得名。雍正间置甘泉县,至民国初撤销,实际历经 180 多年,而在不足两百年的设县历史中,县署组织了 3 次县志编修和刊刻活动:《乾隆甘泉县志》20 卷首 1 卷,吴鹗峙等修,厉鹗纂,乾隆八年(1743)刻;《嘉庆甘泉县续志》10 卷首 1 卷,陈观国修,李保泰纂,嘉庆十五年(1810)刻;《光绪增修甘泉县志》24 卷首 1 卷,徐成敟等修,陈浩恩等纂,范用宾重纂,光绪七年(1881)活字本,光绪十一年(1885)重刻。

(四)仪征县署刻书

清代仪征县志有 6 次编刻活动,分别是:《康熙重修仪真县志》12 卷,胡崇伦修,陈邦桢纂,康熙七年(1668)刻;《康熙增修仪真县志》12

卷,马章玉纂修,康熙三十二年(1693)刻,康熙四十年(1701)补刻;《康熙仪真县志》22卷,陆师编纂,康熙五十七年(1718)采碧山堂[①]刻;《雍正仪征县续志》30卷,李昭治修,项纲纂,雍正三年(1725)刻;《嘉庆仪征县续志》[②]10卷,颜希源、邵光钤纂,嘉庆十三年(1808)刻;《道光重修仪征县志》50卷首1卷,王检心修,刘文淇、张安保纂,道光三十年(1850)刻,光绪十六年(1890)重刻。

（五）泰州州署刻书

清代泰州府署共组织过5次方志的纂修活动:《雍正泰州志》10卷首1卷,褚世暄修,陈九昌等纂,雍正六年(1728)刻;《道光泰州志》36卷图1卷,王有庆等修,陈世镕等纂,道光十年(1830)刻,光绪三十四年(1908)重刻;《泰州志》36卷,梁桂纂修,同治十年(1871)刻。此外,宣统间,胡维藩修、卢福保纂《续纂泰州志》35卷,是石印本。

（六）兴化县署刻书

清代兴化县署组织编刻县志现存2种:《兴化县志》14卷,张可立纂修,清康熙二十三年(1684)刻;《咸丰(重修)兴化县志》10卷,梁园棣修,郑之侨、赵彦俞纂,咸丰二年(1852)刻。

（七）宝应县署刻书

清代宝应县署组织编纂方志2部,与方志相关的图经、考辨等2部:《康熙宝应县志》24卷,徐鏐修,乔莱纂,康熙二十九年(1690)刻;《道光重修宝应县志》28卷首1卷,孟毓兰修,乔载繇等纂,道光二十年(1840)宝应县署委汤氏沐华堂刻;《道光宝应图经》6卷首2卷,刘宝楠纂,道光三年(1823)县署刻,道光二十八年(1848)则由王国宾重刻,光绪九年(1883)淮南书局亦刊刻该志;《咸丰重修宝应县志辨》1卷,刘赞勋撰,咸丰元年(1851)分别雕版和活字印刷两种。

（八）东台县署刻书

康熙六年(1667),东台地属扬州府泰州。雍正元年(1723),置水利同知(与县同级)驻东台,专辖里下河水利。乾隆三十三年(1768)分泰

---

① 采碧山堂是陆师的室名。陆师(1667—1772),字麟度,浙江归安人。康熙三十九年(1700)进士,授河南新安县知县,康熙五十六年(1717)补知仪真县。

② 清雍正元年(1723),因讳雍正胤禛嫌名,改县名"仪真"为"仪征"。

州东北九场、四乡设置东台县,与泰州同属扬州府。这是东台设县之始。有清一代,东台县署仅刊刻县志 1 种:《嘉庆东台县志》40 卷,周右修,蔡复午、袁承福等纂,嘉庆二十二年(1817)纂成即付梓,道光十年(1830)第二次刻。

(九)高邮州署刻书

清代高邮州署组织编刻方志活动 7 次:《高邮州志》10 卷,李培茂修,余恭纂,康熙十一年(1673)刻,二十三年(1684)增刻;《高邮州志》12 卷,张德盛修,邓绍焕纂,雍正二年(1724)刻;《高邮州志》12 卷首末各 1 卷,杨宜崙修,夏之蓉、沈之本纂,乾隆四十八年(1783)刻;《高邮州志》12 卷首 1 卷,杨宜崙原本,冯馨增修,夏味堂增纂,嘉庆十八年(1813)增修刻本,道光二十五年(1845)重刻;《高邮州志》12 卷首 1 卷,冯馨增修,王念孙增纂,嘉庆二十年(1815)刻;《(续增)高邮州志》分 6 册,不称卷,左辉春、张用熙修,宋茂初、高鸣飞纂,道光二十三年(1843)刻;《再续高邮州志》8 卷,金元良、龚定瀛修,夏子镛纂,光绪九年(1883)刻。

二、两淮盐政官署刻书

顺治二年(1647),清廷在扬州设立两淮巡盐察院署和两淮都转盐运使司,总理淮南、淮北盐政盐务,简称"两淮盐政"。两淮盐政承担为朝廷缴纳巨额税赋的任务,因而是炙手可热的职位。有清一朝,两淮盐政除协助曹寅刊刻《全唐诗》外,其官署也从事自己的刻书工作。

(一)两淮盐运使司刻书

清代两淮盐运使司衙署不仅管理盐务,还兼为宫廷采办贵重物品,侦察社会情况等,刻书也是其中一项重要活动。清代两淮盐运使司所刻书有:

《痘疹心法全书》(包括《痘疹心法》12 卷《碎金赋》1 卷附《痘疹玉髓摘要》2 卷),明罗田人万全撰,康熙五十六年(1717)刻;

《雍正敕修两淮盐法志》16 卷图 1 卷,清噶尔泰修,程梦星等纂,雍正间刻;

《两淮盐运使司鹾务类编》不分卷,佚名撰,乾隆间刻;

《乾隆两淮盐法志》40 卷首 1 卷,清江都王世球纂,乾隆十三年

（1748）刻；

　　《曲海》20 卷，清黄文旸编，乾隆四十五年（1780）刻；

　　《邗上题襟集》1 卷《续集》1 卷，清曾燠辑，乾隆六十年（1795）刻；

　　《聊斋志异》24 卷，清蒲松龄撰，道光二十二年（1842）刻；

　　《题襟馆唱和集》2 卷附《北行日记》1 卷《征途随笔》1 卷，清方濬颐辑，附录为方氏撰，同治十一年（1872）刻；

　　《唉蔗轩全集》8 卷附《唉蔗轩年谱》1 卷，清方士淦撰，同治十一年（1872）刻；

　　《双桥小筑词存》4 卷《集余》1 卷，清江人镜撰，光绪二十年（1894）刻。①

　　上述刻书中，以《曲海》和《聊斋志异》的刊刻最具代表性。

　　关于《曲海》编纂，李斗《扬州画舫录》记载说：“乾隆丁酉（1777），巡盐御史伊龄阿奉旨于扬州设局修改曲剧，历经图思阿并伊公两任，凡四年事竣。总校黄文旸、李经，分校凌廷堪、程枚、陈治、荆汝为，委员淮北分司张辅、经历查建佩、板浦场大使汤惟镜……修改既成，黄文旸著有《曲海》二十卷，今录其序目云：‘乾隆辛丑间，奉旨修改古今词曲。予受盐使者聘，得与修改之列，兼总校苏州织造进呈词曲，因得尽阅古今杂剧传奇，阅一年事竣。追忆其盛，拟将古今作者各撮其关目大概，勒成一书。既成，为总目一卷，以记其人之姓氏。然作是事者多自隐其名，而妄作者又多伪托名流之欺世，且其时代先后，尤难考核。即此总目之成，已非易事矣。’”②伊龄阿奉旨于扬州所设之“局”名为何？史料不载，今人名之曰“词曲局”③。扬州“词曲局”专为修改曲剧而设，是在特定政治文化背景下进行的。早在清廷诏开四库馆之时，乾隆帝向天下征集图书，就发现许多书中记载的内容有对清朝统治不利的因素，因此在征书的同时又严查典籍内容，对有所谓“违碍”内容的著作进行全毁和抽毁。乾隆帝还发现，民间流传的小说、戏曲中有许多演绎历史上反抗外族侵略的故事，如辽金时期抗击金兵、蒙古兵，明末清初反对满

---

① 参考王澄《扬州刻书考》，广陵书社 2003 年版，第 72—73 页。按，王澄书无“《唉蔗轩年谱》1 卷”。

② （清）李斗：《扬州画舫录》，凤凰出版社 2013 年版，第 111—114 页。

③ 彭秋溪：《清乾隆朝扬州“词曲局”修曲人员考》，《文化遗产》2015 年第 3 期。

人入关等等,这些戏曲故事传播最为广泛,最能影响世道人心,为此,他专门下了一道谕旨,点名要求戏曲编写和出版最为流行的苏州和扬州两地官府,认真盘查,不可怠慢。在将所有戏曲修改完成之后,当事者之一的黄文旸为金元以来的剧本做了编目,并撰写提要,这就是《曲海》20卷,著录作品1113种,包括戏曲剧目、剧情、故事来源、作者、失传剧本的折子戏出处等资料,是研究戏曲史的重要文献。在盐运使伊龄阿的主导下,扬州"词曲局"很快把《曲海》版刻以传。

《聊斋志异》的刊刻则为盐运使但明伦所主导。但明伦(1782—1855),字天叙,一字云湖,贵州广顺人。嘉庆十五年(1810)举人,二十四年(1819)进士,授翰林院编修,历任御史、湖南、浙江乡试主考官和会试同考官。道光六年(1826),任湖南岳、常、澧兵备道,十年(1830)赈洞庭湖大水灾,功绩显著。二十年(1840)任江苏常、镇、通、海兵备道,二十一年(1841)升任两淮盐运史。在盐运使任上,但明伦军政和文化两方面皆有建树。军政上,他率领军民,严阵以待来犯的英法联军,保护扬州一地未受侵扰。文化上,则评点和刊刻《聊斋志异》,名垂青史。但明伦说:

> 忆髫龄时,自塾归,得《聊斋志异》读之,不忍释手。……岁己卯,入词垣,先后典楚、浙试,皇华小憩,取是书随笔加点,载以臆说,置行箧中。为友人王菱堂、钱辰田两侍读,许信臣、朱桐轩两学使见而许之,谓不独揭其根柢,于人心风化,实有裨益。嘱咐剞劂而未果。兹奉命莅任江南,张桐厢观察、金瀛仙主政、叶素庵孝廉诸友,复怂恿刊布,以公同好。余亦忘其固陋,未知有当于聊斋之意与否。书成,爰记其颠末如此。时道光二十二年(1842)夏五月,广顺云湖但明伦识于两淮运署之题襟馆。①

但明伦刻本,是《聊斋志异》第四个刻本,该本以两色套印,墨印正文,朱印评语,十分精致,再加之评语颇有见地,故此后据之刊行的本子较多,世称"但刻",或称"但评"。

---

① 原载张友鹤《聊斋志异会校会注会评本》卷首,此处转引自朱一玄编《聊斋志异资料汇编》,南开大学出版社2012年版,第321页。

（二）盐运道泰州分司刻书

泰州制盐历史十分悠久，早在西周时期就有记载。西汉时期，吴王刘濞开发以泰州为中心的淮南盐区，唐代以后，泰州地区成为全国最大的海盐生产基地，入清，泰州盐业生产仍在全国占据重要地位，占两淮盐产量的三分之二，为此，两淮盐政专门在此设立分司，便于管理。泰州分司饶于财，故对刻书有贡献。康熙十二年（1673）刻汪兆璋修、杨大经纂《淮南中十场志》10卷。该书是一部记载淮南地区10个盐场历史的专志。"中十场"是指当时通州分司管辖的南九场与海州分司管接的北三场的中间地带，归泰州分司管辖的栟茶、角斜、富安、安丰、梁垛、何垛、东台、丁溪、草堰、小海10个盐场，因名"淮南中十场"。编者汪兆璋，字茞斯，浙江钱塘人。康熙十二年（1673），他认为明代纂修的原十场志编纂已有50年历史，时势变迁，人事更易，于是，决定重修。他聘请安丰杨大经主其事，杨是一介寒士，自幼博览群书，蜚声于外，著有《独善堂文集》。在重修场志期间，所有付梓、酬劳、邮传驿递、访问、粮食等用费，统由汪兆璋在薪俸中支出。但杨大经在重修成书后，虽然家境贫寒，却婉谢了汪的重金酬谢，谱写了一曲刻书佳话。[1]

（三）小海场司刻书

小海场为两淮古盐场之一，渊源于五代末北宋初泰州海陵监的小海场，北宋末撤废，但自元初恢复以后，历元、明、清数百年，至清乾隆三十四年（1769）方始撤并于丁溪场。清代两淮盐运使司于此设分司管理，小海场司于乾隆四年（1739）刊刻《小海场志》10卷。《小海场志》起稿于乾隆元年（1736），为小海场大使闽中林正青所著。正青，字苍岩，福建汀州人。久困场屋，以保举而登仕籍，雍正十二年（1734）始补小海场司。他官卑职微，犹不堕其经世致用之志，下车伊始即俯察民情，随事札记，力排非议，历时四年，撰纂成集。[2]

---

[1] 参考卞小芝《〈淮南中十场志〉编修概述》，政协东台县文史资料研究委员会《东台文史资料》第2辑，1985年印本，第57—62页。
[2] 李恺玉、李石根、夏宣：《两淮三十场现存最古的场志：清乾隆四年刻本〈小海场新志〉初步研究》，政协大丰县文史资料研究委员会编《大丰县文史资料》第6辑，1986年印本，第176—177页。

三、扬州诗局刻书

康熙四十四年（1705）三月，皇帝玄烨驾幸苏州，驻跸行宫期间，"发《全唐诗》一部，命江宁织造臣曹寅校刊，以翰林彭定求等九人分校"①。曹寅（1658—1712），字子清，一字楝亭，号荔轩，又号雪樵。其先为辽阳（今沈阳）人。隶正白旗包衣。清康熙十年（1671）挑御前侍卫，外差苏州、江宁织造，兼巡视两淮盐务，官至通政使。喜聚书，多得泰兴季振宜、昆山徐乾学所藏。南方名士，咸与往来。康熙帝为什么会把刊刻《全唐诗》这样伟大的文化工程交给了曹寅，并指令在扬州？原来，曹寅身份特殊，自幼侍读东宫，其母又是康熙乳母，本职虽为江南织造（官署在今南京），其时亦兼任两淮巡盐御使。再看扬州，这里物价平稳，人民富足，文化荟萃，与北京、南京、苏州合称"两京两州"，自古就有藏书刻书传统，刻工印匠多集中于此。

曹寅奉旨后，立即积极着手筹备，并在奏折中称"期于五月初一日天宁寺开局……臣细计书写之人，一样笔迹者甚是难得，仅择得相近者，令其习成一家，再为缮写。因此迟误，一年之间恐不能竣工"②。据此可知，康熙四十四年（1705）五月一日，编校词臣陆续到位，有彭定求、沈三曾、杨中讷、潘从律、汪士鋐、徐树本、车鼎晋、汪绎、查嗣瑮、俞梅等人，全部是江浙两省在籍翰林。扬州诗局正式开局，地点在天宁寺。天宁寺位于扬州城北，为清代扬州八大刹之首，相传东晋时为太傅谢安的别墅，其子谢琰舍宅为寺，后有梵僧在此译《华严经》，历史十分悠久。康熙帝于三十八年（1699）、四十二年（1703）、四十四年（1705）南巡时，都曾驾幸该寺。天宁寺庙宇宽敞，环境清净，编校与刻印不受外界干扰，便于管理，有利于提高校刊《全唐诗》的质量，加快校刊《全唐诗》的速度，同时，寺内僧人也可以做些书籍整理与服务工作。

《全唐诗》刊刻过程中，曹寅起到重要的组织作用，但是该书的凡例、规制等细节均需由康熙钦定，在圣旨未下之前，不敢大规模刊刻。

---

① （清）宋荦：《西陂类稿》卷四十二，《清代诗文集汇编》第135册，上海古籍出版社2010年版，第514页。

② 故宫博物院明清档案部编：《关于江宁织造曹家档案史料》，中华书局1975年版，第32—33页。

曹寅在康熙四十四年（1705）七月至十月奏折中对刊刻细节多次请示，在得到玄烨朱笔批示同意后，才正式进行编校写刻。十月二十二日，在试刻完唐太宗及高、岑、王、孟四家诗后，先装潢一样两部进呈，得到康熙的仔细审定后，始正式印刷。

曹寅用一年零五个月的时间完成收罗 2200 多位诗人、48900 多首诗作、篇幅达 900 卷的《全唐诗》刻印工作。在写手训练方面，曹寅尤其用心，因为当时刻书流行软字（即楷书）精刻，为此，曹寅专门召集文人训练名手缮写和雕刻《全唐诗》。现在看《全唐诗》参用唐代欧阳询、元代赵孟頫笔迹，取代官刻长期沿用的宋体字，九百卷前后字体几乎一致，一丝不苟，正是曹寅重视手写上版的效果，"因为字体风格独特，所以该扬州诗局刻本日后成为清代雕版史上的杰作"①。玄烨撰写《御制全唐诗序》颁发给扬州诗局，诗局遂补刻诗序，冠式书前，《全唐诗》的刊印工作即全部结束。② 该书半页 11 行 21 字，白口，双鱼尾，左右双边。全书分装 120 册，12 函，墨色均匀，开花纸印刷。后人赞曰："《全唐诗》的刻印享誉天下，一扫明末粗制滥造的坏风气，促进了讲究刻印精美好风尚的形成。"③

由于《全唐诗》刊刻精美，受到了康熙帝称赞，清廷遂把部分内府藏书交给扬州诗局刊刻，这部分刻书有：《御定历代赋汇》140 卷《逸句》2 卷《补遗》22 卷、《御定全唐诗录》100 卷，康熙四十五年（1706）刻；《钦定历代题画诗类》120 卷、《钦定佩文斋咏物诗选》486 卷、《御选历代诗余》120 卷、《佩文斋书画谱》100 卷，康熙四十六年（1707）刻；《御选宋金元明四朝诗》304 卷，康熙四十八年（1709）刻；《渊鉴类函》450 卷，康熙四十九年（1710）刻；《佩文韵府》160 卷（一作 144 卷）、《钦定全金诗》72 卷首 1 卷，康熙五十年（1711）刻。此外尚有《钦定词谱》40 卷《曲谱》14 卷、《御制诗初集》10 卷《二集》10 卷《三集》8 卷等，刻年不详。④

曹寅主持扬州诗局期间，还利用扬州诗局的牌记，刊刻自家藏书 18

---

① 马越、陈云观：《禅智山光：扬州佛教文化遗产》，东南大学出版社 2015 年版，第 167 页。
② 参考曹红军《康雍乾三朝中央机构刻印书研究》，南京师范大学博士学位论文，2006 年，第 32—33 页。
③ 刘流：《曹寅与扬州雕版印刷业》，《江苏出版史志》1989 年第 1 期，第 90 页。
④ 此刻书目引自王澄《扬州刻书考》，广陵书社 2003 年版，第 58—59 页。

种，即《棟亭藏书十二种》《曹棟亭五种》和单行本《隶续》。《棟亭藏书十二种》69卷，包括元盛熙明《书法考》8卷、宋朱长文《琴史》6卷、南唐史虚白《钓矶立谈》1卷、元钟嗣成《新编录鬼簿》2卷、宋黄大舆《梅苑》10卷、元王士点《禁扁》（一作《禁匾》）5卷、宋高似孙《砚笺》4卷、宋晁说之《墨经》1卷、宋灌园耐得翁《都城纪胜》1卷、宋王灼《颐堂先生糖霜谱》1卷、宋孙绍远《声画集》8卷、宋刘克庄《分门类纂唐宋时贤千家诗选》22卷。《曹棟亭五种》65卷，包括宋陈彭年等《广大益会玉篇》30卷、宋陈彭年等《大宋重修广韵》5卷、宋丁度等《集韵》10卷、宋司马光等《类篇》15卷、宋佚名《附释文互注礼部韵略》5卷。以上两种丛书皆半页11行21字，细黑口，左右双边，扉页3行，左刻"棟亭藏本"，中刻书名，右刻"扬州诗局重刊"。各卷卷末除无空白处外，均刻"棟亭藏本丙戌九月重刻于扬州使院"两行牌记。宋洪适《隶续》21卷，半页10行24字，白口，左右双边。扉页、牌记特征同上，惟题"扬州诗局刊"，少一"重"字。

曹红军说，由于此时《全唐诗》刊刻工作已基本完成，所刻曹寅藏书不属扬州诗局工作范畴，直称"扬州诗局"有点勉强，故各卷书后空白处均有牌记称"棟亭藏本丙戌九月重刻于扬州使院"，表明这是曹寅在兼任巡视两淮盐漕监察御史任内事。也正是由于这行牌记，导致各家书目著录不一致，有称"扬州诗局本"者，有称"扬州使院本"者，其实都是一个本子。[①]

四、扬州书局刻书

扬州书局成立与《佩文韵府》刊刻有着直接关系。《佩文韵府》106卷是康熙四十三年（1704）张玉书等奉敕编纂而成，共收字10252个，按读音分别归入平水韵106韵部众，"佩文"为康熙帝书斋名，故有此名。全书编纂后，初刻由武英殿承担，前后历时8年。但是，为了更好地展示文治武功，康熙五十一年（1712），玄烨命江宁织造曹寅、苏州织造李煦、杭州织造孙文成等在扬州开刻《佩文韵府》。曹、李、孙所任织造统称"江南三织造"，属于清内务府附设机构，三家共同刻印，也可见康熙

---

① 曹红军：《康雍乾三朝中央机构刻印书研究》，南京师范大学博士学位论文，2006年，第35页。

帝对《佩文韵府》的特殊感情。三人中,任务又略有分工,孙文成主要负责料理纸张,从杭州购买上等好纸印刷。书局的初期刊刻工作是由曹寅主持的,但不久曹去世,之后的工作则由李煦主持,直至竣工。之所以将刊刻地点定在扬州,应该与之前曹寅在扬州成功校刻《全唐诗》有关。曹寅前次奉旨刊刻的是一部断代诗集,所以名为扬州诗局,此次奉旨刊刻的是一部大型类书,因此名为扬州书局。曹寅于是年四月初三日奏折称:"《佩文韵府》已于三月十七日开工刊刻"①,因此,康熙五十一年三月十七日应为扬州书局开局之日,地点设在两淮漕察院。

由于《佩文韵府》早已编纂完毕,且在武英殿已有刻本,所以扬州书局拿来直接刊刻即可,但是由于内容庞大,故选用刻工较多,共 100 多位。刻书工作进展十分顺利,康熙五十二年(1713)九月初十日毕其役,皇帝看过样本后朱批道:"此书刻得好的极处。南方不必钉本,只刷印一千部,其中将乐纸二百部即足矣。"②对刊刻工作给予了充分的肯定。

《佩文韵府》刻好后,李煦手下人有用"扬州书局"之名刻印书籍的,今可知者有《绿意词》1 卷《秋屏词续编》1 卷,清吴贯勉撰,康熙五十二年(1713)刻、雍正二年(1724)续刻。吴贯勉早在扬州诗局时期就受聘为曹寅校书,至扬州书局时期又再次来校书,所以有此之举。

需要说明的是,扬州书局并非常设机构,而是有事才开局。嘉庆十二年(1807),皇帝阅读内府所藏旧抄本《唐文》160 卷,认为体例未协,选择亦不精,于是命臣工重加厘定编纂,名曰《全唐文》,该项工程由大学士董诰领衔,漕运总督阮元任总阅官,参与编纂的著名学者有秦恩复、邓立诚、汪端光、汪铮等人。历时 6 年后,全书纂成,清廷遂发两淮盐政刊刻,扬州书局再次组建。两淮巡盐御史阿克当阿、两淮都转盐运使曾燠遵旨照办,挑选书手、遴选刻工,嘉庆十三年开雕,十九年刻印完成。全书 1000 卷首 4 卷,装订 1000 册,每半页 9 行 22 字,白口,四周双边,写刻、印刷、装帧之精良,不减《全唐诗》。

①《江宁织造曹寅奏佩文韵府已开工折》,故宫博物院明清档案部编《关于江宁织造曹家档案史料》,中华书局 1975 年版,第 96 页。
②《苏州织造李煦奏进佩文韵府样书并请示刷钉数折》,故宫博物院明清档案部编《关于江宁织造曹家档案史料》,中华书局 1975 年版,第 113 页。

《全唐文》刻印完成后,扬州书局还刻印《唐文拾遗》72 卷、《唐文续拾》16 卷、《钦定明鉴》24 卷首 1 卷等。此外,同治八年至十三年(1869—1874),《困学纪闻》《广陵通典》等书刻成,亦署"扬州书局刊",其实是淮南书局所刻,此时之扬州书局乃淮南书局之别称。①

五、淮南书局刻书

淮南书局的前身为建于同治四年(1865)的养贤馆。《光绪江都县续志》记载说:"同治四年,署盐运使李宗羲开养贤馆,以收恤寒畯。八年,盐运使方濬颐议设书局,整理旧存《盐法志》及各种官书残板,刊布江淮间耆旧著述,即延馆中士人至局校理。其经费仍于裁减成本项下开支。书成,平其值售之。九年,署盐运使庞际云请于盐政马端敏公,分刊江宁书局《隋书》,并厘订章程添拨书院,余存经费以充局用,自后刊布书籍益多。光绪五年,盐运使洪汝奎更访求善本传刻之。"②同治八年(1869),两淮盐运使方濬颐在养贤馆基础上创设淮南书局,地点在"琼花观街,甘泉境"③。"淮南"为扬州旧称,扬州历史上曾经是淮南道、淮南节度使、淮南路等驻地,定名淮南书局,当然更与扬州为两淮盐运使的驻地有关,而运使署正是书局的管理机关。

晚清时期,各地官书局的运营经费来源主要有藩库拨款、盐税提充、厘金抽用、官绅捐助以及售卖回收等途径,而淮南书局的运营经费主要由盐务裁减成本项下的开支,经盐运使方濬颐等人整顿与治理,两淮盐业岁课增加,盐运使署财力增强,刻书所需资金得到有效保障。同时,书刻成之后"平值"出售,又可收回部分资金,继续用于后续刻书。

淮南书局之所以能够开办,与曾国藩的大力扶持分不开。曾国藩三次出任两江总督,并兼任两淮盐政,驻地在南京,但多次巡视两淮盐业重镇扬州。叶德辉称:"迨乎中兴,曾文正首先于江宁设金陵

---

① 参考王澄《扬州刻书考》,广陵书社 2003 年版,第 61 页。
② (清)谢延庚修,刘寿曾纂:《光绪江都县续志》卷十六,《中国地方志集成·江苏府县志辑》第 67 册,凤凰出版社 2008 年版,第 226—227 页。
③ (清)谢延庚修,刘寿曾纂:《光绪江都县续志》卷十二,《中国地方志集成·江苏府县志辑》第 67 册,凤凰出版社 2008 年版,第 195 页。

书局,于扬州设淮南书局,同时杭州、江苏、武昌继之。"①创设淮南书局的倒不一定是曾国藩,但其指导之功不可没。而实际创设者应为方濬颐,前文所引志书资料已经明确。起初,方氏欲重刻《全唐文》,而何绍基则主张先刻大字本《十三经注疏》,并得到曾国藩支持,方遂同意先刻群经。方濬颐外,后来的几任盐运使庞际云、洪汝奎等对于淮南书局刻书出力较多,袁昶、何绍基、莫友芝等先后任书局总校,李祖望、庄械、薛寿、郭夔、唐人鉴、张行孚等任分校或校勘,王际相、莫绳孙任书局提调。

淮南书局刻书活动持续近 40 年,刻书数量不菲,《光绪江都县续志》及《晚清营业书目》等史料有记载,江澄波《吴门贩书丛谈》②、曾学文《淮南书局刻书考述》③和王澄《扬州刻书考》④亦重新整理,今根据以上各家记载,制表如下。

淮南书局刻书一览表

刻书年代	刻书名称和卷次	著(编)者
同治八年 (1869)	《述学内篇》3 卷《外篇》1 卷《补遗》1 卷《别录》1 卷	(清)汪中著
	《广陵通典》10 卷	(清)汪中著
同治九年 (1870)	《两淮盐法志》60 卷	(清)佶山修,单渠纂
	《困学纪闻》20 卷	(南宋)王应麟撰
	《淮北票盐续略》12 卷	(清)许宝书纂修
	《孝经注》1 卷	(唐)李隆基撰
同治十年 (1871)	《隋书》85 卷附《考异》1 卷	(唐)魏徵等修
	《胜朝殉扬录》3 卷	(清)刘宝楠、刘恭冕编撰
	《孙吴司马法》(《孙子》3 卷《吴起》2 卷《司马法》3 卷)	

① 叶德辉:《书林清话》卷九,广陵书社 2007 年版,第 176 页。
② 江澄波:《吴门贩书丛谈》,北京联合出版公司 2019 年版,第 119—123 页。
③ 曾学文:《淮南书局刻书考述》,《中国典籍与文化》2018 年第 3 期。
④ 王澄:《扬州刻书考》,广陵书社 2003 年版,第 61—65 页。

刻书年代	刻书名称和卷次	著(编)者
同治十一年(1872)	《扬州水道记》4 卷图 1 卷	(清)刘文淇著
	《南宋杂事诗》7 卷	(清)沈嘉辙等撰
	《扬州画舫录》18 卷	(清)李斗撰
	《题襟馆倡和集》4 卷	(清)方濬颐编
	《旧唐书》200 卷《校勘记》66 卷《逸文》12 卷	(后晋)刘昫等撰,(清)罗士琳、刘文淇等校勘,(清)岑建功辑
	《啖蔗轩全集》5 卷	(清)方士淦撰
同治十二年(1873)	《经籍籑诂》106 卷附《补遗》	(清)阮元撰
	《小知录》12 卷	(清)陆凤藻辑
	《金源纪事诗》8 卷	(清)汤运泰撰,汤显业等注
	《十国宫词》1 卷	(清)吴省兰撰
	《二家宫词》《三家宫词》不分卷	(明)毛晋编
	《淮南盐法纪略》11 卷	(清)庞际云纂
同治十三年(1874)	《大戴礼记补注》13 卷《叙录》1 卷	(清)孔广森著
同治间(1862—1874)	《四书说苑》13 卷	(清)孙应科撰
	《汉官仪》3 卷	(汉)应劭撰
	《秣陵集》6 卷《图考》1 卷	(清)陈文述撰
光绪元年(1875)	《揅经室训子文笔》2 卷	(清)阮元撰,阮福编
	《白虎通疏证》12 卷	(汉)班固等撰,清陈立注
光绪二年(1876)	《春秋集古传注》26 卷《春秋或问》6 卷	(清)郜坦撰
	《淮扬水利图说》1 卷	(清)冯道立撰
	《陆宣公集》22 卷首 1 卷附录 1 卷	(唐)陆贽撰

刻书年代	刻书名称和卷次	著(编)者
光绪四年(1878)	《书古微》12 卷	(清)魏源著
	《古微堂集内集》3 卷《外集》7 卷	(清)魏源著
	《南北史补志》14 卷附《赞》1 卷	(清)汪士铎著
	《毛诗注疏》30 卷首 1 卷	(汉)郑玄笺,(唐)孔颖达正义
	《韵诂》5 卷《补遗》1 卷	(清)方濬颐著
	《十三经注疏》374 卷	(清)阮元校订
光绪五年(1879)	《小学弦歌》8 卷	(清)李元度撰
	《初唐四杰文集》20 卷	(唐)王勃等撰
	《一灯精舍甲部稿》5 卷	(清)何秋涛撰
	《广雅疏证》10 卷附《博雅音》10 卷	(清)王念孙著,(隋)曹宪著
光绪六年(1880)	《经籍纂诂》106 卷	(清)阮元纂
光绪七年(1881)	《说文解字》15 卷	(汉)许慎撰,(宋)徐铉校定
	《四书章句集注》26 卷附考 4 卷	(宋)朱熹集注
	《钦定音韵阐微》18 卷《韵谱》1 卷	(清)李光地等撰
光绪八年(1882)	《增修河东盐法备览》8 卷	(清)江人镜监修,张元鼎纂修
	《春秋繁露》17 卷	(汉)董仲舒著
	《复古编》2 卷附《曾乐轩稿》1 卷《安陆集》1 卷	(宋)张有、张先、张维著
光绪九年(1883)	《宝应图经》6 卷图 1 卷首 2 卷	(清)刘宝楠撰
	《古今韵会举要》30 卷	(元)熊忠撰
	《说文解字斠诠》14 卷	(清)钱坫撰
	《东都事略》130 卷	(南宋)王偁著

刻书年代	刻书名称和卷次	著(编)者
	《困学纪闻》20 卷	(宋)王应麟撰,(清)翁元圻注
光绪十年(1884)	《秣陵集》6 卷附《秣陵图考》1 卷《金陵历代纪年事表》1 卷	(清)陈文述撰
光绪十二年(1886)	《注陆宣公奏议》15 卷《唐陆宣公制诰》10 卷	(唐)陆贽撰
光绪十三年(1887)	《周易本义》12 卷《音训》12 卷	(宋)朱熹注
光绪十四年(1888)	《感应篇经史摘典养正集评注》8 卷首 1 卷	(清)朱溶辑,朱国荣续辑
光绪十八年(1892)	《监本四书》(又名《四书句辨详订》)4 卷	(宋)朱熹集注
	《四语汇编》4 卷	(清)詹坦辑
光绪二十年(1894)	《周易》4 卷	
	《诗集传》8 卷	(宋)朱熹集传
光绪二十二年(1896)	《春秋左传》35 卷	(晋)杜预等注
光绪二十三年(1897)	《礼记集说》10 卷	(元)陈澔撰
光绪二十四年(1898)	《春秋公羊传》11 卷	(汉)何休撰,(唐)陆德明音义
	《仪礼》17 卷	(汉)郑玄注,(唐)陆德明音义

　　淮南书局的刻书校刻较精,在当时官书局刻本中属上乘,今人有诗赞曰:"书局淮南有定评,当时雕刻极辇精。冷摊搜得零星本,肥瘦停匀见典型。"①但随着两淮盐业收入逐渐减少以及扬州经济地位的不断衰

----

① 刘梅先:《扬州杂咏》,广陵书社 2010 年版,第 8 页。

落,又兼清末科举制度被废黜,新式教育逐渐兴起,学堂采用以西方自然科学为主体的教材,原有的经史典籍遂成为历史,在此情况下,传统书局已不适应形势发展变化。光绪二十四年(1898),淮南书局在存续40年并完成历史使命后最终被撤并,局内存书和板片移至南京,先后交江南图书馆和国立中央图书馆收藏。

六、书院和儒学刻书

扬州书院建设始于宋元,发展于明,兴盛于清。清人入关之初,顺治皇帝发布谕令并颁赐卧碑于各地学宫,限制民间私创书院、聚徒讲学。受此影响,扬州书院的建设到康熙元年(1662)才逐渐迈上新的发展台阶。"从康熙元年(1662)扬州巡盐御史胡文学建安定书院于扬州府始,至光绪十二年(1886)知县杨激云在黄桥镇设立丽黄书院止,224年的建置史中,扬州新建书院 29 所,兴复书院 4 所,共计 33 所,超过宋、元、明历代书院数量之和,标志着扬州书院历史进入最鼎盛时期。"①清代扬州书院与其他书院有一个明显的区别是,书院建设除依托官府力量外,还有来自盐商的大力支持,具有较为充裕的资金,因而在学田、膏火、优奖等方面较为自如,书院在构筑学堂、讲舍、书屋、藏书楼和购置藏书等往往舍得比较大的投入,更为重要的是,多余的资金还可以用在刻书方面。据王澄考知,有 4 家书院刻书 6 种:(1) 紫阳书院刻2 种:《铁桥志书》2 卷,明梁于涘、扶纲辑,康熙四年(1665)刻;《文嘻堂诗集》3 卷,明朱苇煌撰,康熙三十七年(1698)刻。(2) 梅花书院刻 2种:《二洪遗稿》,包括《伯初文存》1 卷《诗抄》1 卷《时艺》1 卷,清洪朴撰;《初堂遗稿》不分卷,清洪榜撰,道光间刻。(3) 正谊书院刻 1种:《正谊书院文》2 卷,清佚名撰,光绪八年(1882)刻。(4) 安定书院刻1 种:《近思录集解》14 卷,宋朱熹撰,宋吕祖谦辑,清张伯行集解,光绪间刻。②

清代扬州及其属县儒学也有从事刻书者,主要有:(1) 高邮州学刻1 种,《淮海集》40 卷《后集》6 卷《长短句》3 卷,宋秦观撰,康熙二十八年

---

① 丁耀桩:《清代江苏书院藏书研究》,苏州大学硕士学位论文,2019 年,第 223 页。
② 王澄:《扬州刻书考》,广陵书社 2003 年版,第 73—75 页。

(1689)刻。（2）石梁学署刻 1 种,《竹书纪年校补》2 卷,清甘泉张宗泰撰,嘉庆二年(1797)刻。（3）扬州府学刻 2 种,《四语汇编》4 卷,清詹坦辑,光绪十八年(1892)刻;《邗江钟毓》不分卷,清佚名撰,光绪二十九年(1903)刻。

七、书坊刻书

424

第四章第六节已经说过,明代扬州坊刻数量少,可考者仅 2 家,不足与江南同日而语。入清后,扬州坊刻如雨后春笋,数量多,质量高,完全可以和江南的金陵和苏州并论。

清代扬州书坊数量十分可观,可考者有:带经堂、文富堂、广陵聚好斋、醉经堂、集贤斋、维扬述古堂、博古堂、文喜堂、善成堂、藤花堂、道盛堂、达安堂、文盛堂、海陵轩、广泽堂、书业堂、酉山堂、德成堂、一笑轩、艺古堂、同文堂、资善堂、奉孝轩、颂德堂、广陵墨香书屋、抱青阁、文英堂、经义斋、秋声馆、二酉堂、宝翰楼、朴存堂、墨宝斋、琅环书屋、维扬堂、受古书店、爱日堂、务本堂、文德堂、文成堂、顾礼堂、文富堂、敦仁堂、述古堂、文苑堂、梓文斋、集益堂、聚盛堂、倪文林斋、邗上文运堂、文奎堂、林敬堂、文雅堂、刻鹄斋、同善堂、述古斋、柏碧山堂、存济堂、聚贤斋、泰州怀德堂、泰州墨稼山房、云蓝阁等。[①]

清代扬州书坊大多把刻书和售书合二为一,坊店合一,前店后坊。经营方式上则不局限于扬州一地,常常是与外地联合,从事连锁经营。如康熙年间杭州书坊抱青阁,在全国各地都有分店,该书坊曾在嘉庆四年(1799)镌刻《绣像红楼梦》,一度风行天下。抱青阁也在扬州开设连锁店,康熙三十七年(1698),扬州抱青阁刻吴鹄所撰《卜岁恒言》4 卷,该书分门别类摘引有关农业生产知识的古人言论和当时农谚,引书颇多,尤有十分罕见者。因为对于农业生产具有重要的指导作用,抱青阁又于嘉庆八年(1803)和道光元年(1821)翻刻该书。又如藤花榭是清人额勒布的书斋名,额勒布为满洲正红旗人,书坊开在金陵,嘉庆二十三年(1819)刻《绣像红楼梦》,同时,藤花榭在扬州的分店亦于嘉庆二十五

① 资料来源于王澄《扬州刻书考》(广陵书社 2003 年版)、马越和陈云观《禅智山光——扬州佛教文化遗产》(东南大学出版社 2015 年版)等。

（1820）刊刻 120 回《红楼梦》，两个版本都在《红楼梦》诸多版本中占据比较重要的地位。

刻印品种繁多是清代扬州坊刻的第三个特色。《扬州画舫录》记载说："郡中剞劂匠多刻诗词、戏曲为利，近日是曲翻板数十家，远及荒村僻巷之星货铺。所在皆有，乃知声音之道，感人深也。"①从种类来说，首推各种幼学书籍，如《三字经》《百家姓》《千字文》《龙文鞭影》《幼学琼林》《女儿经》《增广贤文》《四言杂字》《神童诗》《千家诗》《四书》《左传》等；其次是各种通俗小说、唱本、剧本等；最后是字典、医书等日用类图书。

今以维扬二酉堂和云蓝阁为代表，略述清代扬州坊刻成就。

（一）维扬二酉堂刻书

"二酉"指大酉、小酉二山，在今湖南省沅陵县西北。《太平御览》曰："小酉山上石穴中有书千卷，相传秦人于此而学，因留之。故梁湘东王云'访酉阳之逸典'是。"②后人即以"二酉"称丰富的藏书，多家藏书楼和刻书坊用此之名，清代维扬二酉堂之名应该源于此。维扬二酉堂刻书今可考者 8 种：

1. 《左传分国摘要》20 卷，清史宗恒撰，嘉庆十七年（1812）刻；

2. 《灯月缘》20 回，作者不详，钱江戴定相编，道光二年（1822）刻；

3. 《周易本义爻疑》2 卷，清吴德旋撰，道光十二年（1832）刻；

4. 《律赋经畬集》4 卷，清阮亨撰，道光十九年（1839）刻；

5. 《双凤奇缘》20 卷 80 回，道光二十一年（1841）刻；

6. 《韩诗增注正讹》11 卷，清黄钺撰，道光二十八年（1848）刻；

7. 《子史辑要诗赋题解》4 卷，清胡本渊编，刊刻年代不详；

8. 《新编宋文忠公苏学士东坡诗话》2 卷，刊刻年代不详。

上述 8 种著作中，尤以《灯月缘》和《双凤奇缘》最具特色。《灯月缘》定稿于乾隆五十年（1785），叙述书生朱申与陈玉贞、李瑞珠的爱情婚姻故事，维扬二酉堂刊本卷首序称"诗变为词，词变为曲，曲又降为弹

---

① （清）李斗：《扬州画舫录》卷十一，凤凰出版社 2013 年版，第 287 页。
② （宋）李昉等：《太平御览》卷四十九引盛弘之《荆州记》，中华书局 1965 年版，第 239 页。

词,末技中之末技"①,将之列为弹词之一种。关于《双凤奇缘》,李梦生说:"据柳存仁《伦敦所见中国小说书目》,英国博物馆藏有嘉庆十四年(1809)忠恕堂刊本,序署'嘉庆十四年春月上浣之三日,雪樵主人梓定'。"②作者"雪樵主人"真实姓名未详,约作于嘉庆前期,此书在嘉庆、道光、咸丰、光绪年间有多种版本流传,除维扬二酉堂外,主要的版本还有文瑞堂、经文堂、卧云书阁等刊本。

(二)云蓝阁版刻年画

云蓝阁是清末民初扬州著名的版画雕刻坊,创始人陈云蓝(1851—1908),一名筠蓝。扬州人。同治元年(1862),陈云蓝随父在扬州南皮市街开纸坊,并以自己的名字命名曰"云蓝阁"。云蓝阁故址在今扬州国庆路 32 号吴正泰香店处。由清末书法家吴让之题写的"云蓝阁纸号"石额,现仍嵌存于门首"吴正泰香店"字样之内。在辕门桥拓宽马路之前,云蓝阁门面宽 4 米,店堂深 8 米,金字大招牌"扬州云蓝阁纸号"悬挂于柜台尽头。沿墙都是货架,各类纸张、文具陈列其上,代客装裱的字画张挂于壁间,气氛古朴儒雅。③

云蓝阁经营项目主要有:(1)纸张,包括宣纸、道林纸、毛边纸、白板纸、牛皮纸、银皮纸、油光纸、印花纸等;(2)扇面,包括各种规格的空白扇面和各种材料的扇骨;(3)字画轴,包括各种空白中堂、对联、条幅等;(4)封套,包括红白大事用信封、请帖等;(5)经折,包括呈折、记事折、存钱用折;(6)笔墨,包括各种毛笔、黑墨、印油等;(7)年画、对联、欢乐;(8)印制账簿;(9)装裱字画等。

在雕版方面,云蓝阁有两大特色。其一是造笺纸。作为一家综合性文化用品生产作坊兼营销店,云蓝阁立足扬州,辐射全国,所生产的笺纸非常精美,广受欢迎。陈云蓝精心选题、策划,并聘请远近知名的书法家、画家为其供稿,精雕细刻成版,彩色套印而成"云蓝阁笺纸"(包括砑花笺),是云蓝阁鼎盛时期的艺术珍品。砑花纸虽然在早已宋代出

---

① 周良编:《苏州评弹旧闻钞》(增补本),古吴轩出版社 2006 年版,第 240 页。
② 李梦生:《中国禁毁小说百话》,上海书店出版社 2006 年版,第 412 页。
③ 明伟:《云蓝阁纸号》,《扬州文史资料》第 21 辑《扬州老字号》,《江苏文史资料》编辑部 2001 年印本,第 127 页。

现,但其完美性加工却风行于明清两代。在加工工艺上,云蓝阁除创造染色、加蜡、研光、施粉、描金、洒金银和加矾胶等各种技术外,特别是增加了纸面设计,这是以往从未有过的。其绘画风格均受宫廷画派影响,非常精细,也适于笔墨书写。

另一特色是雕刻年画。云蓝阁得诸位书画名家相助,所产年画精美出色,广受欢迎。囿于史料,所刻年画经过已不可考,但其遗留的版片现藏在扬州博物馆,共60套,189块(也有其他书坊雕刻的,但以云蓝阁为主)。现存年画版片每套由各式套版组成,一般为无色套,也有7套、8套甚至9套的,常用色彩有红、黄、绿、青、蓝、紫、桃红、淡黄等。版画内容主要有4类。

一是神像类。专为祭祀、供奉用。其中,三堂神像中,上为如来佛,中为观音,下为财神;而五堂神像由上至下依次为玉皇大帝、如来佛、孔圣人、观音、财神;单幅神像则有赵公元帅、钟馗、天官等,各有不同刻本。赵公元帅像雕刻最为精美,赵公戴盔披甲坐于黑虎之上,右手扬鞭,左右紧握老虎毛发,表现出无限神威。

二是吉祥如意类。此类画面有天仙送子、张仙射箭、五子登科、麒麟童子、一团和气等。张仙射箭刻画极为生动,张仙头戴缨冠,身着长袍马甲,面容丰腴,美髯飘拂,作侧身射箭状,膝下有5个孩童围绕,手中各持笙、如意、桂花、百合枝条等,画面十分祥和欢乐。

三是历史故事类。此类木刻年画从人们熟悉的《水浒传》《隋唐演义》《瓦岗寨》《周处除三害》等书中取材,表现历史人物故事。其中,《水浒绣像图》表现梁山泊英雄聚义场面,画了以宋江为首的众英雄好汉,人物形象各具个性,英雄气概毕现。

四是地方民俗类。主要表现民间"三百六十行"的内容,每块一画一诗,画面生动,诗作则通俗有趣。这类画通过表现世俗风情,将人物的形象、表情画得十分细腻、生动。①

八、私家刻书

清代扬州是富庶之乡、文化重镇,外地官员来此任职,多沉溺于诗

---

① 云蓝阁雕刻年画内容参见王澄《扬州刻书考》,广陵书社2003年版,第311—316页。

酒风流之中。以清初王士禛为例，其人被诗家奉为一代正宗，他在扬州做过5年推官，公事之外，吟诗论文，吴伟业称之"日了公事，夜接词人"①。王士禛放下自己新科进士及法曹身份，以纯粹文人的角色与东南士人交往，曾经两次举办"红桥修禊"大型酬唱活动，后来的官吏纷纷效仿，扬州诗酒雅集活动在有清一代从未中断。与外来官员一样，盐商在清代扬州文化活动中也扮演着重要角色，以著名盐商江春为例，补邑学生员后，5次应试未第，便专治盐业。在担任两淮总商期间，闲暇时便以诗酒为娱，与一时名士如杭世骏、金农、戴震、郑燮等相唱和，还在扬州南河下建随月读书楼、秋声馆、康山草堂，延请苏、皖、浙等地许多画家作门下客。众多盐商都以与文人交往为乐事，他们不但负担文士的生活之需，还出资刻印文士著述，且雕刻速度惊人，据《扬州画舫录》记载："扬州诗文之会，以马氏小玲珑山馆、程氏筱园及郑氏休园为最盛。至期，于园中各设一案，上置笔二、墨一、端研一、水注一、笺纸四、诗韵一、茶壶一、碗一、果盒茶食盒各一。诗成即发刻，三日内尚可改易重刻，出日遍送城中矣。"②在这种浓厚的文风习染下，清代扬州家刻活动轰轰烈烈，取得了非常突出的成就。

首先，数量庞大，服务学术。有清一代，扬州涌现出大量家刻本，笔者根据王澄《扬州刻书考》统计，清前期（顺治—雍正）有132家，清中叶（乾隆—嘉庆）有206家，清晚期（道光—宣统）有178家。③ 这个数字远超同期其他各地。清代扬州家刻内容较为驳杂，但是到了乾嘉时期，随着考据学盛行和扬州学派崛起，各私家刻书不自觉地承担起服务学术重担，及时把考据学家著作传播问世，先后刻印大量经解、疏证、史注、考据方面的书籍和著述。如阮元主持纂辑刊刻《十三经注疏》《皇清经解》等巨著，还刊刻同时学者钱大昕、汪中、焦循、刘台拱等人著述，所刻各种典籍，均受学界高度重视。

其次，精写上版，多有名品。清代扬州家刻多为文人所为，他们一

---

① (清)赵翼：《檐曝杂记》卷五，上海古籍出版社2012年版，第68页。原文出自王士禛《居易录》："吴梅村师谓予在广陵日了公事，夜接词人。"
② (清)李斗：《扬州画舫录》卷八，凤凰出版社2013年版，第187页。
③ 王澄：《扬州刻书考》，广陵书社2003年版，第76—295页。

方面拥有富裕的资产,在刻书上不惜花费重金,另一方面则有众多门客协助,在刻书工艺上精益求精,因而能够在刻书史上留下鲜明的刻书风格。雍正九年(1731),江都陆钟辉水云渔屋所刻陆龟蒙《笠泽丛书》及辑刻《南宋群贤诗选》,写刻工整秀丽,用开花纸,刷印极精,至今为世所重。道光三年(1823),汪喜孙刻印其父汪中所著《述学》,书写刻印以及版式纸墨,无一不佳。因为注重书写和版式,扬州家刻出现多种专用名称。著名徽商马曰琯、马曰璐兄弟好藏书,尤喜刻书,雍正七年(1727)以"广陵马氏小玲珑山馆"之名翻刻宋本《韩柳二先生年谱》,后陆续刊刻《韩江雅集》《说文解字》《玉篇》等经典名作及时人诗文,校刻俱精,世称"马版"。江都人秦恩复,藏书丰富,鉴别精确,藏书室名"石研斋",为仪征乐仪书院勘定古书,刻有《列子》《鬼谷子》《扬子法言》《骆宾王集》等善本,为自己所刻丛书命名《石研斋四种》,皆雕刻精美,世称"秦版"。仪征人阮元为扬州学派重要人物,所刻《十三经注疏》被称为"阮版",其家人汇辑阮氏在扬州所刻书籍 34 种 487 卷,合为《文选楼丛书》,成为阮氏经典刻本。①

最后,缅怀先祖,追念贤良。典籍刊刻向来为文化盛事,大而振兴国家文运,小而流传学人精神。清代扬州学者铭记在心,家刻本多为追怀先祖及乡贤而为。如扬州人夏昆林"尝搜辑先人遗集及乡前辈诗文,梓而传之"②,同为扬州人的王敬之"曾搜葺祖父遗集付梓"③。亦有出于情义,以主人身份为门客刻书者,如《光绪增修甘泉县志》记载这样一件事:"姚世珏,字玉裁。浙江归安人。工诗古文。郡人唐改堂守湖,极礼重之,遂游于扬。性狷介,诗文持体格矜重不苟,应宏博试未遇,久客

---

① 以姓氏(或年号)命名版本名称,这在古代刻书史上是一种莫大的荣耀,而这样的荣耀在清代扬州刻书史上多次发生。私家刻书外,官刻也有。康熙间,由曹寅主持刊刻的《全唐诗》,字体一笔不苟,镌刻尤为秀丽匀称,称"康版";曹寅除为朝廷刻书外,自己也刻书,称为"曹本";但明伦在道光时期刊刻的《聊斋志异》版本,称为"但刻"或"但评"。
② (清)方濬颐修,晏端书、钱振伦等纂:《同治续纂扬州府志》卷十三《人物志·文苑》,《中国地方志集成·江苏府县志辑》第 42 册,凤凰出版社 2008 年版,第 824 页。
③ (清)方濬颐修,晏端书、钱振伦等纂:《同治续纂扬州府志》卷十三《人物志·文苑》,《中国地方志集成·江苏府县志辑》第 42 册,凤凰出版社 2008 年版,第 824 页。

张四科家以终,张为刻其《屠守斋遗集》。"①归安人姚世钰,号薏田,因其在兄弟中排行第一,故称"姚大"。其旧居名莲花庄,位于湖州东南,原为元代赵孟頫别墅。姚世钰与厉鹗为好友,因为生活贫困,一同往扬州,厉鹗依附二马,他则为唐改堂门客,二人在扬州过上了同样的有尊严的门客生活。

清代扬州家刻众多,今选择其中具有代表性的 5 家略作分析。

(一)江都汪氏刻书

清代江都汪氏指的是以汪懋麟为首的家族,汪氏一门原籍安徽休宁,因经营盐业而移居于此。汪懋麟(1639—1688),字季甪,号蛟门,又号十二砚斋主人,晚号觉堂。少聪颖,从宿儒王岩学古文,得其指授颇多。顺治末,王士祯司理扬州,从学诗。康熙二年(1663)中举,六年中进士,授内阁中书。居京期间,与宋荦、王又旦、曹贞吉、颜光敏、叶封、田雯、谢重辉、林尧英、曹禾互相倡和,称名辇下,号"金台十子",亦称"辇下十子""长安十子"。又与汪楫同里,同有诗名,时称"二汪"。二十二年补刑部浙江清吏司主事,以刑部主事入史馆充纂修官,与修《明史》。次年,因与徐乾学过从甚密被劾罢官。归后杜门谢客,昼治经,夜读史,锐志著述。二十七年以疾卒于家。生平著述颇丰,有《明史拟稿》2 卷、《琉球国纪事》1 卷、《四声古叶录》不分卷、《通志闲编》不分卷、《百尺梧桐阁诗集》16 卷、《百尺梧桐阁文集》8 卷、《百尺梧桐阁遗稿》10 卷、《锦瑟词》不分卷等。现存《百尺梧桐阁诗集》16 卷、《百尺梧桐阁文集》8 卷、《百尺梧桐阁遗稿》10 卷和《锦瑟词》不分卷,其他均亡佚。

汪懋麟任官和致仕期间,热爱读书和著书,并从事刻书活动,其本人及族人、后人所刻皆汪氏一门所著,故称"江都汪氏刻本"。其中,协助汪懋麟刻书出力最巨者为兄长汪耀麟。汪耀麟(?—1699),字叔定,又字北皋(一作皋)。贡生。著《抱末堂集》6 卷、《南徐唱和诗》1 卷、《爱园倡和诗》若干卷。江都汪氏刻书可考者如下。

《锦瑟词》3 卷《词话》1 卷,汪懋麟撰,康熙十五年(1676)刻;

---

① (清)徐成敩修,陈浩恩等纂:《光绪增修甘泉县志(一)》,《中国地方志集成·江苏府县志辑》第 43 册,凤凰出版社 2008 年版,第 622 页。

《百尺梧桐阁诗集》16 卷《文集》10 卷①，汪懋麟撰，康熙十七年（1678）刻；

《汪氏家集三种》（又名《汪氏三先生集》，包括元汪克宽撰《环谷集》8 卷《附录》1 卷、明汪禔撰《檗庵集》2 卷、明汪子祜撰《石西集》8 卷附清汪伯荐撰《崇礼堂诗》1 卷），汪懋麟辑，康熙十八年（1679）汪宗豫刻；

《百尺梧桐阁全集》34 卷（《诗集》16 卷《文集》8 卷《遗稿》10 卷），汪懋麟撰，康熙五十四年（1715）汪文菁瞻岂堂刻；

《抱耒堂集》6 卷，汪耀麟撰，康熙五十五年（1716）刻；

《环谷集》8 卷附《年谱》1 卷《附录》1 卷，元汪克宽撰，汪懋麟辑，康熙间（1662—1722）间刻；

《南徐唱和诗》1 卷，汪耀麟、汪懋麟撰，康熙间刻。

（二）"扬州二马"刻书

"扬州二马"是清初著名藏书家、出版家马曰琯、马曰璐兄弟二人。马曰琯（1688—1755），字秋玉，号嶰谷。诸生。原为安徽祁门人，因经营盐业而迁居扬州新城东关街，遂为扬州人。年二十三，归试祁门，充学官弟子，诰封朝议大夫候补主事加二级，钦授道台衔，恩加顶带一级。马曰琯多义行，"为粥以食江都饿人，出橐以振镇江之昏垫，开扬城之沟渠而重腿不病，筑渔亭之孔道而担负称便，葺祠宇以收族，建书院以育才，设义渡以通往来，造救生船以拯覆溺"②。乾隆皇帝南巡，亲问其姓名，并两赐御书克食。曾入祝圣母万寿于慈宁宫，荷丰貂宫贮之赐。马曰璐（1701—1761），字佩兮，号半查。举博学鸿词不就，工诗，有《南斋集》。兄弟二人在人生经历、性情爱好和文学成就等方面十分接近，故人们乐意将他们合称"扬州二马"。

马氏兄弟从事盐业经营，赚取了大量财富，他们和一般的浮靡商人不同，不是把钱财用在奢侈消费上，而是用在接济贫寒文士、购买图书、

---

① 该书在康熙十七年多次刊刻，其中《诗集》部分一直 16 卷，而《文集》则有 1 卷、3 卷、8 卷和 10 卷之别，为汪氏不断增补所致。参见徐学林编《徽州刻书史长编》第 4 卷，安徽教育出版社 2014 年版，第 1157—1161 页。

② （清）杭世骏：《朝议大夫候补主事加二级马君墓志铭》，《道古堂文集》卷四十三，《清代诗文集汇编》第 282 册，上海古籍出版社 2011 年版，第 427 页。

服务清廷等文化建设上。马氏兄弟花费巨大的资金用于藏书,李斗说:"佩兮于所居对门筑别墅曰'街南书屋',又曰'小玲珑山馆',有看山楼、红药阶、透风透月两明轩、七峰草堂、清响阁、藤花书屋、丛书楼、觅句廊、浇药井、梅寮诸胜。玲珑山馆后丛书前后二楼,藏书百橱。乾隆三十八年奉旨采访遗书,经盐政李质颖谕借,其时主政已故,子振伯恭进藏书,可备采择者七百七十六种。"①马氏丛书楼最为知名,藏书多达10万余卷,珍善之本不可胜数,完全可以和昆山徐氏、新城王氏、秀水朱氏相媲美。难能可贵的是,马氏兄弟并非沽名钓誉,赚得虚名,他们坐拥书城,雠校不倦,全祖望说:"聚书之难,莫如雠校。嶰谷于楼上两头,各置一案,以丹铅为商榷,中宵风雨,互相引申,真如邢子才思误书为适者。珠帘十里,箫鼓不至,夜分不息,而双镫炯炯,时闻雠诵,楼下过者多窃笑之。以故其书精核,更无讹本,而架阁之沈沈者,遂尽收之腹中矣。"②

藏书、校书之外,二马兄弟还热心于刻书工作,李斗说:"尝为朱竹垞刻《经义考》,费千金为蒋衡装潢所写《十三经》。又刻许氏《说文》《玉篇》《广韵》《字鉴》等书,谓之'马板'。"③二马兄弟所刻书一时成为清代著名的家刻本。关于他们所刻典籍的数量,王桂平在《清代江南藏书家刻书研究》④中列举二马刻书12种,方盛良在《清代扬州徽商与东南地区文学艺术研究》⑤中以王澄《扬州刻书考》为底本,统共罗列二马刻书21种,相差很大。陆惠敏《"扬州二马"藏书及刻书研究》⑥则重新辑佚二马兄弟的刻书目录如下。

《经义考》300卷,清朱彝尊撰,乾隆二十年(1755)刻;

《五经文字》3卷,唐张参撰,乾隆五年(1740)刻;

《九经字样》1卷,唐唐玄度撰,乾隆五年(1740)刻;

---

① (清)李斗:《扬州画舫录》卷四中,凤凰出版社2013年版,第90页。

② (清)全祖望:《鲒埼亭集外编》卷十七《丛书楼记》,《四部丛刊》第1787册,第10页。

③ (清)李斗:《扬州画舫录》卷四中,凤凰出版社2013年版,第90页。

④ 王桂平:《清代江南藏书家刻书研究》,凤凰出版社2008年版。

⑤ 方盛良:《清代扬州徽商与东南地区文学艺术研究——以扬州二马为中心》,人民文学出版社2008年版。

⑥ 陆惠敏:《"扬州二马"藏书及刻书研究》,扬州大学硕士学位论文,2017年。

《干禄字书》1卷，唐颜元孙撰，康熙间刻；

《班马字类》5卷，宋娄机撰，康熙间刻。

以上经部。

《宋本韩柳二先生年谱》8卷，《韩谱》宋吕大防等撰，魏仲举辑刻；《柳谱》宋文安礼撰，雍正七年(1729)马曰璐辑刻。

以上史部。

《困学纪闻》20卷，宋王应麟撰，乾隆三年(1738)刻。

以上子部。

《韩江雅集》12卷，马曰琯等撰，乾隆十二年(1747)刻；

《焦山纪游集》1卷，马曰琯等撰，乾隆十三年(1748)刻；

《摄山游草》1卷，马曰琯等撰，乾隆二十一年(1756)刻；

《沙河逸老小稿》6卷，马曰琯撰，乾隆二十三年(1758)刻；

《嶰谷词》1卷，马曰琯撰，乾隆二十三年(1758)刻；

《南斋集》6卷，马曰璐撰，乾隆二十六年(1761)刻；

《南斋词》2卷，马曰璐撰，乾隆二十六年(1761)刻；

《林屋酬唱集》1卷，马曰琯等撰，乾隆间刻；

《宋诗纪事》100卷，厉鹗辑，乾隆十一年(1746)刻；

《渔洋感旧集小传》4卷《补遗》1卷，卢见曾撰，乾隆间刻；

《金石要例》1卷，黄宗羲撰，乾隆二十年(1755)刻。

以上集部。

《小玲珑山馆丛书》6种11卷(包括吴镐《汉魏六朝志墓金石例》、张参《五经文字》、唐玄度《新加九经字样》、刘庚《稽瑞》、娄机《班马字类》、叶秉敬《字孪》)，马曰璐辑，乾隆年间刻。

以上丛书。

陆惠敏称，汉许慎《说文解字》30卷、宋陈彭年等重修《大广益会玉篇》30卷、宋陈彭年等重修《广韵》5卷、元李文仲《字鉴》5卷等4种，二马兄弟是否刊刻，因史料不足，存疑。[1]

通过上面书目可知，二马兄弟刻书主要是两类：一类是翻刻宋版，

---

[1] 陆惠敏：《"扬州二马"藏书及刻书研究》，扬州大学硕士学位论文，2017年，第33页。

一类是时人著述。徐用锡《看山楼记》称"维扬马君嶰谷及难弟涉江,英年嗜学好古,与其友汪子祓江搜扬幽遐,重雕宋椠将湮废之书"①,就是针对他们多刻宋版书而言的。二马兄弟有充裕的资金,悠游的时间,还有众多渊博的门客,故刻书质量颇高,阮元记载二马刻书情形说:"装订致精,书脑皆用名手宋字,数人写之,终年不能辍笔。"②由于马氏兄弟刻书注重书写上版和刻绘,舍得用上等纸墨,所刻书历经 200 多年后,依然灵动光新,如明光阅《宋本韩柳二先生年谱》书影后,啧啧称赞道:"其笔画有力、字迹秀美,阅来醒目清爽,心情愉悦。"③总之,扬州二马刻本,形式上精美古朴,内容上也具有较高价值,特别是在以朴学为风尚的清朝,马氏刻书为学者开展学术研究提供了可靠依据。

(三)秦氏石研斋刻书

石研斋在扬州旧城堂子巷,创建人是乾隆年间编修秦黉。秦黉(1722—?),字序堂,号西岩,自号石研斋主人。乾隆十七年(1752)进士,翰林院编修,历官山东等省乡试正考官。石研斋是秦黉的斋馆名。秦黉去世后,子恩复继承家业,继续使用"石研斋"之名。秦恩复(1760—1843),字近光、澹生,号敦夫、伯敦,晚号狷翁、词隐老人。乾隆五十二年(1787)进士,改庶常,授编修。后因病闭户养疴,以藏书、校书和刻书为业。嘉庆七年(1802),秦恩复在石研斋旁又筑室三楹供藏书,名曰"五笥仙馆",有阮元题写的匾额悬于上。秦恩复藏书除父辈遗留下部分古籍外,大多为其搜求于江浙和京师所得。秦恩复的师友,如阮元、江藩、顾广圻、刘宝楠、刘文淇、阿克当阿、龚自珍等都是著名藏书家,嘉庆十三年(1808),时任浙江巡抚的阮元聘其主讲杭州诂经精舍,翌年,两淮盐政阿克当阿又延请其主讲扬州乐仪书院,数年后,又参加由阮元主持的《全唐文》校刊工作。这些经历,使他增添了许多搜罗古籍的机会。由于结交多名家,所以秦恩复藏书质量很高。遇到善本、孤本典籍,藏家不愿出让,秦恩复则设法抄写以藏,所抄宋王质《雪山集》、

---

① 钱祥保修,桂邦杰纂:《民国甘泉县续志》卷十四《艺文考》,《中国地方志集成·江苏府县志辑》第 44 册,凤凰出版社 2008 年版,第 461 页。

② (清)阮元撰,王明发点校:《广陵诗事》卷三,广陵书社 2005 年版,第 39 页。

③ 明光:《清代扬州盐商的诗酒风流》,社会科学文献出版社 2014 年版,第 150 页。

李清照《打马图》等，如今均作为善本珍藏在国家图书馆。

秦恩复自称石研斋藏书多达2万卷，为此专门编纂《石研斋书目》著录藏书，这是一部以著录版本信息为特色的解题书目，体例完美，为人赞赏。江藩在《石研斋书目序》中说："敦夫太史，乐志铅黄，栖神典籍，蓄书数万卷，日夕检校，一字之误，必求善本是正。窃怪近日士大夫藏书以多为贵，不论坊刻恶钞，皆束以金绳，管以玉轴，终身不寓目焉。夫欲读书，所以蓄书，蓄而不读，虽珍若骊珠，何异空谈龙肉哉！若太史之兀兀穷年，盖亦鲜矣！"①极力称赞秦氏耽于雠校、勤于丹黄的藏书家形象。嘉庆十年（1805）三月，著名学者顾广圻结识秦恩复，得以入石研斋观赏所藏秘籍，并获见新编《石研斋书目》。顾氏批览终卷，对其体例精当叹为观止，并赞叹秦恩复"创为一格，各以入录之本详注于下。即使读者于开卷间目憭心通，而据以考信，遂不啻烛照数计。于是知先生深究录略，得其变通，随事立例，惟精惟当也"②。难能可贵的是，此后一段时间，秦恩复延请顾广圻住在秦家，二人共同商榷，日夕检校，合力勘定古书。秦恩复把精心校勘过的典籍尽可能刻板以传，今可考知的书目有：

《鬼谷子》3卷，南朝梁陶弘景注，秦恩复校正，乾隆五十四年（1789）刻；

《封氏闻见记》10卷，唐封演撰，乾隆五十七年（1792）刻；

《列子》8卷，周列御寇撰，唐卢重元注，附《卢注考证》1卷，秦恩复撰，嘉庆八年（1803）刻；

《重刊鬼谷子》3卷，南朝梁陶弘景注，附《篇目考》1卷《附录》1卷，秦恩复辑，嘉庆十年（1805）重刻；

《词源》2卷，宋张炎撰，秦恩复校，嘉庆十五年（1810）刻；

《隶韵》10卷，宋刘球撰，《考证》2卷，清翁方纲撰，嘉庆十五年（1810）刻；

《精选名儒草堂诗余》3卷，元凤林书院辑，嘉庆十六年（1811）刻；

《石研斋集》12卷，秦黉撰，嘉庆十八年（1813）刻；

---

① 出自叶昌炽《藏书纪事诗》卷五，上海古籍出版社1989年版，第562—563页。
② 出自叶昌炽《藏书纪事诗》卷五，上海古籍出版社1989年版，第562页。

《李文宾集》6 卷,唐李观撰,秦恩复校,嘉庆二十二年(1818)刻;

《道藏目录详注》4 卷,明白云霁撰,嘉庆间刻;

《石研斋四种》27 卷(《奉天录》《列子》《鬼谷子》《封氏闻见记》),秦恩复辑,乾隆至道光间(1736—1850)刻;

《扬子法言》13 卷,汉扬雄撰,晋李轨注,清顾广圻校,附《考异》1 卷《附考》1 卷《音义》1 卷,顾广圻撰,嘉庆二十四年(1819)刻;

《奉天录》4 卷,唐赵元一撰,道光三年(1823)刻;

《吕衡州集》10 卷,唐吕温撰,顾广圻校,道光七年(1827)刻;

《词学丛书》6 种 23 卷(宋曾慥辑《乐府雅词》3 卷《拾遗》2 卷,宋赵闻礼辑《阳春白雪》8 卷《外集》1 卷,宋张炎《词源》2 卷,宋陈允平撰《日湖渔唱》1 卷《补遗》1 卷《续补遗》1 卷,元凤林书院辑《精选名儒草堂诗余》3 卷,宋无名氏撰《词林韵释》1 卷),秦恩复辑,道光九年(1829)刻;

《唐人三家集》28 卷(《骆宾王文集》10 卷附顾广圻《考异》1 卷,吕温《吕衡州文集》10 卷附顾广圻《考证》1 卷,李观《李元宾文编》3 卷《外编》2 卷《续编》1 卷),嘉庆二十一年至道光十年(1816—1830)刻;

《石研斋校刻书》7 种 60 卷(《隶韵》《奉天录》《鬼谷子》《列子》《唐人三家集》),秦恩复辑,嘉庆至道光间(1796—1850)刻;

《享帚词》4 卷,秦恩复撰,道光二十五年(1845)刻。[①]

秦恩复石研斋刻书十分讲求精雕精校,他痴迷宋代版本,翻刻古籍必求精椠,又朝夕手不离丹黄,潜心检校,一字之误,必寻诸善本勘误。尤其是有顾广圻之助,古书校勘质量更高,因此其所刻书有"秦版"之誉,每一书刻成,海内争购,在清代私家刻书史上享有很高的地位。

(四)阮氏文选楼刻书

阮元(1764—1849),字伯元,号芸台,一作云台,晚号雷塘庵主、怡性老人。仪征人。乾隆五十四年(1789)进士,先后在礼部、兵部、户部、工部供职,并出任山东、浙江学政,浙江、江西、河南巡抚及漕运总督、湖广、两广及云贵总督。身历乾隆、嘉庆、道光三朝,所至之处,以提倡学术、振兴文教为己任,勤于军政,治绩斐然。晚年官拜体仁阁大学士,致

---

① 秦氏石研斋刻书书目参考王澄《扬州刻书》(广陵书社 2003 年版)和王章涛《秦版与石研斋》(《档案与建设》月刊,2001 年第 1 期)。

仕后加官至太傅。去世后获赐谥号"文达"。

为官之余,阮元提倡朴学,他主持编纂《十三经注疏校勘记》460卷,是清代学者对儒家经典《十三经注疏》所做的一次空前、精善、大规模的整理,集中了当时诸多名家的智慧,他自己亲自审定,并撰写一篇极具学术价值的序文,成为古代关于《十三经》研究注释的集大成之作,嘉惠学林,有功后世。他还汇集时人经解著作,编《皇清经解》74 家 180余种 1400 多卷,卷帙浩繁,包罗清代学术全盛时期经学研究成果。另一部巨著《经籍籑诂》,辑录唐以前古籍注释及训诂资料,被称为经典之统宗,训诂之渊薮,取之不尽,用之不竭,至今仍是研究训诂学和古代汉语的重要工具书。他家富藏书,典藏 2500 多种,四部要籍俱备,尤多精善之抄本。藏书楼名"文选楼""石墨书楼""嫏嬛仙馆""积古斋""挐经室""唐宋旧经楼""节性斋"等。藏书印有"雷塘庵主""亮功锡祜""墨庄藏书印""体仁阁大学士""五云多处是仙台""积古斋藏研处""扬州阮氏嫏嬛仙馆藏书印""谱研斋著书处""泰华双碑之馆""家住扬州文选楼隋曹宪故里""阮氏伯元"等数十枚。

阮元有诗总结自己一生学术志业说:"回思数十载,浙粤到黔滇。筹海及镇夷,万绪如云烟。役志在书史,刻书卷三千(自注:计刻《十三经注疏》、《皇清经解》、江浙诗选,及师友各书约三千卷)。"[1]可以说,刻书是其学术活动的重点。王桂平曾多方钩稽,将阮元一生刻书情况整理出来,共 266 种 3086 卷(不分卷以 1 卷计),[2]细目如下。

《仪礼石经校勘纪》4 卷,阮元撰,乾隆五十七年(1792)刻;

《山左金石志》24 卷,毕沅、阮元撰,嘉庆二年(1797)刻;

《历代钟鼎彝器款识法帖》20 卷,宋薛尚功撰,嘉庆二年(1797)刻;

《小嫏嬛仙馆叙录书》3 种 6 卷,阮元辑,嘉庆三年(1798)刻;

《淮海英灵集》22 卷,阮元辑,嘉庆三年(1798)刻;

《畴人传》46 卷续传 6 卷,阮元辑,罗士琳续,嘉庆四年(1799)刻;

《定香亭笔谈》4 卷,阮元撰,嘉庆五年(1800)刻;

《广陵诗事》10 卷《诂经精舍文集》14 卷,阮元撰,嘉庆六年

① (清)阮元:《挐经室续集》卷十《和香山知非篇》,《丛书集成初编》第 2211 册,第 286 页。
② 王桂平:《明清江苏藏书家刻书成就和特征研究》,武汉大学出版社 2018 年版,第 481—484 页。

（1801）刻；

《三统术衍义》3 卷钤 1 卷，钱大昕撰，嘉庆六年（1801）刻；

《钦定重修两浙盐法志》30 卷首 2 卷，阮元修，冯培等纂，嘉庆六年（1801）刻；

《钟鼎款识》1 卷，宋王厚之辑，阮元考释，嘉庆七年（1802）影刻宋拓琉球纸印本；

《小沧浪笔谈》4 卷，阮元辑，嘉庆七年（1802）刻；

《八砖吟馆刻烛集》2 卷，阮元辑，嘉庆八年（1803）刻；

《积古斋钟鼎款识》10 卷，阮元等撰，嘉庆九年（1804）刻；

《仪礼图》6 卷，张惠言撰，嘉庆十年（1805）刻；

《经籍释文校勘纪》25 卷，阮元撰、翁方纲等校注，嘉庆十三年（1808）刻；

《十三经注疏校勘记》245 卷，阮元等撰，嘉庆十三年（1808）刻；

《蔎崖考古录》4 卷，钟怀撰，嘉庆十三年（1808）刻；

《天一阁书目》10 卷，范懋柱撰，嘉庆十三年（1808）刻；

《山海经笺疏》18 卷《订讹》1 卷《图赞》1 卷《叙录》1 卷，郝懿行撰，《图赞》晋郭璞撰，嘉庆十四年（1809）刻；

《儒林传稿》4 卷，阮元撰，嘉庆十七年（1812）刻；

《经籍纂诂》106 卷附《补遗》，阮元等编撰，嘉庆十七年（1812）刻；

《女梦亭诗稿》4 卷续 1 卷，唐庆云撰，嘉庆十九年（1814）刻；

《十三经注疏》416 卷，嘉庆二十年（1815）刻；

《国朝汉学师承记》8 卷《经师经义目录》1 卷《国朝宋学渊源记》2 卷，江藩撰，嘉庆二十二年（1817）刻；

《揅经室诗录》5 卷，阮元撰，嘉庆二十四年（18319）刻；

《文选楼诗存》5 卷，阮元撰，嘉庆二十四年（1819）刻；

《文选楼丛书经解》3 种，阮元撰，嘉庆间刻；

《周易虞氏义》9 卷，张惠言撰，嘉庆间刻；

《论语论人论》1 卷《孟子论人论》1 卷，阮元撰，嘉庆间刻；

《文选楼丛书》34 种 478 卷，阮元辑刻，阮亨汇印，嘉庆至道光间刻；

《道光广东通志》34 卷首 1 卷，阮元修，陈昌齐纂，道光二年

（1822）刻；

《李氏遗书》11 种 18 卷，李锐撰，道光三年（1823）刻；

《两浙金石志》19 卷，阮元辑，道光四年（1824）刻；

《历代帝王年表》不分卷《明年表》1 卷附《帝王庙谥年讳谱》1 卷，齐召南编，阮福续编，附陆贵墀编，道光四年（1834）刻；

《读书敏求记》4 卷，钱曾撰，道光五年（1825）刻；

《皇清经解》180 种 1400 卷，阮元辑，道光六年至九年（1926—1829）刻；

《石画记》5 卷，阮元撰，道光十二年（1832）刻；

《两广盐法志》34 卷首 1 卷，阮元修，伍长华等纂，道光十五年（1835）刻；

《道光云南通志稿》216 卷首 3 卷，阮元等修，王崧等纂，道光十五年（1835）刻；

《诗书古训》6 卷，阮元辑，道光二十一年（1841）刻；

《揅经室集》63 卷，阮元撰，道光二十三年（1843）刻；

《观我生室汇稿》10 种，罗士琳撰，道光间刻；

《文选楼诗存》5 卷《浙士解经录》4 卷，阮元撰辑，嘉庆间刻；

《溉亭述古录》2 卷，钱塘撰，阮元辑，嘉庆间刻；

《华山碑考》4 卷，阮元撰，嘉庆间刻；

《附图列女传》7 卷续 1 卷，汉刘向撰，刻书时间不详；

《考工车制图解》2 卷，阮元撰，刻书时间不详。

阮元刻书多用扬州阮元、仪征阮氏、娜嬛仙馆等名义，偶尔也用节性斋、积古斋、八砖吟馆等其他藏书室的名号。需要说明的是，上述刻书中的《小沧浪笔谈》刻于浙东节署、《十三经注疏》刻于南昌府学、《皇清经解》乃夏修恕为阮元刻于广东学海堂，可看作官刻，余则可以看作阮元私刻。

阮元私刻典籍主要在扬州文选楼，楼中藏书极富，并多阮元自著之书，加以常年累积的版片，故为刻书做好了充分的准备。文选楼刻书活动中，襄助阮氏最为出力者乃从弟阮亨。阮亨曾随阮元馆于浙江幕府，浙人能诗者争相唱和，因著《瀛舟笔谈》12 卷，另著有《珠湖草堂笔记》，所撰诗文、杂记等 11 种 36 卷,汇编为《春草堂丛书》,编有《淮海英灵续集》《广陵名胜图》等。阮亨诗文精敏,学识渊博,甚得阮元赏识和信任,被委任编刻书籍。另一位助手是儿子阮福,他通经史,好金石考据,继承父志,亦喜刻书,助父刻书多种。

(四)吴引孙测海楼刻书

吴引孙(1848—1917),字福茨。先世安徽歙县人,乾隆间迁至扬州,入仪征籍。光绪五年(1879)举人,任浙江宁绍道,二十五年(1899)任广东按察使,转浙江按察使。二十九年(1903)升新疆布政使,三十一年(1905)由甘肃布政使署新疆巡抚,转湖南布政使。宣统三年(1911)任浙江布政使。辛亥革命后寓居上海。

祖父吴次山喜爱读书,名书斋曰"有福读书堂",自署"有福读书堂主人",这对引孙产生了很大影响。咸丰间,仪征遭受兵灾,年幼的吴引孙避难乡间。待乱稍定返回仪征城时,先世藏书已荡然无存。吴引孙自己无力购置,只好辗转向他人借读,但这也有许多困难,他由此想到还有许多类似自己的贫寒之士,他们有志读书,却无书可读,因此开始立志藏书。吴引孙制定了不同于一般藏书家的收书目标:"余惟视力量所及,耳目所周,不拘一格,凡元明刊本,旧家善本,寻常坊本,殿刻局刊各本,随时购觅,意在取其完备,不必精益求精,自宦游浙粤十余年来,节省廉俸,广购储藏,得八千零二十种,计二十四万七千七百五十九卷。"①蔚为壮观。并在扬州城内建了一座藏书楼,名曰"测海楼"。"测海"语出《汉书·东方朔传》"以蠡测海",蔡贵华以为"写实的命名中蕴含着一种自谦:此楼之藏书为沧海之一蠡水耳"②。测海楼主人通过多种途径,广求图书,无论何种版本,无论何家所著,只要对求知有益,均在搜求之列,所藏书包罗中外,蔚为大观,成为江南一带最大的民间藏书楼,远远超出天一阁的藏书规模。吴引孙还为测海楼藏书编纂《有福读书堂书目》(1893 年编)、《测海楼书目》(1904 年编),后人得以考知藏

---

① 吴引孙:《测海楼书目自序》,附于陈乃乾《测海楼旧本书目》,富晋书社民国二十年(1931)印本。
② 蔡贵华:《扬州吴氏兄弟及其测海楼》,《图书情报论坛》1996 年第 2 期,第 70 页。

书的详细情况①。

吴引孙像那个时代的大藏书家一样，充分利用藏书从事典籍的刊刻活动，其刻书种类有二。

一类是光绪二十一年（1895）刻《崇实书院课艺》10卷。该书为吴引孙编，陆廷黻选。作为《浙东课士录》之续集，共收诗文300余篇，录夏启瑜、陈康祺、袁尧年、忻江明、董缙祺、陈汉章等40余人。全书分四书文、经解、杂著文律赋、试帖、古今体诗6类。其中《历代购书故事考》《东三省边防策》《新疆边防策》《会稽郡历代疆界考》《续元昊莱〈甬东山水记〉》等文颇具文献价值。

另一类是光绪二十三至二十七年间（1897—1901）刻《有福读书堂丛刻》26种。随辑随刻，分为前、后和续编。前编包括：《圣谕广训集证》1卷，清史致谟辑；《文帝孝经》1卷，清黄正元辑；《格言联璧》1卷，清金缨辑；《治家格言绎义》2卷，清戴翊清撰；《六事箴言》1卷，清叶玉屏撰；《公门惩劝录》2卷，清周炳麟撰；《官绅约》1卷，清石天基撰；《课子随笔抄》6卷，清张师载撰。后编包括：《太上感应篇注》2卷，清王砚堂注；《关帝觉世经注证》1卷，清彭氏辑；《文帝丹桂籍注案》4卷，清顾正撰；《文帝蕉窗十则注解》2卷，清闵钺注；《戒士文征信录》2卷，清刘鉴撰；《文帝欲海回狂宝训集说》1卷，清邵志琳辑；《吕祖金刚经心经注解》2卷，题纯阳子注；附《金刚经感应录分类辑要》1卷，清王泽生辑；附《好生救劫编》5卷末1卷，常存敬畏斋主人辑。续编包括：《省心杂言》1卷，宋李邦献撰；《子史粹言》2卷，清丁晏撰；《孝弟录》1卷《续录》1卷，清李文耕辑；《功过格》1卷，明袁黄撰；《延寿录》1卷，常存敬畏斋辑；《救溺要书》1卷，题鹤洞子撰；《重订霍乱论》4卷，清王士雄订；《掩埋备览集证》2卷，清谈熊江辑；《劝戒录选》12卷，闽梁氏原本，扬州吴氏选编。

① 吴引孙之后，学术界继续编纂测海楼藏书目录。1930年陈乃乾编《测海楼旧本书目》，2册；1931年富晋书社编《扬州吴氏测海楼藏书目录》7卷，4册。

第六节 淮安府刻书

清代淮安府继承明代淮安府,但是辖境缩小了许多,主要是分出海州直隶州(沭阳县、赣榆县),又划出邳州(宿迁县、睢宁县)归属新设的徐州府,直至清末,淮安府辖山阳、清河、盐城、阜宁、安东、桃源 6 县,俗称"淮六属"。

一、官府刻书

淮安府刻书活动始于明代,官私皆有,但规模不大。入清后,这种情况改变不大,艰难向前发展。其中,官府刻书仍主要集中在刊刻本地方志上。

(一)淮安府署刻书

清代淮安府最早编纂的地方志当为顾炎武所纂《淮安府志》,惜未刊刻。① 府署所刻方志有 3 部:(1)《康熙淮安府志》13 卷首 1 卷,高成美修、胡从中纂,康熙二十四年(1685)刻,卷首有张鸿烈序。(2)《乾隆淮安府志》32 卷,卫哲治、阮学浩修,叶长扬、顾栋高纂,乾隆十三年(1748)刻。版藏郡城三台阁,嘉庆二十年(1815)阁焚版烬,咸丰二年(1852),山阳陈琦、许汝官、周宜、李莲士、杨庆之、侍鏻等 6 人集资重刻,内容因袭旧文,只是增加了两篇序。(3)《光绪淮安府志》40 卷首 1 卷,孙云锦修,吴昆田、高延第纂,光绪十年(1884)刻,卷首有漕运总督杨昌濬、淮扬海道桂嵩庆、徐文达 3 序。

(二)山阳县署刻书

山阳是淮安县旧称,现为淮安区。有清一代山阳县志经过 5 次纂修,康熙四十七年(1708),张鸿烈纂《山阳县志》56 卷,未刻。之后所编,尽皆付梓。主要有:(1)《乾隆山阳县志》22 卷首 1 卷,金秉祚修,丁一焘等纂,乾隆十四年(1749)刻,卷首有金秉祚序。(2)《信今录》10 卷,曹镳纂,阮锺瑗等增订。此书专记《乾隆山阳县志》刊版以后事,后

---

① 参见倪波《江苏方志考》,吉林省地方志编纂委员会、吉林省图书馆学会 1985 年印本,第 122 页。

又增至道光元年(1821)事,道光元年(1821)甘自斋活字印行,"仅二百部"①,道光十一年(1831)县署刊刻。(3)《同治重修山阳县志》21卷图1卷,张兆栋、文彬修,丁晏、何绍基等纂。编纂工作始于同治九年(1870),迄于同治十二年(1873),纂成即刻出,漕督张兆栋为之序。(4)《山阳志遗》4卷,吴玉搢撰。玉搢为张鸿烈外甥,甚得舅氏学术。卷一遗迹,卷二遗事,卷三遗献,卷四遗文,体例不依方志。光绪二十六年(1900)刻。②

（三）清河县署刻书

清河县始设于秦朝,中经多次变更,清代隶属淮安府。清代清河县志历经7次纂修,县署组织6次刊刻:(1)《康熙清河县志书》4卷,邹兴相修,汪之藻纂,孔传疆、阮学浩订正,康熙十二年(1655)刻。(2)《乾隆清河县志》14卷图1卷,朱元丰、孔传楹纂修,乾隆十五年(1750)刻。(3)《咸丰清河县志》24卷首1卷,吴棠修,鲁一同纂,咸丰四年(1854)刻,另有同治四年(1865)刻本。(4)《同治清河县志附编》2卷,吴棠修,鲁一同纂,同治四年(1865)刻。(5)《同治清河县志再续编》2卷,刘咸修,吴昆田纂,同治十二年(1873)刻。(6)《光绪清河县志》26卷,文彬修,吴昆田、鲁贲纂,光绪二年(1876)刻。

（四）盐城县署刻书

盐城古无志书,自明朝万历七年(1579)南海杨瑞云任知县,因地方人士数以志请,于是设局而撰志概,此为盐城县志编纂之始。顺治十四年(1657),关东人贾国泰任知县,因《万历盐城县志》木版为火所焚,遂重新刊刻,其中卷三、四、六、七内容有增补,但所增内容"词意鄙俚,识者少之"③。康熙间,盐城有两次修志之举:一次是陈继美续修,王之桢等纂,修于康熙十二年(1673);二是蒋荷坤续修,王之桢等纂,修于康熙二十二年(1683)。两次所修惜未刻成书,且稿本散逸,不复可见。嘉庆

---

① 丁志安:《淮安方志漫谈》,《淮安文史资料》第4辑,淮安县政协文史资料研究委员会1986年印本,第124页。

② 民国时期该书有两个刻本:一私刻,民国十年(1921)如皋冒氏《楚州丛书第一集》刻本;二官刻,民国十一年(1922)淮安志局刻本。

③ 周梦庄:《历修盐城县志简况》,《大丰县文史资料》第5辑,大丰县政协文史资料研究委员会1985年印本,第105页。

间,又有张杏所纂盐城县志,稿本亦失传。

清代盐城县署正式纂刻县志2种:一为《乾隆盐城县志》16卷,黄垣等修,沈俨等纂。黄垣认为"盐城志书,自万历间创之。迄晚近重修,但删汰过当,不无渗漏"①,乃有此举。乾隆十二年(1747)刻。二为《光绪盐城县志》17卷首1卷,刘崇照修,陈玉澍等纂,实则陈玉澍一人之力成之,光绪二十一年(1895)刻。

(五)阜宁县署刻书

雍正九年(1731),阜宁立县,乾隆间冯观民修《乾隆阜宁县志》,1册,抄本,内容主要是为《淮安府志》供稿,乾隆二十九年(1764)曾予增修,惜未刊行。同治八年(1869),沈国翰主修县志,陈肇祁任其事,殷自芳总其成,此为阜宁史上第一部官修县志,惜志成后未及付梓。光绪十一年(1885),知县阮本焱聘江启珍补其佚漏,厘订之,经三月书成,明年刊出。全志24卷首1卷,卷首为序文、凡例、目录、绘图;卷一疆域,卷二建置,卷三至卷四川渎,卷五民赋,卷六场灶;卷七职官,卷八仕绩,卷九学校,卷十选举,卷十一武备,卷十二至十九人物,卷二十列女,卷二十一祥祲(兵燹附),卷二十二艺文,卷二十三至二十四丛志。

(六)安东县署刻书

此地秦置襄贲县,南朝宋改县曰海安。隋开皇初改曰涟水,因县北涟水河而得名。唐武德四年(621)置涟州。宋景定初升安东州,安东,取东海平安无事之义。明洪武二年(1369)降州为县,清因之。民国三年(1914)年,考虑到安东县与奉天(今辽宁省)安东县(今丹东市)同名,遂复称涟水。有清一代,安东县共有3次县志编纂,且全部由县署刻板问世:(1)《康熙安东县志》8卷,乔弘德纂修,康熙三十七年(1698)刻,蓝印本。(2)《雍正安东县志》17卷,余光祖修,孙超宗等纂。此志遴选绩学之士,博采群书,广收案牍,折中前志之长,增康熙志以来36年邑事,实较旧志为胜。雍正五年(1727)刻。(3)《光绪安东县志》15卷首1卷,金元烺修,吴昆田、鲁贲纂。是志资料丰富,记述详细,文字简约流畅,《水利》《民赋》尤其可观。光绪元年(1875)刻。

---

① 周梦庄:《历修盐城县志简况》,《大丰县文史资料》第5辑,大丰县政协文史资料研究委员会1985年印本,第106页。

（七）桃源县署刻书

桃园县历史悠久，元代始用此名，隶属淮安路。明代沿用桃源县，属淮安府，直属中书省。清顺治二年（1645），改南直隶为江南省，康熙六年（1667）改属江苏省，为淮安府桃源县。民国三年（1914），因与国民党元老宋教仁故乡湖南省桃源县名相重，复改称泗阳县至今。

清代的泗阳县志纂修两部，并分别上版：（1）《康熙桃园县志》4卷，萧文蔚纂修，康熙二十六年（1687）刻；（2）《（重修）桃源县志》10卷首1卷，眭文焕修，陶裕济纂，乾隆三年（1738）刻本。另有民国六年（1917）知事汪保诚铅印本。

二、私家刻书

关于清代淮安私家刻书情况，江澄波等《江苏刻书》有较为详细的记载，其中，山阳县有私人刻书家26人，刻书86种328卷，他们是丁晏（六艺堂）、丘迥、丘象随、丘象升、刘谦吉、许志进、朱氏（疑朱维城）、阮葵生、阮钟瑗、李铠（恪素斋）、李宗昉、吴玉搢、何氏（樨香书塾）、张弨、张鸿烈、陆求可、范以煦、高延第、顾震福、徐嘉宾、曹镳、集韵书屋（疑丁显）、墨韵堂（疑刘源长）、聪训堂（疑王廷佐）、戴晟、鲁一同。清河县刻书家3人，刻书7种75卷，他们是汪汲、刘云份、张显国。安东县刻书家1人，嵇宗孟，刻书1种13卷。盐城刻书家1人，刘沁沤，刻书1种10卷。

清代淮安私家刻书呈现如下几方面特征：

一是刻书家分布不均。从上述资料统计可知，淮安府共有刻书家31人，其中26人为山阳县籍，这是因为山阳县为淮安府中心，唐代楚州与明代淮安府治所都在此，大运河贯穿南北，历为水上交通要道，明清时期多位著名盐商在此定居，繁荣的商业自然带来文化的发展。其他各县则由于种种因素，或出现零星的刻书家，或几百年寂寥无人从事刻书活动。

二是所刻典籍颇具地方特色。相对于江南来说，清代淮安士子在科举考试中名不彰，因而私家刻书并不热心刊刻科举用书，几乎没有经史类典籍。出于乡邦之谊，众多刻书家纷纷把有限的资金用在了刊刻淮安地方典籍上面，如康熙间丘象随辑刻《淮安诗城》8卷，丘象随有感于淮安诗歌创作成为雄视一方的重镇,专门编纂该书,保留了关于望社诗歌的可贵资料,而且,用"诗城"来修饰"淮安",记载了淮安当时诗歌创作的盛况,"拔擢了淮安的诗歌影响力,让人们了解到淮安于明清两代诗歌创作的重镇地位"①。类似的情况还有康熙间,张鸿烈刻自撰《淮人咏淮诗》2 卷,同治八年(1869)张显国刻清河徐中锡辑《清河六先生诗选》6 种 10 卷,等等。

三是出现了木活字刻书。道光十年(1830),阮钟瑗刻自撰《修凝斋集》6 卷,用的就是木活字。按,《江苏刻书》把该书之刻称为"阮氏"②,其实就是阮钟瑗其人。钟瑗(1762?—1831),号定甫,字次玉。乾隆四十七年(1782)入县学,但屡荐不售,遂居家读书课子,地方上积累厚重的名望,"府、县两学举荐他参加修志书。他力辞不就,但写了一篇《修志议》指出乾隆山阳县志不少讹误之处,并对修志的原则、方法提出了许多中肯的建议"③。阮钟瑗除用木活字印自撰《修凝斋集》外,还印制了曹镳的《淮城信今录》一书,并称"顷用毕昇活字板,权印百部"④。毕昇使用的是胶泥活字,但古人往往将一切活字板皆称作"毕昇活字板"。

今举清代淮安具有代表性的 4 刻书家分述如下。

(一)清江张弨刻书

张弨(1625—1691),字力臣,号丞斋。斋名符山堂。"父致中,字性符,拔贡生,学术淹贯。复社初兴,致中与同里白受藻、方能权诸子应之。家故贫,而所藏鼎盉碑版文甚富。"⑤张弨承家学,专心六书,尤嗜金石文字,精研群籍,广搜碑帖,著书立说。康熙六年(1667),乘冬日江水落潮,亲至焦山拓《瘗鹤铭》,较前人增多 10 余字,晚年写成《瘗鹤铭辨》。康熙十年(1671)入秦,谒昭陵,遍拓陪葬诸王公墓碑及六马图赞;过济宁州,手拓孔子五汉碑,皆加辩论,根据详洽,时人以为董彦远、黄

---

① 周薇:《明清淮安诗歌与地方文化关系之研究》,上海三联书店 2016 年版,第 67 页。

② 江澄波等:《江苏刻书》,江苏人民出版社 1993 年版,第 457 页。

③ 郭寿龄:《"刚而尚义"的阮钟瑗》,《淮安古今人物》第 2 集,淮安市政协 1995 年印本,第 97 页。

④ 关于阮钟瑗木活字刻书一事,参见张秀民《中国印刷史》(下),浙江古籍出版社 2006 年版,第 581 页。

⑤ (清)孙云锦修,吴昆田、高延第纂:《光绪淮安府志》卷二十九《人物》,《中国地方志集成·江苏府县志辑》第 54 册,凤凰出版社 2008 年版,第 460 页。

伯思也不能超过他。"其金石碑版卓越成就为清江浦家喻户晓，称其为'张博古'，称其所居小巷为'博古巷'，后拓宽为淮阴市'博古路'。"①张弨交游颇广，与王士禛、顾炎武、潘耒等都有交往，其中，与顾炎武最善。

清军进入江南时，顾炎武曾经组织军民奋起反抗，最终失败。无奈之下，顾炎武开始出行，考察西北山川地理，每次出行都会路过淮安，频繁会面淮上诸君子，与张弨成为莫逆之交。顾炎武学问渊博，于国家典制、郡邑掌故、天文仪象、河漕、兵农及经史百家、音韵训诂之学等皆有研究，先后撰写出学术巨著《日知录》《音学五书》《天下郡国利病书》《肇域志》等，其中，《音学五书》《日知录》都是在淮安由张弨刊刻的。史料记载说："（张弨）取鬻产之值，为刊《广韵》及《音学五书》，手加校雠。炎武叙云：'予纂辑此书三十余年，刊削数四，又得力臣为考。《说文》采《玉篇》，仿字样，酌时宜，而手书之。'二子叶箕、叶贞分书小字，鸠工淮上，不远数千里索书往复，必归于是。又与潘耒书：'著述家最不利以未定之书传之于人。近日，力臣来札，《五书》改正一二百处。'又尝叹曰：'笃信好古，专精六书，吾不如张力臣！'"②

康熙九年（1670），继《音学五书》之后，顾炎武又将已写成的《日知录》送到淮安，请张弨刊刻印行。《日知录》内容宏富，贯通古今，是顾炎武从青年时代开始积累资料，花了30多年心血完成的读书笔记，对后世影响巨大。顾炎武自认《日知录》是生平得意之作，是寄托其经世思想的一部书。张弨接到顾炎武请求后，一如既往地投入大量的人力物力，很快刻版问世，世称"符山堂本"。张弨刊《日知录》与后世流传的版本不一样，"这怕是自30余卷中挑选出来的选本，因为只有8卷"③。之后，张弨还为顾炎武刊刻其他典籍，惜史料无传，难以考知。

（二）山阳丘氏刻书

清代山阳丘氏刻书之家指的是哥哥丘象升、弟弟丘象随和丘象升的儿子丘迥三人。

① 淮阴市文化局、淮阴市文联编：《淮阴文化艺术志》，淮阴文化局1997年印本，第491页。
② （清）孙云锦修，吴昆田、高延第纂：《光绪淮安府志》卷二十九《人物》，《中国地方志集成·江苏府县志辑》第54册，凤凰出版社2008年版，第460页。
③ 昆山市文化发展研究中心编：《顾炎武研究文集·纪念顾炎武诞辰四百周年》，上海人民出版社2014年版，第151页。

丘象升（1629—1689），字曙戒，号南斋。顺治十二年（1655）进士，历仕顺康二朝，官翰林院编修、琼州府通判、武昌府通判等。官至大理寺左寺副，平反大狱颇多。能诗，与弟象随并称"二丘"。其人名位虽不显赫，但仕履所及，与金堡、梁佩兰等遗民，王士禛、汪琬等文坛大家，阎若璩、毛奇龄等著名学者，宋荦等显宦，均有交游。著有《谷音集》《入燕集》《岭海集》《白云草堂集》，汇编为《南斋诗集》。早在康熙三年（1664），丘象升曾刻江宁王如锡辑、丘象升批点《东坡养生集》12 卷，其后刻书活动鲜少记载，至其晚年，则先后刊刻了明张养重撰《古调堂集》不分卷、好友靳应昇撰《靳应昇遗集》不分卷。[1]

丘象随（1631—1701），字季贞，号西轩。丘象升弟，与象升号"二丘"。顺治十一年（1654）拔贡生，康熙十八年（1679）召试博学鸿儒科，授翰林院检讨，官至洗马。著有《西轩诗集》6 卷、《西山纪年集》50 卷、《淮安诗城》8 卷等。康熙十六年（1677）丘象随"西轩"刻唐李贺撰、清姚佺笺、陈情和丘象随辩证《李长吉昌谷集句解定本》4 卷，"西轩"为其书室。丘象随还在康熙间刻自辑自编《淮安诗城》8 卷，9 行 19 字，白口，四周单边。丘象随欲将本地诗作另辑为《淮澥先贤集》，故本书所辑录以望社诸子之作为主，兼及箧中所有，共得 500 篇左右，均为入清以后所作之诗。正文中作者附有小传。本书所收诸人，多有不见于史传者，所录诸诗，亦多不见于他书所录，故于了解清代淮安诗家作品，尤为珍贵。

丘迥（1672—?），字尔求，号拙村。丘象升子。雍正贡生。工诗。年近七十，应试时以试卷涂抹过多，置之劣等，遂归，以诗自娱。有《翼堂诗稿》及杂录、笔记。康熙三十五年（1696）刻父亲丘象升晚年自订《南斋诗集》不分卷《附录》1 卷，半页 9 行 19 字，白口，左右双边。前有宋荦、冯景、刘沁区、陈台孙等人所撰序，卷尾有王士禛撰《大理左寺副丘公墓志铭》、李澄中《丘南齐先生传》、冯景丘《大理公传》、丘象随《先兄曙戒公行状》等，集末有"康熙丙子仲春男迥谨于桐园较录"一行。需要说明的是，丘象升晚年所刻书，大多为丘迥助刻。

---

① 《清史列传》卷七十载："（丘象升）笃于友谊，既病，犹校刊其亡友张春重、靳应昇遗集。"丘象升去世于康熙二十五年（1689），刻三书之年应在此时。

（三）清河汪汲刻书

汪汲，生卒年不详，字葵田，号海阳竹林人、古愚老人、五世同堂老人、漱经老人等。清河人①。有漱经斋、古愚山房等室名。汪汲精通医学，尤擅方剂，苦方书篇幅浩大，乡间取携不便，遂萃诸家之秘传，合内外方书，博采旁搜，编撰了大量方书，另著有多种字书及诗、词、曲等。乾嘉间，以"古愚山房"之名，刻自辑自撰《古愚老人消夏录》（又名《古愚丛书》）。

《古愚老人消夏录》汇集汪氏著述 17 种 67 卷：《事物原会》40卷、《十三经纪字》1 卷、《字典纪字》1 卷、《韵府纪字》1 卷、《量字编》1卷、《词名集解》6 卷《续编》2 卷、《宋乐类编》2 卷、《南北词名宫调汇录》2 卷、《院本名目》1 卷、《杂剧待考》1 卷、《琴曲萃览》1 卷、《乐府标源》2卷、《乐府遗声》1 卷、《漱经斋座右铭类编》1 卷《续编》1 卷、《解毒编》1卷、《怪疾奇方》1 卷、《汇集经验方》1 卷，合 67 卷。内容兼涉经、子、集 3部，种类甚多。其中《事物原会》40 卷，搜辑有关事物肇始之说，自天地生植、礼乐刑政，至经籍器用、虫鱼鸟兽，一一究所从来，凡两千数百事，网罗宏富，引据赅博。此外，《词名集解》《宋乐类编》《南北词名宫调汇录》《院本名目》《杂剧待考》《琴曲萃览》《乐府标源》《乐府遗声》号为《词学八种》，凡琴谱乐府及宋词元曲，其某调始于何代，某名肇干何人，皆究其源流，考其故事。

（四）山阳顾震福刻书

顾震福（1872—1936），字竹侯，号跰园。清末民初文字学家、经学家、诗人、谜家。光绪间举人。民国元年（1912）在上海加入"萍社"，不久又在故乡与妻兄韦宗海、韦宗泗等创建"商旧谜杜"，获"虎头"雅称。赴北京后，在高校任教的同时，越发痴心制迷，入"北平射虎社"，为主将之一，又主建"丁卯谜社""隐秀谜社""谜学俱乐部"等。他还是一位藏书家，业余时间盘桓各种书坊书铺，致力于搜购典籍和辑佚古书，"间过

---

① 关于汪汲籍贯，历来史料记载不一，有安徽休宁、安徽婺源、山东海阳、广东海阳、河北海阳诸说。《江苏艺文志·淮阴卷》称其为清河人，检《咸丰清河县志》卷十九《人物四》有名汪椿者，志云："汪椿，字春园，初名光大，晚岁潜心三式，号式斋。祖汲，修学好古，著书满家。"可知，汪汲乃江苏清河县人，为历算家汪椿之祖父。见王爱亭：《〈古愚老人消夏录〉著者汪汲里籍考辨》，《新世纪图书馆》2009 年第 1 期。

厂肆,古今泉币,新旧书籍,搜集颇多。并从文津阁四库书中,抄录南宋淮人王洋《东牟集》;又从天一阁藏本中迻录明嘉靖《清河县志》,皆久经失传孤本也"①。

经学研究(包括文字研究)以及谜事活动,是顾氏一生学术的两大门类,其相关著述有 17 种之多:《小学钩沉续编》8 卷、《齐诗遗说续考》1 卷、《鲁诗遗说续考》1 卷、《韩诗遗说续考》1 卷、《毛诗别字》6 卷、《周易连语重言释》2 卷、《学庸古义会笺》1 卷、《隶经杂著甲编》2 卷、《隶经杂著乙编》2 卷、《籀经琐记》2 卷、《敦风好庐文》4 卷、《札疏》2 卷、《考音切韵纂辑》5 卷、《崔豹古今注校正》3 卷、《方言校补》13 卷及佚文 1 卷、《孟子刘注辑述》7 卷、《释名校补》8 卷及佚文 1 卷等。

顾震福所刻书主要集中在光绪十八年(1892),是年刻书 3 种:(1) 自辑《小学钩沉续编》22 种 8 卷。是书凡 48 种,为任大椿《小学钩沉》的补编,有补任氏已引之未备者,有正任氏已引之误者,有与任辑字同义异、字异义同者。(2) 自撰《隶经杂著甲编》2 卷《乙编》2 卷。是书多录其年少时说经之文,悉归于考释名物,笺正讹误,但"篇幅虽多,而精义仍罕"②。(3) 自撰《韩诗遗说续考》4 卷。光绪二十年(1894)刻书 1 种:自撰《崔豹古今注校正》3 卷。史料还记载顾震福"襄刊《楚州丛书》"③,此事发生在 1921 年。

第七节　徐州刻书

清初,朝廷对徐州的统治基本上沿袭明朝的制度,置州于徐,直隶于江南省,领丰、沛、萧、砀 4 县。雍正六年(1667),江南省析为江苏、安徽二省,徐州隶属江苏省。雍正十一年(1733),徐州升格为府。与此相应,析置铜山县,又以邳州来属,同时,原邳州所领宿迁、睢宁二县也划归徐州府。自此以后,徐州辖域面积大为增加,共计 1 州(邳州)7 县(铜

① 顾翊群:《顾震福(竹侯)先生行述》,《中华历史人物别传集》,线装书局 2003 年版,第 279—284 页。
② 张舜徽:《清人文集别录》,华中师范大学出版社 2004 年版,第 617—618 页。
③ 顾翊群:《顾震福(竹侯)先生行述》,《中华历史人物别传集》,线装书局 2003 年版,第 279—284 页。

山、丰县、沛县、萧县、砀山、宿迁、睢宁），因萧县和砀山今属安徽省，故其刻书情况不在此叙述。

一、官府刻书

清代是地方志编纂和刊刻数量最多的时代，徐州也一样，州署和各县署积极从事本地志书的编纂和刊刻活动，为后世留下了大量珍贵的地方史料。[①]

（一）徐州府署刻志书

清代徐州府方志编纂工作在明代的基础上继续推进，所纂方志质量比前代有大幅提高，并且，府署能够组织人力物力尽可能把方志刊刻出来以示人。有清一代，徐州府署纂修徐州府志 5 部，刊刻 4 部。

1.《顺治徐州志》

该志编纂主要由当地著名学者李向阳负责，参与其事者还有蒋之绂、夏应凤、张如骞、毕翰、蔡日知、任国镶、蔡尚廉、李陶寰、苏渊、程孔思、吴汝琛等人。顺治十一年（1654）成书，共 8 卷。成书后，府署出资，很快刻出。半页 9 行 20 字，卷题下署分纂人姓名。总体来说，刊刻质量不高，"错脱讹误甚多，目录和正文有不对头现象，页数的次序或有中断或有多出，可以说是徐州志书中最差的一种本子"[②]。

2.《康熙徐州志》

康熙二十二年（1683），淮徐观察使刘元勋奉朝廷博采群志之诏令，同知州臧兴祖博稽广采，在《顺治徐州志》的基础上续编而成《康熙续徐州志》8 卷，抄本，未刊刻。康熙六十一年（1722），知州姜焯作为主修人，开始新志纂修工作，是为《康熙徐州志》。该志 36 卷、卷首有 5 篇序文、10 篇上级机构对修志的报告和批文以及 1 则凡例。该志为木刻本，半页 10 行，行约 21 字，装订为 16 册，分上、下两函。

3.《乾隆徐州府志》

乾隆五年（1740），知府石杰延聘王峻前来徐州主持府志的纂修工

---

① 本部分内容参考赵明奇《徐州地方志通考》（中国文史出版社 1991 年版）和赵明奇《铜山县志书版本情况简介》（《铜山文史资料》第 2 辑，政协江苏省铜山县委员会 1983 年印本）。

② 赵明奇：《徐州地方志通考》，中国文史出版社 1991 年版，第 24 页。

作,王峻曾参加撰修《大清一统志》工作,志书编纂经验丰富。王峻抵徐后,随即披览旧志,汇总资料,不分昼夜,5 个月后成稿。之前徐州的所有方志均为"州志",仅反映州邑及丰、沛、萧、砀 4 县情况。雍正十一年(1733),州升为府后析州邑置铜山县,又将邳州、宿迁、睢宁划归管辖,旧志不能完全反映新的府情。从这个意义来说,该志是徐州第一部以"府志"命名的志书。《乾隆徐州府志》共 30 卷,卷首有王峻、石杰 2 序。乾隆七年(1742),在府衙经历武承运专职督刊下刻梓完毕,刷印后合订为 8 册,或 12 册,版藏于府学泮宫。

4.《同治徐州府志》

同治十二年(1873),分巡河务兵备道吴世熊、徐州知府朱忻共同议修方志,得到了上下赞同,府署延聘刘庠、方骏谟担任总纂,金廷栋和方楷挂名分纂,参与辅助,并组织以儒学教授丁镇瀛为首的一班府、县学官吏生员分别担任校对、采辑、刊行等工作。纂修者进行了大量细致的文字工作,用整整一年时间拿出初稿,同治十三年(1874)冬正式定稿。该志 25 卷,木活字本,白口,双鱼尾间注有卷数和每卷的页序数,半页11 行 24 字。最后一卷"叙录"记的仅是志书的写作背景、意图和原则,故实际应该说是 24 卷。该志特色明显:一方面,分类设目条理比较清楚,图、表、考、传井然有序。无法归类的传闻逸事专设"志余"一类依附于后。另一方面,在体例上有所创新:"纪事表"在各朝年号下分时政、兵事、祥异 3 项分别记事,便于对照,易于检览。"人物搜古表"将古籍中出现的有姓名无事迹的徐州人排列起来成为一表,"以省文而博载",被方志学家们誉为"特创之格"。①

(二)邳州州署刻志书

清初,邳州仍属淮安府,康熙二十八年(1689),因避水迁州治于高处,称新邳州。雍正三年(1725),升邳州为江苏布政司直隶州,领宿迁、睢宁 2 县。雍正十一年(1733),一并改属徐州府。

1.《康熙邳州志》

康熙三十二年(1693),孙居湜修、孟安世纂,为现存最早的清代邳

---

① 赵明奇:《铜山县志书版本情况简介》,《铜山文史资料》第 2 辑,政协江苏省铜山县委员会 1983 年印本,第 39 页。

州志书。《康熙邳州志》10卷，卷首有孙居湜序、孟安世序、左之柳序、凡例、纂修姓氏、新城图说、新城图、新城碑记等。刻工较好，字迹清秀。半页9行20字，白口，单鱼尾。

2.《乾隆邳州志》

乾隆十五年（1759），邬承显纂修。该志之修有别于前此诸志，原因在于雍正间行政建置两次变易，州内辖境亦更易，新纂州志内容随即有所反映。卷首有知府金秉祚序、邬承显序、例略、纂修人姓氏、天章、州境图、州城图、学宫图、州署图、各河源流图、黄河运河图等。《乾隆邳州志》10卷，半页10行21字，小字双行，白口。

3.《嘉庆邳州志》

丁观堂修，陈燮纂。该书纂修始于嘉庆十五年（1810）夏，扉页有"嘉庆壬申上巳开雕"，可知于嘉庆十七年壬申（1812）已经纂修完成并付梓。"虽出于仓促，但是由于纂修者的重视及其文化素养较好，致使邳县志书至此焕然一新，成书技术也略胜前志一等。"[1]卷首有康基田等序、新修邳州志姓氏和凡例等。《嘉庆邳州志》18卷，半页9行22字，刻工精细，刀法整齐，字体基本一律，行距字距疏密匀称，开卷令人悦目。

4.《咸丰邳州志》

咸丰十年（1851），董用威、马轶群修，鲁一同纂。鲁一同为颇有才名的古文辞家，政治上稍有背景，编纂时敢于对前志进行大刀阔斧的修改，故该志内容简洁，行文流畅，纂成后得到诸多好评。同治五年（1866）六月十六日，曾国藩在家书《谕诸儿》中说："吾友山阳鲁一同通父，所撰《邳州志》《清河县志》，即为近日志书之最善者。"[2]该书之刊刻，得巩嘉玉、徐景山、朱锡组等乡绅之助。《咸丰邳州志》20卷，版刻清楚，四周双栏，白口，单鱼尾上署"邳州志"，下署卷次与卷内页次。半页10行21字。该书清代刻本较多，主要有光绪十八年（1892）善化杨激云刻本，光绪二十一年（1895）重印本，民国九年（1920）鲁氏双梧轩重印咸丰本。

① 赵明奇：《徐州地方志通考》，中国文史出版社1991年版，第121页。
② （清）曾国藩著，钟叔河整理校点：《曾国藩家书》，湖南大学出版社1989年版，第554页。

（三）铜山县署刻志书

铜山为徐州属县，历代以县境为州境。清初沿袭明制，雍正十一年（1733）升州为府，始析州境为县境。铜山县与徐州府同源同流，故前代县志多与州志并存。升州为府后，铜山始有属于自己的县志，清代县署所刻县志情况如下。

1.《乾隆铜山县志》

知县张宏运修，田实发等纂。乾隆十年（1754）刻，版面尚好，但有错页、讹字现象。卷首冠有图9幅和张宏运自序，图为本县人张道峻所绘，十分简陋。《乾隆铜山县志》12卷，分订为6册。该志之编刻，乃以"铜山"命名的铜山县志书中最早的版本[①]，为后来铜山县志的几种版本奠定了基础。

2.《道光铜山县志》

知县崔志元修，金左泉等纂，内容倍于乾隆县志，但卷下类目基本相同，只是调整了个别次序和类目名称。卷首有潘序和崔志元序，纂修人姓氏、凡例、目录。卷末有捐刻人姓氏，还附有乾隆县志原纂修人、捐刻人姓氏。该志修纂始于道光七年（1827），越9月完成，3年后，也就是道光十年（1830）县署将其付梓。该志24卷，半页10行21字，装订10册，刻工较精细，几无错页、倒页现象。

3.《道光铜山县乡土志》

本县贡生杨世祯、增生刘敬修和宿迁县廪生任凤九编修，主要文字皆由杨世祯执笔，知县袁国钧和儒学训导张汝砺任总校。自道光十年至光绪二十八年（1830—1902），70余年间铜山未修县志，若延误下去，将受到后人责难，于是杨世祯主动承担纂修重任。他"摈弃了'卷帙浩繁'的陋习，刷新了地方志书的体例"[②]。该志不分卷，书成后，光绪三十年（1904）刻版，卷首冠全境地图，各衙署图，阖境各图。

（四）丰县县署刻志书

清初，丰县属徐州，雍正十一年（1733），徐州升为府，始属徐州府。

① 赵明奇：《徐州地方志通考》，中国文史出版社1991年版，第121页。

② 吴肖金：《杨世祯与〈铜山乡土志〉》，《铜山文史资料》第1辑，政协铜山县委员会1982年印本，第98页。

清代编刻 3 部方志。

1.《顺治新修丰县志》

顺治十三年(1656)知县阎珩主修,学者张逢宸主纂。体例上参考了《顺治徐州志》,但并不囿于州志之成规,而是根据丰县志书内容进行变通。《顺治新修丰县志》10 卷,卷首有冯如京序、李裕日序、贾壮序、魏裔鲁序、余志明序和阎珩自序,有凡例、纂修形式和 15 幅图。书成之后即付梓,镌刻精细,字迹清晰,白口,单栏,单鱼尾,版心上刻"丰县志",下刻"卷之几"及卷内页次。半页 9 行 20 字。是现存最早的清代丰县方志。

2.《乾隆丰县志》

乾隆二十四年(1759)知县卢世昌纂修。该书改"志"为"类",于各类之中再复分细目。卷首特立"圣恩"1 卷,以纪有清一代帝王诏谕。分类大抵与《顺治新修丰县志》同,设目略有调整。志成之后随即付梓。《乾隆丰县志》16 卷首 1 卷。半页 11 行 22 字,小字双行。字体工整匀称,白口,上下单栏,左右双边,单鱼尾,版心上署"丰县志",下署卷次、类名,卷内页数落底标记"目名"。

3.《光绪续修丰县志》

光绪二十年(1894)知县姚鸿杰纂修。本志在取材上增加了《乾隆丰县志》以来的内容,体例上亦基本沿袭,标题"续修",可谓名副其实,修成之后即刻版。《光绪续修丰县志》16 卷,首 1 卷专纪圣恩。半页 11 行 22 字,白口,版心上署"丰县志",下署卷次、类名、目名和卷内页次等。

(五)沛县县署刻方志

清初沛县隶属于徐州,雍正十一年(1733),升州为府,始属徐州府,直至清末。清代编刻方志 2 种。

1.《乾隆沛县志》

乾隆二年(1737)春,知县李棠召集地方士绅议修,得到一致拥护。李棠对于"人物志"的编纂采取集体讨论的办法,凡增加一人入志,一定要公论通过,最后由府学教授田实发编纂。卷首有李棠所作序、县境、城池、学宫、县署、四景诸图、凡例、纂修姓氏等。乾隆五年(1740),书成,遂付刻。《乾隆丰县志》10卷,半页9行20字。白口、单鱼尾、版心署"沛县志"及卷名和卷内页次。由于多人镌刻,故刀法不一。是现存清代最早的沛县方志。

2.《光绪沛县志》

光绪十五年(1889)侯绍瀛调任沛县知县,下车伊始即着手纂修本地志书,他延请丁显、陶平如等人共襄其事,多位邑人帮助搜集资料,越10月书成,旋即付梓,事在光绪十六年(1890)。但是,由于侯绍瀛在沛县任上时间太短,未及等全书之成即离任,后任知县几乎年年调换,志书的刻印竟无人接续被迫停顿。此事迁延至民国,不断有续补抄配,流传至今为刻本和续抄合璧。《光绪沛县志》16卷。半页10行24字。其中,刻本字体较小,白口,四周单栏,双鱼尾,版心署"光绪沛县志"。抄配本亦半页10行24字,朱墨专印稿纸,白口,双鱼尾,版心署"重修沛县志"。

（六）睢宁县署刻方志

清初,睢宁县承前制,属邳州。雍正三年(1725),邳州升为江苏布政司直隶州,睢宁随属;雍正十一年(1733),徐州升格为府,睢宁属徐。早在明代,万历和崇祯年间,睢宁县署曾经刊刻本地方志,入清,县志修纂更为频繁,但可考知的刻本仅存3部。

1. 康熙二十二年本《睢宁县志》

早在康熙七年(1668),知县石之玫主修、教谕孙大经和训导徐常主纂《重修睢宁县志》,为清代该县第一部志书,惜未刊刻。康熙二十二年(1683),清廷传檄各地博采群志,以备献纳,新任知县葛知莫与县学教谕陈哲、训导张联斗等,找来康熙七年县志,参考互订,增补近年来事迹,因而,从某种意义来说,该志之纂,实为两次而成。志成之后即付刻。本志10卷,半页9行20字,小字双行20字。卷首冠序文7则、县治新旧图、县城新旧图、县署新旧图、学宫新旧图。小黑口,单鱼尾,版心署"睢宁县志"。

2. 康熙五十七年《睢宁县志》

康熙五十三年(1714),广西人刘如晏来此任知县,经过几年的励精图治,百废俱兴,人民安居乐业。康熙五十五年(1716),刘如晏邀请李杰主纂,开始编纂新县志,李杰曾经参与康熙二十二年志书的编纂工作,经验丰富,对比前志在纂修质量上有了很大提高。康熙五十七年(1718)志成,遂付刻。本志12卷,卷首冠刘如晏和李杰序。半页9行21字,字迹清晰,白口,单鱼尾,版心署"睢宁县志"、卷数和卷内页数等。

3.《光绪睢宁县志稿》

光绪十年(1884)三月,广西人侯绍瀛任知县,其间政绩卓著,德行可嘉,因搜寻本地方志不易,遂请训导丁显主持编纂新志。丁显受命后,尽平生之学,日夜兼作,于光绪十二年(1886)春纂成,是年开雕,明年蒇事。《光绪睢宁县志稿》18卷,卷首冠侯绍瀛序、凡例和采访姓氏等。半页10行24字,白口、双栏、双鱼尾,版心署"光绪睢宁县志稿"。

(七)宿迁县署刻方志

清初,宿迁为江南省的一部分,康熙六年(1667)分江南省为江苏、安徽二省,宿迁属江苏省淮安府。清中后期,宿迁改属徐州。入清,该地先后编修4次,其中3次付梓。

1.《康熙宿迁县志》

康熙二年(1663),胡宗鼎就任知县,敢于为民请命,政绩卓著。他访得明万历二十四年(1596)县志,字画模糊难读,于是聘本邑学者练贞吉为主纂,于原书之末续写近70年来县事,康熙三年(1664)编修成书,并刊成问世,共9卷。康熙二十二年(1683),清廷因纂修一统志之需,诏征方志,林昆翰接檄后,由曹鎏为之增补,形式一仍旧制,并很快付梓。[1] 此外,康熙四十四年(1705),张尚元曾经纂修一部《宿迁县志》12卷,但未付刻。

2.《嘉庆宿迁县志》

嘉庆间,丁堂三次就任知县,于本地风土人情极为熟悉,遂有志于方志之修。邑人臧鲁高知识渊博,精治河、医术、堪舆、书法等,丁堂慕其博学,遂聘为主纂。志书于嘉庆十八年(1813)编成,并于是年付

---

① 参考张竞元著《宿迁文献书目提要》,江苏人民出版社2014年版,第19页。

刻。《嘉庆宿迁县志》6卷,取材严谨,摒弃了旧志为执笔人及亲属树碑立传的陋习。

3.《同治宿迁县志》

同治末,李德溥两任知县,体察民情,为政以宽。时清廷称庆"中兴",各地多修方志,李德溥顺乎潮流,延请方骏谟、方楷父子主纂。方氏父子乃饱学之士,其时正纂修徐州府志,收到李德溥的邀请后,遂同时编纂本邑志书。该志于同治十二年(1873)动笔,明年完稿,共19卷,惜是年李德溥离任,未及时镌刻。继任知县游春泽接手后,终于在光绪元年(1875)刊成。

二、民间刻书

清代徐州刻书一如前代,呈现重官刻、轻私刻的现象。而此处使用"民间刻书"说法,是因为史料匮乏,难以厘清清代徐州刻书何者为私家,何者为书坊。清代徐州府私家刻书与明代相比,进展并不大,相关资料十分稀缺,根据有限的史料记载,可推知刻书情况如下。

一是族谱编写推动私家刻书的需求。古代族谱修纂起源于三代,魏晋时期服务于九品中正制选官需要,族谱编写尤其繁盛。宋代以后,科举制度完善,士庶观念逐渐淡薄,族谱编写完全成为私家之事,编纂族谱的主要目的在于追溯和记录宗族谱系,利于宗族团结。徐州为交通枢纽,历来人口迁徙活动频繁,宗族观念较为明显,各家族为铭记宗族所从来,族谱编纂较为普遍。但是,受到财力影响,往往是仕宦之家和富裕家族编谱频繁,贫困之家无力承担。据目前所存较早的家谱,如彭城百忍堂河头张家康熙六十年(1721)《彭城张氏族谱》以及铜山萧铜耿族同治十一年(1872)《萧铜耿氏族谱》等看,清代徐州民间族谱修订之后,家族很快付梓以传,此种情况对于本地私家刻书业有一定的市场需求。[①]

二是传统艺术对民间刻书的推动。徐州历史文化悠久,拥有众多非物质文化,而有的非物质文化是与刻印技术息息相关的,如邳州喜床

---

① 参见田秉锷、张瑾著:《书香徐州》,南京出版社2015年版,第190页。

画和邳州门笺等,在民间普遍应用。在邳州,每当青年人结婚时,老人给子女打制结婚用床,并在喜床面子上绘制、雕刻传统风俗纹样,取其纹样的谐音、寓意,期望子女婚姻美满,寄托美好的祝福。邳州门笺也称"门钱""过门笺""门吊子",是一种镂刻艺术,镂空剔除不需要的部分,有阳刻、阴刻和阴阳结合的技法,刻出的纹样线条流畅清爽,刀口光滑整洁。这种以镌刻技艺为主的传统艺术对于清代徐州民间刻书有着直接的影响和推动。

三是出于有裨实学的目的,学者们刊刻了少量实用典籍。清代徐州不是学术中心,但是受朴学影响,当地出现了为数不多的学者,他们致力于藏书、编书等治学活动,稍有余财即从事刻书,但所刻多为自编、自著典籍。

从史料中可以考知清代徐州从事刻书活动者有 6 人。

1. 丰县人陈于上。史书载:"陈于上,岁贡生。幼颖异,称神童。年十五入泮,旋食廪饩。文如夙构,稿成不易一字,虽积学不如。远近成立之士多出其门。性高洁,淡于荣利,足迹不入城市。博通经史,尤精理学,兼精岐黄。晚著《四书释》《医宗易知录》,锓板行世。"[①]陈氏所刻两书皆自著。

2. 丰县人蒋兆鲲。史书载:"蒋兆鲲,字瀚槎,号南溟,一号茗仙。……道光丙午(1846)应顺天乡试,中式,丁未(1847)联捷南宫……与修《宣宗实录》……著有《求是室诗存》,板藏于家。"[②]蒋兆鲲生年不详,卒于同治元年(1862)。蒋氏爱书法,字体端庄隽永,直追汉魏;文学秦汉,汪洋恣肆,古气充之;诗学盛唐,些体古风。所著《求是室诗存》为其自刻,惜"文革"中版被毁。

3. 宿迁人王相(1789—1852),字雨卿,号惜庵,别号倦圃,晚号聱叟。祖籍浙江秀水,后迁入宿迁。"少颖异,不屑事举子业,肆力经籍,

① (清)姚鸿杰纂修:《光绪丰县志》卷九《人物》,《中国地方志集成·江苏府县志辑》第 65 册,凤凰出版社 2008 年版,第 138 页。
② (清)姚鸿杰纂修:《光绪丰县志》卷九《人物》,《中国地方志集成·江苏府县志辑》第 65 册,凤凰出版社 2008 年版,第 149 页。

于学无不赅。"①王相家累世藏书颇多,至王相时更多方搜罗,收藏益富。他原居桃源县(今泗阳县)郑家楼"百花万卷草堂",终日著书吟咏。道光十九年(1839)迁居宿迁县城富贵街,建园凿池筑亭,并购二层楼一幢,题名"池东书库",内藏40万卷,是当时江北最大的私家藏书楼。书多宋元善本,名刻、珍本、绝版皆有所藏,唐、宋、元、明书画名迹甚多,而以历代别集为当时海内藏书之最。王相著有《无止境斋初续集》8卷、《井窥》2卷、《乡程日记》1卷、《春明途说》1卷、《草堂随笔》24卷等。

藏书之外,王相还致力于刻书。他从藏书中挑选好的版本作为底本,经过校勘后,陆续刻版,统称《信芳阁丛书》,其中最著名的是他选辑的清道光以前300多家诗选《信芳阁诗汇》,共40函,洋洋大观,是一部清代诗选巨制。他中、晚年主要心力用于摹刻高凤翰《砚史》。高凤翰《砚史》时已散佚,王相以重金多方罗购高凤翰手制《砚史》拓本,先后请名刻工王子若等勒石51方,刻枣木84方,共135幅。王相还辑佚《国初十家诗钞》75卷,并刻版以传。该书选录清初10位诗人的诗歌,依次为曹溶《静惕堂诗》8卷、周亮工《赖古堂诗》12卷、恽格《南田诗》5卷、周篔《采山堂诗》8卷、王士禄《十笏草堂诗》4卷、高咏《遗山诗》4卷、邵长蘅《青门诗》10卷、吴嘉纪《陋轩诗》6卷、徐昂发《畏垒山人诗》10卷和屈复《弱水诗》8卷。当然,受当时条件所限,"其所录各家分集均为诗歌全集,不过这只是当时王相所能见到的本子,而事实上其中有些作家的诗歌全集并不止此数"②。

4. 宿迁人王禹畴,字芷沅。王相长子。道光年间拔贡生,官至内阁中书。有《品莲书屋遗稿》。王禹畴在担任进贤县教谕期间,手不离卷,时常与同僚好友樽酒论文,著有《居业斋课艺》行世。课艺,即八股文的"范文"。王禹畴的课艺理法深纯,别开生面,格律浑成,风裁秀整,深受学子欢迎。治学之外,王禹畴深受父亲影响,也刻了好多书,主要有《弟子职》《四礼翼经正录》和《教学绳墨》,刻书目的在于"正人心,厚

---

① 严型修,冯煦纂:《民国宿迁县志》卷十五《人物》,《中国地方志集成·江苏府县志辑》第58册,凤凰出版社2008年版,第547页。

② 参见朱则杰著《清诗知识》,浙江大学出版社1998年版,第84页。

风俗"①。

值得一提的是，王禹畴还和弟弟王裴之、王颐共同校勘父亲王相所辑《秀水王氏家藏集》53 卷，12 册，咸丰四年至七年（1854—1857）刻成。高钧儒咸丰十六年（1856）撰《书秀水王氏家集后》中说："集名但标秀水，著其近即以绵其远，意弥纯笃。"②

5. 铜山人张彦琦，生卒年不详，字次韩。囿于史料缺乏，生平无考。雍正四年（1726）刻自辑《博雅备考》27 卷，卷题署"彭城张彦琦次韩氏纂述，门人杭文凤海阳氏校，男志勤、志宁同阅"。

6. 铜山孙运锦（1790—1867），字绣田，一字心仿，号铁围山樵，晚号坨南老人。道光五年（1825）拔贡，咸丰元年（1851）举孝廉方正。《同治徐州府志》称其"性颖悟，读书过目不忘。宿迁王氏多藏书，运锦馆于其家，手抄心识，昼夜不倦，故所学益博，诗赋冠绝一时。尝游淮扬间，有江南才子之目。遭乱，避兵夏镇（今微山境内），佗傺无聊，而好学不倦。尝独步榛莽，访求古碑碣，见者称为奇人。明万寿祺诗文久散佚，运锦哀纂为《隰西草堂集》，其文由是得传"③。孙运锦十分崇仰"徐州二遗民"——阎尔梅和万寿祺的人格才华，致力搜辑二人诗文作品，道光二十四年（1844）辑万寿祺《隰西草堂集》3 卷。咸丰元年（1851），孙运锦开始刊刻万寿祺《隰西草堂诗文词三种合刻》。可惜的是由于资金短缺，刊刻工作断断续续。几年后，孙运锦到高邮知州左仁府上坐馆，得到了左氏资助，终于完成心愿，刻成万寿祺作品《隰西草堂诗文词三种合刻》，可以说，该书后期刊刻是在高邮完成的。太平军乱，孙运锦随即返乡，将雕版带回故乡，并交于万寿祺后人保存。④

需要说明的是，江澄波等《江苏刻书》还著录同治十年（1871），铜山人黄世哲黄氏四砚堂刻《四砚堂集》14 卷，光绪十八年（1892）铜山林有

① 严型修，冯煦纂：《民国宿迁县志》卷十五《人物》，《中国地方志集成·江苏府县志辑》第 58 册，凤凰出版社 2008 年版，第 548 页。
② 徐雁平：《清代家集叙录（中）》，安徽教育出版社 2017 年版，第 1476 页。
③ （清）朱忻等修，刘庠等纂：《同治徐州府志》卷二十二，同治十三年（1874）刻本。
④ 参考张瑾：《一部古书与雕版 170 年后的重逢》，《都市晨报》2021 年 5 月 26 日第 16 版。按，清光绪二十年（1894），徐州知府桂中行和云龙书院山长冯煦共同刊行了《徐州二遗民集》，首次把万寿祺和阎尔梅两位徐州籍明遗民连在一起。

壬林氏龙溪书堂刻《景贤录》4 卷。不过,这个记载有误。按,黄世哲,一作黄世喆,号晓谷,别号玉江先生,四川中江县人。年及冠补县学,五应乡试皆落第。遂绝意仕进。咸丰十一年(1861)蜀中动乱,以训团丁保安地方有功,总督骆秉章奏赏六品顶戴。同治九年(1870)学使钟骏声奏赏国子监学正衔。晚年善诱后进,有登门求教者,推诚相告无所隐。精于古文,善画松石,书法真草隶篆皆佳。其草书别开蹊径,识者谓其可比苏舜钦。著有《四砚堂文集》16 卷、《铜山集古录》4 卷、《四砚堂诗话》1 卷、《日录》16 卷、《诗文剩稿》1 卷行世。《中江县志》有传。① 林有仁,字心甫,号爱山。四川中江县人。著有《先儒静坐说》《汉宋学合通篇》《朱陆王学合通篇》《论语四省随笔》《曾子心传》《中庸明性通解》《孟子心学录》等。②

第八节　通州直隶州、海州直隶州、太仓直隶州和海门直隶厅刻书

清代江苏区划变化较大,府县之外,还有直隶州和直隶厅之设,今将此类地区合并在一起梳理各自刻书情况。

一、通州(南通)刻书

通州在清代区划变更较大。康熙十一年(1672),海门废县为乡,并入通州。雍正二年(1724),通州升为直隶州,隶属于江苏布政使司,增领泰兴、如皋两县。乾隆二十六年(1761),改属江宁布政使司。乾隆三十三年(1768),割通州 19 沙、崇明 11 沙及新涨的天南等 41 沙设海门直隶厅。

清代南通地处海曲,水路交通便捷,经济发展取得了重要成就。与之相应的是,文化建设亦可圈可点,刻书活动层出不穷。今从官刻和私刻两方面述说。

---

① 参见王小红《巴蜀历代文化名人辞典·古代卷》,四川人民出版社 2018 年版,第 390 页。
② 参见鞠宝兆、曹瑛主编《清代医林人物史料辑纂》,辽宁科学技术出版社 2013 年版,第 175 页。

（一）官府刻书

清代通州官府刻书和苏中、苏北其他官府一样，主要集中在本地方志的刊刻上。

1. 通州府署刻志书

康熙、乾隆、道光、咸丰、光绪各代，通州志书都有修纂刊刻。① 主要有：(1)《康熙通州志》。康熙九年(1670)王宜亨任知州，他深谙修志辅政的重要性，到职伊始即邀请庠生范国禄从事之。康熙十一年(1671)，范国禄纂成 24 卷，并镂版进呈，但不久范氏为人所构陷，遂削名而去。王宜亨再聘王㠇通等继之，最后纂成 15 卷，康熙十三年(1674)刻成。(2)《乾隆直隶通州志》22 卷，王继祖修、夏之蓉纂。乾隆十八年(1753)四月，知州王继祖聘翰林院检讨夏之蓉，贡生丁有煜，廪生王原、陈瑞，泰兴县廪生戚贻壮，如皋县廪生范景颐，监生冒春荣等人，在紫琅书院设馆开局修志书，明年四月志成，王继祖作序。乾隆二十年(1755)刊毕印行。(3)《道光江南直隶通州志》17 卷，顾鸿修，李琪、杨廷纂，清道光年间仅刻成 7 卷。因该书刊刻不全，世间传本绝少，具体情况不得而知。(4)《光绪通州直隶州志》16 卷首末各 1 卷，梁悦馨、莫祥芝修，季念诒、沈锽纂。同治六年(1867)春，知州梁悦馨提出了纂修州志主张，聘紫琅书院山长季念诒和举人沈锽40 余人同纂。同治七年(1868)，梁悦馨离任，接任知州刘传曾续其事，又三年，梁悦馨回任，继续主修。前后历时 8 年，终于在光绪元年(1875)纂修刻印完成。

2. 海门县署刻志书

清代海门的志书，顺治、道光、嘉庆、光绪各朝都有编纂，但刊刻不一。(1)《顺治海门县志》8 卷，庄泰弘修，李兆星纂，顺治十三年(1656)刻。(2)《道光海门县志》3 卷首 1 卷，丁鹿寿纂，道光十年(1831)刻。(3)《海门厅图志》20 卷首 1 卷，俞麟年、王寅修，孙寿祺、王汝骐纂，光绪二十六年(1900)刻。

---

① 关于南通清代方志刊刻情况，参考南通市地方志编纂委员会编《南通市志(下)》附录《旧志要略》，上海社会科学院出版社 2000 年版，第 2629 页。

3. 如皋县署刻志书

清代如皋县署多次组织人力编纂本地方志,并将之付刻,所刻方志如下:(1)《康熙如皋县志》16 卷,卢绖修,许纳陛等纂。该志始修于清康熙二十年(1681),康熙二十二年(1683)成,是年刻成。(2)《乾隆如皋县志》32 卷附录 1 卷,郑见龙修,周植、范景颐纂,乾隆十五年(1750)刻。(3)《嘉庆如皋县志》24 卷,杨受廷、左元镇修,马汝舟、汪大键纂,嘉庆九年(1804)始修,嘉庆十三年(1808)修成并付刻。(4)《道光如皋县续志》12 卷,范仕义修、吴铠纂,道光十七年(1837)刻,同治十二年(1873)再次刊刻。(5)《同治如皋县续志》16 卷,周际霖、胡维藩修,杨泰瑛、吴开阳纂,同治十二年(1873)刻。

(二)私家刻书

清代南通私家刻书活动成就和影响虽不及金陵、苏州和扬州等地,但是也呈现刻书家和刻书种类多,刻书质量高的特征,刻书活动也很普遍,当地方志于此亦有记载。如曾贡生杨廷撰"善读书,发家藏旧本及远近书贾家,以暨郡中诸大姓所弆蓄者,亏求假借,用资撰著。蒐掇乡先辈诗文轶事,抄撮成帙,皆杀青,可缮写。手民剞劂,日役数十人,以是都文誉,目空曹偶,有不可一世之概"①。身为贡生,却有"不可一世之概",杨廷撰的底气来自丰富的藏书、勤勉的刻书,但遗憾的是,杨氏所刻书已不可考。今根据江澄波等《江苏刻书》所载,列表清代私家刻书情况如下。

清代通州直隶州私家刻书一览表②

序号	书名	编著者	刊刻者	刻书年代	备注
1	《崇川各家诗钞汇存》62 卷(《列朝诗选》2 卷、《诗钞汇存卷首》8 卷、《汇存目录》52 卷)③	王藻辑	王藻	咸丰七年(1857)	王氏嘉树轩

---

① (清)梁悦馨、莫祥芝修,季念诒、沈镶纂《光绪通州直隶州志》卷十三《孝友传》,《中国地方志集成·江苏府县志辑》第 52 册,凤凰出版社 2008 年版,第 630 页。

② 表中除特别标注者外,皆为清人编著、刊刻。

③ 《江苏刻书》称"《崇川各家诗钞汇存》55 卷《补遗》6 卷",误。参见傅璇琮、许逸民等《中国诗学大辞典》,浙江教育出版社 1999 年版,第 805 页。

序号	书名	编著者	刊刻者	刻书年代	备注
2	《金畦诗钞》不分卷	王云台撰	王云台	道光间	
3	《圣门十六子书》108卷	冯云鹓辑	冯云鹓	道光十四年（1834）	刻于曲阜①
4	《红雪词》3卷	冯云鹏撰	冯云鹏	嘉庆十二年（1807）	室名扫红亭②
5	《扫红亭吟稿》14卷			道光十年（1830）	
6	《汉晋迄明谥汇考》10卷	刘长华辑	刘长华	光绪十三年（1887）③	
7	《文靖先生诗抄》13卷	孙世仪撰	孙世仪	道光六年（1826）	孙氏宝晋斋
8	《春晖园赋苑卮言》2卷	孙奎撰	孙长纪	道光间④	
9	《崇川咫闻录》12卷	徐缙、杨廷撰辑⑤	徐氏	道光六年（1826）	芸晖阁
10	《四书五经字辨》5卷	陈鹤龄撰	存诚堂	雍正十年（1732）⑥	
11	《读雅笔记》3卷	李雰撰	李雰	嘉庆九年（1804）	李雰赐锦堂
12	《天海楼集》8卷	李懿曾撰	李懿曾	嘉庆二年（1797）	
13	《紫琅山馆诗钞》4卷				
14	《山东水利略》4卷	李方膺撰	李方膺	乾隆五年（1740）	

① 据孔庆镕《圣门十六子书序》，《续修四库全书》第931册，上海古籍出版社1996年版，第409—410页。

② 见瞿冕良《中国古籍版刻辞典》，苏州大学出版社2009年版，第185页。另，道光元年（1821），冯云鹏刻与弟冯云鹓辑佚的《金石索》12卷。

③ 一说光绪八年（1882）刻。见南开大学图书馆古籍组编《南开大学图书馆线装书目录·经部》，南开大学图书馆古籍组1982印，第49页。

④ 清人胡长龄《春晖园赋苑卮言序》称"……因付剞劂。以广流传……嘉庆庚午十月"，因而可以推测刊刻时间为嘉庆十五年庚午（1810）。见王冠辑《赋话广聚》第2册，北京图书馆出版社2006年版，第595页。

⑤ 《江苏刻书》写成"徐缙、杨廷同辑"，今据清耿文光《万卷精华楼藏书记》卷四十八改，见山右历史文化研究院编《山右丛书·初编》第9册，上海古籍出版社2014年版，第558页。

⑥ 《江苏刻书》原作"雍正十一年"，今据孙殿起编录《贩书偶记》改，中文出版社1978年版，第75页。

续表

序号	书名	编著者	刊刻者	刻书年代	备注
15	《紫琅诗集》8 卷	陈心颖撰	陈心颖	乾隆二十九年（1764）	陈氏抑园刻①
16	《西垣集》28 卷	保培基撰	保培基	乾隆二十二年（1757）②	保氏井谷园
17	《为学纲目》3 卷	钱宝撰	钱宝	乾隆五十六年（1791）	钱氏宝斯堂
18	《十六国宫词》2 卷	周昇撰	周昇	道光十二年（1832）	
19	《岳西草堂集》不分卷	曹星谷撰	曹星谷	乾隆五十年（1785）	
20	《学古斋金石丛书》12 种 75 卷	葛元煦辑	葛元煦	光绪八年（1882）③	曹氏学古斋
21	《五山耆旧集》20 卷《今集》8 卷	杨廷撰辑④	杨廷撰	道光四年（1824）	杨氏有一经堂。以上南通
22	《寿世秘典》18 卷	丁其誉撰	丁其誉	顺治十八年（1661）⑤	丁氏颐古堂
23	《片石诗钞》6 卷《诗余》1 卷	江幹撰	江幹	乾隆六年（1741）	嘉庆三年（1797）又刻
24	《谷园印谱》4 卷	许容撰	许容	康熙二十五年（1686）	
25	《石鼓文钞》2 卷			康熙二十八年（1689）	

① 见江庆柏《江苏地方诗文总集概述》，胡晓明主编《中国文史上的江南：从江南看中国学术研讨会论文集》，上海辞书出版社 2014 年版，第 92 页。

② 《江苏刻书》原作"乾隆间"，今据保培基《自述》改。见《西垣集》卷首，四库未收书辑刊编纂委员会《四库未收书辑刊·拾辑》第 18 册，北京出版社 1997 年版，第 280 页。

③ 《江苏刻书》未标注刻书年代，兹据韦力《吴玉搢跋清抄本〈石墨镌华〉八卷》，《东方早报》2012 年 11 月 18 日。

④ 《江苏刻书》未著编者和刻书年代，今据江庆柏《江苏地方诗文总集概述》改，见胡晓明主编《中国文史上的江南：从江南看中国学术研讨会论文集》，上海辞书出版社 2014 年版，第 92 页。

⑤ 《江苏刻书》称刻于"康熙十二年（1673）"。按，该书成于顺治十七年（1660），刻于明年。见王者悦《中国药膳大辞典》，中医古籍出版社 2017 年版，第 14 页。

序号	书名	编著者	刊刻者	刻书年代	备注
26	《沙盱江遗稿》4 卷	沙鼎撰	沙鼎①	康熙四十六年（1707）	沙氏幻影庐
27	《黔滇解饷纪略》1 卷			康熙四十六年（1707）②	
28	《小山泉阁诗存》8 卷	汪为霖撰	汪为霖	道光二十年（1840）	汪为霖文园
29	《太和县御寇始末》2 卷	（明）吴世济撰	吴簏③	道光元年（1821）	吴氏，如皋白蒲人
30	《南坪诗钞》14 卷《记程诗》1 卷	张学举撰	张学举	乾隆二十九年（1764）④	张氏希贤堂
31	《白蒲书屋诗》3 卷	姜任修撰	姜任修	康熙五十年（1711）	姜氏拜经楼
32	《阴符经口义》1 卷			乾隆九年（1744）	
33	《默镜居文集》4 卷	范方撰	范方	康熙三十四年（1695）	乾隆二十六年（1761）二次刻版
34	《风味斋诗》1 卷《霜妍集》1 卷《昌晚集》2 卷《诗余》1 卷	范邃撰	范邃	雍正间	
35	《同人集》12 卷	冒襄辑	冒襄	康熙十二年至三十二年（1673—1694）⑤	
36	《林下雅音集》4 种 15 卷	冒俊辑	冒俊	光绪十年（1884）	冒俊如不及斋
37	《拙存堂逸稿》7 卷	冒起宗撰	冒起宗	顺治九年（1652）	

① 据孙殿起《贩书偶记》，中文出版社 1978 年版，第 357 页。

② 据李小缘《云南书目》，云南省社会科学院文献研究室校补，云南人民出版社 1988 年版，第 457 页。

③《江苏刻书》对于该书刊刻者和年代语焉不详，记曰"吴氏，道光间"。按，该书末附《叙》一篇，详述刻书经过。见吴世济《太和县御寇始末》，浙江人民出版社 1983 年版，第 125 页。

④ 据袁行云《清人诗集叙录》第 2 册，文化艺术出版社 1994 年版，第 1013 页。

⑤《江苏刻书》称"咸丰九年""冒溶"刻，误。今据刘聪泉《空前绝后〈同人集〉——冒襄〈同人集〉考》，南通市江海文化研究会编著《寻找心中的江海》第 3 辑，苏州大学出版社 2018 年版，第 32—46 页。

序号	书名	编著者	刊刻者	刻书年代	备注
38	《北山诗钞》8 卷	袁岑撰	袁岑	康熙间①	袁岑迎晖山房
39	《官礼条辨》8 卷	黄宁撰	黄宁	嘉庆间	黄宁桐荫山房
40	《耕南诗钞》4 卷《补钞》1 卷,《论孟草》1 卷,《秋花四十咏》1 卷《诗余》1 卷,《官闺词》2 卷	黄理撰	黄理	嘉庆十年(1805)②	黄理见溪书屋
41	《黄瘦石稿》10 卷	黄振撰	黄振	乾隆三十二年(1767)	黄振寄生草堂
42	《石榴记传奇》4 卷			乾隆三十七年(1772)	
43	《历朝印史》不分卷	黄学圯编	黄学圯	嘉庆二年(1797)	
44	《芍园诗稿》4 卷	徐帮殿撰	徐帮殿③	嘉庆元年(1796)	徐氏留香草堂
45	《画远山楼吟稿》1 卷	李华撰		嘉庆元年(1796)	
46	《棠华书屋诗集》3 卷《诗余》3 卷	管楒撰	管楒	嘉庆十二年(1807)	
47	《澹仙诗钞》4 卷《词钞》4 卷《文钞》2 卷	熊琏撰	熊琏	嘉庆二年(1797)	熊琏茹雪山房
48	《历代诗发》42 卷	范大士选、王仲儒订	范大士	康熙三十七年(1698)	范氏虚白草堂。以上如皋

通过上表可知,清代通州私家刻书具有以下几方面特征。

①《江苏刻书》不载刻书时间,今据黄裳《来燕榭读书记(下)》,辽宁教育出版社 2001 年版,第 40 页。

② 一作嘉庆三年(1798)刻。见麻国钧等主编《祭礼·傩俗与民间戏剧:98 亚洲民间戏剧、民俗艺术观摩与学术研讨会论文集》,中国戏剧出版社 1999 年版,第 399 页。

③《江苏刻书》题为"留香草堂"刻。按,徐帮殿与李华为夫妇,家有留香草堂。见徐雁平《清代家集叙录(中)》,安徽教育出版社 2017 年版,第 1070—1071 页。

一是文人自刻为主。清代以来,雕版印刷技术越来越成熟,只要有一定的经济实力,文人们对于自己文集常常是随写随刊,不限时日,不求数量。通州地处海曲,经济较他处为繁荣,文士们刊印典籍十分流行。

二是所刻典籍四部皆备,但以文集为最。上表所列著作中,经部典籍 3 种:《四书五经字辨》《读雅笔记》《官礼条辨》;史部典籍 3 种:《山东水利略》《太和县御寇始末》《黔滇解饷纪略》;子部典籍 8 种:《圣门十六子书》《汉晋迄明谥汇考》《为学纲目》《寿世秘典》《谷园印谱》《石鼓文钞》《阴符经口义》《历朝印史》,余皆集部典籍。

三是所刻典籍具有重要的影响。如冯云鹓辑校刊刻《圣门十六子书》108 卷,分录圣门四配(颜回、孔伋、曾参、孟轲)十二哲(闵损、冉雍、端木赐、仲由、卜商、有若、冉耕、宰予、冉求、言偃、颛孙师、朱熹)言行古迹世系各为一书,合之为十六子书。体例仿史家,首列传次论次赞,俱采旧文。其有异说加"谨按"于后以示存疑。再如冒襄所刻《同人集》12卷,前后历时 20 年,收录作者可考者近 400 人,几乎包括大半明末清初著名文学家、画家、书法家、戏曲家、诗人等,全书收录作品 2975 件,不独诗词曲赋,更取奏记序传,且涉及书画园博诸艺,非但都是一时之选,而且光裕后世,影响甚巨。

四是出现一位女性刻书家。古代文化的男性垄断局面亦延伸到刻书领域,很少有女性参与其中,但是,随着明清时期女性自觉意识的不断提高,她们公开结社、唱和、编纂诗文集的行为逐渐为社会接受,亦力所能及加入刻书的行列。清代南通从事刻书的女性仅有熊琏一人。熊琏(1741—?),字商珍,号澹仙,又号茹雪山人。父大纲,工诗文,早逝。琏好读书,能文章,不让须眉。自幼许配同邑陈遵,后陈有瘢疾,翁请毁约。熊琏坚不可,卒归陈。家贫不能给,半生依母弟居,苦吟终身以自遣,晚年设帐为闺塾师。著有《澹仙词钞》4 卷、《澹仙诗话》4 卷,另有诗、文、赋各若干卷。嘉庆二年(1797)刻《澹仙诗钞》4 卷《词钞》4 卷《文钞》2 卷。需要说明的是,清人徐观政《澹仙集序》称"星湖先生捐俸为梓其集,同人亦稍有伙助"[1],可知该集之刻,乃曹龙树(字星湖)等资助而成。

① (清)徐观政:《澹仙集序》,杨焄编《江南女性别集·五编》上,黄山书社 2019 年版,第 657 页。

二、海州刻书

康熙元年(1662),从江南省分出安徽省,海州属安徽省淮安府。康熙五年(1666),淮安府复归江南省。康熙六年(1667),江南省改名江苏省,海州属江苏省淮安府。雍正二年(1724),海州升为直隶州。有清一代,海州刻书活动并没有形成规模化,仅有零星记载。

(一)海州府署刻书

据现有史料记载,清代海州府署刻书主要为本地方志。顺治十五年(1658),知州庞宗圣本想着手增修《海州志》,可惜并没有实现。待刘兆龙来任知州时,编纂工作正式开始。刘兆龙(1609—1694),字六驭。湖南湘乡人。顺治四年(1647)贡生,顺治十五年(1658)广西兴安县知县。其人"宽厚而不诡随"①,明年,擢海州知州,治理海盗有功,转而从事文化治理,首先从方志纂修开始,邀请县学训导萧汝藿等人主持编纂工作。刘兆龙主修《顺治海州志》14 卷,顺治十七年(1660)刻成,康熙九年(1670)增修。

《顺治海州志》之后,海州州署编纂刊刻的第二部州志则到了唐仲冕任知州期间。仲冕(1753—1827),字六枳,号陶山,善化(今长沙)人。乾隆五十八年(1793)进士,历任荆溪、吴江知县,不久升任海州知州。在海州任职期间,唐仲冕率士民开掘甲子河外,最主要的贡献则是修纂方志。嘉庆九年(1804)五月,他亲立纲目,延聘汪海鼎等学者编纂《嘉庆海州直隶州志》,第二年编成,十三年(1808)刻版问世。十六年(1811),知州孙源潮捐俸补刻刊印,计 10 册。卷首有万承凤、许兆椿、孙源潮序,有图 6。半页 11 行 23 字,四周双边,黑鱼尾,版心刻书名及卷次。该志"对研究明清时期海州社会发展和人文地理具有重要的参考价值"②。

(二)私家刻书

清代海州私家刻书主要有 4 家,情况如下。

---

① 李翠平:《历代湘潭著作述录·湘乡卷》,湘潭大学出版社 2019 年版,第 76 页。
② 江苏档案精品选编纂委员会编:《江苏省明清以来档案精品选·连云港卷》,江苏人民出版社 2013 年版,第 183 页。

1. 许桂林刻书

许桂林(1778—1821)，字同叔，号月南，又号月岚。嘉庆二十一年(1816)举人。生平博览群书，"于诸经皆有发明，尤笃信《穀梁》之学"①，精历算，兼治六书、九数。著有《易确》20卷、《春秋穀梁传时月日书法释利》4卷、《毛诗后笺》8卷、《春秋三传地名考证》6卷、《汉世别本礼记长义》4卷、《大学中庸讲义》2卷、《四书因论》2卷、《说文后解》10卷、《宣西通》3卷、《算牖》4卷等。

著书之外，许桂林还致力于刊刻典籍，今可考者为《古朐考略》12卷末1卷。该书为清嘉庆九年至十五年(1804—1810)间，海州中正场人乔绍傅编撰，嘉庆十五年(1810)初冬，许桂林为之作序并刊印。《古朐考略》成书于《嘉庆海州直隶州志》之后，着重于对州志中一些问题进行考证，全书23卷，另附录"质疑"1卷，可视为《嘉庆海州直隶州志》续篇，是对《嘉庆海州直隶州志》中涉及的一些问题的详细考证，为了解古海州提供了更多翔实的资料。

需要说明的是，江澄波等《江苏刻书》还列出道光十四年至二十五年(1834—1845)许桂林刊刻典籍4种，而许氏早在道光元年(1821)去世，故不可能再有刻书之举，此4种典籍为：道光十四年(1834)刻《易确》20卷、道光十五年(1834)许氏"石室"刻《四书因论》2卷、道光十九年(1839)许氏"味无味斋"刻《春梦十三痕》1卷、道光二十五年(1845)刻《春秋穀梁传时月日书法释利》4卷，皆为许桂林所撰，姑记于此，待考。

2. 许乔林刻书

许乔林(1775—1852)，字贞仲，号石华。许桂林胞兄，时人称为"二许"。曾任山东平阴知县。嘉庆八年(1803)，知州唐仲冕开志馆，奇其才，遂延请许氏兄弟分任《嘉庆海州直隶州志》纂修，该志完成后，许乔林继续编纂《东平州志》《云台新志》《海州文献录》《续海州志》《票盐志略》《朐海诗存》等书，内容丰富，文笔精粹，为海州地区整理、保存了大量政治、经济、文化、教育等方面的文献资料。志书外，许乔林还著有《球阳琐语》《榆山房诗略》《榆山房笔谈》等。②

① 赵尔巽等：《清史稿》卷四百八十二《儒林三》，中华书局1998年版，第13284页。
② 参考王志国、周宁主编《连云港文化概观》，新疆人民出版社1998年版，第171页。

许乔林刻书多种,而以《海州文献录》为最。道光二十二年(1842),许乔林编纂《海州文献录》成,该书设方域录、群山录、水利录、胜迹录、票盐录、仓储录、学校录、祀典录、寺观录、宦绩录、人物录、烈女录、艺文录、金石录、杂缀录、考证录等16卷。该书既补《嘉庆海州直隶州志》之遗,又收录了很多新史料。内容丰富,资料宝贵。道光二十五年(1845),许乔林出资将其刊刻流行。半页10行21字,四周双边,黑鱼尾,书口题书名,版心刻卷次。

道光十一年(1831),许乔林编讫《朐海诗存》16卷,遂于道光十二年(1832)刊刻问世。"朐海"指海州,因州境内有朐山,故名。此集编纂的目的在于保存乡邦文献,宣扬儒家诗教。此编录诗虽然较宽,但严守诗教。选录清代已故诗人近200人,录诗断限于道光十一年(1831).所录诗多古体,注重描写本州风物志篇章,并为每位诗人附小传,间有评论。半页10行21字,四周双边,单鱼尾,版心刻书名卷次。

此外,道光十三年(1833),许乔林还刊刻自撰的《弇榆山房诗略》10卷,具体情况不详。

3. 汤国泰刻书

汤国泰(1787—约1882),字仁山。东海县人。许乔林、许桂林弟子。秀才出身。50岁时始周游16省,饱览名山大川,拜会官吏士民,存诗4000多首。同治时,八十高龄参加乡试,以年老赐副贡,朝廷敕授正七品散官文林郎。著有《石室联吟》和《勤业斋诗》32卷、《采风诗》32卷等。

汤国泰勤于撰述,家有饶财,将自编文集付诸剞劂。道光十一年(1831),刻《石室联吟》不分卷,咸丰八年(1858)刻《采风诗初集》《二集》《三集》《四集》32卷。此外,陶澍"观风朐海,器其才。刻《勤业斋诗初集》八卷,诗四百余首,道光十九年许乔林序,吴文耀、孙宗礼、孔繁灏、徐廷璋序,尚有《二集》八卷,未见续刻"①。

4. 吴恒宪刻书

吴恒宪(1727—1787后),一名恒宣,字来旬,号郁州山人,又号卧

---

① 袁行云:《清人诗集叙录》第3册,文化艺术出版社1994年版,第2150页。

云子。幼聪慧,长入太学。为人疏狂不羁,以"徐渭后身"自诩。曾入漕督崔应阶幕府,崔卒,亦抑郁病逝。平生喜谈兵,善奇门遁甲之术,晚年好作传奇,有作品《玉燕钗》《火牛阵》《义贞记》3 种,前 2 种已佚。《义贞记传奇》2 卷 32 出,演康熙、雍正间,淮阳程允元与刘氏老年结偶的故事。吴恒宪撰于乾隆四十三年(1778),并于是年刊出,题"锄月山房",疑为其室名。

三、太仓刻书

太仓在明代及以前一直属于苏州。雍正二年(1724),升太仓为江苏直隶州,并析州地置镇洋县。直隶州辖镇洋、崇明、嘉定、宝山 4 县,隶江苏布政司。其中,崇明、嘉定、宝山今属上海,故其刻书问题不在本书讨论中。

(一)官府刻书

相较于邻近的苏州,清代太仓官府刻书实在可以用惨淡形容。太仓官刻书主要为本地方志,虽然官府有多次编纂之举,但是仅有两次刊刻。

一是乾隆十年(1745)镇洋县署刻《乾隆镇洋县志》14 卷首末各 1 卷。乾隆四年(1739),山阴人金鸿来此知县事,八年(1743)四月,金鸿开局修志,聘王薹为总纂,宋宾王等分纂。九年(1744),金鸿升知州,由继任知县李鳞、章方耒续成,乾隆十年(1745)志书修成,县署随即出资刻成问世。此志之修本为配合州志而纂,时州志未成,该志却先刻问世。①

二是嘉庆七年(1802)刻《嘉庆直隶太仓州志》65 卷。乾隆六十年(1795),知州鳌图聘程维岳等开局修志,不久,维岳辞去。嘉庆元年(1796)四月,王昶主娄东书院,鳌图又延聘王昶主持志事。嘉庆三年(1798),汪廷昉来任知州,适志稿草成,汪氏又拾遗补阙,付之梓工。卷首载汪廷盼、费淳、康基田序及目录等,此志"历来被视为清代名志,颇得后人好评"②。

需要说明的是,咸丰二年(1852),乡先贤钱宝琛创议修志,偕季耘

---

① 参考江洪等主编《苏州词典》,苏州大学出版社 1999 年版,第 921 页。
② 黄苇:《中国地方志词典》,黄山书社 1986 年版,第 143 页。

菘、赵耳山、叶涵溪、毕雄伯诸先生开局分纂,明年,太平军攻下太仓,未及卒业,遂把两年所修内容合称《壬癸志稿》28 卷,指壬子(1852)、癸丑(1853)二年所修,实际上是太仓、镇洋两县合志。钱宝琛多次请求官府刊刻,未果。光绪六年(1880),其孙溯耆携之武昌,终付剞劂。因此,该志之刻非当地官府行为,亦不在太仓本地。①

（二）私家刻书

与官府刻书的零星惨淡相比,清代太仓私家刻书则呈现较为繁荣的景象,据江澄波等《江苏刻书》统计,共有 28 人刻书 41 种,具体情况见下表。

清代太仓私家刻书一览表

序号	书名	著(编)者	刻者	刻书年代	备注
1	《巢松集》6 卷	王抃撰	王抃	康熙三十七年(1698)	
2	《芦中集》10 卷	王揆撰	王揆	康熙三十七年(1698)②	王氏善学斋
3	《四书朱注发明》19 卷	王揆撰	王揆	康熙五十八年(1717)③	王氏潮济堂
4	《硕园诗稿》35 卷《词》1 卷	王旻撰	王良谷	乾隆十三年(1748)	王氏宝香堂
5	《周官参证》2 卷	王宝仁撰	王宝仁	道光十六年(1836)	王氏旧香居
6	《旧香居文稿》10 卷			道光十年(1830)	
7	《古官制考》4 卷			道光十三年(1833)	

---

① (清)钱溯耆:《识》,钱宝琛《壬癸志稿》卷首,光绪六年(1880)存素堂刻。
② 一说刻于"康熙三十八年(1699)",见何宝民主编《中国诗词曲赋辞典》,大象出版社 1997 年版,第 342 页。
③ 《江苏刻书》称刻于"康熙间",据孙殿起记载改,见孙殿起《贩书偶记》,上海书店 1992 年版,第 91 页。

序号	书名	著(编)者	刻者	刻书年代	备注
8	《冰庵诗抄》8 卷	王吉武撰	王吉武	乾隆五年(1740)	
9	《小山诗文全稿》20 卷	王时翔撰	王时翔	乾隆十一年(1746)①	王氏泾东草堂
10	《性影集》8 卷	王时宪撰	高玥	康熙五十年(1711)②	
11	《愿香室笔记内外编》2 卷	王佩华撰	王佩华	乾隆五十八年(1793)	王佩香,字兰如。汪彦国之妻
12	《杜诗谱释》2 卷	毛张健撰	毛张健	乾隆三十五年(1770)	
13	《敬亭文稿》4 卷	沈起元辑	沈起元	乾隆十九年(1754)	
14	《周易孔义集说》20 卷	沈起元撰			
15	《西斋集》14 卷《删稿》2 卷	吴暻撰	吴霖	乾隆三十六年(1771)	
16	《诗贯》17 卷	张叙撰	张叙	乾隆二十一年(1756)	
17	《思辨录》不分卷	陆世仪撰	陆世仪	顺治十八年(1661)	
18	《蕴真居诗集》6 卷《诗余》1 卷	陆学钦撰	陆宝忠	光绪十三年(1887)③	
19	《吴越所见书画录》6 卷	陆时化辑	陆时化	乾隆四十一年(1776)	陆氏怀烟阁
20	《书画说钤》1 卷	陆时化撰			
21	《娄水琴人集》10 卷	周煜辑	周煜	道光十一年(1831)	

①《江苏刻书》称刻于"乾隆间",据《四库全书存目丛书》改,见四库全书存目丛书编纂委员会编《四库全书存目丛书》第 275 册,齐鲁书社 1997 年版。

②《江苏刻书》称刻者"王时宪",刻于"康熙间"。据高玥《序》改。见《性影集》卷首高玥《序》,四库全书存目丛书编纂委员会编《四库全书存目丛书》第 265 册,齐鲁书社 1997 年版,第 314 页。

③ 该书初刊本为嘉庆十二年(1807),不详刊者。陆宝忠为陆学钦孙,此为重刻。见孙殿起著《贩书偶记》,上海书店出版社 1992 年版,第 653 页。

序号	书名	著(编)者	刻者	刻书年代	备注
22	《太仓十子诗选》10卷	吴伟业辑	顾湄	顺治十七年（1660）	
23	《东仓书库丛刻》11种31卷	缪朝荃辑	缪朝荃	光绪十八年（1892）	以上太仓人
24	《归庵文集》8卷	叶裕仁撰	叶裕仁	光绪八年（1882）	
25	《墨子》16卷《篇目考》1卷	（周）墨翟撰，毕沅校注	毕沅	乾隆四十九年（1784）	毕氏经训堂
26	《晏子春秋》7卷《音义》2卷	（周）晏婴撰，孙星衍校并音义		乾隆五十三年（1788）	
27	《山海经》18卷	（晋）郭璞撰，毕沅校		乾隆四十八年（1783）	
28	《吕氏春秋》26卷	（周）吕不韦撰，毕沅校		乾隆五十三年（1788）	
29	《关中金石记》8卷	毕沅撰		乾隆四十六年（1781）	
30	《释名疏证》8卷《补遗》1卷《续释名》1卷（篆字本）			乾隆五十五年（1790）	
31	《灵岩山人诗集》40卷			嘉庆间	
32	《广堪斋印谱》2卷	毕沅辑	毕泷	嘉庆二年(1797)	
33	《梅巢杂诗》1卷	毕华珍撰	毕华珍	咸丰二年(1852)	
34	《静厓诗稿》12卷《后稿》12卷《续稿》6卷	汪学金撰	汪学金	嘉庆七年（1802）	汪氏井福堂
35	《井福堂文稿》10卷			嘉庆十年（1805）①	
36	《澹香书屋初集》4卷			嘉庆间	

————————

① 《江苏刻书》作"嘉庆八年刻"，此据冯培《井福堂文稿序》改，见《井福堂文稿》卷首，嘉庆十年（1805）刻本。

序号	书名	著(编)者	刻者	刻书年代	备注
37	《汉魏六朝墓金石例》3卷①《唐人志墓诸例》1卷	吴镐	吴镐	嘉庆十七年（1812）	吴氏蟠波园
38	《红楼梦散套》16回			嘉庆二十年（1815）②	
39	《洗桐轩文集》9卷《抱桐轩文集》3卷	顾陈垿撰	顾陈垿	乾隆间	顾氏澹成堂
40	《蕴素阁文集》8卷《诗》12卷《诗续集》2卷《别集》4卷	盛大士撰	盛大士	道光六年(1826)	
41	《据梧斋诗集》6卷《文集》8卷	程穆衡撰	程穆衡	道光十四年（1834）	程氏琅玕馆。以上镇洋人

上表中所列清代太仓私家藏书情况，需要注意的有三点。

一是出现具有标志性意义的刻书成果。这类刻书以《太仓十子诗选》为代表。关于该书，《四库全书总目》说："采其同里能诗者十人，人各一集，首周肇《东岗集》、次王撰《芝麖集》，次许旭《秋水集》、次黄与坚《忍庵集》、次顾湄《水乡集》、次王摅《步蟾集》，皆其同时之人，前有吴伟业序，盖犹明季社余风也。伟业本工诗，故其所别裁犹不至如他家之冗滥，特风格如出一手，不免域于流派，是亦宗一先生之故耳。"③需要说明的是，娄东诗派兴起于清初，与吴伟业的培植提携密不可分，诗派中出现的"十子"与吴梅村有着密切关系，或为弟子，或为世交。吴伟业亲手编选《太仓十子诗选》，并作序加以揄扬。顺治十七年（1660）刊出，"十子"之称和"娄东诗派"从此确立，并很快名扬天下，为世人所认可。从某种意义来说，《太仓十子诗选》的刊刻"具有倡导娄东诗派风尚的意义"④，是娄东诗派标志性的成果总结。

---

① 《江苏刻书》作"2卷"，误。
② 《江苏刻书》作"嘉庆十二年刻"，今据李俊勇说改，见李俊勇《〈红楼梦散套〉版本源流考》，《红楼梦学刊》2020年第3期。
③ （清）永瑢等：《四库全书总目》卷一百九十四，中华书局1965年版，第1767页。
④ 刘和文：《清人选清诗总集研究》，安徽师范大学出版社2016年版，第107页。

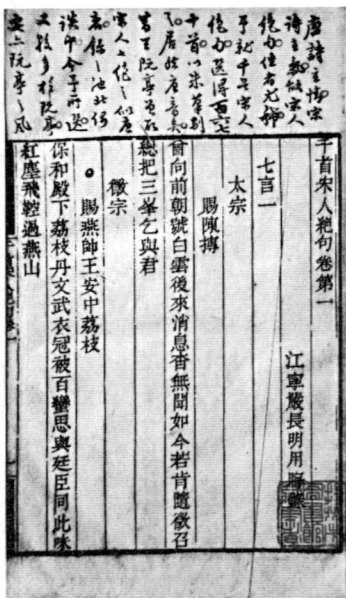

图 5-8-1 《千首宋人绝句十卷》 清严长明辑 清乾隆三十五年（1770）毕沅刻本 扬州市图书馆藏

二是出现女性刻书家。受性别所限，各地每出现女性刻书家，总是引人注目。清代太仓女刻书家为王佩华。佩华（1707—1732），字兰如，镇洋人。王淇女，有宿慧。汪彦国之妻。以孝闻，后学佛，号慈愿居士。临殁炷香趺坐。所编刻《愿香室笔记内外编》2 卷，收诗 139 首，文 72 篇。

三是出现影响较大的刻书家。太仓虽然局促一隅，但有清一代文化发达，文士辈出。刻书方面，王氏、顾氏和毕氏三大家族为盛，出现众多刻书家。三家族之外，亦有刻书名家，以缪朝荃为代表。缪朝荃（1841—1919），字伯楚，号蘅甫，别署纫兰。同治六年（1867）举人，3 年后补为优贡生。光绪间，缪朝荃择址于盐铁塘西侧卖秧桥塊的隙地建造了"东仓书库"。所以以"东仓"为名者，非如望文生义者所云其书库地址在县邑之东也，盖寓其本系"东城人"之意，也就是说"东仓人的书库"（也可能是因其书库位于"仓基"之东而命名）。[1] 缪朝荃在其所辑刊的《东仓书库丛刻初编》于光绪癸卯（1903）刊刻，线装 12 册，凡 21 卷，由苏州状元陆润庠用楷体字署签。其中包括王瑞国撰《琅琊凤麟两公年谱合编》1 卷，陈瑚撰《顾亭林先生年谱》1 卷，等等。光绪三十三年（1898），缪朝荃重刻清代著名诗人彭兆荪所著《小谟觞馆全集》4 种 25 卷，用功至深。宣统元年（1909），辑刻《汇刻太仓旧志五种》凡 26 卷（附校勘记，不分卷），收录《中吴纪闻》6 卷、《玉峰志》3 卷、《昆山郡志》6 卷、《太仓州志》等，线装 8 册。缪朝荃辑刻乡先辈遗著文献和地方史志，一直为书林学界人士所称道，校勘、刊刻均称精审，对于娄东乡邦文化的传承和传播实有殊勋。

---

[1] 参考陈德弟、范凤书主编《藏书文化论集》，天津古籍出版社 2013 年版，第 344 页。

四、海门刻书

海门建县始于五代,元、明时期因水患坍涨多变,曾三次废建。入清,康熙十一年(1672),废县为静海乡,并入通州。乾隆三十三年(1768),设海门直隶厅,属江苏布政使司,后改隶江宁布政使司。直隶厅为清代地方行政单位之一,直属于省,其长官为同知或通判。

清代海门虽为直隶厅,但是刻书方面乏善可陈,仅有的几次刻书活动皆为方志刊刻,顺治、道光、嘉庆、光绪各朝,海门都有方志编刻活动,但只有3部付刻。第一部是《顺治海门县志》8卷,庄泰弘修、李兆星纂,顺治十三年(1656)刻,其时海门尚未升为直隶厅,仍属南通州管辖。第二部是《道光海门县志》3卷首1卷,丁鹿寿纂,道光十一年(1831)刻。丁氏于县废159年后而修原县志,"纯出自对旧县之怀念而为,在方志史上亦属罕见"①。第三部是《海门厅图志》20卷首1卷,俞麟年、王寅作,孙寿棋、王汝骐纂,光绪二十六年(1900)刻。《海门厅图志》的编刻绝非易事,先后历时约一个世纪才藏事。早在嘉庆十二年(1807),大兴章廷枫任海门,以海门无志,遂详辑细目,采访校正,修了一部《海门厅志》,事皆实录,具有规模,但仓猝属草,未为定本,被分录藏诸箧笥。后越十余年,同知俞麟年来访求旧稿,得到抄本,延请士人重修,惜未成。光绪十七年(1891),刘文彻继署海门同知,下车伊始,延访绅耆,有志续修,得旧稿而整理之,王宾捐廉刻图,逾年而卒业。既而又病旧图陋略,请于苏松太兵备道前总办上海制造局,用西法测量,缋为总分各图,条理精密,焕然改观。刘文彻独任刻图之费。光绪十九年(1893),王宾接任海门同知后,继续主持编纂,终于在光绪二十六年(1807)定稿刻印。该志史料翔实,体例完备,刻印清晰,装帧考究,为海门第一部最完备的良志。②

---

① 诸葛计:《中国方志两千年通鉴(上)》,广西师范大学出版社2016年版,第502页。
② 参见刁美林著《故宫博物院藏清代珍本方志解题》,紫禁城出版社2013年版,第84—85页。

第六章　江苏民国刻书

　　早在十九世纪，西方列强就开始觊觎大清王朝，而军事侵略的前哨则是文化的入侵。这其中，先进印刷术传入，对于传统雕版印刷是巨大的冲击。道光二十五年（1845），美国长老会原在澳门设立的花华圣经书房迁到浙江宁波，改名美华书馆，正式经营铅字印书业务。咸丰九年（1859），美华书馆的姜别利对中文铅字进行改良，并制定七级标准，奠定汉字铅字基础，并创造电镀字模，发明以二十盘常用字为中心的元宝式排字架，大大加快了中文书籍的印刷速度。铅字铜版印制出来的书籍，字体美观清晰，"坚光精妙，胜木版远矣"①。光绪五年（1879），英国商人美查成立点石斋石印局，开始使用石印技术印刷书籍报刊等，不久，中国人徐雨之开办同文印书局，李盛铎开办蜚英馆石印书局，何瑞堂开办鸿宝斋石印局等，纷纷摒弃雕版，采用先进的石印技术，古老的雕版刻书进一步受到严峻挑战。时间进入民国，铅印和石印风行一时，一向热衷雕版的刻书之家面对新技术也不无感叹，如武进人董康"自检诵芬室成书，未尝不自叹其拙……久有翻然变计，易雕版为活字之意……将舍弃诵芬室雕版故业，而从事于仿宋字之新生活"②。

　　但是，持续近一千多年的雕版刻书，面对西方先进印刷术的猛烈冲击，仍然发挥出强劲的力量，有识之士对于传统刻书的价值和历史影响有着深刻认识。如清末重臣张之洞《劝刻书说》道："凡有力好事之人，若自揣德业、学问不足过人而欲求不朽者，莫如刊布古书一法。但刻书

---

① 范慕韩：《中国印刷近代史（初稿）》，印刷工业出版社 1995 年版，第 82 页。
② 董康：《创制百宋活字序》，张静庐辑注《中国出版史料补编》，中华书局 1957 年版，第 286—287 页。

必须不惜重费,延聘通人,甄择秘籍,详校精雕(刻书不择佳恶,书佳而不雠校,犹糜费也)。其书终古不废,则刻书之人终古不泯,如歙之鲍、吴之黄、南海之伍、金山之钱,可决其五百年中必不泯灭,岂不胜于自著书、自刻集者乎(假如就此录中随举一类,刻成丛书,即亦不恶)?且刻书者传先哲之精蕴、启后学之困蒙,亦利济之先务、积善之雅谈也。"①古人崇尚"三不朽",著书立说是其中的最高境界。而张之洞的这则短文,则把刻书放到了另一种不朽的境界,详校精雕之刻书远迈平庸的著述。

出于保存和流布典籍及传承中华文化的危机意识,民国时期,江苏境内刻书活动流传不辍。根据《中国丛书综录》《中国丛书广录》和《江苏刻书》等典籍记载,刻书活动主要分布地区有江宁、苏州、扬州、常州、常熟、江阴、丹徒、如皋、吴县、太仓等地,还有苏籍人士在京津沪等从事刻书。刻书家的身份有坚守传统的书坊主,有仕宦多地的政府官员,还有从事教育的学者,等等。这时期,传统刻书普遍发生在较为狭小的圈子内,时刻受到现代印刷术的强烈冲击,随着民国时期的结束,江苏境内大部分雕版活动几乎停滞,仅存金陵刻经处和广陵书社等以一种文化遗产的状态顽强坚守。

第一节　南京卢前刻书

民国时期,南京曾长期被国民政府定为首都,经济文化得到了较快发展。这一时期,绝大多数的官府机构、高等院校、文化机构和出版社等的出版物都采用铅印或影印技术,但是传统的刻书技术还是部分保存下来,如邓邦述于民国十一年(1922)刻自辑《观斝斋丛书》6 种 29 卷、民国十八年(1929)刻自编《群碧楼善本书录》6 卷和《寒瘦山房鬻存善本书目》7 卷,程先甲于民国十一年(1922)刻自撰《千一斋丛书》16 种 76 卷,夫子庙东牌楼姜文卿于民国三十二年(1933)为泽村书库刻文廷式《纯常子枝语》40 卷,等等。此外,还有利用活字版的情况,如蒋国榜

① (清)张之洞编,范希曾补正:《书目答问补正》,上海古籍出版社 1983 年版,第 341 页。

慎修书屋于民国五年(1916)印行翁长森、蒋国榜合辑《金陵丛书》55 种483 种。这时期的南京刻书家,最具代表性的人物当属卢前。

卢前(1905—1951),原名正绅,后改名前,字冀野,号小疏。别署江南才子、饮虹簃主人、饮虹园丁、冀翁、小疏斋、中兴鼓吹手、饮虹词人等。祖籍丹徒。卢前出生于书香世家,曾祖卢崟是进士出身,任过翰林院编修,卸任离官后被聘请担任南京钟山尊经惜阴书院主讲。卢家从卢崟开始,几代人都从事教育工作。卢前毕业于东南大学,师从曲学大师吴梅。才华出众,是诗人、戏曲理论家、散曲作家、小说家、藏书家。先后受聘于金陵大学、上海光华大学、成都师范大学、河南大学、暨南大学、中山大学等。曾任国民参政会参政员、国立音乐专科学校校长、报社主编、南京通志馆馆长等职。

"书林别话饮虹簃,全宋词存词说垂。曲论曲谐勤编辑,更从曲海细沙披。"①这是王謇《续补藏书纪事诗》对卢前藏书成就的评价,当然,这个评价也包含任二北和唐圭璋。大概在 1928 年,卢前在家中修建"饮虹簃"藏书室,收藏大量图书,从此,自署为"饮虹簃主人",著名画家汤涤绘有《饮虹簃图》相赠。其藏书来源主要有三:坊间所购,师友赠送,情人代抄或自抄。藏书上多钤"小疏斋""卢前"和"冀野"印。卢前藏书饶有特色,元明清三代戏曲典籍最多,且大多写有题跋。1951 年卢前逝世后,因为家庭经济窘迫,由唐圭璋介绍,饮虹簃藏书全部捐献给东北师范大学,《天京录》书版则由其女卢忼捐献给南京图书馆。

卢前不仅对收藏典籍有着浓厚兴趣,还身体力行从事古籍刊刻工作。其所刻书大都以自家藏本为基础,然后借用公家和私人藏书的版本参考,这种工作方式可以在《乐府群珠序》中窥其大概:"庚午八月(1930),前入蜀,途中于冷摊上得《群珠》三册,字迹漫漶,不可卒读,每首题端,注有出处。二北尝据以补苴《群玉》之阙。未几,闻海盐朱氏获《群玉》四卷本,与此略同,于是北国故人,录副见示,参合校勘,厘定四卷,遂以原钞贻渭南严氏贲园书库。昨岁游燕,从北海馆中取朱本重斠一过,其间脱讹,稍稍补正……因邀及门诸子,更为点校,付诸铅

① 王謇:《续补藏书纪事诗》,李希泌点注,书目文献出版社 1987 年版,第 56 页。

桀……"①由此可见，卢前为校理一部古人散曲所投入的功夫。

卢前刻书代表作为《饮虹簃所刻曲》，民国二十五年（1936）刻。本书分正续两集，正集收明人乐府、小令、新声等 21 家，凡 25 种，续集收 30 家，总 51 家 55 种。间附卢前校记或跋，书前有吴梅、黄孝纾、吴廷燮和叶恭绰序，叶序称"年来公私刊印历代曲集者，时有所闻，第断代巨编如此刻者，尚未之见"②。这是研究元明散曲的重要丛书，其中所辑明人散曲尤为重要。卢前后又成《饮虹簃续刻曲》，收书亦 30 种。1980 年，江苏广陵古籍刻印社收集了卢氏家中遗留的刻版，把卢氏两次编刻的散曲丛刊合在一起，装订成《饮虹簃所刻曲》全套，凡 60 种 40 册。

除《饮虹簃所刻曲》外，卢前还刻有：《长春竞辰乐府》不分卷，明朱让栩撰，民国二十六（1937）刻；《林石逸兴》不分卷，明薛论道撰，民国二十三年（1924）刻；《狱中草》不分卷，明夏完淳撰，民国三十年（1941）刻；《鹤月瑶笙》4 卷，明周履靖辑，民国三十五年（1946）刻；《饮虹乐府》9 卷，卢前编，民国三十七年（1948）刻；《金陵曲钞》不分卷，卢前辑，民国三十七年（1948）刻；《留都见闻录》2 卷，明吴应箕撰，民国三十七年（1948）刻；《葵窗词稿》不分卷，宋周端臣撰，民国三十七年（1948）刻等。③

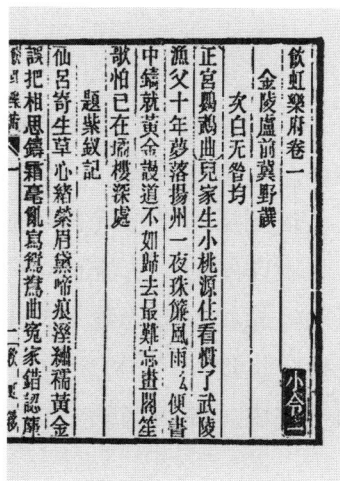

图 6-1-1 《饮虹簃所刻曲》
扬州古籍刻印社影印

作为近代著名刻书家，卢前还在刻书理论上饶有贡献。1947 年，卢前撰写《书林别话》，全文共 6000 余字，第二年在南京《中央日报周

① 卢前：《乐府群玉序》，元胡存善编《乐府群珠》卷首，卢前校，商务印书馆 1955 年版，第 1 页。
② 叶恭绰：《序》，卢前辑《饮虹簃所刻曲》第 1 册卷首，广陵书社 2018 年版，第 25 页。
③ 见江澄波《江苏刻书》，江苏人民出版社 1993 年版，第 479—480 页。另，刘奉文《卢前的著述与藏书》载卢前所刻书还有"《饮虹簃校刻清人散曲二十种》《元人杂剧全集》《元曲别裁集》《明代妇人散曲集》《金陵曲钞》《清都散客二种》《红雪楼逸稿》《太平乐府》《词谱》《曲雅》《续曲雅》"，见刘奉文《卢前的著述与藏书》，东北师范大学图书馆编《图书情报学论文集》，吉林人民出版社 1989 年版，第 317 页。

刊》第 4 卷第 2—4 期"小疏谈往"专栏发表。《书林别话》比较系统地介绍和评述了雕版印刷工艺流程和价值,并据作者考察实践,对民国以来全国雕版刻书的基本状况作扼要介绍。卢前认为雕版图书具有许多优点:

> 大量出版,铅椠诚愈于雕版,而雕版之长,有非铅椠所及者:刊刻既成,随时可以印刷,一也。印刷多少,惟君所欲,减浇版之烦劳,二也。刻版随时可以挖补,可以修改,可以抽换,皆不需重新排字,三也。手工印刷,墨色经久,不患油渍,久而愈纯;一编在手,墨香满纸,此惟藏家能赏会之。书固不必尽以多为贵者,文章之妙,益以剞劂之精,二美辉互,不亦娱心而悦目乎? 是故铅椠雕版,无妨并存。①

后人评论该文说:"卢前对雕版印刷的认识已经跳出对传统文化单纯怀念与依恋的窠臼,而能立足史家角度对文化现象作出清醒的判断。在认识到铅印必然代替雕版印刷已成趋势的前提下,仍能有意识地记录雕版印刷的工艺流程,并力图在实践中把这一技艺传承下去,这种认识已经超越一般的藏书刻书家,而是着眼于出版史的高度为后人留存一份宝贵遗产。"②可以说,卢前《书林别话》对于研究民国雕版印刷,进而推进中国雕版印刷史研究有着重要意义。

第二节　苏州文学山房刻书

明清时期,苏州作为著名的刻书中心之一,兴盛一时。民国以后,西法印书传入,苏州的传统刻书业经受严峻的冲击,众多书坊纷纷改用石印、铅印和影印等技术,但是,仍有部分书坊坚守传统,惨淡经营。根据江澄波统计,从事刻书的私家和书坊主要有曹允源鬻字斋(4 种 37卷)、王德森市隐庐(4 种 16 卷)、朱祖谋(《彊村丛书》179 种)、顾麟士过

---

① 卢前:《书林别话》,叶德辉《书林清话(插图本)》附录,上海古籍出版社 2008 年版,第 261 页。
② 靳宇峰:《卢前和他的〈书林别话〉》,《史学月刊》2015 年第 7 期,第 130—131 页。

云楼(2 种 4 卷)、郑文焯大鹤山房(3 种 12 卷)、唐文治茹经室(6 种 30 卷)、邓邦述群碧楼(11 种 52 卷)、赵诒琛又满楼(40 种 97 卷)、丁祖荫淑照堂(13 种 38 卷)、瞿启甲铁琴铜剑楼(1 种 1 卷)、孙德谦(4 种 5 卷)、王季烈写礼庼(6 种 9 卷)、曹元弼复礼堂(9 种 77 卷)、李根源石精庐(22 种 39 卷)、吴梅百嘉室(1 种 6 卷)、柳亚子磨剑室(1 种 1 卷)、费善庆华萼堂(3 种 10 卷)、王宝譿谿山书屋(6 种 63 卷)、王大隆学礼斋(5 种 16 卷)、潘承弼宝山楼(6 种 7 卷)、江杏溪文学山房(28 种 168 卷)等。① 上述诸家亦有石印、铅印书籍者,则不在统计之列。

民国时期苏州刻书中,较有代表性者为江杏溪文学山房。杏溪(1881—1949),名如礼,以字行。父椿山,约在咸同年间,因受太平军战火影响,离开故乡湖州,来苏州谋生,进入位于阊门城门口的扫叶山房充当店员,从此定居苏州。江杏溪 13 岁习业于嘉兴孩儿桥旧书铺,凭着聪明与干练,勤奋钻研,不断学习,最后熟练掌握了采访古书、鉴定版本、修补装订等技术,并且对如何经营旧书店也积累了一定的经验。光绪二十五年(1899),刚满 18 岁的江杏溪因父亲江椿山的离世而匆匆回苏奔丧,丧事料理后,鉴于老母在堂无人奉养,遂决定留在苏州,创设自己的书店——文学山房来维持生计,李军称"单从书店名称上看,很可能是受其父工作过的著名坊肆扫叶山房的影响"②,是有道理的。

文学山房成立初期,由于家境窘迫,仅仅勉强营业,江氏父子苦心经营,二十多年后,终于迎来了鼎盛期。民国二十年(1931),新店面落成,招牌与匾额分别出自北洋军政府大总统徐世昌和前清翰林曹元福之手,该店经营有声有色,俨然成为东南贩卖古书的著名坊肆。关于文学山房经营状况,社会上有多种说法,1939 年,苏州百灵电台所出版的弹词开篇集中,就收录《文学山房开篇》一首,小序称:"文学山房创设,迄今四十载于兹矣。专营收卖国学参考旧籍,插架所存,不下万种左

---

① 江澄波:《民国时期苏州地区民间刻印图书概述》,《吴门贩书丛谈(上)》,北京联合出版公司 2019 年版,第 124—159 页。

② 李军:《三世云烟翰墨香 百年丘壑腹笥藏——江氏文学山房创设百十周年纪念》,江澄波著《吴门贩书丛谈(下)》,北京联合出版公司 2019 年版,第 713 页。

右,均定价低廉,好古诸君,敬请惠临参观。再江君承平津等处各图书馆委托,征求各种旧籍。贵藏家如有旧储而愿割爱者,尤所欢迎,务请赐洽护龙街文学山房七零七号,当以重金报命。"①随着名气不断提升,文学山房陆续收购众多江南名家藏书,如冯桂芬、朱鉴章、管礼耕、叶昌炽、沈秉成、王同愈、单镇等藏书尽数流转进来,又通过文学山房被国内各大图书馆购藏。设若没有文学山房介入,这些名家藏书很有可能湮没不闻,藏非其人。

图 6-2-1 《藏书纪事诗》 叶昌炽著 文学山房刻本

江氏父子在古旧书业经营活动中发现,很多古籍由于印数有限,很难满足顾客需求,而那些曾经刷印过的雕版则静静地躺在不起眼的角落里,等待变形或朽烂。江杏溪决定重新刊刻或刷印典籍,最大限度满足顾客需求。民国期间,文学山房通过借版、买版以及自己刻版等方式刷印的书籍主要有两家:一是叶昌炽著述,包括《藏书纪事诗》7卷、《语石》10 卷、《寒山寺志》3卷、《辛白簃诗赝》3 卷、《奇觚庼文集》3 卷《外集》1 卷和《邠州石室录》3 卷,汇成一部《缘督庐遗书》,既可以单种购买,亦可一起购入。二是谢家福所刻书,包括《吴中旧事》1卷、《平江记事》1 卷、《烬余录》2 卷、《邓尉探梅诗》4 卷、《五亩园小志》1卷《志余》1 卷《题咏》1 卷、《桃坞百咏》1 卷和《五亩园怀古》1 卷等,文学山房将之汇印成《望炊楼丛书》。此外,文学山房还刷印叶昌炽协助蒋凤藻校刻的《心矩斋丛书》、赵学南编刻的《峭帆楼丛书》,单本有吴修《青霞馆论画绝句》、袁学澜《零锦集词稿》、梁章钜《仓颉篇校注》、吴云《二百兰亭斋收藏金石记》及武进费氏所刻高仲武《中兴间气象集》

---

① 转引自李军《三世云烟翰墨香 百年丘壑腹笥藏——江氏文学山房创设百十周年纪念》,江澄波著《吴门贩书丛谈(下)》,北京联合出版公司 2019 年版,第 715 页。

等。文学山房初期借版、买版刷印之书,均钤有"苏省文学山房经印善本书籍"或"苏省文学山房杏记经印善本书籍"碑式木戳朱记,而后期所印之书,则无此记,很难辨别。

　　江杏溪还从无锡借到木活字,挑拣比较畅销的书籍,精选底本,进行排印,汇成《文学山房丛书》,又名《江氏聚珍版丛书》。前有民国十三年(1924)春屈燨序,可见全书排印当始于是年,据最后一种《西圃题画诗》扉页潘宝沂题签署"丙寅秋九月下浣",则全书约告成于民国十五年(1926)。《文学山房丛书》4 集 28 种 168 卷,子目如下。

　　初集

　　《唐才子传》10 卷,元辛文房撰;

　　《古今伪书考》1 卷,清姚际恒撰;

　　《思适斋集》18 卷,清顾广圻撰;

　　《艺芸书舍宋元本书目》2 卷,清汪士钟撰;

　　《别下斋书画录》7 卷,清蒋光煦撰;

　　《墨缘小录》1 卷,清潘曾莹撰;

　　《持静斋藏书记要》2 卷,清莫友芝撰;

　　二集

　　《南濠居士金石文跋》4 卷,明都穆撰;

　　《铁函斋书跋》4 卷,清杨宾撰;

　　《拜经楼藏书题跋记》5 卷《附录》1 卷,清吴寿旸撰;

　　《小鸥波馆画识》3 卷《画寄》1 卷,清潘曾莹撰;

　　《迟鸿轩所见书画录》4 卷,清杨岘撰;

　　《国朝书画家笔录》4 卷,清窦镇撰;

　　三集

　　《程氏考古编》10 卷,宋程大昌撰;

　　《历代寿考名臣录》不分卷,清洪梧等辑;

　　《雕菰楼集》24 卷,清焦循撰,附《蜜梅花馆文录》1 卷《诗录》1 卷,清焦廷琥撰;

　　《知圣道斋读书跋》2 卷,清彭元瑞撰;

　　《经传释词》10 卷,清王引之撰;

《古书疑义举例》7 卷,清俞樾撰;

四集

《经读考异》8 卷《补》1 卷,清武亿撰;

《句读叙述》2 卷《补》1 卷,清武亿撰;

《四书考异》1 卷,清翟灏撰;

《群经义证》8 卷,清武亿撰;

《读书脞录》7 卷,清孙志祖撰;

《家语证伪》11 卷,清范家相撰;

《声类》4 卷,清钱大昕撰;

《书林扬觯》1 卷,清方东树撰;

《西圃题画诗》1 卷,清潘遵祁撰。

李军说:"从《文学山房丛书》所收各书的类别来看,其中经学类特别是小学类著作,以及艺术类中的画家传记、题跋等著作居多,这间接反映了上世纪二十年代读书人的好尚。"①是有一定道理的。

第三节　扬州陈恒和刻书

民国时期,受西方现代印刷技术冲击,扬州传统刻书业逐渐式微,但是仍有部分私家刻书惨淡经营,如唐晏(以上扬州人)、桂氏、袁焯、臧谷、史念林、袁阜、袁开昌、闵尔昌、李祖望、朱长圻(以上江都人)、刘师培、张允凯、刘毓崧、王鉴(以上仪征人)、乐学、徐天璋、韩国钧、朱崇官、仲彬、陈金声(以上泰州人)、朱彬、朱泽沄(以上宝应人)等,另外,江都、宝应等县署也有零星刻书。② 这其中,陈恒和父子创办的"陈恒和书林"蜚声刻书界,被誉为"扬州坊刻后起之秀"③。

陈恒和(1883—1937),祖籍丹阳,出生于江都,后定居扬州。陈恒和生性敏毅,幼时即通文字,日见长进。时家乡雕版印刷发达,以刻书

---

① 李军:《百年芸香　文学山房》,《苏州杂志》2010 年第 4 期第 63—67 页。

② 参见王澄《扬州刻书》,广陵书社 2003 年版,第 327—336 页。

③ 周欣:《江苏地域文化源流探析》,东南大学出版社 2010 年版,第 205 页。

为业者很多,他深受影响,为一生的志业打下基础。18岁时,随舅父研习目录学,逐步通晓班固《汉书·艺文志》,掌握目录学方面的基础知识,还学会修补古书技术。30岁时,应上海忠厚书庄老板李紫东之招,专事古书修补工作。李紫东精通版本之学,对宋元旧籍如数家珍,陈恒和得以亲聆指教,数年之间,已精熟于版本目录学和古旧书业务。

民国十二年(1923),陈恒和回到扬州,凭借自己多年来积累的相关知识和取得的经验,立志创办一家书店,便以自己姓名为号,名之曰"陈恒和书林"。书林以经营古旧书籍为主,后来也兼营新书以及文化用品。由于书林坐落在扬州城最繁华的地方,又兼陈恒和很有经营头脑,故书林逐渐发展起来,影响也越来越大。历史上,人文荟萃的扬州留下大量著述,但由于民国时期战乱频仍,无数典籍惨遭兵燹,文献散佚十分严重。每念及此,陈恒和便痛心疾首,民国二十三年(1934)冬十月,他自述道:

> 窃考吾扬《艺文志》,其涉及一郡掌故之书至夥。而断简遗篇,零落殆尽;或已为丛书所收入者,非重金莫能致。其单行本流传既尟,而传抄本及稿本则尤易湮沦。不及时哀而聚之,刻而布之,则一瞬间将与尘埃飘风而俱逝。余幸业于此,力之所能即责之所在也,曷敢不勉?[1]

刻书工作始于民国十八年(1929),陈恒和从文献的价值出发,不论作者是否名人,只要书的内容关系到扬州历史文化、典章制度,便予以收录。凭借多年经营古旧书籍方面的经验,陈恒和在编刻《扬州丛刻》时抓住三个重要环节:"其一,从自己历年搜集珍藏的大量旧书中,遴选24种书目,内容都是关系扬州并且切合实用的;其二,在各种不同的版本、传本、稿本中,精选出最善的本子,这些善本都经过仔细的考辨鉴别;其三,令其子履恒担任校勘之责,严防在雕版过程中出现鲁鱼亥豕现象。有此三点,《扬州丛刻》就有了保障。"[2]

---

① 陈恒和:《后记》,《扬州丛刻》第1册卷尾,民国二十三年(1934)陈恒和书林刻本。
② 韦明铧:《陈恒和书林》,《扬州文史资料》第21辑《扬州老字号》,江苏文史资料编辑部2001年印,第122—123页。

图 6-3-1 《扬州丛刻》 陈
恒和书林刻

民国二十三年(1934),《扬州丛刻》全部 24 种刊刻完毕,陈恒和投入巨大的人力物力和财力,在最困难的时候,结发之妻杨恒娘帮助纾困,陈恒和记载说:"第手民之资,板片之费,无所从出。谋之恒娘,恒娘大喜,遽出私蓄以佐其成。"①陈杨夫妇的刻书壮举在刻书史上留下了浓墨重彩的一笔。《扬州丛刻》所收文献 24 种为:李斗《扬州名胜录》4 卷、焦循《邗记》6 卷、吴绮《扬州鼓吹词序》1 卷、刘文淇《项羽都江都考》1 卷、杨丕复《扬州舆地沿革表》1 卷、戴南山《扬州城守纪略》1 卷、王秀楚《扬州十日记》1 卷、于邺《扬州梦记》1 卷、乔吉《杜牧之扬州梦》1 卷、倪在田《扬州御寇录》3 卷、郑章云《扬城殉难续录》2 卷、汪鋆《扬州画苑录》4 卷、董伟业《扬州竹枝词》1 卷、黄鼎铭《望江南百调》1 卷、曹璿《扬州琼花集》5 卷、王观《扬州芍药谱》1 卷、阙名《广陵小正》1 卷、阙名《扬州水利论》1 卷、张鹏翮《治下河水论》1 卷、叶机《泄湖水入江议》1 卷、俞正燮《高家堰记》1 卷、齐召南《运河水道编》1 卷、阮先《扬州北湖续志》6 卷。以上各书,或写扬州名胜古迹,或录扬州风物民情,或述扬州历史地理,或记扬州词章诗赋,或论扬州河防水利。称《扬州丛刻》是一座集中了扬州地方文献精华的宝库,并不为过。特别值得一提的是,《扬州丛刻》中的一些著作,原来是稿本,后来散佚,只是因为被收录进丛书才得以流传至今。

除了《扬州丛刻》,陈恒和书林还刊印过蒋超伯《通斋全书》。陈恒和本人撰写过《扬州掌故》2 卷,亦准备与扬州其他文献陆续雕版印行,但全面抗战爆发,陈恒和因脑溢血突发,于民国二十六年(1937)秋天去世,享年 55 岁。

———————————

① 陈恒和:《后记》,《扬州丛刻》第 1 册卷尾,民国二十三年(1934)陈恒和书林刻本。

另据韦明铧记载,陈恒和去世后,书林由其子陈履恒继承。陈履恒经营的陈恒和书林,继承父亲以收售古旧书为主的传统,同时,他又开拓新业务,兼营文具和课本,特别是进了许多新书。经营范围的扩大,使书店的业务日益兴旺,但是雕版印刷的业务从此成为历史。[1]

第四节 武进董康和陶湘刻书

据江澄波《江苏刻书》记载,民国时期,武进从事传统刻书者有江镜澄(1 种 5 卷)、张惟襄(7 种 25 卷)、周慈荫(1 种 1 卷)、周述祖(1 种 39 卷)、赵尊岳(6 种 13 卷)、赵椿年(2 种 11 卷)、屠寄(1 种 160 卷)、潘振华(1 种 10 卷)、潘鸣琦(1 种 1 卷)等,而刻书数量多、影响大的则为董康和陶湘二人。

董康(1867—1947),原名寿金,字授经、绶金,号课花庵主人,室名诵芬室。早年就读于江阴南菁书院。光绪十五年(1889)中举,明年中进士,授刑部主事,后任刑部员外郎、郎中等。1911 年留学日本,攻读法律。1914 年回国,在北洋政府中出任高官。1924 年获东吴大学荣誉法学博士学位,旋任东吴大学法学院教授,不久又赴任北京大学教授。"七七事变"后出任伪政府官员,抗战胜利后被捕,病死狱中。

董康一生嗜好藏书,饮食衣居放在第二,诵芬室内摆满了书橱,多为宋元旧椠以及名抄、名校、名跋、稿本秘籍等,且戏剧、小说等极为丰富。傅增湘序董康《书舶庸谭》说:"君嗜书之癖,殆出性成,拓以见闻,遂成绝学。久官长安,恒游厂肆,岁时既积,采获益多。微闻光、宣之交,邺架所储,卷轴森然,蔚成大国,惊人秘笈,断种奇书,时有胜缘,频闻创获。其后居东山者频年,游欧洲者万里。唐僧之古抄,石室之秘宝,多人闻所未见,吾国所久佚,咸影写而载归,或摹刊以问世。"[2]他曾花 2100 多块银元购藏《永乐大典》17 册,其中有《宪台通纪》正续各 1

① 韦明铧:《陈恒和书林》,《扬州文史资料》第 21 辑《扬州老字号》,江苏文史资料编辑部 2001 年印,第 124—126 页。

② 傅增湘:《藏园群书题记》附录二,上海古籍出版社 1989 年版,第 1074 页。

卷、《苏辙年表》等。从日本购回唐写卷子本《文选》2 大轴，为国内久佚。藏书中之珍品还有宋刊残本《册府元龟》100 册、南宋刊本《史记》《五百家播芳大全》、元刻本《李长吉诗》《皇元风雅》《自警编》《翰苑集》、元大德刊本《圣济总录》半部、明初刊本《二妙集》《道园遗稿》《伯生诗续编》、日本长庆活字本《群书治要》《皇朝事实类苑》，等等。

藏书外，董康醉心于刻书印书，所刻书籍多为海内孤本，而且追求品质，不惜工本。他刻印古籍主要有四种形式：刊刻、影印、排印和石印。据《江苏刻书》记载，董康刊刻的书籍有：《诵芬室丛刻初编》《二编》70 种 378 卷、宋俞鼎孙和俞经辑《儒学警悟》6 种 41 卷、宋左圭辑《百川学海》100 种 168 卷、唐陆龟蒙《松陵集》10 卷、清袁励准辑《中舟藏墨录》不分卷、清吴昌绶辑《宋金元明词》40 种 137 卷、陶湘藏石《涉园藏石目》1 卷以及陶湘辑《涉园墨翠》12 种 34 卷等。影印的典籍有：陶湘辑《托跋廛丛刻》10 种 24 卷、自辑《百川书屋丛书》11 种 28 卷、自辑《喜咏轩丛书》37 种 68 卷、自辑《宋刊巾箱八经》8 种 9 卷、自辑《涉园书影》不分卷以及宋李诫撰《营造法式》34 卷等。排印的有：自辑《武进陶氏书目丛刊》15 种 16 卷、自编《涉园年谱》不分卷、周邦俊辑《毗陵周氏家集》5 种 8 卷以及《武进陶氏涉园精刻印书笺书录》不分卷等。石印仅有 1 种：清刘喜海撰《金石苑》6 卷。① 此外，李新乾还统计董康翻刻日本五山本《唐才子传》，影印士礼居本《青琐高议》、明如隐堂本《洛阳伽蓝记》、明末清初刊本《杂剧新编》（又称《盛明杂剧三编》）、《至正集》《草堂雅集》《广川词录》《庆元条法事类》《皕百花轩杂剧》《铁琴铜剑楼书目》、自著《书舶庸谭》《瑶华集》（此书仅刻半部，以资金不济而停刻）等，又用珂罗版影印宋蜀刻本《刘梦得集》、宋本《李贺歌诗》、明刻本《琵琶记》《草窗韵语》、唐卷子残本《文馆词林》、巾箱本《杂剧十段锦》、毛西河校刊本《西厢记》附《千秋绝艳图》等。②

董康刊刻（包括排印、影印和石印）具有如下几方面特点。

一是精选底本。董康多年藏书，见识大量版本，对于古籍刻印底本选择具有超越常人的眼光，从而能够把最好的本子呈现出来。如《托跋

---

① 江澄波等：《江苏刻书》，江苏人民出版社 1993 年版，第 522—525 页。
② 李新乾：《董康的藏书与刻书》，《北京高校图书馆学刊》1996 年第 4 期，第 49 页。

廛丛刻》中《童蒙训》选用宋绍定本为底本影刻,《元城先生语录》3卷《附录》1卷选用明代嘉靖本为底本影印;《百川书屋丛书》中《古今注》选用宋嘉定本为底本刊刻,《瑟谱》选毛晋汲古阁钞本为底本影印。

二是认真镌刻和校勘。董康刻书主要依靠北京文楷斋精工能匠,长期雇养刻工,所选字体相当考究,为使字体不入俗流,不惜撕

图6-4-1 《诵芬室丛刻》 董康诵芬室刻

拆自藏古书,取其字体,用作字范。如此精益求精,确保出品读物版本精良,得到社会一致好评。如董康曾刻《中州集》一部,拿来与原本一对照,微有差异,"遂着文楷斋将全部刻板铲平刻它书,重募好写手刻工,全部重新写刻,虽耗资甚巨,而在所不惜"。董康刊刻最大的典籍是《诵芬室丛刻》初、二编,此书非一时所刻,乃先后数十年一种一种单刻销售,久而积多,最终汇印成丛刻初编,接着又续汇二编。该丛书版式疏朗,小字双行同,黑口,左右双边,双黑鱼尾,版心下方有"诵芬室丛刻之几"字样,书品宽大,装潢精雅,"为清末民初以来刻书之冠"[1]。

三是用墨和用纸十分讲究。他选取陈年古墨和上等宣纸,不惜花费,追求制作精品。如《诵芬室丛刻》这部大书,全书一律用罗纹纸印行。而费用充足的清代内府殿版书仅用开花纸或开花榜纸,也没有采用罗纹纸,其他家刻和坊刻更不用说了,可谓豪华之极,历代罕有。董康在刻印单行本时,所用之纸墨也是与众人不周,一定选用名纸佳墨,除罗纹纸外,还选用当时质量上乘的贡宣纸、西皮纸、六吉棉连纸、宣纸和日本美浓纸等。

几乎与董康同时,陶湘在民国期间也刊刻了大量图书,从而成为武进民国刻书史上的"双璧"。

① 以上两则见李新乾《董康的藏书与刻书》,《北京高校图书馆学刊》1996年第4期,第48页。

陶湘(1870—1939),字兰泉,号涉园。幼年随父陶恩泽宦游,在浙江淳安、德清读书,颖悟过人,过目成诵。稍长则考览六经,探综群籍,剖谬判疑。光绪十六年(1890)补博士弟子员,光绪十九年(1893)由鸿胪寺序班改官同知,任浙江某府道员。民国后,先后进入实业界和银行界,担任招商轮船局、汉冶萍煤矿董事、中国银行驻沪监理官和天津分行经理、代理交通银行总行经理、天津裕元纱厂经理等。民国十八年(1929)应聘故宫博物院图书馆专门委员。陶湘一生,前半生仕宦,后半生从事实业和金融,积累了大量的财富。养家之余,其财富大都用于图书收藏和校刻,被推誉为"商界之雅人"[①]。

陶湘从事藏书始于光宣之际。他不同于其他藏书家广搜博采、见书即收的做法,一开始就注重专题收藏,把收藏重点放在明刻本、毛氏汲古阁刻本、明万历天启年间闵凌二家所刻朱墨套印本、清代武英殿刻本、开花纸本等方面,形成自己独到的藏书特色。由于收藏范围相对集中,他在别人认为难有成就的地方作出了令人意想不到的成绩。经过多年收藏,陶湘藏书多达 30 万卷,成为民国时期最重要的藏书家之一。陶湘在收藏典籍时,特别注意收集开化纸印本。开化纸为浙江开化出产,质地细腻洁白,薄而软韧,甚为人们喜爱。清代武英殿印书多用此纸,故陶湘对武英殿本书情有独钟,此外,他所珍藏的汲古阁本"十七史"1610 卷 296 册也是用开化纸印制的,世所罕见,因其大量收藏开化纸印本,时人誉为"陶开化"。陶湘藏书处名"涉园",又因藏有宋刊丛书《百川学海》,故名为"百川室"。平生喜收魏墓志,多有珍品,因亦名其室曰"托跋廛"。陶湘藏书的全部数量不可得知,但是,民国二十年(1931),他为自己所藏的明版书编目——《武进涉园陶氏鉴藏明板书目》,共著录图书 1028 部,41196 卷,14449 册。其中,集部 334 部,12273 卷,4279 册。子部中则以类书为多,共 42 部。[②]

尤其值得一提的是陶湘刻书成就。早在宣统三年(1911),陶湘曾经辑刊《昭代名人尺牍小传续集》,由天宝石印局影印而成的。民国二十一年(1932)谢职后,他辞去各种职务,迁居天津,闭户家居,专事刻

---

① 万新平主编《天津近代历史人物传略(1)》,天津人民出版社 2016 年版,第 224 页。
② 参见江庆柏《近代江苏藏书研究》,安徽文艺出版社 2000 年版,第 115 页。

书。他既坚守传统，弘扬古老的雕版刻书工艺，又与时俱进，积极吸纳西方的石印、影印和铅印等新技术，刊刻和印刷了大量典籍，无论是校勘质量还是刻书数量，均远超同时校家和刻家。陶湘校勘、刻印的著名典籍如下：1922 年刻印《续刻双照楼宋元本词》，与吴昌绶刻印《双照楼景刊宋元本词》一并行世；1922 年刊印缪荃孙藏明抄本《儒学警悟》，其书 1892 年由贾人从山西搜得，后为缪重金购藏；1924 年至 1928 年影刻《托跋廛丛刻》10 种；1925 年校刊重刻宋李诚《营造法式》，1929 年用殿本补齐各本所缺文字；1926 年至 1927 年影印《涉园影印六种传奇》；1926 年至 1931 年影刻《喜咏轩丛书》；1927 年影刻宋咸淳本《百川学海》，缺卷据明弘治华氏覆宋本摹补；1929 年刊印《涉园墨萃》12 种；1930 年至 1931 年影印《百川书屋丛书》；等等。① 不到 30 年时间，陶湘先后刊印书籍多达 279 种。②

陶湘刻书有如下几方面特点。

一是丰富的藏书是刻书基础，除一部分是向朋友们商借外，主要来源是自己藏书。如影印《儒学警悟》底本，原为盛昱藏书，后经傅增湘、缪荃孙之后，最后归陶湘。影印《宋金元明本词》40 种底本，原为吴昌绶所藏，吴曾刻至 17 种后因经费短绌而中断，遂将刻版和未刻稿本悉数售归陶氏。陶湘收到后，将剩余的 23 种全部刻版问世。

二是所刻各书均较精美。刊刻图书皆纸幅阔大疏朗，纸张洁白如玉，用墨犹如点漆，字体清秀悦目，装订整齐端方。郑伟章说："今人至册府索其印书，一开函，无一不是纸幅阔大，纸白如润玉，墨色如点漆，字画悦目，装订整齐，使人精神为之一爽。"③在刊印《昭代名人尺牍小传续集》时，陶湘定下许多条例，吴修《昭代名人尺牍小传》原书用石刻，陶湘则改为石印，因为石刻在勾勒时可能会失真，石印则可以做到毫发无爽，并收到事半功倍的效果。吴修因石刻繁重，所以往往对原信札有节录，陶湘印此书时，则全部保留，臻于完善。

① 蔺安：《陶湘和他的涉园藏书》，《图书馆工作与研究》1997 年第 4 期。又见万新平主编《天津近代历史人物传略》第一辑，天津人民出版社 2016 年版，第 225 页。
② 江庆柏：《近代江苏藏书研究》，安徽文艺出版社 2000 年版，第 119 页。
③ 郑伟章：《陶氏涉园藏书、刻书纪略》，《文献》1990 年第 1 期，第 221 页。

三是所刻书大多为自己辑佚。陶湘所辑刻的这类书以丛书为主，主要有：《托跋廛丛刻》10 种，民国十三年至十七年（1924—1927）刻印；《喜咏轩丛书》5 编 38 种，民国十五年至二十年（1926—1931）石印；《涉园墨翠》12 种，民国十六年至十八年（1927—1929）影印；《武进陶氏涉园合印闺秀诗》4 种，民国十七年（1928）影印；《百川书屋丛书》6 种《续编》5 种，民国十九年至二十年（1930—1931）影印等。

四是注重印制目录书，为学术研究提供帮助。他的《陶氏书目丛刊》15 种，包括：《明吴兴闵板书目》《明毛氏汲古阁刻书目录》《明代内府经广本书目》《清代殿板书目》《武英殿聚珍板书目》《武英殿袖珍板书目》《钦定校正补刻通志堂经解目录》《钦定石经目录》《昭仁殿天禄琳琅前编目录》《昭仁殿天禄琳琅续编目录》《五经萃室藏宋版五经目录》《钦定文洲阁四库全书目录》《摛藻堂四库全书荟要目录》《内府写本书目》《武英殿造办处写刻刷印工价并颜料纸张定例》等，大都是他在故宫博物院图书馆任职时的成果，为民国时期的目录学作出了重要贡献。

伦明对陶湘的刻书成就和精神十分赞赏，说："君（陶湘）尝谓友人欲尽鬻所有，从事刻书，期之十年，可成百卷，流布他方，借以不朽云。"①评价很高。

第五节　如皋冒广生刻书

冒广生（1873—1959），字鹤亭，一字鹤汀，号鸥隐、疚翁，别署疚斋、小三吾亭长，斋名温语楼、绛云楼、小三吾亭。如皋人。明末四公子之一冒襄裔孙。光绪二十年（1894）举人，同年，外祖周星诒苦鳏独，以书抄阁藏书悉归之。冒广生从大儒俞樾、孙诒让等游，结为忘年之交，相与谈文论艺，复从吴汝纶受古文，与林纾同校刻"古文四家"。多次北上赴礼部试，光绪二十四年（1898），加入保国会。光绪末，纳赀为曹郎，历官刑部郎中、农工商部掌印郎中、东陵工程处监修官等。时与诸名士结

---

① 伦明：《辛亥以来藏书纪事诗》，《伦明全集》第 1 册，广东人民出版社 2017 年版，第 97 页。

社吟咏,诗名遍大江南北。民国初,任江浙等地海关监督。民国九年(1920),里居失火,绛云楼藏书尽焚,所焚之书除精本、孤本外,尤以顺康至光宣十朝名人专集多至 2000 余种,皆有关掌故,甚为可惜。抗战期间,冒广生留居上海,为太炎文学院词曲教授。抗战胜利后任国史馆纂修、上海文史馆馆员等。

　　一生频繁从政之余,冒广生致力于藏书、著书和刻书活动。其所刊刻典籍最有名的当数《如皋冒氏丛书》。天下冒氏,皆出如皋,他们原本是蒙古人,为成吉思汗嫡裔脱脱丞相后人,元亡,隐居如皋东陈镇,取蒙古姓第一音素化为汉姓"冒"。明清两代。蒙古血统冒氏文人辈出,创作出大量的诗文。光绪二十六年(1900),冒广生在京为官,他生恐家族著述湮没不闻,开始收藏与冒氏先世有关的资料,从众多历代佚作中选刻丛书,可谓慧眼独具。光绪二十八年(1902)五月,他在北京谒见陆润庠,呈部分冒氏诗文稿本,陆润庠欣然为题"如皋冒氏丛书"六个大字。次年,刊刻工作正式启动,1923 年竣工,前后历时 20 多年。

图 6-5-1 《如皋冒氏丛书》冒广生刻

　　后人称誉《如皋冒氏丛书》是"研究民族融化史、谱牒史、家族文化史、地方史志、人口学、遗传学的典型资料"①。该丛书左右双边,版心黑口单鱼尾;版式半页 10 行 24 字,双行同。全书收录 34 种诗文集,附 2 种,诗文按朝代顺序编排,明朝 3 种、清朝 20 种、民国 11 种,体例以诗、词为主,或有序、跋、志、年谱、小品文等。全书作者,皆是冒氏家族成员中有别集者,共计 14 人,明朝 3 人、清朝 10 人、民国 1 人。具体情况见下表。

---

① 顾启:《冒广生与〈冒氏丛书〉〈楚州丛书〉》,《南通师范学院学报》(哲学社会科学版)1995 年第 3 期。

《如皋冒氏丛书》刊刻情况一览表

序号	书名	编撰者	刊刻时间	备注
1	《冒伯麟先生集》25卷	冒愈昌撰	民国十年(1921)	
2	《增定存笥小草》4卷	冒日乾撰	民国十年(1921)	
3	《驭交记》12卷	张镜心撰，冒起宗订	光绪二十九年(1903)	以上著者为明代人
4	《简兮堂文剩》1卷	冒超处撰	民国九年(1920)	
5	《香俪园偶存》1卷	冒襄撰	民国九年(1920)	
6	《寒碧孤吟》1卷	冒襄撰	民国九年(1920)	
7	《泛雪小草》1卷	冒襄撰	民国九年(1920)	
8	《集美人名诗》1卷	冒襄撰	民国九年(1920)	
9	《宣炉歌注》1卷	冒襄撰	宣统三年(1911)	
10	《岕茶汇钞》1卷	冒襄撰	民国九年(1920)	
11	《兰言》1卷	冒襄撰	民国九年(1920)	
12	《影梅庵忆语》1卷	冒襄撰	民国九年(1920)	
13	《朴巢诗选》1卷《文选》4卷	冒襄撰	宣统三年(1911)	
14	《巢民诗集》6卷《文集》7卷	冒襄撰	宣统三年(1911)	
15	《鹿樵集辑》1卷	冒坦然撰	民国六年(1917)	
16	《铸错选诗辑》1卷	冒褒撰	民国六年(1917)	
17	《寒碧堂诗辑》1卷附录1卷	冒嘉穗撰	民国六年(1917)	
18	《枕烟亭诗辑》1卷附录1卷	冒丹书撰	民国六年(1917)	
19	《妇人集注》1卷	陈维崧撰，冒褒注	民国六年(1917)	
20	《妇人集补》1卷	冒丹书撰	民国六年(1917)	
21	《葍原诗说》4卷	冒春荣撰	民国六年(1917)	
22	《前后元夕宴诗集》2卷	冒筐辑	民国六年(1917)	
23	《枕干录》1卷附录1卷	冒沅辑	民国六年(1917)	

序号	书名	编撰者	刊刻时间	备注
24	《永嘉高僧碑传集》8 卷附录 1 卷补 1 卷	冒广生辑	民国六年(1917)	
25	《钵池山志》6 卷《志余》1 卷	冒广生撰		
26	《疚斋小品》8 卷(《哥窑谱》1卷、《青田石考》1 卷、《戏言》1卷、《癸卯大科记》1 卷、《于役东陵记》1 卷、《扈从亲耕记》1 卷、《风怀诗案》1 卷、《莽镜释文》1 卷)	冒广生撰	民国六年(1917)	
27	《谢康乐集拾遗》1 卷(附《谢康乐校勘记》1 卷,冒广生撰;《和谢康乐诗》1 卷,冒广生撰)	谢灵运撰,冒广生辑	民国十二年(1923)	
28	《如皋冒氏诗略》14 卷《词略》1 卷	冒广生辑	民国十二年(1923)	
29	《冒得庵参议(鸾)年谱》1 卷	冒广生撰	民国十二年(1923)	
30	《冒嵩少(起宗)宪副年谱》3 卷	冒广生撰	民国十二年(1923)	
31	《冒巢民征君(襄)年谱》1 卷《补》1卷	冒广生撰	民国十二年(1923)	
32	《同人集补》1 卷	冒广生撰	民国十二年(1923)	
33	《小三吾亭文甲集》1 卷《诗》8卷《词》3 卷附 1 卷	冒广生撰		
34	《冠柳词》1 卷	(宋)王观撰,冒广生辑		
35	《五周先生集》6 种(《蛰室诗录》1卷,周沐润撰;《讱庵遗稿》1 卷,周悦修撰;《传忠堂学古文》1 卷,周星誉撰;《鸥堂剩稿》1 卷,周星(上临下言)撰;《瘏横诗质》1 卷,周星诒撰)	冒广生辑		
36	《外家记闻》1 卷	冒广生撰		以上两种为丛书附录,刊刻年代不详

《如皋冒氏丛书》刻非一日,其间,冒广生辗转各地做官,在官所亦

积极从事刻书活动。

民国四年(1915)，冒广生到温州任瓯海关监督，其母尚健在，便把母亲接到温州供养。他学习北宋衢州人时任温州通判赵忭以及道光间福建长乐人时任温州府同知梁恭辰建"戏彩堂"的做法，在官署墨池坊西首建造"后戏彩堂"，筑了一座戏台，聘戏班演出，供母娱乐。温州昆班"新同福""新品玉"、京班"翔舞台"及"新教育剧社"等，都曾在此演出。冒氏在关署东辟"鸥隐园"，复在园内建"永嘉诗人祠堂"，以祀唐宋以来诸郡人能诗者，五阅月而工竣，凡为楹五，费白金七百有奇。在温州士绅的努力和配合下，他出资刻印《永嘉诗人祠堂丛刻》《永嘉高僧碑传集》《戏言》等 14 种 10 册。①

上述 3 种刻书中，《永嘉高僧碑传集》和《戏言》后刻入《如皋冒氏丛书》中，《永嘉诗人祠堂丛刻》则单独问世流传。该丛书半页 10 行 24 字，左右双边，黑口，单鱼尾，版心署"永嘉诗人祠堂丛刻"。其子目为：《永嘉集》1 卷，唐释玄觉撰；《证道歌》1 卷，唐释玄觉撰；《儒志编》1 卷，宋王开祖撰；《芳兰轩集》1 卷，宋徐照撰；《二薇亭集》1 卷，宋徐玑撰；《苇碧轩集》1 卷，宋翁卷撰；《清苑斋集》1 卷，宋赵师秀撰；《瓜庐集》1 卷，宋薛师石撰；《蒲江词》1 卷，宋卢祖皋撰；《霁山集》5 卷，宋林景熙撰；《李五峰集》5 卷，元李孝光撰；《柔克斋诗》1 卷，元高明撰；《鲜庵遗稿》1 卷，清黄绍箕撰；《缦庵遗稿》1 卷，清黄绍第撰。②

民国九年(1920)七月，冒广生从镇江关监督调任淮安关监督，到任后，他遍访地方文人贤达，借由好友田鲁玙得以结识当地著名学者段朝端先生。段朝端藏有地方文献多种，史料价值非常高。几经交往后，冒、段、田三人拟定刊刻丛书的计划，决心使这些家藏典籍得以问世，并发挥其应有的作用。民国十年(1921)春节后，冒广生从镇江、如皋等地请来刻工数十人，开始刊刻《楚州丛书》。冒广生负责总编、经费筹集，段朝端侧重于编辑、校勘，田鲁玙则负责总务和校对等事宜。分工协作，严谨而有序。通过约一年的工作，刻成古籍 23 种 66 卷，共 12

---

① 参见陆文熙《永嘉诗人祠堂》，《鹿城文史资料》第 12 辑，政协温州鹿城区文史资料委员会 1998 年印，第 55 页。
② 温州市图书馆编：《馆藏地方文献目录》，线装古籍 1993 年版，第 120 页。

册。《丛书》所收,上起汉代枚乘,下至乾隆年间吴玉搢。尚有乾隆后淮安人著述若干种,准备继续刻刊下去,后因冒广生离任而中断。冒广生在淮除刻《楚州丛书》外,还刻有《淮关小志》一种。《楚州丛书》子目如下:《枚叔集》1卷,汉枚乘撰,清丁晏辑;《陈孔璋集》1卷,汉陈琳撰,清丁晏辑;《渭南诗集》2卷《补遗》1卷,唐赵嘏撰,段朝端校;《节孝先生集》30卷《语录》《事实》《附载》各1卷,宋徐积撰;《清尊录》1卷,宋廉布撰;《陆忠烈公遗集》1卷,宋陆秀夫撰;《龟城叟集辑》1卷《附录》1卷,宋龚开撰,冒广生辑;《画鉴》1卷,元汤垕撰;《射阳先生文存》1卷,明吴承恩,清吴进、段朝端补;《书法约言》1卷,清宋曹撰;《毛朱诗说》1卷,清阎若璩撰;《济州学碑释文》1卷,清张弨撰;《苇间老人题画集》1卷,清边寿民撰,罗振玉等辑;《赤泉元筌》1卷,清任瑗撰;《山阳志遗》4卷,清吴玉搢撰;《十忆诗》1卷,清吴玉搢撰;《易蕴》2卷,清杨禾撰;《寄生馆骈文》1卷《附录》1卷,清萧令裕撰,冒广生辑;《永慕庐文集》2卷,清萧文业撰;《徐集小笺》3卷,段朝端撰;《徐节孝先生年谱》1卷,段朝端撰;《张力臣先生年谱》1卷;《吴山夫先生年谱》1卷。①

① 参见顾启《冒广生与〈楚州丛书〉》,《淮安文史资料》第13辑《淮安古今人物》,江苏文史资料编辑部1995年印,第150—156页。

参考文献

一、古籍类

《中国地方志集成·江苏府县志辑》,江苏古籍出版社 1998 年版

(宋)欧阳修、宋祁:《新唐书》,中华书局 1975 年版

(宋)陈振孙:《直斋书录解题》,上海古籍出版社 1987 年版

(元)脱脱等:《宋史》,中华书局 1977 年版

(明)宋濂:《元史》,中华书局 1976 年版

(明)周弘祖:《古今书刻》,与高儒等著《百川书志》合刊本,古典文学出版社 1957 年版

(明)胡应麟:《少室山房笔丛》,上海书店出版社 2009 年版

(明)毛晋:《汲古阁书跋》,潘景郑校订,与王士禛《重辑渔洋书跋》合刊本,上海古籍出版社 2005 年版

(清)叶昌炽:《藏书纪事诗》,王欣夫补正,上海古籍出版社 1999 年版

(清)黄丕烈:《荛圃藏书题识》,上海远东出版社 1999 年版

(清)永瑢等:《四库全书总目》,中华书局 1965 年版

(清)张廷玉等:《明史》,中华书局 1974 年版

二、著作类

周勋初等:《宋人逸事汇编》,上海古籍出版社 2014 年版

俞洪帆、穆纬铭:《江苏出版人物志》,江苏人民出版社 1995 年版

赵万里:《中国版刻图录》,文物出版社 1960 年版

太平天国历史博物馆编:《太平天国史料丛编简辑》,中华书局 1963 年版

故宫博物院明清档案部编:《关于江宁织造曹家档案史料》,中华书局1975年版

赵尔巽等:《清史稿》,中华书局1977年版

孙殿起:《贩书偶记》,中文出版社1978年版

孙殿起:《贩书偶记续编》,上海古籍出版社1980年版

傅增湘:《藏园群书经眼录》,中华书局1983年版

王重民:《中国善本书提要》,上海古籍出版社1983年版

杜信孚:《明代版刻综录》,江苏广陵古籍刻印社1983年版

倪波:《江苏方志考》,吉林省地方志编纂委员会、吉林省图书馆学会1985年印本

郑庆笃、焦裕银、张忠纲:《杜集书目提要》,齐鲁书社1986年版

张秀民:《张秀民印刷史论文集》,印刷工业出版社1988年版

李致忠:《历代刻书考述》,巴蜀书社1990年版

赵明奇:《徐州地方志通考》,中国文史出版社1991年版

顾廷龙、潘承弼:《明代版本图录初编》,上海书店1992年版

江苏通志编纂委员会:《江苏通志稿》,江苏古籍出版社1993年版

江澄波:《江苏刻书》,江苏人民出版社1993年版

袁行云:《清人诗集叙录》,文化艺术出版社1994年版

范慕韩:《中国印刷近代史(初稿)》,印刷工业出版社1995年版

江苏省地方志编纂委员会编:《江苏省志·出版志》,江苏人民出版社1996年版

魏隐儒:《古籍版本鉴赏》,北京燕山出版社1997年版

台湾"国家图书馆"编:《"国家图书馆"善本书志初稿》,台北天思出版社1998年版

王长俊:《江苏文化史论》,南京师范大学出版社1999年版

沈津:《美国哈佛大学哈佛燕京图书馆藏中文善本书志》,上海辞书出版社1999年版

瞿冕良:《中国古籍版刻辞典》,苏州大学出版社1999年版

缪咏禾:《明代出版史稿》,江苏人民出版社2000年版

陶湘:《明毛氏汲古阁刻书目录》,窦水勇校点,载陶湘编《书目丛刊》,辽宁教育出版社2000年版

杜信孚、杜同书:《全明分省分县刻书考》,线装书局2001年版

刘尚恒：《徽州刻书与藏书》，广陵书社 2003 年版

江苏省地方志编纂委员会编：《江苏省志·文化艺术志》，江苏古籍出版社 2003 年版

王澄：《扬州刻书考》，广陵书社 2003 年版

傅璇琮、谢灼华：《中国藏书通史》，宁波出版社 2005 年版

周弘祖：《古今书刻》，上海古籍出版社 2005 年版

谢灼华：《中国图书和图书馆史》（修订版），武汉大学出版社 2005 年版

陈先行：《柏克莱加州大学东亚图书馆中文古籍善本书志》，上海古籍出版社 2005 年版

中华书局编辑部：《宋元明清书目题跋丛刊》，中华书局 2006 年版

张秀民：《中国印刷史》，浙江人民出版社 2006 年版

崔建英：《明别集版本志》，中华书局 2006 年版

叶德辉：《书林清话》，广陵书社 2007 年版

方盛良：《清代扬州徽商与东南地区文学艺术研究——以扬州二马为中心》，人民文学出版社 2008 年版

罗仲辉：《印刷史话》，社会科学文献出版社 2011 年版

杨玲：《宋代出版文化》，文物出版社 2012 年版

王健：《江苏通史》，凤凰出版社 2012 年版

骆兆平：《天一阁藏明代地方志考录》，宁波出版社 2012 年版

杨丽莹：《扫叶山房史研究》，复旦大学出版社 2013 年版

陈嵘：《书香苏州》，南京出版社 2014 年版

李国庆：《明代刊工姓名全录》，上海古籍出版社 2014 年版

黄镇伟：《中国编辑出版史》，苏州大学出版社 2014 年版

徐学林：《徽州刻书史长编》，安徽教育出版社 2014 年版

曹之：《中国古籍版本学》，武汉大学出版社 2015 年版

曹培根、李向东：《常熟藏书史》，江苏凤凰教育出版社 2015 年版

［美］富路特、房兆楹原主编，李小林、冯金朋主编：《明代名人传（三）》，北京时代华文书局 2015 年版

［日］井上进：《中国出版文化史》，华中师范大学出版社 2015 年版

唐桂艳：《清代山东刻书史》，齐鲁书社 2016 年版

徐苏：《京口书史》，江苏大学出版社 2016 年版

陈红彦：《古籍善本掌故》，上海远东出版社 2017 年版

徐雁平：《清代家集叙录》，安徽教育出版社 2017 年版

南京市地方志办公室编：《南京历代名志》，南京出版社 2017 年版

江澄波：《吴门贩书丛谈》，北京联合出版公司 2019 年版

三、学位论文

杨丽莹：《扫叶山房史研究》，复旦大学博士学位论文，2005 年

蔡国美：《清代镇江刻书考》，南京师范大学硕士学位论文，2006 年

曹红军：《康雍乾三朝中央机构刻印书研究》，南京师范大学博士学位论文，2006 年

胡英：《毛晋汲古阁刻书研究——兼从〈汲古阁书跋〉数跋看毛晋刻书的文学倾向》，广西师范大学硕士学位论文 2007 年

沈冬丽：《17 世纪末—19 世纪初苏州书坊刻书——以书业堂、扫叶山房为中心》，复旦大学硕士学位论文，2009 年

朱银萍：《顾元庆及其编刊小说研究》，暨南大学硕士学位论文，2011 年

庞颖萃：《清代学术丛书的编刊与学术发展》，南京大学硕士学位论文，2014 年

陈聪：《明清常州府刻书业与文学活动研究》，延边大学硕士学位论文，2016 年

陆惠敏：《"扬州二马"藏书及刻书研究》，扬州大学硕士学位论文，2017 年

兰秋阳：《金陵书局与晚清学术（1864—1911）》，中国社会科学院博士学位论文，2018 年

丁耀桩：《江苏清代书院藏书研究》，苏州大学硕士学位论文，2019 年

四、期刊论文

沈燮元：《明代江苏刻书事业述略》，《学术月刊》1957 年第 9 期

钱亚新：《黄丕烈的校勘与刻书工作》，《江苏图书馆工作》1982 年第 3 期

吴新雷：《南菁书院的学术研究及其对文化界的贡献》，《南京大学学报》（哲学社会科学版）1985 年第 2 期

刘流：《曹寅与扬州雕版印刷业》，《江苏出版史志》1989 年第 1 期

肖东发：《私家刻书源流及特点——中国古代出版印刷史专论之八》，《编辑之友》1991 年第 6 期

王伯敏：《胡正言及其十竹斋的水印木刻》，《东南文化》1993 年第 5 期

诸祖仁、顾维俊:《张士诚刻书考略》,《江苏出版史志》1994 年第 2 期

顾启:《冒广生与〈冒氏丛书〉〈楚州丛书〉》,《南通师范学院学报》(哲学社会科学版)1995 年第 3 期

李新乾:《董康的藏书与刻书》,《北京高校图书馆学刊》1996 年第 4 期

肖东发:《中国印刷图书文化的起源》,《出版科学》2000 年第 1 期

杨丽莹:《扫叶山房创始年代考》,《图书馆杂志》2005 年第 2 期

徐学林:《滂喜斋主潘祖荫刻书与收藏》,《出版科学》2008 年第 4 期

李明杰:《明代国子监刻书考略(上)——补版及新刻图书、底本及校勘问题》,《大学图书馆学报》2009 年第 3 期

王京州:《朱子儋藏书考》,《古典文献学术论丛》第一辑,黄山书社 2010 年版

马学良:《明代内府刻书机构探析》,《河北大学学报》(哲学社会科学版)2014 年第 3 期

陈晓峰:《明代范凤翼刻书考论》,《广西社会科学》2014 年第 4 期

朱宝元:《金陵书局刻印书籍考论》,《现代出版》2017 年第 6 期

后　记

　　书稿到了撰写后记的时候，意味着杀青，接下来就是付梓了，这是好事，可以长舒一口气。对于学术著作来说，读者阅读后记可以感知该书撰写的"花絮"，师友阅读后记借此了解著者最近一段时间的学术进展。

　　后记非写不可，但又很不好写，质实则乏趣，轻巧则不搭。对笔者来说，一方面生活过于单调，缺少读者想看的"花絮"，另一方面则一向对自己的学术进展很不满意。在此就简单谈谈本书的撰写经过吧。

　　2018年4月中旬的一个下午，江苏省社科院胡发贵所长和孙钦香研究员来苏州大学人文社科处调研，向参加座谈的专家征求江苏文脉研究编的选题，我当场提供了几个，其中就有"江苏刻书史"。两周后，孙钦香研究员与我联系，告知该课题得到省社科院领导首肯，且有关部门同意江苏文脉研究编的课题以专项形式全部纳入省社科基金项目管理序列。接下来是填写申报书，参加课题论证会，2019年4月正式立项。两年来，我的日常主要用于教学和各种冗务中，撰写本书实在凑不出完整的时间，常常是打开电脑，一行文字未就，马上转入到其他事务中，待回来激活电脑，思绪已经完全中断。常言道："时间就像海绵里的水，只要愿挤，总还是有的。"好在我基本上每天都去"挤海绵"，大量的碎片时间拼接在一起就是可观的整体了。书稿之成，就是这样来的。

　　撰写过程中，笔者不断升高对江苏古代刻书家的景仰之情。自古以来，江苏就是文化高地，在这块热土上出现众多的思想家、艺术家、教育家和文学家，等等，文化影响覆及全国，影响世界。文化成就的取得是多方面因素造成的,而藏书和刻书在其中起到的基础性和保障性作用不容忽视。但遗憾的是,多年以来,学术界对于江苏文化史的多个层面有过总结,相关著述层出不穷,却一直没有关于刻书史的专门研究之作。本书之作,意在引起学术界关注,在接下来的研究中,期待有更多的同道加入进来,丰富这一领域研究。

书稿在编写过程中,省社科院胡发贵所长和孙钦香研究员不断给以指导和督促,苏州大学文学院的诸位同仁在多方面给予关怀,江苏人民出版社郑晓宾同志对书稿的内容和格式规范等提供了具体的指导意见,西安工业大学孙振田教授和南京师范大学任荣教授通读书稿,并提出很多中肯修改意见,硕士生徐馨和吴炳毅帮助查阅资料,核对出诸多人名书名讹误,在此一并致谢!

2021 年 9 月 12 日初稿,2022 年 2 月 27 日修订,2023 年 9 月三订